Bärbel Bachmann
Nov. 86

de Gruyter Lehrbuch
Dworatschek
Grundlagen der Datenverarbeitung

Sebastian Dworatschek

Grundlagen der Datenverarbeitung

7., aktualisierte Auflage
einschließlich Mikrocomputer

Walter de Gruyter
Berlin · New York 1986

Dr. rer. pol. *Sebastian Dworatschek*
Dipl.-Wirtsch.-Ing., Dipl.-Ing.
Professor für Leitung, Organisation, Datenverarbeitung
an der Universität Bremen

1. Aufl. 1969
7. Aufl. 1986

CIP-Kurztitelaufnahme der Deutschen Bibliothek

Dworatschek, Sebastian:
Grundlagen der Datenverarbeitung : einschliessl. Mikrocomputer / Sebastian Dworatschek. – 7., aktualisierte Aufl. –
Berlin ; New York : de Gruyter, 1986.
(De-Gruyter-Lehrbuch)
ISBN 3-11-010631-0

Einbandgestaltung: K. Lothar Hildebrand, Berlin.
Satz und Druck: Tutte Drucerei GmbH, Salzweg-Passau.
Bindung: Lüderitz & Bauer GmbH, Berlin.

Inhalt

Teil II: Mathematische Grundlagen

Teil III: Informationslogische Grundlagen

Teil IV: Technologische Grundlagen

Teil V: Software-technologische Grundlagen

Teil VI: Anwendungsorganisatorische Grundlagen

Anhang:

Einführung

Ein Laie auf dem Gebiet der Datenverarbeitung werde nach seiner Deutung des Begriffs ‚Datenverarbeitung' gefragt. Eine schlüssige und voll befriedigende Antwort wird ihm wohl kaum spontan gelingen. Völlig fremd erscheint ihm das Thema allerdings auch nicht. Im ersten Moment versucht er also, sich ein Bild aus Mosaiksteinchen zusammenzusetzen und zu formulieren. Als Mosaiksteinchen verwendet er Wörter und Teilzusammenhänge des weiten Bereichs ‚Datenverarbeitung', die er früher aus Meldungen des Rundfunks, des Fernsehens und der Zeitungen, aus Besuchen von Computer-Messen und aus Gesprächen mit Arbeitskollegen in sein Gedächtnis übernommen hat. Ausdrücke wie: Computer, Mikroelektronik, Programmierer, Roboter, phantastische Rechengeschwindigkeiten, Daten, Transistoren und ähnliche kommen ihm bunt durcheinandergewürfelt in den Sinn. Der Befragte sortiert und klassifiziert sie. Er versucht jedenfalls, sich aus den vielen Mosaiksteinchen ein größeres Bild von den Zusammenhängen, Aufgaben und Auswirkungen der Datenverarbeitung zu bilden.
Dennoch bleibt oft das Wissen um die ‚Datenverarbeitung' im allgemeinen und um deren zentrales Instrument, der ‚Datenverarbeitungsanlage' im besonderen, nur eine Ansammlung mehr oder weniger deutlicher Vorstellungen. Zum Teil liegt es daran, daß sich der Laie fast nur mit den – sicherlich oft faszinierenden – Ergebnissen der Computer-Nutzung befaßt. Eine geheimnisvolle Atmosphäre umgibt oft diese leistungsfähige, aber zweifellos auch komplizierte Maschine. Publizistische Formulierungen wie ‚Elektronengehirn' oder ‚Intelligenzroboter' verstärken noch diese Atmosphäre. Als Symptom für das entstehende Unwohlgefühl der Datenverarbeitungsanlage gegenüber können die in Nachrichten und Karikaturen ausgiebig kolportierten Meldungen über Rechen- oder Buchungsfehler von solchen Anlagen gelten – Fehler, die täglich zu Tausenden bei manueller Buchhaltung vorkommen, ohne besonders registriert zu werden. Der Computer-Witz soll die Datenverarbeitung entzaubern; dem Computer wird ‚Allzumenschliches' angehängt. Das New Yorker Magazin ‚Time' ernennt in einer Verirrung den Computer sogar zum „Mann des Jahres 1982", da er – wie die in vorausgegangenen Jahren gewählten Männer – „im Guten oder Schlechten den größten Einfluß" ausgeübt habe.
Wie erklärt es sich aber, daß sich die breite Öffentlichkeit an der Entwicklung und den Erfolgen der Datenverarbeitung nach wie vor so stark interessiert zeigt?

Eine der Ursachen könnte die spektakuläre und dynamische Entwicklung der Datenverarbeitung sein. Das erste Kapitel weist darauf hin, daß der eigentliche Anfang der sprunghaften Entwicklung der Datenverarbeitung nur etwa vier Jahrzehnte zurückliegt. Jeden Tag berichten Rundfunk, Fernsehen und Zeitungen über neue Computer-Modelle, neue erfolgreiche Anwendungen und spektakuläre Erfolge. Die Menschen des 20. Jahrhunderts, das durch nie zuvor erreichte Geschwindigkeiten und rasanten technischen Fortschritt geprägt wird, sehen in der Datenverarbeitung einen Inbegriff ihres Zeitalters. Die Quarzuhr mit eingebautem Mikrocomputer gehört schon zum Alltag. Der jungen Generation wird der Mikrocomputer bereits von Kindheit an als Spielgerät und zunehmend auch als Arbeitsplatzhilfe geläufig sein. Man spricht davon, daß nicht etwa die modernen Erkenntnisse der Atomphysik die zweite technische Revolution bedeuten, sondern der Einsatz der Datenverarbeitungsanlagen auf allen Gebieten des wirtschaftlichen und gesellschaftlichen Lebens. So glaubt beispielsweise N. Wiener, der Begründer der Kybernetik, unser Jahrhundert am besten als das Zeitalter der Nachrichten- und Regelungstechnik beschreiben zu können. Wir sprechen heute auch von Kommunikations- und Informationstechnologien. Als zentrales und zugleich verbindendes Glied dieser Techniken erweist sich aber immer mehr die Datenverarbeitung.

Die naturwissenschaftlich-technische Entwicklung war bis Anfang des 19. Jahrhunderts durch die Begriffe: Materie, Masse, Mechanik gekennzeichnet. Mit der 1. Industriellen Revolution trat die ‚Energie' als bestimmender Faktor hinzu. Die heutige angeblich ‚informierte Gesellschaft' erlebt eine 2. Industrielle Revolution, die umschrieben wird mit den Begriffen: Information, Automatisierung, Kybernetik. Im Mittelpunkt dieser Entwicklung steht die Datenverarbeitungsanlage – oder besser: Informationsverarbeitungsanlage. Leicht wird dabei vergessen, daß Mechanik, Energie- und Informationstechnik stets dazu dienten, menschliche Arbeitskraft zu unterstützen, zu ergänzen, zu ersetzen und in ihren Freiheitsgraden zu erweitern oder auch einzuengen. Nach wie vor aber bleibt die menschliche Arbeitskraft der kreative ‚Produktionsfaktor'. Im Zusammenhang mit der Stufe automatisierter Informationsverarbeitung stellen sich damit wichtige Fragen nicht nur nach der Automationstechnik, sondern auch nach beruflichen, arbeitsorganisatorischen und gesellschaftlichen Auswirkungen. Angst vor Arbeitsplatzverlust, Datenschutz, neue Arbeitsformen in den verwaltenden Tätigkeiten und neue Datenverarbeitungsberufe müssen als Themen die Diskussion um die Datenverarbeitung mit bestimmen. In dem expansiven Bereich Datenverarbeitung entstanden neue Berufe und Tätigkeitsfelder wie: Service-Techniker, Datentypistinnen, Operateure, Programmierer, DV-Organisatoren, DV-Betriebswirte, Systemanalytiker, Informatiker, DV-Ausbilder, DV-Projektleiter, Informationsassistenten, DV-Kontaktpersonen in den Fachabteilungen, DV-Berater und DV-Lehrer an berufsbildenden Schulen. Sie alle erfordern unterschiedliche Spezialausbildungen. Doch erst ein allen gemeinsames Grundwissen läßt diese Spezialausbildungen voll wirksam werden.

Unabhängig davon, ob Sie in einem dieser Tätigkeitsfelder bereits arbeiten oder es erst anstreben oder ob Sie sich aus anderen Gründen mit der Datenverarbeitung befassen wollen: Sie sollten dieses Buch kurz beiseite legen und zunächst einmal Ihre eigenen Erwartungen an das Buch bedenken. Notieren Sie drei bis fünf Erwartungen an den Rand dieses Kapitels; am Ende des Buches werden Sie darauf zurückkommen.

Welche Lernziele strebt das Buch an? Es verfolgt den Zweck, das bereits erwähnte notwendige Grundwissen für verschiedene Tätigkeitsfelder der direkten oder indirekten Datenverarbeitung zu vermitteln. Auch soll durch begriffsbildende Absichten die Verständigung und Kommunikation zwischen den verschiedenen DV-Spezialisten und den mit der Datenverarbeitung nur indirekt befaßten Organisationsangehörigen erleichtert werden. Der Vorwurf der Geheimsprache und des ‚Datenverarbeitungs-Chinesisch' wird nicht zu unrecht erhoben. So werden in den ‚Computern' Daten ‚upgedated', Programmbedingungen ‚abgecheckt' und ‚job steps' werden beim ‚supervisor' zu ‚tasks'. Die Datenverarbeitung benötigt heute nicht mehr eine elitäre Geheimsprache, um sich als eigene Disziplin begründen zu können. Die Datenverarbeiter sollten nicht nur den Linguisten helfen; sie sollten auch umgekehrt offen sein für Sprachberatung durch Germanisten. Wichtige Verständigungshilfen bieten inzwischen die DIN-Normen über Informationsverarbeitung. Dennoch wird auch dieses Buch nicht frei sein von Übertreibungen der Computer-Terminologie. Unterschiedliche Schreibweisen sind kaum noch vermeidbar, z. B. Mikrorechner, Mikrocomputer oder Microcomputer sowie Microprocessor oder Mikroprozessor. Auch haben sich englischsprachige Ausdrücke in der Literatur, Praxis und internationalen Normung derart durchgesetzt, daß teilweise kaum deutsche Ausdrücke mit gleicher Bedeutung vorliegen. Auch die Angabe von amerikanischen Maßeinheiten dominiert (z. B. Inch = Zoll, $). Für formale und inhaltliche Verbesserungen, wie sie in der Vergangenheit von Lesern vorgeschlagen worden sind, wird der Autor auch in Zukunft dankbar sein.

Grundlagenwissen und Verständigungshilfen können als Lernziele dazu beitragen, Klischeevorstellungen vom Computer und die erwähnte mystische Distanz abzubauen und die Datenverarbeitungsanlage als gezielt einsetzbares rationales Instrument der Informationsverarbeitung zu begreifen. Bei aller Begrenzung im Sinne einer Grundlagenarbeit soll doch das Lernziel verfolgt werden, den Leser außer für technologische und organisatorische Tendenzen in der Datenverarbeitung auch für arbeitsorganisatorische und gesellschaftliche Auswirkungen der Rechnersysteme und ihrer Anwendungen zu sensibilisieren und zu interessieren. Für jedes Thema mußte abgewogen werden, ob eine intensivere Behandlung notwendig oder ein Verweis auf weiterführende Literatur sinnvoller ist. Aus der umfangreichen Literatur zur Datenverarbeitung und Informatik wurden einige Bücher exemplarisch – sicherlich subjektiv und unvollkommen – ausgewählt und im Anhang den einzelnen Kapiteln des Buches schwerpunktmäßig zugeordnet. Bei der englischen Literatur kann das englisch/deutsche Fachwörterverzeichnis weiterhelfen. Um schon beim Lesen nebenbei mit den entsprechenden englischen Ausdrücken vertraut zu werden, sind sie bei wichtigen Begriffen in Klammern angefügt. Die gängigen Ausdrücke Datenverarbeitungsanlage (DVA), Rechenanlage, Rechensystem, Rechner und Computer werden nebeneinander verwendet. Die Bezeichnung Mikrocomputer umfaßt professionell genutzte Personal Computer und Heimcomputer.

Dem Charakter eines Lehrbuches entsprechen die Begriffsdefinitionen, die straffe thematische Gliederung, die zahlreichen Grafiken und die kapitelweise eingeschalteten Übungsaufgaben, die eine frühzeitige Selbstkontrolle fördern. Erfahrungen aus DV-Lehrgängen für DV-Spezialisten, Studenten, Angestellte mit und ohne Leitungsaufgaben, Ausbilder und Lehrer an berufsbildenden Schulen fanden darin ihren Niederschlag. Nützliche Hinweise für Ihre Lesetechnik können sein: zunächst das Buch nur durchblättern; dann das Inhaltsverzeichnis durchsehen; während des Lesens entsprechend den Querverweisen auch zurückblättern; das Stichwortregister nutzen; den Fotoanhang zur Illustration heranziehen; die eigene Zeitschriften- und Broschürenablage nach den Gliederungszahlen klassifizieren; Übungsaufgaben intensiv bearbeiten; das Buch nicht von einem Filzstift verschonen, mit dem wichtig erscheinende Aussagen markiert werden; viele Aussagen des Buches bezweifeln und hinterfragen; auch weiterführende Fragen durchdenken; möglichst das Buch zusammen mit Kollegen (z. B. in Arbeitsgruppen) bearbeiten und diskutieren.

Das ausführliche Inhaltsverzeichnis bietet die Möglichkeit, entsprechend der persönlichen Ausbildung, Erfahrung und Interessenlage auch bausteinartig Lerninhalte und Kapitel auszuwählen und zu kombinieren.

Das vorliegende Buch kann aus keinem Leser einen DV-Spezialisten machen. Es bietet ihm aber ein breites Basiswissen der Datenverarbeitung. Bewußt wurde Abstand genommen, ein oberflächliches, kaum nützliches Handbuch zu erstellen. Wie bei der Beschäftigung mit anderen Fachgebieten, so gilt deshalb auch hier: um das Lernziel, einen fundierten Überblick und gezielte Einblicke zu erreichen, müssen gelegentlich auch Detailprobleme und Gedankenketten intensiv und kritisch nachvollzogen werden. Zu diesem Zweck wird der Leser Kapitel für Kapitel mit verschiedenen Fachthemen und mit steigendem Schwierigkeitsgrad vertraut gemacht. Gewisse (vertiefende) Wiederholungen einzelner Themen sind didaktisch gewollt. Übungsaufgaben und selbständige Wiederholungen festigen das Wissen und die Übertragung auf die spezifische berufliche Situation des Lesers.

Im Jahre 1969 erschien die 1. Auflage dieses Buches, das inzwischen in mehrere Sprachen übersetzt worden ist. 1977 erschien die 6. Auflage in überarbeiteter und erweiterter Fassung. Inzwischen sind viele Entwicklungen in der Datenverarbeitung vorangekommen. Die Leistungsdaten von Hardware und Software der Rechnersysteme haben sich verbessert. Neue Anwendungsmöglichkeiten wurden gefunden. Neue Probleme stellen sich, die Schwerpunkte haben sich teilweise verlagert und die Erwartungen an das Grundlagenwissen sind gestiegen. Es erschien gerechtfertigt, die 7. Auflage zu aktualisieren, einzelne Themen zu kürzen und andere zu erweitern, insbesondere die Arbeitsweise der Mikrocomputer und ihre Anwendungen. Lernziele, Inhalt und Umfang dieses Lehrbuches weisen darauf hin, daß mehr als eine erste, einführende Behandlung des Themas Datenverarbeitung angestrebt wird. Sechs Teile des Buches versuchen, das vielschichtige Basiswissen der Datenverarbeitung schrittweise verständlich zu machen:

Teil I: Funktionale Grundlagen
Teil II: Mathematische Grundlagen
Teil III: Informationslogische Grundlagen
Teil IV: Technologische Grundlagen
Teil V: Software - technologische Grundlagen
Teil VI: Anwendungsorganisatorische Grundlagen

Der Teil I macht mit der geschichtlichen Entstehung von Rechnersystemen und ihren Funktionseinheiten vertraut, deren technisch-konstruktive Merkmale in Teil IV behandelt werden. Es erweist sich allerdings als vorteilhaft, zuvor die Zahlensysteme (Teil II) und die informationstheoretischen und logischen Gesetzmäßigkeiten eines Rechnersystems (Teil III) kennenzulernen. Nachdem so die maschinelle Struktur und die Arbeitslogik eines Rechnersystems bekannt sind, stellt sich die Frage, welche software-technologischen Voraussetzungen geschaffen werden müssen, um den störungsfreien Betrieb der Rechenanlage sicherzustellen. Die Programmierung durch die Benutzer und die Selbststeuerung des Rechnersystems ergänzen sich darin (Teil V). Zu diesen stärker nach innen orientierten Fragen der Programm- und Systemorganisation treten in Teil VI die vielfältigen Themen der Anwendungsorganisation hinzu. Der Teil VI behandelt die Datenverarbeitung als Arbeitsprozeß, an dem verschiedene Personen arbeitsteilig mitwirken. Ferner zeigt der letzte Teil – soweit in einem Grundlagenbuch ein Überblick und exemplarische Einsichten gefunden werden müssen – typische DV-Anwendungen aus den Aufgabenbereichen der Produktionsbetriebe, der Dienstleistungsbetriebe, der Öffentlichen Verwaltung und der Wissenschaft und Bildung. In der folgenden Abbildung weisen jeweils drei Kernfragen auf die wesentlichen Lerninhalte der sechs Buchteile hin.

Teil I:
Funktionale Grundlagen

- aus welchen Ansätzen heraus entstand die Datenverarbeitung und was bedeutet sie heute?
- wie versteht der Computer Informationen?
- aus welchen Komponenten besteht ein Rechnersystem und wie funktioniert es?

Teil II:
Mathematische Grundlagen

- welche mathematischen Begriffe sind hilfreich?
- mit welchen Zahlensystemen arbeitet ein Rechnersystem?
- wie rechnet ein Computer? (die Grundrechenarten im Rechenwerk)

Teil III:
Informationslogische Grundlagen

- was sind Informationen und Daten? (Informationstheorie)
- wie verschlüsselt (codiert) man Daten? (Codierungstheorie)
- wieso und wie kann ein Computer Daten logisch verarbeiten? (Boole'sche bzw. Schaltalgebra)

Teil IV:
Technologische Grundlagen

- wie funktioniert die Computer-Elektronik?
- welche Speichertechnologien setzt man ein?
- welche Ein- und Ausgabegeräte stellen den Informationsaustausch zwischen dem Menschen und dem Computer her?

Teil V:
Software - technologische Grundlagen

- wie „füttert" man einen Computer mit Daten und Befehlen? (Software, Programmierung)
- welche Arbeitsformen bietet der Computer dem Benutzer? (Betriebsarten, -formen)
- wie steuert und überwacht sich der Computer selbst? (Betriebssysteme)

Teil VI:
Anwendungsorganisatorische Grundlagen

- wer macht was in der Datenverarbeitung?
- warum und wie Datenschutz?
- in welchen Organisationen bearbeitet der Computer welche Aufgaben? (Anwendungsbereiche)

Teil I: Funktionale Grundlagen

1. Entwicklung der Datenverarbeitung

Der Einfluß der Datenverarbeitung auf die Forschungstechnologie, die betrieblichen Aufgabenlösungen, die Formen der Arbeitsorganisation, die Berufsfelder und die Denkweise in der heutigen Zeit wird von kaum jemandem geleugnet. Die dynamische, ja hektische Entwicklung des Bereichs ‚Datenverarbeitung' in den letzten zwanzig Jahren versperrt jedoch leicht den Blick dafür, daß sich viele frühere Generationen ebenfalls mit der Aufgabenstellung ‚Daten verarbeiten' befassen mußten. Viele so entstandene historische Ansätze erwiesen sich als notwendige Vorarbeit, um den heutigen Stand der Datenverarbeitungsverfahren erreichen zu können. Ein kurzer Überblick über diese ‚Vorleistungen' erleichtert es vermutlich, die heutigen Ergebnisse einzuordnen.

1.1 Geschichtliche Entwicklung

ca. 5000 v. Chr. Die Grundlage des Rechnens ist das Zählen. Der Mensch begann das Zählen mit den ihm von der Natur gegebenen (Rechen-)Hilfsmitteln: den *Fingern*. Eine Hand erlaubte ihm also bis 5 (Quinär-System), beide Hände bis 10 (Dezimal-System) zu zählen. Wollte er zu größeren Zahlen (bzw. Mengen) übergehen, so benützte er Steine, Perlen oder Holzstäbe.

ca. 1100 v. Chr. Bequemer und zuverlässiger schon war das dem 5-Finger-System verwandte *Suan-Pan*-Verfahren, bei dem die Perlen auf Drähten

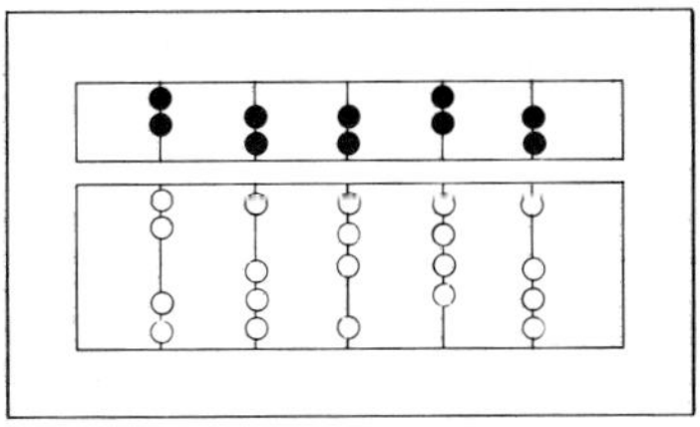

Abb. I1: Rechengerät Abacus (Suan Pan)

aufgefädelt waren. Die Römer benutzten es als Abacus (lat.: Tafel, Tischplatte) – in Japan als Soroban, in Rußland als Stschoty. Bei uns findet man es noch in Kindergärten und (in vereinfachter Spielform) sogar vor Kinderwagen. In Hinterasien ist Suan Pan noch sehr stark verbreitet. Bei genügender Übung lassen sich (wie sich bei Wettbewerben zeigte) überraschend hohe Rechengeschwindigkeiten damit erreichen.

6. Jh. v. Chr. — Der griechische Philosoph und Mathematiker *Pythagoras* (um 570–496 v. Chr.) betrachtet Zahlen als Bausteine, aus dem das Universum besteht; eine besondere Bedeutung kommt der ‚vollkommenen' Zahl ‚10' zu.

4. Jh. v. Chr. — Der griechische Philosoph und Naturforscher *Aristoteles* (384–322 v. Ch.) begründet die Wissenschaft von der Logik. Ferner stellt er Überlegungen an, wie Automaten menschliche Arbeit übernehmen könnten. Im antiken Theater waren Bewegungsautomaten (deus ex machina) weit verbreitet.

3. Jh. v. Chr.– ca. 1000 n. Chr. — Das Römische Zahlensystem kann als ‚Additionssystem' bezeichnet werden. Die Zahlen setzen sich additiv aus folgenden Symbolwerten zusammen:

M	D	C	L	X	V	I
1000	500	100	50	10	5	1

z. B.: MDCCLXVII = 1767

500 n. Chr. — Die Grundlage für die Entwicklung zum Rechnen mit Maschinen bildete zweifelsohne das in Indien (daher: Hindu-) entstandene und über den arabischen Kulturkreis zu uns gelangte *Hindu-Arabische Zahlensystem* mit den zehn Ziffern: 0, 1, ... 8, 9. Nach der Rückeroberung Spaniens aus arabischer Herrschaft (1150 n. Chr.) setzte es sich im Abendland schnell durch. Sein großer Vorteil im Vergleich zum recht umständlich zu handhabenden Römischen Zahlensystem ist:

- Einführung der Null: 0
- Einführung der Stellenschreibweise.

Im Gegensatz zum Römischen Zahlensystem gestattet also das Hindu-Arabische Zahlensystem einen Rückschluß *von* der *Stellung* einer Ziffer innerhalb der Zahl *auf* ihren *Wert*. Die 8 bedeutet z. B. 8 Hunderter in der Zahl 6804. Die 0 bedeutet: keine Zehner. Die Gesamtzahl bedeutet also:

$$\begin{aligned} 4 \cdot 1 &= 4 \\ 0 \cdot 10 &= 0 \\ 8 \cdot 100 &= 800 \\ 6 \cdot 1000 &= \underline{6000} \\ \text{Gesamtzahl} &= \overline{6804} \end{aligned}$$

14. Jh. Mechanische Räderuhren setzen sich in Europa in breiter Form durch. Mit ihnen verbreiten sich sowohl mechanische Fertigkeiten als auch eine numerische (zahlenmäßige) Sichtweise der Tageszeit. Diese wirken später prägend für das Industrielle Zeitalter.

1614 Der Rechenaufwand zur Aufstellung der von *Lord Napier* herausgegebenen Logarithmentafeln erfordert einen Zeitaufwand von ca. 30 Jahren (moderne Rechenanlage: ca. 1 min.)

1623 *Wilhelm Schickard* (1592–1635), Theologe und Mathematiker, konstruiert für seinen Freund, den Mathematiker und Astronomen Kepler eine Rechenuhr, die auf dem Zählradprinzip (ähnlich den heutigen mechanischen Tischrechenmaschinen) aufbaute. Damit waren Addition und Subtraktion durchzuführen, wobei mit 6 Stellen und Übertrag gerechnet wurde.

1641 *Blaise Pascal* (französischer Mathematiker 1623–1662) baut seinem Vater, der Steuerpächter war, eine Addiermaschine mit 6 Stellen. P. sagte von der Rechenmaschine, daß sie Wirkungen zeige, die dem Denken näher kommen als alles was Tiere vollbringen, aber keine, von denen man sagen könnte, daß sie Willen habe wie die Tiere.

1650 *Partridge*: Erfindung des *Rechenschiebers*.

1671 bis 1694 *G. W. Leibniz* (1646–1716), Philosoph und Mathematiker, beschäftigt sich mit der Konstruktion von Rechenwerken, die ihm zwar Ausgaben von 24000 Talern brachten, aber keinen wirklichen Erfolg.

1703 *G. W. Leibniz* beschäftigt sich mit dem Dualsystem (das zur Grundlage der heutigen Rechenanlagen wurde, vgl. II.2.1.3) und baute eine der ersten Rechenmaschinen.

18. Jh. Der Arzt *J. O. de la Mettrie* (1709–1751) veröffentlicht in seiner Schrift „L'homme machine" (Der Mensch eine Maschine) Thesen über die mechanische Struktur des Menschen. Im gleichen Jahrhundert sind die verschiedenen mechanischen Musik-, Sprach- und Schachautomaten sehr beliebt. Sehr bekannt wurden die Androiden, menschenähnliche Automaten, von P. Jaquet-Droz (1721–1790) und J. F. Leschot (1746–1824), die aufgrund mechanischer Nocken schreiben und zeichnen konnten.

1808 J. M. Jacquard setzt Kartons, in die das Webmuster eingestanzt war, zur automatischen Steuerung von Webstühlen ein. Derartige Webstühle sind im Deutschen Museum zu sehen. Der Begriff ‚Jacquard' ist heute noch ein üblicher Ausdruck in der Textilbranche. Ähnliche, gelochte Karten (in gefalteter Form) sind noch heute bei Jahrmarkt-Musikautomaten in Anwendung.

1833 Von großer Bedeutung für die weitere Entwicklung war die mechanische Rechenanlage ‚Difference Engine' des Mathematik-Pro-

fessors *Charles Babbage* (1792–1871) aus Cambridge, die noch heute im Science Museum London besichtigt werden kann. Die Konzeption seiner weiterhin geplanten Maschine (Analytical Engine) nahm den Aufbau moderner Rechenanlagen vorweg. Sie sollte bestehen aus:
- Speicher (store) (1000 Worte à 50 Stellen)
- Rechenwerk (mill)
- Steuerwerk (control)
- Ein-, Ausgabe und vor allem einem (in Lochkarten)
- *gespeicherten* Programm.

Die Pläne von Babbage scheiterten an dem Stand der damaligen Technik. Babbage untersuchte ferner die Wirkungen von Mechanisierungen in den Fabriken.

1847 *George Boole* (1815–1864), englischer Mathematiker und Logiker begründet die Algebra der Logik (Boole'sche Algebra), die heute als „Schaltalgebra" in der Computer-Entwicklung eine besondere praktische Bedeutung besitzt (vgl. Kap. III.3.).

1890 Der Deutsch-Amerikaner *H. Hollerith* führt bei der 11. amerikanischen Volkszählung die Lochkartentechnik ein. Die Auswertung erfolgte in einigen Wochen – statt in einigen Jahren, wie bei der vorausgegangenen Zählung.

1897 *F. Braun* entwickelt Kathodenstrahlröhre.

1918 *Ludwig Wittgenstein* (1889–1951) beendet sein Werk über Aussagenlogik „Tractatus logico-philosophicus".

1920 Entwicklung leistungsfähiger Büro-Lochkartenmaschinen (z. B. Firma Bull).

1924 IBM International Business Machine Company entsteht über Fusionen, u. a. über die 1896 von Hollerith gegründete „Tabulating Machine Company".

1936 *K. Zuse* (Bauingenieur) beginnt noch während seines Studiums in Berlin mit dem Bau einer Rechenanlage Z1, welche die stets wiederkehrenden Routine-Berechnungen der Statik automatisieren sollte. Seine theoretischen Ansätze wie ‚Plankalkül' und ‚funktioneller Befehlscode' sind noch heute aktuell.

1941 Die Deutsche Versuchsanstalt für Luftfahrt nimmt den Relaisrechner Z3 von Zuse in Betrieb. Er besteht aus Ein- und Ausgabeeinheit, Rechenwerk (600 Relais) und Speicher (64 Zahlen zu 22 Dualstellen, 2000 Relais). Der (noch) lineare Rechenablauf wird durch Programme gesteuert, die über „Lochstreifen" (gelochter Kinofilm) eingelesen werden. Je Sekunde können bereits 15 bis 20 arithmetische Operationen ausgeführt werden; eine Multiplikation dauert 4 bis 5 Sekunden. Das Modell Z4 arbeitet 1951–55 an der ETH-Zürich.

1944 *H. H. Aiken* entwickelt an der Harvard University den Relaisrechner MARK I. Der Rechner bestand aus rund 700000 Einzelteilen (Relais, Zählräder etc.). Das dual verschlüsselte Programm befand sich auf einem 24spurigen Lochstreifen. Die Addition zweier zehnstelliger Zahlen dauerte 0,3 Sekunden, die Multiplikation etwa 6 Sekunden.

1946 Der gebürtige Ungar *John von Neumann* (Mathematiker) entwickelt Fundamentalprinzipien einer Rechenanlage:
- Der Rechner besteht aus den Komponenten: Steuerwerk, Rechenwerk, Speicher, Ein- und Ausgabeeinrichtungen.
- Das steuernde Programm (Befehle) ist eine Kette logischer Binär-Entscheidungen (Ja-/Nein-Auswahl), die seriell, d.h. Schritt für Schritt abgearbeitet werden.
- Das Programm wird wie die Daten im Speicher abgelegt und von dort automatisch abgerufen (speicherprogrammiert).
- bedingte Befehle erlauben Sprünge bzw. Verzweigungen (nichtlineare Programmabläufe).

ab 1930 *W. Schottky* (Siemens) erforscht theoretische Vorarbeiten zu Halbleitern.

1936 *A. M. Turing* begründet in England die Theorie unendlicher Automaten.

1948 *Shannon* erarbeitet in seinem grundlegenden Buch „A Mathematical Theorie of Communication" eine syntaktische, mathematische Theorie der Nachrichtenübertragung.

1948 *Norbert Wiener* (1894–1964) begründet mit seinem Buch „Kybernetik-Regelung und Nachrichtenübertragung im Lebewesen und in der Maschine" den Begriff und die Wissenschaft von der Kybernetik.

1948 *W. Shockley, Brattain, W.* (Bell Tel. Lab., USA) und *J. Bardeen* entdecken den Transistoreffekt, wofür sie 1956 den Nobelpreis für Physik erhalten.

1958–61 *J. Kilby* (Texas Instruments, USA) entwickelt die ersten integrierten Schaltungen.

1.2 Rechner-Generationen

Auch wenn die Abgrenzungen immer wieder Schwierigkeiten bereiten, widerstehen Hersteller und Computer-Fachleute nicht der Versuchung, die Computer, auch inzwischen die Mikrocomputer, in Generationen einzuteilen. Damit soll auf dem breit gefächerten und schnellebigen Rechnermarkt Transparenz geschaffen werden. Zumindest erleichtert es dem Lernenden sich zu orientieren.

Datenverarbeitungsanlagen der 1. Generation
Zeit: ab 1946
Eigenschaften:
- Schaltungsaufbau aus Elektronenröhren
- Operationszeiten im Bereich von Millisekunden (ms) (1 ms = 1/1000 s)

Beispiele:
ENIAC (**E**lectronic **N**umerical **I**ntegrator and **C**omputer)
Dateneingabe durch Lochkarten
Programmwechsel durch austauschbare, gesteckte, verdrahtete Schalttafeln
Grundfläche: 140 m^2 Gewicht: 30 Tonnen
Die 17000 Röhren (Stromverbrauch: 174 kW) erforderten eine Klimaanlage, die mehr Strom als der Rechner selbst verbrauchte.
Fehlerfreie Arbeitszeit: ca. 45%
Rechenzeit: Multiplikation zweier zehnstelliger Zahlen: 2,8 ms

Z22 von der Fa. Zuse KG wurde ab 1955 vor allem an Hochschulen geliefert.
Magnet-Kernspeicher und Magnet-Trommelspeicher
Rechenzeit: Addition: 0,6 ms Multiplikation: 15 ms
IBM 650, ein Magnettrommel-Rechner wurde ab 1956 über eintausendmal ausgeliefert
Die Auslieferung von Rechnern an die Wirtschaft erfolgte ab etwa 1952. Deutsche Firmen begannen ab 1954 mit dem Bau von elektronischen Rechnern: Zuse KG, Siemens AG, Standard Elektrik Lorenz, VEB Carl Zeiss in Jena.

Datenverarbeitungsanlagen der 2. Generation
Zeit: ab 1957 wurde die industrielle Herstellung und die betriebliche Nutzung von Rechnern auf breiter Basis, d.h. die eigentliche „Datenverarbeitung" begonnen
Eigenschaften:
- Schaltungsaufbau aus Transistoren
- Operationszeiten im Bereich von 100 Mikrosekunden (µs) (1 µs = 1/1000 ms = 1/1000000 s = 10^{-6} s)
- geätzte Leiterplatten, bestückt mit „diskreten" (einzelnen) Bauelementen mit aktivem (Transistoren) und passiven Charakter (Dioden, Widerstände)

Die Eigenschaften des Transistors glichen die bisherigen Nachteile der Röhre aus: schnell, klein, leicht, wenig störanfällig, kein Vorheizen nötig, geringe Betriebsspannung, hohe Lebensdauer. Die internen Magnetkernspeicher wurden ergänzt durch externe Speicher: Magnetband, -platte und -trommel.

Beispiele:
Siemens 2002: volltransistorisierter Rechner
(Addition: 90 µs, Multiplikation: 120 µs)
IBM 1400 Serie (ca. 1300 Additionen je Sekunde)
TR4 von AEG-Telefunken

Datenverarbeitungsanlagen der 3. Generation
Zeit: ab 1964
Eigenschaften: – Schaltungsaufbau aus Moduln bzw. integrierten Schaltungen
– Operationszeiten im Bereich der Mikrosekunden (µs)
Die Entwicklung immer kleinerer Schaltelemente verkürzte die Stromwege und erhöhte damit die Operationszeiten. In einer ersten Entwicklungsphase (Hybrid-Technik) wurden Module verwendet, in denen „planar" (d.h. flach) hergestellte Einzel-Transistoren, -Dioden und -Widerstände über geätzte Leiterzüge verbunden waren. In einer weiteren Phase (Monolith-Technik, ab 1972) konnten auf Plättchen von ca. 2 mm Kantenlänge aus dem Halbleitermaterial Silizium bis zu 700 aktive und passive Bauelemente einschließlich ihrer Verbindungen integriert werden. Durch Ätzverfahren werden in hochgezüchtet homogenen, d.h. gleichmäßig aufgebauten Siliziumkristallen Gebiete mit Transistor- und Widerstandsfunktionen erzeugt. Aufdampfverfahren bauen dann dazwischen metallische, d.h. leitende Verbindungen auf. Diese Techniken nennt man Mikrominiaturisierung. Kompakte Bauweise (nur noch etwa 1/100 des Raumbedarfs), kurze Schaltzeiten, hohe Betriebssicherheit (u.a. durch Verzicht auf Lötstellen) und weitgehend automatisierte Fertigung sind die Vorteile.
Die Rechner der 3. Generation lassen sich jedoch nicht allein durch den Stand der Schaltungstechnologie charakterisieren. Weitere Merkmale gewinnen an Bedeutung, vor allem die Betriebsart und die sogenannte Aufwärtskompatibilität. Die technische Leistungsverbesserung der Rechner der 3. Generation wird noch gefördert durch neuartige, flexible Betriebsarten, wie: Multiprogramming und online-Betrieb (vgl. V 3.).

Typisch für die Rechner der 3. Generation ist ferner das Modellangebot in sogenannten *Familiensystemen.* Das kleinste Modell einer solchen Rechnerfamilie kann baukastenförmig bis zum größten Modell erweitert werden. Erweiterungsteile, z.B. Speicherkomponenten, ermöglichen diesen stufenweisen Ausbau. Diese *Gerätekompatibilität* wird durch eine *Programmkompatibilität* unterstützt. Die Programme des Anwenders bleiben auch für die jeweils nächstgrößeren Rechnermodelle einsetzbar – meist jedoch mit gewissen Anpassungen. Der Befehlsvorrat der kleineren Modelle ist eine Untermenge des Vorrats der größeren Modelle innerhalb einer Rechnerfamilie. Beispiele für derartige Rechner-Familien sind: CDC 3000, CII Iris, IBM/360, ICL 1900, NCR-Century, Siemens 4004, UNIVAC 9000.

Datenverarbeitungsanlagen der 4. Generation
Schon die Rechner der 3. Generation können nicht mehr allein durch das Merkmal ‚Technologie der Schaltelemente' abgegrenzt werden. Erst recht gilt dies für die von Fachleuten ursprünglich ab etwa 1975 erwarteten Rechnerfamilien der 4. Generation. Eine berechtigte Skepsis macht sich inzwischen breit, ob in Zukunft überhaupt noch von deutlich abgrenzbaren ‚Rechner-

generationen‘ gesprochen werden kann. Ursprünglich zum Teil als 4. Generation verstandene Anlagen bezeichnet man inzwischen auch als Vorgänger-, Zwischen- oder 3-plus-Generation. Dazu zählen beispielsweise die Serien: Burroughs 1700, CDC Cyber, IBM/370, NCR Criterion, Siemens 7700, UNIVAC 90. 1975 stellte IBM das mit 1 Milliarde Dollar Investition vorangetriebene Projekt ‚Future System‘ zurück.

Zu diesem Merkmalskatalog zählt natürlich auch die weitere Verbesserung der Schaltungstechnologie. Die verstärkte Miniaturisierung führt zu integrierten Großschaltungen (LSI = Large Scale Integration oder VLSI = Very LSI) mit über hundert bis mehreren tausend Schaltkreisen pro Chip (Siliziumplättchen von einigen Quadratmillimetern). Die Operationszeiten liegen im Bereich der Nanosekunden; das bedeutet: 10 bis 50 Millionen Operationen pro Sekunde. Zur Veranschaulichung und Begründung für den Zwang zur kompakten Bauweise diene folgende Datenangabe: in 10 Nanosekunden (ns) legt das Licht 3 m zurück. Die Großrechner Cray-1 bzw. X-MP von Cray Research leisten 200 bzw. 400 Mio. Rechenoperationen pro Sekunde, bei einer Zykluszeit von 9,5 ns; der Superrechner Cyber 205 von Control Data soll sogar 800 Mio. Operationen pro Sekunde erreichen.

Beispiele für Universal-Rechner (Mainframe), die zum Teil als Familiensysteme ihre Speicher- und Ein-/Ausgabeeinheiten baukastenförmig erweitern können, sind auf dem heutigen Rechnermarkt:

Burroughs B 19xx, CDC Cyber, Digital Equipment VAX 11, Honeywell Bull S 6x, IBM 43xx (4321 bis 4381), 308x, ICL 29xx, NCR 8000, Nixdorf 88xx, Prime 550, Siemens 7.5xx, 7.7xx, 7.8xx, Sperry 1100.

Über die Schaltungstechnologie hinaus erweisen sich immer mehr weitere Merkmale, insbesondere solche der Rechnerarchitektur als prägend für neuere Rechnersysteme, unter anderem:

- Halbleiterspeicher und andere externe Massenspeicher (vgl. IV2.1)
- variable Mikroprogrammierung (Mikrocode) (vgl. I 3.6.1)
- Mehrprozessor-Architekturen (vgl. V 3.7)
- Vernetzung, incl. unter Einschluß von Mikrocomputer; dezentral, verteilte Datenverarbeitung (distributed data processing) (vgl. V 3.8)

Obwohl also die Leistungssteigerung von Rechnergeneration zu Rechnergeneration nicht allein durch die schaltungstechnischen Verbesserungen beschrieben werden kann, liefern die folgenden Kennzahlen doch ein gewisses Bild dieser Entwicklung:

ab	Generation	Schaltelemente	Operationszeit (etwa)	relative Rechenzeit
1941	0	Relais	100 ms	1 000 000
1946	1	Röhren	1 ms	10 000
1957	2	Transistoren	100 µs	1 000
1964	3	Monolithe	1 µs	10
1980	(4)	LSI, VLSI	(10 –) 100 ns	1

Abb. I2: Vereinfachter Vergleich der Computer-Generationen

Natürlich stellt sich dem kritischen Beobachter die Frage, ob weitere Erhöhungen der Rechnergeschwindigkeit nicht zum Selbstzweck der Entwicklungsexperten entartet. Neben subjektiven Motiven der Konstrukteure und den Konkurrenz-Interessen der Hersteller üben natürlich objektive Gründe einen großen Entwicklungsdruck aus. So können viele komplexe und rechenintensive Aufgaben, wie Wetter- und Klimavorhersagen, Flugsimulationen, reaktortechnische Berechnungen, vor allem aber auch Probleme der ‚Künstlichen Intelligenz' (KI) nur mit Rechnersystemen einer neuen Generationen gelöst werden.

5. Computer-Generation

Die im Oktober 1981 in Tokio durchgeführte ‚International Conference on 5th Generation Computer Systems' machte die vielfältigen Forschungsansätze zur Entwicklung von Rechnern der 5. Generation virulent und öffentlichkeitswirksam. Die Japaner lösten damit weltweit eine Diskussion über Entwicklungsformen, Machbarkeit und Nutzungsmöglichkeiten von Rechnern der 5. Generation aus, indem sie die diversen Ansätze in ein strategisches 10-Jahresprogramm verdichteten. Es strebt u. a. sehr hoch integrierte Schaltungen (VLSI) mit bis zu 1 Million Transistor-Funktionen pro Chip und Operationszeiten von ca. 1000 MIPS sowie 100 Mio. LIPS (= Logical Instructions Per Second) an. Dennoch kann die 5. Computer-Generation nur zu einem kleinen Teil aus ihrer Schaltungstechnologie heraus definiert werden. Charakteristische Merkmal dürfte die Systemarchitektur sein; sie ist als ‚Non-von Neumann'-Architektur (vgl. I1.1) zu bezeichnen. Der sequentielle Programmablauf wird zugunsten einer parallelen Arbeitsweise verlassen, indem eine Vielzahl von Prozessoren (= Rechnerkerne) parallel und vernetzt zusammenarbeiten. Ferner führen die Rechner außer den arithmetischen Operationen auch symbolische Manipulationen und logische ‚Folgerungen' (inference, reasoning) in Form von Argumentationsketten aus. Drei Ziele oder Arbeitspakete zeichnen sich ab:

a) Ein Subsystem, mit dem nicht-numerisches Wissen gespeichert und wiederaufgefunden werden kann (knowledge base managing subsystem).

b) Ein Subsystem, mit dem Problemlösungen gefunden werden können, indem anhand von logischen Regeln Selektionen (Auswahl) und Folgerungen auf der Basis der Wissensspeicherung durchgeführt werden können.
c) Methoden und Verfahren zur Verbesserung der Mensch-Maschine-Kommunikation mit Hilfe interaktiver, natürlicher Sprachen.

Eine Reihe von theoretischen Ansätzen und praktischen Experimenten gehen diesen strategischen Zielen voraus und begründen die Erwartung, sie zu verwirklichen:

- Versuche im Bereich der ‚Künstlichen Intelligenz' (AI = Artificial Intelligence) seit etwa 25 Jahren.
- Die Programmiersprachen LISP und PROLOG für die Verarbeitung von Symbolen.
- Vorschläge für Datenflußrechnern (data flow computers), die aus bis zu 1 Mio. Prozessoren mit jeweils eigenem Speicher aufgebaut sein sollen. Die Daten sollen nicht mehr (nur) von adressierten Speichern abgerufen werden, sondern würden an den einzelnen Prozessoren und den dortigen Programmen ‚vorbeiströmen'; diese Parallelarbeit könnte die Rechengeschwindigkeit besonders erhöhen.
- Experimente mit Mehrprozessor-Rechnersystemen wurden an verschiedenen Universitäten in USA und England erfolgreich abgeschlossen. Ferner liegen Erfahrungen mit ersten ‚relationalen Datenbank-Rechnersystemen' (z. B. IBM/38) vor.

Eigenständige Rechner-Entwicklungslinien
Parallel zu den vier Generationen von Universalrechnern (Mainframe) entwikkelten sich einige Rechnertypen mit einer gewissen Eigenständigkeit: die Mittlere Datentechnik, Prozeßrechner (Minicomputer), Mikrocomputer und dedizierte Rechnersysteme.

Mittlere Datentechnik (MDT)
Bereits seit den 30er Jahren können Versuche beobachtet werden, dem Prinzip der starken Arbeitsteilung, wie es von der konventionellen Lochkartentechnik vorangetrieben wurde, die Idee der direkten Dateneingabe, wie sie in Buchungs- und Fakturiermaschinen üblich war, entgegenzustellen. Heutige Formen der quellennahen Datenerfassung kehren zu dieser Idee zurück. Bis in die 60er Jahre boten sich dem Anwender einerseits die klassische Büromaschinentechnik, andererseits die Lochkartentechnik in ihrem Übergang zur (elektronischen) Computertechnik an. In die Lücke dazwischen versuchten – wie sich zeigt erfolgreich – verschiedene Unternehmen mit zunehmend funktionsreicheren ‚Abrechnungsautomaten', der sogenannten Mittleren Datentechnik (MDT), vorzustoßen. Ihre ‚mittlere' technologische Stellung zeigen diese MDT-Rechner,

indem sie einerseits mit (fortentwickelten) Gerätekomponenten aus der Büromaschinentechnik ausgerüstet wurden: Tastatureingabe, Formulartransport und Druckwerke. Andererseits zeigten sie Merkmale der Computertechnik, wie: Elektronische Baugruppen, neue Speichermedien und interne Programmsteuerung. Besondere Bedeutung für die kombinierte Ein-/Ausgabe und die Karteiverwendung gewann eine eigenständige Entwicklung der MDT, das Magnetkonto. Kontokarten sind parallel zum seitlichen Kartenrand mit Magnetstreifen versehen. Die Magnetkontokarte kann also optisch und magnetisch beschrieben und gelesen werden. MDT-Hersteller waren Burroughs, Kienzle, NCR, Nixdorf, Olivetti, Philips, Taylorix und Triumph-Adler.

Minicomputer

Ein anderer, ebenfalls eigenständiger Zweig der Datenverarbeitungstechnik entstand aus der Entwicklung spezialisierter Computer für die Überwachung technischer Prozesse (vgl. VI 2.2.8). Diese schnellen Minicomputer werden deshalb auch Prozeßrechner genannt. Ihr Kaufpreis liegt zwischen 50000 und 500000 DM. Anpassungen in der Rechnerstruktur und in den Programmiersprachen eröffnen ihnen zunehmend auch kommerzielle Aufgabenstellungen. Neue Technologien, wie hochintegrierte Schaltungsbaugruppen, können bei der Produktion dieser Minicomputer schneller aufgegriffen werden als bei den großen Universalrechnern der 3. bzw. 4. Generation. Beispiele für Minicomputer: Alpha LSI von Computer Automation, Nova von Data General, PDP 11-Familie von Digital Equipment, Argus-Familie von Ferranti, FPS 164,264 von Floating Point Systems, 9000-Familie von Hewlett-Packard, IBM System/1, EPR-Serie von Krupp Atlas Elektronik, ND Dietz, 300- und R-Familie von Siemens.

Mikrocomputer

Die Mikrocomputer wurden Anfang der 70er Jahre entwickelt. Der hohe Integrationsgrad der Schaltungstechnik und die Massenproduktion derartiger Integrierter Schaltungen ermöglichten ihr Angebot. Die Mikrocomputer zeigten von Modell zu Modell Leistungssteigerungen bei stark fallenden Verkaufspreisen. Die Operationszeiten liegen inzwischen schon im µs-Bereich. Das Preisspektrum liegt zwischen 500 und 1500 DM für einen Heimcomputer (Homecomputer) und 3000 bis 15000 DM für einen Personal Computer – je nach Konfiguration und Ausstattung. Vor allem seit Anfang der 80er Jahre sorgen die Mikrocomputer für viel Dynamik und zum Teil auch für Irritationen auf dem Rechnermarkt. Eine Vielzahl von Firmen-Neugründungen im Bereich der Mikrocomputer ließen diesen Markt zum Inbegriff von Innovation und ungewohntem Wachstum werden. Risikokapital fließt in Neugründungen, von denen einige trotz guter Produkte infolge Expansion, Preisverfall und Abhängigkeit von Zulieferern in Liquiditätsschwierigkeit gerieten. Die schnellebige Entwicklung ist nach wie vor im Gange. Ein kurzer Abriß der Geschichte der Mikrocomputer kann einige wichtige Stationen dieser Entwicklung benennen:

1970 Intel kündigt den 4 Bit-Mikroprozessor 4004 an
1974 Intel bietet den 8 Bit-Mikroprozessor 8080 an
1975 Der Mikrocomputer Altair 8800 wird eingeführt
Die ersten Computer-Clubs entstehen in den USA
1976 Zilog kündigt ihren Z80 Mikroprozessor an
Apple durch Steve Wozniak und Steve Jobs gegründet
Radio Shack beginnt Mikrocomputer zu entwickeln
1977 Commodore bietet den von Chuck Peddle entwickelten PET an
Apple II und Radio Shack TRS-80 angekündigt
1978 Atari kündigt die Mikrocomputer 400 und 800 an
1979 MicroPro kündigt das Textverarbeitungsprogramm WordStar an
1980 Sinclair bietet mit ZX80 den ersten Rechner unter $ 200 an
Digital Research führt das Betriebssystem CP/M-86 ein
1981 Osborne bietet den ersten tragbaren (portable) Computer an
Commodore kündigt den VC-20 an
Chuck Peddle entwickelt den 16 Bit-Rechner Victor 9000/Sirius 1
Microsoft bietet das Betriebssystem MS-DOS/PC-DOS an
IBM kündigt ihren ersten Personal Computer IBM-PC (16-Bit) an
1982 Commodore kündigt VC 64 an
Epson bietet den HX-20 als Aktenkoffer-Rechner (‚handheld‘)
Erste integrierte Software-Pakete: z.B. Lotus 1-2-3
1983 IBM bietet PC-XT (extended) und PCjr (Junior) an
Androbot kündigt die ersten Heimroboter mit Mikroprozessor an
1984 Apple bietet den grafikorientierten Rechner Macintosh an
IBM PC-AT (Advanced Technologie) und Kompatible werden angeboten
1985 Die Vernetzung der PCs untereinander und mit Großrechnern sowie ihr Einsatz für die Telekommunikation wird ausgeweitet

Trotz ihrer kurzen Geschichte, unterscheidet man bereits mehrere Generationen von Mikrocomputer. Die Einteilung richtet sich danach, wieviele Datenelemente (Bit) im jeweiligen Mikroprozessor gleichzeitig, parallel transportiert und verarbeitet werden. Vergleichbar der Generationeneinteilung bei Großrechnern gelten aber ab der 3. und 4. Mikrocomputer-Generation außer der Schaltungstechnik weitere Merkmale (z.B. Vernetzungsfähigkeit) als wichtig für die Gruppierung.

Generation	Beginn	Mikroprozessor	Beispiele
0.	1971	4 Bit-MP	(INTEL 4004-Prozessor)
1.	1975	8 Bit-MP	Commodore VC 64, Apple II
2.	1980	16 Bit-MP	IBM: PC-XT/-AT, VICTOR: Sirius DEC: Rainbow, NCR: Decision Mate
3.	1983	32 Bit-MP	FORTUNE, APPLE: Macintosh ATARI: 520 ST, Commodore: Amiga

Abb. I 3: Mikrocomputer-Generationen

Dedizierte Rechnersysteme
Mit der schnellen Entwicklung der Mikroelektronik, insbesondere der starken Verbesserung des Preis/Leistungsverhältnisses von Mikroprozessoren, weitet sich der Nutzungsbereich sehr aus. Immer mehr Sonderanwendungen verlangen danach, die Leistungsfähigkeit der preiswerten Mikroelektronik-Baugruppen flexibel zu nutzen. Mikrorechner für Spezialaufgaben, sog. dedizierte Systeme entstehen – z.T. aus handelsüblichen Baugruppen. Die Beispiele reichen vom Uhren-Chip, Spiel- und Schachcomputer über Haushalt (Waschmaschinensteuerung), Konsumelektronik (Fernsehlogik) und Autocomputer zu intelligenten Laborsystemen, Produktionsroboter und Navigationsrechnern. Neben dem universell für kaufmännische und wissenschaftlich-technische Aufgaben einsetzbaren Groß-, Mini- und Mikrocomputer dürften in den nächsten Jahren immer mehr dedizierte Systeme in der Praxis entstehen. Diese Entwicklung zeigt nur, daß informationsverarbeitende Mikroelektronik in nahezu alle technischen Geräte einbezogen werden kann – wie früher Energie und Antriebskomponenten.

1.3 Rechnermarkt

Geschwindigkeit und Vielfalt der Veränderungen im Bereich der Datenverarbeitung verlangen nach Methoden, diese Veränderungen durchschaubar zu machen. Im Vergleich etwa zu den ausgefeilten Statistiken des Automobilsektors wirken die statistischen Aussagen in der Datenverarbeitungsbranche geradezu unterentwickelt. Manch ein Hersteller, nicht zuletzt der Marktführer, hält sich mit Daten über Installationszahlen, Modellausstattungen, Lebensalter der Modelle usw. stark zurück. Die vorhandenen Statistiken über den sehr dynamischen Rechnermarkt, der so unterschiedliche Leistungen wie Hardware (Rechnergeräte), Software (Programme) und andere Dienstleistungen (Service) umfaßt, sind oft sehr punktuell und werden meist nicht periodisch fortgeschrieben. Ferner steht der Transparenz auch entgegen, daß heute die Klassifizierung der Rechnerangebote und -einsätze kaum noch nach einsichtigen und aussagefähigen Kriterien möglich ist.

Bis zur 3. Generation erfolgte die Unterscheidung nach der Entwicklungsstufe der *Schaltungstechnologie* (Relais, Röhren, Transistoren, Integrierte Schaltkreise). Ein anderer Unterscheidungsversuch orientierte sich an den *Anwendungsschwerpunkten* der jeweiligen Rechnergattungen:
- kommerzielle Direktverarbeitung (MDT = Mittlere Datentechnik)
- Prozeßregelung (Minicomputer)
- technisch-wissenschaftliche Sonderanwendungen (vor allem: Großrechner, ‚Jumbo-Computer')
- universelle betriebliche Anwendungen, insbesondere aber kommerzielle Aufgaben (‚Universal-Rechner', ‚Mainframe').

Diese Art der Unterscheidung für eingesetzte Rechner wurde zunehmend problematisch, da die Tendenz zu universellem Einsatz aller Modellarten wuchs; so lösen beispielsweise Minicomputer auch kommerzielle Aufgaben.

Ähnlich problematisch bleibt die Klassifizierung nach *,der Größe'*. Immerhin bieten sich verschiedene Größenzahlen an, insbesondere ,Speicherkapazität' und ,Wert' (Monatsmiete oder Kaufpreis). In der Praxis findet man Größenbezeichnungen wie: Taschen-, Tischrechner, Mikroprozessoren, Heimcomputer, Aktentaschen- (handheld), tragbare (portable) und Personal Computer, Mikro-, Supermikro-, Mini-, Supermini-, Midi-, Groß- und Jumbo-Computer. Infolge der baukastenförmigen Familiensysteme verlor das Merkmal ,Speicherkapazität' seine Abgrenzungsbedeutung. In der Zukunft dürfte eine Klassifizierung der Rechner nach der Struktur und Anordnung ihrer Geräte und Komponenten, nach der sogenannten *,Rechner-Architektur'* (vgl. V 3.7), eine Rolle spielen.

Die Diebold-Statistik nennt für den 1.1.1985 einen Gesamtwert aller von ihr erfaßten Datenverarbeitungssysteme in der Bundesrepublik Deutschland eine Summe von ca. 60 Milliarden DM. Dabei differenziert die Statistik einerseits nach 10 Kaufpreis-Größenklassen (bis 25, 50, 100, 250, 500 TDM, 1, 2, 4, 8, ab 8 Mio. DM) und andererseits nach 5 Produktgruppen:

Produktgruppen		Klasse
A	Standardcomputer (Universelle Computersysteme)	5–10
B	Prozeßrechner, Minicomputer	1– 8
C	Bürocomputer	2– 4
D	Mikrocomputer (Heim-, Personal Computer)	1
E	Terminalsysteme	1– 5

Abb. I 3: Klassifikationsschema der Diebold-Statistik

Die Zahl der Standardcomputer erhöhte sich von 1700 in 1965 auf etwa 17000 in 1985.

Im Jahr 1986 sollen in der Bundesrepublik Deutschland über 2 Millionen Mikrocomputer installiert sein, wobei sich etwa ein Verhältnis 2 : 1 für Heimcomputer zu PC ergibt. 1984 wurden in Westeuropa etwa 0,8 Mio. Personal Computer im Wert von 3,2 Mrd. Dollar verkauft, für 1990 sind 3 Mio. mit 10 Mrd. Dollar vorhergesagt. Bisher wurden noch etwa zwei Drittel der Mikrocomputer im privaten Bereich genutzt, die Verlagerung auf die kommerziellen Anwendungen zeichnet sich ab. Der Kundenmarkt für Mikrocomputer ist weit, er reicht von Spiel- und Fortbildungsinteressierten über Schulen und Hochschulen, Freiberufler, Klein- und Mittelbetriebe bis zunehmend auch zu Großunternehmen. Man schätzt, daß erst etwa 3% des derzeitigen Marktpotentials durchsetzt ist. Zweistellige Zuwachsraten bleiben wohl weiterhin erhalten.

Über 200 Anbieter, von denen nur jeder zehnte über 5% Marktanteile erreicht, verkaufen etwa 500 MC-Modelle. Anbieter von sogenannten 8-Bit-Mikrocomputer sind u.a. Apple, Commodore, Tandy, Sinclair, Atari, Acorn, Thomson. 16-Bit-Mikrocomputer liefern u.a. IBM, Victor (Sirius), Olivetti, DEC, NCR, Wang, Sperry und die deutschen Hersteller Nixdorf, Olympia, Triumph-Adler und Siemens. Der Mikrocomputer-Verkauf erfolgt über sehr viele, unterschiedliche Kanäle: Direktverkauf der Hersteller, an den Hersteller gebundener und ungebundener Fachhandel (Computershops), Bürofachhandel, Versandhandel, Elektronik-/Radio-Fachhandel, Kaufhäuser, System- und Software-Häuser. Eine Reihe von Fachverbänden bieten den Anwendern eine Interessenvertretung an. Nahezu in jeder größeren Stadt entstanden Computer-Nutzer-Clubs.

Die Produktion der deutschen Computer-Industrie wuchs 1983 um 27% auf 8,2 Mrd. DM; sie beschäftigte Mitte 1984 65000 Mitarbeiter, 7,2% mehr als im Vorjahr. Der Software-Umsatz lag für 1983 bei 5 Mrd. DM. Die Computer-Service-Industrie (Software-Entwicklung, DV-Beratung, Rechenzentrumsdienste) erreicht in der Bundesrepublik Deutschland 0,17% des Bruttosozialprodukts, im westeuropäischen Durchschnitt 0,27% und in den USA 0,43%.

Die Abb. I 4 zeigt die Rangfolge der führenden Computer-Hersteller, gebildet aus dem DV-Jahresumsatz 1983 in Europa. Berücksichtigt wurden Datenverarbeitungsanlagen einschließlich Mikrocomputer, rechnergekoppelte Peripheriegeräte, Terminals, Software, Dienstleistungen, Wartung und Reparatur. Die Daten zeigen die bekannte Abhängigkeit Europas von Computer-Herstellern, deren Unternehmens-Hauptsitz nicht in Europa liegt. Europäische Hersteller kontrollieren weniger als 40% ihres Heimmarktes. Etwa 70% der europäischen DV-Produktion kommt von nichteuropäischen Unternehmen. Der europäische Markt beträgt knapp 30% des Weltmarktes für informationstechnologische Produkte; die Hersteller in europäischem Besitz kontrollieren jedoch nur 15% des Weltmarktes.

Rang	Unternehmen	Land	Umsatz	Rang	Unternehmen	Land	Umsatz
1	IBM	USA	10,76	14	Honeywell	USA	0,48
2	Bull	F	1,38	15	Wang	USA	0,35
3	Siemens	D	1,38	16	Thomson-CSF	F	0,34
4	Olivetti	I	1,31	17	Ericson	S	0,33
5	Digital	USA	1,11	18	Kienzle	D	0,28
6	ICL	UK	1,02	19	Thorn EMI	UK	0,22
7	Burroughs	USA	0,98	20	Rank Xerox	USA	0,21
8	Nixdorf	D	0,92	21	Ferranti	UK	0,20
9	Philips	N	0,86	22	Amdahl	USA	0,18
10	Hewlett P	USA	0,81	23	Plessy	UK	0,18
11	Sperry	USA	0,71	24	ITT	USA	0,17
12	NCR	USA	0,78	25	Data General	USA	0,16
13	Control Data	USA	0,62	–	Triumph Adler	D	0,13

Abb. I 4: Rangfolge der führenden Computer-Hersteller
(nach DV-Jahresumsatz 1983 in Europa in Mrd. $; Q: Datamation)

Der durchschnittliche Umsatzzuwachs im Jahr 1983, gebildet aus jeweils den etwa zehn führenden US-Computer-Herstellern in den vier Gruppen, beträgt:

Mikrocomputer:	73,3%	Minicomputer:	14,5%
Bürosysteme:	21,3%	Mainframe-Computer:	8,2%

Diese Wachstumsraten zeigen die Verlagerung der Expansion auf die kleinen Rechnersysteme. In den letzten zehn Jahren zeigte sich bei Großrechnern ein Preisverfall von über zehn Prozent jährlich. Für 1986 wird ein Anteil von über 30% für Mikrocomputer am Lieferwert der Computer-Hardware erwartet. Schon richten sich einige Hersteller auf eine mögliche Strategie mit nur zwei Produktlinien (Groß- und Mikrocomputer) ein.

Der Halbleiterproduktion in der Mikroelektronik kommt eine Schlüsselrolle bei der Entwicklung des Rechnermarktes zu. Während in den USA und Japan etwa 90% der verarbeiteten Halbleiterprodukte von jeweils inländischen Lieferanten stammt, wird in Europa jedes zweite Produkt importiert. Der Inlandsmarkt für integrierte Schaltkreise (IC) in der Bundesrepublik Deutschland erreichte mit einer Wachstumsrate von 54% im Jahr 1984 2,4 Mrd. DM im Rahmen des 10 Mrd. DM-Marktes für elektronische Bauelemente insgesamt.

Die heutigen Rechnerhersteller fanden auf unterschiedlichen Wegen zu dem Rechnermarkt:

- über Bürogeräte-Herstellung (seit 1. Generation: Universal-Rechner)
- über Bürogeräte-Herstellung (parallel zur 3. Generation: Magnetkonten-Rechner MDT)
- über Regelungstechnik (Prozeßrechner-Hersteller)
- über Schaltelement-Hersteller (insbesondere seit mit der 3./4. Generation die Bedeutung der Integrierten Schaltkreise wuchs)
- über sogenannte Peripheriegeräte-Herstellung (z.B. ausgehend von der Magnetband-Produktion)
- über Software-Entwicklung (z.B. Standard-Programme, Systemhäuser)
- über die Nachrichtentechnik (z.B. Datenfernverarbeitung).

Das Anwachsen der Marktchancen für kleinere Rechner unterschiedlichster Ausstattung bot immer neuen Herstellern die Möglichkeit, sich auf dem DV-Markt zu versuchen. Ein Beispiel für eine überaus erfolgreiche Neugründung ist die Intel Corp., die 1968 von zwei Fairchild-Mitarbeitern gegründet wurde, bereits fünf Jahre später einen Jahresumsatz von 23,4 Mio. Dollar erzielte und heute zu den führenden Mikroprozessoren-Herstellern zählt. Bekannt sind die vielen sogenannten ‚Garagengründungen' in Kalifornien, wie die Mikrocomputer-Firma Apple. Die Konzentration der Mikroelektronik-Firmen im ‚Silicon Valley' südlich von San Francisco wird von anderen Ländern imitiert. So wurde etwa 80% der britischen Mikroelektronik-Industrie, insbesondere die Halbleiterproduktion in der Landsenke „Silicon Glen" in Schottland konzentriert. In Taiwan, Honkong und Singapur entstanden in den letzten Jahren viele Mikroelektronik-Produktionen; der Mikrocomputer-Nachbau (z. B. von Apple-Modellen) ohne Entwicklungskosten und bei Niedriglöhnen ermöglichte es ihnen, die US-Originalpreise um 15–50% zu unterbieten.

In der Bundesrepublik Deutschland wetteifern die Länder mit der Gründung von Technologie-Parks, Innovations- und Transferzentren. Bereits in den drei Datenverarbeitungs-Förderungsprogrammen von 1967 bis 1979 strebte das Ministerium für Forschung und Technologie die breite Anhebung des Wissensstandes in der Schlüsseltechnologie ‚Datenverarbeitung' an. Für Hochschulen, Ausbildung, DV-Anwendungen, Forschung und Entwicklung in der Industrie wurden Förderungsmittel mit einem Gesamtbetrag von 3,5 Mrd. DM bereitgestellt. Die Zweckmäßigkeit der Mittelverteilung, vor allem aber die direkte Subventionierung einiger weniger Großunternehmen war umstritten. Eine Studie untersuchte die Wirkungen der drei Förderungsprogramme. Auf europäischer Ebene beteiligt sich die Bundesrepublik Deutschland an dem Forschungsförderungsprogramm ESPRIT.

Nach wie vor hält das Unternehmen IBM in den USA, im Weltmarkt und in den meisten Regionalmärkten die Rolle des dominierenden Marktführers. Dem Umsatz nach steht IBM sowohl beim Mainframe- als auch dem Mikrocomputer an Platz eins. Mit dem erst 1981 angekündigten IBM Personal Computer errang IBM bereits 1984 ein Drittel Marktanteil – in Europa jedoch mit Verzögerung, wo der 16-Bit-Rechnermarkt von Sirius (Victor) vorbereitet wurde. Mit dem IBM Personal Computer setzte IBM einen Industriestandard, wenngleich nicht auf neuestem technischen Niveau (Bildschirm, Tastatur und kleine Diskettenkapazität gaben zu Kritik Anlaß). Ein ganzer Markt sogenannter IBM-kompatibler Mikrocomputer entstand. Die frühzeitige Offenlegung der Rechnerspezifikationen durch IBM ermöglichte diesen und den zugehörigen Software-Markt. Bei den zwei früheren starken Marktbewegungen durch die neuen Rechnerfamilien /360 (1964) und 4300 (1979) zeigte sich das Unternehmen verschlossener bezüglich interner Rechnerstrukturdaten, wie dem Microcode. Schon zum System /360 entstand durch die Vorarbeiten von Gene Amdahl ein Markt kompatibler Rechner (PCM = Plug Compatible Manufacturer), die software-verträglich und damit Konkurrenten waren.

Das in 130 Ländern verkaufende und zum Teil produzierende Unternehmen erzielte 1983 mit einem Umsatz von 40 Mrd. Dollar einen Gewinn von 5,5 Mrd. Dollar; etwa ein Viertel des Umsatzes wird in Europa gemacht. Zum Jahresende 1983 waren weltweit 369000 Mitarbeiter beschäftigt.

Die dominierende Marktstellung der IBM forderte in den letzten 15 Jahren Konkurrenten und auch staatliche Stellen zu immer neuen Gegenstrategien heraus. Mehrere der Antitrust-Verfahren gegen IBM endeten mit einem außergerichtlichen Vergleich (Consent Decree); so zahlte IBM 1973 an die Control Data

Corporation 250 Mio $. Die amerikanische Regierung beendete nach 13 Jahren ein 1969 gegen IBM eingeleitetes Verfahren. Auch mit der Kommission der Europäischen Gemeinschaft kam 1984 ein Vergleich über die Veröffentlichung von Rechner-Schnittstellen zustande.

Seit einem Consent Decree zwischen dem amerikanischen Justizministerium und dem Unternehmen AT&T (American Telephone & Telegraph) im Januar 1982 tritt weltweit ein neuer starker Konkurrent (Umsatz 1981: 58 Mrd. $) in den Computer-Markt ein. AT & T trennte sich von 22 regionalen Tochterfirmen und darf wieder international und in der Computer-Branche tätig werden; 1925 hatte das Unternehmen im Gegengeschäft zum US-Telefonmonopol auf das internationale Geschäft – zugunsten ITT (International Telephone & Telegraph) – verzichtet. AT & T verfügt über umfassende Erfahrungen in der Telekommunikation (Nachrichtentechnik), behält das leistungsstarke Forschungszentrum der Bell-Laboratorien und arbeitet inzwischen mit Olivetti und Philips in Europa zusammen.

Auf die erfolgreichen Anstrengungen bei der Rechnerentwicklung in Japan ging bereits das Kapitel über die 5. Rechnergeneration ein.

Aufgaben zu I 1

(1) Vorteil des (heute üblichen) Hindu-Arabischen Zahlensystems gegenüber dem Römischen Zahlensystem ist:
 a) Einführung der Null und der Stellenschreibweise
 b) Einführung des Dezimalsystems
 c) Einfache Durchführung der Multiplikation

(2) Was bedeutet der Begriff ‚Abacus'?
 a) Name einer Herstellerfirma von Rechnern
 b) Name eines Code für die interne Darstellung von Daten
 c) Handrechengerät der Römer

(3) Wer war Hollerith?
 a) Erfinder des Rechenschiebers
 b) Erfinder der Lochkartentechnik
 c) Konstrukteur der ersten Relais-Rechner

(4) Nach welchen Kriterien unterscheidet man die Rechner der 1., 2. und 3. Generation?
 a) danach, ob sie im Dual-, Binär- oder Dezimalsystem arbeiten
 b) nach der Kapazität der Speicher
 c) nach der Schaltungstechnik (Röhren, Transistoren, integrierte Schaltkreistechnik)

(5) Wie groß ist die Schalt-(Operations-)Zeit bei Rechnern der 3. Generation?
a) ca. 1 $\mu s = 10^{-6}$ s
b) ca. 100 $\mu s = 10^{-4}$ s
c) ca. 10 ms $= 10^{-2}$ s

(6) Unter ‚Kompatibilität' eines neuen Rechnermodells versteht man:
a) daß die Gerätekomponenten und die Programme des bisherigen Modells auch für das neue Modell eingesetzt werden können.
b) daß kompakte integrierte Schaltkreise als Technologie des Modells verwendet werden.
c) daß ein Rechnermodell der 4. Generation ein solches der 3. Generation ablöst.

(7) Die Mittlere Datentechnik MDT hat ihren Ursprung vor allem in:
a) der Prozeßrechentechnik
b) der Schaltelemente-Elektronik
c) der Büromaschinentechnik

(8) Welche der folgenden Aussagen zum Mikrocomputer ist/sind richtig?
a) Die ersten Mikrocomputer wurden etwa ab 1970 entwickelt
b) Mikrocomputer werden nach der Anzahl gleichzeitig verarbeitbarer Datenelemente (Bits) in Generationen eingeteilt
c) Mikrocomputer werden auf dem Markt häufig nach Personal Computer und Homecomputer gruppiert

---

2. Analog- und Digital-Rechentechnik

Bei den modernen Rechenanlagen unterscheidet man zwei Gruppen, und zwar nach ihrem Prinzip:
- Analog-Rechenanlagen (Stetig-Rechenanlagen)
- Digital-Rechenanlagen (Ziffern-Rechenanlagen)

Die erste Bezeichnung leitet sich vom griechischen ‚ana logon' ab, was soviel wie ‚im richtigen Verhältnis' heißt. Die zweite Bezeichnung ist auf den lateinischen Begriff digitus (= Finger) zurückzuführen.
In der Aufstellung der geschichtlichen Entwicklung haben wir schon zwei typische, elementare Vertreter der beiden Arten von Rechenanlagen kennengelernt. Es waren dies:
- der Rechenschieber als Vertreter der Analog-Rechenanlagen,
- der Abacus als Vertreter der Digital-Rechenanlagen.

Beim Rechenschieber werden Rechenoperationen durchgeführt, indem man ‚Strecken' gegeneinander verschiebt und dann vergleicht.

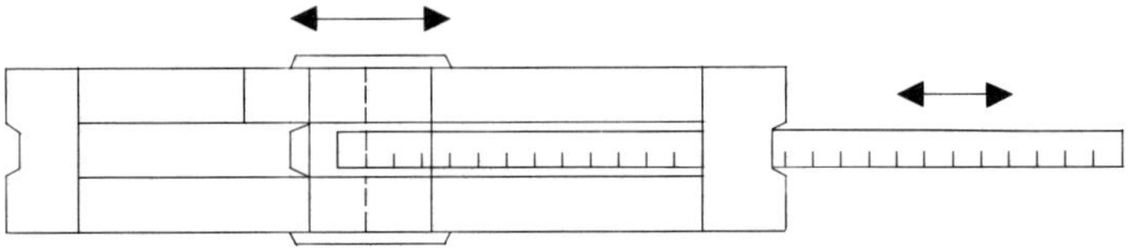

Abb. I 5: Analoges Rechengerät: Rechenschieber

Dabei kann das Verschieben *kontinuierlich* erfolgen, d.h. die Zunge des Rechenschiebers kann zwischen unterster und oberster Einstellung jede beliebige Zwischenstellung einnehmen. In der *analogen* Rechen- (Meß-, Regel-, Steuer-)technik werden physikalische Größen, die ihrer Natur nach schon ‚zeitliche Stetigkeit' aufweisen, als Rechengrößen verwandt. Dabei wird die eigentlich interessierende Größe (z.B. Durchflußmenge) durch eine andere physikalische Größe (z.B. Zeigerausschlag eines Meßinstruments) ersetzt (oder besser: ‚simuliert').

Analog-Rechengerät	interessierende Größe, Information	simulierende physikalische Größe
Rechenschieber	Zahlenwert	Länge
Uhr	Zeit	Winkelstellung des Zeigers
Tachometer	Geschwindigkeit des Fahrzeugs	Winkelstellung des Zeigers
Gas- od. Stromzähler	durchgeflossene Gas- oder Strommenge	kontinuierliche Drehung eines Zahnrades
Analog-Rechenanlage	Lösung von Rechenoperationen wie: Differential-Gleichungen, die Bewegungen beschreiben, Schwingungen berechnen, Flugbahnen simulieren.	Spannung (oder: Strom)

Abb. I 6: Beispiele für Analoggeräte

Bei der Digital-Rechentechnik wird die *numerische,* d.h. die zahlenmäßige Erfassung von irgendwelchen Aussagen angewandt. Alle Aussagen (z.B. Messungen) liegen *ziffern*mäßig vor und werden arithmetisch (d.h. mit Hilfe der vier Grundrechenarten) verarbeitet. Im Gegensatz zur Analog-Rechentechnik, bei der sich die Größen kontinuierlich (stetig) ändern können, dürfen bei der Digital-Rechentechnik die Rechengrößen nur *diskrete* (genau festgelegte) Zustände annehmen.

So darf beim Kugelrechengerät Abacus (Abb. I 1) eine Kugel:
entweder: von rechts nach links verschoben werden
oder: sie muß auf ihrem ursprünglichen Platz verbleiben.
Zwischenzustände sind als Rechenoperation sinnlos (und damit unzulässig). Die Kugel darf also auf dem Draht nur zwei *diskrete* Stellungen einnehmen.

Mit beiden Zuordnungen: kontinuierlich ↔ analog
diskret ↔ digital
ist der wesensmäßige Unterschied zwischen Analog- und Digital-Rechentechnik in leicht faßliche Form gebracht. Beispiele: kontinuierliche Helligkeitswerte bei einem Potentiometer-Lichtschalter und diskrete Helligkeitsstufen bei einem üblichen Stufen-Lichtschalter; analoges Tachometer oder digitales Tachometer (mit Ziffernanzeige); kontinuierliche Zeigerbewegung bei einer konventionellen Analog-Uhr, diskrete Ziffernsprünge und -anzeige bei einer der neuartigen Digital-Uhren; traditioneller analoger Plattenspieler und CD-Player; konventionelles oder Digital-Telefon. Analoge Geräte (Rechner) messen, digitale zählen!

Die Abb. I 7 stellt die unterschiedlichen Merkmale der Analog- und der Digital-Rechentechnik einander gegenüber. Die verwendeten und weitere Symbole für die Analog-Rechenelemente definiert DIN 40700.

Die neuere technische Entwicklung brachte einen weiteren Rechnertypus hervor, den sog. Hybrid-Rechner. Hierbei werden die beiden bekannten Rechenverfahren (Analog- und Digitaltechnik) miteinander gekoppelt. Eine Hybrid-Rechenanlage besitzt sowohl analoge als auch digitale Bauelemente, die elektrisch miteinander verknüpft werden können. Bei der einen Hybrid-Rechenanlage herrscht dabei der analoge Charakter, bei der anderen der digitale vor. Es sind viele Konzeptionen denkbar und zum Teil auch schon verwirklicht.

Zweifellos steht bei den meisten Aufgaben und Problemen von vornherein fest, ob zur Lösung zweckmäßiger ein Digital- oder ein Analog-Rechner eingesetzt wird. Immer häufiger treten unter den schnell anwachsenden Aufgabenbereichen der modernen Rechentechnik auch Grenzfälle auf.

Beispielsweise werden für Echtzeit (real-time)-Simulierung sehr vorteilhaft Hybrid-Rechner eingesetzt. Unter einer Echtzeit-Simulierung versteht man die zeitgleiche Nachahmung eines (meist technischen) Systems anhand eines mathematischen Modells. Dieses Verfahren wird z. B. bei Bordnavigationsgeräten von Flugzeugen und bei Prozeßregelungen in der chemischen Industrie angewandt.

Zur Ein- und Ausgabe dienen Analog-Digital-Wandler (AD-Umsetzer, AD-Konverter, vgl. Abb. VI 22).

Im Gegensatz zum reinen Analog-Rechner hat der Hybrid-Rechner, da er vorteilhaft Eigenschaften der Digital- und Analog-Rechner vereint, noch eine große Entwicklungsmöglichkeit vor sich.

Vergleichskriterium	Analog-Rechenanlage	Digital-Rechenanlage
Lösungsmethode	nach physikalischen Gesetzen (analoge Modelle)	nach arithmetischen Gesetzen
Zahl der Rechenwerke	viele (einfache Standard-Rechenwerke)	eines (kompliziert)
Beispiel: $z = x \cdot y - x^2$ Für zwei vorgegebene Eingangsgrößen x, y, soll das Ergebnis z mit der betreffenden Rechenanlage ermittelt werden!	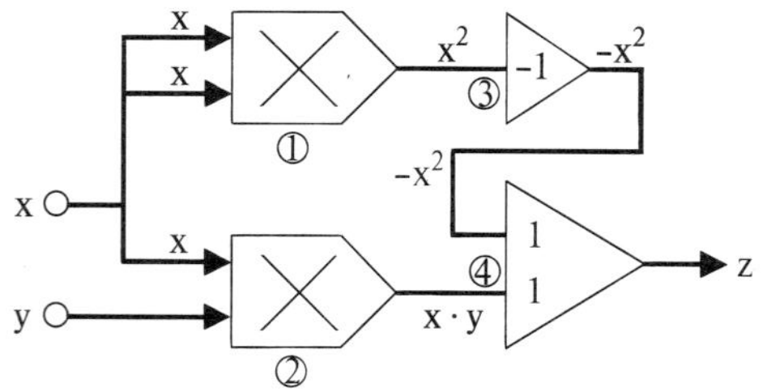 x, y = Eingangsgrößen (1) Multiplizierer (Analog-Rechenwerk) (bildet: $x \cdot x = x^2$) (2) Multiplizierer (Analog-Rechenwerk) (bildet: $x \cdot y$) (3) Umkehrer (Inverter) (bildet $-x^2$) (4) Summierer mit den Bewertungsfaktoren 1 für beide Eingangsgrößen $-x^2$ und $x \cdot y$ (bildet $z = (1 \cdot (-x^2) + 1 \cdot (x \cdot y))$ $z = -x^2 + x \cdot y$ z = Ergebnis (etwa in Form einer Spannung). Es werden 4 Standard-Rechenwerke benötigt!	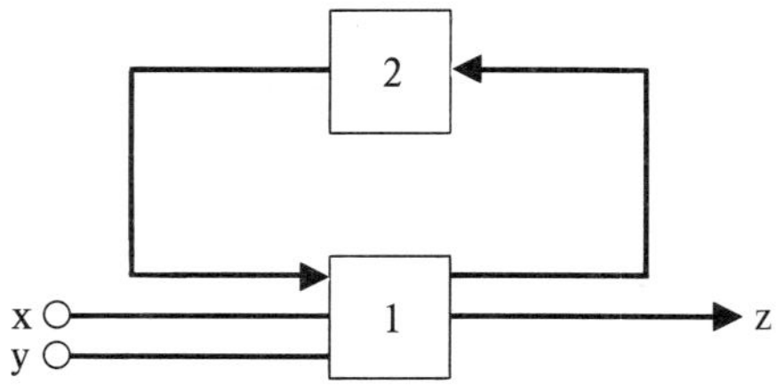 x, y = Eingangsgrößen 1 = Speicher 2 = Rechenwerk 1. Operation: x, y in den Speicher 2. Operation: Rechenwerk bildet x^2 und gibt Ergebnis an Speicher 3. Operation: Rechenwerk bildet $x \cdot y$ und gibt Ergebnis an Speicher 4. Operation: Rechenwerk bildet $x^2 - x \cdot y$ aus den Zwischenergebnissen (x^2, $x \cdot y$) und gibt Ergebnis an Speicher 5. Operation: z = Ergebnis aus dem Speicher Es wird nur 1 Rechenwerk benötigt! (dieses muß Subtraktion und Multiplikation beherrschen).

Rechnerkomponenten	nimmt mit Problemgröße zu	feste Zahl von Grundeinheiten
Speicher nötig?	nein (dynamische Stromgrößen)	ja (zweiwertige Speicherelemente)
Fähigkeiten eines Rechenwerkes	Addition, Subtraktion, Multiplikation, Invertieren, Integration	Addition (Subtraktion, Multiplikation und Division werden auf Addition zurückgeführt)
Genauigkeit der Eingabe	1 bis 1/10%	beliebig hoch (entsprechende Stellenzahl)
Genauigkeit der Lösung	Ergebnis um so genauer, je weniger kompliziert die Rechnung ist	nahezu unabhängig von dem zu lösenden Problem
Geschwindigkeit für einzelne Operationen	relativ niedrig, abhängig von der Geschwindigkeit der Einzel-Rechenwerke	sehr hoch (abhängig von der Problemgröße)
Gesamtrechenzeit	klein, da viel Parallelarbeit (der Rechenwerke)	oft größer, da serielle Arbeitsweise
Flexibilität bei neuer Aufgabenstellung	neue Verschaltung der Einzel-Rechenwerke erforderlich	ein neues Programm erstellen (keine Geräteänderung)
Programmierung	einfach, geeignete Verschaltung finden	kompliziert, da Befehlsketten, -zweige
Einsatzbereich	spezifische Gebiete: dynamische Systeme, z. B. Lösung von Differentialgleichungen (Schwingungsprobleme, Flugsimulatoren)	universeller Einsatz: wissenschaftlich-technisch wirtschaftlich-kaufmännisch
Entwicklungsaussicht	weitgehend abgeschlossen	aussichtsreich: höhere Geschwindigkeit

Abb. 17: Vergleich eines Analogrechners mit einem Digitalrechner

Aufgaben zu I 2

(1) Zu welcher Art von Rechengeräten gehört der Rechenschieber?
a) zu: Digital-Rechengeräte
b) zu: Hybrid-Rechengeräte
c) zu: Analog-Rechengeräte

(2) Für die Analog-Rechentechnik sind folgende Begriffe charakteristisch:
a) diskret, ziffernmäßig
b) ähnlich, numerisch
c) kontinuierlich, stetig

(3) Wozu verwendet man vor allem Analog-Rechenanlagen?
a) für Rechnungen sehr hoher Genauigkeit
b) für Rechnungen mit viel Zahlenanfall (Datenanfall)
c) zur Simulation stetiger Bewegungen und Funktionen

(4) Die Genauigkeit bei Analog-Rechenanlagen ist auf 1 bis 0,1 % Genauigkeit in bezug auf die Eingabegröße beschränkt durch:
a) die mathematischen Rechenmethoden, die bei Analog-Rechenanlagen angewandt werden und die prinzipiell keine höhere Genauigkeit ermöglichen
b) begrenzte Rechengeschwindigkeit
c) die Rechentechnik, in der die Rechengrößen durch physikalische Größen (meist Spannung) dargestellt wird. Diese Größen können meßtechnisch nicht beliebig erfaßt werden.

3. Aufbau einer Datenverarbeitungsanlage

Im folgenden sollen nur noch Digital-Rechenanlagen betrachtet werden. In diesem Sinne wird auch der Begriff ‚Datenverarbeitungsanlage' (oder Rechenanlage oder Computer) benützt, falls keine anderen Einschränkungen dabei gemacht werden.

3.1 Vergleich mit einem menschlichen Rechner

Um uns den Aufbau und den Funktionsmechanismus einer DVA verständlich werden zu lassen, ist es am besten, von einem menschlichen Rechner auszugehen. Der menschliche Rechner möge die Aufgabe erhalten haben, den (Akkord-) Lohn für mehrere Akkord-Arbeiter zu errechnen.

Dazu stehen ihm zur Verfügung:
1. Tischrechenmaschine
2. (eindeutige) Rechenvorschrift für die Akkord-Berechnung
3. Angaben über den Arbeiter (Personal-Stammnummer, Lohnstufe, erzeugte Stückzahl, Früh- oder Spätschicht)
4. Tabellen (über Akkord-Sätze, Schichtzulagen)
5. Notizblock (für Zwischenergebnisse)
6. Ergebnisformular

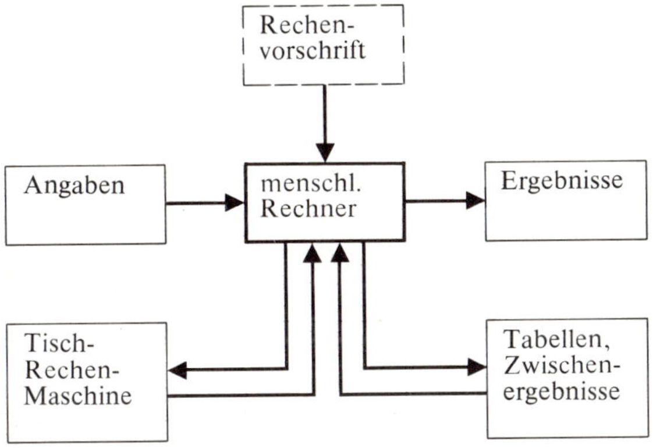

Abb. I 8: Menschlicher Rechner und seine Hilfsmittel

Beginnt nun der menschliche Rechner mit der Bearbeitung der gestellten Aufgabe, so ist er nichts weiter mehr als eine Hilfskraft. Ihm bleibt nämlich nur noch die (bedauerliche) Aufgabe, als mechanische Vermittlung dafür zu sorgen, daß die Anordnungen (Befehle) der Rechenvorschrift korrekt ausgeführt werden. Jede ungewollte oder auch beabsichtigte Abweichung von der Berechnungsvorschrift führt unweigerlich zu einer falschen Lohnabrechnung, d. h., das Ergebnis (hier Lohnabrechnung) wird wertlos. So können Fehler auftreten: Der menschliche Rechner übernimmt die Angaben unkorrekt, tastet die Angaben fehlerhaft ein, liest die Ergebnisse falsch ab oder irrt sich beim Niederschreiben. Unkenntnis, Unachtsamkeit oder/und Ermüdung können dies verursachen.

Um dem Menschen diese und ähnliche unerquicklichen Routinearbeiten abzunehmen, haben sich Ingenieure und Mathematiker darum bemüht, den Menschen aus dieser Situation des Befehlsempfängers herauszunehmen und ihn durch eine Maschine zu ersetzen. Dem Menschen bleibt ‚nur' noch die (Denk-) Arbeit der Herstellung von Rechenvorschriften (Programm).

Wird nun unser menschlicher Rechner als koordinierendes Bindeglied durch ein

(verkürzte) Rechenvorschrift
für den menschlichen Rechner

Übernahme der Stückzahl-Angabe für Artikel 1 und 1. Arbeiter

Eintasten der Stückzahl in den Tisch-Tischrechner

Akkordfaktor aus Tabelle entnehmen

Eintasten des Akkordfaktors in den Tischrechner

Drücken des Multiplikationstaste des Rechners

Ablesen des Ergebnisses und als Zwischenergebnis auf Notizblock schreiben

Übernahme der Stückzahl-Angabe für Artikel 2 und 1. Arbeiter

Eintasten der Stückzahl in den Tischrechner

usw.

.

.

.

Ablesen des bisherigen Zwischenergebnisses vom Notizblock und Eintasten in den Tischrechner

Drücken der Additionstaste

Übernahme der Schichtangabe für den 1. Arbeiter

entsprechenden Schichtzuschlag für den 1. Arbeiter aus Tabelle entnehmen

Eintasten in Tischrechner

Drücken der Additionstaste

Lesen der Personal-Stammnummer für den 1. Arbeiter

Notieren der Kennzahl-Angabe

Notieren des Lohnergebnisses für den 1. Arbeiter

obige Berechnungsschritte für den nächsten Arbeiter wiederholen!

Abb. 19: Programmablaufplan für die Bearbeitung mit der Datenverarbeitungsanlage

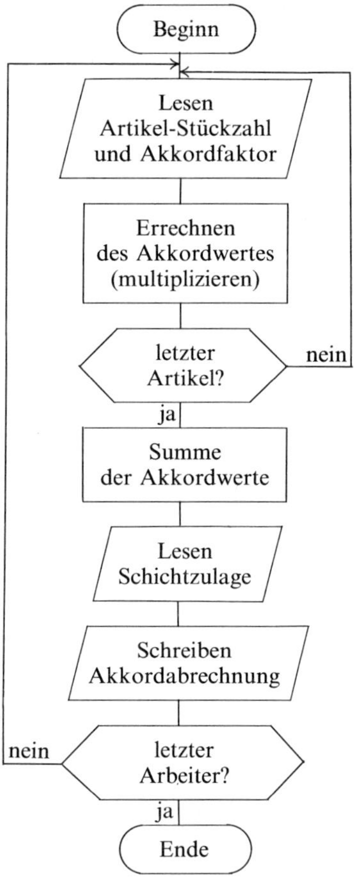

Leitwerk (control unit) – so nennt man die entsprechende Einrichtung bei einer DVA – ersetzt, so führt dies zur Anordnung entsprechend der Abb. I 10.

Daraus entnehmen wir folgende Analogie:

Angaben	=	Eingabe-Einheit (input-unit), z. B. Tastatur
Ergebnisse	=	Ausgabe-Einheit (output-unit), z. B. Drucker
menschlicher Rechner	=	Leitwerk (control-unit) auch Steuerwerk genannt
Tischrechner	=	Rechenwerk (arithmetic/logical-unit)
Tabellen, Notizblock	=	Speicher (memory, storage)
Rechenvorschrift	=	Programm (program)

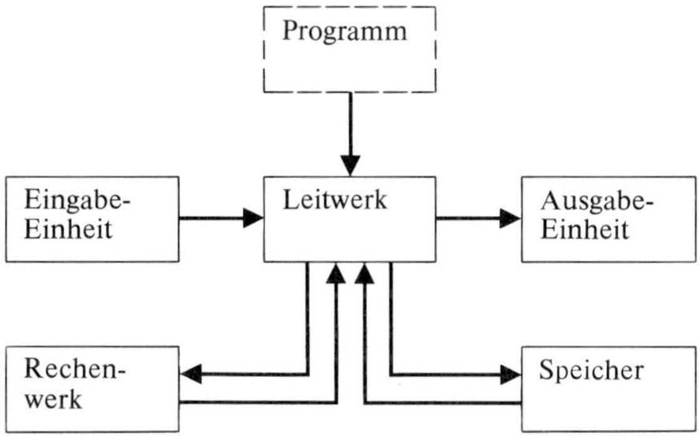

Abb. I 10: Struktur einer Datenverarbeitungsanlage

Die Abb. I 9 zeigt in groben Schritten den Bearbeitungsablauf durch den maschinellen Rechner – als Programmablaufplan mit Hilfe genormter (DIN 66001) Grafiksymbole. Innerhalb der Bearbeitungsblöcke laufen vergleichbar detaillierte Arbeitsschritte (Befehle) ab, wie sie danebenstehend für den menschlichen Rechner ausformuliert wurden. Das Leitwerk sorgt dafür, daß die übrigen Grundeinheiten der Maschine die Befehlskette, d. h. das Programm, abarbeiten. Maschinen mit dem in Abb. I 10 gezeigten Aufbau und Funktionsablauf nennt man eine (digitale) Datenverarbeitungsanlage (DVA) – nach dem ‚von-Neumann-Konzept‘.

Die Beschreibung einer DVA führt dementsprechend auf die Beschreibung der in Abb. I 10 aufgezeigten 5 Grundeinheiten, des Programms und des gegenseitigen Zusammenwirkens. Zuvor aber interessiert noch die Frage, wie Informationen dargestellt werden, die als Eingabe-, Ausgabegrößen und Zwischenergebnisse in vielfältiger Form zu speichern und zu verarbeiten sind.

3.2 Informationsdarstellung

3.2.1 Zeichen und Daten

Im weiteren Verlauf werden wir verschiedene Begriffe wie: Zeichen, Alphabet, Daten, Bit, binär, dual, immer wieder verwenden. Es ist also naheliegend, sich mittels klarer Definitionen einen Überblick über Sinn und Geltungsbereich dieser Begriffe zu verschaffen. Sicherlich werden die Definitionen für sich manchmal etwas steril und abstrakt erscheinen. Wir werden aber sehen, daß sie sich gerade durch ihren systematischen Aufbau und ihre klaren Abgrenzungen (etwa gegenüber der Umgangssprache) leicht verstehen und gut merken lassen – vor allem, wenn wir sie im weiteren durch praktische Anwendungen interpretieren. Es ist ratsam, bei späterer Erwähnung eines dieser Begriffe zurückzublättern und sich die entsprechende Definition nochmals vor Augen zu führen.

Jegliche Art verwaltender Tätigkeit läßt sich in die vier Grundtätigkeiten: Lesen, Ordnen, Rechnen, Schreiben aufteilen. Unter ,Ordnen' sind Vorgänge wie Sortieren, Selektieren (Auswählen), Mischen usw. zu verstehen.

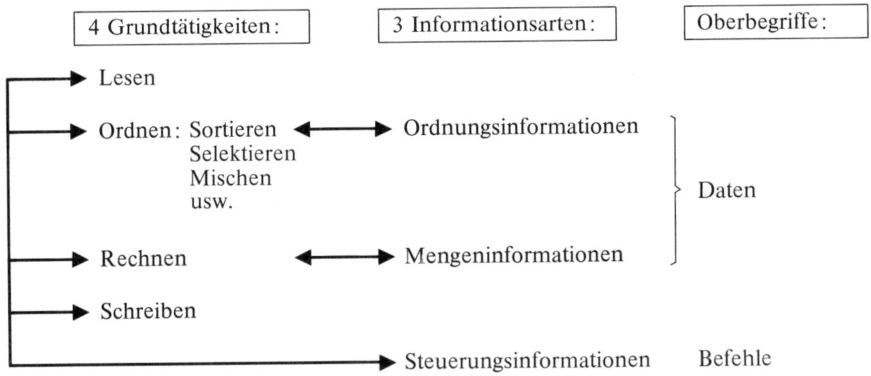

Abb. I 11: Grundtätigkeiten und Informationsarten

Diese vier Grundtätigkeiten sind an drei mögliche Informationsarten gekoppelt. Diese sind: Ordnungsinformationen, Mengeninformationen und Steuerungsinformationen. Ordnungsinformationen sind beispielsweise: Konto-Nr., Kennzahlen, Abteilungs-Nr., Haus-Nr., Namen, Straßenbezeichnungen usw. Sie bilden die Ausgangsgrößen für die Grundtätigkeit des Ordnens. Gerechnet dagegen wird mit Mengeninformationen, wie Stückzahlen, Preisen und Umsatzwerten. Ordnungs- und Mengeninformationen faßt man unter dem Oberbegriff Daten zusammen.

Um die Ausführung einer oder mehrerer der vier Grundtätigkeiten zu *veranlassen,* bedarf es des Befehls, der Instruktion, der Anweisung. Informationen dieser veranlassenden, initiierenden Art nennt man Steuerungsinformationen.

Der Informationsverarbeitungsprozeß kann auch nach weiteren Funktionen aufgeteilt werden (Abb. I12):

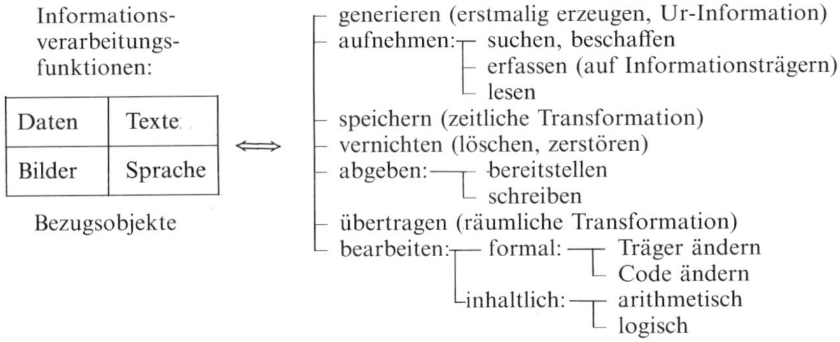

Abb. I12: Funktionen in der Informationsverarbeitung

Diese Funktionen können jeweils angewandt werden auf verschiedene Klassen von Informationen; so unterscheidet man bei den vielfältigen Informationstechnologien heute häufig das Verarbeiten von:

- Daten (im engeren Sinne, d.h. primär numerische Daten),
- Texten (primär alphabetische Informationen),
  Bildern: statische (Grafiken) und bewegte (z.B. Video)
- Sprachinformationen (Audio).

Wir definieren folgende Begriffe:

Zeichen

Ein *Zeichen* (character) ist ein Element aus einer endlichen Menge von verschiedenen Elementen, die zur Darstellung von Information vereinbart wurden. In der Datenverarbeitung unterscheidet man drei Zeichenarten:

a) Buchstaben: A B .... Y Z
   oder: a b .... y z
b) Ziffern (digit): 0, 1, 2 ...., B − 1
   Eine Ziffer ist ein Zeichen aus einem Zeichenvorrat von B Zeichen, denen als Zahlenwerte die ganzen Zahlen 0 bis B − 1 umkehrbar eindeutig zugeordnet sind. Abhängig von der Anzahl B (= Basis) spricht man von Dual-(B = 2), Dezimal- (B = 10), Sedezimal-Ziffern (B = 16) usw.
c) Sonderzeichen: für arithmetische Operationen, z.B.: + −
   für logische Operationen, z.B.: ∨ ∧
   als Interpunktionszeichen, z.B.: . ,
   und sonstige Zwecke.

Alphabet
Die vereinbarte Zeichenmenge nennt man einen *Zeichenvorrat* (character set). Einen nach vereinbarter Reihenfolge geordneten Zeichenvorrat bezeichnet man als *Alphabet* (alphabet). Dieser Begriff bezeichnet gleichzeitig im Alltag den Sonderfall des nur aus Buchstaben (= alphabetischen Zeichen) bestehenden Zeichenvorrats. Ein *numerisches* Alphabet besteht aus Ziffern und ggfs. Sonderzeichen zur Zahlendarstellung (z. B. Vorzeichen). Ein *alphanumerisches* Alphabet enthält mindestens die Dezimalziffern und die Buchstaben des gewöhnlichen Alphabets.

Wort
Werden Zeichen gekoppelt, um als Einheit betrachtet und verarbeitet zu werden, so entsteht eine Zeichenfolge, die man ein *Wort* (word) nennt. Die Wortlänge ist als fest (4 bis 16 Zeichen) oder innerhalb definierter Stufen variierbar vereinbart. Eine definierte Anzahl von Zeichen wird dann innerhalb eines Rechners gemeinsam verarbeitet und gemeinsam (unter einer ‚Adresse') abgespeichert. Die Lage eines bestimmten Zeichens (z. B. einer Ziffer) innerhalb eines Wortes (z. B. einer Zahl) nennt man *Stelle* (position). Die Stellenschreibweise von Zahlen ist bereits aus I 1.1 bekannt.

Daten
Setzt man Zeichen oder kontinuierliche Funktionen ein, um Informationen mittels bekannter Abmachungen für die Verarbeitung bereitzustellen, so spricht man allgemein von digitalen *Daten* (digital data) oder analogen Daten (analog data). Eine engere Definition liefert die Abb. I 11. Demnach sind Daten Ordnungs- oder Mengeninformationen. Sie werden in einen Rechner:
– eingegeben – dort verarbeitet – und ausgegeben.

(Beachte: Einzahl von Daten ist Datum. In diesem Sinne wird dieser Begriff im folgenden benützt und *nicht* etwa in seiner Umgangssprachen-Bedeutung als Terminangabe!).
Wir unterscheiden drei Arten von Daten:

a) numerische Daten
   numerische Daten (Zahlen) sind Daten, die sich aus numerischen Zeichen (Ziffern) und evtl. noch Sonderzeichen (wie Vorzeichen +, −) zusammensetzen.
b) alphabetische Daten
   alphabetische Daten sind Daten, die sich nur aus alphabetischen Zeichen (Buchstaben) zusammensetzen.
c) alpha-numerische Daten
   alpha-numerische Daten sind Daten, die sich aus beliebigen Zeichen (Ziffern, Buchstaben, Sonderzeichen) zusammensetzen.

Befehl
Ein Befehl ist ein alpha-numerisches Wort mit speziellen Steuerfunktionen. Ein Befehl bildet die Elementar-Instruktion (Elementar-Anweisung) innerhalb eines Programms. Ein Befehl gibt also dem Leitwerk die *Anweisung* (statement) für den folgenden Schritt im Ablauf der Rechenoperation. Befehle sind also ebenso wie alpha-numerische Daten aus beliebigen Zeichen (Ziffern, Buchstaben, Sonderzeichen) aufgebaut, unterscheiden sich von diesen aber dadurch, daß sie nicht als Rechengrößen ein- und ausgegeben sowie verarbeitet werden, sondern dies eigentlich selbst veranlassen.

Programm
Ein Programm (program) ist die logische Folge von Befehlen (Einzel-Instruktionen), welche von der DVA unter Lenkung durch das Leitwerk nacheinander ausgeführt wird.

Ähnlich den Daten (etwa Kennzahlen oder Stückzahlen) wird bei einer *speicherprogrammierten* DVA auch die Befehlsfolge für die auszuführenden Operationen, d.h., das Programm, im Speicher aufbewahrt. Vor Beginn des Rechengangs wird also das Programm in den Speicher eingelesen. Während des Rechengangs wird Befehl um Befehl des Programms vom Leitwerk aus dem Speicher übernommen und ausgeführt. Das abgespeicherte Programm steuert also ohne weitere äußere Eingriffe den Ablauf des Rechengangs. Die Idee des ‚abgespeicherten Programms' stammt von dem Mathematiker Neumann.

Ein Programm wandelt somit einen ‚speicherprogrammierten Universalrechner' in eine Spezialmaschine zur Lösung des speziellen (Rechen-)Problems um.

Die DVA behandelt gespeicherte Programme, die momentan von ihr nicht als Programm zur Verarbeitung aufgerufen sind wie Daten, d.h. einfach als abgespeicherte Zeichenfolgen in Dateien (vgl. Kap. V 1.); insoweit verwendet der gängige Ausdruck ‚Datenverarbeitung' den Begriff ‚Daten' in einem sehr weiten Sinne.

Aufgaben zu I 3.2.1

---

(1) Welche verwaltende Grundtätigkeit gibt es?
  a) Lesen, Ordnen, Rechnen, Schreiben
  b) Lesen, Sortieren, Selektieren, Schreiben
  c) Lesen, Addieren, Subtrahieren, Schreiben
(2) Welche Informationsarten gibt es?
  a) Eingabe-, Ausgabeinformationen
  b) Ordnungs-, Mengen-, Steuer(ungs)informationen
  c) Ordnungsinformationen, Daten, Befehle
(3) Unter einem ‚Zeichen' versteht man in der Datenverarbeitung:
  a) ein elektrisches Signal aus einer Menge analoger Signale

b) ein Maschinenwort
c) ein Element aus einer Menge von Elementen, die man Alphabet nennt

(4) Was bedeutet der Begriff ‚numerisch'?
a) zahlen-, ziffernmäßig
b) nach Nummern geordnet (etwa Speicherordnung)
c) nur mit Digital-Rechenanlagen lösbar

(5) Innerhalb des Begriffs ‚Alphabet' unterscheidet man:
a) Ziffern-, Buchstaben- und Sonderzeichen-Alphabet
b) Eingabe-, Intern- und Ausgabe-Alphabet
c) Eingabe-, Maschinen- und Ausgabe-Alphabet

(6) Der umfassendere Begriff der drei Begriffe: Wort, Datum, Befehl, ist:
a) Datum, er beinhaltet den Begriff ‚Wort' und dieses wiederum den Begriff ‚Befehl'
b) Wort, er umschließt die übrigen zwei Begriffe
c) keiner, alle drei sind gleichgeordnet

(7) Was versteht man unter ‚Speicherprogrammierte DVA'?
a) DVA, bei denen das Programm zunächst in einer Symbolsprache eingelesen, von der Maschine in die eigene (Maschinen-)Sprache übertragen und in den Speicher eingeschrieben wird
b) DVA, bei denen das Programm (= Befehlsfolge) ebenso wie die zu verarbeitenden Daten im Speicher der Anlage aufbewahrt und Befehl um Befehl vom Steuerwerk während des Rechenablaufs abgerufen wird
c) DVA, bei denen durch geschickte Ausnutzung der Symmetrieeigenschaften des Speichers besonders schnelle Programme erstellt werden können

(8) Was sind die Grundbausteine eines Programms?
a) Entscheidungen
b) Daten
c) Befehle

3.2.2 Binärzeichen als elektrisches Signal

Es erhebt sich nun die Frage, in welcher (logischen und physikalischen) Form wir die besprochenen Zeichen innerhalb der Ein- und Ausgabegeräte sowie der anderen Grundeinheiten der DVA darstellen können.
Die physikalische Form, in der ein Zeichen in der Realität gespeichert, transportiert und verarbeitet wird, nennt man *Signal* (signal). Das Signal kann optischer (z.B. Schriftbeleg), akustischer (z.B. Ton) oder mechanischer Art (z.B. Kartenlochung) sein. In digitalen Datenverarbeitungsanlagen wählt man für die Zeichendarstellung fast ausschließlich elektrische Signale: Spannungen bzw. Spannungsimpulse. Es erweist sich dabei – wie spätere Kapitel noch zeigen

binäre Speicherelemente	zwei mögliche Zustände	
Binärziffer	0	L
Lochkarten-Lochstelle	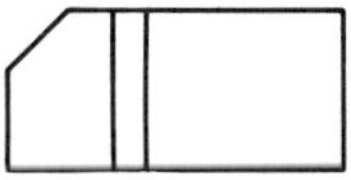 ungelocht	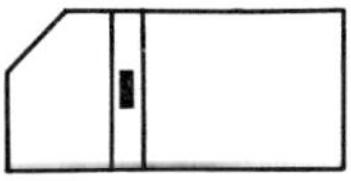 gelocht
Schalter	 offen	 geschlossen
Magnetkern	 Rechtsmagnetisierung	 Linksmagnetisierung
Speicherposition in einer Spur auf Magnetband, Kassette, Magnetplatte, Diskette	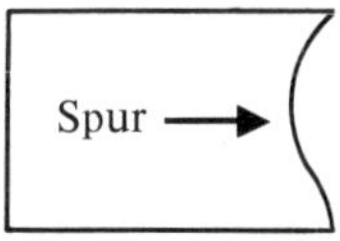 Rechtsmagnetisierung	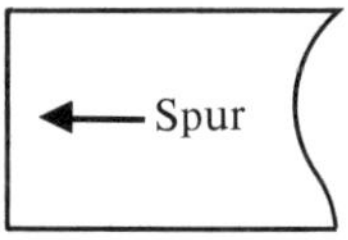 Linksmagnetisierung
Spannungs-impuls (Trigger)	 Impuls nicht vorhanden	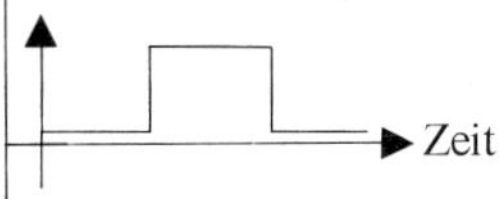 Impuls vorhanden
Transistor (meist in einem Chip integriert)	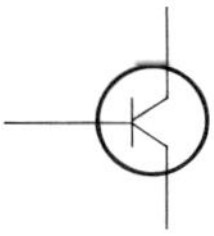 nicht leitend	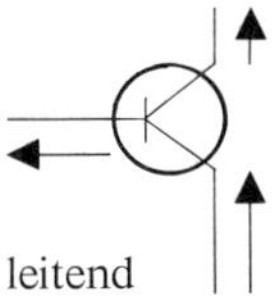 leitend

Abb. I 13: Binäre Speicherelemente

werden – als überaus vorteilhaft, nur zwei diskrete Zustände (Signalwerte) zu unterscheiden. Signale, die nur zwei definierte Zustände (Signalwerte) annehmen können, nennt man *binär* (binary) = zweiwertig. Das Binäralphabet besitzt also nur zwei Binärzeichen; sie werden häufig mit O und L abgekürzt. ,L' verwendet man, um die binäre Eins von der dezimalen Eins (1) zu unterscheiden. Aus didaktischen Gründen soll in diesem Buch diese Schreibweise beibehalten werden, obwohl gelegentlich auf diese optische Unterscheidung verzichtet wird.

Das Binäralphabet mit den Binärzeichen O und L kann natürlich mit unterschiedlichen zweiwertigen Signalen gespeichert werden. Die Abb. I13 zeigt schematisch mehrere binäre Elemente, die in späteren Kapiteln noch weiter erklärt werden. Für das bevorzugte Binärsignal, die elektrische Spannung, kann beispielsweise die ,positive Logik' vereinbart werden:

O = niedriges Potential bzw. Low (z. B. 0 Volt)
L = hohes Potential bzw. High (z. B. 6 Volt)

(Um dem Dilemma 0,1 und O,L zu entgehen, verwendet die Elektronik die eindeutigen Bezeichnungen **L**ow und **H**igh, vgl. DIN 41 785). Den zeitlichen Ablauf des Spannungssignals für das Wort (Zeichenfolge) LLOL zeigt beispielhaft die Abb. I14.

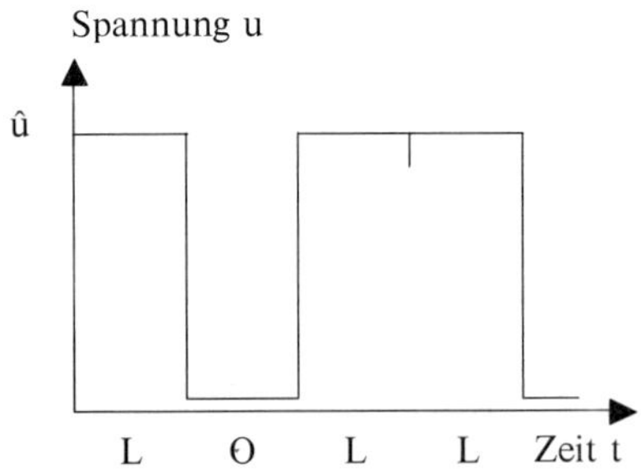

Abb. I14:
Spannungs-Zeit-Diagramm für die Zeichenfolge L O L L

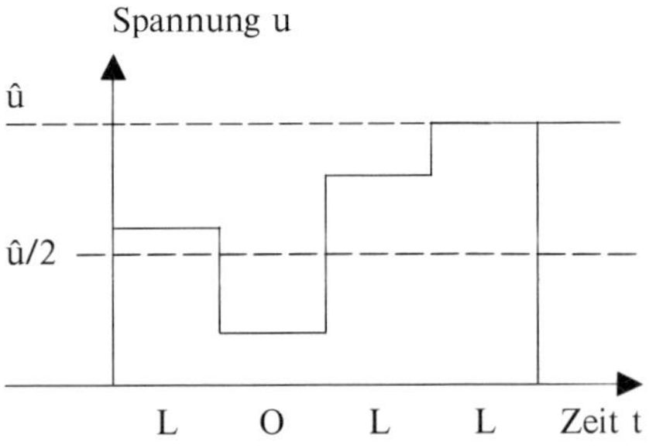

Abb. I15:
Zulässige Spannungstoleranzen

Eine wichtige Abkürzung für Binärzeichen ist: **bit**
(engl.: bit = **b**inary dig**it** = Binärziffer)
1 bit ist also 1 Alternativentscheidung – nämlich die Entscheidung zwischen O und L.

Als Hauptwort wird ,Bit' groß geschrieben. Mehrzahl von ,Bit' ist ,Bits'. Als Zähl-(Maß-)Einheit für die Alternative O oder L wird ,bit' klein geschrieben. Ebenso wie ,das Kilogramm' groß und ,10 kg' klein geschrieben werden.

Wir werden in Teil III noch sehen, daß man alle logischen Entscheidungen auf die Elementar-Entscheidung zwischen O und L (= 1 bit) zurückführen kann. Dementsprechend verwendet man dort (in der Informationstheorie III 1) auch ‚1 bit' als Maßeinheit für den Informationsgehalt einer Nachricht. Die Verwendung des Binär-Alphabets bringt u. a. den Vorteil mit sich, daß man nur zwischen zwei (Spannungs-)Zuständen (O und L) unterscheiden muß. Bei Verwendung etwa des Dezimal-Alphabets wären es dagegen zehn Zustände (0, 1 ... 8, 9)!

Alle Spannungszustände höher als û/2 werden als L interpretiert, alle Spannungszustände tiefer als û/2 werden als O interpretiert (vgl. Abb. I15). Es können also große Toleranzen in der Spannungsschwankung zugelassen werden, was sich vor allem bei der technischen Verwirklichung günstig auswirkt.

Das Binär-Alphabet bringt neben diesem Vorteil der großen Spannungstoleranzen noch weitere (etwa bei Rechenmethoden (vgl. Teil II)) mit sich.

3.2.3 Codes zur Zeichendarstellung

Die Verwendung eines Alphabets mit nur zwei Zeichen (O und L) bringt natürlich auch Nachteile gegenüber der Verwendung eines Alphabets mit mehr Zeichen (etwa 10) mit sich. Wollen wir etwa die zehn Zeichen 0, 1, ... 9 des Dezimal-Alphabets oder die 26 Buchstaben des Buchstaben-Alphabets in Binärzeichen (O und L) ausdrücken, so müssen wir *jeder* Dezimalziffer bzw. *jedem* Buchstaben *eine bestimmte* Kombination *mehrerer* Binärzeichen zuordnen.

In Teil III wird angegeben, daß allgemein aus s Binärzeichen 2^s Kombinationen aus O und L gebildet werden können. Diese Zuordnung (die für Hin- und Rückwandlung eindeutig sein muß) nennt man Code = Schlüssel (engl.: code). Der Ausdruck ‚Code' wird – abweichend von dieser Definition – auch zur Bezeichnung für das Alphabet 2, in das umgewandelt werden soll, verwandt (vgl. unten: BCD-Code). Mehrzahl von ‚Code' ist ‚Codes'. Codieren = Verschlüsseln, nennt man den Vorgang der Zuordnung eines (meist allgemeineren) Alphabets_1 in ein (meist spezielleres, technisches) Alphabet_2. Decodieren ist die Umkehrung der Codierung. Die entsprechenden elektronischen Geräte nennt man Codierer und Decodierer (oder auch Decoder).

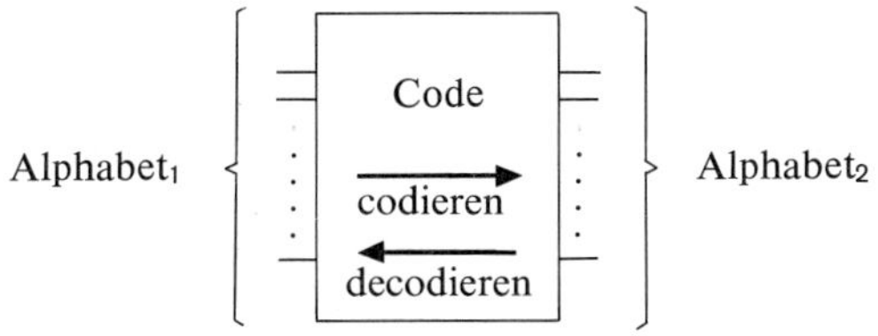

Abb. I16: Code als Zuordnung zwischen zwei Alphabeten

3.2.3.1 Tetradendarstellung

Besteht das $Alphabet_1$ nur aus den zehn Dezimalziffern 0, 1, ... 8, 9, so genügt ein s = 4stelliges $Alphabet_2$ zur binären Darstellung. Mit s = 4 bit lassen sich nämlich $2^s = 2^4 = 2 \cdot 2 \cdot 2 \cdot 2 = 16$ Binärkombinationen bilden. Die 4 Bits zur Darstellung einer Dezimalziffer bezeichnet man als Tetrade. Von den 16 möglichen Tetraden werden nur 10 (nämlich für 0, 1 ... 9) verwertet. Die restlichen 6 nennt man Pseudotetraden. Soll eine mehrstellige Dezimalzahl mit Binärzeichen (O, L) dargestellt werden, so wird für jede einzelne Dezimalstelle eine Tetrade (= 4 bit) verwendet.

$Alphabet_1$		$Alphabet_2$
numerisches Alphabet		Tetradendarstellung
zehn Dezimalziffern	0	OOOO
	1	OOOL
	2	OOLO
	3	OOLL
	4	OLOO
	5	OLOL
	6	OLLO
	7	OLLL
	8	LOOO
	9	LOOL
unbenützte (Pseudo-) Tetraden		LOLO
		LOLL
		LLOO
		LLOL
		LLLO
		LLLL

Abb. I 17: Tetradendarstellung der zehn Dezimalziffern

3stellige Dezimalzahl

1	3	9

Darstellung mit Tetraden

OOOL	OOLL	LOOL

$3 \cdot 4$ bit = 12 bit

Darstellung der 3stelligen Dezimalzahl 139 mit Binärzeichen (als Tetraden)

3.2.3.2 7-Bit-Code/ASCII-Code

Wenn nicht nur Ziffern, sondern auch Buchstaben codiert werden sollen, so reichen 4 Bits nicht mehr aus. Für 10 Dezimalziffern, 26 Buchstaben und mehrere Sonderzeichen (z.B. Vorzeichen) werden mindestens 6 Bits benötigt. Damit können $2^6 = 64$ Bit-Kombinationen gebildet werden. Ein sehr bekanntes Beispiel für einen 6-Bit-Code war der BCD-Code (binary coded decimal). Die IBM-1400er-Serie und die Siemens 3003 verwendeten ihn.

Die International Organization for Standardization ISO hat 1968 und 1973 in neuer Fassung einen 7-Bit-Code genormt, der als DIN 66003 festgelegt ist. Dieser Code dient zur Übergabe von digitalen Daten zwischen verschiedenen Datenverarbeitungsanlagen, sowie zur Ein- und Ausgabe bei solchen Anlagen. Bestimmte Binärkombinationen können nach nationalem Bedarf definiert werden. So verwendet die Deutsche Referenz-Version Umlautzeichen und den Buchstaben ‚ß'. Da die US-Referenz des ISO-7-Bit-Codes, der sog. USASCII-Code (= USA Standard Code of Information Interchange), kurz ASCII-Code, anstelle der Umlaute Klammern verwendet, treten bei Personal Computer Nutzung gelegentlich Software- und Tastatur-Hindernisse auf (vgl. IV 3.3.1). Fehlt in einem Anwendungsfall eine Vereinbarung, so gilt automatisch die Internationale Referenz-Version. Für jedes Zeichen bleibt eindeutig eine 7-Bit-Kombination der Art: $b_7b_6b_5b_4b_3b_2b_1$ reserviert. Die Wertigkeit der Positionen entspricht dem in II 2.1.3 eingehend behandelten Dualsystem. Jedes Feld der Matrix ist einem Zeichen zugeordnet. Der Buchstabe R wird durch die Bitkombination LOLOOLO oder durch den Platz 5/2 bestimmt, was gleichzeitig die hexadezimale Verschlüsselung (vgl. II 2.3) bedeutet: 52.

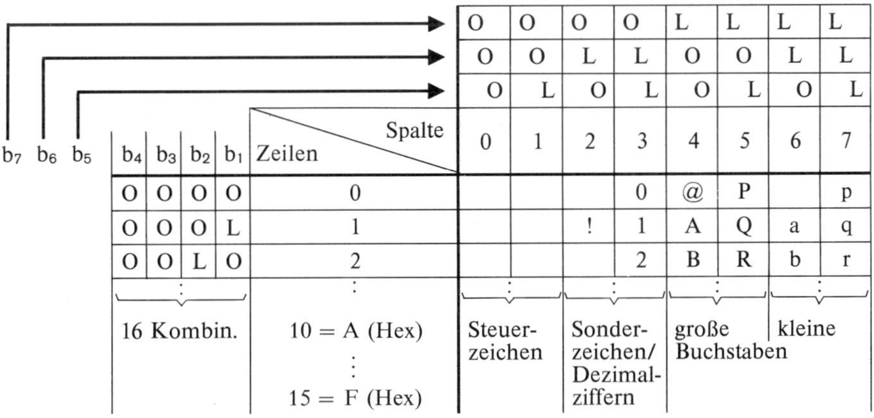

Abb. I 18: ISO 7-Bit-Code als US-Referenz ASCII

3.2.3.3 EBCDI-Code (Byte-Code)

Für die interne Verarbeitung in einem Computer ging IBM, gefolgt von anderen Herstellern wie UNIVAC und Siemens, bei ihren Anlagen der 3. Rechnergeneration vom 6-Bit-Code sogleich auf einen 8-Bit-Code über. Rechner ab der 3. Generation arbeiten deshalb oft mit einer erweiterten BCD-Form, dem sog. EBCDI-Code (**E**xtended **B**inary **C**oded **D**ecimal **I**nterchange Code). Er verwendet die **Byte**-Darstellung. Für je 1 Zeichen, ob Buchstabe, Ziffer oder Sonderzeichen, steht ein Byte bereit. Ein Byte setzt sich aus 8 bit, die zu zwei Tetraden (= Halbbytes) gruppiert sind, zusammen. (In Wirklichkeit besitzt jedes Byte noch ein 9. bit, das sog. Prüfbit, vgl. III 2.4.4, IV 2.3.2). Die 8-bit-Positionen werden von rechts nach links mit 0, 1 bis 7 numeriert. Numerische oder alphabetische Daten setzen sich meist aus mehr als einem Zeichen zusammen. Der EBCDI-Code verwendet dann je Zeichen des Datums ein eigenes Byte.

Buchstabe A im EBCDIC

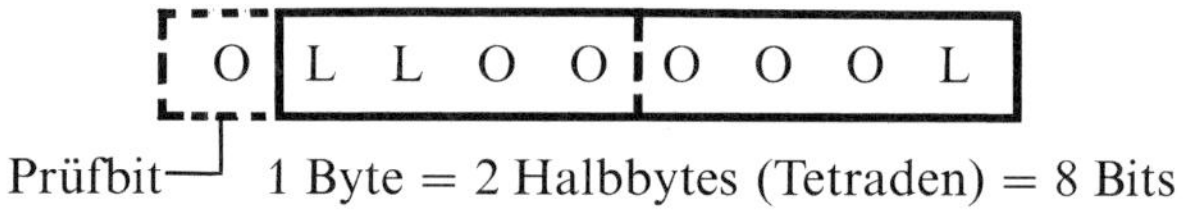

Bei numerischen Daten tritt vor allem noch das Vorzeichen + oder − hinzu. Dafür gilt im EBCDI-Code folgende Vereinbarung:
Wird pro Ziffer einer Dezimalzahl ein eigenes Byte bereitgestellt, so spricht man von *entpackter Form*. Die Wiederholung der LLLL-Tetrade für jede Ziffer ist eigentlich überflüssig, redundant. Die *gepackte Form* von Dezimalzahlen verzichtet darauf. Sie ist deshalb kompakter, es werden weniger Bytes (etwa halb soviele) benötigt. Das Vorzeichen wechselt in das letzte Halbbyte (letzte Tetrade). Das Halbbyte LLOL steht für das negative Vorzeichen.

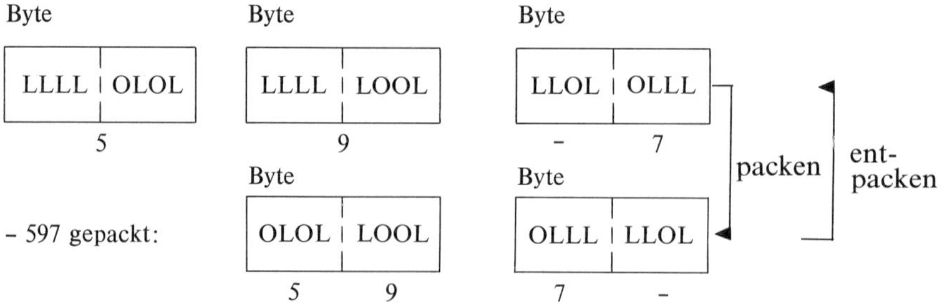

Abb. I19: Negatives Vorzeichen und Beispiel

Arbeitet man mit der Byte-Darstellung und mit fester Wortlänge, so lassen sich 2 Bytes zu einem sogenannten Halbwort, 2 Halbworte zu einem Wort und 2 Worte zu einem Doppelwort koppeln.

Um nicht immer die 4 Bitpositionen einer Tetrade (= Halbbyte) einzeln ausschreiben zu müssen, verwendet man in der DV-Praxis die sog. *hexadezimale* Schreibweise. Zu diesem Zweck benötigt man Kurzsymbole für die in Abb.I17 noch unbenutzten (Pseudo-) Tetraden. Sie werden ja im 1. Halbbyte für die Buchstaben und Vorzeichenmarkierung eingesetzt. Folgende (mißverständliche!) Zuordnung wurde gewählt:

LOLO	A	
LOLL	B	Kurzsymbole
LLOO	C	für diese Tetraden,
LLOL	D	bitte nicht mit den betreffenden
LLLO	E	Buchstaben verwechseln!
LLLL	F	

Der Vorteil dieser Schreibweise liegt darin, daß die Inhalte von Halbbyts umfangreicher Daten statt als umständliches Bitmuster jetzt durch die Zeichen 0, 1 . . . . . .9, A . . . . . . F übersichtlich beschrieben werden. Beispielsweise kann das aufwendige Bitmuster:

LLOO OOLO LLLL OLOL LLOL OOLO LLLL LOOL LLLL OLLL

in hexadezimaler Schreibweise verkürzt werden als:

C2 F5 D2 F9 F7

Diese hexadezimale Schreibweise erweist sich beispielsweise als sehr nützlich, wenn Speicherbelegungen nach außen dem Rechner-Bediener (z. B. für Wartungszwecke) sichtbar gemacht werden sollen (sog. Dump-Ausdruck).

Aufgaben zu I 3.2.2/3.2.3

(1) Die Verwendung des Binär-Alphabets O, L in einem Rechner bringt u.a. den Vorteil mit sich:
  a) Unterscheidung von nur zwei Spannungszuständen und dadurch zulässige größere Spannungstoleranzen
  b) leichte Lesbarkeit der Daten auf Lochstreifen und Lochkarten
  c) weniger Stellen bei den Daten als im Dezimalsystem

(2) Unter dem Begriff ‚Byte' versteht man:
  a) eine Einheit von 8 Worten, die im Kernspeicher unter einer gemeinsamen Adresse zu erreichen ist
  b) eine Einheit von (informationsmäßigen zusammengehörigen) 8 Zeichen (= 32 bit), die gemeinsam ein Wort bilden

c) eine Einheit von (informationsmäßig zusammengehörigen) 8 Bits, die innerhalb eines Rechners gemeinsam abgespeichert werden

(3) Wie lautet das numerische Datum −143 in gepackter Form?
a) OOOL OLOO OOLL LLOL
b) OOOL OLOO LLOL OOLL
c) LLLL OOOL LLLL OLOO LLLL OOLL LLLL LLOL

(4) Wie lautet das in 3.c angegebene Binärmuster in der hexadezimalen Schreibweise?
a) +1 +4 +3 +D
b) F1 F4 F3 FD
c) FFFD

(5) Wie lautet die Dezimalziffer 5 im 7-Bit-ISO-Code?
a) OLLOLOL
b) LLLL OLOL
c) LOLOLLO

(6) Der Name ABT würde in der Byte-Darstellung lauten:
a) OO OOOL OO OOLO LO OOLL
b) LLOO OOOL LLOO OLOL LLLO OOLL
c) LLOO OOOL LLOO OOLO LLLO OOLL

(7) In gepackter Form würde die Dezimalzahl 7931 in Byte-Darstellung lauten:
a) OLL LLLL OOLL LLLL
b) OLLL LOOL OOLL OOOL
c) LLLL LOOL LLLL OOLL

(8) Wie lauten die binären Formen und die hexadezimalen für die folgenden Zeichen aus dem ASCII-Code: A, 2, !, ESC?

3.3 Befehlsdarstellung

In 3.2 wurden die üblichen Zeichen über eine jeweils vorher festzulegende, eindeutige Zuordnung (Code) als Binärzeichen – und damit in einer technisch leicht zu verwirklichenden Signalform als elektrische Spannung – dargestellt. Die verschiedenen Datenarten (numerische, alphabetische, alpha-numerische) bestehen aus Kombinationen dieser Zeichen und sind damit darstellbar.

Neben Daten-Worten treten noch Befehls-Worte (kurz: Befehle) als mögliche Wortart auf. Natürlich müssen wir auch diese Wortart in die oben erwähnte Form bringen. Der DVA kann und soll nicht jede einzelne Instruktion (Anweisung) des Rechenvorgangs vom Bedienungspult aus Schritt für Schritt, d.h., Befehl nach Befehl, erteilt werden. Vielmehr können die einzelnen Anweisungen zusammengefaßt als ganze Befehlsfolge abgespeichert werden. Eine solche (sinnvolle) Befehlsfolge nennen wir: Programm. Die Möglichkeit der Abspeicherung des Programms führte uns auf den Begriff der ‚speicherprogrammierten DVA‘ (I 3.2.1). Das Programm wird dabei jeweils vor Beginn des eigentlichen Rechenablaufs Wort für Wort – d.h. Befehl für Befehl – fortlaufend in den Speicher eingelesen.

3.3.1 Operationstypen und Befehlsarten

Jede DVA besitzt bestimmte Fähigkeiten. Durch entsprechende Befehle werden sie gezielt eingesetzt. Jeder Befehl beinhaltet gewisse Mitteilungen an das Leitwerk zur Ausführung einer bestimmten Operation. Zur Aufnahme, Verarbeitung und Abgabe von Daten stehen in einer DVA vier Typen von Operationen zur Verfügung:

- arithmetische Operationen
- logische Operationen
- datenorganisatorische Operationen (Datentransfer)
- programmorganisatorische Operationen (Programmsteuerung)

Den Grundbestandteil an arithmetischen Operationen fast aller DVA bilden die vier Grundrechenarten:

- Addition
- Subtraktion
- Multiplikation
- Division

Um den Ablauf dieser arithmetischen Operationen in der DVA im einzelnen zu verstehen, muß man auf die mathematischen Methoden, deren Abwicklung sowie den logisch-konstruktiven Aufbau des Rechenwerks näher eingehen. Dies wird in Teil II (und III) geschehen. Alle zusätzlichen arithmetischen Operationen, die eine DVA durchzuführen in der Lage ist, bewirken ‚nur‘ eine Vereinfachung der Programmierung, d.h., der Programmaufstellung. Sie sind aber prinzipiell nicht notwendig und könnten durch die vier Grundrechenarten ersetzt werden – wenn auch manchmal etwas umständlich.

Entsprechend diesen vier möglichen Arithmetik-Operationen kann der Rechner-Benutzer vier Arithmetik-Befehlsarten anwenden: Additions-, Subtraktions-, Multiplikations- und Divisions-Befehle.

Ein charakteristisches Merkmal für eine DVA ist in der Eigenschaft zu sehen, einen Rechenvorgang in seinem logischen Ablauf von Zwischenresultaten abhängig zu machen.

Man nennt solche Stellen, an denen der weitere Programmablauf von einem Zwischenresultat abhängt, ‚Programmweichen‘ oder Verzweigung oder Entscheidung. Sie stellen nichts anderes als einen Vergleich bzw. ein Abfragen und Entscheiden dar. Am besten ist dies im sogenannten *Programmablaufplan* zu sehen.

Abhängig von der Verzweigung E1 durchläuft das Programm den Zweig 1 oder 2, je nachdem ob an dieser Stelle des Befehlsablaufs die Bedingung E1 erfüllt ist oder nicht. Die Verzweigung E2 dagegen bewirkt ein Zurückspringen im Programm, wenn die Bedingung E2 nicht erfüllt ist; eine sogenannte (Programm-)Schleife entsteht. Rechentechnisch ‚gefährliche' Endlosschleifen treten auf, sobald programmiertechnische Fehler Bedingungen formulieren, die nie erfüllt werden! Von großer Bedeutung sind somit die Sprung-Befehle (branch/jump instruction). Sie ermöglichen es, dem Zwang des linearen Programmablaufs zu entrinnen. Beim *linearen Programmablauf* wird vom Steuerwerk Befehl um Befehl in derselben Reihenfolge aus dem Speicher übernommen

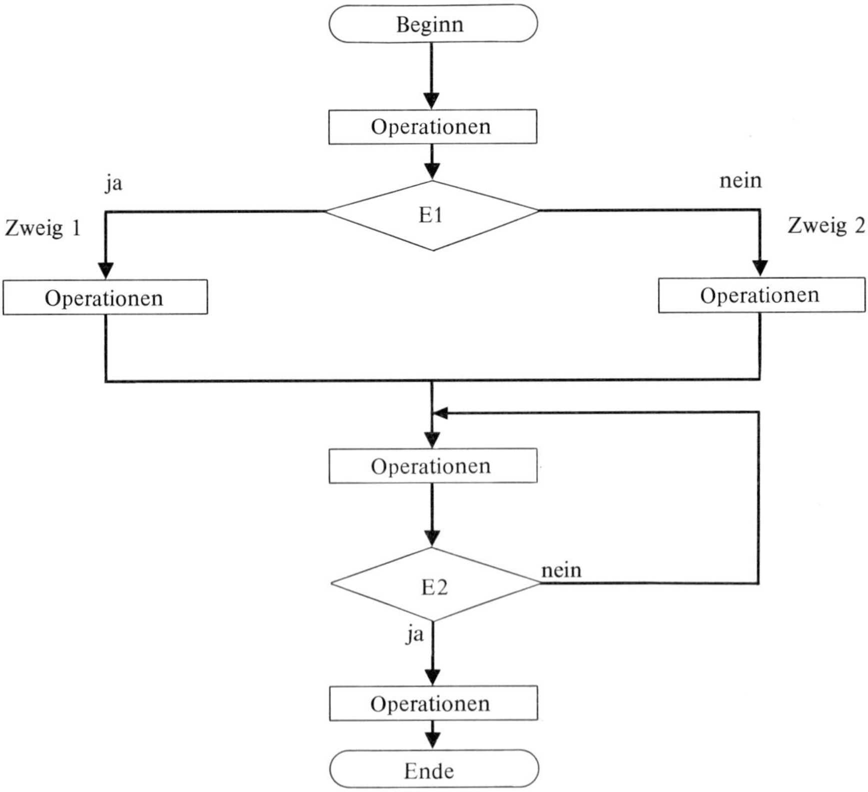

Abb. I 20: Programmweichen im Programmablaufplan (program flowchart)

Speicherzellen mit den Adressen 1000 bis 2999

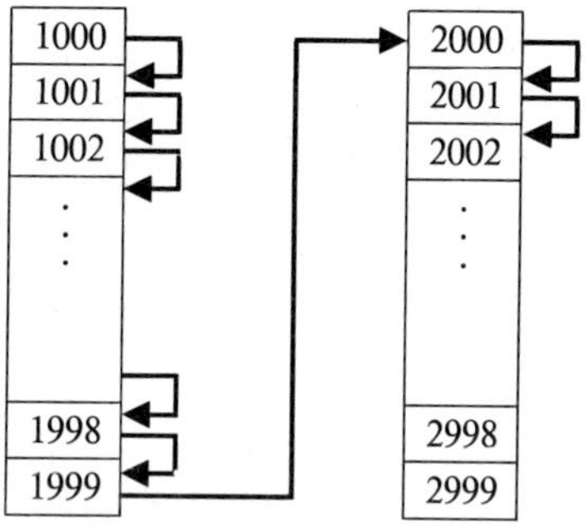

(in Zelle 2002 sei ein
Stop-Befehl abgespeichert)

Abb. I 21: Linearer Programmablauf

Haupt- Unterprogramm

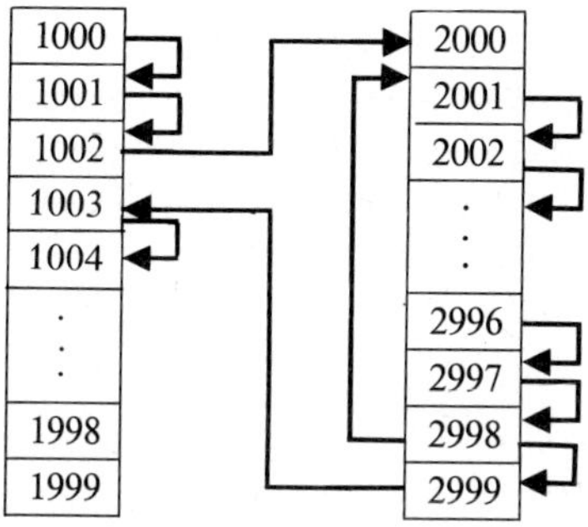

(in Zelle: sei ein:
1002 unbed. Sprungbef.
1004 Stopbefehl

Abb. I 22: Programmablauf mit Sprung-Befehlen

und ausgeführt, wie es dort abgespeichert ist. Man spricht häufig auch vom Geradeaus-Programm.

Den Unterschied zwischen einem linearen Programmablauf und einem Programmablauf mit Sprung-Befehlen zeigen die Abb. I 21 und I 22.

Die Sprung-Befehle ermöglichen es nun, den nächsten Befehl aus einer beliebigen Zelle statt aus der jeweils folgenden Zelle des Speichers in das Leitwerk zu holen. Hierdurch werden also die Operationen der oben erwähnten (vgl. PW 2 in der Abb. I 20) Programmweichen verwirklicht.

Man unterscheidet zwei Arten von Sprung-Befehlen: unbedingte und bedingte Sprung-Befehle.

a) Unbedingter Sprung-Befehl

Trifft die Maschine beim Programmablauf auf diesen unbedingten Sprung-Befehl (in Abb. I 22: Zelle 1002), so ‚springt' sie zur Speicherzelle mit der in diesem Befehl angegebenen Adresse. Dort (in Zelle 2000) setzt sie dann den linearen Programmablauf fort, d. h. sie arbeitet Befehl nach Befehl in der Reihenfolge ab, wie sie dort abgespeichert sind. Verschiedene Programmiersprachen verwenden hierfür den GOTO-Befehl.

b) Bedingter Sprung-Befehl

Der bedingte Sprung-Befehl umschließt einen Vergleichsvorgang und ggf. einen Sprung. Trifft die Maschine im Programmablauf auf einen bedingten Sprung-

Befehl (Zelle 2998), so prüft sie, ob eine – für diesen speziellen Sprung-Befehl charakteristische – Bedingung erfüllt ist. Die Abfrage nach der Bedingung ist ein Vergleichsvorgang. Ist die Bedingung erfüllt, so geschieht dasselbe wie unter (a). Der bedingte Sprung-Befehl wirkt dann also wie ein unbedingter. Ist dagegen die Bedingung nicht erfüllt, so bleibt der bedingte Sprung-Befehl ohne jegliche Wirkung, d. h., die Maschine setzt den linearen Programmablauf normal fort (in Zelle 2999).
Daten und Befehle (eines Programms) müssen zwischen den Grundeinheiten: Eingabe, Speicher, Rechenwerk, Leitwerk und Ausgabe transportiert werden.

Dazu dienen (Um-)Speicher-, Eingabe- und Ausgabebefehle. Weitere organisatorische Befehle sind beispielsweise die Befehle zum Packen und Entpacken von Daten in der Byte-Darstellung. Die (Ver-)Schiebeoperationen (shift operation) dienen dazu, den Inhalt eines Registers, d. h. eines Wortspeichers um eine oder mehrere Binärstellen nach links oder rechts zu verschieben.

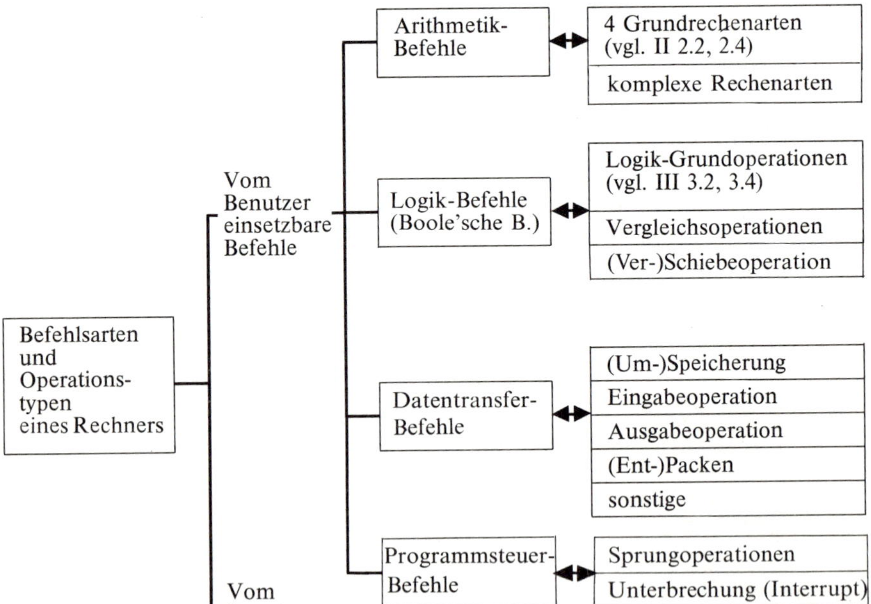

Abb. I 23: Befehlsarten und Operationstypen eines Rechners

3.3.2 Operationsteil

Um eine der im vorigen Kapitel genannten Arten von Operationen ausführen zu können, muß dem Rechner jeder Befehl grundsätzlich zwei Auskünfte erteilen:

1. Was soll getan werden?
   d. h. die Bezeichnung der auszuführenden Operation
2. Welche Operanden (Daten) sind betroffen?
   d. h. Operanden- bzw. Adressinformationen

Die Grundstruktur eines Befehls (Wortes) lautet demnach:

BEFEHLSWORT

Information über die Operation	Informationen über die Operanden (Daten)
Operationsteil **Op** (Operationscode)	Operandenteil **Ad** (Adressteil)

Struktur und technischer Aufbau begrenzen die Zahl der möglichen Operationsarten und damit die verschiedenen Formen des Operationsteils Op. Taschenrechner lassen beispielsweise etwa 10 Operationsarten, Mikrocomputer mit einem 6-Bit-Operationscode Op 64 ($= 2^6$) Grundoperationen und Großrechner mit einem 1 Byte-Op 256 ($= 2^8$) zu. Wie aber werden sie technisch im Rechner dargestellt? Ebenso wie Daten, nämlich mit Bit-Kombinationen! Die Zuordnung der im Operationsteil zulässigen Bit-Kombinationen zu den dadurch ausgelösten Operationen ist konstruktiv festgelegt. Sie ist demnach bei unterschiedlichen Rechnermodellen unterschiedlich. Für jedes Modell jedoch liegt diese Zuordnung in Form einer *Befehlsliste* vor. Um dem Programmierer und Rech-

auslösende Operation	Op	Rechner-intern als Bit-Kombination dargestellt (z. B. für 16-Bit-Mikrocomputer)
Addition	ADD	OOOLO
Subtraktion	SUB	OOLOL
.	.	.
.	.	.
.	.	.
Drucken	DRU	LLLOOL
bed. Sprung	SPR	OLLLOL

Abb. I 24: Beispiel für eine einfache Befehlsliste

neranwender jedoch das mühsame Auswendiglernen der verschiedenen Bit-Kombinationen zu ersparen, verwendet man für die praktische Arbeit im Operationsteil Op einen *Mnemotechnischen Code*. Dabei werden Bit-Kombinationen außerhalb des Rechners durch Buchstabenkombinationen ersetzt, die so gewählt sind, daß sie einen Hinweis auf die auszulösende Operation liefern. Der so dargestellte Op-Teil dient also gleichzeitig als Gedächtnisstütze. Diese Op-Abkürzungen sind meist in Englisch, z. B. JMP (jump) für ‚unbedingter Sprung'.

3.3.3 Einadreß- und Zweiadreß-Maschinen

Außer dem Operationsteil Op muß ein Befehl dem Rechner noch Auskunft über die zu bearbeitenden Operanden (Daten) liefern. Dies geschieht im Operandenteil des Befehlswortes. Meist steht dort aber nicht der Operand (= Zahlenwert) selbst, sondern nur die Adresse des Speichers, wo der betreffende Operand zu finden ist. Der Operandenteil ist damit als Adreßteil Ad zu bezeichnen.

Wir betrachten einen Rechner, der außer dem großen Arbeitsspeicher noch einen Miniaturspeicher besitzt. Dieser Miniaturspeicher besteht nur aus einer Zelle, d. h. er vermag gerade ein Wort (4 Bytes = 32 bit) aufzunehmen. Nennen wir diesen Speicher *Arbeitsregister* oder Akkumulator (Abkürzung AC, accumulator). Führt die Maschine eine Rechenoperation durch, so benötigt sie i. a. (außer bei Datentransferbefehlen) zwei Operanden, d. h. zwei Größen, mit denen die jeweilige Operation durchgeführt werden soll.

Beispiel: bei der Addition: $2+4=6$ sind 2 und 4 die beiden Operanden, mit denen die arithmetische Operation ‚Addition' durchgeführt wird.

Zu Beginn irgendeiner Operation sei stets der 1. Operand im Akkumulator, am Ende der Operation soll dort das Ergebnis stehen. Der 1. Operand kann also entweder als Ergebnis der vorhergehenden Operation im Akkumulator stehen oder durch einen Transport-Befehl dorthin gebracht worden sein. Der 2. Operand wird stets aus dem Speicher geholt.

Eine DVA mit dieser hier beschriebenen Konzeption bezeichnet man als *Einadress-Maschine*. Die Anzahl der Adressen pro Befehl gibt der Maschine den Namen. Aus zwei Teilen besteht demnach ein Befehl einer Einadreß-Maschine:

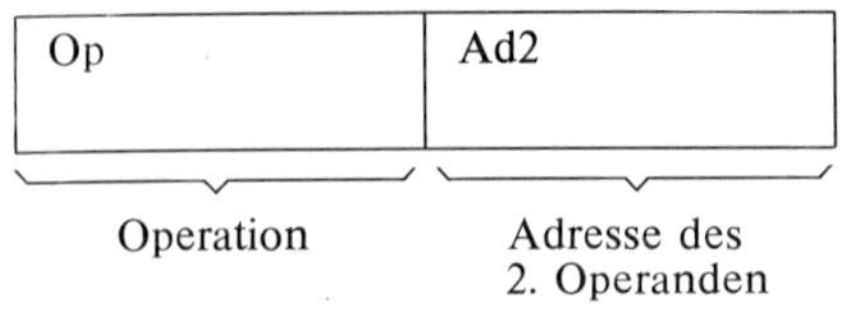

Im Adreßteil Ad ist die ‚Hausnummer' der Speicherzelle angegeben, wo der Rechner den 2. Operanden findet. Der 1. Operand steht bereits im Akkumulator AC. Der Befehl:

ADD	249

fordert die Addition und gibt konkret die Adresse des 2. Operanden an: Ad2 = 249 (natürlich binär codiert). Zum (bisherigen) Inhalt des AC wird der Inhalt der Zelle 249 addiert. Das Ergebnis befindet sich als (neuer) Inhalt im AC. In Kurzform geschrieben:

$$\langle AC \rangle := \langle AC \rangle + \langle 249 \rangle$$

gesprochen: neuer AC-Inhalt ergibt sich aus altem AC-Inhalt plus Inhalt der Zelle 249.

Das Zeichen := (gesprochen ‚ergibt sich') bedeutet eine zeitliche Abfolge.

Die Befehlsstruktur einer *Zweiadreß-Maschine* zeigt folgenden grundsätzlichen Aufbau:

was	woher (wohin)	woher
Op	Ad1	Ad2

Im allgemeinen ist konstruktiv festgelegt, daß das Ergebnis der Rechenoperation unter der Adresse des 1. Operanden erscheint. Der Befehl:

ADD	710	249

bewirkt: Der Inhalt der Speicherzelle mit der Adresse 249 wird zum Inhalt der Speicherzelle mit der Adresse 710 addiert, und das Ergebnis wird in die Zelle mit der Adresse 710 gespeichert. In Kurzform:

$$\langle 710 \rangle := \langle 710 \rangle + \langle 249 \rangle$$

3.3.4 Wort- und Stellenmaschinen

Die Überlegungen im vorausgehenden Kapitel setzten (unausgesprochen) voraus, daß die Operanden im Speicher stets die gleiche Länge hätten – nämlich ein Wort definierter *fester* Länge (z. B. 16, 32 oder 64 bit) als kleinste adressierbare Einheit im Speicher. Einen Rechner, der die Operanden im Speicher als Wort mit *fester* Länge speichert, nennt man *Wortmaschine*. Die Schaltwerke können voll auf diese einheitliche Wortlänge ausgelegt werden. Die wortorientierten Maschinen sind demnach sehr schnell. Sie setzen Anwendungen mit konstanten Datenlängen, z. B. bei der Gleitpunktrechnung, voraus. Demnach nutzen vor allem technisch-wissenschaftliche Anwendungen wortorientierte Rechner. Kaufmännisch-administrative Anwendungen dagegen arbeiten häufig mit Daten unterschiedlicher Länge, z. B. Artikelbezeichnungen, Namen. Deren adressierter Zugriff auf Bytes, Halbworte, Worte und Doppelworte bietet dann Vorteile in der Programmierung und der Ausnutzung vorhandener Speicherkapazität. *Stellenmaschinen* (auch Byte-Maschinen genannt) lassen Operanden mit solcher variabler Länge zu. Ein Befehl muß aber dann außer einer Adresse je Operand auch noch die Länge (L1,2) der Operanden angeben. Die Adressenteile Ad1,2 beziehen sich stets auf die niedrigste Adresse des Operandenfeldes im Speicher.

Op	L1	L2	Ad1	Ad2

L1, 2 = Anzahl der Stellen (Bytes) des Operanden 1, 2

3.3.5 Relative und indizierte Adressierung

Aus Gründen der Speicherökonomie sollte – wie sich noch zeigen wird – der Adressteil eines Befehls möglichst kurz sein. Bei modernen Rechnern mit großen Speichern und damit langen Operationsadressen hilft man sich mit dem Trick der *‚relativen Adressierung'*. Lange Operandenadressen werden aufgeteilt in eine lange Basisadresse und eine kurze Distanzadresse D. Die Basisadresse wird in einem der sogenannten Basisregister B gespeichert. Im Befehl erscheint nur die kurze Distanzadresse D. Vor Ausführung des im Operationsteil Op stehenden Befehls wird die Operandenadresse durch Addition errechnet. Der Befehl hat dann folgende Struktur:

Op	L1	L2	B1	D1	B2	D2

wenn z. B.: $D1 = 200$ $\quad D2 = 305$
$B1 = 2$ $\quad B2 = 5$
$\langle Reg.2 \rangle = 15000$ $\quad \langle Reg.5 \rangle = 20000$

dann sind die eigentlichen Operandenadressen:

$$Ad1 := \langle B1 \rangle + D1 = \langle Reg.2 \rangle + 200 = 15\,200$$
$$Ad2 := \langle B2 \rangle + D2 = \langle Reg.5 \rangle + 305 = 20\,305$$

Obwohl also die beiden eigentlichen Operandenadressen jeweils fünfstellig sind, erscheinen im Befehl nur zwei dreistellige Distanzadressen D1 und D2.

Diese relative Adressierung wird gelegentlich durch die indizierte Adressierung noch erweitert. Sie arbeitet mit Indexregistern X. Dabei gilt:

$$Ad2 := \langle X2 \rangle + \langle B2 \rangle + D2$$

Die konkrete Adresse des 2. Operanden errechnet sich aus dem Inhalt des Indexregisters X2 plus Inhalt des Basisregisters B2 plus der im Befehl zahlenmäßig angegebenen 2. Distanzadresse. Die Verwendung der indizierten Adressierung ermöglicht eine sehr flexible Bearbeitung von Daten und ist für eine bewegliche Programmierung von großer Bedeutung. Die relative und indizierte Adressierung werden gelegentlich als indirekte Adressierung bezeichnet. Das Kap. I4.3 bringt eine weitere Vertiefung des Themas für Mikrocomputer.

3.3.6 Zweiadreß-Befehle

An den meisten Operationen sind zwei Operanden beteiligt. Bei einer Zweiadress-Maschine kann:

a) ein Operand in einem Arbeitsregister, ähnlich dem oben beschriebenen Akkumulator, gespeichert sein. Für 16 Arbeitsregister (0 bis 15) können die Registernummern R mit einem Halbbyte (Tetrade, $2^4 = 16$) unterschieden werden. Operanden, die selbst in einem Arbeitsregister gespeichert sind, nennt man *Registeroperand*.

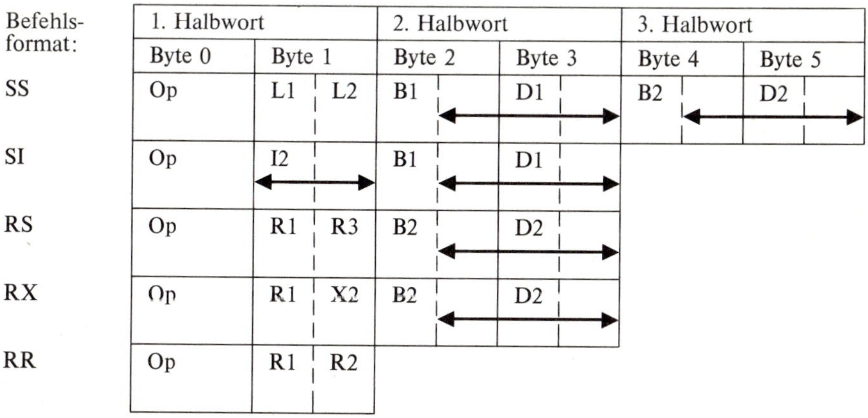

Abb. I25: Struktur fünf wichtiger Befehlsformate

b) ein Operand im großen Hauptspeicher gespeichert sein. Dann spricht man von *Speicheroperand S*.
c) ein Operand (z.B. eine zu addierende Zahl) im Befehl an Stelle des Adressteils direkt genannt sein; er wird dann *Direktoperand* I genannt.

Jeder Befehl einer Zweiadreß-Maschine enthält nach dem Op-Teil Aussagen über *zwei* Operanden. Dabei treten in der Befehlsliste folgende Befehlsformate auf:

	1. Operand: 2. Operand:
RR-Befehlsformat:	Registeroperand/Registeroperand
RX-Befehlsformat:	Registeroperand/Indizierter Speicheroperand
RS-Befehlsformat:	Registeroperand/Speicheroperand
SI-Befehlsformat:	Speicheroperand/Direktoperand
SS-Befehlsformat:	Speicheroperand/Speicheroperand

Die Befehlsstruktur dieser 5 Befehlsarten ist in der Byte-Struktur unterschiedlich lang, nämlich 2, 4 oder 6 Bytes.

Innerhalb jedes so definierten Befehlsformats existieren unterschiedliche Op-Formen. Die in der jeweiligen Befehlsliste definierten bis zu $2^8 = 256$ zulässigen Befehle eines Rechners ab der 3. Generation lassen sich in diese 5 Grundformate einordnen.

Aufgaben zu I 3.3

---

(1) Welche Arten von Operationen sind in einer DVA üblich?
  a) arithmetische, logische, daten- und programm-organisatorische
  b) mathematische, technische, kaufmännische und analoge
  c) Addition, Subtraktion, Multiplikation und Logikoperationen

(2) Was versteht man unter einem ‚linearen Programmablauf'?
  a) ein Programmablauf ohne Sprung-Befehle (d.h. ohne Programmweichen)
  b) nichtlineare, mathematische Aufgaben werden durch entsprechende Programmierung auf lineare zurückgeführt
  c) Programm ohne Stop-Befehle

(3) Was bedeutet der Ausdruck: $\langle 249 \rangle := \langle 249 \rangle + 7$ bei der Beschreibung von Operationen in der DVA?
  a) die Zahl 249 im Akkumulator AC wird um 7 erhöht
  b) unzulässiger Ausdruck, da links und rechts des Gleichheitszeichens verschiedene Werte auftreten
  c) der neue Inhalt der Speicherzelle mit der Adresse 249 folgt, indem man den alten Inhalt um 7 erhöht

(4) Was versteht man unter einem bedingten Sprungbefehl?
  a) Anhalten, wenn die Bedingung erfüllt ist
  b) Sprung, wenn die Bedingung erfüllt ist
  c) Sprung, wenn die Bedingung nicht erfüllt ist.

(5) Angaben über die Operandenlänge enthalten die Befehle bei:
   a) alle Zweiadressmaschinen
   b) Wortmaschinen
   c) Stellenmaschinen

(6) Angenommen, die Distanzadresse D1 sei 175, die Operandenadresse Ad1 sei 11030.
   Auf welchen Wert muß dann der Inhalt des Basisregisters B1 eingestellt werden?
   a) $\langle B1 \rangle := Ad1 + D1 = 11205$
   b) $\langle B1 \rangle := Ad1 - D1 = 10855$
   c) $\langle B1 \rangle := \quad 11030$

(7) Die indirekte Adressierung bedeutet:
   a) die Operandenadresse ist gleich der Basisadresse
   b) die Operandenadresse wird über eine relative oder/und indizierte Adressierung errechnet
   c) die Basisadresse wird über die relative oder/und indizierte Adressierung errechnet

(8) Zum Umspeichern innerhalb des Speichers eignet sich:
   a) ein Befehl der Art SS
   b) ein Befehl der Art SI
   c) ein Befehl der Art RR

(9) Wie lautet die eigentliche Adresse des 2. Operanden, wenn bei einer Zweiadress-Maschine ein RX-Befehl eingesetzt werden soll und wenn sich folgendes Momentbild der Registerbelegung zeigt:

   $\langle Reg.1 \rangle = 8000$ $\qquad$ $\langle Reg.4 \rangle = 10$
   $\langle Reg.2 \rangle = 20$ $\qquad$ $\langle Reg.5 \rangle = 510$
   $\langle Reg.3 \rangle = 10500$

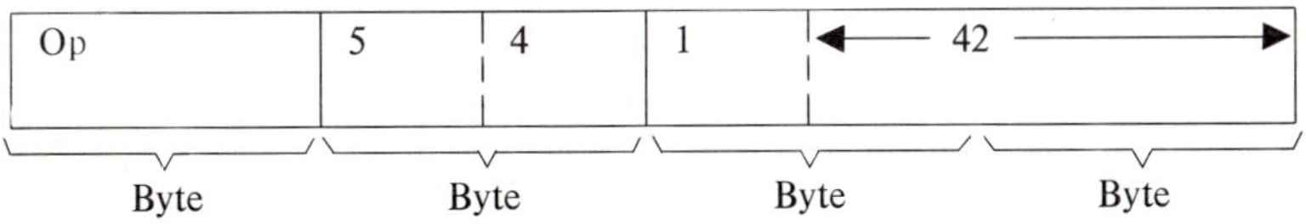

   d.h. 1. Operand $= \langle Reg.5 \rangle = 510$
   a) $Ad2 = \langle X2 \rangle + \langle B2 \rangle + D2$
      $= 20 + 8000 + 42 = 8062$
   b) $Ad2 = 10 + 8000 + 42 = 8052$
   c) $Ad2 = 510 + 20 + 42 = 572$

3.4 Grundeinheiten: Eingabe und Ausgabe

Die fünf Grundeinheiten: Eingabe, Rechenwerk, Speicher, Leitwerk und Ausgabe sind auf zweifache Weise untereinander verbunden. Einerseits müssen die Steuerungs- und Kontrollsignale, die von den Befehlen des Programms eingeleitet werden, an die zuständigen Einheiten weitergegeben werden. Andererseits sind die Befehlsworte von der Eingabe in den Speicher und einzeln von dort in das Leitwerk zu transportieren. Das Programm als Befehlsfolge wird ebenso im Speicher abgespeichert wie die mit diesem Programm zu verarbeitenden Daten. In diesem Fall spricht man auch von sog. Speicherprogrammierten DVA.

Der Befehlsablauf kann natürlich erst dann automatisch erfolgen, sobald sich das vollständige Programm im Speicher befindet und vom Leitwerk Befehl um Befehl abgerufen werden kann. Beim Einlesen des Programms muß deshalb das Leitwerk von der Eingabe-Einheit (hier Bedienungspult) beeinflußt werden

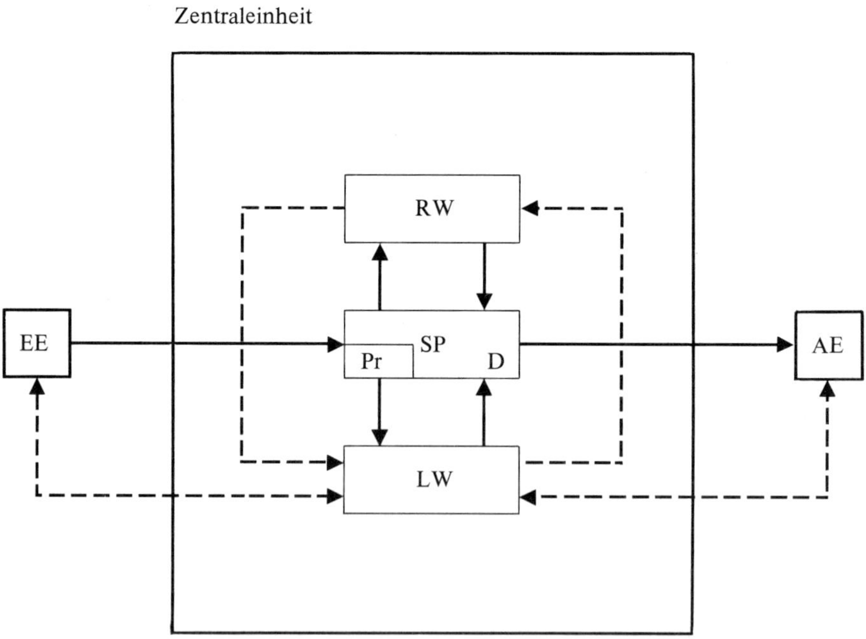

——▶ Worttransport, - - - - - -▶ Steuersignale

EE = Eingabe-Einheit
Sp = Speicher
LW = Leitwerk
RW = Rechenwerk
(Pr = Programm/D = Daten)
AE = Ausgabe-Einheit

Abb. I 26: Die fünf Grundeinheiten eines Rechners

können. Eine weitere Möglichkeit der Einflußnahme vom Bedienungspult her besteht etwa im Anhalten der Maschine an einer beliebigen Stelle während des automatischen Programmablaufs.

Die Eingabe- (Ausgabe-)Einheit bildet vom Standpunkt der Rechenlogik den unwesentlichen Teil eines Rechners. Da aber Eingabe- und Ausgabe-Einheit die einzigen Teile darstellen, mit denen der Internteil des Rechners mit der Außenwelt in Verbindung tritt, wollen wir uns zunächst diesen Grundeinheiten zuwenden. Ferner gewinnt die Vielfalt der Ein- und Ausgabegeräte, wie wir in Teil V noch sehen werden, in letzter Zeit immer mehr an Bedeutung.

Eingabegeräte
Zum Zwecke der Datenverarbeitung müssen Informationen der Außenwelt in den Internteil des Rechners, also der Zentraleinheit, gebracht werden. Dies geschieht über die verschiedenartigsten Eingabegeräte. Die einzugebende Information muß zunächst in eine genormte Form gebracht werden, damit sie von dem Rechner überhaupt aufgenommen werden kann. Die vorgeschriebene Darstellungsart von Daten und Befehlen ist technisch bedingt und kann bei Rechnern unterschiedlicher Herstellerfirmen stark unterschiedlich sein. Nationale und internationale Normungsausschüsse bemühen sich um einheitliche Regelungen. Die Daten werden mit Markierungsstiften, Datenerfassungs-Tastaturen oder Locher in genormter Form auf die Datenträger: Belege, Kassetten, Disketten, Lochkarten oder -streifen gebracht. Statt von ‚Datenträgern‘ spricht man auch von ‚Datenmedien‘. Die verschiedenen Zeichenarten, nämlich: alphabetische, numerische und Sonder-Zeichen, werden in verschlüsselter (codierter) Form auf die Datenträger übertragen. Welche Zuordnung, also welcher Code, dabei benutzt wird, hängt vom Datenträger ab.
Die Eingabegeräte lesen mittels elektrischer, photoelektrischer, magnetischer oder optischer Verfahren die Information der Datenträger. Nach Umwandlung der gelesenen Information in elektrische Signale – gegebenenfalls sogar über eine Umcodierung – geben sie die Information über elektrische Kanäle an die Zentraleinheit weiter.

Ausgabegeräte
Die in der Zentraleinheit des Rechners ermittelten Ergebnisse werden in elektrischer Signalform an die Ausgabegeräte weitergegeben. Die Ausgabegeräte wandeln diese elektrischen Signale in Lochungen, Grafiken oder Druckzeichen auf den Informationsträgern um.

Der Teil IV behandelt die Technologien und Arbeitsweisen der vielfältigen Ein- und Ausgabegeräte ausführlich.

Kombinierte Ein-/Ausgabegeräte
Kombinierte Ein-/Ausgabegeräte gibt es in vielfältiger Ausführungsart. In diesen

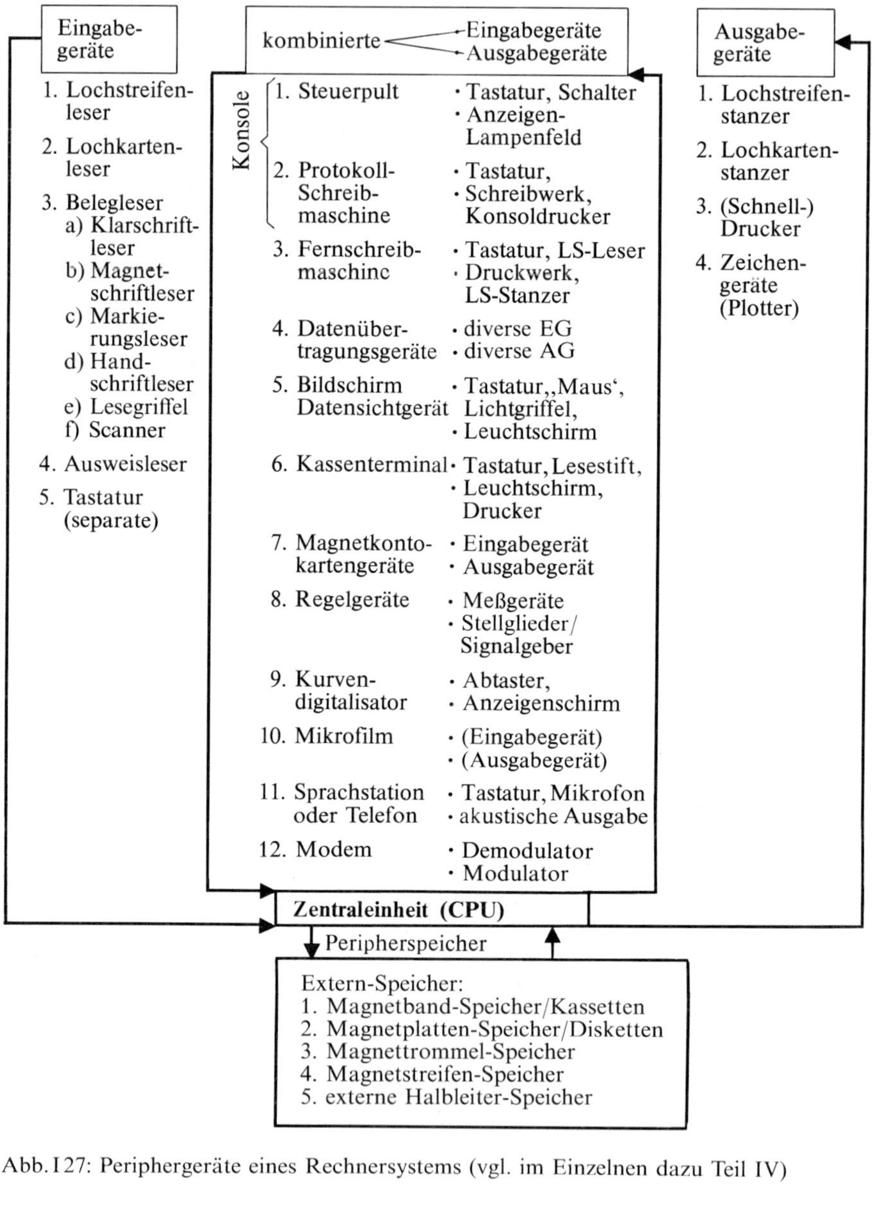

Abb. I 27: Periphergeräte eines Rechnersystems (vgl. im Einzelnen dazu Teil IV)

Geräten sind Funktionseinheiten der Eingabe und Ausgabe vereinigt. Beispielsweise dient beim Steuerpult, auch Konsole genannt, ein Tastenfeld der Eingabe und ein Lampenfeld der Ausgabe von Information. Allerdings wird das Steuerpult nur eingesetzt, um den Rechner zu kontrollieren und zu bedienen. Der Operator (Maschinenbediener) kann damit die Steuerung – etwa Start-, Stop- und Kontrollbefehle – der Anlage von außen übernehmen. Zur eigentlichen Eingabe von Daten und Programmen wird natürlich nicht das Steuerpult benützt. Die Eintastgeschwindigkeit von Hand ist um Zehnerpotenzen niedriger als die interne Operationsgeschwindigkeit des Rechners.

Die wichtigsten kombinierten E/A-Einheiten sind die Datensichtgeräte. Der Markt bietet eine kaum noch überschaubare Vielfalt an Formen, Ein- und Ausgabekomponenten von Bildschirmarbeitsplätzen an. Besonders gefördert hat dies der expansive Markt der Mikrocomputer.

Zum Teil im Einsatz, zum größeren Teil aber noch im Entwicklungsstadium sind die Sprach-Ein-/Ausgabegeräte. Über Mikrofon und Lautsprecher kann der Mensch unmittelbar akustisch mit dem Rechner Informationen austauschen, ohne einen Datenträger dazwischenschalten zu müssen.

Für den Einsatz zur Steuerung und Regelung technischer Prozesse, beispielsweise in der chemischen Industrie oder in Walzwerken, sowie in der Verkehrssteuerung wird eine neue Modifikation von Rechner eingesetzt, sog. Prozeßrechner. In Teil VI werden wir noch darauf zurückkommen. Bei diesen Prozeßrechnern werden neue Arten von Eingabegeräten in oft sehr großer Zahl (einige Hundert) verwandt, wie Meßwertfühler oder Verkehrszählgeräte.

Peripherspeicher
Als Sonderformen von kombinierten Ein-/Ausgabegeräten sind die sog. Peripherspeicher anzusprechen. Darunter sind Speicher mit hoher Kapazität zu verstehen, die ebenso wie die übrigen Ein- und Ausgabegeräte an die Zentraleinheit angeschlossen werden. Im Gegensatz zu den gewöhnlichen Ein- und Ausgabegeräten dienen sie nicht der Kontaktaufnahme der Zentraleinheit mit der Außenwelt. Sie können nur von der Zentraleinheit aus ‚beschrieben' und ‚gelesen' werden. Es gibt jedoch Datenerfassungsgeräte, mit denen über eine Tastatur Disketten oder Kassetten unmittelbar – also ohne Dazwischenschalten der Zentraleinheit – beschrieben werden können.

Aufgaben zu I 3.4

(1) Welches sind die Grundeinheiten einer DVA?
  a) Eingabe-Einheit, Zentral-Einheit, Bedienungspult, Ausgabe-Einheit
  b) Eingabe-Einheit, Programm, Externspeicher, Internspeicher, Ausgabe-Einheit

c) Eingabe-Einheit, Rechenwerk, Speicher, Leitwerk, Ausgabe-Einheit

(2) Was ist ein Operator?
   a) Bediener einer DVA
   b) Befehl, der logische Operationen bewirkt
   c) elektrische Grundschaltung mit der logische Operationen durchgeführt werden

(3) Wie gelangt i.a. ein Programm bei speicherprogrammierten DVA in den Speicher?
   a) über ein Eingabe-Gerät, etwa die Bildschirmtastatur
   b) Befehl für Befehl wird über das Bedienungspult in den Speicher eingeschleust
   c) bei speicherprogrammierten DVA wird das Programm überhaupt nicht in den Speicher übernommen, es steht bereits dort

(4) In welcher Form werden Daten und Befehle von der Zentraleinheit zur Ausgabeeinheit transportiert?
   a) als digitale elektrische Signale
   b) als analoge elektrische Signale
   c) auf Informationsträgern, z.B. Lochkarte

(5) Die Zentraleinheit besteht aus
   a) Ausgabe/Eingabeeinheit und Externspeicher
   b) Eingabe-/, Ausgabeeinheit, Rechenwerk und Externspeicher
   c) Rechenwerk, Leitwerk und Hauptspeicher

---

chemisch/physikalisches Prinzip	Speicherverfahren
mechanisch	Lochstreifen/-karten
elektro-mechanisch	Relais
magnetisch	Magnetkern, -band, -platten, -karten, -draht, -blasen
elektronisch	Halbleiter, Supraleiter
magnetooptisch	Laser: CD (Compact Disc) oder Hologramm
optisch	Laser: Transphasor (‚opt. Transistor‘)
bio-chemisch/ -elektrisch	Biotechnik-Speicher (erste Ideen)

Abb. I 28: Chemisch/physikalische Speicherverfahren

3.5 Grundeinheit: Speicher

3.5.1 Speicherfunktionen

Über Eingabegeräte gelangen Informationen (Daten, Anweisungen) in die Zentraleinheit eines Rechners, über Ausgabegeräte können Informationen abgerufen werden. Innerhalb der Zentraleinheit erfolgt eine Daten-Verarbeitung im Rechenwerk, die über das Leitwerk durch das Programm (Anweisungen) gesteuert werden. Vor, während, zwischen und nach diesen Verarbeitungsoperationen (z. B. Additionen) müssen die Informationen ‚gespeichert' werden. Informationen *speichern* bedeutet, sie über zeitliche Distanz so aufzubewahren, daß sie danach unverändert abrufbar sind. Jede physikalisch-chemische Vorrichtung, die zum Aufbewahren von Informationen geeignet ist und verwendet wird, kann man als ‚Speicher' bezeichnen. In der Datenverarbeitung versteht man allerdings meist unter Speicher (storage) eine Funktionseinheit innerhalb eines digitalen Rechensystems.

Verschiedene naturwissenschaftliche Ansätze wurden und werden verfolgt. Sehr unterschiedliche technische Lösungen bauen darauf auf. Sie werden in Teil IV vorgestellt. Zunächst interessiert mehr die strukturelle Vergleichbarkeit all dieser Realisierungen für die Funktionseinheit ‚Speicher'.

Von jedem Speicher sollen Informationen abrufbar sein. Um dies systematisch und sicher zu ermöglichen, muß der Speicher nach einem Ordnungsprinzip aufgebaut sein. Die Abb. I 29 zeigt eine häufig verwendete innere Speicherstruk-

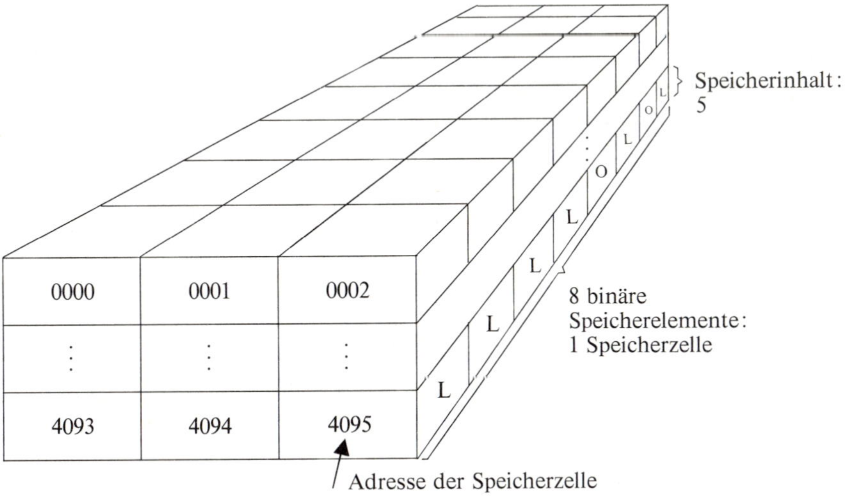

Abb. I 29 Speichereinheit

tur. Sie gleicht im gewissen Sinne der Struktur eines Stadtteils. Ein Stadtteil umfaßt eine bestimmte Anzahl von Häusern. Die Häuser bleiben durch eine eigene Hausnummer (Adresse) einzeln auffindbar. Jedes Haus besitzt mehrere Räume, in denen mehrere Einwohner leben können. Eine Speichereinheit besteht aus Speicherzellen. Wie jedes Haus, so ist auch jede Speicherzelle einzeln über die ihr zugeordnete Adresse auffindbar. Sie ist die kleinste adressierbare Einheit. Die Speicherzellen sind jedoch einheitlich strukturiert. Jede Speicherzelle besteht aus der gleichen Anzahl binärer Speicherelemente: bei Bytemaschinen aus 8 bzw. bei Wortmaschinen aus einer fixen Zahl zwischen 16 und 64. Der Speicherinhalt ist demnach 1 Zeichen bzw. 1 Maschinenwort. In der Abb. I29 enthält beispielsweise die Speicherzelle (= 8 bit = 1 Byte) mit der Adresse 4095 den Speicherinhalt 5. Jeder Speicherinhalt, d.h. jede Information (sei es ein Daten- oder Befehlswort), die in den Rechner eingegeben worden ist, kann nur noch über die Adresse der betreffenden Speicherzelle wiedergefunden werden; bei bekannter Adresse allerdings zuverlässig.

Die binären Speicherelemente können technologisch unterschiedlich realisiert sein. Aus technischen Gründen (vgl. IV) verwendet man häufig Speichereinheiten mit je 4096 Speicherzellen. Das Schreiben in und Lesen aus einem Speicher leitet das Leitwerk in der Zentraleinheit des Rechners ein. Unter *Schreiben* versteht man das elektronische Einbringen von Information in eine Speicherzelle. Das *Lesen* bedeutet die elektronische Entnahme binärer Signale aus der Speicherzelle. Ähnlich dem Lesen eines Buches muß gefordert werden, daß die Speicherzelle nach dem Lesevorgang noch den gleichen Speicherinhalt aufweist. Sie darf nicht gelöscht sein. Lese- und Schreibvorgang wird über ein Lese-/Schreibregister abgewickelt. Das Register ist ein schneller Speicher von der Größe einer Speicherzelle, d.h. 1 Byte (bzw. 1 Maschinenwort).

Einen ähnlichen Hilfsspeicher, das Adressregister, setzt das Leitwerk ein, um über die jeweilige Adresse den erwünschten Speicherinhalt (Datum oder Befehl) abzurufen. Der Adressteil Ad aus dem Befehl, den das Leitwerk gerade bearbeitet, gelangt über das Adressregister zum Adressdecodierer. Der Decodierer wandelt Ad in Impulse an den Speicher um. Diese Impulse aktivieren die gesuchte Speicherzelle.

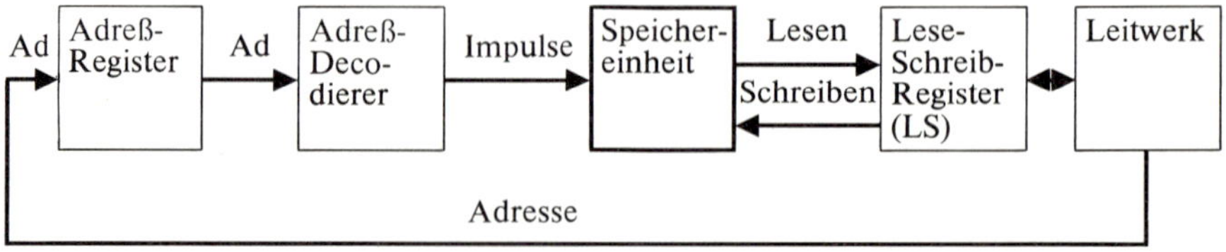

Abb. I30: Speicher- und Lesevorgänge

3.5.2 Speicherkenngrößen

Verschiedene qualitative und quantitative Kenngrößen charakterisieren die Speicher unterschiedlicher Technologie und machen sie vergleichbar. Die wichtigsten Kenngrößen sind:
a) Speicherkapazität
b) Zugriffsart
c) Arbeitsgeschwindigkeit
d) Permanenz
e) Kosten pro Speicherelement

zu a) Speicherkapazität
Die Speicherkapazität gibt das Aufnahmevermögen eines Speichers an. Sie wird in bit, Zeichen, Bytes, kB (= 1000 Bytes), KB (= 1024 Bytes = 2^{10} Bytes), MB (= 1000 KB) oder Maschinenworten (bei Wortmaschinen) angegeben. Die Umrechnung ergibt keine Schwierigkeiten, wenn die Wortlänge in bit bekannt ist. Bei den Rechnerfamilien ab der 3. Generation läßt sich die Speicherkapazität innerhalb eines Modells und danach innerhalb der Rechnerfamilie baukastenförmig erweitern. Das Rechnersystem paßt sich stufenweise den Erfordernissen erweiterter Aufgabenstellungen an. Derartige Ausbaustufen in Speichereinheiten sind:

4096 Bytes	(4 KB)	131072	(128 KB)
8192 Bytes	(8 KB)	262144	(256 KB)
16384 Bytes	(16 KB)	524288	(512 KB)
65536 Bytes	(64 KB)	1048576	(1 MB)
		usw.	

Um die Speicherkapazitäten etwas abschätzen zu können, seien zwei Angaben genannt:
1 Schreibmaschinenseite = ca. 2000 Zeichen = ca. 2 KB
menschliches Gedächtnis: ca. 10^{10} bit = ca. 1 Mrd. B
bei einer Zugriffszeit von 0,01 bis 1 sec.

zu b) Zugriffsart
Die sehr unterschiedlichen technologischen Prinzipien und Lösungen, nach denen die verschiedenen Speicherarten konstruiert sind, führten zu unterschiedlichen Zugriffsarten.

Reihenfolge-Zugriff (serial access)
Der Zugriff zu den Speicherzellen ist hierbei an eine bestimmte Reihenfolge gebunden. Die Informationen auf Lochstreifen, Lochkarten oder einem Magnetband bzw. einer Kassette lassen sich beispielsweise nur in der Reihenfolge

abrufen, wie sie eingespeichert wurden. Zumindest ist die Abrufzeit für verschiedene ‚Speicherzellen' unterschiedlich.

Wahlfreier Zugriff (random access memory = RAM)
In einer RAM-Speichereinheit können alle Zellen in beliebiger ungebundener Reihenfolge abgerufen werden, wobei der Zugriff für alle Zellen gleich schnell abläuft. Der wichtigste RAM-Speicher der Rechnermodelle der 2. und 3. Generation war der (Magnet-)Kernspeicher. Heute dienen fast ausschließlich Halbleiterspeicher als RAM-Speicher. RAM-Speicher können vom Anwender gelesen, gelöscht und neu beschrieben werden. Bei einigen Speichereinheiten lassen sich jedoch vor dem Löschen und Schreiben ‚geschützte Speicherbereiche' (protected storage area) definieren.

Festspeicher (read only memory = ROM)
ROM-Speicher können nur gelesen, nicht aber gelöscht oder gar überschrieben werden. Sie nehmen Festwerte (z. B. π) und sogenannte Mikroprogramme (vgl. I 3.6.1) auf. Zur Änderung des Inhalts sind besondere Maßnahmen, wie Auswechseln des Datenträgers oder Änderungen der Verdrahtung, notwendig.

Zerstörendes Lesen
Es gibt Speicher, deren Inhalte nicht durch den Lesevorgang zerstört, d. h. gelöscht werden (z. B. Magnetband, Disketten). Bei anderen Speicherarten (z. B. Kernspeicher, Magnetblasenspeicher) zerstört der Lesevorgang den Inhalt der Speicherzelle. Ein sofortiges Schreiben dieses Inhaltes in diese Zelle stellt ihren alten Zustand wieder her. Dadurch verlängert sich die Arbeitszeit pro Arbeitsgang, d. h. die Zykluszeit.

zu c) Arbeitsgeschwindigkeit
Das Leitwerk signalisiert die Adresse für den Leseauftrag an das Adressregister (vgl. Abb. I 30). Erst nach einer gewissen Zeit, sie wird für Adressverwertung und das Lesen des Speicherinhaltes benötigt, ist die erwünschte Information im LS-Register und steht damit dem anfragenden Leitwerk zur Verfügung. Diese Zeit nennt man die *Zugriffszeit* (access time). Der gesamte Lesevorgang, der Arbeitszyklus, dauert in einem Speichertyp mit ‚zerstörendem Lesen' länger als diese Zugriffszeit. Der Schreibvorgang zum Regenerieren des ursprünglichen Speicherinhaltes kommt hinzu. Die *Zykluszeit* beschreibt den gesamten Arbeitsgang. Bei Speichern mit zerstörungsfreiem Lesen verkürzt sich die Zykluszeit auf die Zugriffszeit. Die Zykluszeit bestimmt maßgeblich die Arbeitsgeschwindigkeit eines Rechners. Ein weiteres Maß für die Geschwindigkeit ist die Transfer- oder Datenrate, d. h. die Maximalzahl der Zeichen, die pro Sekunde vom betreffenden Speicher auf Abfrage hin abgegeben werden kann.

zu d) Permanenz
Für jeden Speichertyp ist die Frage zu stellen, ob zur Speicherung eine dauernde, eine zyklische oder keine Energiezufuhr erforderlich ist und ob durch etwaigen Energie-(Strom-)Ausfall die Speicherinhalte zerstört werden. In Permanenz-Speichern bleibt der Inhalt erhalten. Wird die Information gelöscht oder verfälscht, so spricht man von ‚temporären' Speichern. Magnetspeicher sind permanente, Halbleiter sind temporäre Speicher. Einige Speichertechnologien müssen die Speicherinhalte zyklisch regenerieren (refreshing).

zu e) Kosten pro Bit
Die Kosten pro Bit beschreiben die Anschaffungskosten für eine Speichereinheit einschließlich der zugehörigen Steuerungslogik (z.B. Adressdecodierer), anteilmäßig auf 1 Bit umgerechnet. Zwischen den drei Kenngrößen: Kapazität, Zykluszeit, Kosten besteht folgender qualitativer Zusammenhang:

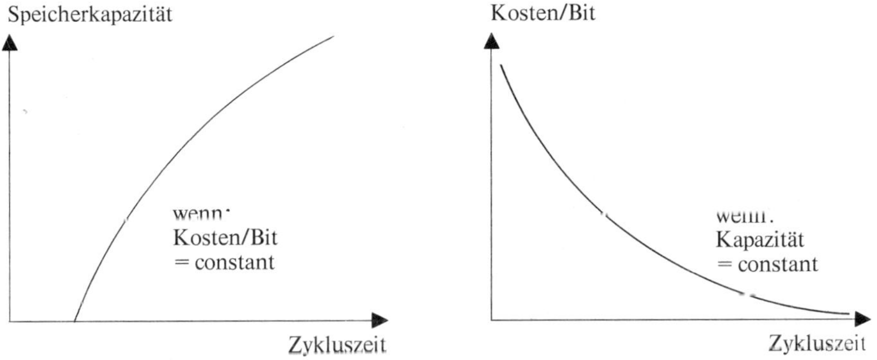

Abb. I31: Qualitative Zusammenhänge zwischen Kapazität, Zykluszeit und Kosten

Setzt man beispielsweise bei der Anschaffung eines Speichers ein Kostenlimit, so gilt: je größer die erwünschte Speicherkapazität, eine um so größere Zykluszeit muß in Kauf genommen werden. Wird dagegen aus der betrieblichen Aufgabenstellung her eine Mindestkapazität gefordert, so nehmen die Kosten ab, wenn man größere Zykluszeiten akzeptiert.

Das Kapitel IV 2. behandelt die verschiedenen Speichertechnologien und ihre Kenngrößen im einzelnen.

3.5.3 Speicherhierarchie

Angesichts der Variationsbreite der genannten qualitativen und quantitativen Kenngrößen, die stellvertretend für die Vielfalt der Speichertypen stehen, muß es die Aufgabe der Rechner-Systemplanung (vgl. Teil VI) sein, die Speicherwahl auf die betrieblichen Aufgabenschwerpunkte abzustimmen. Die Forderung, die von Seiten der Benützer als auch der übrigen Grundeinheiten an die Speicherung gestellt werden, können nämlich sehr verschiedenartig sein:

a) Wissenschaftliche Probleme erfordern z.B. viel Rechenaufwand bei relativ kleinem Speicherplatzbedarf. Hier ist ein Speicher mit kleiner Zykluszeit (zur Erhöhung der Rechengeschwindigkeit) und relativ kleiner Kapazität (zur gleichzeitigen Beschränkung der Kosten) am Platze.
b) Kommerzielle Probleme ergeben relativ kleinen Rechenaufwand, dafür benötigen sie aber viel Speicherplatz. Ein Speicher großer Kapazität und relativ großer Zykluszeit ist hier annehmbar.
c) Das Rechenwerk erfordert einen ‚schnellen' Speicher, d.h. einen Speicher mit kleiner Zugriffszeit. Die Ein- und Ausgabegeräte sind i.a. schon mit einem relativ ‚langsamen' Speicher ausgelastet.

Es wird also ratsam sein, verschiedene Speicherarten in einem Rechnersystem zu verwenden. Man spricht von einer ‚Speicher-Hierarchie'.

Mit dem Hauptspeicher (main storage) arbeiten die Funktionseinheiten Leit- und Rechenwerk laufend zusammen; man spricht deshalb auch von Arbeitsspeicher. Der Hauptspeicher ist eine Komponente der Zentraleinheit, er ist ein Zentralspeicher. Die Kapazität des Hauptspeichers liegt zwischen 1 bis 32 MB bei Großrechner und 128 KB bis 1 MB bei Personal Computer; bedingt durch die immer noch hohen Kosten pro Bit.

Die Aufgaben des Hauptspeichers lassen sich folgendermaßen zusammenfassen:

a) Speicherung des Programms und Abgabe der entsprechenden Befehle an das Leitwerk, sobald sie von dort angefordert werden.
b) Übernahme der Daten von der Eingabe-Einheit, die
   entweder: im Hauptspeicher verbleiben
   oder: an die peripheren Speicher weitergegeben werden
c) Abspeichern von Zwischen- und Endergebnissen der im Rechenwerk durchgeführten Operationen
d) Abgabe von Ergebnissen und sonstigen Daten an die Ausgabe-Einheit
e) Übernahme von abgespeicherten Tabellenwerten und Unterprogrammen aus peripheren Speichereinheiten.
f) Rechner-Startprogramm (Monitor, Teil des Betriebssystems, vgl. V 4.6), es steht meist im ROM-Speicher.

Für verschiedene Sonderzwecke benötigt die Zentraleinheit besonders schnelle Speicher (Schaltzeiten bis zu 10 ns), die wegen ihrer hohen Kosten nur mit kleiner Kapazität (8 bis 64 bit) ausgelegt sind. In dieser Form bezeichnet man sie als Register; bereits bekannt sind: Akkumulator, Adreß-, LS-Register. Den technischen Aufbau von Registern beschreibt IV 2.1.

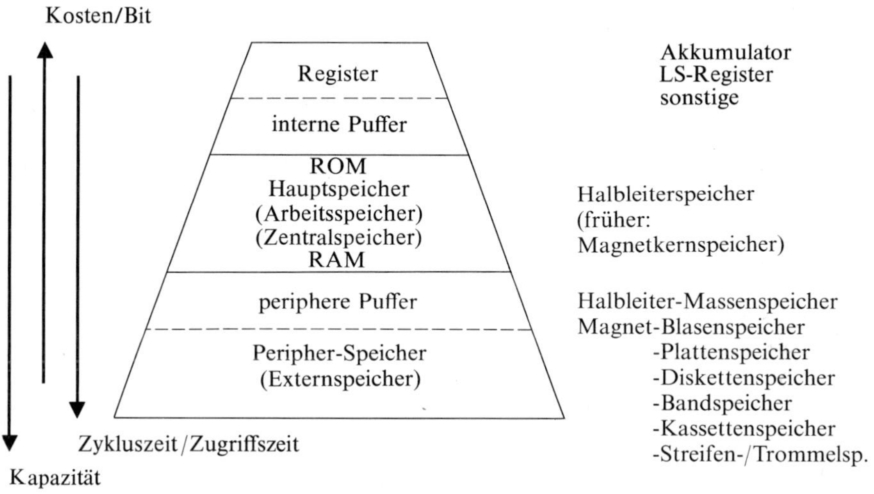

Abb. I 32: Speicherhierarchie eines Rechnersystems

An die Zentraleinheit gekoppelt sind verschiedene periphere Speicher mit hoher Speicherkapazität und geringerer Geschwindigkeit. Eine solche hierarchische Speicherdifferenzierung kann folgendes Beispiel etwas verdeutlichen:

Das Gedächtnis dient dem Menschen als ‚Zentralspeicher', als ‚Internspeicher'. Mit seiner Hilfe ist der menschliche Rechner in der Lage, Rechenoperationen mit wenigen Ausgangs-, Zwischen- und Ergebnisdaten innerhalb kurzer Zeit durchzuführen (z. B. einfache Multiplikationen). Umfangreichere Rechenoperationen benötigen mehr Daten und/oder ausführlichere Arbeitsanweisungen. Die Aufnahmefähigkeit des Gedächtnisses würde überschritten. Man benötigt einen Zusatzspeicher, z. B. einen Notizblock, und/oder Ablaufdiagramme. Das Zugreifen auf diese ‚peripheren Speicher' (Peripherie = außerhalb des Zentrums) erfordert aber mehr Zeit als das zentrale ‚Zugreifen' im Gedächtnis. Die begrenzte Kapazität des schnellen Gedächtnisses (= Zentralspeicher) wird erweitert durch die große Kapazität der peripheren Arbeitshilfen (= periphere Speicher) – allerdings bei verringerter Arbeitsgeschwindigkeit.

Die Peripherspeicher bewahren große Datenmengen auf. Auf Anfrage geben sie diese auswahlweise zur Verarbeitung an die Zentraleinheit (CPU = Central Processor Unit) ab. Die Zentraleinheit umschließt – logisch wie physisch als Gehäuse – den Hauptspeicher und den Prozessor, der wiederum aus den Grundeinheiten Leitwerk und Rechenwerk besteht. Neben Daten können die Peripher-Speicher natürlich auch Programme aufbewahren, um sie gegebenenfalls von dort schnell in den Hauptspeicher überführen zu können. Man umgeht damit die langsame Einlesezeit der Eingabegeräte. Bei vielen Rechenzentren hat man z. B.

die gesamte *Programm-Bibliothek* – so bezeichnet man den Vorrat an fertigen, geprüften Programmen – auf peripheren Speichereinheiten abgespeichert.

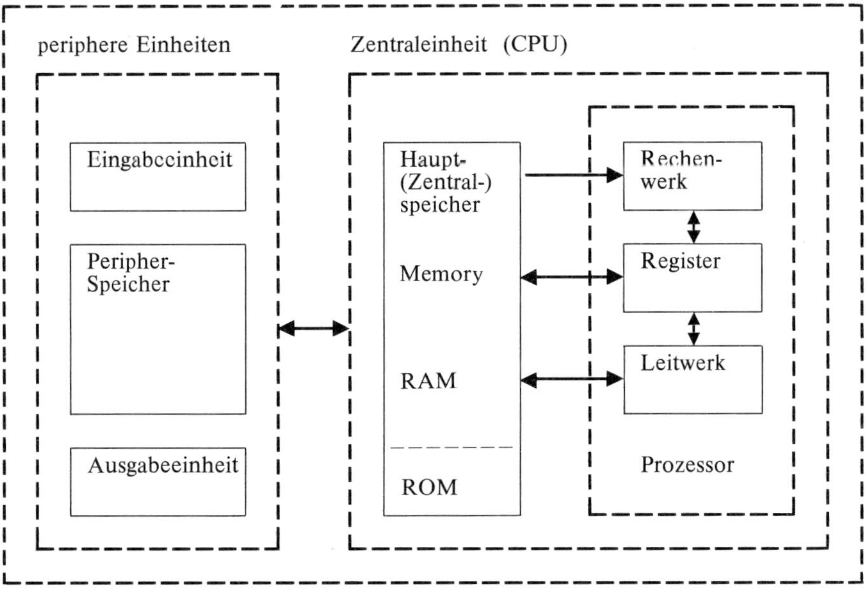

Abb. I 33: (Digitales) Datenverarbeitungssystem

Aufgaben zu I 3.5

---

(1) Welches Ordnungssystem besitzt der Speicher einer DVA?
  a) Einteilung in Speicherzellen und deren Durchnumerierung (Adressen)
  b) Ordnungssystem mit Adressen wird bei jedem Programm neu festgelegt
  c) jede Speicherzelle ist durch ihren Inhalt gekennzeichnet

(2) Durch welche Eigenschaften ist ein Speicher charakterisiert?
  a) Zykluszeit, Wortlänge, Registergeschwindigkeit
  b) Wortlänge, Schaltkreistechnik, Kosten pro Bit
  c) Speicher-Kapazität, Zykluszeit, Kosten pro Bit, Zugriffsart

(3) Welcher Zusammenhang besteht zwischen der Kapazität und der Zykluszeit eines Speichers?
  a) überhaupt keine Abhängigkeit
  b) etwa proportional
  c) umgekehrt proportional

(4) Mit welchen Speicherarten arbeitet eine DVA?
  a) Schnell-, Intern-Speicher
  b) Schnell-, Arbeits- und Großraum-Speicher
  c) Magnetband, Magnetplatten und Externspeicher
(5) Welche Speicher-Kapazität ist größer – die der peripheren Speichereinheiten oder die des Hauptspeichers?
  a) i.a. gleich groß
  b) Hauptspeicher
  c) periphere Speichereinheit
(6) Welche Speicher zählen zur Zentraleinheit?
  a) Schnellspeicher (Register), Hauptspeicher
  b) Magnetband-, Magnetplattenspeicher
  c) Trommel-, Magnetplatten-, Kernspeicher
(7) Was versteht man unter einem Register?
  a) Eingabegerät für Daten auf Lochkarten
  b) Hilfsspeicher, der aus nur einer Zelle (für ein Wort) besteht
  c) Tastenfeld des Bedienungspultes
(8) Welche Größenordnung der Kapazität besitzt das menschliche Gedächtnis?
  a) 10^{10} bit = 10 Mrd. bit
  b) 1 Mio. bit
  c) 100 Mio. bit
(9) Wahlfreien Zugriff (random access) besitzen:
  a) Hauptspeicher, Lochkartenstapel
  b) Lochstreifen, Lochkartenstapel
  c) Hauptspeicher, einige periphere Speicher
(10) Aufgaben der Peripher-Speicher sind:
  a) Aufnahme großer Datenmengen und Funktion als Register
  b) Funktion als Schnell- und Hauptspeicher
  c) Aufnahme großer Datenmengen und Aufnahme der Programm-Bibliothek
(11) Beschaffen Sie sich von einem oder mehreren Rechnerherstellern Informationsmaterial über die genannten Kenngrößen der Speicher eines Mikrocomputers.

3.6 Grundeinheit: Leitwerk

Das Leitwerk ist die zentrale und wohl komplizierteste Grundeinheit eines Rechnersystems. Gegenüber den anderen Grundeinheiten übt sie steuernde und überwachende Funktionen aus. Man nennt sie deshalb auch *Steuerwerk*. Zusammen mit dem Rechenwerk und einigen Registern wird es als *Prozessor* angesprochen. Das Leitwerk soll die anderen Grundeinheiten so aktivieren,

steuern und kontrollieren, daß alle dem Rechner aufgetragenen Operationen in ihrer zeitlichen Reihenfolge und ihrem logischen Ablauf richtig erledigt werden, d.h.:
- es steuert die Reihenfolge, in der die Befehle eines Programms ausgeführt werden
- entschlüsselt diese Befehle (Operations- und Adressteil) und modifiziert sie, falls erforderlich (z.B. bei indirekter Adressierung)
- gibt digitale Signale (Impulse) zur Aktivierung der anderen Funktionseinheiten des Rechnersystems ab.

Um diese Aufgaben erfüllen zu können, verfügt das Leitwerk über einen Steuermechanismus, der unterschiedlich leistungsfähig und unterschiedlich im technischen Aufwand ist.

3.6.1 Steuerungsmechanismen

Die Vielfalt in der Ausführung für den Steuerungsmechanismus eines Leitwerks soll mit der Abb. I 34 schematisch vereinfacht und damit überschaubar gemacht werden. Die Arbeitsabläufe in einem Rechnersystem können durch:

- Externsteuerung
- Steuerung mittels eingebauter Elementaroperationen
- Mikroprogrammsteuerung
- Steuerung mittels gespeicherter Programme

sichergestellt werden.

Elementare Operationen (wie etwa die Logikfunktion AND bilden) können technisch einfach durch eine ‚fest verdrahtete' Steueranweisung ausgeführt werden. Derartige fest verdrahtete Elementaroperationen ermöglichen beispielsweise erst den komfortablen Selbstwähl-Fernsprechverkehr. Die technischen Vorrichtungen sind gelegentlich zwar verdrahtet, aber steckbar (z.B. früher konventionelle Lochkartengeräte), austauschbar (z.B. Bordrechner) oder umschaltbar (z.B. Funktionsschalter bei Waschmaschinen).

Kap. II 2.2 wird zeigen, daß die vier Grundrechenarten auf die Addition zurückgeführt werden können – allerdings steigt dadurch die Zahl der auszuführenden Elementaroperationen (z.B. mehrfache Dualadditionen). Bei vielen Rechnern wird die Summe aller verketteten Elementaroperationen, die einen geschlossenen Arbeitsgang steuern, als Mikroprogramm (Mikrocode) behandelt. Das Leitwerk ordnet jedem Maschinenbefehl eine Kette von Mikrobefehlen zu, man spricht von Firmware. Es kann austauschbar verdrahtet, seit der 3. Rechengeneration aber auch durch den Hersteller oder gar den Benutzer programmierbar sein. Verwendet werden dazu die ROM- und die PROM-Speicher. Eine Art PROM-Speicher im kleinen sind die vom Benutzer beschreibbaren Magnetkar-

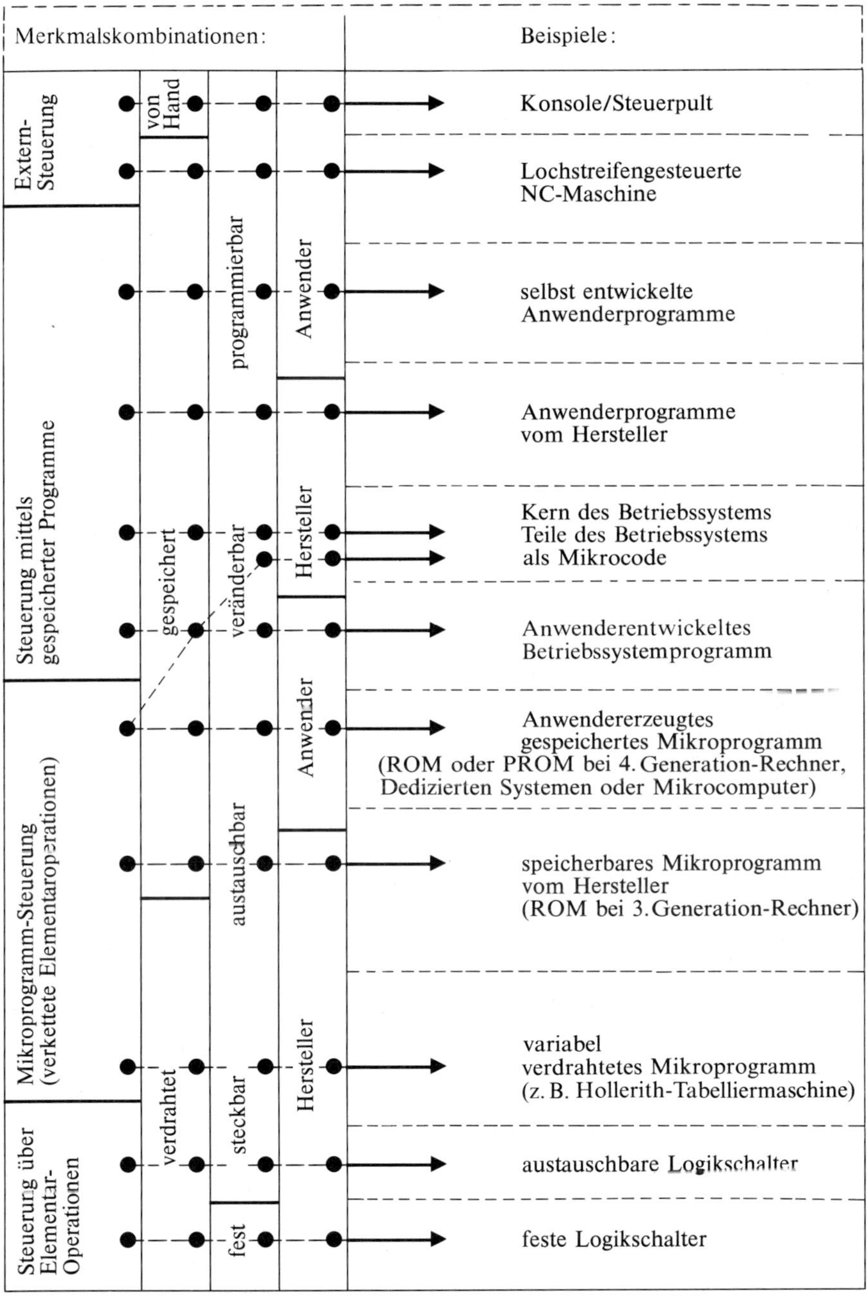

Abb. I 34: Steuerungsarten im Leitwerk und damit im Rechnersystem

ten für programmierbare Magnetkarten-Taschenrechner. Gelegentlich besitzen kleinere Modelle einer Rechnerfamilie ‚Mikroprogramme' in gespeicherter Form, die in den größeren Modellen der Familie ‚verdrahtet' und damit schneller verfügbar sind. Gleitpunktrechnungen (vgl. II 2.4) erfolgten bisher meist über Mikroprogrammsteuerungen, zunehmend aber durch zusätzliche Arithmetikprozessoren. Seit die Mikroprogrammierung sogar dem Benutzer zugänglich wurde (ab ca. 1968), gewinnt sie immer mehr an Bedeutung. Sie ergänzt die Betriebssysteme (vgl. V 4). Die Programme des Betriebssystems eines Rechners sind ähnlich wie die Anwendungsprogramme und die Daten im Zentralspeicher (oder in den peripheren Speichern) gespeichert. Die Steuerung über diese Anwenderprogramme macht die digitale Datenverarbeitungsanlage zu einer speicherprogrammierten Universalmaschine. Die Speicherprogrammierung ermöglicht es, die DVA eine nahezu beliebige Anzahl von Operationen, die wiederum in kompliziertester Weise von Zwischenergebnissen abhängig gemacht sein können, *ohne* Eingriff des Benutzers bzw. Operateurs ausführen zu lassen. Der gesamte Ablauf erfolgt automatisch – der Automat ‚DVA' steuert und kontrolliert sich selbst, wobei sich das Leitwerk am Programm orientiert.

3.6.2 Synchronisation der Rechnerarbeit

Das Leitwerk lenkt und überwacht den zeitlichen Ablauf der organisatorischen, logischen und arithmetischen Operationen zwischen und in den übrigen Funktionseinheiten des Rechners. Im Mittelpunkt dieser Arbeit steht also die Frage nach der zeitlichen Steuerung und Kontrolle der verschiedenen Schaltwerke.

Synchroner Betrieb
Die synchrone Betriebsart eines Rechners liegt vor, wenn sich alle (oder nahezu alle) Schaltvorgänge an einem zentralen Taktgeber (clock) orientieren. Dieser zentrale Taktgeber besteht aus einer elektronischen Schaltung, die periodische elektrische Taktsignale, Impulse abgibt (Quarzimpulsgeber und Multivibrator). Sämtliche Operationen werden während der Taktperiode t_2, d. h. zwischen den Taktsignalen, durchgeführt. Das Taktsignal gibt sozusagen das Startzeichen für den Ablauf der verschiedenen logischen, elektrischen Verknüpfungen während der Taktperiode t_2. Es treibt den Ablauf der Mikroprogramme an.

Alle elektrischen Einrichtungen richten sich nach dem Taktgeber – die DVA arbeitet demnach ‚synchron'. Hierdurch wird eine relativ einfache zeitliche Kontrolle der vielen, oft gleichzeitig ablaufenden Vorgänge gewährleistet.

Die zeitliche Dauer t_1 der Taktsignale darf nur einen Bruchteil der Taktperiodendauer t_2 betragen, um möglichst viel Zeit für die logischen Verknüpfungen freizuhalten. Die Taktfrequenz, d. h., die Anzahl der Taktperioden pro Sekunde ($= 1/t_2$), hängt natürlich eng mit der Arbeitsgeschwindigkeit der DVA zusam-

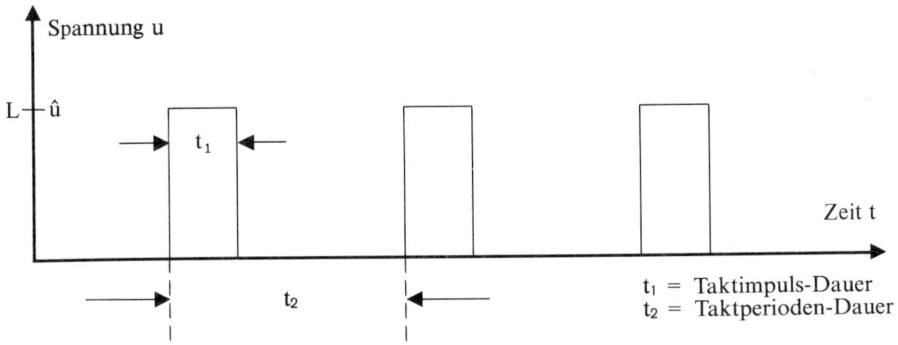

Abb. I 35: Taktimpulse (clock pulse) bei synchronem Betrieb einer DVA

men. Neuere DVA haben Taktfrequenzen von 10 MHz (Mega Hertz) = 10^7 1/sec, d.h., Taktperioden von t_2 = ca. 100 Nano-sec. Da für die Ausführung eines Befehls bis zu 50 Takte benötigt werden, sind solche DVA in der Lage, über 200000 Befehle in einer Sekunde auszuführen.

Da nicht jede logische Verknüpfung gerade eine Taktperiode ausfüllt, entstehen sogenannte Totzeiten. Diese Totzeiten gehen der Maschine für die effektive Arbeit verloren. Die Synchronisierung erweist sich sowohl innerhalb einer Grundeinheit (z. B. Rechenwerk) als auch zwischen den Grundeinheiten als auch verschiedener Rechensysteme (z. B. bei der Datenübertragung) als sehr wichtig.

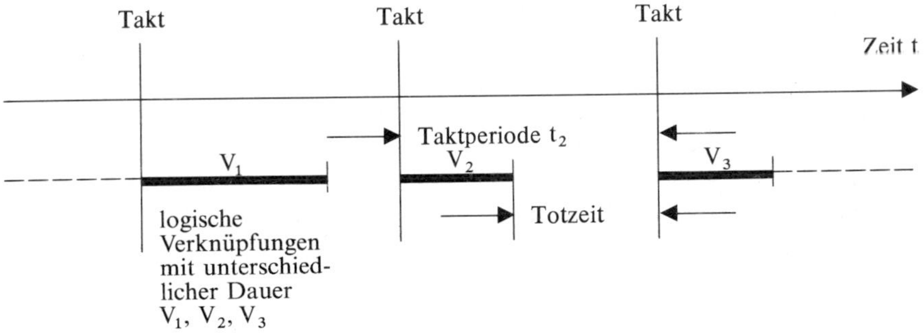

Abb. I 36: Auftreten von Totzeiten bei synchronem Betrieb

Asynchroner Betrieb

Bei einer DVA mit asynchronem Betrieb verzichtet man auf einen zentralen Taktgeber. Die einzelnen Operationen bestimmen ihren Zeitablauf selbst und geben nach Beendigung ihrerseits ein Signal an das Leitwerk. Das Leitwerk löst dann die nächste Operation aus. Die Einsparung des Taktgebers und der

Verteilungskanäle für die Taktsignale ermöglicht einen etwas einfacheren Maschinenaufbau. Andererseits gestaltet sich die Kontrolle und Steuerung der Funktionseinheiten jedoch komplexer und schwieriger. Die dauernde Kontrolle des Betriebszustandes aller zusammenwirkender Teile des Systems seitens des Leitwerks erfordert nämlich einen beachtlichen Aufwand.

Von größerem Vorteil ist der Wegfall von Totzeiten, da Operationsanfang und Operationsende praktisch direkt aneinander anschließen. Die effektive Arbeitszeit der Anlage wird dadurch erhöht.

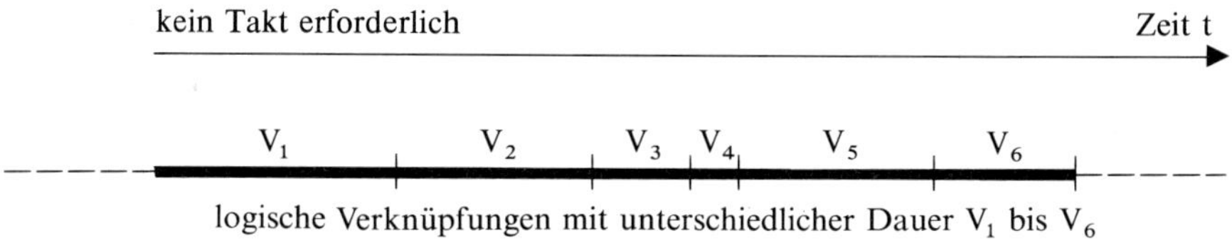

Abb. I 37: Operationsablauf bei asynchronem Betrieb

Völlig asynchron arbeitende Maschinen werden selten konstruiert. Jedoch werden in DVA mit synchronem Betrieb einzelne Einheiten (vorzugsweise das Rechenwerk) für asynchronen Betrieb eingerichtet.

Befehlsinterpretation

Das Leitwerk kontrolliert und steuert zwar die zeitlich und logisch einwandfreie Durchführung der Operationen durch die anderen Grundeinheiten der DVA – selbst muß es aber natürlich vorher auch klar definierte Anweisungen hierüber erhalten. Dies geschieht durch die Befehle, die als Programm fortlaufend im Speicher gelagert sind. Das Leitwerk ruft sich die Befehle nacheinander aus dem Speicher ab, interpretiert sie und veranlaßt ihre Ausführung durch die anderen Grundeinheiten der DVA. Die Tätigkeit des Leitwerks umfaßt demnach:

a) Übernahme des Befehls aus dem Speicher (Befehlswerk)
b) Interpretation des Befehls (Funktionsentschlüsselung)
c) Abgabe von Steuersignalen an die anderen Grundeinheiten (Operationensteuerung).

Im folgenden begnügen wir uns mit der Analyse des Ablaufs bei einer Einadressmaschine. Sie entspricht dem minimalen Universalrechner im Sinne eines ‚von-Neumann-Rechners'.

zu a) Befehlsübernahme

Das Leitwerk besitzt ein sogenanntes Befehlsregister (BR, instruction register), in das der jeweils aktuelle Befehl des Programms aus dem Speicher übernommen wird. Das Befehlsregister stellt ein Speicherelement für 1 Wort (hier 1 Befehls-

Wort) dar. Um die Adresse des jeweils folgenden Befehls zu ‚wissen', besitzt das Leitwerk noch ein zweites Register, den sogenannten *B*efehls-*Z*ähler (BZ) (instruction counter). Es enthält stets die Adresse des Befehls, der als nächster aus dem Speicher zu übernehmen ist. Demnach können wir in Kurzschreibweise festhalten:

$\langle BR \rangle$:= auszuführender Befehl
$\langle BZ \rangle$:= Speicher*adresse* des folgenden Befehls

Wir wissen, daß beim linearen Programmablauf die auszuführenden Befehle geordnet in aufeinanderfolgenden Speicherzellen abgespeichert sind. Die Adresse im BZ muß also mit jeder Ausführung eines Befehls um 1 erhöht werden. Dies besorgt ein kleines Addierwerk. Der Inhalt des BZ durchläuft also das +1-Addierwerk, wird hierbei um 1 erhöht und als neuer Inhalt ins BZ eingeschrieben. Dieser Vorgang läßt sich einfach formulieren:

$$\langle BZ \rangle := \langle BZ \rangle + 1$$

Es sei nochmals auf die festgelegte Leserichtung des (Ergibt-)Zeichens := hingewiesen, das einer zeitlichen Zuordnung von rechts nach links gleichkommt!

zu b) Entschlüsselung

Die Interpretation des aktuellen Befehls, der sich im BR befindet, ist die zweite Aufgabe des Leitwerks. Wie wir aus I 3.3 wissen, setzt sich ein Befehl aus Operationsteil (Op) und Adressteil (Ad) zusammen. Die Interpretation des Adressteils bedeutet keine Schwierigkeit. Der Adressteil enthält in binärer Form die Adresse (Hausnummer) der Speicherzelle, die den erwünschten Operanden enthält. Mit Hilfe der Adresse aus dem Adressteil des aktuellen Befehls ist also der Operand einfach im Speicher aufzufinden.

Ist jedoch der aktuelle Befehl ein Sprung-Befehl, so bedeutet der Inhalt des Adressteils nicht die Adresse eines Operanden, sondern die Adresse des *folgenden* Befehls. Das BZ darf also nicht – wie beim linearen Ablauf – routinemäßig um 1 erhöht werden. Es muß vielmehr auf die Adresse des Adressteils eingestellt werden. Wir können also festhalten:

bei Sprung-Befehlen gilt: $\langle BZ \rangle$:= Ad

Schwieriger als mit dem Adressteil (Ad) ist es mit dem Operationsteil (Op) des Befehls bestellt. Aus I 3.3.2 ist bekannt, daß der Operationsteil die Instruktionen meist in codierter Form enthält. Der Operationsteil muß also regelrecht interpretiert, entschlüsselt werden. Er muß in die passenden Steuersignale umgewandelt werden. Diese Umwandlung übernimmt der Op-Decodierer. Diese elektronische Zuordnungslogik beherrscht den Operationscode der Anlage. So gibt sie im Falle des mnemotechnischen Operationscode über bestimmte Steuerkanäle an das Rechenwerk Steuersignale ab, sobald der Op-Teil ADD enthält. Für die Ausführung dieses Additionsbefehls benötigt der Prozessor 5 bis 50 Takte.

Vergleich: bei der Addition zweier mehrstelliger Zahlen von Hand müssen auch die Stellen einzeln addiert und gegebenenfalls Überträge berücksichtigt werden. Es werden also auch hier Einzeloperationen ausgeführt, deren richtige Reihenfolge wir aus der Routine heraus automatisch einhalten. Die Mikro-Befehle und ihre Reihenfolge liegen im Rechenwerk festverdrahtet oder als Mikroprogramm vor.

zu c) Operationssteuerung
Das ADD im Operationsteil bewirkt also über den Zuordner bestimmte Steuersignale an das Rechenwerk. Diese Steuersignale veranlassen *nur* den *Start* des entsprechenden Mikroprogramms im Rechenwerk. Der weitere Ablauf des Rechengangs wird vom Rechenwerk selbst durchgeführt und kontrolliert. Die ‚Einzeloperationen' werden also vom Rechenwerk selbst überwacht.

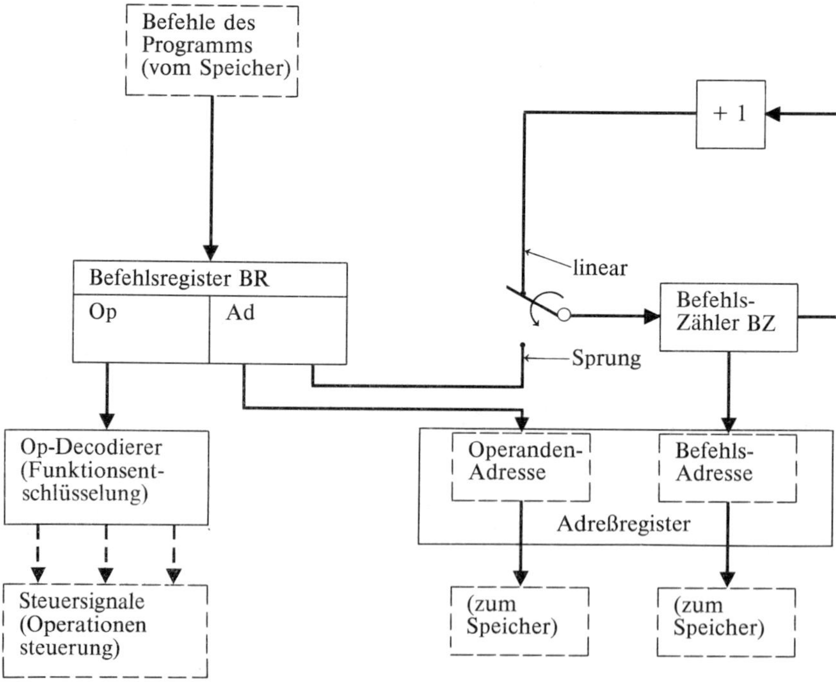

Abb. I 38: Befehlsinterpretation vom Leitwerk

Weitere Funktionen der vom Zuordner ausgehenden Steuersignale sind neben dem Einleiten von autonomen Mikroprogrammen vor allem das Öffnen und Schließen von sogenannten elektrischen Toren. Dies sind Schaltnetze, mit deren Hilfe den elektrischen Signalen die Wege (Kanäle) für logische Verknüpfungen und Transportzwecke geöffnet oder verschlossen werden können.

3.6.3 Programmablauf bei einer Einadreß-Maschine

In 3.3.3 wurde festgestellt, daß die Einadreß-Maschine ein spezielles Register, den Akkumulator (AC), besitzt. Bei jeder Operation mit zwei Operanden (wie Addition, Multiplikation usw.) befindet sich jeweils der 1. Operand im Akkumulator. Am Ende der Operation befindet sich dort deren Resultat.

Im vorhergehenden Abschnitt haben wir die einzelnen Baugruppen des Leitwerks (Befehlsregister BR, Befehlszähler BZ) sowie deren Aufgaben näher betrachtet. Dieses Wissen wollen wir nun hier verwerten, um an Hand der Abb. I 39 deren Zusammenwirken mit den anderen Grundeinheiten eines Rechners zu beleuchten.

Programmablauf

Zunächst wird das Programm (Befehlsfolge) über die Eingabe-Einheit oder den Peripher-Speicher in den Hauptspeicher eingelesen. Veranlassen können wir dies über das Steuerpult. Das Programm belegt also schon einen Teil der Speicherkapazität. Einen weiteren Teil des Hauptspeichers belegen wir mit den zu verarbeitenden Daten, die wir ebenfalls von der Eingabe-Einheit in den Speicher übernehmen. Die nun noch verbleibenden, freien Speicherzellen benötigen wir für die Zwischen- und Endergebnisse.

Beim Start des automatischen Programmablaufs innerhalb des Rechners gelangt die Adresse des ersten Befehls in den BZ. Der BZ veranlaßt nun, daß der Inhalt der Speicherzelle mit eben dieser Adresse als erster Befehl in das BR übernommen wird. Der Inhalt des BZ durchläuft daraufhin eine Schleife, die in der Stellung ‚linearer Ablauf' steht. In dieser Schleife befindet sich ein + 1-Addierer, der den Inhalt des BZ um 1 erhöht.

Der (neue) Inhalt des BZ ist somit für die folgende Adreß-Angabe an den Programm-Speicherteil vorbereitet. Ist der im BR befindliche aktuelle Befehl ausgeführt, so wird entsprechend der Angabe des BZ der nächste Befehl aus dem Speicher übernommen, ausgeführt usw.

Diese lineare Abarbeitung der Befehlsfolge wird, wie wir wissen, durch einen Sprung-Befehl im Programm unterbrochen. Gelangt nämlich ein Sprung-Befehl ins BR, so wird der Adressteil des Befehls in das BZ eingeschrieben. Der bis-

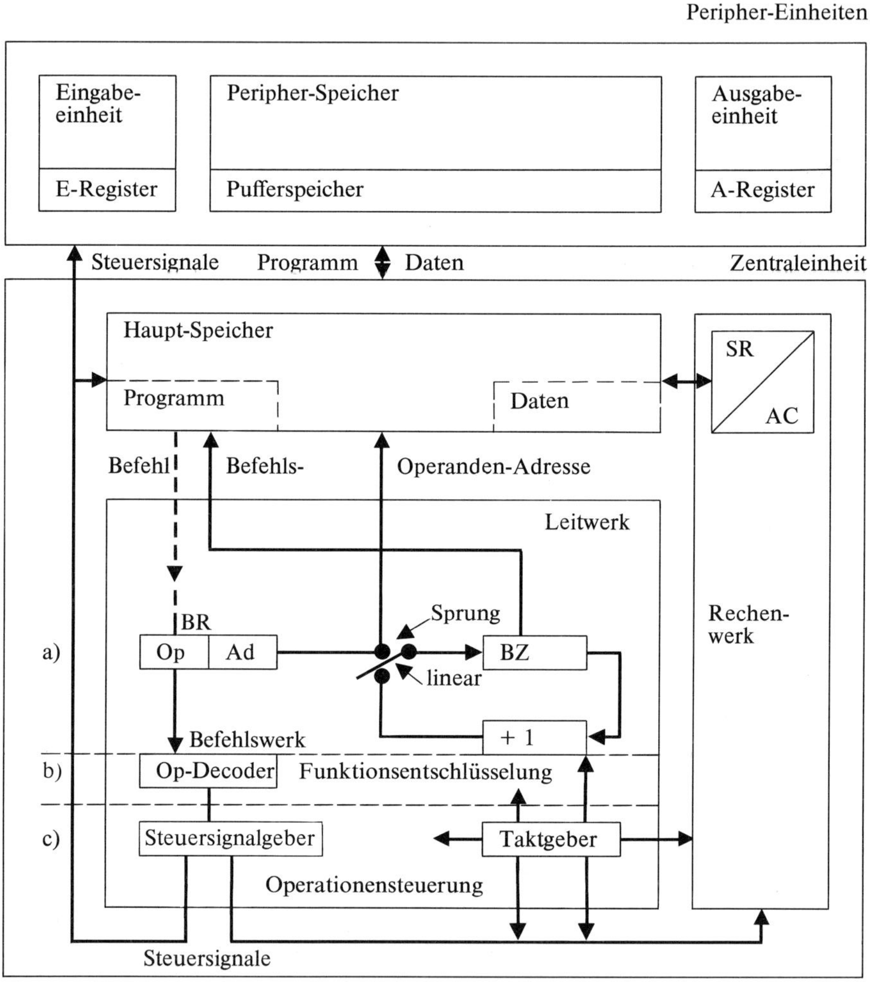

Leitwerk: a) Übernahme, b) Interpretation, c) Ausführung
(Op = Operationsteil, Ad = Adressteil, BR = Befehlsregister, BZ = Befehlszähler, AC = Akkumulatorregister, SR = Speicherregister)

Abb. I 39: Funktionsschema einer Einadreß-Maschine

herige Inhalt des BZ wird völlig ersetzt. Der lineare Befehlsablauf wird also ununterbrochen und an anderer Stelle des Programms fortgesetzt.

Die Art der Befehlsübernahme ist nun geklärt. Wie aber wird der Befehl interpretiert und ausgeführt?

Nehmen wir an, der aktuelle Befehl im BR sei ein Additions-Befehl. Durch eine vorhergehende Operation stehe der 1. Operand schon im Akkumulator. Es muß also der 2. Operand zum AC-Inhalt addiert werden. Der Operationsteil Op des aktuellen Befehls wird vom Op-Decodierer und vom Signalgeber in entsprechende Steuersignale umgewandelt. Diese Steuersignale bewirken nun folgendes:

(1) Lesen der Zelle des Daten-Speicherteils, deren Adresse im Adressteil Ad des aktuellen Befehls steht. (Der Speicher erhält also mit Ad die Adresse für den 2. Operanden.)
(2) Übertragen der gelesenen Zahl (2. Operand) in das Speicherregister (SR)
(3) ‚Anstoßen' des autonomen ablaufenden Mikroprogramms ‚Addition' im Rechenwerk, durch das der 1. Operand (aus AC) und der 2. Operand (aus SR) addiert werden.

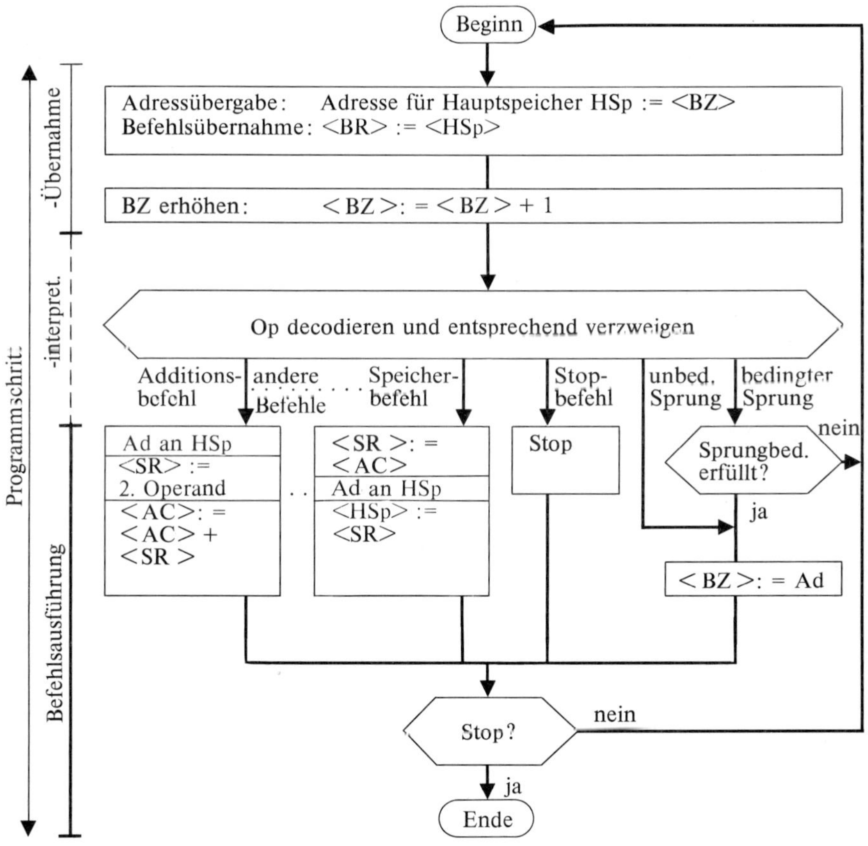

Abb. 140: Ablaufdiagramm für einen Programmschritt

Die Steuersignale sind also bei diesem Additionsbefehl hauptsächlich an die Register, den Speicher und das Rechenwerk gerichtet. Bei einem Ausgabe-Befehl wären vor allem Speicher und Ausgabe-Einheit betroffen. Die zeitliche Synchronisation aller Abläufe bewirkt der zentrale Taktgeber des Leitwerks.

Ein Programmschritt setzt sich somit aus drei Phasen zusammen: Phase der Übernahme, der Interpretation und der Ausführung des Befehls.

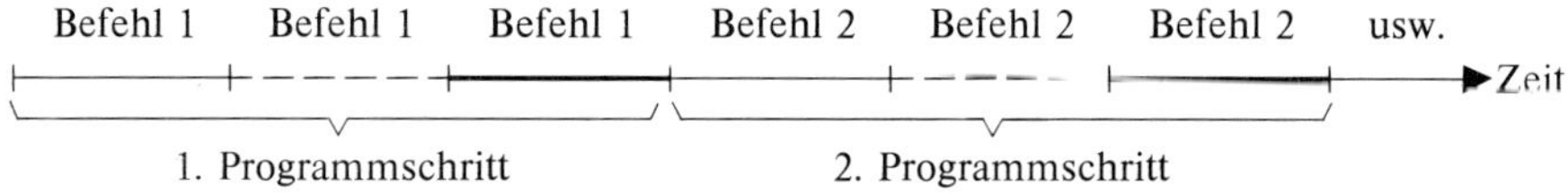

Den beschriebenen Ablauf eines Programmschrittes kann ein zeitlich-logisches Ablaufdiagramm übersichtlicher und einfacher vermitteln (s. Abb. I 40).

Aufgaben zu I 3.6

Tragen Sie bitte die fehlenden Wörter in folgende Zusammenfassung des Kapitels 3.6 ein:

Das Leitwerk steuert und koordiniert die übrigen (1) .... Grundeinheiten. Zusammen mit dem Rechenwerk und dem Hauptspeicher bildet es die (2) ....einheit. Rechenwerk und Leitwerk sind eng miteinander gekoppelt und bringen den Datenverarbeitungsprozeß intern voran. Es ist deshalb berechtigt, sie zusammen (3) .... zu nennen. Eine Vielzahl von Steuerungsmechanismen kann zur Steuerung eines Rechners herangezogen werden. Eine vom Anwender gestalt- und veränderbare Steuerung, die im Hauptspeicher gespeichert werden kann, nennt man beispielsweise: (4) ....
Bei der (5) .... Betriebsweise orientiert sich das Leitwerk an periodischen Taktsignalen. Der Taktgeber und der Steuersignalgeber sind wichtig für die 3. Phase eines Programmschrittes im Leitwerk, nämlich der Ausführung. Davor liegen noch die zwei Phasen (6) .... und .... Der Befehlszähler enthält für jeden Programmschritt die Adresse des (7) ....

3.7 Grundeinheit: Rechenwerk

Die bisher besprochenen Grundeinheiten einer DVA konnten wir in ihren Wirkungsweisen verstehen, ohne besonders auf ihren konstruktiven Aufbau eingehen zu müssen. Allein die Aufgabe des Rechenwerks – die gesetzmäßig sinnvolle Verknüpfung von Daten – erfordert ein genaueres Eingehen auf die mathematischen Gesetzmäßigkeiten sowie die technische Konzeption des

Rechenwerks. Da wir dies aber erst in Teil II, III und IV tun wollen, müssen wir uns an dieser Stelle mit einer kurzen Darstellung begnügen.

Das Rechenwerk wird auch ALU (= Arithmetic and Logical Unit) genannt. An arithmetischen Operationen vermag das Rechenwerk die vier Grundrechenarten: Addition, Subtraktion, Multiplikation, Division, durchzuführen. Im Grunde beherrschen elektronische Rechenwerke eigentlich nur die Addition. Die übrigen drei Grundrechenarten werden nämlich auf die Addition zurückgeführt (vgl. II 2.2).

Um die genannten Operationen gesetzmäßig durchführen zu können, sind natürlich mehr oder minder komplizierte elektronische Schaltkreise erforderlich. Man kann jedoch vereinfachend sagen: das Rechenwerk setzt sich aus drei Baugruppen zusammen:
a) Addierwerk
b) einige Register
c) Rechensteuerung

zu a)
Da Subtraktion, Multiplikation und Division auf die Addition zurückführbar sind, genügt es, das Rechenwerk mit einem Addierwerk auszurüsten.

zu b)
Die Register (in Abb. I 45 sind es drei) dienen dazu, die Operanden, Zwischen- und Endresultate, aufzunehmen. Eines dieser Register haben wir schon im Akkumulator (AC) kennengelernt. Der Akkumulator kann also entweder als Speicherelement zur Speicher-Einheit gezählt werden oder aber als Teil des Rechenwerks betrachtet werden. Ähnliches gilt für das Speicherregister SR.

zu c)
Im vorhergehenden Abschnitt hatten wir festgestellt, daß der Operationsteil des aktuellen Befehls im BR die entsprechende Operation (etwa Addition) zwar vorbereitet, den Ablauf der eigentlichen Operation (des Mikroprogramms) im Rechenwerk aber durch Steuersignale nur startet.

Ein Additionsbefehl kann nicht in einer Taktzeit erledigt werden. Das Steuerwerk muß für den Abtransport der Operanden sorgen. Die Stellen der beiden Operanden müssen etwa nacheinander addiert, dabei auftretende Überträge berücksichtigt und evtl. notwendiges Auf- oder Abrunden der Ergebnisse vorgenommen werden. Auch das Verschieben des Registerinhalts nach links oder rechts um eine oder mehr Bit-Stellen ist manchmal während des Rechengangs erforderlich.

Alle diese Elementaroperationen, die zusammen etwa 50 Takte benötigen und aus denen sich die Operation (etwa ADD) des aktuellen Befehls zusammensetzt, müssen natürlich gesteuert und überwacht werden.

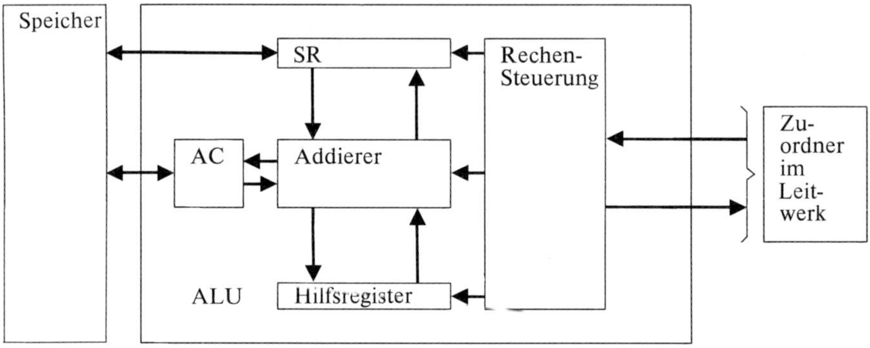

Abb. 141: Prinzipieller Aufbau eines Rechenwerks (ALU)

Soweit diese Elementaroperationen nun im Rechenwerk selbst ablaufen, werden sie von einer internen Rechensteuerung mit Hilfe von sogenannten Mikro-Befehlen gesteuert und kontrolliert. So besitzt etwa die Rechensteuerung ein Mikroprogramm für: Addition, Multiplikation, Linksverschieben usw.

Die Steuersignale, die vom Operationsteil des aktuellen Befehls im Befehlsregister ausgehen, schaffen also die Voraussetzung für den Ablauf des Mikroprogramms und starten es. Die Mikro-Befehlsfolge läuft dann – von der Rechensteuerung überwacht – selbständig ab und gibt am Ende ein Signal an das Leitwerk. Das Leitwerk übernimmt nun wieder die weitere Steuerung (Abtransport des Ergebnisses, Einleitung der nächsten Operation usw.). Durch die interne Rechensteuerung, die oft im asynchronen Betrieb abläuft (vgl. 3.6.2), wird die hohe Geschwindigkeit des Rechenwerks ermöglicht. Neben der Zugriffszeit des Speichers ist natürlich die Geschwindigkeit des Rechenwerks von entscheidendem Einfluß auf die Gesamtgeschwindigkeit einer DVA. Für die Addition einer Zahl mit 10 Ziffern benötigt eine mittlere DVA ca. 10 μs. Besonders schnelle DVA brauchen hierzu nur noch ca. 0,1 μs, d. h., es sind theoretisch 10 Mio. Additionen pro Sekunde durchführbar. Dabei ist allerdings zu berücksichtigen, daß noch viele Transportzeiten zusätzlich aufgebracht werden müßten.

Neben den arithmetischen Operationen vermag das Rechenwerk auch Schiebebefehle und logische Operationen, wie Vergleiche, durchzuführen.

Die Dezentralisierung der Steuerungsfunktionen vom Leitwerk in das Rechenwerk (Rechensteuerung) und den Hauptspeicher (Speichersteuerung) hinein fördert die Flexibilität des Rechnersystems. Die Funktionseinheiten arbeiten unabhängiger und parallel (mehr darüber in Teil IV). Serielle Rechenwerke verknüpfen schrittweise Stelle für Stelle der Operanden, parallele dagegen alle Stellen gleichzeitig. Auch arbeiten gelegentlich mehrere Spezialrechenwerke, z. B. für

Festpunkt- und für Gleitpunktrechnung zusammen. Großrechner verfügen sowohl über parallel geschaltete Rechenwerkseinheiten als auch über hintereinander gekoppelte, d. h. im Fließbandbetrieb arbeitende Rechenwerke.

4. Aufbau eines Mikrocomputers

Die folgenden Abschnitte übertragen die bisherigen Erkenntnisse auf den Mikrocomputer und präzisieren einige Aussagen zum Rechneraufbau.

4.1 Die Grundeinheiten und Bus-Betrieb

Wie jedes digitale Rechnersystem besteht auch der Mikrocomputer aus Hardware, d. h. den Gerätekomponenten und aus Software. Letztere umfaßt eine Reihe von Programmen und Arbeitshilfen; die Teile V und VI behandeln diese Fragen auch für den Mikrocomputer.

Da die Hardware-Komponenten in der Praxis sehr vielfältig ausgeformt und ihre Funktionen sehr komplex sind, wird dieser Abschnitt nur den grundlegenden Aufbau vermitteln. Diese Grundeinheiten eines Mikrocomputers können unmittelbar im Anschluß an die Abb. I 33 und I 39 in ihren spezifischen Merkmalen für Mikrocomputer erarbeitet werden. Als funktionelle Einheiten dienen auch hier das Rechenwerk, das Leitwerk, der Hauptspeicher und das Ein-Ausgabewerk, das über meist genormte Schnittstellen verschiedenartige Peripheriegeräte ankoppelt (Abb. I 42). Die elektrischen Verbindungen zwischen diesen Grundeinheiten faßt man unter der Bezeichnung ‚Bus' zusammen. Allgemein gilt als Bus eine Verbindung mit einigen Dutzend Leitungen zwischen mehreren digitalen Schaltwerken (Teilnehmern). Sie werden von den Teilnehmern als Sender (Talker) oder Empfänger (Listener) gemeinsam benutzt. Ein bidirektioneller Bus erlaubt im Gegensatz zu einem unidirektionellen die Informationsübertragung in beiden Richtungen. Semidirektionelle zeigen in einer Richtung besondere Übertragungseigenschaften (lesender oder schreibender Buszugriff). Die Verwaltung der zeitlich nur begrenzt aufgebauten Verbindungen übernimmt einer der Teilnehmer (z. B. der Prozessor) oder ein separater Bus-Verwalter (Controller).

Abhängig von der übertragenen Informationsart unterscheidet man Adreßbus, Datenbus und Steuer- bzw. Kontrollbus (Control Bus). Zunehmend nutzten Mikrocomputer einen Bus sowohl für Daten- als auch Adreßübertragungen

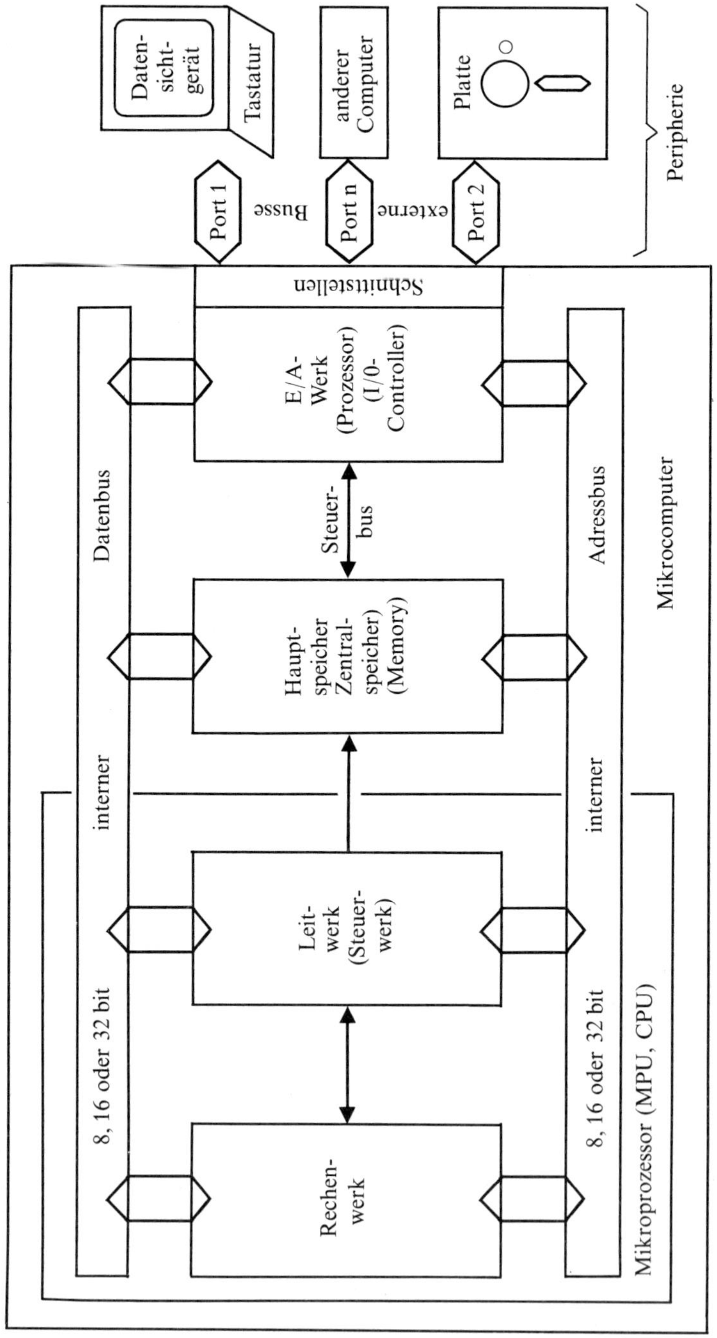

Abb. I 42: Aufbau eines Mikrocomputers

(Zeit-Multiplexbetrieb, z. B. INTEL 8086 und Z8000). Ein ‚Port' definiert die Schnittstelle (Interface) zwischen den internen und externen Bussen. Insgesamt kann von einer Bus-Hierarchie gesprochen werden (Abb. I 43).
Die asynchrone Datenübergabe erfolgt meist im sog. Handshaking-Verfahren. Will beispielsweise ein Eingabegerät Daten an den Mikroprozessor übergeben, so gibt es ein Unterbrechungssignal (Interrupt) an diesen ab. Die Eingabedaten bleiben solange über den Bus angeboten, bis die MCU (Microprocessor Unit) die Datenübernahme mit einem Quittungssignal bestätigt. Beispiele für Normung sind:

- IEC-625 (bzw. IEEE-488) Bus
- S-100 Bus (als IEEE-696 Standard), 100 Leitungen (u. a. 16 Datenbit und 24 Adreßbit), der sich trotz konzeptioneller Mängel frühzeitig auf dem i8080-Markt (Heimcomputer, 8 Bit-Prozessoren) durchsetzte.
- Ein bekannter serieller E/A-Bus ist der RS232 bzw. V.24

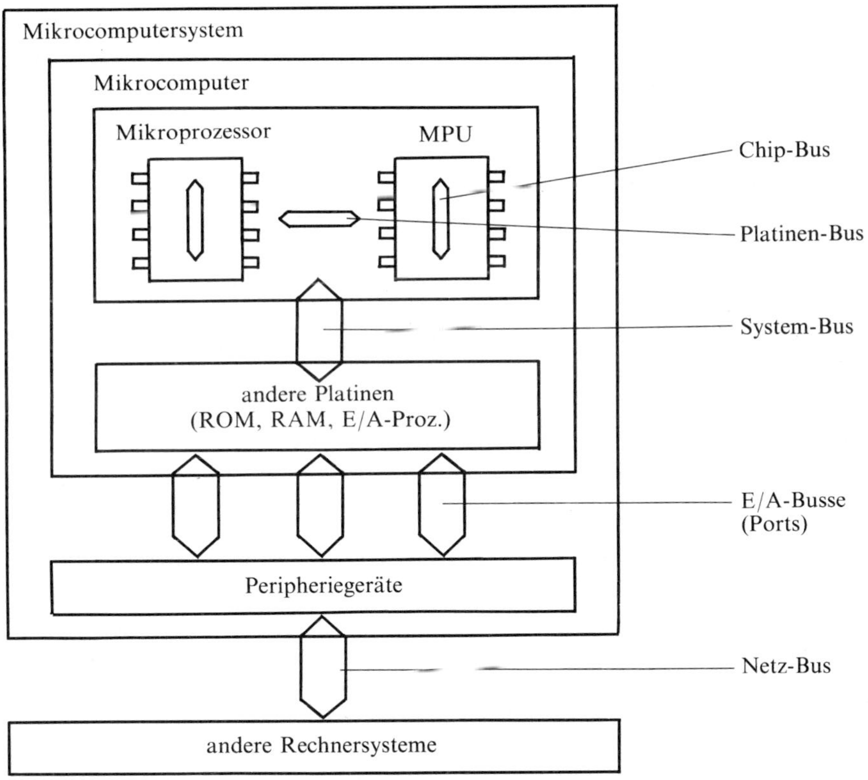

Abb. I 43: Bus-Hierarchie

Leistungkenngrößen für den Bus sind: Zahl der Leitungen, max. Zahl der Teilnehmer (Platinen usw.), max. Entfernung, Datenrate, 4, 8, 16 oder 32 Bit Datenbreite, parallele oder serielle Übertragung der Bits eines Byte, vereinbarte ‚Protokolle' (Daten-Übergaberegeln).

Der Hauptspeicher, auch Zentralspeicher besteht aus einem ROM-Speicher und dem eigentlichen RAM-Arbeitsspeicher.

Der Mikroprozessor bildet den Kern des Mikrocomputers. Gelegentlich verwenden Broschüren auch diesen Begriff für den gesamten Mikrocomputer. Bereits die Abb. I 33 führte für ein digitales Rechnersystem die Funktionseinheit Prozessor ein, die gemäß DIN 44300 Rechenwerk und Leitwerk umfaßt. Der Ausdruck Mikroprozessor weist darauf hin, daß im Prinzip alle seine Funktionen auf nur einem Chip mit sehr hoher Integration (VLSI, Abb. IV 7) untergebracht werden können. Es sind dies die Funktionen des Leitwerks und des Rechenwerks, wie sie in Kapitel 3.6 und 3.7 vorgestellt wurden. Die Hersteller von Mikroprozessor-Bausteinen (MPU = Microprocessor Unit) bieten inzwischen auch integrierte Bausteine für ROM- und RAM-Speicher, Ein-/Ausgabe-Schnittstellen und Spezialprozessoren an. Sie passen alle auf einheitliche Steck-Platinen (z. B. Europakarten DIN 41612) und nutzen die Adreß-, Daten- und Steuerbusse des Rechners. Die Fertigung, Qualitätskontrolle, Wartung und Anpassung an Spezialanwendungen werden dadurch erleichtert – mit ein entscheidender Grund für die großen Verbesserungen des Preis-/Leistungsverhältnisses der Mikrocomputer in den letzten zehn Jahren.

Spezielle Coprozessoren entlasten den Zentralprozessor MPU. Arithmetikprozessoren (z. B. i8087) führen Rechenoperationen, insbesondere für Gleitpunktrechnung schneller als die MPU durch (Faktor 10 bis 100). E/A-Prozessoren koordinieren, steuern und kontrollieren selbständig die vielfältigen Peripheriegeräte mit ihren Schnittstellen (Interface).

4.2 Der Mikroprozessor und seine Register

Um den inneren Aufbau und die Funktionen des Mikroprozessors zu verdeutlichen verfeinert die Abb. I 44 den linken Block der Abb. I 43. Die Grundeinheiten Rechenwerk und Leitwerk sind auf dem MPU-Chip integriert. Wie schon in der Abb. I 41 ist auch hier die Arithmetik-Logik-Komponente ALU zu erkennen. Sie übernimmt arithmetische (Addition usw.) und logische Operationen (vgl. Abb. I 23). Das Akkumulator-Register AC hält den ersten Operanden für das ‚Addierwerk' ALU bereit. Den zweiten Operanden holt das (Zwischen-)Speicherregister SR über den Datenbus vom Hauptspeicher. Bei einer sog. Akkumulator-Maschine (z. B. INTEL 8086) liefert die ALU ihr Ergebnis zurück an den AC, so daß dort bereits der erste Operand für die nächste Befehlsausführung vorliegt. Dagegen holen ‚Speichermaschinen' beide Operanden aus dem Hauptspeicher und transferieren auch das ALU-Ergebnis dorthin. Bei ‚registerorientierten Maschinen' (z. B. Z 8000) kann jedes Register als AC dienen.

Das mit dem ALU eng gekoppelte Status-Register (FLAG) speichert nach einer ALU-Operation in mehreren 1-Bit-Stellen verschiedene Bedingungen (‚Flaggen'):

- Carry-Flag (Überlauf an der höchsten Bit-Stelle bei arithmetischen oder Schiebeoperationen, vgl. Abb. I 23)
- Zero-Flag (Ergebnis der Operation war Null)
- Sign-Flag (Vorzeichenbit: höchstwertiges Ergebnis-Bit)
- Parity-Flag (Paritätsbit setzen, wenn gerade Zahl von L im Ergebnis)

Mit Hilfe der FLAG-Inhalte kann beispielsweise der Adreßinhalt des Befehlszählers BZ (Program Counter) so gesetzt werden, daß bedingte Sprünge im Befehlsablauf zustande kommen (vgl. Abb. I 22). Wie bereits aus Abb. I 38 bekannt, wird bei linearem Programmablauf die Adresse des aktuellen Befehls im Befehlszähler BZ parallel zum abgearbeiteten Befehl um 1 erhöht (beim Zugriff auf Byte-Operand); gelegentlich auch um die Schrittweite 2 (beim Zugriff auf einen Wort-Operanden) oder 4 (beim Zugriff auf Doppelwort-Operanden). Dieses automatische Fortschreiben von Adressen übernimmt das In-/Decrement Register; auch bei einer Listenverarbeitung fortlaufend gespeicherter Daten ist das Hoch- oder Herunterzählen von Speicheradressen von Vorteil für die Rechengeschwindigkeit.

Der Hauptspeicher erfährt vom Befehlszähler BZ über den Adreßbus die Adresse der Speicherzelle des abzurufenden Befehls. Dieser zu bearbeitende Befehl gelangt so vom Arbeitsbereich des aktivierten Programms im Hauptspeicher über den Datenbus in das Befehlsregister (Instruction Register). Der Befehlsdecoder (Op-Decoder) entschlüsselt den Operationsteil Op des aktuellen Befehls. Er veranlaßt die ‚Zeitliche und Logische Steuerung' (Timing and Control) an andere MPU-Komponenten (z. B. Register) und Grundeinheiten (Speicher, E/A-Geräte) Steuersignale abzugeben. Zwischen dem internen Bus der MPU und dem zu den anderen Grundeinheiten führenden Adreß- bzw. Datenbus ist ein Adreß- bzw. Datenpuffer geschaltet. Technisch erfolgt diese Signalweitergabe nach außerhalb der MPU über die Pin-Belegungen der MPU-Baugruppe. Die Pin-Kontakte AD0 bis AD15 dienen als Adreß- oder als Datenanschlüsse.

Die Wortbreite weist auf die in Registern, im ALU und im Bus gemeinsam verarbeiteten Binärstellen. Demgemäß unterscheidet man 4-, 8-, 16-, 32- und sogar schon 64-Bit-Mikrocomputer. Die 16-Bit-Mikrocomputer verfügen über bis zu 20 Register. Die Allzweck-Register, einschließlich dem Akkumulator AC dienen den arithmetischen und logischen Operationen und nehmen Datenoperanden auf. Ein 16 Bit-Register kann in ein H-Byte (High-Byte) mit den höherwertigen Bit-Stellen und ein L-Byte (Low-Byte) aufgeteilt und getrennt adres-

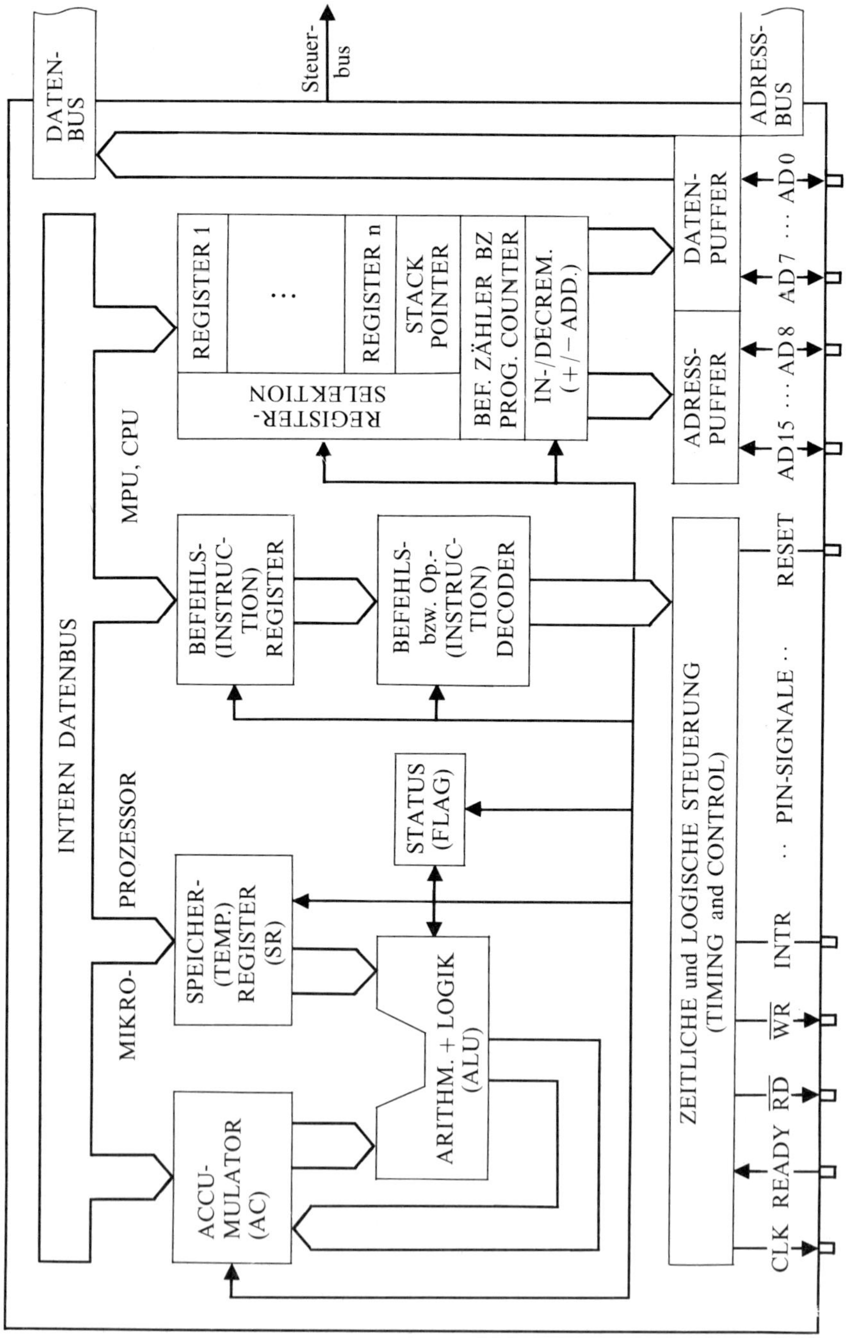

Abb. I 44: Mikroprozessor (Rechenwerk + Leitwerk) (linke Hälfte der Abb. I 42, vgl. auch Abb. I 43)

siert werden. Die speziellen Pointer-, Index- und Segment-Register dienen der Berechnung indirekter Adressen. Die übliche 16-Bit-Adreßlänge von 8-Bit-Rechnern beschränkte nämlich das zugreifbare Adressenvolumen für den Hauptspeicher auf 64 KB ($= 2^{16} = 65\,536$ KB). Die Pointer-(Zeiger-)Register adressieren mit ihrem Inhalt relativ zu den Inhalten der Segmentregister. Diese nehmen Basisadressen für die relative Adressierung auf. Die (z. B. 4) Segmentregister erweiterten den adressierbaren Speicherraum bei den 16 Bit-Mikrocomputer auf 1 Mega-Byte (z. B. beim i8086) oder mehr (beim Z 8000). Damit lassen sich Programme im Speicher dynamisch verschieben. Die Erweiterung des Adressiervolumens kann auch ohne Segmentierung des Hauptspeichers erreicht werden, und zwar durch Verlängerung des BZ-Registers von 16 auf 24 Bit (ergibt: $2^{24} = 16$ MB Adressen beim M68000).

Dienen die Register als Datenregister, so nehmen sie Daten mit unterschiedlicher Operandenlänge auf:

1-Bit-Operanden,	Bit-Zugriff,	z. B. Lösch- oder Bedingungs-Bits
4-Bit-Operanden,	Halbbyte-Zugriff,	z. B. gepackte Dezimalziffern
8-Bit-Operanden,	Byte-Zugriff,	z. B. Zeichenverarbeitung
16-Bit-Operanden,	Wort-Zugriff,	z. B. Adressenverarbeitung
32-Bit-Operanden,	Doppelwort-Zugriff,	z. B. Multiplikation

Zwei oder vier Register lassen sich gelegentlich zu einem 32- bzw. 64-Bit-Register zusammenfassen, um Operationen mit verlängerten Operanden durchführen zu können (z. B. Multiplikation, Division, vgl. Abb. II 10).

Eine große Bedeutung kommt dem Prinzip des Kellerspeichers (Stack) zu. Wird innerhalb eines Programms ein Unterprogramm aufgerufen, so muß zwischenzeitig die Rücksprungadresse zum nächsten Befehl im Hauptprogramm aufbewahrt werden. Ein spezielles Keller-Register (Stack Pointer) zeigt auf die Adresse des (Keller-)Bereichs im Hauptspeicher, der für die Aufnahme von Rücksprungadressen reserviert ist.

16-Bit-Mikroprozessoren integrieren zwischen 17 500 (Z8000), 29 000 (i8086) und 68 000 (M 68 000) Transistoren. Die Taktfrequenz liegt zwischen 4 und 8 MHz. Die Betriebsspannung beträgt + 5 V.

4.3 Die Adressierungsarten beim Mikrocomputer

Über diese Strukturhinweise hinaus wäre auf die große Architektur-Vielfalt der realen Mikrocomputer hinzuweisen. Dazu zählen auch die vielfältigen Adressierungsarten, die u. a. mit Hilfe der Register ermöglicht werden. Die Abb. I 45 verfeinert die bereits in Kap. I 3.3.5 angedeuteten Adressierungsklassen.

Adressierung:	ohne Register	mit Register(umweg): nicht indiziert	mit Register(umweg): indiziert	
unmittelbar	1			
direkt	2	3		
indirekt		5	6	ohne Distanzadresse
	4	7	8	mit Distanzadresse
		9	10	mit Distanz auf BZ (relativ zu BZ)

Abb. I45: Adressierungsarten beim Mikrocomputer

(1) Bei der unmittelbaren (immediate) Form steht außer dem Operationscode Op der zu verarbeitende Operand Od selbst schon im Befehl.

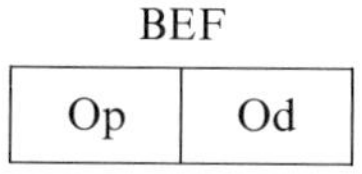

(2) Bei der direkten Adressierung ohne Registereinsatz steht die (Hauptspeicher-)Adresse A direkt im Befehl (z. B. im 2. Wort des Befehls):

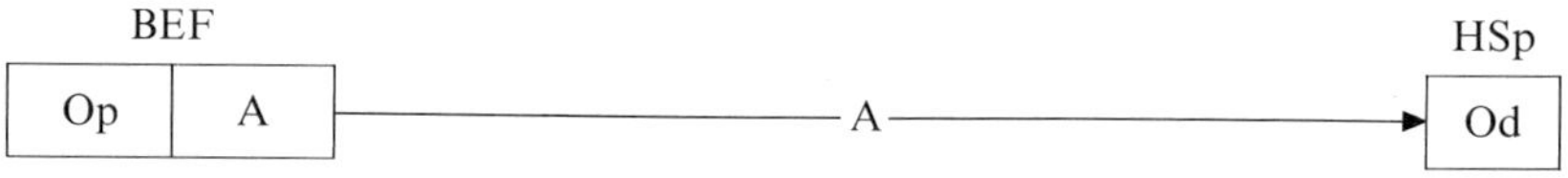

(3) Bei der register-direkten Adressierung liefert der Befehl die Adresse/Nr. R des Registers, das den benötigten Operanden enthält:

(4) Bei der indirekten Adressierung (ohne Registereinsatz) steht im Befehlswort die Adresse A1, unter der im Speicher wiederum die Adresse A des Operanden zu finden ist:

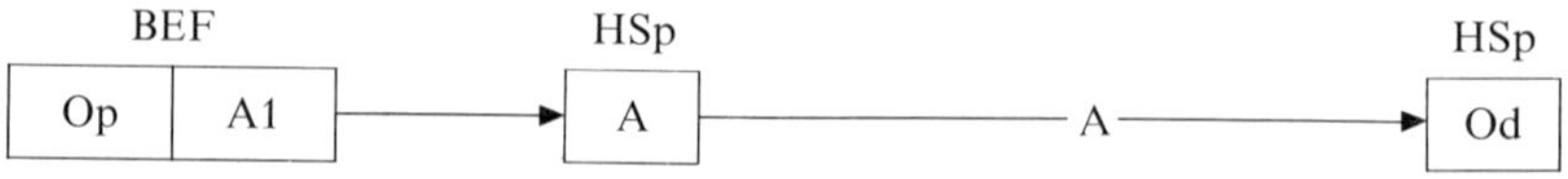

(5) Bei der register-indirekten (Zeiger-)Adressierung spezifiziert der Befehl das Register, in dem die Adresse A der Hauptspeicherzelle mit dem benötigten Operanden steht:

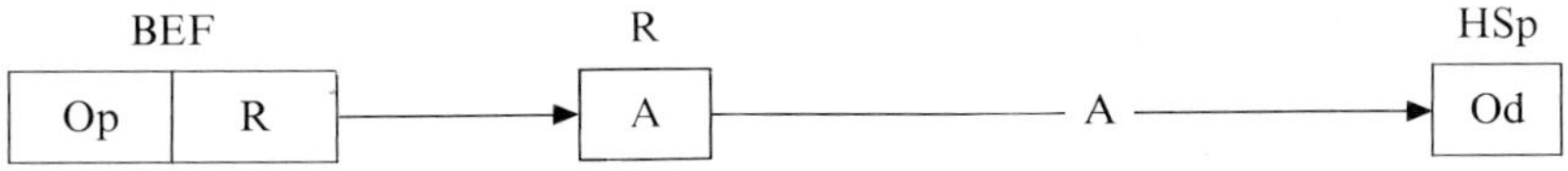

(6) Bei der indiziert register-indirekten Adressierung ergibt die Summe der Inhalte A1 und A2 zweier Register R1 und RX (= Indexregister) die Adresse A des gewünschten Operanden Od:

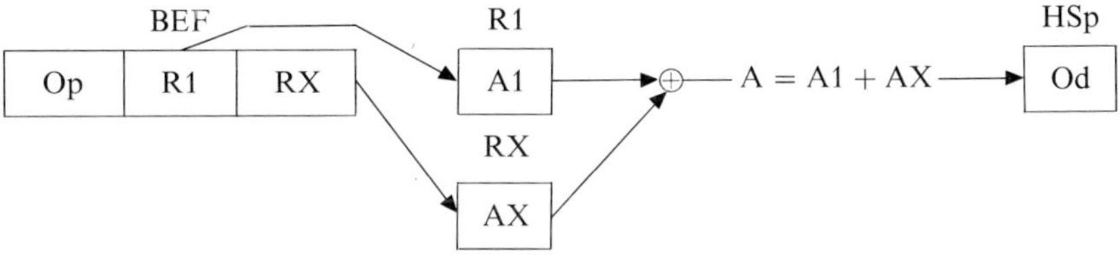

(7) Die register-indirekte Adressierung mit Distanzadresse (Displacement) kann als Basisadressierung bezeichnet werden. Der Befehl nennt das Basisregister RB. Zu seinem Inhalt, der Basisadresse B wird eine positive oder negative Konstante (Displacement, Distanzadresse) D addiert:

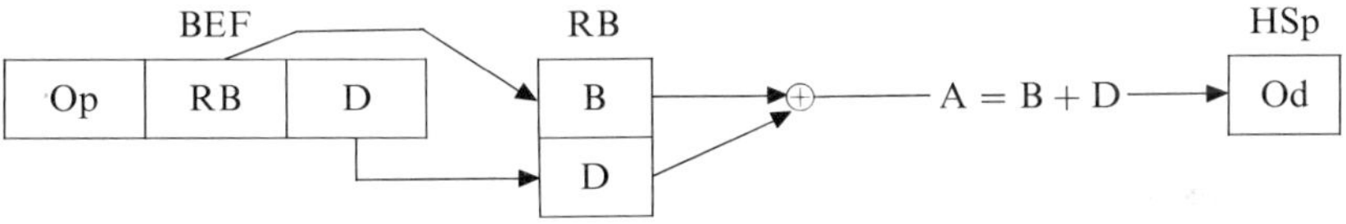

Bei einer 16 Bit Konstante kann die Adresse im Register um $2^{16} -$ $= 65\,535$ verändert werden.

(8) Die indiziert register-indirekte Adressierung mit Distanzadresse (Displacement) werden gegenüber (7) zuvor die Inhalte A1 und A2 eines Adreßregisters R1 und Indexregisters RX addiert:

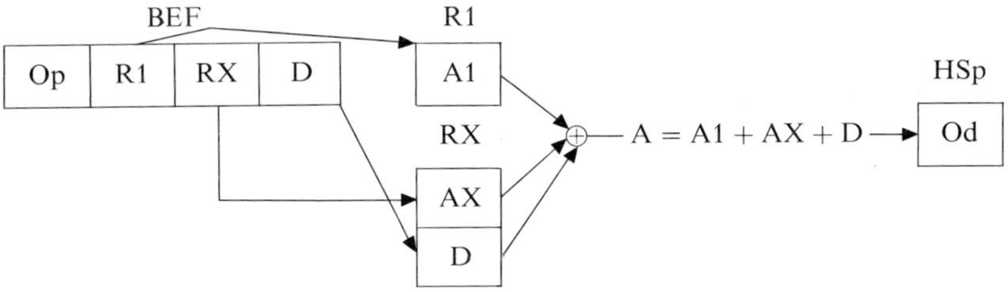

(9) Von einer relativen Adressierung (im engeren Sinne als in Kap. I 3.3.5) spricht man, wenn die (8 oder 16 Bit) Distanzadresse D im Befehl speziell zum Inhalt B des Befehlszählers BZ addiert wird.

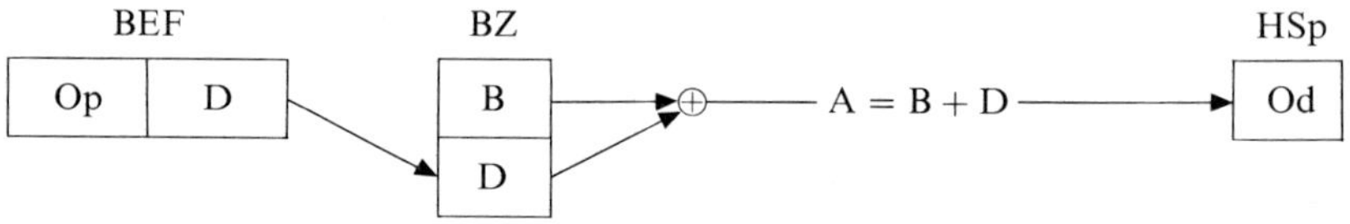

(10) Die indiziert relative Adressierung gleicht der Form (8), bezieht sich aber wie (9) auf den Befehlszähler BZ:

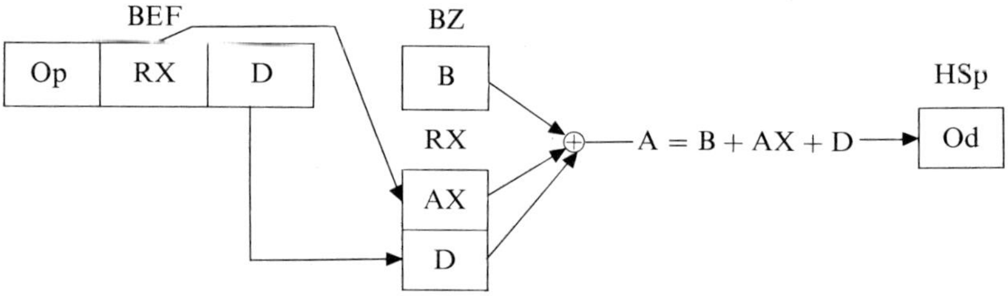

Die relative Adressierungsart wird nur für die (verschiebliche) Adressierung von Programmen eingesetzt. Die Formen dienen der komplexen Dateibearbeitung. Eine Vielfalt möglicher Addressierungsarten erleichtert es dem Programmierer ein kompaktes und überschaubares Programm zu schreiben. Gleichzeitig erschwert diese Vielfalt aber auch dem Compiler die Übersetzung und Optimierung des Programms (vgl. Kap. V 4.4).

Befehlsarten beim Mikrocomputer

Die Zahl der verschiedenen Befehle je Befehlssatz eines Mikrocomputers liegen zwischen 50 und 150. Beispiele für 16-Bit-Rechner: 61 (M68000), 110 (Z8000), 133 (i8086). Sie lassen sich gemäß Abb. I 23 gruppieren. Die Befehle benötigen bis zu 12 Takte zur Berechnung der effektiven Adresse und zwischen 4 (Addition) und 155 (Division) Takte zur Befehlsausführung. Als Beispiel für die Struktur der Befehle sei das allgemeine Befehlsformat von Z8000 skizziert. Die Befehle sind zwischen 1 und 5 Worte (2–10 Byte) lang, abhängig vom Befehlstyp (Op) und der Adressierungsart.

15	1. Wort des Befehls		0	15 2. Wort 0
Adreß.-art	Op	Quell-register	Ziel-register	Adresse oder Displacement

Operandenlänge (Byte oder Wort)

Abb. I 46: Beispiel für die Befehlsstruktur eines 16-Bit-Rechners

Aufgaben zu I 4

(1) Was bedeuten die folgenden Abkürzungen?
a) MPU c) ROM e) ALU
b) VLSI d) RAM f) FLAG

(2) Versuchen Sie mit eigenen Worten zu beschreiben, welche **Bus**-Arten mit welchen Funktionen beim Mikroprozessor eingesetzt werden.

(3) Versuchen Sie mit eigenen Worten zu beschreiben, welche **Register**-Arten mit welchen Funktionen beim Mikroprozessor eingesetzt werden.

(4) Versuchen Sie das Klassifikationsschema für Adressierungsarten der Mikrocomputer verbal zu beschreiben.

Teil I:
Funktionale Grundlagen

- aus welchen Ansätzen heraus entstand die Datenverarbeitung und was bedeutet sie heute?
- wie versteht der Computer Informationen?
- aus welchen Komponenten besteht ein Rechnersystem und wie funktioniert es?

Teil II:
Mathematische Grundlagen

- welche mathematischen Begriffe sind hilfreich?
- mit welchen Zahlensystemen arbeitet ein Rechnersystem?
- wie rechnet ein Computer? (die Grundrechenarten im Rechenwerk)

Teil III:
Informationslogische Grundlagen

- was sind Informationen und Daten? (Informationstheorie)
- wie verschlüsselt (codiert) man Daten? (Codierungstheorie)
- wieso und wie kann ein Computer Daten logisch verarbeiten? (Boole'sche bzw. Schaltalgebra)

Teil IV:
Technologische Grundlagen

- wie funktioniert die Computer-Elektronik?
- welche Speichertechnologien setzt man ein?
- welche Ein- und Ausgabegeräte stellen den Informationsaustausch zwischen dem Menschen und dem Computer her?

Teil V:
Software - technologische Grundlagen

- wie „füttert" man einen Computer mit Daten und Befehlen? (Software, Programmierung)
- welche Arbeitsformen bietet der Computer dem Benutzer? (Betriebsarten, -formen)
- wie steuert und überwacht sich der Computer selbst? (Betriebssysteme)

Teil VI:
Anwendungsorganisatorische Grundlagen

- wer macht was in der Datenverarbeitung?
- warum und wie Datenschutz?
- in welchen Organisationen bearbeitet der Computer welche Aufgaben? (Anwendungsbereiche)

Teil II: Mathematische Grundlagen

1. Mathematische Begriffe

Bevor wir uns mit den verschiedenen Zahlensystemen, die in der DVA verwandt werden, sowie den Grundlagen der Informationstheorie beschäftigen, wollen wir uns mit den gängigen mathematischen Begriffen, die zu deren Beschreibung unerläßlich sind, vertraut machen. Wir werden sehen, daß diese elementaren Begriffe: Potenz, Logarithmus, Fakultät, Binomialkoeffizient, mit relativ einfachem mathematischen Verständnis zu erfassen sind.

1.1 Potenz

An mehreren Stellen dieses Buches wird der Begriff ‚Potenz' benutzt. Die Fähigkeit mit der Potenzschreibweise umzugehen, gehört zu den elementaren algebraischen Grundkenntnissen, die auch der mathematisch nicht besonders geschulte Leser unbedingt beherrschen sollte. Wir werden den Potenzbegriff vor allem in den Abschnitten ‚Informationstheorie' und ‚Zahlensysteme' sowie in Tabellenangaben benötigen. Deshalb wollen wir die Potenz-Darstellung und die Potenz-Rechenregeln in gedrängter Form angeben. Dabei werden wir zur schnelleren Erfassung des Stoffes immer wieder kleine Zahlenbeispiele einblenden.

Rechenregeln

Definition

Allgemein läßt sich die **m-te Potenz von** einer beliebigen Zahl **z** in folgender Form angeben:

z^m (sprich: z hoch m; z = Basis; m = Exponent)

Interpretation

Für ganzzahliges, positives m besagt diese Schreibweise folgendes:

$$z^m = \underbrace{z \cdot z \cdot \cdots \cdots \cdot z \cdot z}_{\text{m Faktoren}}$$

Beispiel
Es sei: $z=3$, $m=5$ (= ganzzahlig und positiv).
Dann erhalten wir: $z^m = 3^5 = 3 \cdot 3 \cdot 3 \cdot 3 \cdot 3 = 243$

Ist m ein positiver Bruch, so bedeutet z^m die 1/m-te Wurzel aus z: $z^m = \sqrt[1/m]{z}$.

Beispiel
Es sei: $z=243$, $m=1/5$ (= positiver Bruch)
Dann erhalten wir: $z^m = 243^{1/5} = \sqrt[5]{243} = \sqrt[5]{3 \cdot 3 \cdot 3 \cdot 3 \cdot 3} = \sqrt[5]{3^5} = 3$

Für Potenz-Ausdrücke gelten die folgenden elementaren Umformregeln, die häufig eine Auswertung dieser Ausdrücke erleichtern:

(1) $z^0 = 1$ = *Definition:* die o-te Potenz irgendeiner Zahl z ist stets 1 – unabhängig vom Wert für z.

(2) $z^1 = z$

(3) $z^{-m} = 1/z^m$

(4) $z^{1/m} = \sqrt[m]{z}$ = m-te Wurzel aus z.

Für $m=2$ erhält man die Quadratwurzel $\sqrt{z}$, wobei man die 2 nicht schreibt.
Für $m=3$ erhält man die Kubikwurzel $\sqrt[3]{z}$.
Für $m=4$ erhält man die 4. Wurzel aus z, nämlich $\sqrt[4]{z}$. usw.

(5) $z^m \cdot z^n = z^{m+n}$

hierbei ist n ebenso wie m ein Exponent.

(6) $(z^m)^n = z^{m \cdot n}$

Für beliebige Zahlen z_1 und z_2 gilt:

(7) $(z_1 \cdot z_2)^m = z_1^m \cdot z_2^m$

Beispiel
Es sei: $z = 64$, $m = -0{,}5$ (= negativer Dezimalbruch)
Daraus folgt:

$$64^{-0,5} = 1/64^{0,5} = 1/64^{1/2} = 1/(8^2)^{1/2} = 1/8 = 0{,}125$$

Mit den 7 Grundregeln kann man natürlich noch weitere Beziehungen herleiten.

Beispiel $\sqrt[n]{z^m} = (\sqrt[n]{z})^m$

Diese Aussage wollen wir mit Hilfe der Grundregeln beweisen. Dabei geben die Ziffern über den Gleichheitszeichen die jeweilige Grundregel an, nach der die Umformung vorgenommen wurde.

Beweis $\sqrt[n]{z^m} \overset{4}{=} z^{m/n} = z^{m*(1/n)}$
$\overset{6}{=} (z^{1/n})^m \overset{4}{=} (\sqrt[n]{z})^m$

Wir erhalten also die oben behauptete Beziehung:

$$\sqrt[n]{z^m} = (\sqrt[n]{z})^m$$

Zahlenbeispiel
Es sei: $m = 2, n = 3, z = 8$
Lösung durch direkte Auswertung:

$$\sqrt[n]{z^m} = \sqrt[3]{8^2} = \sqrt[3]{64} = \sqrt[3]{4^3} = 4$$

Lösung mit der abgeleiteten Beziehung:

$$\sqrt[3]{8^2} = (\sqrt[3]{8})^2 = (\sqrt[3]{2^3})^2 = (2)^2 = 2^2 = 4$$

Praktische Anwendungen
Von großer Bedeutung ist die Potenzschreibweise, vor allem bei der Darstellung von Zahlen, die in ihren Werten stark verschieden sind. Hierbei verwendet man praktisch ausschließlich die Basis $z = 10$ und spricht dann von **Zehner-Potenzen.** Am besten ist dieser Sachverhalt an einem Beispiel einzusehen.

Beispiele
$0{,}0037 = 3{,}7 \cdot 0{,}001 = 3{,}7 \cdot 1/1000 = 3{,}7 \cdot 1/10^3 = 3{,}7 \cdot 10^{-3}$
3,7 Millionen $= 3{,}7 \cdot 1\,000\,000 = 3{,}7 \cdot 10^6$

Man sieht: In der normierten Darstellung: $3{,}7 \cdot 10^{-3}$ und $3{,}7 \cdot 10^6$ ist ein Größenvergleich der beiden Zahlen leicht zu überblicken. Man sagt: Die Zahlen 0,0037 und 3,7 Mill. unterscheiden sich um 9 Zehnerpotenzen, da:

$$(3{,}7 \cdot 10^6)/(3{,}7 \cdot 10^{-3}) = 10^6/10^{-3} = 10^6 \cdot 10^3 = 10^9$$

Durch die Angabe einer Zahl in der normierten Form:

$$a \cdot 10^m$$

wobei: a zwischen 1 und 10 liegt (hier $a = 3{,}7$)
und: m eine ganze Zahl darstellt,
kann man die Größenordnung dieser Zahl leicht überblicken und gegebenenfalls mit der einer anderen Zahl vergleichen.

Zehnerpotenzen	Vorsilbe	Abkürzung	Beispiel
10^6	= Mega ...	M	Mega-bit (Mbit)
10^3	= Kilo ...	k	Kilometer (km)
10^0	= –	–	Meter (m)
10^{-3}	= Milli ...	m	Millimeter (mm)
10^{-6}	= Mikro ...	µ	Mikrometer (µm)
10^{-9}	= Nano ...	n	Nanometer (nm)
10^{-12}	= Pico ...	p	Pico-Farad (pF)

Abb. II 1: Abkürzungen für Zehnerpotenzen

Um gerade bei oft benützten Maßeinheiten wie Meter (m) und Sekunden (s) die Zehnerpotenzen nicht immer anschreiben zu müssen, hat man diesen – in Stufen von 10^3 – Vorsilben zugeordnet, die vor die jeweilige Maßeinheit gesetzt werden. Demnach kann man etwa die Angabe: 30 Millionen bit gleichwertig als: 30 Mbit schreiben.

1.2 Logarithmus

Definition

> Als Logarithmus L der Zahl z zur Basis B (als Zeichen geschrieben: $L = \log_B z$) wird der Exponent **der** Potenz bezeichnet, in die man B erheben muß, um die Zahl z zu erhalten.

Somit folgt: $z = B^L$ (1)
aus: $L = \log_B z$ (2)
und umgekehrt. Beide Ausdrücke sind also nur verschiedene Formen ein und derselben Aussage. Mit anderen Worten:

> Der Logarithmus $\log_B z$ zur Basis B von einer Zahl z ist **die** Zahl, mit der man die Basis B **potenzieren** muß, um die Zahl z selbst zu erhalten:
>
> (2) in (1): $B^{\log_B z} = z$ Man nennt z den ‚Numerus'.

Beispiel
Wir wählen als Basis die Zahl $B = 10$, als Numerus $z = 1000$. Nun suchen wir den Logarithmus $L = \log_B z$ der Zahl z zur Basis B. Laut Definition gilt:
$B^L = z$
d.h. hier: $10^L = 1000 = 10^3$
wir sehen: $L = 3 = \log_{10} 1000$.

Die Grundregeln für den Umgang mit Logarithmen sind:

(3) $\log_B 1 = 0$
(4) $\log_B B = 1$
(5) $\log_B (z_1 \cdot z_2) = \log_B z_1 + \log_B z_2$
(6) $\log_B (z_1/z_2) = \log_B z_1 - \log_B z_2$
(7) $\log_B (z^m) = m \cdot \log_B z$
Die Buchstaben z_1 und z_2 repräsentieren beliebige Zahlen.

Übergang von einer Basis B_1 zu einer anderen B_2
(8) $\log_{B_2} z = M \cdot \log_{B_1} z$
Hierbei ist M das sogenannte Transformationsmodul:
(9) $M = 1/\log_{B_1} B_2$

Dekadische Logarithmen

Das gebräuchliche Logarithmensystem ist das dekadische (oder Brigg'sche, wie es auch genannt wird). Es beruht auf der Basis B = 10. Die dekadischen Logarithmen sind tabelliert.
Sie werden abgekürzt als:

$$\lg z = \log_{10} z$$

Beispiel

Wir stellen uns die Aufgabe, den Ausdruck

$$f = 2 \cdot x^{3,1} \cdot \sqrt[4]{y}/z^{0,53}$$

für die Zahlenwerte: $x = 2$, $y = 5$, $z = 4{,}2$ zahlenmäßig zu bestimmen.

$$\lg f = \lg 2 + 3{,}1 \cdot \lg 2 + 0{,}25 \cdot \lg 5 - 0{,}53 \lg 4{,}2$$

Einer dekadischen Logarithmentafel entnehmen wir:

$$\lg 2 = 0{,}30 \qquad \lg 5 = 0{,}70 \qquad \lg 4{,}2 = 0{,}62$$

Damit erhalten wir: $\lg f = 1{,}07$

Der Logarithmentafel entnehmen wir dazu: $f = 12$.

Das Beispiel zeigt: das einfache Multiplizieren ersetzt das Potenzieren, das einfache Addieren ersetzt das Multiplizieren.

Logarithmus Dualis

In der DV arbeitet man fast durchweg mit binären Zuständen (O, L). Es hat sich deshalb hier das duale Logarithmensystem durchgesetzt. Der *L*ogarithmus *D*ualis (Kurzzeichen **ld**) arbeitet mit der Basis B = 2:

$$\log_2 z = \mathrm{ld}\, z$$

Die Aussage: $\mathrm{ld}\, z = m$ bedeutet also: $z = 2^m$

Der Logarithmus Dualis liegt nicht tabelliert vor. Nach (9) gilt aber:

$$M = 1/\log_{10} 2 = 1/\lg 2 = 1/0{,}301 = 3{,}32$$

Wir können damit nach (8) festhalten:

$$\boxed{\mathrm{ld}\, z = 3{,}32 \cdot \lg z} \tag{10}$$

Nach (4) und mit B = 2 gilt:

$$\boxed{\log_2 2 = \mathrm{ld}\, 2 = 1} \tag{11}$$

Beispiel

Mit dem Ergebnis obigen Beispiels folgt z. B.:

$$\mathrm{ld}\,4{,}2 = 3{,}32 \cdot \lg 4{,}2 = 3{,}32 \cdot 0{,}62 = 2{,}06$$

1.3 Fakultät und Binomialkoeffizient

Unter dem mathematischen Begriff der: Fakultät z! versteht man

$$z! = 1 \cdot 2 \cdot 3 \cdot \cdots \cdots (z-1) \cdot z$$

Dabei ist z eine beliebige, positive ganze Zahl. Für z = 1 bis 10 folgt:

z	z!
1	1
2	2
3	6
4	24
5	120
6	720
7	5040
8	40320
9	362880
10	3628800

Definition

In der Informations- und Codierungstheorie verwendet man häufig den Begriff des Binomialkoeffizienten.

$$\binom{a}{b} \quad \text{sprich: a über b}$$

Mit Hilfe der eben definierten Fakultät bedeutet diese Schreibweise des:

Binomialkoeffizienten $\binom{a}{b} = \frac{a!}{b!\,(a-b)!}$

wobei: a, b positive, ganze Zahlen

und: $a \geqq b$ (a größer oder gleich b)

Diesen Ausdruck können wir auch noch anders angeben:

$$\binom{a}{b} = \frac{a \cdot (a-1) \cdot (a-2) \ldots . (a-(b-1))}{1 \cdot 2 \cdot 3 \ldots\ldots\ldots . b}$$

Beispiel
Es sei: a = 6, b = 4. Dann folgt

$$\binom{a}{b} = \binom{6}{4} = \frac{6!}{4!\,(6-4)!} = \frac{720}{24 \cdot 2} = 15$$

oder einfacher:

$$\binom{6}{4} = \frac{6 \cdot 5 \cdot 4 \cdot 3}{1 \cdot 2 \cdot 3 \cdot 4} = \frac{3 \cdot 5}{1} = 15$$

Beachte:
Man schreibt zunächst *die* b = 4 *ansteigenden Faktoren des Nenners* an: 1 · 2 · 3 · 4. Dann schreibt man *die* b = 4 *abfallenden Faktoren des Zählers* an (angefangen mit a = 6): 6 · 5 · 4 · 3. Durch Kürzung gemeinsamer Faktoren im Zähler und Nenner (hier: 2, 3, 4) läßt sich dann der Binomialkoeffizient leicht errechnen.

Es gelten folgende Rechenregeln:

$$\binom{a}{0} = 1 \qquad \binom{a}{a} = 1$$

$$\binom{a}{b} = \binom{a}{a-b}$$

$$\binom{a+1}{b+1} = \binom{a}{b} + \binom{a-1}{b} + \binom{a-2}{b} + \ldots\ldots\ldots + \binom{b}{b}$$

Aufgaben zu II 1

---

(1) Wie läßt sich der folgende Potenzausdruck mit Hilfe der Potenzumformregeln weiter vereinfachen: $(z^{-m})^{-1/n} \cdot z^{m/n} \cdot z^{-1}$
a) $(z^{-m})^{-1/n} \cdot z^{m/n} \cdot z^{-1} = z^{-(m/n)} \cdot z^{-(m/n)} = z^{-(m/n)^2}$
b) $(z^{-m})^{-1/n} \cdot z^{m/n} \cdot z^{-1} = z^{m/n+m/n} \cdot z^{-1} = z^{(2\,m/n)-1} = z^{(2m-n)/n}$
c) $(z^{-m})^{-1/n} \cdot z^{m/n} \cdot z^{-1} = z^{-m/n+m/n} \cdot z^{-1} = z^0 \cdot z^{-1} = 0$

(2) Welchen Zahlenwert hat der Ausdruck $81^{-0,25}$?
a) $81^{-0,25} = 81^{1-0,25} = 81^{0,75} = 81^{3/4}$
b) $81^{-0,25} = 81^{-1/4} = 1/\sqrt[4]{81} = 1/\sqrt[4]{3^4} = 1/3$
c) $81^{-0,25} = 81^{-1/4} = \sqrt[4]{81} = \sqrt[4]{3^4} = 3$

(3) Wie groß ist der Transformationsmodul M für die Umwandlung von dekadischen Logarithmen in Dual-Logarithmen nach der Regel: $\mathrm{ld}\, z = M \cdot \lg z$?
a) $M = \log_{10} 2 = \lg 2 = 0{,}301$
b) $M = \lg(10^2) = 2 \cdot \lg 10 = 2 \cdot 1 = 2$
c) $M = 1/\log_{10} 2 = 1/\lg 2 = 1/0{,}301 = 3{,}32$

(4) Welchen Wert besitzt der Binomialkoeffizient $\binom{7}{4}$?

a) $\binom{7}{4} = \frac{7!}{4!\,(7-3)!} = \frac{5040}{24 \cdot 24} = \frac{35}{4}$

b) $\binom{7}{4} = \frac{7 \cdot 6 \cdot 5 \cdot 4}{1 \cdot 2 \cdot 3 \cdot 4} = 7 \cdot 5 = 35$

c) $\binom{7}{4} \quad \frac{7!}{3!\,(7-3)!} = \frac{5040}{6 \cdot 24} = 35$

---

2. Zahlensysteme

In diesem großen Abschnitt werden wir uns mit den verschiedenen Zahlensystemen (number systems) befassen. Worin unterscheiden sie sich? Welche Bedeutung kommt ihnen in der DV zu? Wie können sie ineinander umgewandelt werden? Wie arbeiten sie mit den 4 Grundrechenarten? Mit dem Dezimal- und dem Dual-System müssen wir uns eingehender beschäftigen, da sie für die DV von besonderer Bedeutung sind. So werden wir die Durchführung der 4 Grundrechenarten in diesen beiden Systemen sowie die Umwandlung des einen Systems in das andere eingehend untersuchen.

2.1 Definition von Zahlensystemen

Anhand des Dezimal-Systems werden wir versuchen, die Eigenschaften ausfindig zu machen, die es uns ermöglichen, eine verallgemeinerte Definition eines Zahlensystems anzugeben.

2.1.1 Dezimalsystem

Um also die Bedeutung der verallgemeinerten Schreibweise dieses Zahlensystems und anschließend des Dual-Systems zu verstehen, gehen wir vorteilhaft von dem uns allen aus dem Alltag geläufigen Dezimal-System, das auf der Basis $B = 10$ beruht, aus. Zunächst beschränken wir uns auf ganze Dezimalzahlen, wir klammern also die Brüche noch aus.

a) Stellen- und Potenz-Schreibweise

Wie wir schon in I 1.1 festgestellt haben, ist die Stellenschreibweise für das Dezimal-System typisch. Danach bedeutet die Stellenschreibweise 6809 folgendes:

$$6809 = 6 \cdot 1000 + 8 \cdot 100 + 0 \cdot 10 + 9 \cdot 1$$

Der Wert ein und derselben Ziffer hängt von ihrer Stellung innerhalb der Zahl ab. Von rechts nach links nimmt ihr Wert von Stelle zu Stelle um den Faktor $B = 10$ zu. Die in der Ziffernstellung steckenden 10er Faktoren werden vom Lesenden beim Interpretieren der Dezimalzahl stillschweigend mitberücksichtigt. Verwenden wir die uns bekannte Potenz-Schreibweise für die 10er Faktoren, so erhalten wir:

Stellenschreibweise:	Potenzschreibweise:
6809	$= 6 \cdot 10^3 + 8 \cdot 10^2 + 0 \cdot 10^1 + 9 \cdot 10^0$

Numerieren wir also die Stellenzahl von rechts nach links mit 0, 1, 2,...... (beachte: Beginn der Numerierung mit 0), so gibt der Exponent der 10er Potenz die Stelle der Ziffer an, die vor dieser Potenz steht. Die Potenzschreibweise $8 \cdot 10^2$ besagt demnach: die Ziffer 8 steht in der Stellenschreibweise auf Nr. 2.

Wir können nun allgemeiner angeben: Eine beliebige, ganze Dezimalzahl z mit einer Stellenzahl $n + 1$ würde in Stellenschreibweise lauten:

$$z = b_n\, b_{n-1} \,.....\, b_2\, b_1\, b_o$$

Oder in der Potenzschreibweise:

$$z = b_n \cdot 10^n + b_{n-1} \cdot 10^{n-1} + ... + b_1 \cdot 10^1 + b_o \cdot 10^o .$$

Hierbei können die b_i jeweils eine der Ziffern 0, 1, 2,... 8, 9 des Dezimal-Alphabets bedeuten. In b_i ist nacheinander $i = 0, 1, 2, ...\, n - 1, n$ zu setzen.

Beispiel
Bei unserer 4stelligen Dezimalzahl $z = 6809$ wäre:

$$n = 3, \quad b_o = 9, \quad b_1 = 0, \quad b_2 = 8, \quad b_3 = 6$$

b) Kurzform
Um den Schreibaufwand zu reduzieren, verwenden wir eine Kurzform:

$$z = \sum_{i=o}^{n} b_i \cdot 10^i$$

Das Summenzeichen besagt, daß für i nacheinander die Werte 0, 1, 2, ... n − 1, n, genommen, der jeweilige Ausdruck $b_i \cdot 10^i$ gebildet werden soll und alle diese Ausdrücke addiert werden sollen.

Abhängig von der oberen (n) und unteren (m) Summengrenze kann eine Dezimalzahl als ganz, echt/unecht gebrochen, endlich/unendlich bezeichnet werden (Abb. II 3).

Als zusammenfassendes Ergebnis gilt:

Jede beliebige Dezimalzahl z (ganz, echt oder unecht gebrochen, endlich oder unendlich gebrochen) läßt sich in folgender Form darstellen:

$$z = \sum_{i=m}^{n} b_i \cdot 10^i$$

wobei die b_i eine der Ziffern 0, 1,... 8, 9, des Dezimalalphabets bedeutet und i die ganzen Werte von m bis n durchläuft.

Welche Werte m und n jeweils annehmen, können wir aus der Zusammenstellung der bisherigen Ergebnisse entnehmen.

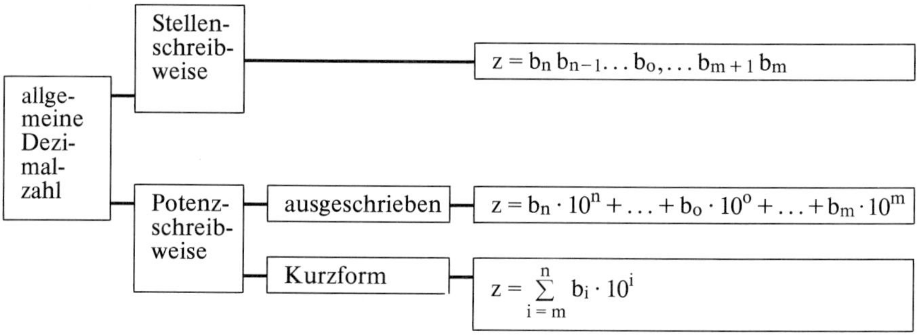

Abb. II 2: Darstellungsarten einer Dezimalzahl

		Beispiel:	Summengrenze untere m =	obere n =
ganze Dezimalzahl		z = 6809	0	ganz, positiv
echt gebrochene Dezimalzahl	endlich	z = 0,25	ganz, negativ, endlich	0
	unendlich	z = 1/3 = 0,33...	$-\infty$	0
unecht gebrochene Dezimalzahl	endlich	z = 6809,25	ganz, negativ, endlich	ganz, positiv
	unendlich	z = 6809,33...	$-\infty$	ganz, positiv

Abb. II 3: Verschiedene Formen von Dezimalzahlen

2.1.2 Polyadisches Zahlensystem

Längen-, Gewichts- und Währungseinheiten sind in Europa dezimal aufgebaut. Dieser tägliche Umgang mit dem Dezimal-System versperrt uns den Blick dafür, daß es nur *ein* Zahlensystem *unter vielen möglichen* ist. Dabei wäre der Umgang mit anderen Zahlensystemen – beim selben Lernaufwand – keinesfalls schwieriger. Wir sind nur nicht vertraut damit. Es gibt sogar Zahlensysteme, deren Rechenregeln um vieles einfacher als die des Dezimal-System sind. So wird z. B. das Dual-System u. a. gerade aus diesem Grunde in der DV eingesetzt (vgl. 2.2).

Die Basis B gibt den Systemen ihren Namen:

$B = 2$	Dual-System	$B = 10$	Dezimal-System
$B = 5$	Quinär-System	$B = 16$	Hexadezimal-System
$B = 8$	Oktal-System	oder	Sedezimal-System

Beispiel
Die Oktalzahl 352 würde in Potenzschreibweise lauten:

$$z = 352 = 3 \cdot 8^2 + 5 \cdot 8^1 + 2 \cdot 8^0$$

Eine Oktalzahl lautet allgemein:

$$z = \sum_{i=m}^{n} b_i \cdot 8^i$$

wobei b_i jeweils eine Ziffer aus dem Oktal-Alphabet 0, 1, 2,. . . 6, 7 bedeuten kann.

Mit den Einschränkungen für die Basis: $B \geqq 2$
und für die Ziffern: $0 \leqq b_i < B$
können wir ein *allgemeines polyadisches Zahlensystem* mit der Basis B folgendermaßen definieren und beschreiben:

a) Stellenschreibweise

$$z = \overbrace{\underbrace{b_n\, b_{n-1} \,\ldots\ldots\ldots\, b_1\, b_o}_{\text{ganze Zahlen}},\, b_{-1}\, b_{-2} \,\ldots\ldots\ldots\, b_{m+1}\, b_m}^{\text{gebrochene Zahlen}}$$

b) Potenzschreibweise (ausgeschrieben)

$$z = b_n \cdot B^n + b_{n-1} \cdot B^{n-1} + \ldots + b_1 \cdot B^1 + b_o \cdot B^o + b_{-1} \cdot B^{-1} + \ldots + b_m \cdot B^m$$

c) Potenzschreibweise (Kurzform)

$$z = \sum_{i=m}^{n} b_i \cdot B^i$$

Für die Grenzen m und n gelten dieselben Angaben wie oben.

Unter ‚polyadische Zahlensysteme' fassen wir alle Zahlensysteme zusammen, die in oben angegebener Weise auf der Stellenschreibweise aufbauen.

Andere Zahlensysteme wären etwa die ‚Restklassen-Systeme'. Ihre Anwendung bei Datenverarbeitungsanlagen hat allerdings noch keine größere praktische Bedeutung erlangt.

In Abb. II 4 sind einige ganze Dezimalzahlen und die Formen aufgeführt, wie sie in verschiedenen anderen polyadischen Zahlensystemen auftreten. Das Dual-System ist dabei ausgelassen, da es im folgenden Abschnitt gesondert behandelt wird.

Dezimal			Quinär			Oktal			Sedezimal (Hexadezimal)	
10^2	10^1	10^0	5^2	5^1	5^0	8^2	8^1	8^0	16^1	16^0
		0			0			0		0
		1			1			1		1
		2			2			2		2
		3			3			3		3
		4			4			4		4
		5		1	0			5		5
		6		1	1			6		6
		7		1	2			7		7
		8		1	3		1	0		8
		9		1	4		1	1		9
	1	0		2	0		1	2		A
	1	1		2	1		1	3		B
	1	2		2	2		1	4		C
	1	3		2	3		1	5		D
	1	4		2	4		1	6		E
	1	5		3	0		1	7		F
	1	6		3	1		2	0	1	0
	1	7		3	2		2	1	1	1
	.	.		.	.		.	.	.	.
	.	.		.	.		.	.	.	.
	2	7	1	0	2		3	3	1	B
	.	.	.	.	.		.	.	.	.
	.	.	.	.	.		.	.	.	.
1	0	0	4	0	0	1	4	4	6	4
.	.	.	.	.	.	.	.	.	.	.
.	.	.	.	.	.	.	.	.	.	.

Abb. II 4: Ganze Zahlen in verschiedenen Zahlensystemen

Große Bedeutung gewann auch das Sedezimal-System, das auch Hexadezimal-System genannt wird. Es baut auf der Basis B = 16 auf (lat. sedecim = sechzehn, griech. hexa = sechs).

Das Hexadezimal-Alphabet besteht natürlich aus 16 Ziffern. Da wir aus dem üblichen Dezimal-Alphabet nur zehn Ziffern (0, 1, ... 8, 9) kennen, haben wir sechs weitere erfunden (A, B, C, D, E, F). Diese künstlichen Ziffernsymbole für die dezimalen Werte 10, 11, 12, 13, 14, 15 dürfen nicht mit den ersten sechs Großbuchstaben des Alphabets verwechselt werden.

Dieses System wird immer häufiger bei DVA eingesetzt. Sein Vorteil beruht darin, daß man mit 4 bit gerade $4^2 = 4 \cdot 4 = 16$ unterscheidbare Binär-Zustände angeben kann, was gerade einer Sedezimalstelle entspricht. Pseudotetraden treten hier also nicht auf. Das Hexadezimal-System dient primär dem vereinfachten Ausdrucken von Speicher(bereichs)inhalten (Kap. I 3.2.3.3).

2.1.3 Dualsystem

Der Mathematiker Leibniz hat sich als erster intensiv mit dem Dual-System beschäftigt (vgl. I 1.1). Wie der Name ‚Dual' (= 2) schon sagt, ist beim Dual-System die Basis B = 2. Dies ist die kleinstmögliche Basis eines polyadischen Zahlensystems. Als Dual-Alphabet, das ja nur aus B = 2 Ziffern besteht, verwenden wir die früher eingeführten Binärzeichen O und L.

Eine Dualzahl z lautet in Stellenschreibweise:

$$z = b_n\, b_{n-1} \ldots .\, b_1\, b_o,\, b_{-1}\, b_{-2} \ldots .\, b_{m+1}\, b_m$$

in ausgeschriebener Potenzschreibweise:

$$z = b_n \cdot 2^n + \ldots . + b_1 \cdot 2^1 + b_o \cdot 2^o + b_{-1} \cdot 2^{-1} + \ldots . + b_m \cdot 2^m$$

in Kurzform

$$z = \sum_{i=m}^{n} b_i \cdot 2^i$$

Jede Verschiebung einer Dualzahl um eine Stelle nach links bzw. rechts bewirkt eine Verdoppelung bzw. Halbierung, da jede Dualstelle den Faktor 2 bedeutet.

Die Verschiebung einer Dualzahl um s Stellen nach links bzw. rechts bedeutet eine Multiplikation bzw. Division mit der Zahl: 2^s. Verschiebebefehle veranlassen diese Operationen.

Beispiel
Die Division durch die Zahl 8 geschieht durch s = 3 Stellenverschiebungen

nach rechts, da $8 = 2^3$

dezimal: 16 : 8 = 2

dual: LOOOO : LOOO = LO

3 Rechtsverschiebungen

Der Abb. II 5 können wir entnehmen, daß im Dual-System die Stellenzahl bedeutend schneller zunimmt als beim Dezimal-System. Im Abschnitt über Informationstheorie (III 1.2) werden wir sehen, daß eine Dualzahl im Durchschnitt 3,3mal soviel Stellen aufweist als die entsprechende Dezimalzahl. Dies erklärt sich natürlich aus dem kleinen Dual-Alphabet, das nur die Unterscheidung zweier Zeichen (O und L) erfordert.

Die hohe Stellenzahl und der monotone O,L-Wechsel erschweren natürlich sehr die Merkbarkeit von Dualzahlen. Andererseits ist gerade das kleine Alphabet (O, L) ein bedeutender Vorteil des Dual-Systems in der Anwendung in Rechnern. Die meisten elektronischen und magnetischen Bauteile zeichnen sich nämlich durch zwei stabile Zustände aus.

	dual					dezimal		
Stellenwert:	$2^4 = 16$	$2^3 = 8$	$2^2 = 4$	$2^1 = 2$	$2^0 = 1$	$10^1 = 10$	$10^0 = 1$	
Zahlen:					O		0	$= 0 \cdot 2^0$
					L		1	$= 1 \cdot 2^0$
				L	O		2	$= 0 \cdot 2^0 + 1 \cdot 2^1$
				L	L		3	$= 1 \cdot 2^0 + 1 \cdot 2^1$
			L	O	O		4	$= 0 \cdot 2^0 + 0 \cdot 2^1 + 1 \cdot 2^2$
			L	O	L		5	= . . .
			L	L	O		6	. . . .
			L	L	L		7	. . . .
		L	O	O	O		8	. . . .
		L	O	O	L		9	. . . .
		L	O	L	O	1	0	. . . .
		L	O	L	L	1	1	. . . .
		L	L	O	O	1	2	. . . .
		L	L	O	L	1	3	. . . .
		L	L	L	O	1	4	. . .
		L	L	L	L	1	5	. . . .
	L	O	O	O	O	1	6	. . . .
	L	O	O	O	L	1	7	. . . .
ferner:	$2^5 = 32$	$2^6 = 64$	$2^7 = 128$	$2^8 = 256$	$2^9 = 512$	$2^{10} = 1024$		

Abb. II 5: Vergleich von Dual- und Dezimalzahlen

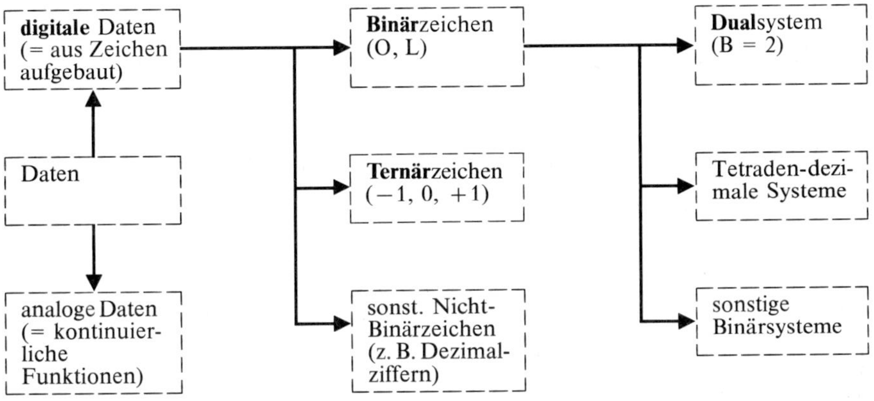

Abb. II 6: Die Begriffe: digital, binär, dual

Unterschied: Binär, Dual, Digital

Obwohl es in der Praxis und teilweise auch in der Literatur nicht konsequent eingehalten wird, wollen wir doch zwischen *dem* Dual-System und *den* Binär-System*en* unterscheiden.

Das Dual-System wurde oben eindeutig als das polyadische Zahlensystem mit der Basis B = 2 definiert. In ihm wird die gesamte Zahl aus 2er Potenzen aufgebaut, die latent in den Ziffernstellen mitgeliefert werden.

Im Gegensatz dazu verstehen wir unter einem Binär-System *irgendein* Zahlensystem, das mit nur 2 Elementen (O, L) in der Zahlendarstellung auskommt. Ein solches Binär-System haben wir schon in der Tetradenverschlüsselung der Dezimalziffern kennengelernt (vgl. I 3.2.3.1). Dort lag ein Dezimal-System vor, dessen einzelne Ziffern durch die Binärzeichen O und L als Tetrade dargestellt waren.

Der Begriff ‚Binär-System' ist also ein übergeordneter Begriff, der sich auf die binäre Darstellungsweise und nicht auf den inneren Aufbau des Zahlensystems bezieht. Da das Dual-Alphabet (O, L) mit dem Binär-Alphabet übereinstimmt, ist das *Dual-System* nur ein *Sonderfall der Binär-Systeme*.

Aufgaben zu II 2.1

---

(1) Wie lautet im Dezimal-System die Potenzschreibweise für den in Stellenschreibweise angegebenen Ausdruck: 906,04?

a) $906{,}04 = 9 \cdot 10^2 + 0 \cdot 10^1 + 6 \cdot 10^0 + 0 \cdot 10^{-1} + 4 \cdot 10^{-2}$

b) $906{,}04 = 9 \cdot 10^2 + 0 \cdot 10^1 + 6 \cdot 10^0 - 0 \cdot 10^1 \quad - 4 \cdot 10^2$

c) $906{,}04 = 9 \cdot 10^2 + 0 \cdot 10^1 + 6 \cdot 10^0 - 0 \cdot 10^{-1} - 4 \cdot 10^{-2}$

(2) In welchem polyadischen Zahlensystem ist die Zahl z angegeben und welchen Charakter hat sie, wenn ihre Kurzform lautet: $z = \sum_{i=-3}^{0} b_i \cdot 16^i$

a) tetraden-dezimales System, da die Basis $B = 2^4 = 16$
Charakter: ganzzahlig, da i ganzzahlig.

b) Oktal-System, da die Basis $B = 2 \cdot 8 = 16$
Charakter: endlich, echt gebrochen, da i endlich und untere Grenze $m = -3$ negativ.

c) Sedezimal-System, da die Basis $B = 16$
Charakter: endlich, echt gebrochen, da obere Grenze $n = 0$ und untere Grenze $m = -3$ ganz, negativ und endlich

(3) Was versteht man unter ‚polyadisches Zahlensystem'?

a) ein Zahlensystem, das nur mit unecht gebrochenen Zahlen operiert

b) ein Zahlensystem, das auf der Stellenschreibweise aufbaut, wobei jede Stelle einen weiteren Faktor B (= Basis des Zahlensystems) bedeutet

c) ein Zahlensystem, bei dem die einzelnen Ziffern als Tetrade, d.h. aus 4 bit, aufgebaut ist

(4) Welcher der beiden Begriffe – Binär-System, Dual-System – ist der übergeordnete?

a) Dual-System

b) Binär-System

c) stehen in keinem Zusammenhang

2.2 Festpunktrechnung

2.2.1 Begründung

Byte-Rechner können arithmetische Operationen an numerischen Daten vornehmen, wenn sie in einer der drei Formen codiert vorliegen:

- dezimal (gepackte) Form (Tetrade)
- duale Festpunkt-Form (Festkomma, fixed point)
- duale Gleitpunkt-Form (Gleitkomma, floating point)

Die dezimal gepackte Form ist bereits bekannt (I 3.2.3.3). Wann aber benötigt man die Festpunktschreibweise? Sollen in Rechenoperationen nicht nur ganzzahlige Daten, sondern auch gebrochene Zahlen zugelassen werden, so genügt zur Charakterisierung die Ziffernfolge allein nicht mehr. Das (Dezimal-)Komma dient der weiteren Präzisierung der Daten. Es trennt den ganzen vom gebrochenen Teil der Zahl. Im amerikanischen Sprachgebrauch und entsprechend auch bei uns in der DV-Praxis verwendet man einen Dezimal*punkt*. Der Ausdruck ‚Festpunkt' (fix point) ist deshalb üblich.

Bei einem Rechner mit *Festpunktschreibweise* werden die Zahlen so behandelt, als stünde das Komma bei allen Zahlen an derselben, *festen* Stelle. Es bleibt dem Programmierer überlassen, die Zahlen so umzuformen, daß dies auch wirklich der Fall ist.

Festpunkt-Darstellung als:
ganze Zahl

±	b_n	b_{n-1}	......	b_o

,

$m = 0$
$n + 1$ = zulässige Stellenzahl

oder als
echt gebrochene Zahl

,

b_{-1}	b_{-2}	......	b_m	±

$-m$ = zulässige Stellenzahl
$n = -1$

Abb. II 7: Komma-Anordnung bei der Festpunktschreibweise

Da also das Komma immer an einer festen Position ‚steht', braucht man es überhaupt nicht mitzuführen (etwa als besondere Bit-Stelle). Dies brächte ja keine zusätzliche Information. An welcher Stelle man sich das Komma denkt, ist grundsätzlich gleichgültig – es kommt nur auf die relative Lage bei den verschiedenen Zahlen an. Günstig, übersichtlich und üblich ist es jedoch, das Komma entweder *nach* der *niedersten* Stelle oder *vor* der *höchsten* Stelle anzubringen. Das bedeutet aber, daß die Zahlen alle entweder als ganz oder als echt gebrochen behandelt werden.

Um auch negative Zahlen darstellen zu können, wird ein eigenes Vorzeichen-Bit entweder vorangestellt oder hinten angehängt. Für diese Bit-Stelle kann man beispielsweise vereinbaren:

O bedeutet +, d.h., positive Zahl
L bedeutet −, d.h., negative Zahl

Durch die begrenzte Stellenzahl und das feste Komma ist natürlich ein ganz bestimmter Zahlenbereich als darstellbar festgelegt. Dieser ist z.B. bei einer DVA mit 5 Dezimalstellen:

00000 bis 99999 bzw. 0,00000 bis 0,99999

allgemein bei s Dezimalstellen ($B = 10$):

0 bis $10^s - 1$ bzw. 0 bis $1 - 10^{-s}$

allgemein bei einem polyadischen Zahlensystem mit der Basis B und s Stellen:

0 bis $B^s - 1$ bzw. 0 bis $1 - B^{-s}$

im Dualsystem: 0 bis $(2^s - 1)$ bzw. 0 bis $(1 - 2^{-s})$

Da die Maßstabsfaktoren in einem Rechner mit Festpunkt nicht mitgeführt werden, muß der Programmierer darauf achten, daß während des Programmablaufs stets nur Zahlen addiert oder subtrahiert werden, die in diesem Moment gleichen Maßstabsfaktor besitzen! Ist dies nicht der Fall, müssen die beiden Operanden vor Ausführung der Operation zuerst durch Verschiebebefehle auf die Form mit gleichem Maßstabsfaktor gebracht werden.

Addition der Zahlen 6809 und 3,2 in der Festpunktrechnung:

interne Darstellung	Maßstabsfaktor bei Darstellung als: ganze Zahl	echt gebrochene Zahl
68090	$\cdot 10^{-1}$	$\cdot 10^{4}$
+ 00032	$\cdot 10^{-1}$	$\cdot 10^{4}$
= 68122	$\cdot 10^{-1}$	$\cdot 10^{4}$

Ergebnis: 6809 + 3,2 = 6812,2

Addition der Zahlen 68092 und 3,2 in der Festpunktrechnung

68092	$\cdot 10^{0}$	$\cdot 10^{5}$
+ 00003	$\cdot 10^{0}$	$\cdot 10^{5}$
= 68095	$\cdot 10^{0}$	$\cdot 10^{5}$

Ergebnis: 68092 + 3,2 = 68095

5 Stellen (68092) – abgeschnitten (,2) – 5 Stellen (68095)

Abb. II 8: Addition bei Festpunktschreibweise

Aus dem 2. Beispiel entnehmen wir, daß aufgrund der beiden unerläßlichen Bedingungen:

- gleiche Maßstabsfaktoren der Operanden,
- begrenzte Stellenzahl (hier 5 Dezimalstellen)

die Ziffer 2 im Operanden 3,2 und damit auch im Ergebnis verloren geht. Statt des richtigen Ergebnisses 68095,2 erhalten wir nur 68095.

Da die Maßstabsfaktoren innerhalb des Rechners nicht vorhanden sind, können sie auch mit dem Ergebnis nicht ausgedruckt werden. Der Programmierer erhält als Ergebnis nur eine Ziffernfolge, die Kommastelle dazu muß er selbst ermitteln. Wir haben also dieselben Verhältnisse vor uns wie bei einer Tischrechenmaschine oder beim Rechenschieber. Auch dort werden die Zehnerpotenzen (= Maßstabsfaktoren des Dezimal-Systems) und damit die Kommastelle gesondert bestimmt. Diese Ermittlung der Kommastelle ist natürlich recht einfach bei Aufgaben, in denen praktisch nur Zahlen mit gleicher Kommastellung und damit gleichen Maßstabsfaktoren vorkommen. Umständliches Operieren mit Maßstabsfaktoren ist hier nicht nötig. Dies ist etwa bei der kommerziellen Anwendung von Rechnern der Fall. Bei Buchungen, Lohnberechnungen, Bestellungen usw. treten stets DM- und bzw. oder Pfennig-Beträge auf. Das Komma ist hier stets vor der zweitletzten Stelle zu denken (m. a. W.: bei Darstellung als ganze Zahlen tritt stets der Maßstabsfaktor 10^{-2} auf). Mit 10 Dezimalstellen ist dabei der Bereich von 0 bis 99 999 999,99 DM zu verwirklichen.

Gänzlich anders liegen dagegen die Verhältnisse bei der wissenschaftlich-technischen Anwendung von Rechnern. Hierbei treten nämlich Zahlen auf, die sich um viele (bis zu 100) Zehnerpotenzen unterscheiden. Hier stets passende Maßstabsfaktoren aufzufinden, wäre recht umständlich. Man kennt deshalb bei Rechnern noch eine zweite Zahlendarstellung, die sog. Gleitpunktschreibweise. Wir werden uns damit in 2.4 eingehend beschäftigen. Die modernen Rechner beherrschen fast alle beide Darstellungsarten von Zahlen.

In den folgenden vier Abschnitten wollen wir die vier Grundrechenarten (Addition, Subtraktion, Multiplikation, Division) und ihre Ausführungen am Dezimal- oder bzw. und Dual-System vorführen.

2.2.2 Festpunkt-Addition

Durch direkte Verwendung des Binär-Alphabets (O, L) besitzt das Dual-System die schon erwähnten Vorteile:
- hohe Betriebssicherheit und
- Einfachheit in der Zahlendarstellung.

Ein weiterer Vorteil sind die höchst einfachen Rechenregeln. Da im Dual-System nur die Zeichen O und L vorkommen, liegt hier ein ‚Einmaleins' im wahrsten Sinne des Wortes vor. Für die Addition zweier Dualstellen gelten vier einfache Regeln:

O + O = O
O + L = L
L + O = L
L + L = O und Übertrag L auf die nächsthöhere Dualstelle

Die Addition von zwei mehrstelligen Dualzahlen baut sich hieraus in der uns schon gewohnten Weise auf: beginnend mit der niedersten, wird Stelle um Stelle unter Berücksichtigung eventueller Überträge L nach diesen Additionsregeln abgearbeitet.

Beispiel

dezimal		dual
70		LOOOLLO
+ 34		+ LOOOLO
1	Übertrag	LL
= 104		= LLOLOOO

Dieselben Schritte führt das Rechenwerk des Rechners in derselben Reihenfolge aus. Durch Transportbefehle wird der 1. Operand (LOOOLLO) in den Akkumulator AC gebracht. Das Speicher-Register, das wie AC gerade ein Wort aufnehmen kann, übernimmt vom Speicher den 2. Operanden (LOOOLO). Als dritte Baugruppe ist ein Binäraddierer (+) vorhanden. Dieser ist in der Lage, zwei Dualstellen nach den vier Additionsregeln zu verknüpfen und einen eventuell in der vorhergehenden Stelle aufgetretenen Übertrag L mit zu berücksichtigen.

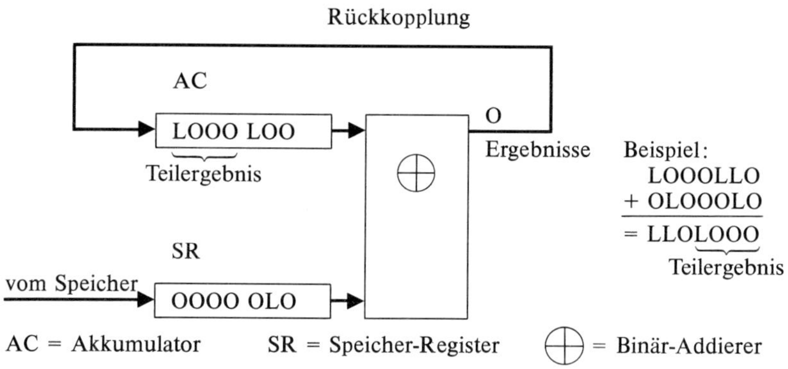

Abb. II 9: Additionseinrichtung (Zustand beim 5. Takt)

Wie ein Binäraddierer technisch realisierbar wird und vor allem, wie er die Überträge richtig behandelt, werden wir noch in III 3.7.2 sehen.

Der 1. bzw. 2. Operand wird regelrecht Stelle um Stelle durch den AC bzw. das SR geschoben. Die freiwerdenden Stellen im AC können die Ergebnis-Bits aufnehmen. Dies geschieht über eine Rückkopplung. In diesem Zusammenhang spricht man von ‚rückgekoppeltem Schieberegister'. Am Ende der Addition, also nach 7 Schiebetakten steht das Ergebnis (LLOLOOO) im AC. Es kann dort entweder als Ausgangsoperand für weitere Operationen dienen oder durch Transportbefehle in den Speicher übernommen werden.

2.2.3 Festpunkt-Multiplikation

Bei der Grundrechenart ‚Multiplikation' gelten – wie bei der Addition – vier denkbar einfache Grundregeln:

$$\begin{aligned} O \cdot O &= O \\ O \cdot L &= O \\ L \cdot O &= O \\ L \cdot L &= L \end{aligned}$$

Die Ergebnisse der Multiplikation sind also stets O bis auf: ‚ein mal eins = eins'.

Die Multiplikation von zwei mehrstelligen Dualzahlen wird in der uns gewohnten Weise – nur viel einfacher – durch Bildung von Teilprodukten des Multiplikanten mit den einzelnen Multiplikatorstellen und anschließende Stellenverschiebung durchgeführt.

Beispiel

dezimal
Multiplikand · Multiplikator
33 · 13
99
33·   Teilprodukte
=429 = Ergebnis

dual
Multiplikand · Multiplikator
· LOOOOL · LLOL
LOOOOL
OOOOOO ·
LOOOOL · ·   Teilprodukte
LOOOOL · · ·
= LLOLOLLOL = Ergebnis

Wir sehen, die Teilprodukte ergeben sich im Dual-System entweder zu O (wenn die betreffende Multiplikatorstelle O ist) oder einfach als Multiplikand selbst (wenn die betreffende Multiplikatorstelle L ist). Eine eigentliche Multiplikation zur Bildung der Teilprodukte (wie $33 \cdot 3 = 99$ im Dezimal-System) ist hier gar nicht nötig.

Jedes Teilprodukt ist gegenüber dem vorhergehenden um eine Stelle nach *links* versetzt. (Dieselbe Wirkung erzielt man, wenn man stets die Summe der bisherigen Teilprodukte um 1 Stelle nach rechts verschiebt und das neue Teilprodukt dann hinzuaddiert. So geschieht es in Abb. II 12).

Das Rechenwerk vollzieht wieder dieselben Schritte wie bei der Multiplikation von Hand. Die Multiplikationseinrichtung unterscheidet sich von der Addiereinrichtung nur durch ein 3. Register, das sogenannte Multiplikator-Quotienten-Register (MQR), genauer gesagt: Den Hauptbestandteil des Rechenwerks eines Rechners bildet die Multipliziereinrichtung, die unter Weglassung des MQR als Addiereinrichtung Verwendung findet.

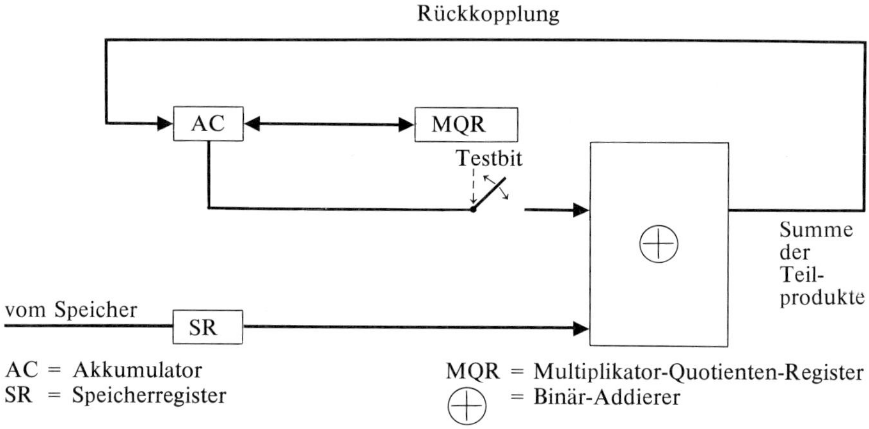

Abb. II 10: Multiplikationseinrichtung

AC und MQR bilden eine Einheit, deren Inhalt gemeinsam nach rechts (oder links) verschoben werden kann. Durch Transportbefehle wird der 1. Operand (= Multiplikator) in den AC gebracht und durch gemeinsame Rechtsverschiebung des AC-MQR-Inhalts in das MQR verlegt. Der AC ist nun auf Null gesetzt. Das SR übernimmt vom Speicher den 2. Operanden (= Multiplikand).

In der niedersten (rechten) Stelle des MQR – wir schreiben $\langle MQR \rangle_1$ – wird der Multiplikator stets auf O bzw. L getestet. Ist diese Teststelle momentan L, dann wird der Kontakt zwischen Binäraddierer und AC geschlossen. Entsprechend dem Additionsverfahren nach 2.2.2 wird nun die bisherige Summe der Teilprodukte (im AC) zu dem Multiplikanden (im SR) addiert. Die neue Summe der Teilprodukte wird über die Rückkopplung in den AC gebracht. Nun wird der AC-MQR-Inhalt gemeinsam um 1 Stelle nach rechts verschoben. Die als Teststelle abgearbeitete und nicht mehr interessierende letzte Stelle $\langle MQR \rangle_1$ geht dabei verloren.

Ist dagegen die Teststelle $\langle MQR \rangle_1$ gerade O, so wird die Rechtsverschiebung unmittelbar durchgeführt. Der Kontakt bleibt geöffnet, da Null ja nicht addiert zu werden braucht.

Die Multiplikation ist beendet, wenn die Gesamtzahl der Rechtsverschiebungen gleich der Stellenzahl eines Wortes ist. Das Ergebnis der Multiplikation zweier s-stelliger Zahlen kann maximal 2s Stellen besitzen (Beispiel: $99 \cdot 99 = 9801$). Dementsprechend steht nun das Ergebnis in doppelter Wortlänge in der gekoppelten AC-MQR-Einheit. Wollen wir aber mit dem Ergebnis weitere Operationen durchführen, so müssen wir es auf einfache Wortlänge reduzieren. Dies geschieht durch Normalisieren: der AC-MOR-Inhalt wird so lange nach links verschoben,

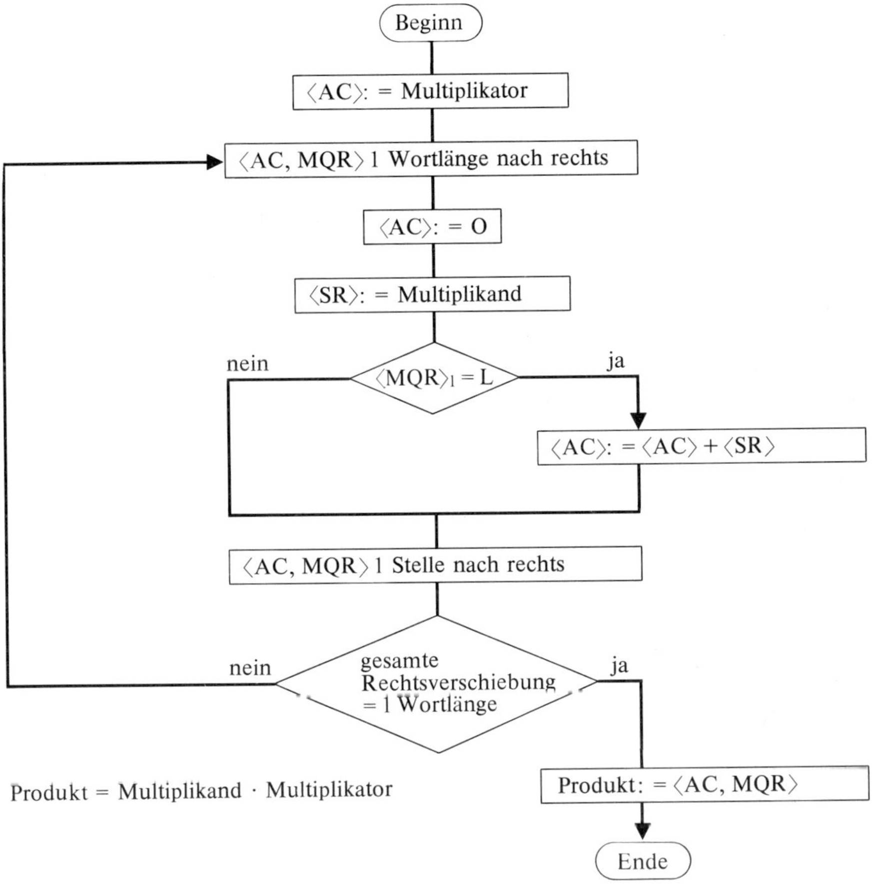

Abb. II 11: Logischer Ablauf der Multiplikation

bis die oberste (linke) Stelle im AC ungleich O, d.h. L, ist. Dann wird der Inhalt vom AC als Ergebnis von einfacher Wortlänge interpretiert. Der verbleibende Rest im MQR wird abgeschnitten und geht verloren. Zu beachten ist natürlich dabei, daß das Ergebnis (LLOLOL) einen anderen Maßstabsfaktor besitzt als Multiplikator oder Multiplikand.

Der logische Ablauf einer Multiplikation zweier Dualzahlen ist als Ablaufdiagramm angegeben. Das oben angeführte Beispiel wird auf der nächsten Seite ausführlich behandelt.

Beispiel

Multiplikation: LOOOOL · LLOL = LLOLOLLOL
(33 · 13 = 429)

bei der Wortlänge 6 bit.

	⟨AC⟩	⟨MQR⟩	Teststelle ⟨MQR⟩l	
	OOOOOO	OOLLOL	⟨MQR⟩: = Multiplikator, ⟨AC⟩: = O	
+	LOOOOL		Addition des Multiplikanden, da ⟨MQR⟩l	= L
=	LOOOOL			
	OLOOOO	LOOLLO	⟨AC, MQR⟩ um 1 Stelle nach rechts keine Addition, da ⟨MQR⟩l	= O
	OOLOOO	OLOOLL	⟨AC, MQR⟩ um 1 Stelle nach rechts	
+	LOOOOL		Addition des Multiplikanden, da ⟨MQR⟩l	= L
=	LOLOOL			
	OLOLOO	LOLOOL	⟨AC, MQR⟩ um 1 Stelle nach rechts	
+	LOOOOL		Addition des Multiplikanden, da ⟨MQR⟩l	= L
=	LLOLOL			
	OLLOLO	LLOLOO	⟨AC, MQR⟩ um 1 Stelle nach rechts keine Addition, da ⟨MQR⟩l	= O
	OOLLOL	OLLOLO	⟨AC, MQR⟩ um 1 Stelle nach rechts keine Addition, da ⟨MQR⟩l	= O
	OOOLLO	LOLLOL	⟨AC, MQR⟩ um 1 Stelle nach rechts Gesamtergebnis in AC-MQR	
	LLOLOL = Ergebnis	LOLOOO	Normalisierung, Ergebnis im AC	

Abb. II 12: Beispiel für Multiplikation

2.2.4 Festpunkt-Subtraktion

Bei mechanischen Rechenmaschinen wird die Addition durch Vorwärtsdrehen, die Subtraktion durch Rückwärtsdrehen von Zählrädern um so viele Einheiten, wie die zu addierende bzw. zu subtrahierende Zahl angibt, bewerkstelligt. Bei elektronischen Rechnern existiert eine derartige, umkehrbare Bewegungseinrichtung nicht. Man könnte nun eigene Subtraktionseinrichtungen im Rechenwerk vorsehen. Günstiger allerdings ist es, die Subtraktion – ähnlich wie die Multiplikation – auf die Addition zurückzuführen. Damit kann man die ohnehin vorhandene Additionseinrichtung verwenden.

Die Rückführung der Subtraktion auf die Addition geschieht durch die Verwendung sogenannter Komplemente (konegative Zahlen). Sind in einer DVA negative Zahlen durch Absolutwert (Betrag) und (negatives) Vorzeichen dargestellt, so lauten die

> Bildungsgesetze für die beiden üblichen Komplementbildungen:
> $\bar{z} = B^s - z$ für das B – (oder echtes) Komplement
> $\bar{z} = B^s - 1 - z$ für das B – 1 (oder unechtes) Komplement

Hierbei ist:

- B = Basis des verwendeten polyadischen Zahlensystems (hier: B = 2)
- s = Stellenzahl des Betrags von z
- z = beliebige, negative Zahl
- $\bar{z}$ = dazugehöriges Komplement

Man kann allgemein zeigen, daß die Addition des Komplements $\bar{z}$ zum selben Resultat führt wie die erwünschte Subtraktion der negativen Zahl z.

Subtraktion im Dual-System
Beim Dual-System (B = 2) trifft man die Vereinbarung:

O = positives Vorzeichen, L = negatives Vorzeichen

Die entsprechende Struktur der Zahlendarstellung ergibt sich für das Dual-System aus Abb. II 7 links.

1-Komplement
Das 1-Komplement entsteht durch Ergänzung jeder Dualstelle auf die höchste Ziffer des Zahlenalphabets – das ist hier die 1 bzw. L. Das Komplement zu O wäre damit L, das Komplement zu L wäre O. Die Komplementbildung einer Dualzahl geschieht also einfach durch Umwandlung aller O in L und umgekehrt. In Teil III werden wir sehen, daß man eine solche Operation ‚Negation' nennt. Der Endübertrag wird zum Schluß hinzuaddiert.

Beispiel
Wortlänge = 6 bit = 5 Betrags-Dualstellen + 1 Vorzeichen-Dualstelle
Komplementierung: +6 = O OOLLO = positive Zahl +4 = O OOLOO
−6 = L LLOOL = 1-Komplement −4 = L LLOLL
Subtraktionsbeispiele:

+ 6	O OOLLO	− 6	L LLOOL	
− 4	L LLOLL	− 4	L LLOLL	
= + 2	LO OOOOL	= − 10	LL LOLOO	
	→ + L		→ + L	
	O OOOLO		L LOLOL	
	↓		↓ OLOLO	Rückkomplement
	≙ + 2		≙ − 10	

2-Komplement

Das 2-Komplement wird aus dem 1-Komplement durch Addition einer L zu der niedersten Stelle gewonnen. Ein eventuell auftretender Endübertrag wird einfach weggelassen. Gegenüber dem 1-Komplement hat also das 2-Komplement den Vorteil, daß eine nachträgliche Korrektur – verursacht durch einen Endübertrag – nicht nötig ist.

Beispiel

Komplementierung:	$+6 \triangleq$	O OOLLO	= positive Zahl
	$-6 \triangleq$	L LLOOL	= 1-Komplement
		+ L	
		= L LLOLO	= 2-Komplement

Subtraktionsbeispiele:

+ 6	O OOLLO	– 6	L LLOLO	
– 4	L LLLOO	– 4	L LLLOO	
= + 2	LO OOOLO	= – 10	LL LOLLO	
	⟶ O OOOLO		⟶ L LOLLO	
	↓		↓	Rückkomple-
	≙ + 2		= – OLOLO	ment
			≙ – 10	

Die Subtraktionseinrichtung des Rechenwerks baut sich im wesentlichen aus der Additionseinrichtung auf, mit dem Unterschied, daß zwischen Speicher-Register und Binäraddierer eine Komplementiereinrichtung eingeschaltet ist.

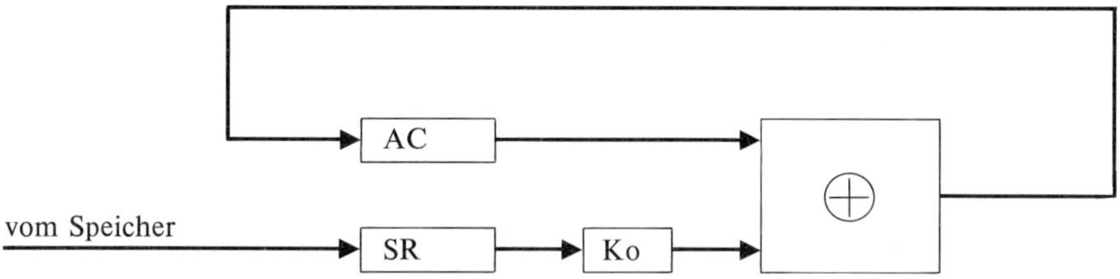

Ko = Komplementierschaltung

Abb. II 13: Subtraktionseinrichtung

2.2.5 Festpunkt-Division

Die Division ist die komplizierteste der vier Grundrechenarten. Aber auch sie läßt sich – wie Multiplikation und Subtraktion – auf die Addition zurückführen. Die einfachste Art der Division beruht auf der fortgesetzten Subtraktion des Divisors vom Dividenden. Dies geschieht so lange, bis die Differenz negativ wird.

Dann erfolgt eine Korrekturaddition des Divisors, damit die ‚mißlungene' Subtraktion rückgängig gemacht und die Differenz wieder positiv wird. Der Wert der betreffenden Quotientenstelle ist gleich der Anzahl der Subtraktionen, bei der die Differenz noch positiv blieb. Die Abarbeitung der weiteren Dividendenstellen sehen wir am besten an einem Beispiel im Dezimal-System.

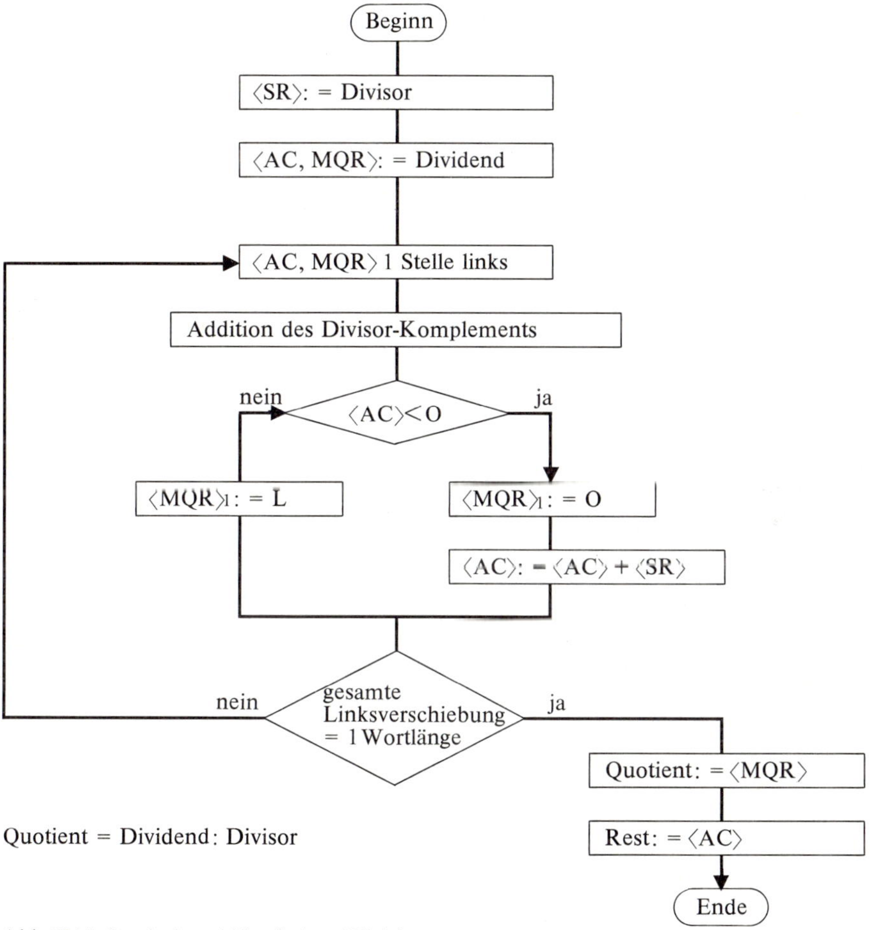

Abb. II 14: Logischer Ablauf einer Division

Beispiel

```
Dividend : Divisor = Quotient
      672 : 32     = 21
   − 32|             1. Subtraktion   ⎫
 = + 35|                              ⎬ 1. Quotientenstelle := 2
   − 32|             2. Subtraktion   ⎭
 = +  3|
   − 32|             3. Subtraktion
 = − 29|
   + 32|              Korrekturaddition
 = +   32             nächste Dividendenstelle
   −   32            1. Subtraktion → 2. Quotientenstelle := 1
 =      0             Rest = 0
```

Die Abb. II 11 und II 14 geben die Mikroprogramme für die Multiplikation und die Division im Dualsystem wieder. Der Operationsteil Op des betreffenden Befehls stößt sie an, das Rechenwerk führt sie autonom. Die Divisionseinrichtung entspricht der Multiplikationseinrichtung mit dem Unterschied, daß zwischen Speicherregister und Binäraddierer für die Subtraktion eine Komplementiereinrichtung dazwischengeschaltet ist.

Aufgaben zu II 2.2

(1) Welchen positiven, ganzen Zahlenbereich kann man in einem polyadischen Zahlensystem der Basis B = 16 und der Stellenzahl s = 4 mit Festkomma darstellen?
   a) von 0 bis $B^s - 1 = 16^4 - 1 = 65\,535$
   b) von 0 bis $B^s = 16^4 = 65\,536$
   c) von 0 bis $B \cdot s = 16 \cdot 4 = 64$

(2) Das Ergebnis der Addition der beiden Dualzahlen LLOLLL und LOLLO ist:
   a) LOOOOL
   b) LOOLOOL
   c) LOOLLOL

(3) Das Ergebnis der Multiplikation der beiden Dualzahlen LOLLO und LOL ist:
   a) LOOOOLO
   b) LLOLLLO
   c) LOLLOO

(4) Was versteht man in der binären Schaltungstechnik unter einer Rückkopplung?
  a) wenn durch den Ausgang eines Schieberegisters wieder dessen Eingang beeinflußt wird
  b) die Taktgebung für ein Schieberegister
  c) das Linksverschieben eines Schieberegisters

(5) Aus welchen Baugruppen setzt sich die Multipliziereinrichtung des Rechenwerks einer DVA (für das Dual-System) zusammen?
  a) drei Register:
     Akkumulator, Speicher-Register, Multiplikator-Quotienten-Register
     und: Binäraddierer
  b) drei Register:
     Akkumulator, Speicher-Register, Multiplikator-Quotienten-Register
     und: Binäraddierer sowie Komplementiereinrichtung
  c) zwei Register:
     Akkumulator, Speicher-Register
     und: Binäraddierer

(6) Wie lautet das echte Komplement der Dezimalzahl $z = -3910$?
  a) $0\,3910 \rightarrow 9\,6089 = \bar{z} =$ echtes Komplement von z
  b) $$\begin{array}{r} 0\,3910 \rightarrow 9\,6089 \\ + \quad 1 \\ \hline = 9\,6090 \end{array} = \bar{z} = \text{echtes Komplement von z}$$
  c) $9\,3910 \rightarrow 0\,6089 = \bar{z} =$ echtes Komplement von z

(7) Wie lautet das echte Komplement $\bar{z}$ der Dualzahl $z = -$ LOLLOLO?
  a) $\bar{z} =$ L OLOOLLO
  b) $\bar{z} =$ L OLOOLOL
  c) $\bar{z} =$ O OLOOLLO

(8) Auf welche der vier Grundrechenarten lassen sich die übrigen drei zurückführen?
  a) Multiplikation
  b) Addition
  c) gar nicht möglich

2.3 Umwandlung von Zahlensystemen

Auf Grund der alltäglichen Gewohnheit möchte der Benutzer eines Rechners natürlich seine Daten möglichst im Dezimal-System eingeben und auch gedruckt erhalten. Die meisten Rechner arbeiten intern entweder im Dual-System (z. B.: CD 3600) oder im tetradenverschlüsselten Dezimal-System (z. B.: S 4004) oder Sedezimal-System (z. B.: IBM 370). Die Maschine muß also bei der Ein- und

Ausgabe eine Umwandlung zwischen zwei Zahlensystemen vornehmen. Dies geschieht häufig durch ein fest eingebautes Mikroprogramm.

In den folgenden Abschnitten werden wir uns mit den mathematischen Grundlagen solcher Umwandlungen befassen, ohne uns um die technische Verwirklichung zu kümmern.

Bei der Besprechung der Lochkarte (IV 3.1.2) werden wir sehen, daß diese zehn Zeilen besitzt. Jede dieser Zeilen stellt – ähnlich den zehn elektrischen Eingängen des Zuordners – eine Dezimal-Ziffer dar.

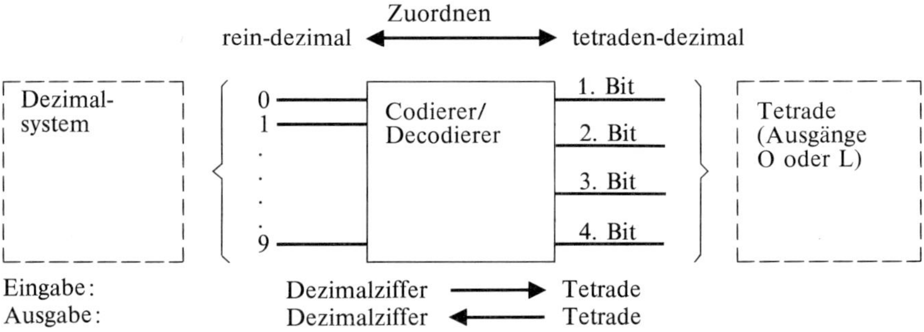

Abb. II 15: Codierer/Decodierer

Die Umwandlung von Dezimal in Tetraden-Dezimal erfolgt einfach, indem jede Ziffer der Dezimalzahl einzeln in eine vierstellige O, L-Kombination (Tetrade) umgesetzt wird. Der Zuordner kann als relativ einfaches, elektrisches Netzwerk ausgebildet werden.

2.3.1 Dual/Hexadezimal in Dezimal

Der Dezimalwert einer ganzen Zahl in einem Zahlensystem mit der Basis B errechnet sich durch wertmäßiges Ausrechnen der Formel:

$$z_{10} = \sum_{i=m}^{n} b_i \cdot B^i \quad \text{(vgl. 2.1.2)}$$

$$z_{10} = b_n \cdot B^n + b_{n-1} \cdot B^{n-1} + \ldots\ldots b_1 B^1 + b_0 B^0$$

Beispiele

a) dual (B = 2), ganzzahlig (m = 0)

$$z_2 = 1 \quad 1 \quad 0 \quad 1 \quad 0 \quad 1$$

$$z_{10} = 1 \cdot 2^5 + 1 \cdot 2^4 + 0 \cdot 2^3 + 1 \cdot 2^2 + 0 \cdot 2^1 + 1 \cdot 2^0$$

$$= 1 \cdot 32 + 1 \cdot 16 + 0 \cdot 8 + 1 \cdot 4 + 0 \cdot 2 + 1 \cdot 1$$

$$= 53$$

b) dual (B = 2), Dualbruch (m = − 3)

$z_2 = 110{,}101$

$z_{10} = 1 \cdot 2^2 + 1 \cdot 2^1 + 0 \cdot 2^0 + 1 \cdot 2^{-1} + 0 \cdot 2^{-2} + 1 \cdot 2^{-3}$

$= 4 + 2 + 0 + 1/2 + \quad + 1/8 = 6{,}875$

c) Hexadezimal (B = 16)

$z_{16} = 1 \ \mathrm{E} \ \mathrm{D}$

$z_{10} = 1 \cdot 16^2 + \mathrm{E} \cdot 16^1 + \mathrm{D} \cdot 16^0$

$= 1 \cdot 256 + 14 \cdot 16 + 13 \cdot 1$

$= 493$

2.3.2 Dezimal in Dual/Hexadezimal

Die oben angegebene Formel läßt sich nach dem *Horner-Schema* (fortgesetzte Division) umschreiben: (hier n = 3)

$$z_{10} = b_0 + B \cdot (b_1 + B(b_2 + B \cdot b_3))$$

Aus der fortgesetzten Division durch die Basis B folgen die Ziffern b_0, b_1, b_2, b_3 des erwünschten Zahlensystems als Restwerte (modulo):

$z_{10} : B = b_1 + B(b_2 + Bb_3)$ Rest b_0

$(b_1 + B(b_2 + Bb_3)) : B = b_2 + Bb_3$ Rest b_1

$(b_2 + Bb_3) : B = b_3$ Rest b_2

$b_3 : B = 0$ Rest b_3

d. h. $z_B = b_3 \, b_2 \, b_1 \, b_0$

Beispiel

a) dezimal in dual (B = 2)

gegeben: $z_{10} = 53$

53 : 2 = 26 Rest 1

26 : 2 = 13 Rest 0

13 : 2 = 6 Rest 1

6 : 2 = 3 Rest 0

3 : 2 = 1 Rest 1

1 : 2 = 0 Rest 1

$z_2 = 1 \ 1 \ 0 \ 1 \ 0 \ 1$

b) dezimal in hexadezimal (B = 16)

gegeben: $z_{10} = 493$

493 : 16 = 30 Rest 13 = D

30 : 16 = 1 Rest 14 = E

1 : 16 = 0 Rest 1

$z_{16} = 1 \ \mathrm{E} \ \mathrm{D}$

2.3.3 Dual in Hexadezimal (und zurück)

Die Umwandlung einer Dualzahl in die entsprechende Hexadezimalzahl (B = 16) erfolgt entsprechend der bisherigen Überlegungen durch fortlaufende Division modulo 16. Es ist bereits bekannt, daß eine Multiplikation bzw. Division mit 2 durch eine Stellenverschiebung um 1 Stelle nach links bzw. rechts bewirkt wird. Die Division mit $16 = 2^4$ erreicht man demnach durch eine Stellenverschiebung um 4 Dualstellen. Diese Überlegung führt zu folgendem Umwandlungsverfahren: Die Dualzahl wird von rechts nach links in Tetraden (= 4 Dualstellen) aufgespalten. Jeder Tetrade ordnet man die zugehörige Hexadezimalziffer zu. Die Gesamtheit aller Hexadezimalziffern ergibt die gesuchte Hexadezimalzahl. Sie ist leichter zu lesen als das lange Bitmuster.

Beispiel
gegeben: $z_2 = 111101101101000 11$

Tetradenbildung	0001	1110	1101
Sedezimalziffern	1	E	D

d.h. $z_{16} = 1ED$

Die Umwandlung einer Sedezimalzahl in die zugehörige Dualzahl erfolgt entsprechend.
gegeben: $z_{16} = $ A 3
Tetraden: 1010|0011
Dualzahl $z_2 = 10100011$

Aufgaben zu II 2.3

---

(1) Wie lautet die Dezimalzahl $z_{10} = 702$ als Hexadezimalzahl?
a) 2BE
b) 702
c) EB2

(2) Wie lautet die Dezimalzahl 129 in tetraden-dezimaler Form?
a) 1111 2222 9999
b) LOOOOOL
c) OOOL OOLO LOOL

(3) Wie lautet die Dezimalzahl 134 als Dualzahl?
a) LOOOOLLO
b) LOLLOOLO
c) LOLOOLLLLOO

(4) Wie lautet der Dualbruch LOLLO,LOL als Dezimalbruch geschrieben?
a) 22,625
b) 22,5
c) 20,5

(5) Wie lautet die Dualzahl LLOLLOLL als Dezimalzahl geschrieben?
a) 1313
b) 219
c) 438

2.4 Gleitpunktrechnung

Für wissenschaftlich-technische Aufgaben, die große Zahlenbereiche überstreichen, sind DVA mit Festpunkt nicht vorteilhaft. Um eine Überschreitung des Zahlenbereichs zu vermeiden, müssen an entsprechenden Stellen im Programm Kontrollen eingebaut werden, die gegebenenfalls passende Maßstabsfaktoren einführen. Dies bedeutet erhöhten Programmierungsaufwand und vor allem starke Erhöhung der Rechenzeiten. Diese Nachteile vermeidet die Gleitpunktdarstellung der Zahlen.

2.4.1 Gleitpunkt-Struktur

Die Gleitpunktschreibweise von Zahlen führt sozusagen den Maßstabsfaktor im Wort gleich mit. Ein Gleitkommawort setzt sich aus zwei Teilen zusammen: Mantisse p und dem Exponenten q des Maßstabsfaktors B^q. Die Zahl z wird ‚normalisiert' dargestellt, d.h. die linke Stelle der Mantisse p muß ungleich Null sein; ggf. erfolgt eine Verschiebung nach links oder rechts und eine Anpassung des Exponenten q (verringern oder erhöhen).

$$z = \pm p \cdot B^q$$

Um auch für negative q-Werte keine eigene Vorzeichenstelle bereitstellen zu müssen, bildet man eine Charakteristik q':

$$q' = q + q_0$$

Dadurch erhält man stets positive Werte für die Charakteristik q'.

Beispiel

Beim Dezimal-System ergäbe sich etwa:

Es wird gewählt. Konstante	$q_0 =$	50		
aus dem Maßstabsfaktor	$B^q =$	10^{-50}	bis	10^{49}
mit dem Exponent	$q =$	-50	bis	$+49$
wird damit die Charakteristik	$q' =$	0	bis	99,

d.h. durchweg positiv.

Von der Ausgabe-Einheit wird etwa die Dezimalzahl:
$0{,}006809 = 0{,}6809 \cdot 10^{-2} = 0{,}6809 \cdot 10^{48} \cdot 10^{-50} = 0{,}6809 \cdot 10^{48} \cdot (10^{-q_0})$
in Gleitkomma-Darstellung folgendermaßen ausgedruckt: 6809/48.

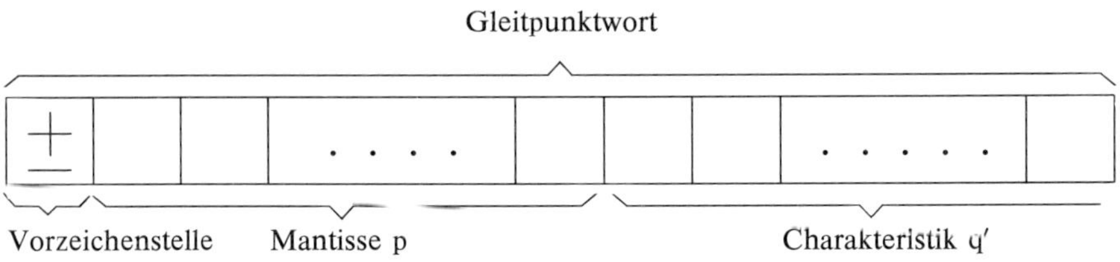

Abb. II 16: Allgemeiner Aufbau eines Gleitpunktwortes

Da nur der Maßstabsexponent (genauer: die Charakteristik), nicht aber die Basis B des Zahlensystems im Wort explizit dargestellt wird, spricht man von der Gleitpunktschreibweise häufig auch als von der ‚Halblogarithmischen Darstellung'.

Bei den Grundrechenarten werden beide Teile des Wortes (Mantisse, Charakteristik) getrennt verarbeitet. Diese getrennte Behandlung während einer Operation macht in der Gleitpunkttechnik mehr Elementarschritte und dadurch wesentlich mehr verdrahtete Rechensteuerung erforderlich. Auch kann ein eigenes Gleitpunkt-Rechenwerk oder ein eigener Prozessor eingesetzt werden. Schließlich kann die Gleitpunktrechnung auch mit abgespeicherten Mikroprogrammen ausgeführt werden.

2.4.2 Gleitpunkt-Grundrechenarten

Bei der Gleitpunktrechnung dürfen nur Zahlen mit gleichem Maßstabsexponenten, d.h. mit gleicher Charakteristik, addiert werden. Sind die Charakteristiken der Summanden noch verschieden, so nimmt die Rechensteuerung automatisch die entsprechende Umformung vor.

Beispiel für die Addition:

Darstellung:	Bedeutung:
680 55	$0{,}680 \cdot 10^5$
+ 743 53	$+\ 0{,}743 \cdot 10^3$
= ?	= ?

Die 2. Charakteristik ist kleiner, da:
$55 - 53 = 2 > 0$ $\quad (5 - 3 = 2 > 0)$

damit Umformung und Addition der Mantissen:

Darstellung	Bedeutung
680 55	$0{,}680 \cdot 10^5$
+ 007 55	$+\ 0{,}007 \cdot 10^5$
= 687 55	$=\ 0{,}687 \cdot 10^5$

Es kann der Fall eintreten, daß sich die Mantissen (bei gleicher Charakteristik) nur wenig voneinander unterscheiden. Dann liegt nach der Subtraktion die Mantisse unter der unteren Grenze (hier: 0,100) des zulässigen Wertebereiches. Durch Linksverschieben der Mantisse und gleichzeitige Erniedrigung der Charakteristik wird diese Unzulässigkeit wieder behoben.

Beispiel für die Subtraktion:

Darstellung:		Bedeutung:
680 55		$0{,}680 \cdot 10^5$
− 678 55		$-\ 0{,}678 \cdot 10^5$
= 002 55	Normalisierung	$=\ 0{,}002 \cdot 10^5$
= 200 53		$=\ 0{,}200 \cdot 10^3$

Durch Normalisierung erscheinen auf den letzten Mantissenstellen Nullen, die eine nicht vorhandene Genauigkeit vortäuschen!

Die Multiplikation zweier Gleitpunktzahlen erfolgt durch Multiplikation der Mantissen entsprechend der Festpunkttechnik und durch Addition der (Maßstabs-)Exponenten.

Beispiel für die Multiplikation:

Darstellung:	Bedeutung:
680 55 · 120 47	$0{,}680 \cdot 10^5 \cdot 0{,}120 \cdot 10^{-3}$
=	=
680 · 120 = 081600 → 816	$0{,}680 \cdot 0{,}120 = 0{,}0816 \rightarrow 0{,}816$
55 + 47 − 50 = 52 → 51	$5 + (-3) = 2 \rightarrow 1$
= 816 51	$= 0{,}816 \cdot 10^1$

Die Division zweier Gleitpunktzahlen geschieht durch Division der Mantissen entsprechend der Festpunkttechnik und durch Subtraktion der (Maßstabs-)Exponenten.

Beispiel für die Division:

Darstellung:	Bedeutung:
816 51/120 47	$0{,}816 \cdot 10^1 / 0{,}120 \cdot 10^{-3}$
=	=
816/120 = 6800 → 680	$0{,}816/0{,}120 = 6{,}80 \rightarrow 0{,}680$
51 − 47 + 50 = 54 → 55	$1 - (-3) = 4 \rightarrow 5$
= 680 55	$= 0{,}680 \cdot 10^5$

Verlängert man die Mantisse um ein Maschinenwort (z. B. 32 Bits), so kann das sogenannte ‚Rechnen mit doppelter Genauigkeit' ausgeführt werden; dies ist für technisch-wissenschaftliche Anwendungen von Bedeutung.

Aufgaben zu II 2.4

---

(1) Wie lauten die beiden Bestandteile des Betrags einer Zahl in der Gleitpunktschreibweise?
   a) Mantisse p und Charakteristik q′
   b) Mantisse p und Basis B
   c) Basis B und Charakteristik q′

(2) Welcher Wertebereich kann für den Betrag der Zahl z in der Gleitpunktschreibweise verwirklicht werden, wenn für die Charakteristik q′ drei Dezimalstellen und für die Mantisse fünf Dezimalstellen zur Verfügung stehen? Die Mantisse p ist als echter Bruch aufzufassen, die Konstante q_0 ist 500.
   a) $10000 \cdot 10^{-500} \leqq z \leqq 99999 \cdot 10^{499}$
   b) $0{,}10000 \cdot 10^{-50} \leqq z \leqq 0{,}99999 \cdot 10^{499}$
   c) $0{,}10000 \cdot 10^{-500} \leqq z \leqq 0{,}99999 \cdot 10^{499}$

(3) Welchen Wertebereich könnte man mit derselben Stellenzahl wie in Aufgabe (2), nämlich $s = 3 + 5 = 8$ Dezimalstellen, mit der Festpunktschreibweise für den Betrag der Zahl z erreichen? (z als ganze Zahl aufgefaßt).
   a) $0 \leqq z \leqq 10^8$
   b) $0 \leqq z \leqq 10^8 - 1$
   c) $0 \leqq z \leqq 10^8 + 1$

(4) Was versteht man unter ‚Normalisieren' bei der Zahlendarstellung in der DV?
   a) ein Begriff der Gleitpunkttechnik:
      das Angleichen der Charakteristiken der beiden Summanden bei der Addition
   b) ein Begriff der Festpunkttechnik:
      das Auffüllen der hohen Stellen, wenn die Länge der darzustellenden Zahl kleiner ist als die Wortlänge
   c) allgemein:
      das (Links- bzw. Rechts-)Verschieben einer Zahl, damit die höchste (linke) Wortstelle ungleich Null wird.

(5) Mit welcher Zahlendarstellung arbeitet man bevorzugt in der kommerziellen Anwendung der DV?
   a) Festpunkttechnik
   b) Gleitpunkttechnik
   c) Fest- und Gleitpunkttechnik sind gleichwertig

(6) Wieso arbeitet man nicht ausschließlich mit Gleitpunkttechnik, wenn diese doch einen viel größeren Zahlenbereich umspannt als die Festpunkttechnik?
   a) es gibt keine DVA nur mit Gleitpunkttechnik

b) die Gleitpunktschreibweise ist um vieles ungenauer als die Festpunktschreibweise
c) die Rechensteuerung ist bei der komplizierten Gleitpunktschreibweise (getrennte Verarbeitung von Mantisse und Charakteristik) umfangreicher. Die Rechenzeiten werden deshalb größer.

(7) Bei der Multiplikation zweier Zahlen in halblogarithmischer Darstellung $p \cdot B^q$ werden:
a) die Mantissen p addiert und
die Maßstabs-Exponenten q multipliziert
b) die Mantissen p multipliziert und
die Maßstabs-Exponenten q addiert
c) die Mantissen p multipliziert und
die Maßstabs-Exponenten q subtrahiert

(8) Was versteht man in der Gleitpunkttechnik unter einer ‚Charakteristik'?
a) den Maßstabs-Exponenten, der sich einstellt, wenn man die darzustellende Zahl als echten Bruch mal Maßstabsfaktor anschreibt.
b) den um eine Konstante erweiterten Maßstabsexponenten
c) den ganzen Maßstabsfaktor

Teil I:
Funktionale Grundlagen

- aus welchen Ansätzen heraus entstand die Datenverarbeitung und was bedeutet sie heute?
- wie versteht der Computer Informationen?
- aus welchen Komponenten besteht ein Rechnersystem und wie funktioniert es?

Teil II:
Mathematische Grundlagen

- welche mathematischen Begriffe sind hilfreich?
- mit welchen Zahlensystemen arbeitet ein Rechnersystem?
- wie rechnet ein Computer? (die Grundrechenarten im Rechenwerk)

Teil III:
Informationslogische Grundlagen

- was sind Informationen und Daten? (Informationstheorie)
- wie verschlüsselt (codiert) man Daten? (Codierungstheorie)
- wieso und wie kann ein Computer Daten logisch verarbeiten? (Boole'sche bzw. Schaltalgebra)

Teil IV:
Technologische Grundlagen

- wie funktioniert die Computer-Elektronik?
- welche Speichertechnologien setzt man ein?

welche Ein- und Ausgabegeräte stellen den Informationsaustausch zwischen dem Menschen und dem Computer her?

Teil V:
Software - technologische Grundlagen

- wie „füttert" man einen Computer mit Daten und Befehlen? (Software, Programmierung)
- welche Arbeitsformen bietet der Computer dem Benutzer? (Betriebsarten, -formen)
- wie steuert und überwacht sich der Computer selbst? (Betriebssysteme)

Teil VI:
Anwendungsorganisatorische Grundlagen

- wer macht was in der Datenverarbeitung?
- warum und wie Datenschutz?
- in welchen Organisationen bearbeitet der Computer welche Aufgaben? (Anwendungsbereiche)

Teil III: Informationslogische Grundlagen

1. Informationstheorie

1.1 Qualitative Aussagen

1.1.1 Kommunikation, Information, Daten

Das heute hochorganisierte Gemeinschaftsleben der Menschen, die Zivilisation in all ihren Formen, beruht fast ausschließlich auf den hochentwickelten Möglichkeiten der Kommunikation. Unter Kommunikation versteht man den Austausch von Erfahrungen, Erkenntnissen, Gedanken – kurz, den Nachrichtenaustausch. Es gibt viele Systeme, in denen irgendeine Art von Kommunikation stattfindet. Ein Kommunikationssystem läßt sich jedoch durch drei Größen charakterisieren:

a) die Kommunikationspartner
b) die Kommunikationsrichtung
c) die Informationsart

zu a)
Es lassen sich drei Typen von Teilnehmerkombinationen angeben. Der Nachrichtenaustausch erfolgt dabei zwischen:

- Mensch und Mensch
- Mensch und Maschine
- Maschine und Maschine

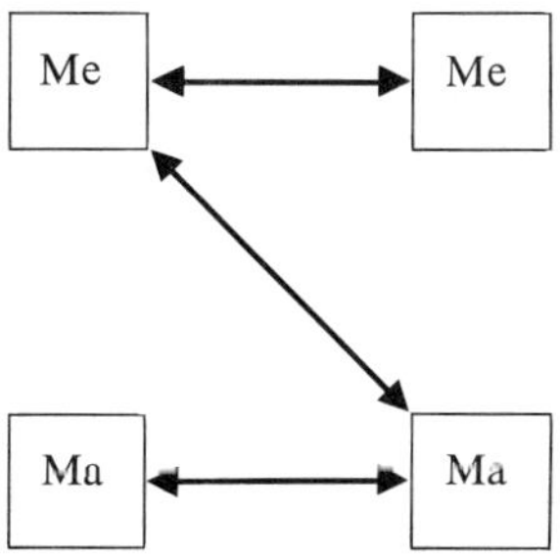

zu b)
Man kann ferner noch unterscheiden, ob der Nachrichtenfluß nur in einer Richtung erfolgt oder in beiden. Den ersten Fall bezeichnet man als Simplex-

Kommunikation. Erfolgt der Nachrichtenfluß in beiden Richtungen, so spricht man von Duplex-Kommunikation. Bei Vollduplex-Betrieb, auch Gegenbetrieb genannt, kann die Informationsübertragung in beiden Richtungen gleichzeitig (simultan) erfolgen, z. B. über 2 Leitungskanäle zwischen der CPU (I/O-Port) und E/A-Gerät. Der Wechselbetrieb (Halbduplex) erlaubt zwar auch eine Übertragung in beiden Richtungen, jedoch nur wechselnd, d. h. nicht gleichzeitig.

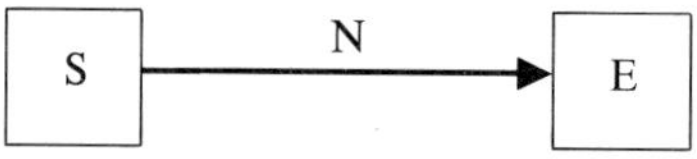

Simplex-Kommunikation

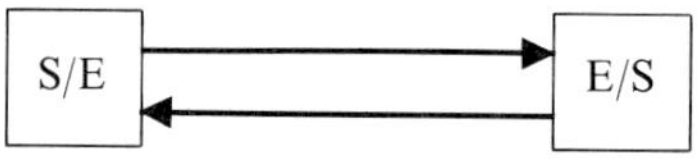

Duplex-Kommunikation

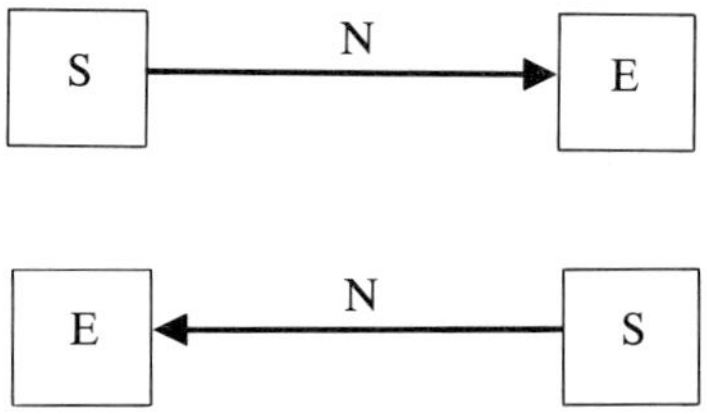

(Halb-)Duplex-Kommunikation

zu c)
Charakterisiert wird ein Kommunikations-System ferner noch durch die Art der zu übertragenden Information. Die drei Informationsklassen wurden schon in I 3.2.1 angegeben, sollen hier aber nochmals wiederholt werden:

Information
- Oranungsinformation = Ordnungsdaten } Daten
- Mengeninformation = Mengendaten } Daten
- Steuerungsinformation — Befehle

Beispiele
Zwei Personen, die miteinander diskutieren (dies ist i. a. eine Halb-Duplex-Kommunikation, kann aber auch zu einer Simplex-Kommunikation entarten!)

Simplex-Kommunikation:	ein Zuschauer vor dem Fernsehschirm
Duplex-Kommunikation:	ein Fernsehzuschauer, der aus Ärger über das Programm den Empfänger durch Tastendruck ausschaltet.
Halb-Duplex-Kommunikation:	Satelliten-Sender und Boden-Empfangsstation

Der zentrale Begriff bei der Untersuchung von Kommunikations-Systemen ist der Begriff ‚Nachricht'. Durch den Empfang, das Erfassen und Verstehen sowie die Verarbeitung der Nachricht wird der Empfänger eines KS zu einem bestimmten Verhalten (meist Denkverhalten) veranlaßt. Aus einer gewissen Zahl von Reaktionsmöglichkeiten wählt der Empfänger die zur empfangenen Nachricht ‚passende' aus. Der Begriff ‚Nachricht' ist also nur im Zusammenhang mit der klaren Beschreibung des Empfängers und dessen Reaktionsmöglichkeiten sinnvoll und verständlich.

Obwohl die drei Begriffe Daten, Nachrichten, Informationen zu den Kern-

begriffen der Informations- und Datenverarbeitung zu zählen sind, kann eine interdisziplinär gültige Definition kaum formuliert werden. Im allgemeinen kennzeichnet der Begriff ‚Nachricht' (message) Denkinhalte, die
- beim Empfänger Unsicherheit (Risiken) abbauen und
- den Empfänger zur Auswahl einer Verhaltensweise aus einem Vorrat derartiger Verhaltensmöglichkeiten bewegen.

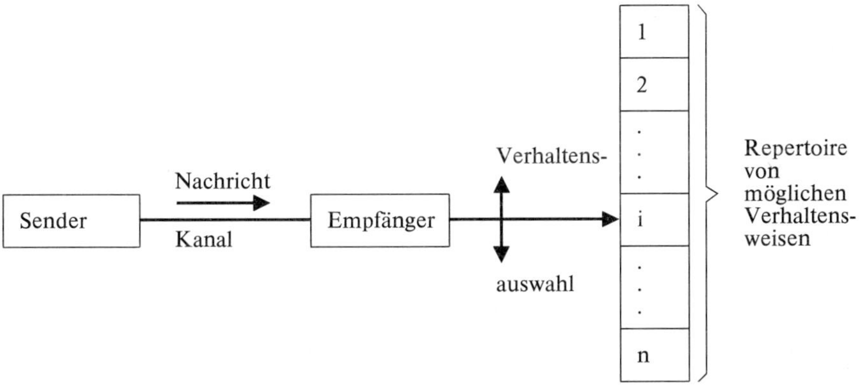

Abb. III 1: Wirkung einer Nachricht

Alle unsere Erfahrungen, logischen Gedankengänge und sonstigen Gedankeninhalte sind Nachrichten. Auszudrücken vermögen wir diese Nachrichten in Form von physikalischen Signalen:
- akustische Laute (Sprache, Warnsignale usw.)
- optische Zeichen (Schrift, mathematische Formeln usw.)
- elektrische Signale (Meßwerte, Diagramme)

Als Übertragungskanäle (channel) dienen physikalische Medien, wie Luft (Schall), Licht (Lesen), elektrische Leitungen.

Bisher sprachen wir stets von der Übertragung von ‚Nachrichten'. Es ist jedoch zu beachten, daß bei *allen* Kommunikations-Systemen keine Nachrichten selbst, d.h. in Form von Denkinhalten, übertragen werden! Auf den Übertragungskanälen werden nur physikalische Signale (Schalldruck, Spannungsimpulse usw.) transportiert. Erst der Empfänger rekonstruiert sich aus den empfangenen Signalen aufgrund vereinbarter Zuordnungslisten wieder die gedankliche Zuordnung zu diesem Signal, nämlich die Nachricht. Wenn wir die Ziffer ‚7' lesen, so nehmen wir nur eine Hell-Dunkel-Verteilung auf der Netzhaut unseres Auges wahr, d.h. ein bestimmtes Signal in Form von Reizzuständen. Aufgrund unserer Erfahrungen (die aus menschlichen Vereinbarungen stammen) ordnen wir in einem Auswahlverfahren dieser Hell-Dunkel-Verteilung aus einer Liste von zehn Ziffern die Ziffer ‚7' zu. Damit haben wir den Nachrichteninhalt, d.h. die

Bedeutung, aus dem empfangenen Signal rekonstruiert. Bei einer derartigen Nachrichtenübertragung nimmt der Empfänger Nachrichten auf, die vereinfacht in die zwei Arten: Daten (= Mengen- und Ordnungsinformationen) und Steuerungsinformationen (Operationsanweisungen, Befehle) aufgeteilt werden können (vgl. Abb. I11). Der Begriff ,Information' (information) wird meist synonym (gleich) zum Nachricht-Begriff verwendet.

Wie die Abb. III1 bereits nahelegt, sollten bei der Analyse von Informations- bzw. Nachrichtenprozessen drei Betrachtungsebenen unterschieden werden:
a) Syntaktik
b) Semantik
c) Pragmatik
Die Analyse einer Information auf der syntaktischen Ebene ,begnügt' sich mit der Analyse der Signal- bzw. Zeichenstruktur. Die Semantik fragt nach der inhaltlichen Bedeutung. Die pragmatische Untersuchung versucht die Auswirkungen der Information auf das Verhalten des Empfängers zu klären.

Mit der syntaktischen Beschreibung, Bewertung und Messung von Informationen bzw. Nachrichten befaßt sich ein moderner Zweig der Nachrichtentechnik, die Informationstheorie, (information theory). Ihr Hauptziel ist die mengenmäßige Erfassung von Nachricht bei der Übertragung, Speicherung und beim Empfang. Den neutralen Begriff ,Information' mathematisch formuliert und der Messung zugänglich gemacht zu haben ist das Verdienst von Hartley, Kolmogoroff und vor allem *Shannon* (1948).

Technische Auswirkungen der Informationstheorie ergeben sich beispielsweise für die Codierungstheorie, die Dimensionierung elektrischer Übertragungskanäle sowie für Übertragungs- (Modulations-) Verfahren. Die Wirkungen der Informationstheorie gehen aber auch über die elektrische Nachrichtentechnik hinaus.

1.1.2 Kybernetik

Die Informationstheorie ist ein typisches Teilgebiet der überdisziplinären Wissenschaft ,Kybernetik'. Die Kybernetik (cybernetic) kann als Sammlung von Denkmethoden und -modellen und deren Anwendung auf verschiedene Wissensgebiete verstanden werden. Die Denkmodelle stammen überwiegend aus natur- und ingenieurwissenschaftlichen Disziplinen. Die Grundideen der wichtigsten Ansätze sind in der Abb. III2 schematisch einander gegenübergestellt. Die Nachrichtentheorie (z. B. Zeichen-, Informations- und Codierungstheorie) versucht die Gesetzmäßigkeiten des räumlichen und zeitlichen Nachrichtentransportes zu erforschen und zu verwerten (vgl. auch IV 3.5). Die Algorithmentheorie (z. B. Automaten-, Schaltungs- und Programmiertheorie) behandelt Fragen der logischen Informationsverknüpfung und der Zustandsveränderung

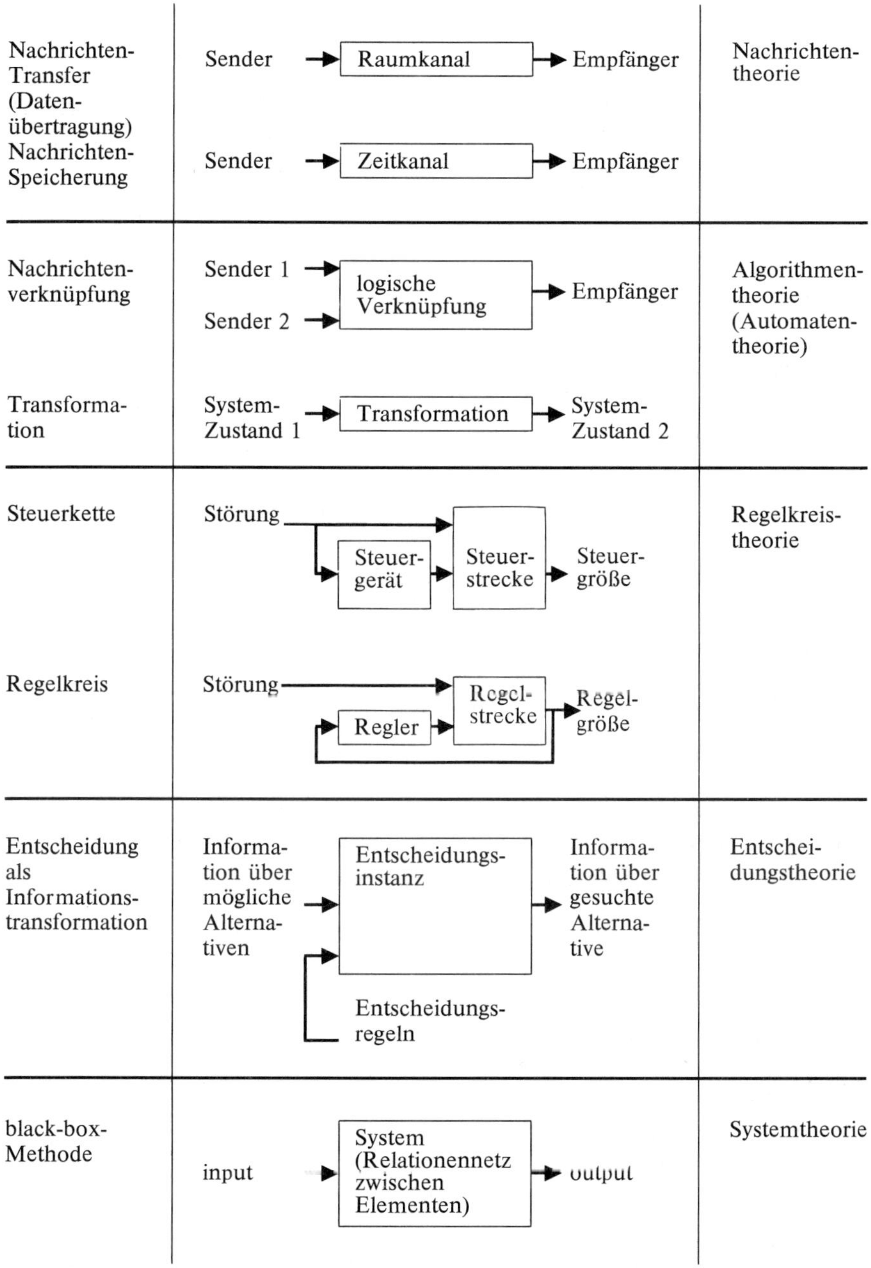

Abb. III 2: Schematische Darstellung der Modellarbeitsweise der fünf Teilbereiche der Allgemeinen Kybernetik

von Informationsverarbeitungsanlagen (III 3). Informatorische Rückkopplungen behandelt die Regelkreistheorie (z.B. VI 2.1.4, 2.1.6). Aus der Entscheidungstheorie stammen analytische und deskriptive Ansätze über Entscheidungsregeln zur Informationsumwandlung (vgl. V 2, VI 2.1.2). Die Systemtheorie bietet Methoden zur stufenweise fortschreitenden Analyse komplexer Funktionseinheiten informationsverarbeitender Systeme (VI 1.1.1).

Diese kybernetischen Ansätze werden zunehmend auch auf außertechnische Bereiche, wie Wirtschaftswissenschaft, Pädagogik, Soziologie, Biologie angewandt. Begriffe wie Ingenieur-, Bio- und Soziokybernetik entstehen. Gelegentlich geschieht diese Übertragung allerdings zu formalistisch. Es darf nicht vergessen werden, bestehende Denkmethoden (z.B. Empirie) und spezifische Gesetzmäßigkeiten (z.B. Verhaltensgesetze) dieser Disziplinen zu beachten und zu integrieren.

Diese Denkmodelle und Arbeitsmethoden fußen vor allem
- auf logisch-mathematischen Beschreibungen (Formeln, Diagramme) und
- der Schaffung entsprechender Funktionsmodelle (Ersatzschaltbilder, Blockschaltbilder, Simulation usw.)

Eine solche, sehr wirksame Arbeitsmethode ist die Informationstheorie.

Da alle diese Verfahren aus den technischen Disziplinen (speziell der Elektrotechnik) übernommen wurden, gewinnt der Begriff ‚Kybernetik‘ erst seine Existenzberechtigung, sobald diese Denkmodelle auch auf außertechnische Bereiche angewandt werden. Dort waren sie bisher noch kaum in Anwendung. Solche Bereiche sind: Wirtschaftswissenschaften, Pädagogik, Soziologie, Biologie usw.

Die Bezeichnung ‚Kybernetik‘ für diese Wissenschaft an den Grenzbereichen der anderen Wissenschaften geht auf das 1948 entstandene, grundlegende Werk ‚Cybernetics‘ von Norbert Wiener zurück. Das Wort stammt aus dem Griechischen und hatte dort die Bedeutung von ‚Steuerungslehre‘ und ‚Lotse‘. Ein weiteres grundlegendes Werk wurde ebenfalls um 1948 veröffentlicht: ‚Mathematical theory of communication‘ von C. E. Shannon und W. Weaver. Es begründete die Informationstheorie.

Aufgaben zu III 1.1

(1) Welche der folgenden Betrachtungsebenen bezieht sich auf die Form und Signalstruktur von Informationen?
   a) Syntaktik
   b) Semantik
   c) Pragmatik

(2) Was wird bei einem (technischen oder organischen) Kommunikations-System über den Kanal übertragen?

a) physikalische Signale (akustische, optische, elektrische), aus denen sich der Empfänger die Nachricht rekonstruiert
b) Denkinhalte, also Nachrichten unmittelbar
c) physikalische Signale, die mit der Nachricht identisch sind (z.B. Gehirnströme)

(3) Die Aufgabenstellung der Informationstheorie ist:
a) die theoretische Behandlung der elektrischen Schaltkreistechnik von DVA
b) die philosophische Behandlung eines Zweiges der Erkenntnistheorie
c) die mathematische, quantitative Erfassung und Bewertung von Nachrichten in Kommunikations-Systemen

---

1.2 Quantitative Aussagen

Die Informationstheorie bedient sich in großem Umfange mathematischer Hilfsmittel wie Wahrscheinlichkeitsrechnung und Statistik. Da generell die Kenntnisse dieser Hilfsmittel als Voraussetzung für die Durcharbeitung dieses Buches nicht angenommen werden können, wollen wir uns in diesem Abschnitt nur auf die elementarsten Begriffe und Aussagen der Informationstheorie beschränken. Jedoch erhält man schon durch sie einen gewissen Einblick in die Arbeitsmethodik dieser Theorie. Mehr soll hier auch nicht angestrebt werden. Ferner sind diese Begriffe nützlich für das Verständnis des folgenden Kapitels über Codierung.

1.2.1 Elementarvorrat

Im vorhergehenden Abschnitt haben wir erfahren, daß jegliche Nachrichtenübermittlung beim Empfänger einen Auswahlvorgang zur Rekonstruktion der Nachricht erforderlich macht. Hier wollen wir nun zur konkreten Aufgabenformulierung übergehen. Nehmen wir an, der Sender verfüge über den Nachrichtenvorrat der folgenden acht Buchstaben: A, B, C, D, E, F, G, H. Wir sagen dann: er verfügt über ein Buchstabenalphabet mit dem Elementarvorrat EV = 8. Der EV gibt hier also den ‚Vorrat an Elementen‘ an, d.h. die Zahl der Zeichen des Alphabets. Der Sender möchte nun eine Nachricht, beispielsweise die Nachricht ‚C‘, aus seinem Elementarvorrat an seinen Empfänger übermitteln. Wie wir aus dem vorherigen Abschnitt wissen, muß er sich dazu eines physikalischen Mediums bedienen. Nehmen wir an, er verfüge über drei Lampen. Das physikalische Übertragungsmedium für die Lampensignale ist das Licht. Bezeichnen wir den abgeschalteten Zustand einer Lampe mit O, den angeschalteten mit L, so haben wir ein binäres System vor uns. In Abb. III 3 ist dieses Übertragungssystem angegeben.

Der Sender und der Empfänger verfügen über dieselbe Zuordnungsliste zwischen dem Nachrichten-(Buchstaben-) Alphabet (Alph. 1) und dem Signal-Alphabet (Alph. 2). Wir kennen auch die Bezeichnung ‚Code' für eine derartige Zuordnungsliste. Aufgrund des empfangenen Signals (hier OLO) vermag der Empfänger durch einen Auswahlvorgang über die getroffenen Vereinbarungen (Zuordnungsliste) die zugehörige Nachricht (hier ‚C') zu ermitteln. Es ist leicht einzusehen, daß der Elementarvorrat EV2 von Alphabet_2 keinesfalls kleiner sein darf als EV1. Wie bestimmt man nun den Elementarvorrat eines Alphabets, das aus Kombinationen von Einzelsignalen (1 Lampe) aufgebaut ist?

Aus der Abbildung entnehmen wir, daß die Stellenzahl s eines Zeichens von Alphabet_2 3 ist. Jedes Einzelsignal (1 Lampe) kann aber 2 Zustände annehmen. Insgesamt erhalten wir also durch die Kombination der 3 Lampen $EV2 = 2^3 = 8$ Signale.

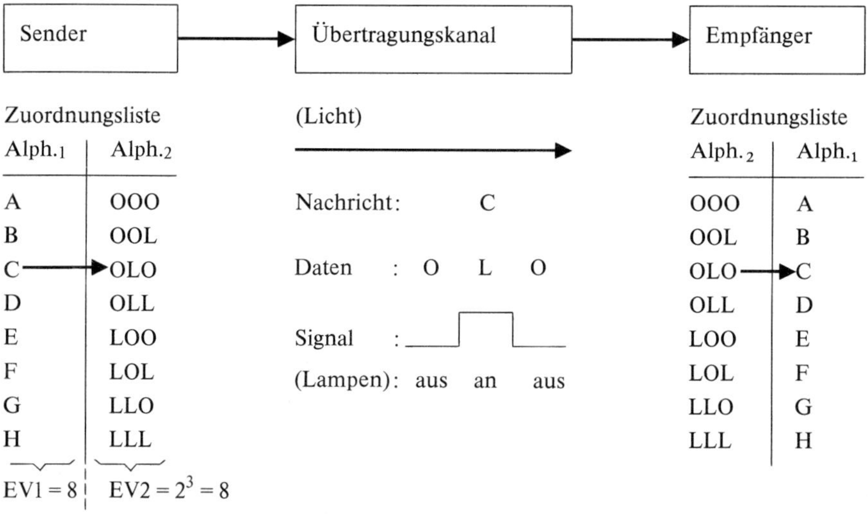

Abb. III 3: Nachrichtenübertragung

Ein weiteres Beispiel ist der Elementarvorrat einer 3stelligen Dezimalzahl: $EV2 = 10^3 = 1000$, nämlich die tausend Zahlen 000 bis 999.

Allgemein gilt:

> Ein Alphabet mit einheitlicher Stellenzahl s je Zeichen und mit B (= Basis) Werten je Stelle hat den Elementarvorrat $EV = B^s$. Das Alphabet besteht also aus EV-Zeichen.

Das Alphabet$_2$ muß also nicht unbedingt binärer Natur sein (wie wir es etwa in der Abbildung gewählt haben). Es läßt sich jedoch zeigen, daß jedes nichtbinäre Alphabet bei gleichem Elementarvorrat mehr Alternativ-Entscheidungen für das Auswählen eines bestimmten aus den insgesamt EV Zeichen benötigt als ein binäres Alphabet. Unter Alternativ- (auch **Binär-)Entscheidung** versteht man eine Ja-Nein-Entscheidung. Ihr entspricht als Maßeinheit das ‚bit'. Der Auswahlvorgang mittels Binärentscheidungen, die der Empfänger aufgrund des empfangenen Zeichens trifft, läßt sich am besten am Codebaum verfolgen.

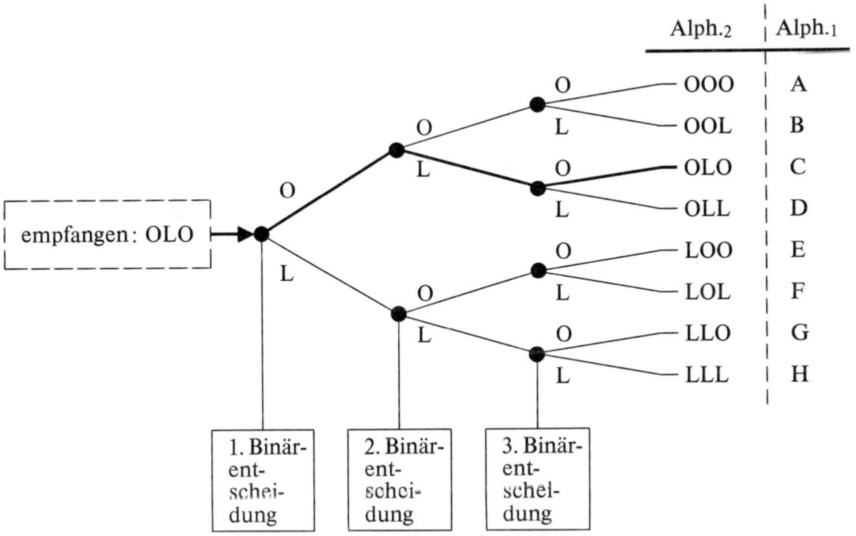

Abb. III 4: Auswahlvorgang beim Empfänger

Entsprechend dem empfangenen Zeichen OLO durchläuft der Empfänger den verstärkt gezeichneten Pfad und gelangt so zum zuständigen Zeichen C des Alphabets$_1$. An jedem Knotenpunkt fällt er eine Binärentscheidung: zuerst O, dann L, dann wieder O.

1.2.2 Entscheidungsgehalt

Die Auswahlleistung beim Durchlaufen des Codebaums läßt sich durch den Entscheidungsgehalt EG (decision content) quantitativ kennzeichnen.

Definition
Wir gehen von einem Alphabet aus, das aus Zeichen einheitlicher Stellenzahl s besteht. Jede Stelle kann einen von B Werten annehmen. Das Alphabet besteht

dann aus: $EV = B^s$ Zeichen. Wir definieren dann den mittleren Entscheidungsgehalt EG dieses Alphabets zu:

$$\boxed{EG = ld\, EV} = ld\, B^s = s \cdot ld\, B$$

(ld = logarithmus dualis, vgl. II 1.2.)

Diese Definition wollen wir noch etwas interpretieren:

Binäres Alphabet

Bei einem Binäralphabet ist $B = 2$. Ferner gilt $ld\, 2 = 1$. Damit erhalten wir aus obigem Ausdruck:

$$EG = ld\, EV = s \cdot ld\, B = s \cdot ld\, 2 = s$$

Der Entscheidungsgehalt EG fällt also hier mit der Stellenzahl s und damit der Zahl der Binärentscheidungen zusammen, die für die Identifikation eines Zeichens benötigt werden.

Nichtbinäres Alphabet

In diesem Fall ist EG jene Anzahl Bits pro Zeichen, die zur Auswahl eines Zeichens nötig wäre, wenn wir bei gleichem Elementarvorrat EV binär codiert hätten.

> EG ist also die Mindestzahl an Binärentscheidungen, mit denen der Empfänger bei dem vorgegebenen EV auskommen würde, um ein Zeichen des Alphabets auszusuchen.

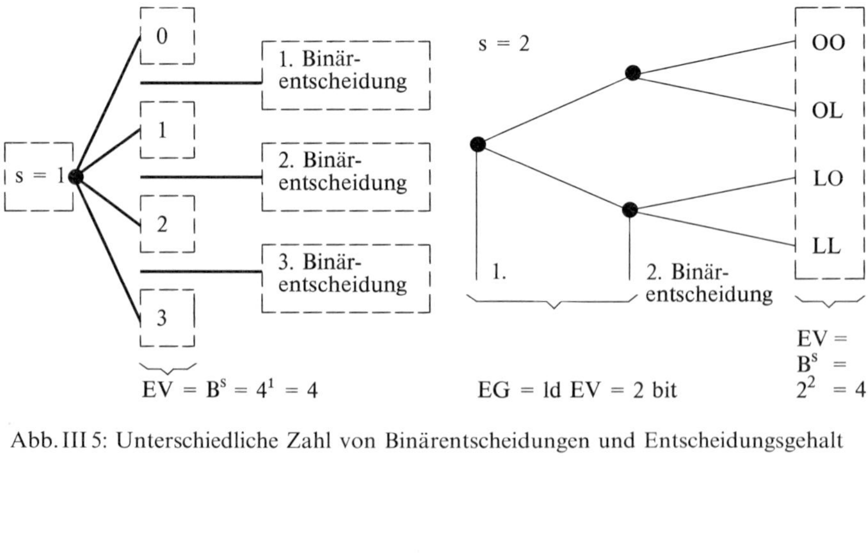

Abb. III 5: Unterschiedliche Zahl von Binärentscheidungen und Entscheidungsgehalt

Beispiel

Vorgegeben ist das Alphabet mit den vier Zeichen 0, 1, 2, 3.
Die Basis ist also: $B = 4$, die Stellenzahl: $s = 1$.
Damit ist der Elementarvorrat $EV = B^s = 4^1 = 4$. Da $B = 4$, müssen wir im Codebaum an einem Knotenpunkt $s \cdot (B - 1) = 1 \cdot (4 - 1) = 3$ Binärentscheidungen fällen. Hätten wir dagegen ein Binäralphabet mit den Zeichen OO (für 0), OL (für 1), LO (für 2), LL (für 3) verwandt, so hätten wir nur:
$EG = \mathrm{ld}\ EV = \mathrm{ld}\ 4 = \mathrm{ld}\ 2^2 = 2$ Binärentscheidungen benötigt.

1.2.3 Entscheidungsredundanz

In der Abb. III 3 war $EV1 = EV2 = 8$, d.h. Alphabet_1 und Alphabet_2 verfügten über dieselbe Zahl von (8) Zeichen. Dies muß nicht immer so sein. Nehmen wir als Alphabet_1 das Dezimalziffern-Alphabet (0, 1, ... 8, 9) an. Dann ist $EV1 = B^s = 10^1 = 10$ bit. Als Alphabet_2 verwenden wir Tetraden, d. h. 4stellige Binärausdrücke. Dann gilt: $EV2 = B^s = 2^4 = 16$ bit. Von diesen möglichen 16 Tetraden benötigen wir also nur 10. Die restlichen 6 Tetraden des Alphabets_2, auch Pseudotetraden genannt, bleiben demnach für die Übertragung ungenützt. Der Code ist somit nicht optimal. Man spricht von einer Weitschweifigkeit der Tetraden-Verschlüsselung und führt zur quantitativen Beschreibung den Begriff der ‚Redundanz' ein. Man definiert als Entscheidungsredundanz:

$$ER = EG2 - EG1 = \mathrm{ld}\ EV2 - \mathrm{ld}\ EV1 = \mathrm{ld}\ \frac{EV2}{EV1}$$

Da das Alphabet_1 bei einer sinnvollen Übertragungseinrichtung nie größer als das Alphabet_2 sein kann, wird ER nie negativ. Ist Alphabet_2 so groß wie Alphabet_1, dann ist $ER = 0$. In Worten gefaßt kann man die Formel für die Entscheidungsredundanz ER auch folgendermaßen definieren. ER ist der Zweierlogarithmus ld des Quotienten aus der Zahl EV2 der überhaupt (bei vorgegebener Binärstellenzahl) bildbaren Zeichen und der Zahl EV1 der verwerteten Zeichen.

Beispiel

Tetradendarstellung der Dezimalziffern:
Alphabet 1: 10 Dezimalziffern: $EV1 = 10$
Alphabet 2: 16 Tetraden: $EV2 = 16$

Entscheidungsredundanz:
$ER = \mathrm{ld}\ EV2 - \mathrm{ld}\ EV1 = \mathrm{ld}\ 16 - \mathrm{ld}\ 10 = 4 - 3{,}33 = 0{,}67$ bit
Erforderlich wären also nur 3,33 Binärstellen. Da aber die Stellenzahl ganzzahlig sein muß, sind für die praktische Darstellung der Dezimalziffern in binärer Form

wenigstens 4 Binärstellen, d.h. 1 Tetrade, erforderlich. Hierbei ergibt sich eine Entscheidungsredundanz, d.h. unausgenutzte Informationskapazität, von 0,67 bit.

Die Redundanz bei einem System bringt aber nicht nur unnötigen Aufwand mit sich. Wir werden noch sehen, daß sie auch von Vorteil sein kann.

1.2.4 Informationsgehalt

1.2.4.1 Ungleiche Häufigkeiten der Nachrichten

Bei den bisherigen Überlegungen gingen wir stets davon aus, daß das Alphabet aus gleichlangen Zeichen besteht. Zeichen mit gleicher Stellenzahl zu wählen ist sinnvoll, wenn alle Zeichen gleichberechtigt sind. Dies besagt, daß alle Zeichen gleich häufig übertragen werden, die Nachrichten also gleichwahrscheinlich sind. Ist diese Bedingung erfüllt, so gibt der Entscheidungsgehalt EG die Mindestzahl von Binärentscheidungen an, die der Empfänger fällen muß, um ein bestimmtes Zeichen aus dem Repertoire des Alphabets auszusuchen.

Andere Verhältnisse ergeben sich jedoch, wenn die Zeichen des Alphabets nicht mehr gleichwahrscheinlich sind, wenn also manche häufiger übertragen werden als andere. Wir werden sehen, daß dann durch entsprechende Codierung die Zahl EG an Binärentscheidungen im Mittel noch unterschritten werden kann.

Nehmen wir an, wir hätten ein Alphabet mit den vier Zeichen A, B, C, D. Diese vier Nachrichten treten verschieden häufig auf. Wir bezeichnen dann mit p(A) die Wahrscheinlichkeit, daß das Zeichen A dem Empfänger übermittelt werden soll. Es sei uns bekannt:

Wahrscheinlichkeit, daß A übermittelt wird	$p(A) = 1/2$
Wahrscheinlichkeit, daß B übermittelt wird	$p(B) = 1/4$
Wahrscheinlichkeit, daß C übermittelt wird	$p(C) = 1/8$
Wahrscheinlichkeit, daß D übermittelt wird	$p(D) = 1/8$
Summe aller Wahrscheinlichkeiten	$= 1,0$

Sollen wir im voraus ‚raten', welches Zeichen als nächstes beim Empfänger eintreffen wird, so werden wir natürlich auf das Zeichen A tippen. Die Wahrscheinlichkeit p(A) ist nämlich am größten, und wir haben so die größte Chance, recht zu behalten. Je kleiner die Wahrscheinlichkeit eines Zeichens ist, um so mehr werden wir von seinem Eintreffen ‚überrascht' sein. Als *Überraschungswert* ü der einzelnen Zeichen läßt sich deshalb anschaulich der Kehrwert 1/p ihrer Wahrscheinlichkeiten definieren. Für die Nachricht A gilt beispielsweise:

$$ü(A) = 1/p(A).$$

Es ist naheliegend, für die häufiger auftretenden Zeichen des Alphabets_1 kurze Zeichen im Alphabet_2 zu wählen. Seltenere Zeichen des Alphabets_1, die also einen größeren Überraschungswert aufweisen, erhalten dann entsprechend längere Zeichen im Alphabet_2 zugeordnet.

Verfährt man in dieser Weise, so kann man im statistischen Mittel bestimmt mit weniger Binärstellen (und damit Binärentscheidungen) auskommen, als wenn man alle Zeichen (ohne Rücksicht auf ihren Überraschungswert) gleichlang machte. Dieses wirtschaftliche Verfahren hat schon lange vor der Begründung der Informationstheorie Samuel *Morse* (1837) in dem nach ihm benannten *Morse-Alphabet* angewandt. Für Buchstaben, die in der englischen Sprache häufig vorkommen, benützte er nämlich kurze Zeichen, für seltene Buchstaben dagegen längere Zeichen.

häufige Buchstaben Alphabet_1	kurze Zeichen Alphabet_2	seltene Buchstaben Alphabet_1	längere Zeichen Alphabet_2
e	·	x	— · · —
i	· ·	y	— · — —
a	· —	z	— — · ·

Abb. III 6: Beispiele aus dem Morse-Alphabet

1.2.4.2 Berechnung des Informationsgehaltes

Es läßt sich zeigen, daß ein Minimum von Binärentscheidungen für die Auswahl eines Zeichens erreicht wird, wenn für jede Nachricht im Alphabet_1 gerade soviele Binärstellen im Alphabet_2 verwandt werden, wie der Zweierlogarithmus des Überraschungswertes angibt. Wenn also bei jedem Zeichen für dessen Binärstellenzahl s folgende Formel gilt, so spricht man von der optimalen Wahl der Stellenzahl s:

$$s = \text{ld } ü = \text{ld } 1/p$$

Diese Binärstellenzahl s gibt zugleich die Zahl der Binärentscheidungen an, die der Empfänger zur Auswahl des betreffenden Zeichens vornehmen muß. Diese Zahl von Binärentscheidungen definiert man als Informationsgehalt IG dieses Zeichens (information content). Beispielsweise gilt für die Nachricht A:

$$IG(A) = \text{ld } ü(A) = \text{ld } 1/p(A)$$

Diese Formel läßt sich auch folgendermaßen interpretieren: Der Überraschungswert ü eines seltenen Zeichens ist größer als der eines häufigeren. Der Informationsgehalt eines eintreffenden Zeichens bedeutet für den Empfänger einen

Informationszuwachs, ein ‚Mehr an Wissen'. Der Informationsgehalt muß also um so größer sein, je höher der Überraschungswert ist, je unerwarteter also das Zeichen ist.

Wir wollen zur Erläuterung wieder unser Beispiel zu Hilfe nehmen. Entsprechend der errechneten Stellenzahl haben wir neben die sonstigen Werte in der letzten Spalte das Alphabet$_2$ aus verschieden langen Zeichen aufgebaut. (Natürlich wäre auch eine andere Zuordnung denkbar, beispielsweise A = L, B = OL, C = OOL, D = OOO. Nur die Stellenzahlverteilung muß dieselbe sein!)

Nachricht	bekannte Wahrscheinlichkeit	Überraschungswert	zu wählende Binärstellenzahl	IG des Zeichens	Signal
Alphabet$_1$	p	ü = 1/p	s = ld 1/p	IG = ld 1/p	Alphabet$_2$
A	1/2	2	ld 2 = 1	ld 2 = 1	O
B	1/4	4	ld 4 = 2	ld 4 = 2	LO
C	1/8	8	ld 8 = 3	ld 8 = 3	LLO
D	1/8	8	ld 8 = 3	ld 8 = 3	LLL

Abb. III 7: Informationsgehalt und unterschiedliche Stellenzahl der Zeichen bei verschieden häufigen Nachrichten

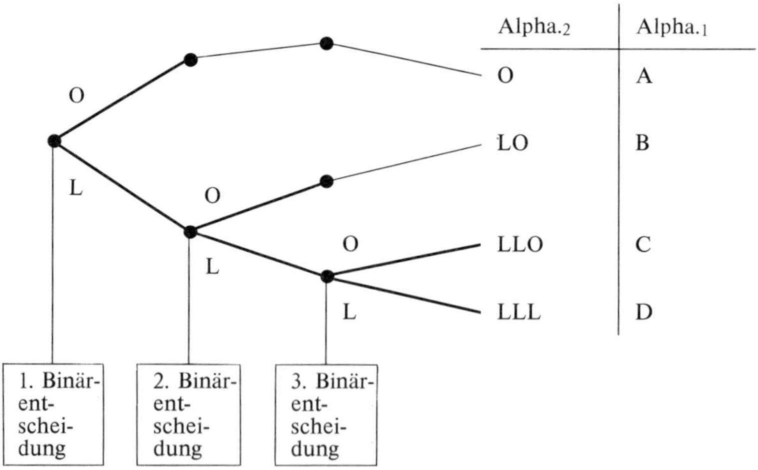

Abb. III 8: Codebaum bei verschieden häufigen Nachrichten und optimaler Wahl der Stellenzahl der Zeichen des Alphabets$_2$

Die Abb. III 8 zeigt den zum Alphabet_2 gehörenden Codebaum. Er macht die unterschiedliche Zahl von Binärentscheidungen bei der Auswahl der verschieden häufigen Nachrichten deutlich sichtbar.

Uns interessiert aber weniger die Stellenzahl des einzelnen Zeichens in Alphabet_2 als vielmehr die *mittlere Stellenzahl* s_m. Es ist verständlich, daß häufiger auftretende Nachrichten (etwa A) dabei ein größeres Gewicht haben als seltenere Nachrichten. Man sagt: die Stellenzahlen der einzelnen Zeichen werden mit der Wahrscheinlichkeit ihres Auftretens gewichtet:

$$
\begin{aligned}
s_m &= \sum_{i=A}^{D} p(i) \cdot s(i) \\
&= p(A) \cdot s(A) + p(B) \cdot s(B) + p(C) \cdot s(C) + p(D) \cdot s(D) \\
s_m &= 1/2 \quad \cdot 1 \quad + 1/4 \quad \cdot 2 \quad + 1/8 \quad \cdot 3 \quad + 1/8 \quad \cdot 3 \\
s_m &= 1{,}75 \text{ bit}
\end{aligned}
$$

s_m gibt also das Minimum der mittleren Binärstellenzahl für das Alphabet_2 an. Zugleich ist dies der kleinstmögliche mittlere Aufwand an Binärentscheidungen, der für den Empfänger nötig ist, um 1 Zeichen auszuwählen. Man nennt diesen Wert den mittleren Informationsgehalt:

$$IG = \sum_{i=A}^{D} p(i) \cdot IG(i) = \sum_{i=A}^{D} p(i) \cdot \text{ld } 1/p(i) = 1{,}75 \text{ bit}$$

Allgemein kann man formulieren:

> Sind die Wahrscheinlichkeiten p für das Auftreten der Nachrichten des Alphabets_1 bekannt, so gilt für den mittleren Informationsgehalt IG (bei optimaler Wahl der Stellenzahl der zugehörigen Zeichen des $\text{Signal-Alphabets}_2$) der Ausdruck:
>
> $$IG = \sum_{i:\text{Alph.}_1} p(i) \cdot \text{ld } 1/p(i)$$
>
> (average information content, entropy)

Beispiel

Verwendet man als $\text{(Nachrichten-)Alphabet}_1$ das gesamte Buchstabenalphabet (incl. Zwischenraumzeichen), so läßt sich der mittlere Informationsgehalt eines Buchstabens angeben. Dazu werden zunächst umfangreiche statistische Zählungen an deutschen Texten vorgenommen, um die Wahrscheinlichkeitsverteilung der Buchstaben zu bestimmen. Das Zwischenraumzeichen weist die größte Wahrscheinlichkeit auf, nämlich $p = 0{,}151$. Der häufigste Buchstabe in der deutschen Sprache ist das E. Es ist: $p(E) = 0{,}147$. Errechnet man entsprechend obiger Formel den mittleren Informationsgehalt eines Buchstabens in der deutschen Sprache, so erhält man: $IG = 4{,}11$ bit.

1.2.4.3 Informationsredundanz

In der Zuordnungsliste zwischen Alphabet_1 und Alphabet_2 wird bei optimaler Wahl der Stellenzahl die Vorkenntnis über die ungleiche Wahrscheinlichkeitsverteilung der Nachrichten verwertet. Neben dem Sender besitzt aber auch der Empfänger eine derartige Zuordnungsliste. Der Empfänger verfügt somit über ein gewisses Vorwissen bzgl. des nächsten eintreffenden Zeichens (bestimmte Zeichen treffen mit größerer Wahrscheinlichkeit ein als andere).

Eine derartige Vorinformation fehlt dem Empfänger, wenn alle Nachrichten gleichwahrscheinlich (mit $p = 1/EV1$) auftreten (und alle Zeichen des Alphabets_2 gleiche Stellenzahl aufweisen). In diesem Fall ist demnach der Informations*zuwachs* für den Empfänger im Mittel größer als im Fall ungleicher Häufigkeitsverteilung. Der Informationsgehalt erreicht hierbei sogar seinen Maximalwert:

$$IG_{max} = \sum_{i=1}^{EV1} 1/EV1 \cdot \text{ld } EV1 = \text{ld } EV1 = EG1$$

DerMaximalwert des Informationsgehaltes fällt also mit dem Entscheidungsgehalt zusammen.

Um die ‚Vorinformation' des Empfängers quantitativ fassen zu können, definiert man die Informationsredundanz eines Code (redundancy):

$$\boxed{IR = IG_{max} - IG = EG1 - IG}$$

Die Informations-Redundanz IR gibt also an, um wieviel weniger Informationszuwachs beim Eintreffen der Zeichen den Empfänger erreicht, weil er über die unterschiedliche Häufigkeit der Nachrichten ‚vorinformiert' ist.

Beispiel
Wir beziehen uns wieder auf das Beispiel mit den vier Nachrichten A, B, C, D. Der Elementarvorrat des Alphabets_1 war: $EV1 = 4$. Demnach war der Entscheidungsgehalt $EG1 = \text{ld } EV1 = \text{ld } 4 = 2$ bit. Bei Berücksichtigung der unterschiedlichen Häufigkeit der vier Nachrichten hatten wir den mittleren Informationsgehalt zu $IG = 1{,}75$ bit errechnet.

Daraus folgt die Informationsredundanz zu:

$$IR = EG1 - IG = 2 \text{ bit} - 1{,}75 \text{ bit} = 0{,}25 \text{ bit}$$

Aufgaben zu III 1.2

---

(1) Es seien 5 Taschenlampen vorhanden, von denen jede in einer der 3 Farben: gelb, rot, grün, leuchten kann. Wir nehmen an, daß stets alle 5 Lampen gleich-

zeitig eingeschaltet sind. Wie groß ist dann der Elementarvorrat EV2 dieses Systems?

a) $EV2 = B^s = 5^{5-3} = 5^2 = 5 \cdot 5 = 25$

b) $EV2 = B^s = 5^3 = 5 \cdot 5 \cdot 5 = 125$

c) $EV2 = B^s = 3^5 = 3 \cdot 3 \cdot 3 \cdot 3 \cdot 3 = 243$

(2) Es sei ein ähnliches Übertragungssystem wie in Aufgabe (1) vorgegeben. Nur gelte diesmal für das $Alphabet_2$: $EV2 = 48$. Wie groß darf dann die Zahl von Nachrichten, die übermittelt werden sollen, sein? Dies bedeutet: Wie groß darf der Elementarvorrat EV1 des (Nachrichten-)$Alphabets_1$ sein?

a) $EV1 \leqq EV2 = 48$ (EV1 kann kleiner oder gleich 48 sein)

b) $EV1 = EV2 = 48$ (EV1 muß gleich 48 sein)

c) $EV1 < EV2 = 48$ (EV1 muß kleiner als 48 sein)

(3) Was versteht man unter einem ‚Codebaum'?

a) die systematische, graphische Darstellung der verschiedenen Arten von Codes in Form eines Baumes

b) die Zuordnungsliste zwischen den Zeichen des $Alphabets_1$ und des $Alphabets_2$ eines Übertragungssystems

c) die graphische Darstellung des stellenweisen Entscheidungsvorgangs in $Alphabet_2$ eines Code zur Auswahl der zuständigen Nachricht im $Alphabet_1$

(4) Was bedeutet der Entscheidungsgehalt $EG = \text{ld } EV$ bei einem binären Alphabet mit dem Elementarvorrat EV?

a) die Stellenzahl s, und da ein binäres Alphabet vorliegt, zugleich die Zahl der Binärentscheidungen beim Durchlaufen des Codebaumes

b) die zulässige Zahl der Nachrichten, die mit einem solchen binären $Alphabet_2$ übertragen werden können

c) Zahl der überhaupt möglichen O,L-Kombinationen dieses binären Alphabets

(5) Wie groß ist die Entscheidungsredundanz ER eines Code, wenn die Zahl der zu übermittelnden Nachrichten $EV1 = 16$ ist? Es werde als (Signal-)$Alphabet_2$ ein Quinär-System (Basis $B = 5$) mit der Stellenzahl $s = 2$ zur Übertragung eingesetzt.

a) $ER = EV2 - EV1 = 5^2 - 16 = 25 - 16 = 9$ bit

b) $ER = \text{ld } EV2 - \text{ld } EV1 = \text{ld } B^s - \text{ld } 16 = \text{ld } 5^2 - \text{ld } 2^4 = 2 \cdot \text{ld } 5 - 4$
$= 4{,}644 - 4 = 0{,}644$ bit

c) $ER = s \cdot \text{ld } EV2 - \text{ld } EV1 = s \cdot \text{ld } B^s - \text{ld } 16$
$= s^2 \cdot \text{ld } B - \text{ld } 2^4 = 2^2 \cdot \text{ld } 5 - 4 \cdot \text{ld } 2 = 9{,}288 - 4 = 5{,}288$ bit

(6) Gegeben ist ein $Alphabet_1$ mit $EV1 = 3$ Zeichen. Es sind dies die Nachrichten X, Y, Z. Diese 3 Nachrichten treten in regelloser Folge, aber verschieden häufig auf. Aufgrund von Zählungen kennt man die Wahrscheinlichkeiten ihres Auftretens.

$p(X) = 7/16$, $p(Y) = 5/16$, $p(Z) = 1/4$. Wie groß ist der Entscheidungsgehalt EG1 dieses $Alphabets_1$?

a) EG1 = EV1 = 3 bit
b) EG1 = ld EV1 = ld 3 = 1,585 bit
c) EG1 = ld 1/p(X) + ld 1/p(Y) + ld 1/p(Z)
= ld (16/7) + ld (16/5) + ld 4
= ld 16 − ld 7 + ld 16 − ld 5 + ld 4
= 4 − 2,807 + 4 − 2,322 + 2 = 4,871 bit

(7) Wie groß ist der Informationsgehalt IG(Z) des Zeichens Z in Aufgabe (6)?
a) IG(Z) = p(Z) · ld 1/p(Z) = 1/4 · ld 4 = 0,5 bit
b) IG(Z) = 1/p(Z) = 4 bit
c) IG(Z) = ld 1/p(Z) = ld 4 = 2 bit

(8) Wie groß ist der mittlere Informationsgehalt IG pro Zeichen des Alphabets_1 in Aufgabe (6)?
a) $IG = \sum_i p(i) \cdot ld\ 1/p(i)$
= 7/16 · ld (16/7) + 5/16 · ld (16/5) + 1/4 · ld 4
= 7/16 · (4 − 2,807) + 5/16 · (4 − 2,322) + 0,5
= 1,55 bit
b) $IG = \sum_i ld\ 1/p(i)$
= 4 − 2,807 + 4 − 2,322 + 2 = 4,871 bit
c) $IG = \sum_i p(i)$
= 7/16 + 5/16 + 1/4 = 1 bit

(9) Für die Zeichen X, Y, Z des Alphabets_1 in Aufgabe (6) wähle man die möglichst optimale Stellenzahl der zugehörigen Zeichen des Alphabets_2. (Alphabet_2 sei ein binäres Alphabet.) Wie groß ist die Stellenzahl jeweils zu wählen?
a) für X: s(X) = 1/p(X) = 16/7 = 2,3 bit
Wahl einer ganzzahligen Stellenzahl: s(X) = 3 bit
für Y: s(Y) = 1/p(Y) = 16/5 = 3,2 bit
Wahl einer ganzzahligen Stellenzahl: s(Y) = 3 bit
für Z: s(Z) = 1/p(Z) = 4 bit
b) für X: s(X) = ld 1/p(X) = ld (16/7) = 1,193 bit
Wahl einer ganzzahligen Stellenzahl: s(X) = 1 bit
für Y: s(Y) = ld 1/p(Y) = ld (16/5) = 1,68 bit
Wahl einer ganzzahligen Stellenzahl: s(Y) = 2 bit
für Z: s(Z) = ld 1/p(Z) = ld 4 = 2 bit
c) für X: s(X) = ld 1/p(X) = ld (16/7) = 1,193 bit
Wahl einer ganzzahligen Stellenzahl: s(X) = 1 bit
für Y: s(Y) = ld 1/p(Y) = ld (16/5) = 1,68 bit
Wahl einer ganzzahligen Stellenzahl: s(Y) = 1 bit
für Z: s(Z) = ld 1/p(Z) = ld 4 = 2 bit

2. Codierung

2.1 Redundanz und Binärcodes

Redundanz

In I 3.2.3 haben wir ‚codieren‘ (verschlüsseln) als Zuordnungsvorgang eines Alphabets_1 zu einem Alphabet_2 bezeichnet. Die Vorschrift für den Übergang von einem Zeichen des Alphabets_1 zum zugehörigen Zeichen des Alphabets_2 ist in der Zuordnungsliste, dem Code festgelegt. Sie bildet den ‚Schlüssel‘ für die Codierung. Die Umkehrung des Codierens – beim Empfänger vorgenommen – nennen wir ‚Decodieren‘. Häufig wird auch das Alphabet_2 selbst als Code bezeichnet.

Zu III 1.2.3 haben wir festgestellt, daß beim Codieren meist eine Redundanz, eine Weitschweifigkeit, auftritt. Beispielsweise hatten wir dort für die Tetradendarstellung der Dezimalziffern eine Entscheidungs-Redundanz von ER = 0,67 bit errechnet. Ursache für die Redundanz (redundancy) kann – wie in diesem Fall – die Stellenrundung sein. Wir hatten einen Stellenbedarf von 3,33 bit errechnet. Da die Stellenzahl aber ganzzahlig sein muß, ist man gezwungen, 4 bit, d.h. eine Tetrade, zu verwenden. Dies führt zu einer Redundanz des Code.

Auch technische Gründe können eine Redundanz bewirken. Der internationale Fernschreibcode arbeitet beispielsweise mit 5 Lochungen pro Nachricht. Es sind somit $EV1 = 2^5 = 32$ Nachrichten im Alphabet_1 zulässig. Vor jeder Folge von 5 Lochungen muß jedoch aus technischen Gründen ein ‚Start-Bit‘, am Ende ein ‚Stop-Bit‘, gesetzt werden. Damit sind 7 Binärstellen pro Nachricht erforderlich. Es ist also $EV2 = 2^7 = 128$. Daraus folgt eine Entscheidungs-Redundanz von:

$$ER = EG2 - EG1 = \text{ld } EV2 - \text{ld } EV1 = \text{ld } 2^7 - \text{ld } 2^5 = 7 - 5 = 2 \text{ bit}$$

Neben diesen unerwünschten Ursachen für die Redundanz gibt es auch beabsichtigte Redundanzen. Zur Sicherung von Nachrichtenübertragung, speziell von Datenübertragung, werden Codes mit eigens eingeplanter Redundanz verwandt. Erst die Redundanz ermöglicht nämlich eine Fehlererkennung oder gar Fehlerkorrektur. Je größer die Redundanz eines Code ist, um so leichter lassen sich Übertragungsstörungen vom Empfänger beheben. Andererseits bedeutet natürlich die Redundanz übertragene Bits, die eigentlich für die Nachrichtenübermittlung unnötig sind. Redundanz bedeutet also unausgenützte Kapazität und damit Erhöhung der Kosten.

Bei der Auswahl eines Code liegen somit gegenläufige Kriterien vor:

mehr Redundanz bedeutet mehr Sicherheit bei der Übertragung
aber: mehr Redundanz bedeutet auch Erhöhung der Kosten.

Für jedes Übertragungssystem muß deshalb gesondert der optimale Punkt angestrebt werden. Datenübertragungssysteme bei der Luftüberwachung oder bei

Bankgeschäften müssen höchste Sicherheit bieten (wenn auch mit hohem Kostenaufwand). Innerbetriebliche Datenerfassung und Datenübertragung kann sich oft mit weit weniger hohen Sicherheitsanforderungen zufrieden geben, da ohnehin zu häufig das ‚fehlerschaffende' Glied ‚Mensch' dazwischengeschaltet ist. Die Kosten erniedrigen sich dann entsprechend.

Ein störungsfreies Übertragungssystem würde natürlich überhaupt keine Redundanz des übertagenen Codes erfordern. Ein solches gibt es aber nicht, da die Übertragungssysteme als physikalische Geräte unvermeidlich mehr oder weniger großen Störungen unterworfen sind.

Um den vielseitigen Anforderungen an die Codes gerecht zu werden, wurden schon sehr viele Codes entwickelt und untersucht. Bei den DVA treten zu der Forderung nach Übertragungssicherheit auch noch Forderungen bzgl. der Eignung zur Durchführung von Rechenoperationen hinzu.

Die Computer arbeiten ausschließlich mit binären Bauelementen.

Es gibt nun sehr viele Möglichkeiten, die Dezimalziffern binär darzustellen (vgl. Abb. II 6). Eine davon haben wir schon in der Tetradendarstellung kennengelernt, bei der 4 Binärstellen für eine Dezimalziffer verwandt wurden.

2.2 Tetraden-Codes

Der Einfachheit halber haben wir bisher bei Verwendung des Begriffs ‚Tetradendarstellung' stets so getan, als gäbe es nur eine derartige Darstellungsform. In Wirklichkeit sind es derer aber sehr viele. Wir wollen im folgenden jedoch nur die vier wichtigsten betrachten. Die in den bisherigen Beispielen stets angegebene Form der Tetradenverschlüsselung ist auch die einfachste und uns seit I 3.2.3 schon bekannt: es ist der BCD-Code.

2.2.1 BCD-Code (8-4-2-1-Code)

Der Name BCD-Code kommt von *Binary Coded Decimal* und muß nach unseren bisherigen Festlegungen mit Dual-Codierte-Dezimalziffer ins Deutsche übersetzt werden. Dieser Code ist nämlich so aufgebaut, daß jede der einzelnen Dezimalziffern (0, 1,. . .8, 9) einfach als Dualzahl geschrieben wird, was ja bekanntlich mit 4 bit, d.h. 4 Binärstellen, möglich ist. Jede einzelne Ziffer einer Dezimalzahl wird also direkt im Dual-System angeschrieben – man sagt deshalb zu diesem Code auch: *direkte duale Verschlüsselung*. Die Bit-Gewichtung ist von links nach rechts 8, 4, 2, 1.

Um alle zu besprechenden Tetradenformen besser vergleichen zu können, sind sie gemeinsam in der Abb. III 9 zusammengestellt. In die erste Spalte sind alle

$2^4 = 16$ möglichen O,L-Kombinationen, die eine Tetrade zuläßt, eingetragen. In den folgenden Spalten sind die Dezimalziffern angegeben, die bei den verschiedenen Tetraden-Codes diesen Kombinationen zugeordnet sind. Die Tetrade OLLO bedeutet beispielsweise im BCD-Code die Dezimalziffer 6.

Da wir von den 16 Tetraden nur 10 für die zehn Dezimalziffern benötigen, bleiben bei jedem Tetraden-Code 6 Tetraden ungenützt. Man nennt sie ‚Pseudotetraden' (PT). Durch sie erhalten wir die Entscheidungs-Redundanz

$$\mathrm{ER} = \mathrm{ld}\,16 - \mathrm{ld}\,10 = 0{,}67 \text{ bit}.$$

Die Dezimalzahl 461 würde nach den Angaben in Abb. III 9 im BCD-Code aus den folgenden drei Tetraden zusammengesetzt sein:

3 Tetraden:	OLOO	OLLO	OOOL
Dezimalzahl:	4	6	1

Tetraden-code	BCD-code	Aiken-code	Exzess-3-code	Gray-code
OOOO	0	0	*	0
OOOL	1	1	*	1
OOLO	2	2	*	3
OOLL	3	3	0	2
OLOO	4	4	1	7
OLOL	5	*	2	6
OLLO	6	*	3	4
OLLL	7	*	4	5
———	———	———	———	——— Symmetrielinie
LOOO	8	*	5	(9)
LOOL	9	*	6	*
LOLO	*	*	7	*
LOLL	*	5	8	*
LLOO	*	6	9	8
LLOL	*	7	*	9
LLLO	*	8	*	*
LLLL	*	9	*	*

Abb. III 9: Die vier wichtigsten Tetraden-Codes

Die Addition zweier Dezimalzahlen im BCD-Code erfolgt ziffern-(tetraden-) weise dual – wie wir es in II 2.2.2 kennengelernt haben.

Beispiel (im BCD-Code):

Dezimalzahl:	als Tetrade:
1	OOOL
+4	+OLOO
=5	=OLOL
	=Tetrade für ‚5'

Ist die Summe größer als 9, d.h., tritt ein Übertrag auf, so müssen wir OLLO (= duale 6) zusätzlich addieren, um die 6 Pseudotetraden zu überspringen. Die Maschine erkennt diesen korrekturbedürftigen Fall daran, daß:
entweder: das Zwischenresultat eine Pseudotetrade ist
oder: ein Übertrag zur nächsthöheren Tetrade auftrat
Diese Korrekturregel ist im Diagramm (Abb. III 10) mit eingebaut.

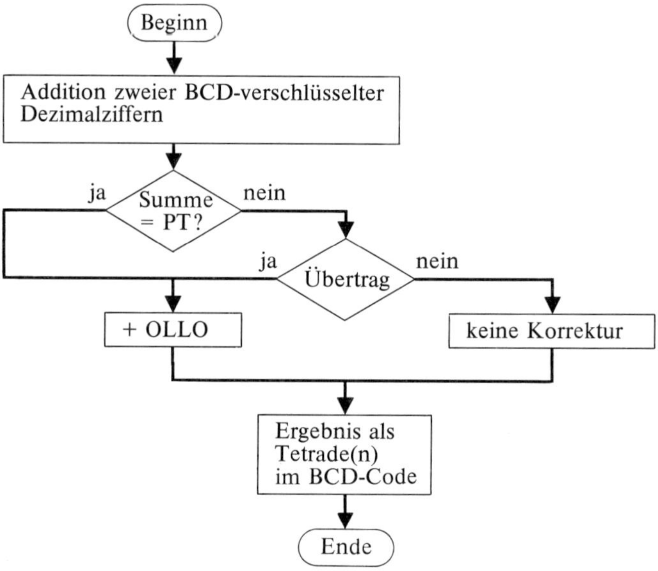

Abb. III 10: Additionsvorschrift für BCD-Code

Beispiel

4175	OLOO	OOOL	OLLL	OLOL
+2398	OOLO	OOLL	LOOL	LOOO
		L⟵		
=6573				
1. Summation:	OLLO	OLOL	OOOO	LLOL
Pseudotetrade:	nein	nein	nein	ja
Tetraden-Übertrag:	nein	nein	ja	nein
Korrektur:	nein	nein	OLLO	OLLO
				L⟵
2. Summation:	OLLO	OLOL	OLLL	OOLL
dezimal:	6	5	7	3

2.2.2 Aiken-Code und Exzeß-3-Code (Stibitz-Code)

Aiken-Code (2-4-2-1-Code)

Der Aiken-Code weist wegen seiner Symmetrie bzgl. der Tetraden (vgl. Symmetrielinie in Abb. III 9) einige interessante Eigenschaften auf. Ebenso wie beim BCD-Code sind auch hier die ungeraden Dezimalziffern durch eine L, die geraden durch eine O in der letzten Binärstelle zu erkennen. Die vier Bitpositionen sind mit 2, 4, 2, 1 gewichtet.

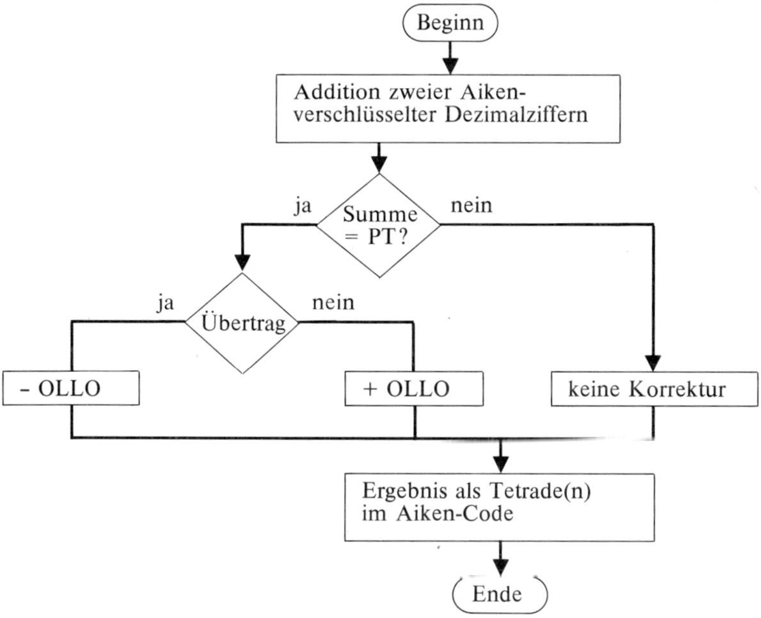

Abb. III 11: Additionsvorschrift für Aiken-Code

Für Fragen der Ab- bzw. Aufrundung ist es recht vorteilhaft, die Ziffern < 5 bzw. $\geqq 5$ einfach erkennen zu können. In der 1. Binärstelle besitzen die Ziffern 0, 1, 2, 3, 4 dort eine O, die Ziffern 5, 6, 7, 8, 9 eine L. Beim Aiken-Code bewirkt ein Dezimalübertrag auch einen Tetradenübertrag.

Beispiel

7		LLOL	= Aiken-Tetrade für 7
+ 6		+ LLOO	= Aiken-Tetrade für 6
= 13	Ü = L	LOOL	= Aiken-Pseudotetrade und Übertragung, daher
	└──→	− OLLO	= Korrekturtetrade (− 6)
	OOOL	OOLL	= 2 Aiken-Tetraden für 1 und 3
	1	3	

Exzeß-3-Code (Stibitz-Code)

Beim Exzeß-3-Code ist die Korrektur überhaupt nicht vom Auftreten einer Pseudotetrade als Summe abhängig, das Rechenwerk braucht diese also gar nicht zu kennen. Die Korrekturvorschrift für den Exzeß-3-Code ist im Diagramm (Abb. III 12) festgehalten.

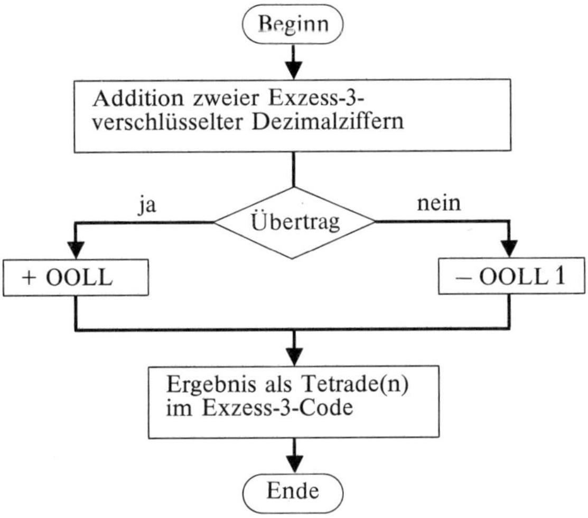

Abb. III 12: Additionsvorschrift für Exzeß-3-Code

Beispiel

1		OLOO	= Exzess-3-Tetrade für 1
+ 4		OLLL	= Exzess-3-Tetrade für 4
= 5	Ü = O	LOLL	= kein Übertrag, daher
	└──→	– OOLL	= Korrekturtetrade (– 3)
		LOOO	= Exzess-3-Tetrade für 5

Durch Komplementbildung kann die Subtraktion in den Tetradencodes auf Addition zurückgeführt werden (Kap. II 2.2.4).

Beispiel für die Subtraktion in einem Tetradencode:

17 − 14 = 3 im Aiken-Code

+ 14	O	OOOL	OLOO	1-Komplement
− 14	L	LLLO	LOLL	
+ 17	O	OOOL	LLOL	
		L ←		Übertrag
Ü = L	O	OOOO	LOOO	und
↳			L	
	O	OOOO	LOOL ←	Pseudotetrade, daher:
			− OLLO	Korrekturtetrade (− 6)
	O	OOOO	OOLL	
=	↓ +		OOLL = + 3	

Die drei bisher besprochenen Tetraden-Codes sind vergleichend gegenübergestellt:

	BCD-Code	Aiken-Code	Exzess-3-Code
Rechenwerk für Addition	kompliziert, da das Auftreten von 6 verschiedenen Pseudotetraden festgestellt werden muß		einfach, da die Korrektur nur vom Übertrag abhängt
Komplementbildung d. h. Subtraktion	schwierige Umrechnung	einfache Umrechnung durch Vertauschung von L und O	

Abb. III 13: Vergleich der Tetraden-Codes

2.2.3 Gray-Code

Der Gray-Code wird weniger für arithmetische Operationen als vielmehr für Analog-Digital-Umwandlung benützt. Er eignet sich hierfür besonders gut, weil sich jede Ziffer von der vorhergehenden nur durch *eine* Binärstelle unterscheidet. Nehmen wir als Anwendungsbeispiel etwa eine Meßwaage, welche die analoge Größe ‚Gewicht' jeweils in *eine* von 16 Gewichtsklassen einordnen, d. h., digital angeben soll (3,5 g bis 4,5 g soll z. B. als 4 angezeigt werden). Dies kann z. B. durch Einteilung der Anzeigescheibe in 4 konzentrische Ringe (Tetrade!) und Unterteilung dieser Ringe in jeweils 16 gleiche Abschnitte erreicht werden. An einem Ablesefenster registrieren 4 Fotozellen, ob im jeweiligen Ring die Scheibe ‚dunkel' (= L) oder ‚hell' (= O) anzeigt.

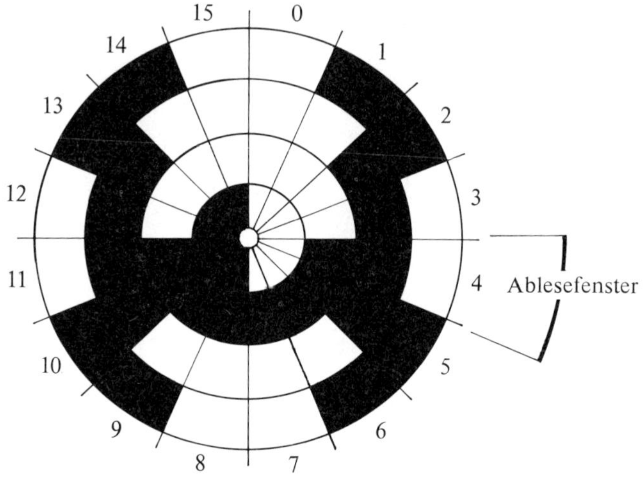

Abb. III 14: Anzeigescheibe im Gray-Code

Nehmen wir an, die Scheibe stehe so, daß das Ablesefenster gerade zwischen 3 und 4 liegt. Dann kann nur entweder 3 oder 4 angezeigt werden, da sich die 4 nur um *eine* Binärstelle (die dritte) unterscheidet.

Ganz anders wäre dies beim BCD-Code. Hierbei treten im Gegensatz zum Gray-Code gewaltige Abweichungen vom Sollwert 3,5 auf.

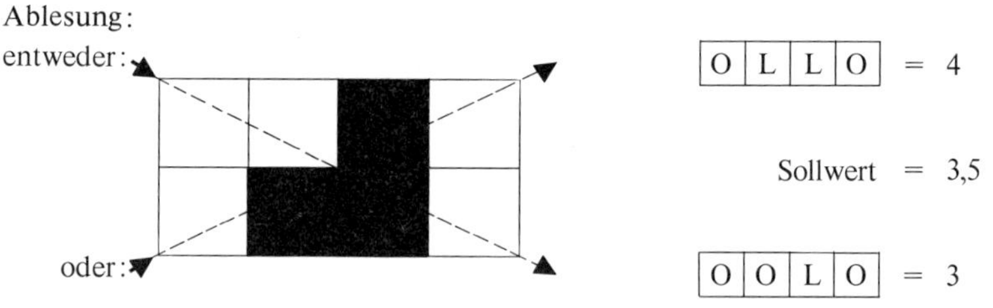

Abb. III 15: Ablesemöglichkeiten für den Sollwert 3,5 auf der Anzeigescheibe

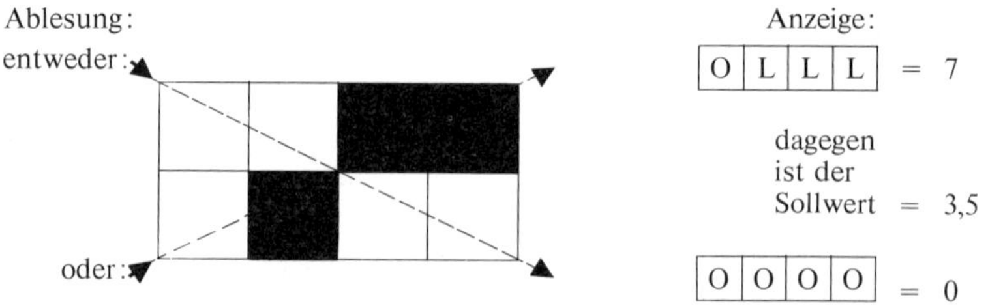

Abb. III 16: Ablesemöglichkeiten für den Sollwert 3,5 auf einer Anzeigescheibe mit Dual-Code (genauer: BCD-Code)

Eine weitere Anwendung des Gray-Codes findet man bei der Datenerfassung mit der „mechanischen Maus" beim Mikrocomputer. Die Bewegung einer Stahlkugel in der „Maus" wird in den zwei Achsen durch Kontaktunterbrechungen in elektrische Signale umgewandelt – d. h. es erfolgt eine typische Analog-/Digitalumwandlung. Bei Änderung dual dargestellter Koordinatenwerte wechseln gelegentlich zwei Binärstellen ihre Belegung, z. B. von 1 (= OL) nach 2 (= LO); während des Übergangs könnte versehentlich der Wert 3 (= LL) registriert werden. Da beim Gray-Code immer nur 1 Binärstelle geändert wird, kann diese Fehlerquelle umgangen werden.

2.3 Binärcodes mit mehr als 4 Bits

Wir wissen, daß schon bei der Darstellung der Dezimalziffern mit Tetraden, also mit 4 Bits, eine Entscheidungs-Redundanz von ER = 0,67 bit auftritt. Andererseits wissen wir, daß erhöhte Redundanz auch erhöhte Sicherungsmöglichkeiten bietet. Es ist also naheliegend, in gewissen Fällen, in denen höhere Übertragungssicherheit gefordert wird, mehr Binärstellen als nur 4 zu benützen. (Teilweise lassen sich damit auch einfachere Rechenwerke bauen.)

Der $\binom{10}{1}$-Code (sprich: 1 aus 10-Code) ist sehr einfach aufgebaut. Er besteht aus 10 Binärstellen, wovon stets *eine* mit L belegt ist und *alle* anderen O sind. Jeder Dezimalziffer ist genau eine Binärstelle zugeordnet.

Dezimalziffer	$\binom{10}{1}$-Code
0	OOOOOOOOOL
1	OOOOOOOOLO
2	OOOOOOOLOO
3	OOOOOOLOOO
4	OOOOOLOOOO
5	OOOOLOOOOO
6	OOOLOOOOOO
7	OOLOOOOOOO
8	OLOOOOOOOO
9	LOOOOOOOOO

Kostenmäßig ist der große Aufwand von 10 Binärstellen für 1 Dezimalziffer natürlich ein Nachteil. Der $\binom{10}{1}$-Code besitzt eine sehr große Redundanz:

$$ER = \mathrm{ld}\,EV2 - \mathrm{ld}\,EV1 = \mathrm{ld}\,2^{10} - \mathrm{ld}\,10^{1} = 10 - 3{,}33 = 6{,}67 \text{ bit}$$

Daraus resultiert andererseits ein großer Vorteil: da jedes Codewort nur *eine* L enthält, läßt sich eine Störung (etwa Auftreten von zwei oder mehr L oder gar keiner) sehr leicht erkennen.

Weiterhin kann dieser Code gut für die optische Darstellung von Dezimalziffern mittels Glimmlampen verwendet werden. Jeder der 10 Binärstellen wird eine Glimmlampe zugeordnet mit der entsprechenden Dezimalziffer als Aufschrift.

Eine Spalte der Lochkarte darf in einer der zehn Zeilen gelocht sein und speichert damit eine Dezimalziffer im ‚1 aus 10'-Code.

Weitere, häufig angewandte Codes mit mehr als 4 Bits sind in der Abb. III 17 zusammengestellt. Diese Codes sind so aufgebaut, daß das Codewort für eine Dezimalziffer stets zwei L enthält.

Der $\binom{5}{2}$-Code, auch Quinär-Code genannt, besitzt gerade:

$$\binom{5}{2} = \frac{5 \cdot 4}{1 \cdot 2} = 10 \text{ Möglichkeiten (vgl. II 1.3),}$$

jeweils zwei L innerhalb 5 Binärstellen anzuordnen. Diese 10 Möglichkeiten ergeben genau die 10 Dezimalziffern.

Beim Biquinär- und Quibinär-Code besteht jedes Codewort aus zwei Binärstellen-Gruppen. Eine Gruppe besitzt 2 Bits, die andere 5 Bits. In *jeder* der beiden Gruppen muß stets *eine* L erscheinen. Diese Bedingung läßt Fehler erkennen.

Aus der Wertigkeit der einzelnen Stellen kann die zugeordnete Dezimalziffer erlesen werden.

Dezimal-Code	$\binom{5}{2}$-Code	Biquinär-Code	Quibinär-Code
Wertigkeit:	7 4 2 1 0	5 0 4 3 2 1 0	8 6 4 2 0 1 0
0	LLOOO	OL OOOOL	OOOOL OL
1	OOOLL	OL OOOLO	OOOOL LO
2	OOLOL	OL OOLOO	OOOLO OL
3	OOLLO	OL OLOOO	OOOLO LO
4	OLOOL	OL LOOOO	OOLOO OL
5	OLOLO	LO OOOOL	OOLOO LO
6	OLLOO	LO OOOLO	OLOOO OL
7	LOOOL	LO OOLOO	OLOOO LO
8	LOOLO	LO OLOOO	LOOOO OL
9	LOLOO	LO LOOOO	LOOOO LO

Abb. III 17: Zuordnungsliste häufiger Codes

Beispiel

OLOOOLO bedeutet:

im Biquinär-Code: $0 \cdot 5 + 1 \cdot 0 + 0 \cdot 4 + 0 \cdot 3 + 0 \cdot 2 + 1 \cdot 1 + 0 \cdot 0 = 1$

im Quibinär-Code: $0 \cdot 8 + 1 \cdot 6 + 0 \cdot 4 + 0 \cdot 2 + 0 \cdot 0 + 1 \cdot 1 + 0 \cdot 0 = 7$

Aufgaben zu III 2.1/2.2/2.3

---

(1) Welche Ursachen gibt es für die Redundanz eines Code zur Datenübertragung?
  a) Zwang zum Umwandeln des (Nachrichten-)Alphabets$_1$ in das (Signal-) Alphabet$_2$, absichtliche Redundanz zur Übertragungssicherung
  b) Stellenrundung, optimale Wahl der Stellenzahl, technische Gründe (s. internat. Fernschreibcode), absichtliche Redundanz zur Übertragungssicherung.
  c) Stellenrundung, Wahl eines nichtbinären Alphabets$_2$, technische Gründe (s. internat. Fernschreibalphabet), absichtliche Redundanz zur Übertragungssicherung

(2) Die meisten modernen Computer arbeiten bei der internen Zahlendarstellung im:
  a) Dual-System (binär dargestellt)
  b) Dezimal-System (binär dargestellt)
  c) Dezimal-System (dezimal dargestellt)

(3) Was ist das charakteristische Gemeinsame aller Tetraden-Code?
  a) die binäre Darstellung jeder Dezimalziffer als Tetrade (= 4 Bits)
  b) die binäre Darstellung jeder Dezimalzahl als Tetrade (= 4 Bits)
  c) die binäre Darstellung jeder Dezimalziffer und jedes Buchstaben als Tetrade (= 4 Bits)

(4) Welche Korrektur muß bei der Addition der beiden Zahlen 7 und 9 im BCD-Code vorgenommen werden und wieso?
  a) Addition von + OLLO, da eine Pseudotetrade als Ergebnis erscheint
  b) Addition von + OLLO, da ein Übertrag auftritt
  c) keine Korrektur, da sowohl eine Pseudotetrade als auch ein Übertrag auftritt.

(5) Bei welchen Tetraden-Code treten mehr Pseudotetraden auf, beim Aiken-Code oder beim Exzess-3-Code?
  a) beim Aiken-Code (6 Pseudotetraden, beim Exzess-3-Code dagegen nur 3 Pseudotetraden)
  b) beim Exzess-3-Code (6 Pseudotetraden, beim Aiken-Code dagegen nur 3 Pseudotetraden)
  c) bei beiden gleich viele (6 Pseudotetraden)

(6) Welche Korrektur muß bei der Addition der beiden Zahlen 3 und 4 im Aiken-Code vorgenommen werden und wieso?

a) Addition von +OLLO, da Pseudotetrade und kein Übertrag auftreten
b) Addition von −OLLO, da Pseudotetrade und Übertrag auftreten
c) keine Korrektur erforderlich, da keine Pseudotetrade und kein Übertrag auftreten

(7) Wie groß ist die Entscheidungs-Redundanz beim Biquinär-Code?
a) $ER = ld\,EV2 - ld\,EV1 = ld\,(2+5)^2 - ld\,10 = 7 \cdot ld\,7 - ld\,10 = 16{,}3$ bit
b) $ER = ld\,EV2 - ld\,EV1 = 2 \cdot ld\,2^5 - ld\,10 = 6{,}68$ bit
c) $ER = ld\,EV2 - ld\,EV1 = ld\,2^{(2+5)} - ld\,10 = 7 - 3{,}32 = 3{,}68$ bit

2.4 Codesicherung

2.4.1 Ungesicherte Codes

Bei der Übertragung codierter Zeichen strebt man natürlich ein möglichst fehlerfreies Arbeiten der technischen Geräte an. Völlig zu umgehen sind jedoch die Fehlereinflüsse nicht. Da wir bei der Codierung praktisch ausschließlich mit binären Elementen (O, L) arbeiten, kann es durch Störungen im Übertragungskanal vorkommen, daß eine L in eine O oder umgekehrt eine O in eine L verfälscht wird. Stellen wir etwa bei der Übertragung die L als Spannungsimpuls der Größe +6V und die O als Spannung OV dar, so kann durch einen Störspannungsimpuls der Größe ca. −6V innerhalb des Übertragungskanals aus dem Codewort LLOL das Codewort LOOL entstehen.

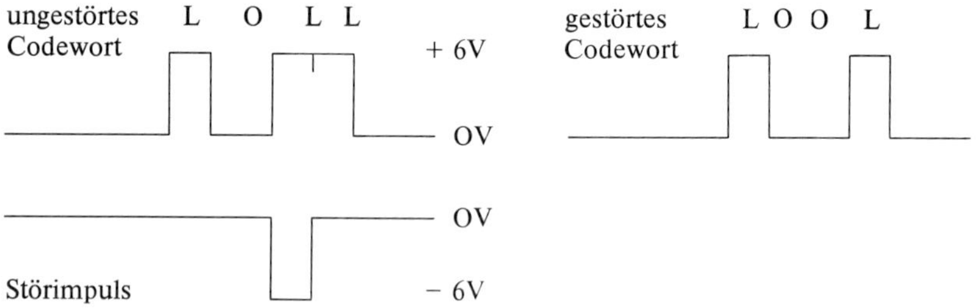

Abb. III 18: Störung eines Codewortes in einem Übertragungskanal

Man verwendet deshalb meist Codes, die es dem Empfangsgerät ermöglichen,
entweder: Fehler zu erkennen
oder sogar: Fehler automatisch zu korrigieren.

Dementsprechend spricht man von:
- ‚fehlererkennenden Codes' (error-detecting code)
- ‚fehlerkorrigierenden Codes' (error-correcting code)

Beide Arten von Codes beruhen in ihrer Funktion auf dem Vorhandensein von Redundanz. Darunter versteht man die Weitschweifigkeit eines Codes, die dadurch zustande kommt, daß wir von den insgesamt möglichen O,L-Kombinationen nicht alle, sondern nur einen Teil benützen. Die O,L-Kombinationen nennen wir generell *Codeworte*. Die unbenutzten Codeworte bezeichnen wir als *Pseudoworte* und die benutzten als *Nutzworte*.

Trifft nun beim Empfänger am Ende einer Übertragungsstrecke ein Pseudowort ein, so ‚weiß' er, daß eine Störung vorgekommen ist, die das vom Sender abgegebene Nutzwort in das empfangene Pseudowort umgewandelt hat.

Besitzt der angewandte Code überhaupt keine Redundanz, d. h., werden *alle* Codeworte als Nutzworte verbraucht, so ist keine Fehlererkennung möglich. Jede Störung (Vertauschung von O und L) führt ja wieder zu einem Nutzwort und wird als solches natürlich vom Empfänger anstandslos angenommen.

Wir wollen uns das Verhalten von ungesicherten Codes am Beispiel eines klein gewählten, s = 2stelligen Code klarmachen. Es sind: $EV = 2^s = 2^2 = 2 \cdot 2 = 4$ mögliche O,L-Kombinationen und damit 4 Codeworte vorhanden. Der Code soll ungesichert sein, d. h., keine Pseudoworte und damit keine Redundanz besitzen. Alle 4 Codeworte werden als Nutzworte (A, B, C, D) verwertet.

Zahl der Nutzworte (Nachrichten): EV1 = 4
Zahl der Codeworte (alle O,L-Kombin.): EV2 = 4
Zahl der Pseudoworte (unbenutzte O,L-Kombin.): = 0
Entscheidungs-Redundanz: $ER = \text{ld } EV2 - \text{ld } EV1 = \text{ld } 4 - \text{ld } 4 = 0$

Alphabet 1	Alphabet 2	
A	OO	4 Codeworte zugleich: 4 Nutzworte
B	OL	
C	LO	
D	LL	

Abb. III 19: Zuordnungsliste eines ungesicherten Code

Übertragen wir nun die Buchstabenfolge DAB und tritt während der Übertragung etwa in der ersten Stelle des dritten ausgesandten Nutzwortes (= B) eine Störung auf, so wird die Buchstabenfolge DAD statt DAB (z. B. als Lochstreifen) empfangen.

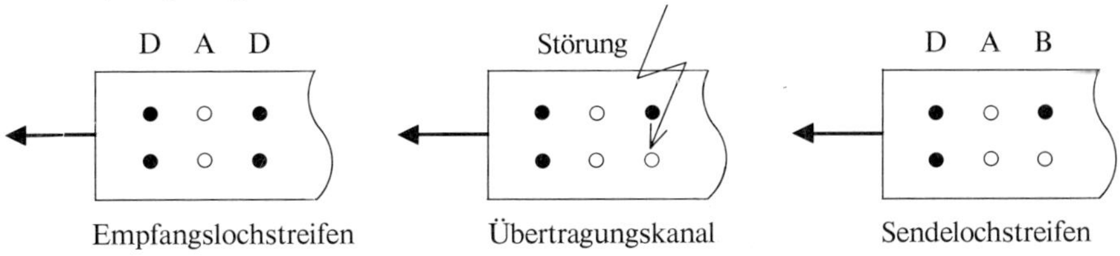

Abb. III 20: Nicht erkennbare Störung bei ungesichertem Code

2.4.2 Fehlererkennende Codes

Um also die bei der Übertragung unvermeidlichen Fälschungen einer oder mehrerer Stellen eines Nutzwortes am Empfangsort erkennen zu können, dürfen bei einem s-stelligen Code nicht alle $EV = 2^s$ Möglichkeiten als Nutzworte verbraucht werden. Es müssen einige Kombinationen als Pseudoworte ungenutzt bleiben, die dann – werden sie empfangen – als Hinweis für eine Fälschung dienen.

Wir wollen uns als Beispiel wieder einen Code mit 4 Nutzworten vorstellen. Diesmal verwenden wir aber s = 3 Stellen und erhalten somit: $EV2 = 2^s = 2^3 = 8$ mögliche O,L-Kombinationen. Uns verbleiben also 4 Pseudoworte, die uns zur Fehlererkennung dienen können. Übertragen wir nun die Buchstabenfolge DAB wie im Fall des ungesicherten Code und tritt in der 1. Stelle des 3. Nutzwortes (B) eine Störung auf, so trifft beim Empfänger das Pseudowort LLL ein. Der Empfänger veranlaßt daraufhin automatisch eine Wiederholung des gestörten Nutzwortes.

$Alphabet_1$	$Alphabet_2$
A	OOO
unbenutzt	OOL
unbenutzt	OLO
B	OLL
unbenutzt	LOO
C	LOL
D	LLO
unbenutzt	LLL

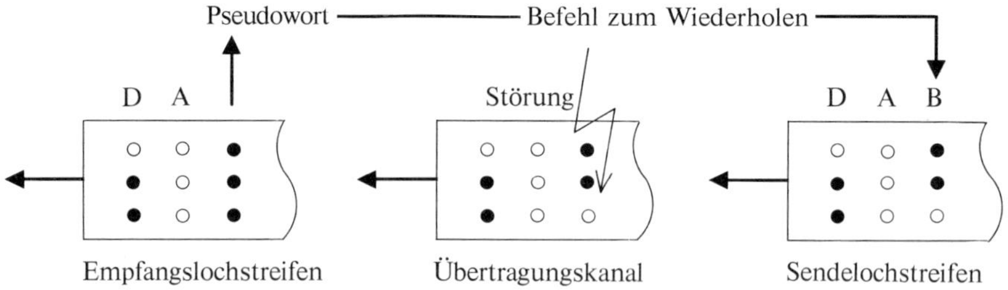

Abb. III 21: Zuordnungsliste und Störung bei fehlererkennendem Code

Verwenden wir einen Code, der sowohl Nutzworte als auch Pseudoworte enthält, so unterscheidet sich jedes Nutzwort von jedem anderen Nutzwort in einer bestimmten Zahl d von Binärstellen. Man bezeichnet d als Stellen-Distanz. In obiger Zuordnungsliste war die Stellendistanz von jedem Nutzwort zu jedem anderen Nutzwort einheitlich d = 2.

Es gibt aber auch Codes, bei denen d nicht durchweg gleich ist. Bei ihnen gibt es also Nutzworte, die sich von einem benachbarten Nutzwort in mehr Stellen unterscheiden als von einem anderen.

Wichtiger als die Stellendistanz für die Beurteilung eines Code ist deshalb die

Hammingdistanz h:
Darunter versteht man die geringste paarweise Stellendistanz zwischen allen Nutzworten eines Code. h ist also das Minimum aller auftretenden d, es gilt: $h \leqq d$.

(Beachte: Manchmal wird in der Literatur die Stellendistanz d selbst schon als Hammingdistanz h bezeichnet, und nicht erst das Minimum der auftretenden d-Werte!).

In der Zuordnungsliste in Abb. III 21 war h = 2, da einheitlich d = 2 und damit auch das Minimum von d gleich 2 war.

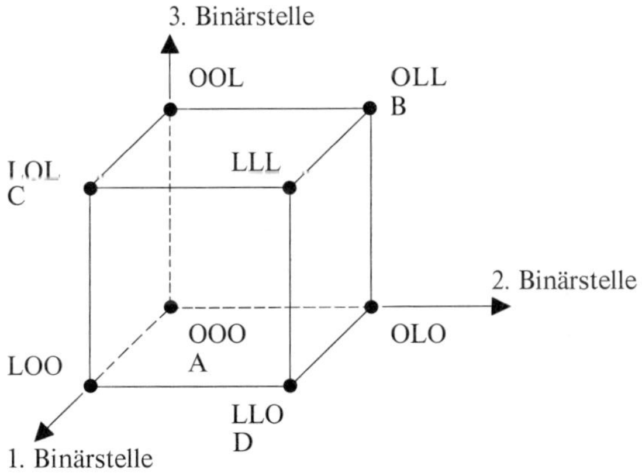

Abb. III 22: Räumliche Darstellung der Stellendistanz d

Man kann sich für einen 3stelligen Code die Stellendistanz d bzw. die Hammingdistanz h an einem Drahtwürfel klarmachen. Die Ecken des Würfels stellen die Codeworte (Nutzworte + Pseudoworte) dar. Die Nutzworte sind mit A, B, C, D markiert. Die Anzahl der Drahtkanten von einem Nutzwort zu einem benachbarten Nutzwort ist die jeweilige Stellendistanz d.

Drückt man diesen Drahtquader zu einer Ebene zusammen, so erhält man das

Gebilde unten links. Rechts davon ist angedeutet, wie die Lage der Nutzworte zwischen den Pseudoworten für verschiedene Hammingdistanzen aussieht.

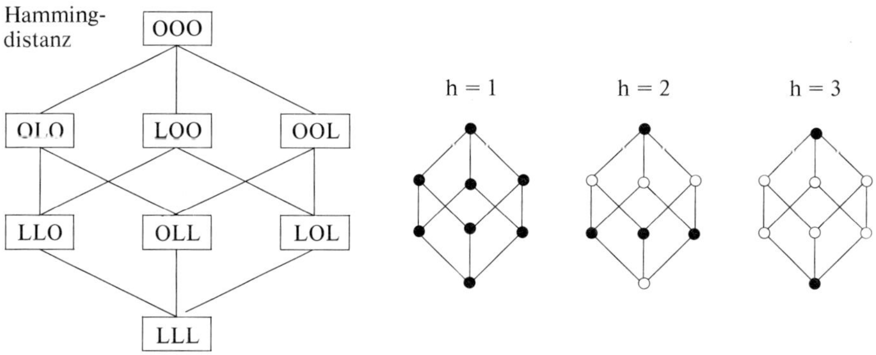

Abb. III 23: Modell für einen Code mit s = 3 Binärstellen (● = Nutzwort ○ = Pseudowort)

Das Verhalten von Codes mit mehr als 3 Stellen beim Auftreten von Fehlern kann an analogen flächenhaften Skizzen untersucht werden. Die Skizzen gewinnt man allgemein dadurch, daß man alle jene Codeworte durch eine Linie miteinander verbindet, die sich *nur in einer* Stelle unterscheiden. Die geringste Anzahl von Verbindungslinien, entlang welcher man sich von einem Nutzwort zum benachbarten bewegt, ist die Hammingdistanz h des Code. Meist genügt es, diese (kürzeste) Verbindungslinie zu zeichnen.

Ausgesandtes Nutzwort sei: OLLL
Bei einem Fehler in der Übertragung
wird das Pseudowort empfangen: OLOL
d. h. 1 Fehler wird erkannt
bei 2 Fehlern in der Übertragung
wird das Pseudowort empfangen: LLOL
d. h. 2 Fehler werden erkannt.
Bei 3 Fehlern in der Übertragung
wird das Nutzwort empfangen: LLOO
d. h. 3 Fehler werden nicht erkannt.

Allgemein gilt:

$$e = h - 1$$

wobei: e = Zahl der mit Sicherheit erkannten Fehler
h = Hammingdistanz

In obigem Beispiel wäre also:

$$e = h - 1 = 3 - 1 = 2$$

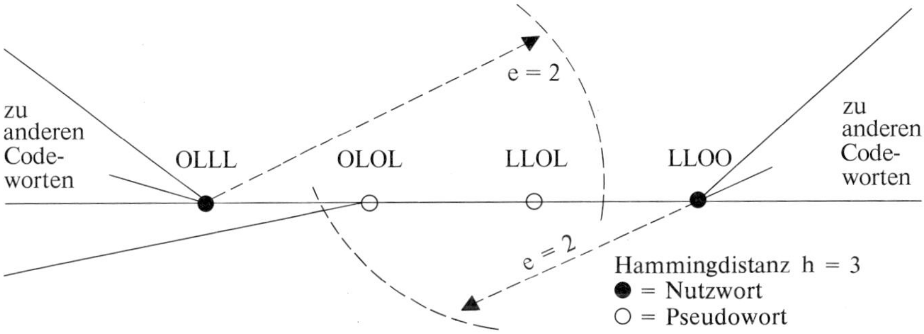

Abb. III 24: Knotenmodell für Code mit h = 3

2.4.3 Fehlerkorrigierende Codes

Nimmt man an, daß bei der Übertragung grundsätzlich *nur 1* Fehler pro Nutzwort auftritt, so kann man Abb. III 24 entnehmen, daß das Nutzwort OLLL nur in das Pseudowort OLOL, nicht aber in das Pseudowort LLOL übergehen kann. Umgekehrt kann das Nutzwort LLOO nur in das Pseudowort LLOL, nicht aber in OLOL übergehen. Interpretiert also das Empfangsgerät ein eintreffendes Pseudowort automatisch als das diesem Pseudowort am ‚nächsten liegende' Nutzwort (kleinstes d), so ist damit eine automatische Fehlerkorrektur erfolgt.

Allgemein gilt für die Fehlerkorrektur:

$$\boxed{k = (h - 1)/2}$$

wenn: k = Zahl der mit Sicherheit richtig korrigierten Fehler
h = Hammingdistanz

Den beiden Gleichungen für Fehlererkennung und Fehlerkorrektur entnehmen wir noch die Beziehung:

$$\boxed{e = 2\,k}$$

d. h.: mit ein und demselben Code sind doppelt soviele Fehler erkennbar als korrigierbar.

Beispiel
Code mit Hammingdistanz h = 6
Daraus folgt:

Zahl der mit Sicherheit erkennbaren Fehler: e = h − 1 = 6 − 1 = 5
Zahl der mit Sicherheit korrigierbaren Fehler: k = e/2 = 2,5
abgerundet: k = 2

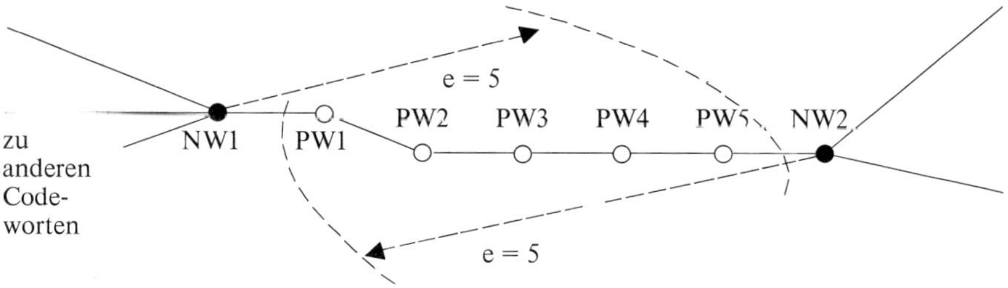

Abb. III 25: Fehlererkennung: h = 6, e = 5

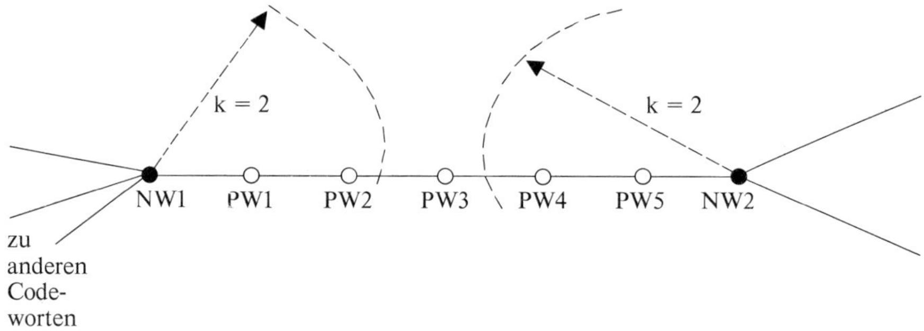

Abb. III 26: Fehlerkorrektur: h = 6, k = 2

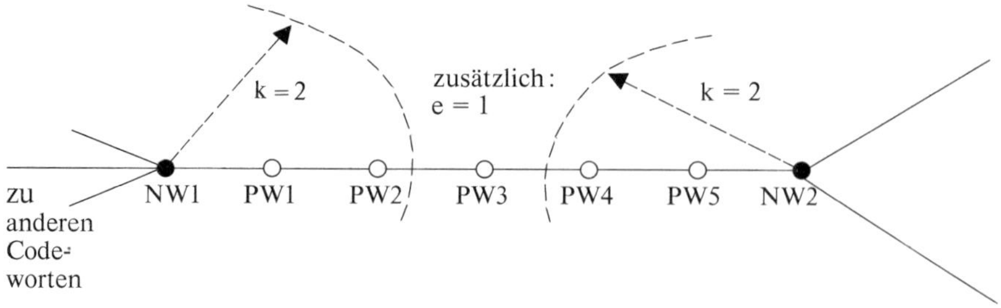

Abb. III 27: Gemischte Fehlerkorrektur und Fehlererkennung:
h = 6, k = 2, zusätzlich: e = 1

In diesem Beispiel (h = 6) ist neben der reinen Fehlererkennung bzw. -korrektur auch noch die gemischte Fehlererkennung und -korrektur möglich. Die empfangenen Pseudoworte PW1 und PW2 werden hierbei – wie bei der reinen Fehlerkorrektur – als NW1 interpretiert, PW4 und PW5 als NW2. PW3 wird als Pseudowort aufgefaßt, da es von NW1 und NW2 gleichen Abstand besitzt. Der Empfänger fordert eine Wiederholung des gesendeten und gefälschten Nutzwortes an, sobald PW3 empfangen wird.

Erkennen von mehr als e Fehlern
Bisher haben wir stets von ‚sicher erkennbaren' Fehlern gesprochen. Darüber hinaus gibt es jedoch auch Fehler, die nicht mit Sicherheit, aber doch mit mehr oder weniger großer Wahrscheinlichkeit erkannt werden können.

Beispiel
Code mit Hammingdistanz h = 3
Nutzworte: NW1, NW2, NW3
Stellendistanz: d = 3 von NW1 nach NW2
d = 4 von NW2 nach NW3
d nicht eingezeichnet: von NW1 nach NW3
Zahl der mit Sicherheit erkannten Fehler: e = h − 1 = 2

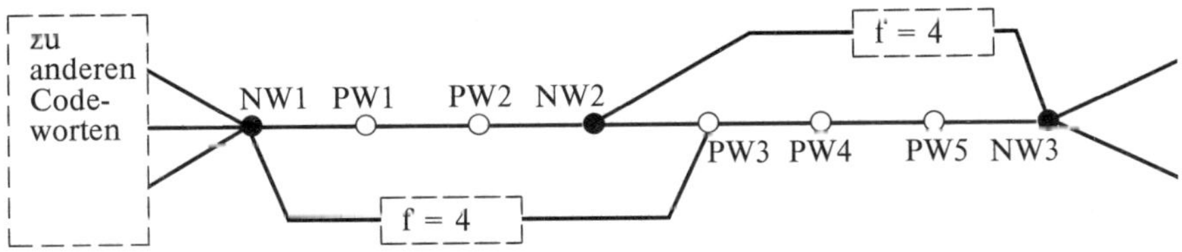

Abb. III 28: Mit Wahrscheinlichkeit erkannte Fehler: f = 4

Daraus entnimmt man folgendes:
Sendet man das Nutzwort NW1 und wird es durch f = 4 Fehler gestört, so empfängt man das *Pseudowort* PW3, d. h., f = 4 Fehler werden erkannt.

Sendet man dagegen das Nutzwort NW3 und wird es auch nur durch f = 4 Fehler gestört, so empfängt man das *Nutzwort* NW2, d. h., der Empfänger erkennt in diesem Fall die 4 Fehler *nicht*.

Bei diesem Code werden also maximal e = 2 Fehler *sicher* erkannt. Darüber hinaus können mehr Fehler *eventuell* erkannt werden.

Das Verfahren der Fehlererkennung ist technisch leichter zu verwirklichen als die automatische Fehlerkorrektur und wird deshalb in der Praxis viel häufiger angewandt. Ein Nachteil ist natürlich dabei der Rückmeldekanal, der zusätzlich notwendig ist, um den Sender zur Wiederholung zu veranlassen, wenn ein Fehler erkannt worden ist. Bei einem Datenübertragungsverfahren mit Fehlerkorrektur kann dieser Rückmeldekanal entfallen.

2.4.4 Prüfbit-Methode

Bei Codes ohne Pseudoworte ist eine Fehlererkennung nicht möglich. Durch Zusatz nur eines bit pro Nutzwort kann aber die sichere Erkennung von e = 1 Fehler erreicht werden. Die Zusatzstelle wird so gewählt, daß die Quersumme des neuen Nutzwortes sich geradzahlig ergibt. Man spricht dann von ‚even parity check'. (Es kann auch ungerade Quersumme vereinbart werden. Dann spricht man von ‚odd parity check'.)

Beispiel

Ursprüngliches Nutzwort: LOLL
neues Nutzwort mit: even parity check: LOLL L
(mit: odd parity check: LOLL O)

Durch diese Wahl der Prüfbits ergäben sich in dem Code von oben die neuen Nutzworte zu:

$Alphabet_1$	neues $Alphabet_2$		
	ursprüngliches $Alphabet_2$		even parity check
A	O	O	O
B	O	L	L
C	L	O	L
D	L	L	O

Abb. III 29: Zuordnungsliste für Code mit Prüfbit

Durch den Zusatz der Prüfbits ergibt sich nun ein 3stelliger Code mit der Hammingdistanz h = 2, die eine Erkennung von e = h − 1 = 2 − 1 = 1 Fehler ermöglicht. Der Empfänger ‚errechnet' sich aus den ersten beiden Binärstellen des empfangenen Nutzwortes das entsprechende Prüfbit und vergleicht es mit der dritten (empfangenen) Stelle. Bei Übereinstimmung war die Übertragung fehlerfrei, ansonsten wird eine Wiederholung verlangt.

Wenn bei der Übertragung jeweils eine bestimmte Zahl mit Prüfbits versehener Nutzworte zu einem Block zusammengefaßt wird, so nennt man dies ‚Block-Code'. Neben der horizontalen Quersummenprüfung wird zusätzlich eine vertikale vorgenommen. Typische Anwendung ist die Blocksicherung bei den Peripherspeichern (Abb. IV 19).

Beispiel
Wir wollen der Einfachheit halber nur 3 Nutzworte (D, A, B) in einem Block zusammenfassen. Dabei sollen 2 Fehler erkannt (oder 1 Fehler korrigiert) werden. Dazu bildet der Sender für jedes Nutzwort einzeln durch die horizontale Quersummenbildung das jeweilige Prüfbit. Anschließend bildet er über alle Binärstellen die vertikale Quersumme mit Prüfbit.

Nehmen wir an, das 1. Bit im 2. Nutzwort (= B) würde im Übertragungskanal durch einen Störimpuls verfälscht, d.h. hier von O in L geändert.

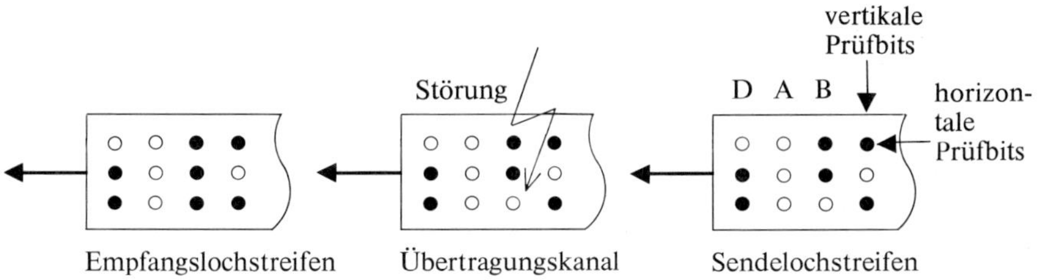

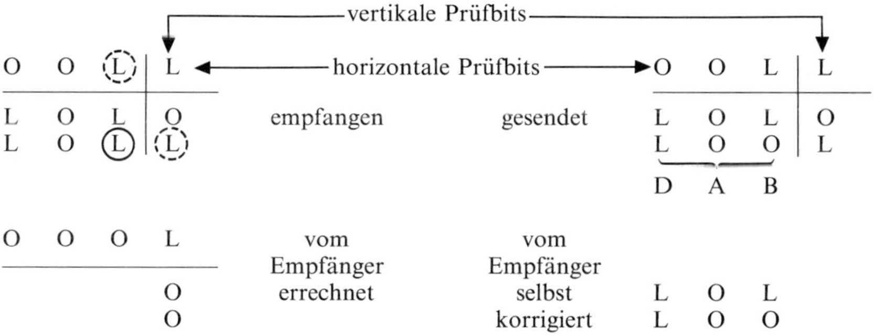

Der Empfänger wird sich aus den angelieferten Nachrichtenbits die dazu passenden vertikalen und horizontalen Prüfbits errechnen. Danach vergleicht er sie mit den empfangenen Prüfbits und stellt folgendes fest: das dritte horizontale und das erste vertikale Prüfbit stimmen nicht mit den empfangenen überein. Dann läßt sich schließen, welches Nachrichtenbit gestört sein muß. Es ist dies das erste Bit des Codewortes für B. Die Korrektur des Fehlers ist damit möglich: das gestörte Bit wird einfach komplementiert.

Bei der Übertragung mit Blocksicherung führt man manchmal sogar diagonale Quersummenprüfung ein, um die Zahl der erkennbaren bzw. korrigierbaren Fehler zu erhöhen.

Mit dem Verfahren der Fehlererkennung bei Block-Codes sind zur Zeit schon Zeichenfehlerwahrscheinlichkeiten von ca. 10^{-8} bei der Datenübertragung auf gewöhnlichen Telefonleitungen möglich. Dies bedeutet, daß bei der Übertragung von $10^8 = 100$ Millionen bit nur 1 bit unerkannt verfälscht bleibt (100 Millionen bit entspricht etwa der Information dreier Bände des großen Brockhaus-Lexikons). Mit anderen Worten: Bei einer 24stündigen Übertragung mit 1000 Binärzeichen pro Sekunde tritt im Durchschnitt nur ein falsches Zeichen auf. Wir werden in IV 3.4 noch auf die Datenübertragung zurückkommen.

Aufgaben zu III 2.4

(1) Welche grundsätzlichen Arten der Übertragungssicherung kennt man in der Codierung bei der Datenübertragung?
- a) fehlererkennende Codes, fehlerkorrigierende Codes, störungsverhindernde Codes
- b) fehlererkennende Codes, fehlerkorrigierende Codes
- c) fehlererkennende Codes, störungsverhindernde Codes

(2) Welche Bezeichnungen verwendet man für die O,L-Kombinationen eines Code ($Alphabet_2$) in dieser Reihenfolge:
1. alle O,L-Kombinationen zusammen
2. alle O,L-Kombinationen, denen in $Alphabet_1$ eine Nachricht zugeordnet ist
3. alle O,L-Kombinationen, denen in $Alphabet_1$ keine Nachricht zugeordnet ist

- a) 1. Nutzworte
  2. Codeworte
  3. Pseudoworte
- b) 1. Codeworte
  2. Nutzworte
  3. Pseudoworte
- c) 1. Nutzworte
  2. Befehlsworte
  3. Datenworte

(3) Wie groß ist die Hammingdistanz h eines Code mit den Nutzworten OOLL, LOOO, LLOL?
- a) $h = 3$
- b) $h = 2$
- c) $h = (2 + 3 + 3)/3 = 2{,}7$

(4) Wie groß ist die Zahl der mit Sicherheit erkennbaren Fehler im Code nach Aufgabe (3)?
- a) $e = h - 1 = 3 - 1 = 2$
- b) $e = h - 1 = 2 - 1 = 1$

c) e = (h − 1)/2 = (2 − 1)/2 = 0,5, d.h., e = O

(5) Bei welchem Übertragungs-Code benötigt man neben dem eigentlichen Übertragungskanal noch einen Rückmeldekanal?
a) bei fehlererkennenden Codes
b) bei fehlerkorrigierenden Codes
c) bei ungesicherten Codes (d.h. Redundanz = O)

(6) Man bilde zu den Nachrichten
LLOLO
LOLLO
OLOLO
die horizontalen und vertikalen Prüfbits zur ungeraden Quersumme (odd parity check) und gebe die so gebildeten Nutzworte des Blockcode an.

a)	b)	c)
LLOLO O	LLOLO L	LLOLO L
LOLLO O	LOLLO L	LOLLO L
OLOLO L	OLOLO O	OLOLO O
LLOOL O	OOLLO L	OOLLO —

(7) Welche Stelle welcher Nachricht in Aufgabe (6) wurde bei der Übertragung gestört, wenn beim Empfänger das 2. horizontale und 3. vertikale Prüfbit mit dem vom Empfänger errechneten nicht übereinstimmt?
a) 2. und 3. Bit der 2. und 3. Nachricht
b) 2. Bit der 3. Nachricht
c) 3. Bit der 2. Nachricht

---

3. Schaltalgebra

3.1 Boole'sche Algebra

In der mathematischen Logik werden Aussagen und deren Verknüpfungen nach ihrem Wahrheitsgehalt hin untersucht. Dabei wird auf die spezifische, subjektive Bedeutung solcher Aussagen nicht eingegangen. Man gibt verschiedene Ausgangsaussagen mit jeweils eindeutig definiertem Wahrheitsgehalt vor. Dann gibt man Regeln und Gesetze an, nach denen diese Ursprungsaussagen miteinander verknüpft werden können. Aufgrund dieser Verknüpfungsregeln lassen sich dann die Wahrheitsgehalte der Ergebnis-Aussagen ‚errechnen'.
Die Untersuchung solcher Gesetzmäßigkeiten nennt man ‚mathematische Logik'. Sie geht auf den griechischen Philosophen Aristoteles (384–322 v. Chr.) zurück. Aristoteles hat bei seinem logischen Formalismus den heute noch üblichen zweiwertigen Aussagenkalkül eingeführt. Darin werden den Aussagen und den daraus (aufgrund bestimmter Gesetzmäßigkeiten) hervorgehenden

Verknüpfungsaussagen nur zwei Wahrheitswerte zugeordnet. Die Aussagen sind entweder ‚wahr' oder ‚falsch' – eine andere Möglichkeit wird hierbei nicht zugelassen und ist auch gar nicht definiert. Der Wahrheitswert einer Aussage ist demnach eine binäre Größe. Dies bedeutet keinesfalls eine Einschränkung der Aussagefähigkeit solcher Aussagen. In der mathematischen Logik lassen sich nämlich alle Aussagen auf die Elementar-Wahrheitswerte ‚wahr' (True) und ‚falsch' (False) zurückführen und demnach auch formal darstellen.

Beispiel

Die keineswegs binäre Aussage, daß während einer Woche nur an 2 Tagen, nämlich Sa und So, nicht gearbeitet wird, läßt sich durch folgende sieben Aussagen mit binärem Charakter (nämlich ‚wahr' oder ‚falsch') darstellen:

Aussage:		(binärer) Wahrheitswert:
Mo	wird gearbeitet	wahr
Di	wird gearbeitet	wahr
Mi	wird gearbeitet	wahr
Do	wird gearbeitet	wahr
Fr	wird gearbeitet	wahr
Sa	wird gearbeitet	falsch
So	wird gearbeitet	falsch

Um uns besser eine Vorstellung von den Verknüpfungsgesetzen verschiedener Aussagen machen zu können, wollen wir auf die uns von der Schule her geläufige, gewöhnliche Algebra etwas zurückgreifen. Bei der gewöhnlichen Algebra haben wir gewisse Variable (Größen) vorliegen, die beliebige Zahlenwerte annehmen dürfen. Ferner können wir solche Variable durch verschiedene Verknüpfungen miteinander verbinden, wodurch wir eine neue Größe erhalten. Diese nennen wir eine Funktion der ursprünglichen Variablen.

Beispiel

Die drei Variablen x_1, x_2, x_3 erzeugen über die Verknüpfungsgesetze der Multiplikation und Addition die Funktionsgröße y:

$$y = x_1 + x_2 \cdot x_3$$

Nehmen wir nun für die Variablen spezielle Zahlenwerte: $x_1 = 2$, $x_2 = 7$, $x_3 = 5$ an, so erhalten wir über die Funktion auch einen eindeutig bestimmten Zahlenwert für y:

$$y = 2 + 7 \cdot 5$$
$$y = 37$$

Denken wir in erster Linie an den ganzen Ausdruck $y = x_1 + x_2 \cdot x_3$, so sprechen wir von der Funktion y.

Steht dagegen mehr der Zahlenwert für y im Vordergrund, so sprechen wir auch von der Ausgangsvariablen y.

Wir wollen nun diese Tatsachen in analoger Weise auf die mathematische Logik anwenden. Den verschiedenen Variablen der gewöhnlichen Algebra entsprechen beim Aussagenkalkül der mathematischen Logik die verschiedenen Aussagen, die wir miteinander verknüpfen wollen. Ein wichtiger Unterschied besteht allerdings. Im Gegensatz zu den Variablen x_1, x_2, x_3 der gewöhnlichen Algebra können die Aussagen (-variablen) nur einen von zwei Werten annehmen: entweder ‚wahr' oder ‚falsch'.

Solche Aussagenvariablen können wir nun miteinander verbinden, um daraus als Funktion eine neue Aussage zu gewinnen – ähnlich der Ergebnisgröße y in obigem Beispiel. Natürlich wird auch die gewonnene Ergebnisaussage binären Charakter haben. Ihr Wahrheitswert ist aber durch die Funktion eindeutig festgelegt.

Beispiel
Die Aussage ‚es regnet' kann ebenso wie die Aussage ‚es ist Sonntag' entweder ‚wahr' oder ‚falsch' sein; m. a. W. wir haben zwei Aussagenvariablen vorliegen.

Verknüpfen wir diese Aussagenvariablen, so erhalten wir eine neue Aussage: ‚Ich gehe ins Kino, wenn es regnet *und* wenn es Sonntag ist'

Diese Aussage ist eine eindeutige Funktion der beiden ersten. Sie ist dann und *nur dann* ‚wahr', wenn die beiden ersten Aussagen *gleichzeitig* erfüllt, d. h. ‚wahr' sind. Also nur dann, wenn es sowohl regnet als auch Sonntag ist. In 3.2.2 werden wir sehen, daß dies eine AND-Verknüpfung ist.

An diesem einfachen Beispiel sehen wir schon, daß die textmäßige Darstellungsweise solcher Aussagen und ihrer Verknüpfungen recht umständlich und auch leicht unübersichtlich werden kann. In der Mitte des vorigen Jahrhunderts hat *George Boole* einen eigenen Formalismus für die mathematische Behandlung derartiger Aussagenverknüpfungen geschaffen. Für die beiden Wahrheitswerte ‚wahr' und ‚falsch' der Aussage wird dabei das Binäralphabet verwandt:

$$L = \text{‚wahr'} \qquad O = \text{‚falsch'}$$

Ebenso wie in der gewöhnlichen Algebra die Addition mit + formal abgekürzt wird, werden auch hier für eindeutig definierte Verknüpfungsarten Kurzzeichen eingeführt. In 3.3.1 kommen wir darauf zurück. Weiterhin geben Rechenregeln die Möglichkeiten der Operationen mit solchen Verknüpfungskürzeln an.

Diesen von George Boole geschaffenen Formalismus nennt man *Boole'sche Algebra* (engl. boolean algebra), manchmal auch logische Algebra. Dementsprechend spricht man auch von Boole'schen Variablen und Boole'schen Funktionen.

Wir werden gleich sehen, daß die Darstellungsverfahren der Boole'schen Algebra vorzüglich den Beschreibungserfordernissen der digitalen, elektronischen Schaltungstechnik entsprechen. Die digitale Schaltungstechnik wurde vor allem bei der Konstruktion von DVA entwickelt. Sie wird heute aber auch in vielen anderen Zweigen der Elektrotechnik, wie Meß-, Regel- und Steuerungstechnik eingesetzt. Im Gegensatz zur konventionellen, analogen Schaltungstechnik arbeitet die digitale Schaltungstechnik mit diskreten, meist binären Ein- und Ausgangsspannungswerten. Denkt man hauptsächlich an diesen Anwendungsbereich der Boole'schen Algebra, so spricht man von ihr als von der *Schaltalgebra* (switching algebra). Im folgenden werden wir bevorzugt diesen Begriff gebrauchen.

Wir wissen, daß wir innerhalb der DVA nur mit dem Binäralphabet O, L operieren. Alle Daten und Befehle liegen in irgendeiner Form – aber jedenfalls binär – codiert vor. Das bedeutet aber nichts anderes, als daß wir sie als Boole'sche Variable auffassen können. Weitergehend können wir sogar sagen: die Operationen, die wir – bewirkt durch die Befehle – an den Daten vornehmen wollen, können wir stets als Boole'sche Funktionen beschreiben.

Vorerst wollen wir noch nicht auf die technische Realisierung solcher Boole'schen Funktionen eingehen. Wir werden später (IV 1.) sehen, daß man dies mit den verschiedensten Bauelementen wie Relais, Dioden oder Transistoren einfach erreichen kann. Innerhalb des Kapitels ‚Schaltalgebra' interessieren uns vor allem die formale Darstellungsweise, die Rechenregeln sowie Beispiele der Anwendung.

3.2 Grundfunktionen

Als Starthilfe zu neuen Überlegungen wollen wir noch einmal zusammenfassen:

> Eine Boole'sche Größe hat binären Charakter.
> Eine Boole'sche Funktion liegt dann vor, wenn eine Boole'sche (Ergebnis-) Größe in einer eindeutig definierten Weise von der Erfüllung bzw. Nichterfüllung einer oder mehrerer Bedingungen abhängt, d. h. aus festgelegten Verknüpfungen einer oder mehrerer Boole'schen Variablen entsteht.

3.2.1 Identität und Negation

Die elementarsten Boole'schen Funktionen sind die Identität und die Negation. In ihr ergibt sich die Boole'sche Ergebnisgröße als Funktion nur *einer* Boole'schen Variablen.

Identität

Die Identität zwischen der Boole'schen Variablen und der Boole'schen Ergebnisgröße y ist folgendermaßen definiert:

$$\begin{aligned} & y = L \quad && \text{wenn } x = L \\ \text{und } & y = O && \text{wenn } x = O \end{aligned}$$

Man kann demnach einfacher schreiben:

Identität: $y = x$

Negation

Die Negation zwischen der Variablen x und der Ergebnisgröße y ist folgendermaßen definiert:

$$\begin{aligned} & y = L \quad && \text{wenn } x = O \\ \text{und } & y = O && \text{wenn } x = L \end{aligned}$$

Die Negation stellt also einfach die Umkehrung des Wahrheitswertes dar. Für die Negation schreibt man allgemein:

Negation: $y = \bar{x}$

(sprich: y ist gleich x nicht)

Wir sehen leicht ein, daß die Identität in der Schaltalgebra keine große Rolle spielen wird. Denn wozu sollte man eine neue Größe y einführen, wenn sie ohnehin mit einer vorhandenen Größe x identisch ist?

Im Gegensatz zur Identität besitzt jedoch die Negation große Bedeutung sowohl für die Rechenregeln der Schaltalgebra als auch für deren praktische Verwirklichung in elektrischen Schaltkreisen.

Für die Verknüpfung von mehreren Boole'schen Variablen sind die beiden Boole'schen Funktionen AND und OR von großer Wichtigkeit. Es läßt sich nämlich zeigen, daß sich alle überhaupt möglichen logischen Funktionen auf die drei Elementarfunktionen: AND, OR und Negation zurückführen lassen.

3.2.2 AND-Funktion

Definition

Die Ergebnisgröße y ist dann und *nur* dann ‚wahr' (L), wenn *alle* Eingangsvariablen $x_1, x_2, \ldots, x_n$ gleichzeitig ‚wahr' (L) sind.

m. a. W.: ist diese Bedingung nicht erfüllt, d. h. ist *wenigstens eine* der Variablen $x_1, x_2, \ldots, x_n$ ‚falsch‘ (O), so ist auch die Ergebnisgröße y ‚falsch‘ (O).

Die deutsche Bezeichnung für die AND-Funktion lautet natürlich UND-Funktion. Wir wollen jedoch bei der englischen Bezeichnungsweise bleiben, weil sie auch bei uns benützt wird. Die AND-Funktion bezeichnet man häufig auch als **Konjunktion.**

Als Gedächtnisstütze für die Charakterisierung der AND-Funktion dient am besten der Ausdruck ‚alle (Eingangsvariablen) gleichzeitig L‘.

Schließen wir an eine Batterie über einen Leitungsdraht, in den drei Kontakte hintereinander eingebaut sind, eine Lampe, so haben wir eine Realisierung der AND-Funktion vor uns.

Für diese Schaltungsanordnung verabreden wir:
für die Variablen x_1, x_2, x_3 gilt:

‚Kontakt offen‘ entspricht O
‚Kontakt geschlossen‘ entspricht L

für die Ergebnisgröße y gilt:

‚Lampe aus‘ entspricht O
‚Lampe brennt‘ entspricht L

Aus der Abb. III 30 entnehmen wir, daß die Lampe dann und *nur* dann brennt, wenn *alle* drei Kontakte geschlossen sind. Mit Hilfe obiger Verabredungen können wir dann sagen: y = L kann nur auftreten, wenn gleichzeitig $x_1 = L$, $x_2 = L$ und $x_3 = L$. Die Schaltungsanordnung gibt also die AND-Funktion wieder. In der Abb. III 30 ist y = O, da zwar $x_1 = L$ und $x_3 = L$, aber $x_2 = O$.

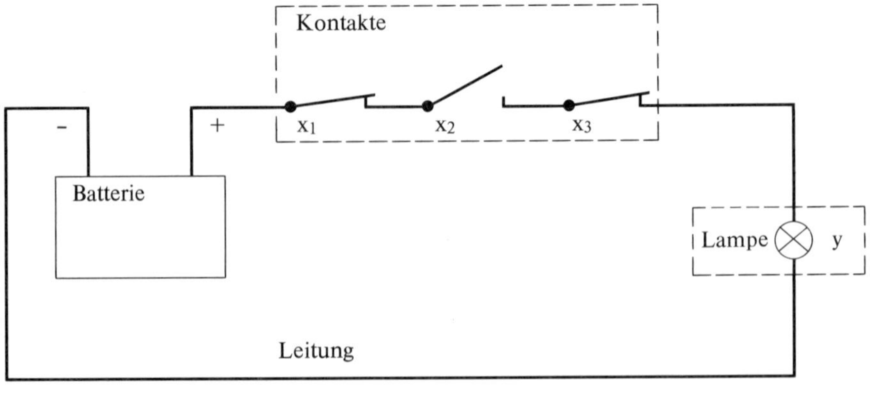

Abb. III 30: Beispiel für die AND-Funktion

3.2.3 OR-Funktion

Definition

> Die Ergebnisgröße y ist dann ‚wahr' (L), wenn eine *oder* mehrere der Eingangsvariablen $x_1, x_2, \ldots x_n$ ‚wahr' (L) sind.

M.a.W.: die Ergebnisgröße y ist ‚wahr' (L), wenn *wenigstens eine* Eingangsvariable ‚wahr' (L) ist.
Oder: die Ergebnisgröße y ist dann und *nur* dann ‚falsch' (O), wenn *alle* Eingangsvariablen $x_1, x_2, \ldots . x_n$ ‚falsch' sind.

Der deutsche Ausdruck für die englische Bezeichnung OR ist ODER-Funktion.

An dieser Stelle sei auf einen häufig begangenen Fehler hingewiesen. Die ODER-Funktion stimmt nicht ganz mit dem Sinn des Wortes ‚oder' in der Umgangssprache überein. Dort wird das Wort ‚oder' nämlich meist im Sinne von ‚entweder – oder', d.h. als Alternativkennzeichnung (engl. XOR, vgl. Abb. III 34), angewandt. Die ODER-Funktion ist dagegen auch dann ‚wahr', wenn *beide* Eingangsvariablen ‚wahr' sind. Der einfachste Merksatz lautet wohl für die OR-Funktion: ‚wenigstens eine (der Eingangsvariablen) ist L'.

3.3 Darstellungsarten

In diesem Abschnitt wollen wir uns die verschiedenen Möglichkeiten ansehen, wie die einzelnen Boole'schen Funktionen rein formal dargestellt werden können. Die verschiedenen Darstellungsarten sind nicht durchweg gleichwertig. Man muß von Fall zu Fall entscheiden, welche Darstellungsart gerade die anschaulichste oder aussagekräftigste ist. Prinzipiell lassen sich alle Funktionen in allen 5 Darstellungsarten angeben.

Wir wollen hier die 5 Möglichkeiten an Hand der beiden Grundfunktionen AND und OR, deren Bedeutung wir schon an Beispielen verdeutlicht haben, einzeln behandeln.

3.3.1 Kurzzeichen

Im Formalismus der gewöhnlichen Algebra verwendet man das Zeichen + für die Verknüpfungsart ‚Addition', das Zeichen : für die ‚Division' usw.

Ganz entsprechend geht man auch beim Formalismus der Boole'schen Algebra vor. Das Zeichen ¯ für die Negation $y = \bar{x}$ kennen wir schon. Wir führen nun auch Kurzzeichen für die Schaltfunktionen ‚Konjunktion' und ‚Disjunktion' ein.

Schaltfunktion	Zeichen	Weitere Schreibweisen in der Literatur	
Negation	$-$	$\neg$	$-$
Konjunktion (AND)	$\wedge$	&	$\cdot$
Disjunktion (OR)	$\vee$	$\vee$	$+$

Allgemein:
Die **Konjunktion** AND y zwischen den n Eingangsvariablen $x_1, x_2, \ldots x_n$ lautet:

$$y = x_1 \wedge x_2 \wedge \ldots\ldots\ldots\ldots \wedge x_n$$

Die **Disjunktion** OR y zwischen den n Eingangsvariablen $x_1, x_2, \ldots x_n$ lautet:

$$y = x_1 \vee x_2 \vee \ldots\ldots\ldots\ldots \vee x_n$$

Die Darstellung einer logischen Funktion mit Kurzzeichen bezeichnet man meist als Schaltfunktion.

3.3.2 Wertetafel (Funktionstabelle)

Eine andere, sehr übersichtliche und auch häufig angewandte Methode, Schaltfunktionen darzustellen, ist die Wertetafel (auch Funktionstabelle genannt). Für jede Eingangsvariable sowie für die Ausgangsvariable y wird je eine Spalte bereitgestellt. Nun werden alle möglichen Kombinationen der Eingangsvariablen für die zulässigen Werte O und L eingetragen. Laut Verknüpfungsregel ergibt sich dann dazu der eindeutige Wert (O oder L) der Ausgangsvariablen y.

Konjunktion (AND)

x_1	x_2	y
O	O	O
O	L	O
L	O	O
L	L	L

Disjunktion (OR)

x_1	x_2	y
O	O	O
O	L	L
L	O	L
L	L	L

Als Beispiel wollen wir die 3. Zeile der Wertetafel für die Konjunktion interpretieren. Sie besagt: wenn $x_1 = L$ und $x_2 = O$, dann ist die Ausgangsvariable $y = O$.

3.3.3 Kontaktskizze

Die verschiedenen logischen Verknüpfungen können wir auch durch Kontaktskizzen darstellen. Der Kontakt hat aus seinem Aufbau heraus schon binären Charakter – er ist entweder geöffnet oder geschlossen.

Logikfunktion	Symbol	Kurzzeichen-Darstellung
Identität	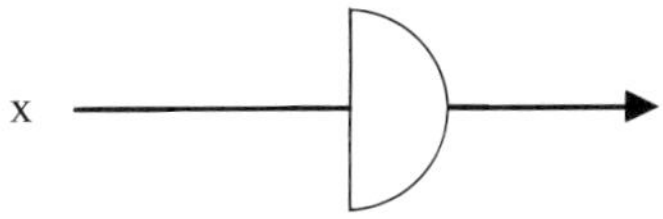	$y = x$
Negation	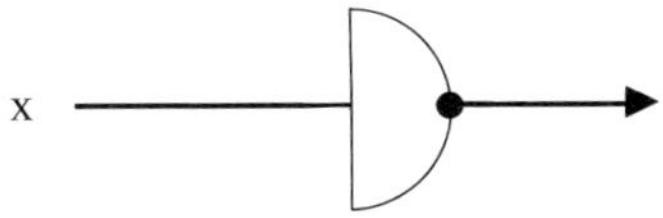	$y = \overline{x}$
AND	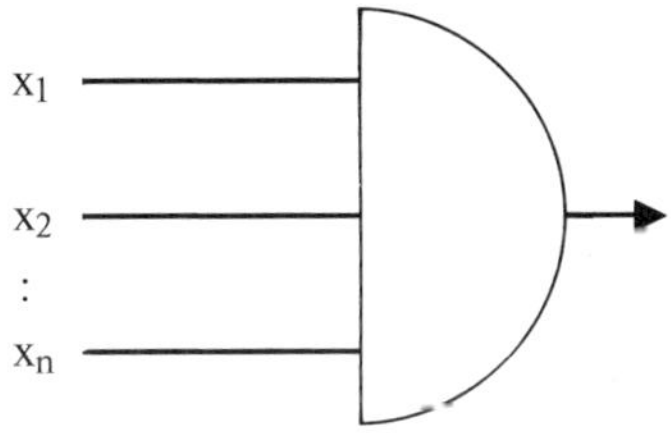	$y = x_1 \wedge x_2 \wedge \ldots \wedge x_n$
OR	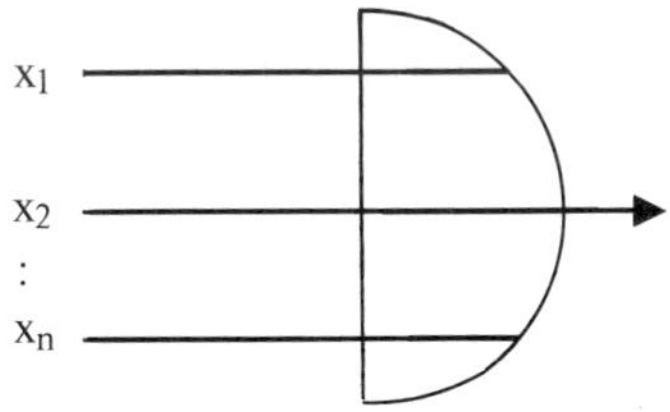	$y = x_1 \vee x_2 \vee \ldots \vee x_n$
Beispiel	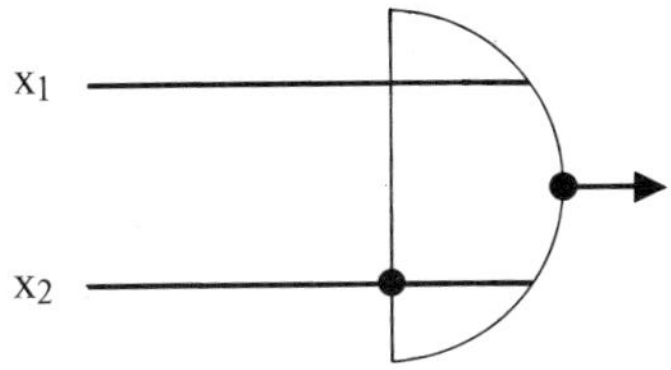	$y = \overline{x_1 \vee \overline{x_2}}$

Abb. III 31: Symboldarstellung der Logikfunktionen

Die Darstellungsweise mit Kontakten wurde bei der Relaisschalttechnik entwickelt. Die Kontaktskizze für AND ist bereits bekannt (Abb. III 30).

3.3.4 Symboldarstellung

Eine weitere Darstellungsmöglichkeit logischer Funktionen finden wir in der Symboldarstellung. Sie arbeitet mit zeichnerischen Symbolen für die verschiedenen Grundfunktionen (DIN 40700).

Die Symboldarstellung ist schon ein Übergang zum reinen Schaltplan, der die elektrischen Bauelemente und ihre gegenseitige Gruppierung angibt. Sie wird deshalb vor allem beim logischen Entwurf von digitalen Baugruppen und größeren Teilen von Rechnersystemen angewandt. Die Abb. III 31 gibt für die Grundfunktionen ihre Symboldarstellung und die dazugehörige Kurzzeichendarstellung an. In dem dortigen Beispiel wird die Eingangsvariable x_2 negiert und über die OR-Funktion mit der Eingangsvariablen x_1 verknüpft. Die sich ergebende Ausgangsgröße wird negiert und führt zur endgültigen Ergebnisgröße y.

3.3.5 Mengendiagramme

Aus der mathematischen Mengenlehre wurden zwei Darstellungsformen für logische Funktionen gewonnen, die vor allem bei wenigen Eingangsvariablen (≤ 4) sehr anschauliche Ergebnisse liefern. Wir konzentrieren uns auf zwei Eingangsvariablen und die Grundfunktionen AND und OR. In beiden Darstellungsformen teilen wir die Gesamtmenge in Teilmengen auf und schraffieren diejenigen, für die sich die Ausgangsfunktion $y = 1$ ergibt.

Die Teilmenge innerhalb des Kreises x_1 bzw. x_2 besagt:

$$x_1 = 1 \text{ bzw. } x_2 = 1$$

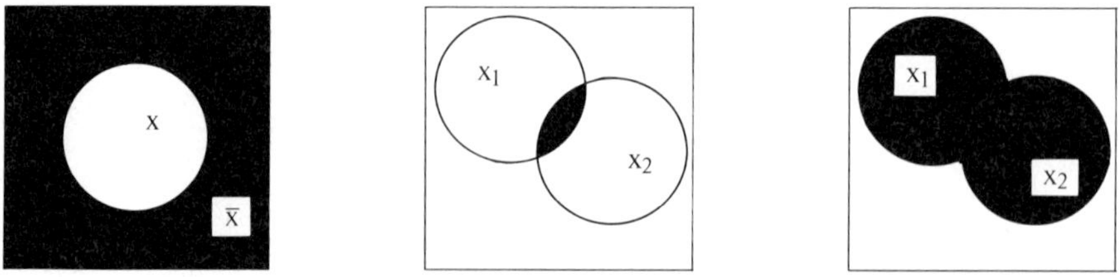

Negation $y = \bar{x}$ AND: $y = x_1 \wedge x_2$ OR: $y = x_1 \vee x_2$

Abb. III 32: Venndiagramme

Das Karnaugh-Diagramm mit 2 Eingangsvariablen x_1 und x_2 bildet ebenfalls Teilmengen, die jeweils einer Merkmalskombination entsprechen. Die bereits bekannten Funktionen illustrieren die Anwendung.

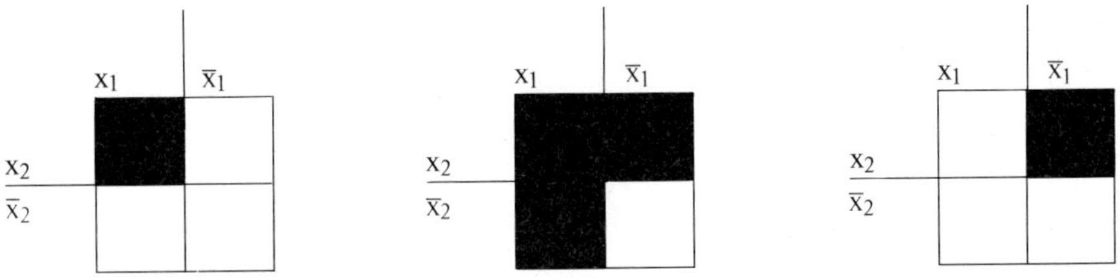

AND: $y = x_1 \wedge x_2$ OR: $y = x_1 \vee x_2$ $y = \overline{x_1 \vee \overline{x_2}}$

Abb. III 33: Karnaugh-Diagramme

3.4 Funktionen bei 2 Eingangsvariablen

Die bisher verwendeten Grundfunktionen AND und OR sind nicht die einzigen Logikfunktionen, die sich mit 2 Eingangsvariablen bilden lassen. 16 Grundfunktionen $y(x_1, x_2)$ können gebildet werden, jedoch nur 10 von ihnen sind technisch brauchbar. Sie sind in Abb. III 32 aufgelistet. Insbesondere die negierten Formen der Grundfunktionen AND und OR gewannen technisch eine besondere Bedeutung: NAND und NOR. Mit jeder dieser beiden Grundfunktionen kann jede beliebige Schaltfunktion allein dargestellt werden. Dies bedeutet, daß es möglich ist, sämtliche Schaltfunktionen eines Rechners mit einem einzi-

Eingangs-variable	x_1 x_2	O O	O L	L O	L L	logische Funktionen Schaltfunktion	Bezeichnung	Abk.
Normal-formen	y_2	O	O	O	L	$y_2 = x_1 \wedge x_2$	Konjunktion	AND
	y_3	O	O	L	O	$y_3 = x_1 \wedge \overline{x_2}$	Inhibition	
	y_5	O	L	O	O	$y_5 = \overline{x_1} \wedge x_2$	Inhibition	
	y_7	O	L	L	O	$y_7 = (\overline{x_1} \wedge x_2) \vee (x_1 \wedge \overline{x_2})$	Antivalenz	XOR
	y_8	O	L	L	L	$y_8 = x_1 \vee x_2$	Disjunktion	OR
negierte Formen	y_9	L	O	O	O	$y_9 = \overline{x_1 \vee x_2}$	neg. Disjunktion	NOR
	y_{10}	L	O	O	L	$y_{10} = (\overline{x_1} \wedge \overline{x_2}) \vee (x_1 \wedge x_2)$	Äquivalenz	
	y_{12}	L	O	L	L	$y_{12} = \overline{\overline{x_1} \wedge x_2}$	Implikation	
	y_{14}	L	L	O	L	$y_{14} = \overline{x_1 \wedge \overline{x_2}}$	Implikation	
	y_{15}	L	L	L	O	$y_{15} = \overline{x_1 \wedge x_2}$	neg. Konjunktion	NAND

Abb. III 34: Die $2 \cdot 5 = 10$ technisch brauchbaren logischen Funktionen von 2 Eingangsvariablen x_1 und x_2

gen Typ von Schaltkreisbausteinen (z. B. NAND- oder NOR-Gatter) aufzubauen. Als Übung kann versucht werden, die aus Kap. 3.3 bekannten sechs Darstellungsformen auf die verwendeten Grundfunktionen anzuwenden.

Aufgaben zu III 3.1/3.2/3.3/3.4

(1) Wer war der Begründer der Schaltalgebra?
a) Boole
b) Aristoteles
c) Leibniz

(2) Wie sieht die Kontaktskizze der OR-Funktion aus – vergleichbar der Darstellung in Abb. III 30?

(3) Wie lautet die Boole'sche Funktion der 5 Eingangsvariablen x_1, x_2, x_3, x_4, x_5, deren Ausgangsvariable y nur dann O wird, wenn zugleich alle 5 Eingangsvariablen O sind?
a) Disjunktion (OR)
b) Konjunktion (AND)
c) NOR-Funktion

(4) Aus welcher Grundfunktion kann jede beliebige Schaltfunktion aufgebaut werden?
a) OR
b) AND
c) NAND

(5) Wie lautet die Negation der Grundfunktion Inhibition?
a) Antivalenz
b) Äquivalenz
c) Implikation

(6) Welche Teilmengen sind im Karnaughdiagramm für die Grundfunktion NAND zu schraffieren?
a) unten rechts
b) oben rechts und links, unten links
c) oben rechts, unten rechts und links

(7) Wie lautet die Schaltfunktion (noch nicht minimisiert), deren Symboldarstellung im folgenden angegeben ist?
a) $y = (\bar{x}_1 \vee x_2) \wedge \bar{x}_1 \wedge (\overline{x_1 \vee \bar{x}_2})$
b) $y = (\bar{x}_1 \wedge x_2) \vee \bar{x}_1 \vee (\overline{x_1 \wedge \bar{x}_2})$
c) $y = (\overline{x_1 \vee \bar{x}_2}) \wedge x_1 \wedge (\bar{x}_1 \vee x_2)$

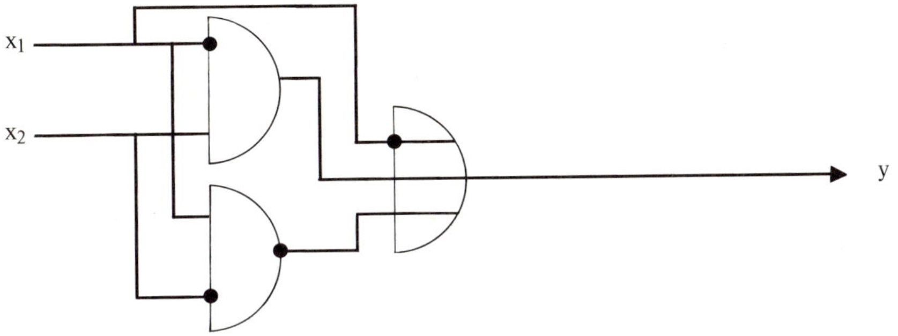

(8) Wie lautet die Schaltfunktion, deren Gebietsdarstellung hier angegeben ist?
a) $y = (x_1 \wedge x_2) \vee (x_1 \wedge x_3)$
b) $y = (x_1 \wedge x_2 \wedge \bar{x}_3) \vee (x_1 \wedge \bar{x}_2 \wedge x_3)$
c) $y = (x_1 \vee x_2 \vee \bar{x}_3) \wedge (x_1 \vee \bar{x}_2 \vee x_3)$

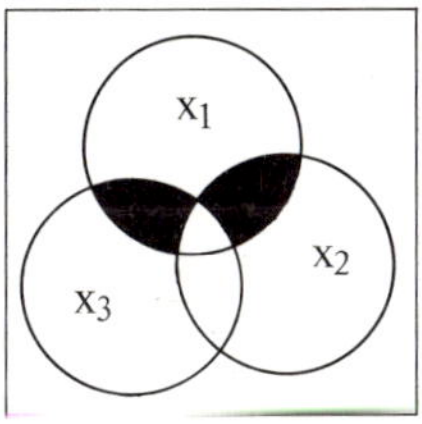

(9) Wieviele Zeilen hat die Wertetafel einer Funktion von 5 Eingangsvariablen?
a) $2^5 = 32$
b) $2^{2^5} = 2^{32} \approx 5$ Milliarden
c) $5^2 = 25$

(10) Wieviele der überhaupt möglichen Boole'schen Funktionen von 2 Eingangsvariablen sind technisch verwertbar?
a) 18
b) 2, nämlich AND und OR
c) 10

(11) Welche Boole'sche Funktion zweier Eingangsvariabler ist dann und nur dann O, wenn beide Eingangsvariablen gleich sind?
a) Antivalenz
b) Äquivalenz
c) Implikation

(12) Welche Boole'sche Funktion zweier Eingangsvariabler geht aus der Negation der Implikation hervor?
a) Antivalenz
b) Inhibition
c) Äquivalenz

(13) Welche Teilmengen sind im Karnaughdiagramm für die Grundfunktion XOR zu schraffieren?
a) oben rechts und unten rechts
b) oben rechts und unten links
c) oben links und unten links

3.5 Rechenregeln

3.5.1 Postulate und Theoreme

Um die verschiedenen Rechenregeln der Schaltalgebra herzuleiten, gehen wir von einigen wenigen Grundbeziehungen, den sogenannten Postulaten, aus. Diese Postulate sind Definitionen und lassen sich als Axiome innerhalb der Schaltalgebra selbst nicht mehr beweisen. Jedoch lassen sich alle anderen Rechenregeln mit Hilfe dieser Postulate beweisen. Wir werden den entsprechenden Beweis natürlich nicht bei jeder hier angegebenen Regel vornehmen. Wir begnügen uns i. a. mit einer Veranschaulichung durch Kontaktskizzen oder bzw. und Gebietsdarstellungen.

Die **Postulate** lauten:

$$\bar{L} = O \quad (1a)$$
$$\bar{O} = L \quad (1b)$$
$$O \vee O = O \quad (2a) \qquad L \vee L = L \quad (3a)$$
$$L \wedge L = L \quad (2b) \qquad O \wedge O = O \quad (3b)$$
$$O \vee L = L \vee O = L \quad (4a)$$
$$O \wedge L = L \wedge O = O \quad (4b)$$

Das Postulat (1) bedeutet einfach die Negation. Da wir nämlich nur über die zwei Werte O und L verfügen, muß zwangsläufig der eine Wert durch Negation in den anderen übergehen.

Die Postulate (2) und (3) sind in ihrer einfachen Aussage ohnehin plausibel.

Das Postulat (4a) kann entsprechend der Kontaktdarstellung als die Parallelschaltung eines (stets) offenen und eines (stets) geschlossenen Kontaktes aufgefaßt werden. Der Strompfad ist also über den oberen Zweig (geschlossener Kontakt) stets durchgeschaltet. Dies bedeutet: der Ausgang y ist stets L.

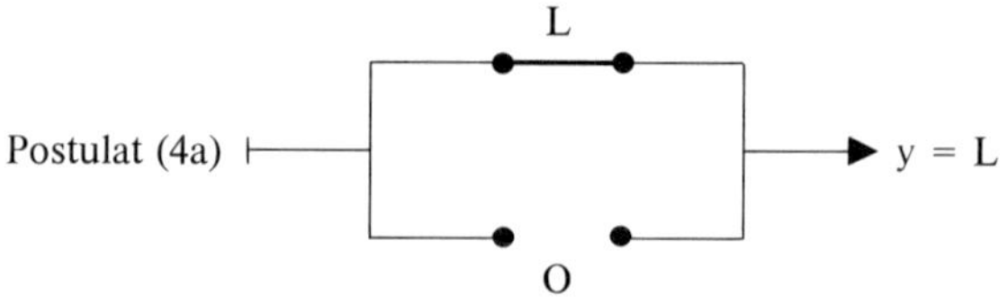

Das Postulat (4b) kann dagegen als Reihenschaltung eines (stets) offenen und eines (stets) geschlossenen Kontaktes interpretiert werden. Der Strompfad bleibt hier natürlich stets unterbrochen. Dies bedeutet, daß die Ausgangsvariable stets $y = O$.

Von großer Bedeutung für die praktische Anwendung der Schaltalgebra auf dem Gebiet digitaler Schaltnetzwerke ist die Möglichkeit der Vereinfachung der Schaltfunktionen. Eindeutige Kriterien für diese Vereinfachung (**Minimisierung** genannt) kann man allerdings in allgemeiner Form nicht angeben – sie hängen zu sehr von der jeweils gewählten Schaltkreistechnik ab. Häufig versucht man die Schaltfunktion so umzuformen, daß am Ende möglichst wenig Eingangsvariable auf die Ausgangsvariable einen Einfluß ausüben. Wir werden darauf noch genauer eingehen.

Zunächst wollen wir uns verschiedene Rechenregeln und Beziehungen aus den Postulaten herleiten – wir werden sie für die Vereinfachung von Schaltfunktionen benützen können. Es ist wichtig, daß man sich eine gewisse Routine bei der Anwendung dieser Theoreme aneignet! Eine einfache und plausible Deutung der Theoreme findet sich, wenn die Disjunktion ($\vee$) durch eine Parallelschaltung und die Konjunktion ($\wedge$) durch eine Reihenschaltung der entsprechenden Kontakte in der Kontaktskizze realisiert werden.

Theoreme:

$x \vee O = x$	(1a)	$x \wedge O = O$	(2a)
$x \vee L = L$	(1b)	$x \wedge L = x$	(2b)
$x \vee x = x$	(3a)	$x \vee \bar{x} = L$	(4a)
$x \wedge x = x$	(3b)	$x \wedge \bar{x} = O$	(4b)
$\bar{\bar{x}} = x$	(5)		

Als Methode zum Beweis dieser Theoreme aus den Postulaten heraus bietet sich das sogenannte **Induktions-Verfahren** an. Dabei geht man folgendermaßen vor:

Die Variable x kann als Boole'sche Größe einen der beiden Werte O, L annehmen. Andere Werte für x sind nicht zugelassen. Wollen wir nun eines der angegebenen Theoreme beweisen, so brauchen wir deshalb nur zu zeigen, daß das Theorem sowohl für $x = O$ als auch für $x = L$ erfüllt ist.

Beispiel
Das Theorem (4a) behauptet: $x \vee \bar{x} = L$
Beweis für $x = O$:

linke Seite: $O \vee \bar{O}$
mit Postulat (1b): $= O \vee L$
mit Postulat (4a): $= L$ = rechte Seite = L

Beweis für x = L:

linke Seite: $L \vee \bar{L}$
mit Postulat (1a): $= L \vee O$
mit Postulat (4a): $= L$ = rechte Seite = L

d.h.: das Theorem (4a) ist sowohl für x = O als auch für x = L erfüllt – also ist es allgemein erfüllt.
Auf diese Weise lassen sich auch die übrigen Theoreme beweisen.

Zur Veranschaulichung der Aussagen eines Theorems sind die Kontaktskizzen auch sehr nützlich:

Beispiel
Theorem (2a) lautet: $x \wedge O = O$
Als Kontaktskizze wird diese Aussage leicht verständlich:

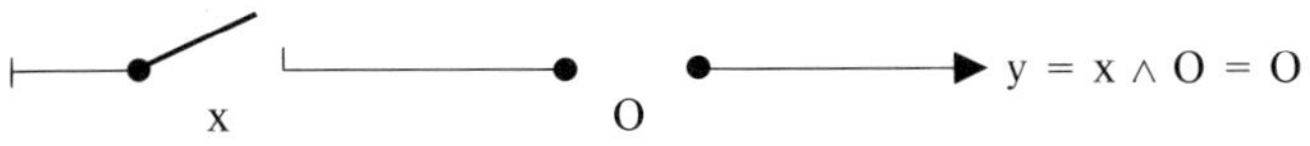

Die Konjunktion zwischen einer Boole'schen Größe x und dem Wert O ist stets O, da der Strompfad – unabhängig von x – stets unterbrochen bleibt.

3.5.2 Assoziatives Gesetz

Aus der gewöhnlichen Algebra kennen wir das Assoziative Gesetz in folgender Form:
für die Addition: $(x_1 + x_2) + x_3 = x_1 + (x_2 + x_3) = x_1 + x_2 + x_3$
Multiplikation: $(x_1 \cdot x_2) \cdot x_3 = x_1 \cdot (x_2 \cdot x_3) = x_1 \cdot x_2 \cdot x_3$
Dabei kennzeichnen die Klammern die zuerst auszuwertenden Ausdrücke.

Das **Assoziative Gesetz** besagt also:

> Wird auf mehrere Variable nur **ein** Operationstyp angewandt, so ist es gleichgültig, welche Variablen wir zuerst zusammenfassen. Die Stellung der Klammern ist also gleichgültig – sie können deshalb ganz weggelassen werden.

In dieser Form gilt das Assoziative Gesetz auch für die Operationen ‚Disjunktion' ($\vee$) und ‚Konjunktion' ($\wedge$). Es gilt also:

für die Disjunktion:

$$(x_1 \vee x_2) \vee x_3 = x_1 \vee (x_2 \vee x_3) = x_1 \vee x_2 \vee x_3$$

für die Konjunktion:

$$(x_1 \wedge x_2) \wedge x_3 = x_1 \wedge (x_2 \wedge x_3) = x_1 \wedge x_2 \wedge x_3$$

Die Gültigkeit des Assoziativen Gesetzes für die Konjunktion wollen wir uns über die Gebietsdarstellung verdeutlichen.

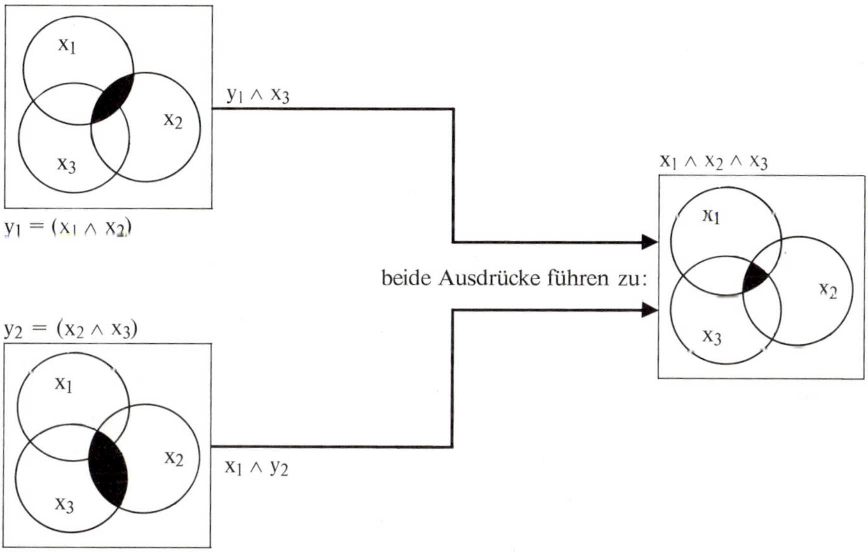

Abb. III 35: Assoziatives Gesetz bei der Konjunktion

Über die beiden verschiedenen Zwischenergebnisse:

$$y_1 = (x_1 \wedge x_2)$$
und $$y_2 = (x_2 \wedge x_3)$$

kommen wir auf dasselbe Endergebnis:

$$x_1 \wedge x_2 \wedge x_3$$

3.5.3 Distributives Gesetz

Auch bei diesem Gesetz wollen wir auf die gewöhnliche Algebra zurückgreifen. Dort gilt:

$$x_1 \cdot (x_2 + x_3) = (x_1 \cdot x_2) + (x_1 \cdot x_3)$$

Hiervon ausgehend können wir für die Schaltalgebra in analoger Weise anschreiben:

Distributives Gesetz 1. Art:

$$x_1 \wedge (x_2 \vee x_3) = (x_1 \wedge x_2) \vee (x_1 \wedge x_3)$$

In der gewöhnlichen Algebra gilt die 2. Form des Distributiven Gesetzes nicht; es ist nämlich:

$$x_1 + (x_2 \cdot x_3) \neq (x_1 + x_2) \cdot (x_1 + x_3)$$

Die rechte und linke Seite dieses Ausdrucks bedeuten etwas völlig Verschiedenes. Anders ist die Situation in der Schaltalgebra. Dort gilt:

Distributives Gesetz 2. Art:

$$x_1 \vee (x_2 \wedge x_3) = (x_1 \vee x_2) \wedge (x_1 \vee x_3)$$

In der Schaltalgebra sind also die Kurzzeichen $\wedge$ und $\vee$ völlig gleichberechtigt. Mit dem Distributiven Gesetz 2. Art lassen sich ebenso häufig Vereinfachungen von Schaltfunktionen durchführen wie mit dem 1. Art. Zu Minimisierungs-Zwecken werden die beiden Distributiven Gesetze meist von rechts nach links eingesetzt.

Den Beweis für die Gültigkeit der beiden Gesetze kann man auch hier wieder mit der Methode der Induktion durchführen. Dazu wählt man alle möglichen O,L-Kombinationen der Variablen x_1, x_2, x_3 (es sind insgesamt $2^3 = 8$) und zeigt, daß beide Seiten obiger Rechenregeln jeweils denselben Wert ergeben.

3.5.4 Morgan'sches Theorem

Eine sehr wichtige und praktische Umformregel finden wir in dem nach Morgan benannten Theorem. Es kennzeichnet recht deutlich den Dualismus zwischen der Konjunktion und der Disjunktion, der schon bei den Postulaten auffiel.

Morgan'sches Theorem:

$$\overline{x_1 \vee x_2} = \bar{x}_1 \wedge \bar{x}_2 \quad \text{und} \quad \overline{x_1 \wedge x_2} = \bar{x}_1 \vee \bar{x}_2$$

Mit Hilfe dieses Theorems kann also eine Disjunktion zwischen Eingangsvariablen x_1, x_2 in eine Konjunktion zwischen ihren Negationen $\bar{x}_1$, $\bar{x}_2$ umgewandelt werden. Ebenso ist die Zurückführung der Konjunktion auf die Disjunktion möglich.

Der amerikanische Mathematiker Shannon, der viel zur derzeitigen praktischen Bedeutung der Schaltalgebra beigetragen hat, brachte obige Aussage in eine allgemeinere Form für beliebige viele Variable $x_1 \ldots\ldots x_n$:

Verallgemeinertes Morgan'sches Theorem:

$$\overline{y(x_1, x_2, \ldots . x_n, \wedge, \vee)} = y(\bar{x}_1, \bar{x}_2, \ldots \bar{x}_n, \vee, \wedge)$$

Dieses Theorem besagt folgendes:
Für eine beliebige logische Funktion y der Eingangsvariablen $x_1, x_2, \ldots x_n$ erhält man die Negation $\bar{y}$ dieser Funktion, indem man:
- jede Variable x durch deren Komplement $\bar{x}$ ersetzt und
- die Konjunktionen $\wedge$ mit den Disjunktionen $\vee$ vertauscht.

Beispiel
Es sei: $y = x_1 \vee (x_2 \wedge \bar{x}_3) \vee (\bar{x}_2 \wedge x_3)$
dann erhält man nach obigem Theorem die Negation $\bar{y}$ zu:

$$\bar{y} = \overline{x_1 \vee (x_2 \wedge \bar{x}_3) \vee (\bar{x}_2 \wedge x_3)}$$
$$= \bar{x}_1 \wedge (\bar{x}_2 \vee x_3) \wedge (x_2 \vee \bar{x}_3)$$

Die Negation $\bar{y}$ kann also sehr einfach durch rein formale Umwandlung gewonnen werden.

Durch Induktion wollen wir nun das Morgan'sche Theorem in seiner einfachen Form beweisen. Jeder der beiden Eingangsvariablen x_1, x_2 kann jeweils einen der beiden Werte O, L annehmen. Insgesamt erhalten wir also 4 mögliche Wertekombinationen, für die wir die Gleichheit der linken und rechten Seite des Morgan'schen Theorems zeigen müssen.

Behauptung

$\overline{x_1 \vee x_2} = \bar{x}_1 \wedge \bar{x}_2$

x_1	x_2	$x_1 \vee x_2$	$\overline{x_1 \vee x_2}$	$\bar{x}_1$	$\bar{x}_2$	$\bar{x}_1 \wedge \bar{x}_2$
O	O	O	L	L	L	L
O	L	L	O	L	O	O
L	O	L	O	O	L	O
L	L	L	O	O	O	O

Es ist also: linke Seite = rechte Seite

Damit ist die Behauptung stets erfüllt.

3.5.5 Entwicklungstheorem

Die Anwendung des Entwicklungstheorems kann manchmal recht schnell zu Vereinfachungen der Schaltfunktion führen.

Das **Entwicklungstheorem** lautet:

> Liegt eine logische Funktion y von den Eingangsvariablen $x_1, x_2 \ldots . x_n$ vor, so gelten die beiden Beziehungen:
>
> $$y(x_1, x_2, \ldots x_n) = [x_1 \wedge y(L, x_2, \ldots x_n)] \vee [\bar{x}_1 \wedge y(0, x_2, \ldots x_n)]$$
> $$y(x_1, x_2, \ldots x_n) = [x_1 \vee y(0, x_2, \ldots x_n)] \wedge [\bar{x}_1 \vee y(L, x_2, \ldots x_n)]$$

Die Gültigkeit dieser beiden Beziehungen kann wieder leicht bewiesen werden, indem man für x_1 einmal O und einmal L einsetzt. Wir wollen uns hier auf den Nachweis für $x_1 = O$ und auf die erste Beziehung beschränken.

$$\begin{aligned} y(0, x_2 \ldots x_n) &= [O \wedge y(L, x_2, \ldots x_n)] \vee [\bar{O} \wedge y(0, x_2, \ldots x_n)] \\ &= O \vee [L \wedge y(0, x_2, \ldots x_n)] \\ &= O \vee y(0, x_2, \ldots x_n) \\ &= y(0, x_2, \ldots x_n) \end{aligned}$$

d.h., die linke und rechte sind gleich; die Beziehung ist also für $x_1 = O$ gültig. Analog läuft der Beweis für $x_1 = L$.

Beispiel
An einem Beispiel werden wir nun sehen, wie die verschiedenen Theoreme zur Vereinfachung einer Boole'schen Funktion dienen können. Bei den schrittweise durchgeführten Umwandlungen geben wir stets die Nummer des Theorems an, nach denen die jeweilige Umformung vorgenommen wird. Vorgegeben sei uns folgende Schaltfunktion:

$$y = [(x_1 \vee x_2) \wedge (x_1 \vee x_3)] \vee (x_1 \wedge x_2 \wedge x_3)$$

Nun sei es beispielsweise aus technischen Überlegungen heraus wünschenswert, diese Schaltfunktion so stark wie möglich zu vereinfachen, um Bauteile zu sparen. Vereinfachungen können wir mit dem Entwicklungssatz oder direkt, über Gebietsdarstellung und Kontaktskizze, vornehmen.

Vereinfachung über den Entwicklungssatz
Zunächst berechnen wir aus der gegebenen Schaltfunktion:

$$y(x_1 = O) = [(O \vee x_2) \wedge (O \vee x_3)] \vee (O \wedge x_2 \wedge x_3)$$

mit Theorem (1a) und (2a) folgt:

$$= [x_2 \wedge x_3] \vee O$$

mit Theorem (1a) folgt:

$$= x_2 \wedge x_3$$

Nun bestimmen wir aus der Schaltfunktion noch:

$$y(x_1 = L) = [(L \vee x_2) \wedge (L \vee x_3)] \vee (L \wedge x_2 \wedge x_3)$$

mit dem Distributiven Gesetz 2. Art folgt:

$$= [L \vee (x_2 \wedge x_3)] \vee (L \wedge x_2 \wedge x_3)$$

mit dem Assoziativen Gesetz gilt:

$$= [L \vee (x_2 \wedge x_3)] \vee [L \wedge (x_2 \wedge x_3)]$$

mit Theorem (1b) und (2b) folgt:

$$= L \vee (x_2 \wedge x_3)$$

mit Theorem (1b) folgt schließlich:

$$= L$$

Mit den beiden Ausdrücken:

$$y(x_1 = O) = x_2 \wedge x_3$$
$$y(x_1 = L) = L$$

können wir nun den Entwicklungssatz auswerten:

$$\begin{aligned} y &= [x_1 \wedge y(x_1 = L)] \vee [\bar{x}_1 \wedge y(x_1 = O)] \\ &= [x_1 \wedge L] \vee [\bar{x}_1 \wedge (x_2 \wedge x_3)] \\ &= x_1 \vee [\bar{x}_1 \wedge (x_2 \wedge x_3)] \\ &= (x_1 \vee \bar{x}_1) \wedge [x_1 \vee (x_2 \wedge x_3)] \\ &= L \wedge [x_1 \vee (x_2 \wedge x_3)] \\ &= x_1 \vee (x_2 \wedge x_3) \end{aligned}$$

Die ursprüngliche Form der Schaltfunktion wurde also auf die vereinfachte Form $y = x_1 \vee (x_2 \wedge x_3)$ zurückgeführt.

Als Übung kann die Vereinfachung der vorgegebenen Schaltfunktion:
- ohne das Entwicklungstheorem
- über die Mengendiagramme
- über die Kontaktskizze

versucht werden.

3.6 Normalformen der Schaltfunktion

Im vorhergehenden Abschnitt haben wir an einem Beispiel gesehen, daß ein und dieselbe Schaltfunktion umfangreicher oder aber vereinfacht angeschrieben werden kann. Dieselbe Schaltfunktion kann also in verschiedenen Schreibformen auftreten, wobei allerdings jede Form durch Umwandlung nach den angegebenen Rechenregeln in die andere Form gebracht werden kann.

Im folgenden werden wir eine ‚genormte' Form der Schaltfunktion kennenlernen – also eine Form mit klar definiertem Aufbau. Es ist die ‚Disjunktive Normalform'.

Aus 3.4 wissen wir, daß die Wertetafel irgendeiner Boole'schen Funktion bei n Eingangsvariablen $x_1, x_2, \ldots x_n$ gerade 2^n Zeilen besitzt. Als Vollkonjunktionen bezeichnen wir nun den Boole'schen Ausdruck, der entsteht, indem wir alle Eingangsvariablen oder ihre Negationen konjunktiv ($\wedge$) miteinander verknüpfen. Eine Möglichkeit wäre beispielsweise:

$$x_1 \wedge \bar{x}_2 \wedge \bar{x}_3 \ldots\ldots x_{n-1} \wedge \bar{x}_n .$$

Ob die Eingangsvariable hierbei selbst oder ihre Negation verwendet wird, das legt die Wertetafel fest. Für jede Zeile der Wertetafel erhalten wir nämlich eine Vollkonjunktion – jede Zeile ist ja gerade eine O,L-Kombination aller n Eingangsvariablen. Insgesamt treten also 2^n Vollkonjunktionen auf.

Bei der Bildung der Vollkonjunktion für eine bestimmte Zeile wird die Eingangsvariable x_i mit x_i eingesetzt, wenn sie in dieser Zeile der Wertetafel mit L markiert ist. Ist sie dort mit O markiert, so wird $\bar{x}_i$ in die Vollkonjunktion eingetragen.

Eine Vollkonjunktion nennt man häufig auch **Minterm.**

Verknüpft man nun all die Minterme, für welche die Ausgangsvariable y laut Wertetafel zu L wird, disjunktiv miteinander, so erhält man die *D*isjunktive *N*ormal*f*orm (DNF). Sie ist, wie schon erwähnt, eine der vielen möglichen Formen der Schaltfunktion.

An einem konkreten Beispiel wollen wir uns nun die Aufstellung der DNF aus der vorgegebenen Wertetafel genauer ansehen. Zur Festlegung der Wertetafel geben wir vor:

Es seien drei Eingangsvariable x_1, x_2, x_3 vorhanden, d.h., hier ist $n = 3$. Damit erhalten wir eine Wertetafel mit $2^n = 2^3 = 8$ Zeilen. Nun können wir noch die Spalte für die Ausgangsvariable y und damit die Eigenschaften der Funktion vorgegeben. Dazu schreiben wir beispielsweise vor:
die Ausgangsvariable y sei nur L, wenn gilt:

	$x_1 = O$	$x_2 = O$	$x_3 = O$
oder:	$x_1 = O$	$x_2 = O$	$x_3 = L$
oder:	$x_1 = L$	$x_2 = L$	$x_3 = O$
oder:	$x_1 = L$	$x_2 = L$	$x_3 = L$

In allen anderen Fällen soll die Ausgangsvariable y = O sein. Aus diesen Angaben und Bedingungen heraus können wir die Wertetafel aufstellen.

	x_1	x_2	x_3	y
1. Zeile	O	O	O	L ←
2. Zeile	O	O	L	L ←
.	O	L	O	O
.	O	L	L	O
.	L	O	O	O
.	L	O	L	O
7. Zeile	L	L	O	L ←
8. Zeile	L	L	L	L ←

Wertetafel zur Aufstellung der DNF

Zunächst benötigen wir die Vollkonjunktionen (Minterme), für die die Ausgangsvariable y = L wird. Der y-Spalte entnehmen wir: es sind dies die Zeilen 1, 2, 7, 8 der Wertetafel. Die dazugehörigen Minterme ergeben sich zu:

1. Zeile $\bar{x}_1 \wedge \bar{x}_2 \wedge \bar{x}_3$
2. Zeile $\bar{x}_1 \wedge \bar{x}_2 \wedge x_3$
7. Zeile $x_1 \wedge x_2 \wedge \bar{x}_3$
8. Zeile $x_1 \wedge x_2 \wedge x_3$

Für diese vier Minterme gilt also laut Wertetafel: wenn einer oder mehrere dieser Boole'schen Ausdrücke (Minterme) zu L wird, dann wird auch die Ausgangsvariable y = L. Diesen Sachverhalt können wir aber als OR-Funktion der Minterme ausdrücken, indem wir diese disjunktiv ($\vee$) miteinander verknüpfen und somit die DNF erhalten:

$$y = (\bar{x}_1 \wedge \bar{x}_2 \wedge \bar{x}_3) \vee (\bar{x}_1 \wedge \bar{x}_2 \wedge x_3) \vee (x_1 \wedge x_2 \wedge \bar{x}_3) \vee (x_1 \wedge x_2 \wedge x_3)$$

Damit haben wir die erwünschte Schaltfunktion y aus der Wertetafel heraus aufgebaut – allerdings als DNF angeschrieben. Dies hat für die praktische Anwendung einen recht beachtlichen Nachteil. Die DNF ist nämlich stark redundant, d. h. sie stellt nicht gerade die einfachste, kürzeste Form der Schaltfunktion y dar. In der Praxis bedeutet dies einen unnötig großen Aufwand an Bauelementen (Relaiskontakte, Transistoren). Es ist deshalb angebracht, vor der praktischen Anwendung der Schaltfunktion diese aus der DNF heraus zu vereinfachen. Die geläufigen Methoden zur Vereinfachung einer Schaltfunktion haben wir im vorhergehenden Abschnitt kennengelernt.

Die im Beispiel aufgestellte DNF wollen wir mit Hilfe der hergeleiteten Theoreme vereinfachen.

Die DNF lautet:

$$y = (\bar{x}_1 \wedge \bar{x}_2 \wedge \bar{x}_3) \vee (\bar{x}_1 \wedge \bar{x}_2 \wedge x_3) \vee (x_1 \wedge x_2 \wedge \bar{x}_3) \vee (x_1 \wedge x_2 \wedge x_3)$$

mit dem Assoziativen Gesetz erhalten wir:

$$y = [(\bar{x}_1 \wedge \bar{x}_2) \wedge \bar{x}_3] \vee [(\bar{x}_1 \wedge \bar{x}_2) \wedge x_3] \vee [(x_1 \wedge x_2) \wedge \bar{x}_3] \vee [(x_1 \wedge x_2) \wedge x_3]$$

mit dem Distributiven Gesetz 1. Art folgt:

$$y = [(\bar{x}_1 \wedge \bar{x}_2) \wedge (\bar{x}_3 \vee x_3)] \vee [(x_1 \wedge x_2) \wedge (\bar{x}_3 \vee x_3)]$$

mit Theorem (4a) ergibt sich:

$$y = [(\bar{x}_1 \wedge \bar{x}_2) \wedge L] \vee [(x_1 \wedge x_2) \wedge L]$$

mit Theorem (2b) folgt daraus:

$$y = (\bar{x}_1 \wedge \bar{x}_2) \vee (x_1 \wedge x_2)$$

In diesem Ergebnis erkennen wir den Ausdruck für die logische Funktion ‚Äquivalenz' wieder (vgl. 3.4). Die dritte Eingangsvariable x_3 ist also völlig ohne Einfluß auf die Ausgangsvariable y. Diese Tatsache erkennt der Geübte wahrscheinlich schon aus der Wertetafel selbst oder aus der Kontaktskizze der DNF. Der Ungeübte aber kann sich auf diese Weise das Ergebnis rein formal aus der DNF heraus ableiten. Bei schwierigeren Beispielen wird diese Methode überhaupt allein sinnvoll zum Ziel führen. Eine andere Methode, die DNF meist recht schnell zu vereinfachen, ist die Gebietsdarstellung, mit der wir ja auch schon gearbeitet haben.

Ähnlich der DNF läßt sich auch eine Konjunktive Normalform (KNF) bilden. Auf die Gesetzmäßigkeiten zu ihrer Strukturierung aus der Wertetafel wird hier verzichtet.

3.7 Anwendungsbeispiele

In diesem Abschnitt werden wir die Nützlichkeit der Schaltalgebra an praktischen Beispielen vorführen.

3.7.1 Papiertransport beim Schnelldrucker

In diesem Beispiel werden wir die Steuerungsanlage für den Papiertransport eines Schnelldruckers ansehen. Infolge seiner hohen Arbeitsgeschwindigkeit erfordert ein Schnelldrucker eine sehr sorgfältige Kontrolle des Papiervorschubs. Der Papiertransport wird durch ein Walzenpaar (1), das von einem

Motor M angetrieben wird, bewirkt. Über eine Lichtschranke wird dauernd kontrolliert, ob der Papierstreifen (2) nicht etwa gerissen ist. Diese Lichtschranke setzt sich zusammen aus einer Glühlampe (3), die als Lichtquelle dient, und einem lichtelektrischen Empfänger (4), einem sogenannten Photoelement. Dieses Photoelement (4) erzeugt eine von der Helligkeit abhängige Spannung, die dann zur weiteren Steuerung verwertet werden kann. Solange der Papierstreifen (2) korrekt eingelegt ist, bleibt der Lichtstrahl von der Quelle (3) zum Empfänger (4) unterbrochen. Sobald aber das Papier reißt, gelangt der Lichtstrahl von der Lampe (3) zum Empfänger (4), der dafür sorgt, daß der Motor M sofort abgeschaltet wird.

Ein zweiter Photoelektrischer Empfänger (5) überwacht dauernd die Helligkeit der Glühlampe (3). Ist diese Helligkeit größer als ein vorgegebener Wert a, so ist die reguläre Arbeitseinstellung gewährleistet. Sinkt die Helligkeit unter diesen Wert a, bleibt aber noch über einem Wert b, so arbeitet die Anlage zwar weiter – es soll aber auf die zurückgehende Leuchtkraft der Glühlampe (3) aufmerksam gemacht werden. Dazu wird in diesem Fall eine Warnlampe eingeschaltet.

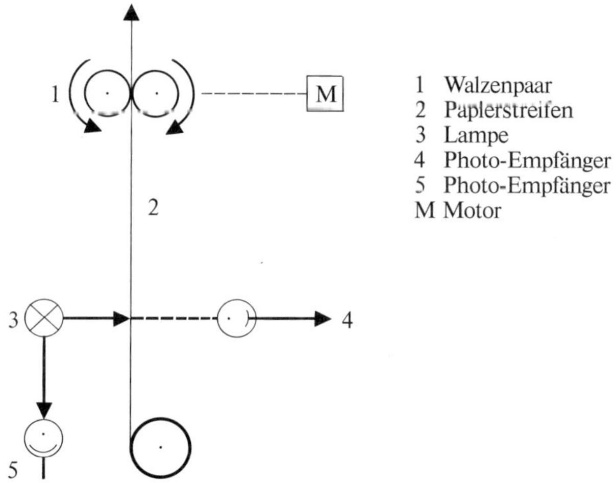

Abb. III 36: Schema für den Papiertransport

Sinkt jedoch die Helligkeit der Lichtquelle (3) sogar unter den Wert b, so muß der Motor M abgeschaltet werden. In diesem Fall kann nämlich die Kontrolle der Unversehrtheit des Papierstreifens mittels Empfänger (4) nicht mehr gewährleistet werden.

Helligkeitswert	Lampe (3)	Motor M	Papierkontrolle
	gut	läuft	gewährleistet
a			
	schlecht	läuft	gewährleistet
b			
	unbrauchbar	läuft nicht	nicht gewährleistet

Für unser binäres Modell des vorliegenden Systems vereinbaren wir folgendes:

$x_1 = L$ bedeutet: Helligkeit größer als a
$x_1 = O$ bedeutet: Helligkeit kleiner als a
$x_2 = L$ bedeutet: Helligkeit größer als b
$x_2 = O$ bedeutet: Helligkeit kleiner als b
$x_3 = L$ bedeutet: Papier gerissen; damit fällt Licht auf Empfänger (4)
$x_3 = O$ bedeutet: Papier nicht gerissen; damit fällt kein Licht auf Empfänger (4)
$y_1 = L$ bedeutet: Motor M ist eingeschaltet
$y_1 = O$ bedeutet: Motor M ist ausgeschaltet
$y_2 = L$ bedeutet: Warnlampe brennt
$y_2 = O$ bedeutet: Warnlampe brennt nicht

Aus obigen Angaben und diesen Vereinbarungen erhalten wir zwei Wertetafeln mit den drei Eingangsvariablen x_1, x_2, x_3. Die eine Wertetafel gibt uns die

x_1	x_2	x_3	y_1	y_2
O	O	O	O	O
O	O	L	O	O
O	L	O	L	L
O	L	L	O	L
L	O	O	O	O
L	O	L	O	O
L	L	O	L	O
L	L	L	O	O

logische Funktion für das Ein- bzw. Ausschalten des Motors; die zweite für das An- bzw. Abschalten der Warnlampe. Der Einfachheit halber sind die für beide Wertetafeln identischen x-Spalten nur einmal gezeichnet.

Zunächst interessiert uns die Schaltfunktion y_1 für den Motor. Da in der y_1-Spalte die L seltener als die O auftritt, wählen wir laut 3.6 hierzu die DNF. Sie besteht aus zwei Mintermen und lautet:

$$y_1 = (\bar{x}_1 \wedge x_2 \wedge \bar{x}_3) \vee (x_1 \wedge x_2 \wedge \bar{x}_3)$$

Wir vereinfachen:

$$\begin{aligned} y_1 &= [\bar{x}_1 \wedge (x_2 \wedge \bar{x}_3)] \vee [x_1 \wedge (x_2 \wedge \bar{x}_3)] \\ &= (\bar{x}_1 \vee x_1) \wedge (x_2 \wedge \bar{x}_3) \\ &= L \wedge (x_2 \wedge \bar{x}_3) \end{aligned}$$

und erhalten als Ergebnis:

$$y_1 = x_2 \wedge \bar{x}_3$$

Dieses Ergebnis ist leicht in Worten anzugeben. Es besagt: der Motor ist nur dann eingeschaltet ($y_1 = L$), wenn die Helligkeit der Glühlampe größer als der untere Wert b ist ($x_2 = L$) und zugleich das Papier nicht gerissen ist ($x_3 = O$ bzw. $\bar{x}_3 = L$). Die Motoreinstellung ist demnach von der Eingangsvariablen x_1 unabhängig.

Das Ergebnis für y_1 stellt die Inhibitfunktion dar (vgl. 3.4).

Uns interessiert nun weiterhin die Schaltfunktion y_2 für das automatische Einschalten der Warnlampe – abhängig von der Helligkeit der Glühlampe und dem Motorzustand. Da auch in der y_2-Spalte die O überwiegt, gehen wir auch hier von der DNF aus. Die 3. und die 4. Zeile ergeben die benötigten Vollkonjunktionen (Minterme). Die DNF lautet also:

$$y_2 = (\bar{x}_1 \wedge x_2 \wedge \bar{x}_3) \vee (\bar{x}_1 \wedge x_2 \wedge x_3)$$

durch Vereinfachung erhalten wir:

$$\begin{aligned} y_2 &= [(\bar{x}_1 \wedge x_2) \wedge \bar{x}_3] \vee [(\bar{x}_1 \wedge x_2) \wedge x_3] \\ &= (\bar{x}_1 \wedge x_2) \wedge (\bar{x}_3 \vee x_3) \\ &= (\bar{x}_1 \wedge x_2) \wedge L \end{aligned}$$

Das Endergebnis daraus ist wieder eine Inhibitfunktion:

$$y_2 = \bar{x}_1 \wedge x_2$$

Das Aufleuchten der Warnlampe ist demnach vom Motor- und somit auch vom Papier-Zustand unabhängig. Die Warnlampe leuchtet ($y_2 = L$) – wie gefordert – nur dann auf, wenn die Helligkeit kleiner als a ($x_1 = O$ bzw. $\bar{x}_1 = L$), aber größer als b ($x_2 = L$) ist.

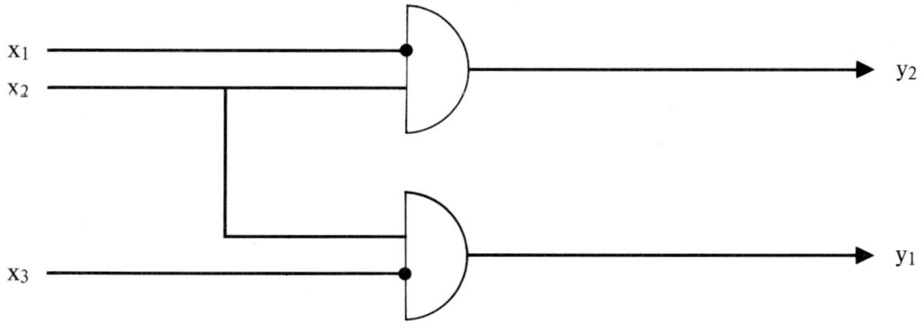

Wir können noch die Symboldarstellung der beiden Ergebnisse für Motor (y_1) und Warnlampe (y_2) aufstellen. In dieser Form können die anfangs gestellten Zustands- und Schaltbedingungen in der Schaltungstechnik dann verwirklicht werden.

3.7.2 Dualaddierer

An diesem Beispiel wollen wir zeigen, wie man mit Hilfe der Schaltalgebra die logische Struktur eines Addierers für Dualzahlen sinnvoll beschreiben und durch Übergang zur Symboldarstellung auch schon die technische Schaltung andeuten kann.

3.7.2.1 Halbaddierer

Bei der Addition zweier einstelliger Dezimalzahlen tritt eine Summe s, gegebenenfalls noch ein Übertrag ü vom Wert 1 auf. Wir können auch sagen: der Übertrag ü ist entweder 0 oder 1.

Beispiel

	2	7
	+6	+6
	=08	=13
es ist also:	s= 8	= 3
	ü=0	=1

Beim Dezimal-System tritt ein Übertrag auf, wenn die Summe s größer als 9 (= 10 − 1 = B − 1) wird.

Bei der Addition von einstelligen Dualzahlen tritt ein Übertrag ü schon auf, wenn die Summe s größer als 1 (= 2 − 1 = B − 1) wird. Da nur die beiden einstelligen Dualzahlen O und L vorhanden sind, ergeben sich überhaupt nur 4 verschiedene Fälle bei der Addition von x_1 und x_2:

	O	O	L	L	$= x_1$
	+ O	+ L	+ O	+ L	$= x_2$
	= O O	= O L	= O L	= L O	
es ist also:	s = O	s = L	s = L	s = O	
	ü = O	ü = O	ü = O	ü = L	

Diesen Sachverhalt können wir übersichtlicher in einer Wertetafel festhalten. Die zu addierenden, einstelligen Dualzahlen x_1 und x_2 fungieren dabei als Eingangsvariable. Die Summe s und der Übertrag ü sind zwei Ausgangsvariable, d.h. wir fassen wieder zwei logische Funktionen in einer Wertetafel zusammen:

x_1	x_2	s	ü
O	O	O	O
O	L	L	O
L	O	L	O
L	L	O	L

Die gesamte Vorschrift für die Addition zweier einstelliger Dualzahlen ist also in dieser Wertetafel festgehalten. Diese Vorschrift wollen wir nun hiervon ausgehend als zwei Schaltfunktionen angeben.

Die Summenfunktion gewinnen wir als DNF aus der 2. und 3. Zeile:

$$s = (\bar{x}_1 \wedge x_2) \vee (x_1 \wedge \bar{x}_2)$$

Die Übertragungsfunktion besteht aus der 4. Vollkonjunktion (Minterm):

$$\ddot{u} = x_1 \wedge x_2$$

Die dazugehörige Symboldarstellung lautet:

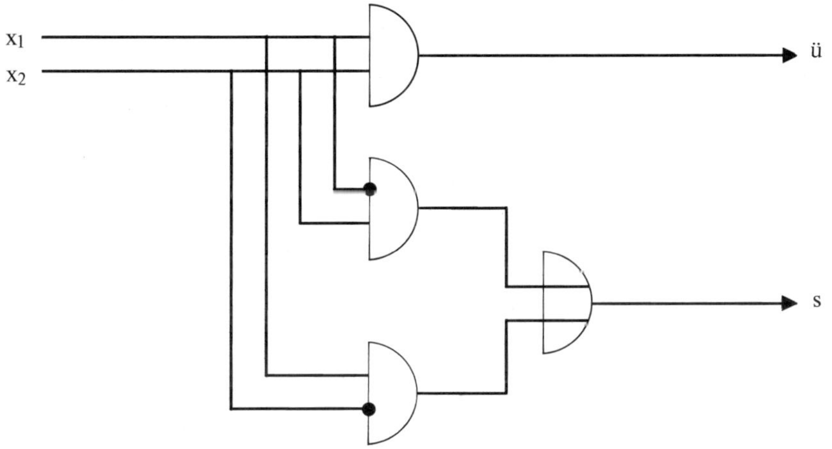

Die Zahl der Schaltsymbole, die ja direkt dem technischen Aufwand entspricht, läßt sich noch etwas verkleinern. Dazu formt man die Summenfunktion derart um, daß darin die Schaltfunktion für den Übertrag erscheint. Diese Umformung werden wir wieder schrittweise anschreiben:

$$\begin{aligned}
s &= (\bar{x}_1 \wedge x_2) \vee (x_1 \wedge \bar{x}_2)\\
&= [\bar{x}_1 \vee (x_1 \wedge \bar{x}_2)] \wedge [x_2 \vee (x_1 \wedge \bar{x}_2)]\\
&- [(\bar{x}_1 \vee x_1) \wedge (\bar{x}_1 \vee \bar{x}_2)] \wedge [(x_2 \vee x_1) \wedge (x_2 \vee \bar{x}_2)]\\
&= [L \wedge (\bar{x}_1 \vee \bar{x}_2)] \wedge [(x_2 \vee x_1) \wedge L]\\
&= (\bar{x}_1 \vee \bar{x}_2) \wedge (x_2 \vee x_1)\\
&= \overline{\overline{(\bar{x}_1 \vee \bar{x}_2)}} \wedge (x_2 \vee x_1)\\
&= \overline{(x_1 \wedge x_2)} \wedge (x_2 \vee x_1)\\
s &= \bar{\ddot{u}} \wedge (x_2 \vee x_1)
\end{aligned}$$

Wir können also zusammenfassen:

> Bei der Addition zweier einstelliger Dualzahlen x_1, x_2 ergibt sich:
>
> für die Summe: $s = (x_1 \vee x_2) \wedge \bar{\bar{ü}}$
> für den Übertrag: $ü = x_1 \wedge x_2$

Die dazugehörige Symboldarstellung enthält nur noch 3 Grundschaltungen – sie ist also technisch weniger aufwendig als die bisherige.

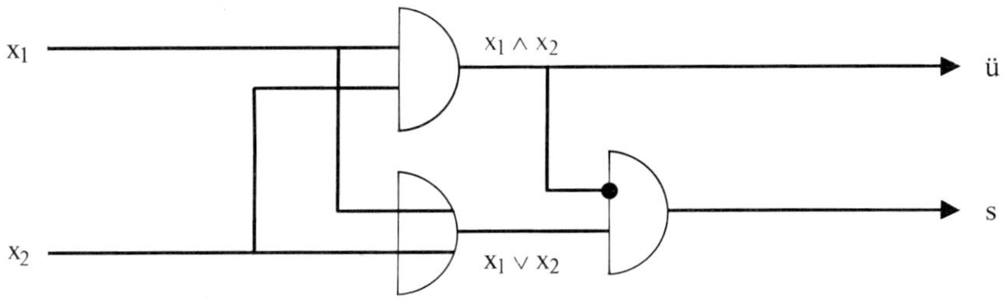

Diese Gesamtanordnung mit den beiden Eingängen x_1 und x_2 sowie den beiden Ausgängen s und ü nennt man in der DV einen *Halbaddierer*. Der Vorsatz ‚Halb-' deutet die Einschränkung auf die Addition *ein*stelliger Dualzahlen an.

3.7.2.2 Volladdierer

Die Addition mehrstelliger Dualzahlen kann auf die Addition mit Halbaddierern zurückgeführt werden. Um die hierzu benötigten Überlegungen zu erleichtern, führen wir die Addition der Zahlen 7 und 6 in dualer Form vorweg einmal durch. Das Berücksichtigen des Übertrags ist natürlich am besten an der Potenzschreibweise zu ersehen.

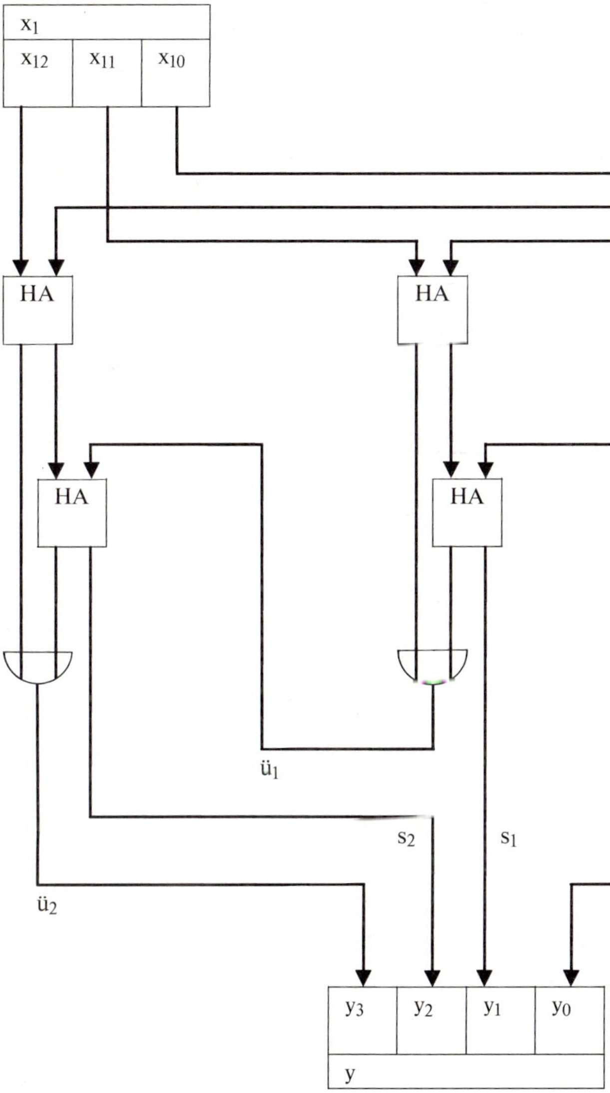

Abb. III 37: Addierwerk für 2 dreistellige Dualzahlen x_1, x_2

Beispiel

$7 =$	LLL	$L \cdot 2^2 + L \cdot 2^1 + L \cdot 2^0$	stellenweise
$+6 =$	LLO	$L \cdot 2^2 + L \cdot 2^1 + O \cdot 2^0$	Addition
		$O \cdot 2^2 \quad O \cdot 2^1 \quad L \cdot 2^0$	
		$L \cdot 2^3 \quad L \cdot 2^2 \quad O \cdot 2^1$	Überträge
$= 13 =$	LLOL $=$	$L \cdot 2^3 + L \cdot 2^2 + O \cdot 2^1 + L \cdot 2^0$	Ergebnis

Die Addition erfolgt in zwei Schritten. Beim ersten Schritt wird stellenweise addiert und der jeweilige Übertrag zur nächsten Stelle gemerkt. Beim zweiten Schritt werden zum oben gewonnenen Ergebnis noch die Überträge (wieder stellenweise) hinzuaddiert.

Jeder dieser beiden Schritte aber kann durch Halbaddierer vorgenommen werden. Wir brauchen demnach für jede Stelle der Dualzahl 2 Halbaddierer – mit Ausnahme der 1. Dualstelle (2^0), bei der ja kein Übertrag aus der vorhergehenden Stelle zu berücksichtigen ist. In Abb. III 35 ist ein derartiges Addierwerk für dreistellige Dualzahl angegeben. Das Ergebnis y kann natürlich durch einen Übertrag in der 3. Stelle dabei vierstellig werden.

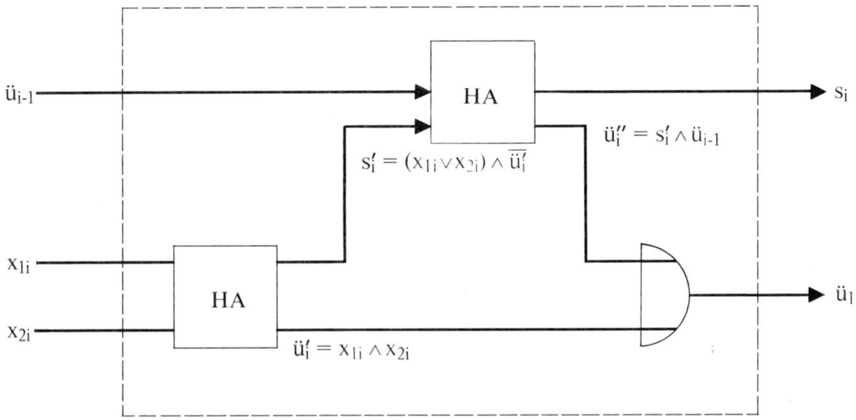

Abb. III 38: Volladdierer für die Dualstelle i

Die in Abb. III 35 pro Dualstelle sich wiederholende Anordnung zweier Halbaddierer faßt man zusammen und bezeichnet sie als Volladdierer. Ein Volladdierer hat demnach 3 Eingänge und 2 Ausgänge.

Die Eingänge sind: Dualstelle der 1. Zahl: $x_{1,i}$
Dualstelle der 2. Zahl: $x_{2,i}$
Übertrag aus vorhergehender Stellenaddition: $ü_{i-1}$

Die Ausgänge sind: Stellensumme: s_i
Übertrag an nächste Dualstelle: $ü_i$

Die in Abb. II9 als Binär-Addierer bezeichnete Addiervorrichtung stellt einen hier besprochenen Volladdierer dar. Da dort aber Dualstelle nach Dualstelle abgearbeitet wurde, benötigte man nicht gleichzeitig für jede Stelle einen eigenen Volladdierer. Es genügte ein Volladdierer. Nur mußte dafür der Ausgangs-Übertrag ($ü_i$) als Eingangs-Übertrag ($ü_{i-1}$) zurückgekoppelt werden – interne Zurückschaltung. Der dort gezeichnete Addierer hatte deshalb äußerlich nur zwei Eingänge und einen Ausgang.

3.7.3 Erkennen von Pseudotetraden

Aus 2.2 wissen wir, daß es verschiedene Code gibt, die für die binäre Darstellung einer Dezimalziffer eine Tetrade, d.h. 4 Bits, verwenden. Die Dezimalzahlen werden hierbei also ziffernweise binärverschlüsselt. Mit 4 Bits können insgesamt $2^4 = 16$ unterschiedliche Kombinationen und damit 16 Codeworte dargestellt werden. Das Dezimalalphabet besitzt aber nur 10 Ziffern (0, 1, ..., 9). 6 Kombinationen bleiben unbenutzt. Man nennt sie Pseudotetraden.

Um nun nach Rechenoperationen, insbesondere der Addition, dem Ergebnis sofort anzusehen, ob es eine Pseudotetrade ist oder nicht, entwickelt man hierfür eine Schaltfunktion p. Diese gibt, abhängig vom derzeitigen Zustand der 4 Bits,

Bedeutung		x_3	x_2	x_1	x_0	p
Dezimalziffern	0	O	O	O	O	O
	1	O	O	O	L	O
	2	O	O	L	O	O
	3	O	O	L	L	O
	4	O	L	O	O	O
	5	O	L	O	L	O
	6	O	L	L	O	O
	7	O	L	L	L	O
	8	L	O	O	O	O
	9	L	O	O	L	O
Pseudotetraden		L	O	L	O	L
		L	O	L	L	L
		L	L	O	O	L
		L	L	O	L	L
		L	L	L	O	L
		L	L	L	L	L

an, ob eine Pseudotetrade vorliegt oder nicht. Die Ausgangsvariable p sei L, wenn die Ergebnistetrade eine Pseudotetrade ist. Sie sei O, wenn die Ergebnistetrade laut Codedefinition eine Dezimalziffer repräsentiert.

Eine solche Schaltfunktion p wollen wir nun speziell für den Tetradencode mit direkter Dualverschlüsselung der Dezimalziffern entwickeln.

Die Wertetafel für diesen Binärcode und die dazugehörige Ausgangsvariable y zeigt die vorausgehende Tabelle.

Die Schaltfunktion p erhalten wir wieder über den Umweg einer Normalform. Wir werden also die DNF aufstellen.

$$p=(x_3 \wedge \bar{x}_2 \wedge x_1 \wedge \bar{x}_0) \vee (x_3 \wedge \bar{x}_2 \wedge x_1 \wedge x_0) \vee (x_3 \wedge x_2 \wedge \bar{x}_1 \wedge \bar{x}_0) \vee$$
$$(x_3 \wedge x_2 \wedge \bar{x}_1 \wedge x_0) \vee (x_3 \wedge x_2 \wedge x_1 \wedge \bar{x}_0) \vee (x_3 \wedge x_2 \wedge x_1 \wedge x_0)$$

Wir vereinfachen wieder mit Hilfe der Rechenregeln der Schaltalgebra:

$$p=[(x_3 \wedge \bar{x}_2 \wedge x_1) \wedge (\bar{x}_0 \vee x_0)] \vee [(x_3 \wedge x_2) \wedge [(\bar{x}_1 \wedge \bar{x}_0) \vee$$
$$(\bar{x}_1 \wedge x_0) \vee (x_1 \wedge \bar{x}_0) \vee (x_1 \wedge x_0)]]$$
$$=[(x_3 \wedge \bar{x}_2 \wedge x_1) \wedge L] \vee [(x_3 \wedge x_2) \wedge L]$$
$$=(x_3 \wedge \bar{x}_2 \wedge x_1) \vee (x_3 \wedge x_2)$$
$$=(x_3 \vee x_3) \wedge (\bar{x}_2 \vee x_3) \wedge (x_1 \vee x_3) \wedge (x_3 \vee x_2) \wedge (\bar{x}_2 \vee x_2) \wedge (x_1 \vee x_2)$$
$$=x_3 \wedge [x_3 \vee (\bar{x}_2 \wedge x_2)] \wedge (x_1 \vee x_3) \wedge L \wedge (x_1 \vee x_2)$$
$$=x_3 \wedge [x_3 \vee O] \wedge [x_1 \vee (x_3 \wedge x_2)]$$
$$=(x_3 \wedge x_1) \vee [x_3 \wedge (x_3 \wedge x_2)]$$
$$=(x_3 \wedge x_1) \vee (x_3 \wedge x_2)$$
$$p=x_3 \wedge (x_1 \vee x_2)$$

Das Ergebnis zeigt, daß die niederste Stelle (2^0) der Dualzahl, nämlich x_0, für die Anzeige einer Pseudotetrade überhaupt nicht benötigt wird. Wir werden also die 6 Pseudotetraden durch die Schaltung wie in der folgenden Abbildung anzeigen. x_0, x_1, x_2, x_3 sind die 4 Bits der Ergebnistetrade, die wir interpretieren sollen. Wenn p = L, liegt eine Pseudotetrade vor, wenn p = O, ist die Ergebnistetrade eine Dezimalziffer entsprechend der Codevereinbarung.

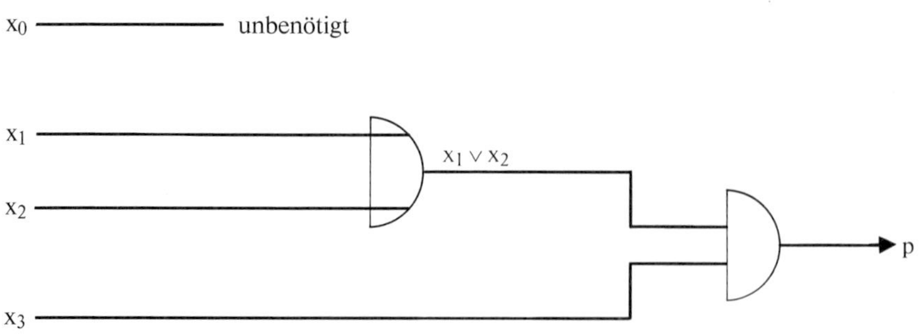

Aufgaben zu III 3.5/3.6/3.7

(1) Welches Gesetz der Schaltalgebra gestattet folgende Umformung:
$[(x_1 \wedge x_2) \vee x_2] \wedge [(x_1 \wedge x_2) \vee x_3] = (x_1 \wedge x_2) \vee (x_2 \wedge x_3)$
a) Distributives Gesetz 1. Art
b) Distributives Gesetz 2. Art
c) Assoziatives Gesetz

(2) Wie lautet die Funktion $\bar{y}$, wenn: $y = (x_1 \wedge \bar{x}_2) \vee [x_3 \wedge \overline{(\bar{x}_1 \wedge x_2)}]$
a) $\bar{y} = (\bar{x}_1 \vee x_2) \wedge [\bar{x}_3 \vee (x_1 \vee \bar{x}_2)]$
b) $\bar{y} = (\bar{x}_1 \vee x_2) \wedge [\bar{x}_3 \vee \overline{(\bar{x}_1 \vee x_2)}]$
c) $\bar{y} = (\bar{x}_1 \vee x_2) \wedge [\bar{x}_3 \vee (\bar{x}_1 \wedge x_2)]$

(3) Wie lautet die vereinfachte Form der Schaltfunktion:
$y = [\overline{(\bar{x}_1 \wedge \bar{x}_2)} \wedge (x_1 \vee \bar{x}_2)] \wedge [(x_1 \wedge \bar{x}_2) \vee (\bar{x}_1 \wedge x_2)]$
a) $y = x_1 \vee \bar{x}_2$
b) $y = x_1 \wedge \bar{x}_2$
c) $y = \bar{x}_1 \wedge x_2$

(4) Wie läßt sich die Schaltfunktion y vereinfachen:
$y = [[(\bar{x}_1 \vee x_3) \wedge \overline{(x_1 \wedge x_3)}] \vee x_2] \wedge [(x_3 \vee x_1) \wedge \overline{(\bar{x}_3 \wedge x_1)}]$
a) $y = (\bar{x}_1 \vee x_2) \wedge x_3$
b) $y = (x_1 \wedge \bar{x}_2) \vee \bar{x}_3$
c) $y = x_1 \vee (\bar{x}_2 \vee \bar{x}_3)$

(5) Wie lautet die DNF für die Funktion, deren Wertetafel hier angegeben ist?
a) $y = (x_1 \wedge \bar{x}_2 \wedge x_3) \vee (\bar{x}_1 \wedge x_2 \wedge x_3) \vee (\bar{x}_1 \wedge x_2 \wedge \bar{x}_3)$
b) $y = (\bar{x}_1 \wedge x_2 \wedge \bar{x}_3) \vee (x_1 \wedge \bar{x}_2 \wedge \bar{x}_3) \vee (x_1 \wedge \bar{x}_2 \wedge x_3)$
c) $y = (x_1 \vee \bar{x}_2 \vee x_3) \wedge (\bar{x}_1 \vee x_2 \vee x_3) \wedge (\bar{x}_1 \vee x_2 \vee \bar{x}_3)$

x_1	x_2	x_3	y
O	O	O	O
O	O	L	O
O	L	O	L
O	L	L	O
L	O	O	L
L	O	L	L
L	L	O	O
L	L	L	O

(6) Wie lautet die vereinfachte Form der Schaltfunktion y, deren DNF gegeben ist zu: $y = (\bar{x}_1 \wedge x_2 \wedge x_3) \vee (\bar{x}_1 \wedge x_2 \wedge \bar{x}_3)$
a) $y = x_2 \wedge x_3$
b) $y = \bar{x}_1 \wedge x_3$
c) $y = \bar{x}_1 \wedge x_2$

(7) Wieviele Halbaddierer benötigt man zur Addition zweier 40stelliger Dualzahlen?
a) 79
b) 40
c) 80

Teil I:
Funktionale Grundlagen

- aus welchen Ansätzen heraus entstand die Datenverarbeitung und was bedeutet sie heute?
- wie versteht der Computer Informationen?
- aus welchen Komponenten besteht ein Rechnersystem und wie funktioniert es?

Teil II:
Mathematische Grundlagen

- welche mathematischen Begriffe sind hilfreich?
- mit welchen Zahlensystemen arbeitet ein Rechnersystem?
- wie rechnet ein Computer? (die Grundrechenarten im Rechenwerk)

Teil III:
Informationslogische Grundlagen

- was sind Informationen und Daten? (Informationstheorie)
- wie verschlüsselt (codiert) man Daten? (Codierungstheorie)
- wieso und wie kann ein Computer Daten logisch verarbeiten? (Boole'sche bzw. Schaltalgebra)

Teil IV:
Technologische Grundlagen

- wie funktioniert die Computer-Elektronik?
- welche Speichertechnologien setzt man ein?
- welche Ein- und Ausgabegeräte stellen den Informationsaustausch zwischen dem Menschen und dem Computer her?

Teil V:
Software - technologische Grundlagen

- wie „füttert" man einen Computer mit Daten und Befehlen? (Software, Programmierung)
- welche Arbeitsformen bietet der Computer dem Benutzer? (Betriebsarten, -formen)
- wie steuert und überwacht sich der Computer selbst? (Betriebssysteme)

Teil VI:
Anwendungsorganisatorische Grundlagen

- wer macht was in der Datenverarbeitung?
- warum und wie Datenschutz?
- in welchen Organisationen bearbeitet der Computer welche Aufgaben? (Anwendungsbereiche)

Teil IV: Technologische Grundlagen

1. Bauelemente

Die elektronischen Bauelemente (Dioden, Transistoren, integrierte Schaltkreise = chips) weisen eine Komplexität auf, die es nicht erlaubt, im Rahmen einer Einführung in die Datenverarbeitung die physikalischen Gesetzmäßigkeiten dieser Bauelemente und die Anwendungsfälle in der Schaltungstechnik auch nur annähernd gründlich zu behandeln. Eine kurze Beschreibung der Eigenschaften muß jeweils genügen. Die digitalen Schaltungen der verschiedenen Geräte der Datenverarbeitung setzen sich aus diesen Bauelementen zusammen.

1.1 Relais

Das Relais wurde schon zur Konstruktion von konventionellen Lochkartenmaschinen und sogar Rechenmaschinen eingesetzt (vgl. I 1.1). Es hatte schon damals aufgrund intensiver Entwicklungsarbeiten auf dem Gebiet der Fernsprechtechnik ein hohes Maß an Zuverlässigkeit erreicht. Durch hohe Produktions-Stückzahlen war es auch relativ preisgünstig. Heute ist das Relais in der Schal-

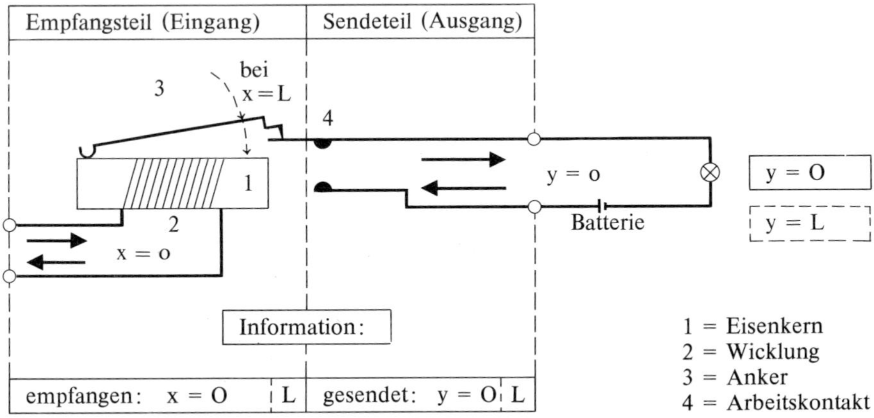

Abb. IV 1: Verhalten eines Relais mit Arbeitskontakt

tungstechnik der Datenverarbeitung nahezu vollständig durch die um Größenordnungen schnelleren elektronischen Bauelemente ersetzt. Es wird nur aus didaktischen Gründen behandelt.

Ein Relais kann prinzipiell als Schalter aufgefaßt werden, wobei die binäre Schalterstellung (Kontakt ‚offen' oder ‚geschlossen') von einer empfangenen Information (= Strom x) abhängig ist. Die empfangene Information ist binärer Natur:

$x = o$ entspricht O
$x \neq o$ entspricht L

Für $x = 0$ bleibt der Anker in seiner Ruhestellung (Abb. IV 1). Der Kontakt und somit auch der Stromkreis des Sendeteils bleibt offen. Der Sendestrom $y = 0$ bedeutet die Sendeinformation $y = O$.

Im Arbeitszustand ($x \neq 0$) erzeugt der durch die Wicklung des Relais fließende Strom eine Magnetisierung des Eisenkerns. Der Anker wird dadurch angezogen und schließt den Kontakt. Damit wird der Stromkreis des Sendeteils geschlossen ($y \neq 0$) – die Sendeinformation lautet demnach: $y = L$. Das Relais realisiert technisch die logische Grundfunktion der Identität:

x	y
O	O
L	L

Mit zwei Relais aus Abb. IV 1 lassen sich die beiden logischen Grundfunktionen AND und OR leicht verwirklichen. Dazu werden die Ausgänge der beiden Relais entsprechend miteinander verdrahtet (Abb. IV 2).

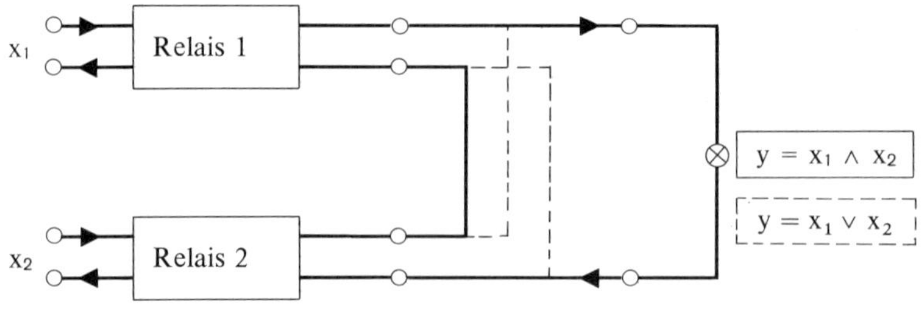

Abb. IV 2: 2 Relais erzeugen die AND-Funktion (∧) bzw. die OR-Funktion (∨)

1.2 Halbleiterbauelemente

Als Halbleiter im weiteren Sinne bezeichnet man in der Elektrotechnik solche Stoffe, deren elektrische Leitfähigkeit zwischen der von Metallen und der von Isolatoren liegt. Unter Halbleiter im engeren Sinne versteht man jedoch nur die Bauelemente, die aus solchen Stoffen hergestellt wurden – wie Dioden, Transistoren und Chips.

Bei der Fertigung derartiger Bauelemente geht man von besonders reinen Silizium-Kristallen, sogenannten Einkristallen, aus. Durch genau dotierten Zusatz bestimmter chemischer Elemente (= gezielte Verunreinigung) kann man die Leitfähigkeit dieser Kristalle beträchtlich verändern. Der Zusatz von sogenannten Donatoren (sie geben Elektronen ab, z. B.: Arsen) bewirkt einen Elektronenüberschuß (negativ) – man spricht dann von einer n-Zone des Kristalls. Die Beigabe von sogenannten Akzeptoren (sie binden freie Elektronen, z. B.: Indium) bewirkt dagegen einen Elektronenmangel im Kristall. Die so entstandene Zone nennt man p-Zone (positiv). Die sehr genau zu bemessende Dotierung (ca. 1 Fremdatom auf 10^6 Kristallatome) wird in Diffusionsprozessen vorgenommen.

Von großem Interesse für die Schaltungstechnik sind die Eigenschaften des Übergangsbereichs zweier aufeinanderfolgender Zonen gegensätzlicher Dotierung. Ein solcher Übergangsbereich hat nämlich u. a. die sehr nützliche Eigenschaft, in der einen Richtung elektrisch zu ‚sperren' und in der anderen ‚durchlässig' zu sein. Der elektrische Widerstand eines pn-Übergangs ist also in der einen Richtung sehr groß und in der anderen verschwindend klein.

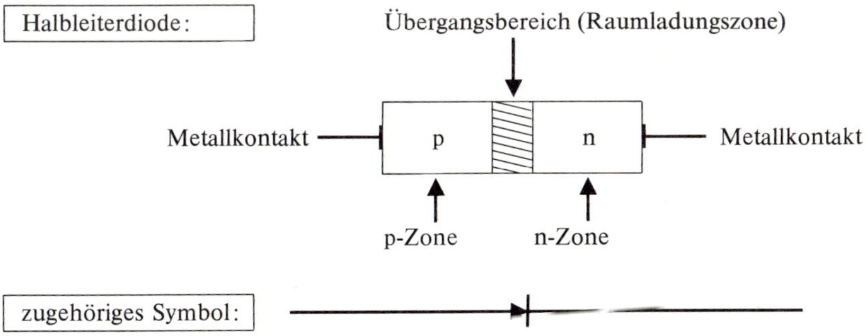

Abb. IV 3: Aufbau einer Halbleiterdiode und zugehöriges Schaltungssymbol

1.2.1 Diode

Die Diode wirkt wie ein Schalter, wobei die ‚Schalterstellung' von der Polung der angelegten Spannung abhängt:

p	n	Schalterwirkung
+	−	geschlossen
−	+	offen

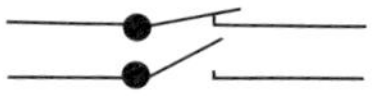

Mit zwei Dioden lassen sich die beiden logischen Grundfunktionen AND und OR leicht aufbauen – je Eingang (auch mehr als 2) eine Diode.

logische Funktion:	AND	OR
ausgeschrieben:	$y = x_1 \wedge x_2$	$y = x_1 \vee x_2$

Symbol:

Schaltbild:

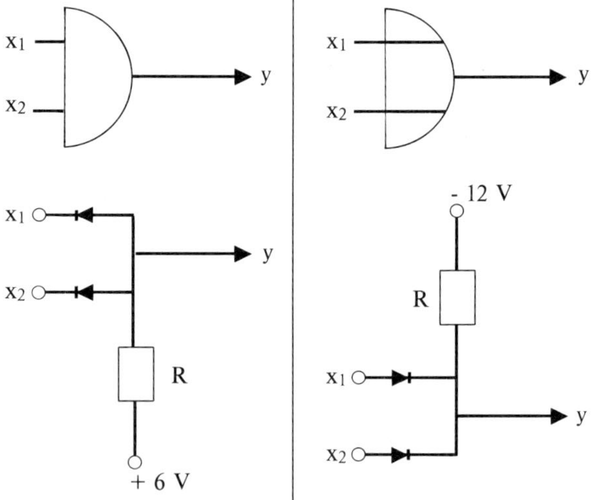

Vereinbarung:
oV = L
-6V = O

x_1	x_2	y (AND)	y (OR)
O = - 6V	O = - 6V	- 6V = O	- 6V = O
O = - 6V	L = oV	- 6V = O	oV = L
L = oV	O = - 6V	- 6V = O	oV = L
L = oV	L = oV	oV = L	oV = L

Abb. IV4: Realisierung der AND- und OR-Funktion mittels Dioden (Diodengatter) (R = elektrischer Widerstand)

Ein wichtiger Nachteil ist jedoch darin zu sehen, daß die Halbleiter-Diode – wie ein elektrischer Widerstand – ein *passives* Bauelement ist. Mit ihr läßt sich keine Verstärkung der Eingangssignale vornehmen. Da in den Dioden und Widerständen der angeführten Schaltkreistechnik stets ein Teil der Eingangsenergie (getragen von x_1, x_2) in Wärme umgewandelt wird, ist die Ausgangsenergie (getragen von y) kleiner als die gesamte Eingangsenergie. Würden nun mehrere derartige logische Baugruppen (AND-, OR-Schaltungen) hintereinandergeschaltet, so würde schon bald das Ausgangssignal y unzulässig klein werden. Um dies zu vermeiden, benötigt man elektronische Bauelemente, die eine Verstärkung des informationstragenden Signals ermöglichen. Das wichtigste derartige *aktive* Bauelement ist der Transistor.

1.2.2 Transistor

Im Gegensatz zur Diode, die nur einen pn-Übergang besitzt, verfügt der Transistor über deren zwei. Der Transistor ist also aus drei Zonen aufgebaut. Es sind zwei Zonenfolgen mit unterschiedlicher Spannungspolung denkbar:

p n p-Transistor
n p n-Transistor.

Die Abb. IV 5 zeigt den Querschnitt eines MOS-Transistors. Es wird im Planarprozeß hergestellt, d. h. von der Oberfläche her dotiert und kontaktiert. Im Gegensatz zur Diode entstehen infolge der 3 Zonen auch 3 Kontakte: Quelle (Source), Senke (Drain) und Tor (Gate); bei diskreten Transistoren spricht man von Emitter, Kollektor und Basis. Eine Spannung zwischen Quelle und Senke schließt den Transistor, da – unabhängig von der Polung – einer der beiden n/p-Übergänge sperrt. Eine positive Spannung am Tor hebt die Sperrwirkung auf.

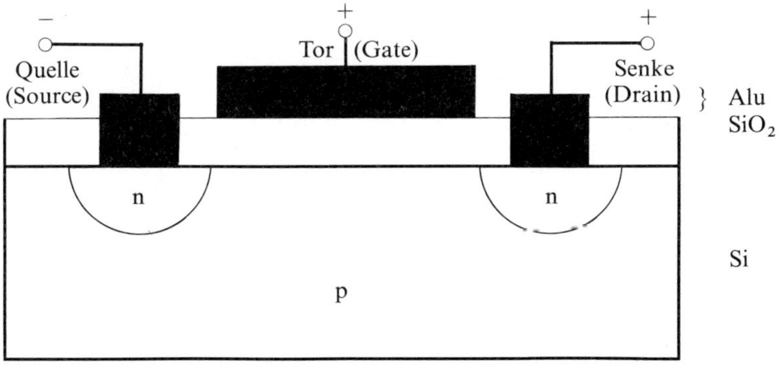

Abb. IV 5: Querschnitt eines MOS-Transistors

Ein kleiner Strom durch das Tor erzeugt einen großen von der Quelle zur Senke. Der Transistor ist ein aktives Bauelement. Er dient in der Schaltungstechnik als:

a) Signalverstärker
b) digitaler Schalter (wie die Diode)
c) als Kombination von a) und b) (wie Relais oder Röhre)

Der Transistor besitzt keine mechanisch bewegten Teile und ist deshalb wenig stoß- und störanfällig. Im Gegensatz zu selbst modernen Relais (mit Schutzgaskontakten), die einige hundert Schaltbetätigungen pro Sekunde zulassen, erreichen Transistoren mehrere dutzend Millionen. Gegenüber dem Bauelement der Röhre verbraucht der Transistor sehr wenig Energie.

Die Abb. IV 6 zeigt, wie mit einem Transistor ein Inverter (NOT-Gatter) und mit zwei Transistorstufen die NOR-Logikfunktion aufgebaut werden kann. Nur wenn x_1 und gleichzeitig x_2 den Wert 0 (d.h. Spannung 0 V) annehmen fließt durch den Widerstand R kein Strom; an ihm fällt damit keine Spannung ab, y = + 5 V, d.h. L.

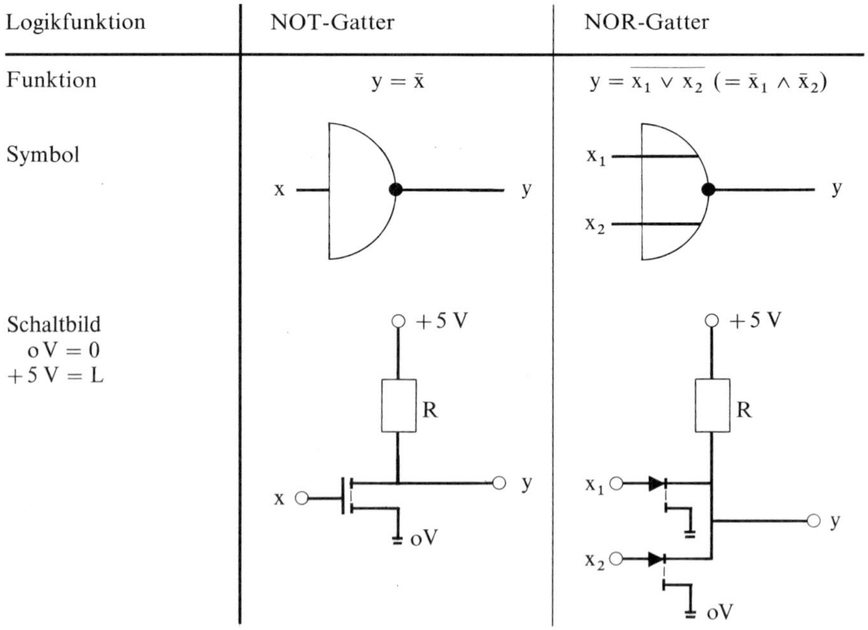

Abb. IV 6: Realisierung der NEGATION und der NOR-Funktion

1.3 Integrierte Schaltungstechniken

Schaltungstechnik mit diskreten Bauelementen
Die klassisch zu nennende Schaltungstechnik der steckbaren Flachbaugruppen, wie sie lange auch in Radios und Fernsehern verwendet wurde, setzte diskrete, d.h. einzeln gefertigte Bauelemente ein. Isolierplatten von Postkartenformat nahmen etwa 30 Bauelemente (Transistoren, Dioden, Widerstände, Kapazitäten) auf. Waren die elektrischen Verbindungsbahnen schon durch geätzte Kupferfolien auf der Platte vorgefertigt, so sprach man von *gedruckten Schaltungen.*

Integrierte Schaltkreise (Integrated Circuits = IC)
Integrierte Schaltungen werden weit rationeller gefertigt. Ein Silizium-Halbleiterkristall (Chip = Scheibchen) von nur einigen Quadratmillimetern nimmt alle aktiven und passiven Bauelemente und ihre Verbindungsbahnen ohne Lötvorgänge auf. Zu unterscheiden sind Logik- und Speicher-Chips (n. Kap.). Ausgangspunkt der Fertigung bildet eine Halbleiterscheibe (Wafer) mit 4 Zoll, d.h. 100 mm (bis zu 8 Zoll) Durchmesser von hoher Reinheit. Sie enthält 200 Chips. Linsensysteme projizieren mit sichtbarem oder ultraviolettem Licht die komplizierten Halbleiterstrukturen von Masken stark verkleinert auf den Wafer. Der lichtempfindliche Lack auf der Siliziumscheibe gibt die notwendigen Bahnen frei für die Dotierung. Diese erfolgt in bis zu 10 Diffusionsschritten, auch in Form der Ionenimplantation. So entstehen in der Siliziumscheibe Zonen mit Transistor-, Dioden-, Kondensatoren-, Widerstandseigenschaften und Leiterbahnen.

Erst nach der Dotierung trennt ein Diamantschneider oder Laserstrahl die 200 Chips auf dem Wafer. Die Lernkurve bei der Produktion reduzierte die Ausschußquote von über 80% auf etwa 50%. Während beispielsweise die reine Fertigungszeit eines diskreten Kunststofftransistors durchschnittlich 1,1 s beträgt, kann in 70 s ein Logikchip mit 70000 Transistorfunktionen hergestellt werden. Eine Vakuum-Pipette saugt die elektronisch geprüften und gekennzeichneten Einzel-ICs auf und legt sie automatisch auf den Träger. Im Kaltschweißverfahren aufgebrachte Golddrähte (25–38 µm Durchmesser) verbinden den IC mit bis über hundert Beinchen (Pins) des Gehäuses für den Außenkontakt. Ein geplanter Superchip sollte bis zu 100 herkömmliche Chips ersetzen und 1089 Pins aufweisen. Mit Hilfe von Druckkontakten auf Keramikträgern werden Chips auch schon ohne derartige Verdrahtungen hergestellt.

Die Luft in der sog. Reinraum-Fertigung wird 400 mal in der Stunde erneuert und enthält nur 3 bis 100 Staubpartikel je Kubikmeter. Die kleinen Schaltkreisstrukturen von 1,5 bis 2 µm erzwingen dies. Neuere Ansätze mit der Röntgenstrahl-Lithografie arbeiten ohne Masken und lassen 0,1 µm zu. Vor einiger Zeit wurde Kritik an den Testverfahren für ICs bei sensiblen Anwendungen, wie Raumfahrt- oder militärische Rechnersysteme, laut. So verzögerte sich der Start der Raumfähre Discovery wochenlang infolge eines Kurzschlusses in einem

Chip, der eventuell durch menschlichen Schweiß ausgelöst worden war. Zukünftige ICs sollen bis zu einem Drittel ihrer internen Logikschaltungen für den eigenen Test bereithalten.

Schon 1961 wurden integrierte Schaltkreise erprobt, allerdings bestanden sie zunächst nur aus 10 einzelnen Elementen. Im Jahre 1964 wurde der erste Navigations-Computer für die Interkontinentalrakete Minuteman II mit monolithisch integrierten Schaltungen ausgestattet.

Die Abkürzungen SSI, MSI, LSI und VLSI (VHSI) liefern eine einfache Klassifizierung integrierter Schaltungen nach ihrem Integrationsgrad. Als Maßstab für den Integrationsgrad dient die Zahl der Verknüpfungsglieder (switching element), die häufig auch ‚Gatter' (gate) genannt werden. Typische Verknüpfungsglieder, die zum baukastenförmigen Aufbau von Schaltwerken dienen, sind z. B. das NAND-Glied und das NOR-Glied. Bedenkt man die zwei bis zehn notwendigen Transistorfunktionen je Gatter, so kann auch die Anzahl der Transistorfunktionen je Chip als Kennzahl für die Integration herangezogen werden; sie eignet sich auch für Speicher-Chips. Als Beispiel sei ein *Super-Logikchip* auf einem Silizium-Bauteil genannt, der in der VLSI-Form 102000 Transistoren und zusätzlich 100 kbit Speicher integriert. Es wurde 1984 in Australien entwickelt und kann gesprochene Kommandos erkennen und andere Geräte steuern. In den USA und Japan werden bereits 1000 kbit Speicher-Chips erprobt.

Integrationsbezeichnung:	Gatter/Chip	Beispiele
SSI = Small Scale Integration	bis 12	Inverter, Gatter, Flipflop
MSI = Medium Scale Integration	bis 100	Decoder, Register Zähler, Addierer
LSI = Large Scale Integration	bis 2000 (bis 50000 TF)	Multiplizierer Lesespeicher (ROM)
VLSI = Very LSI	bis 20000 (bis 250000 TF)	Mikroprozessoren RAM-Speicher
V2LSI	über 250000 TF	RAM-Speicher

Abb. IV 7: Orientierende Einteilung für die Integrationsgrade von Chips

Die Erfahrungen mit den Technologien zur Herstellung von diskreten Bauelementen (Dioden, Transistoren) erleichterte die Beherrschung der verfeinerten Produktionsverfahren für integrierte Schaltungen. So konnte innerhalb von nur sieben Jahren die Serienreife erzielt werden. Neben die seit 1963 verwendete Bipolartechnik trat seit 1968 die MOS-Technik (*M*etal*o*xide *S*emiconductor) in Form der NMOS- (N-Kanal-MOS) und der CMOS-Technik

(Complementary *MOS*). Sie ermöglicht eine extrem hohe Packungsdichte und geringen Verbrauch bei einfacherer Fertigung (weniger Masken und Dotierungsprozesse). Die Schaltgeschwindigkeiten allerdings sind bei den beiden Bipolartechniken, insbesondere der ECL-Technik, größer. Bei zunehmender Integrationsdichte treten Wärmeprobleme im Chip infolge der Verlustleistung der Gatter auf. Da die CMOS-Chips stromsparend (0,001 mW/Gatter) arbeiten, erwartet man eine Expansion dieser Technologie. Beispielsweise kommt ein CMOS-Speicher mit 1 Million Transistorfunktionen je Chip mit 0,5 Watt Leistung aus. Die CMOS-Gattergeschwindigkeit liegt bei 20 ns (bis 50 MHz). Ein ECL-Chip erreicht zwar über 150% der Geschwindigkeit, verbraucht aber über 100 mal soviel Energie. Ein weiterer Vorteil der CMOS-Technik liegt in der weiten Spannungstoleranz (zwischen 2 bis 6 Volt).

Typ	Technik	Gatter-geschw.	Leistungs-aufnahme	Integra-tion	Preis/ Gatter	Verbrei-tung
MOS	NMOS	mittel	mittel	LSI, VLSI	klein	groß
	CMOS	mittel	sehr klein	LSI, VLSI	klein	mittel
Bi-polar	ECL	sehr schnell	groß	SSI, MSI	groß	mittel
	TTL	schnell	groß	SSI, MSI	mittel	sehr groß
diskrete B.		klein	sehr groß	keine, SSI	sehr groß	sehr groß

Abb. IV 8: Orientierung über die Merkmale wichtiger Schaltungstechniken

Für die Zukunft erwartet man mögliche Lösungen, von dem einer der Ansätze, die für zukünftige Entwicklungen untersucht werden, der *optische Transistor* (Transphasor) ist. Er arbeitet wie ein Miniatur-Interferometer. Zwei Laserstrahlen interferieren (Überlagerungen vergleichbar einer Ölschicht auf einer Regenpfütze). Am Ausgang entsteht daraus ein sehr schwacher oder starker Strahl, gesteuert mit einem der Eingangsstrahlen. Denkbar wäre damit auch eine Technik für eine 3-wertige Logik (vgl. Abb. II 6).

Ein anderer Ansatz, die *Bioelektronik* gilt noch als Zukunftsmusik. Die Basis sollen Proteine, d.h. riesige Eiweißmoleküle als Kette von meist mehr als 100 Aminosäuren sein. Eine unermeßliche Vielfalt wird möglich, wie der genetische Code zeigt. Erste Ansätze sind Biosensoren: Moleküle (Enzyme) reagieren sehr empfindlich auf ihr Umfeld. Ein Signalumformer mißt die chemische Reaktion und gibt das Signal weiter. Die starke Miniaturisierung (unter 1 qmm) läßt Biochips z.B. als medizinische Katheder für innere Organe als machbar erscheinen.

Aufgaben zu IV 1

Der Wechsel vom Binärzeichen O zu L oder umgekehrt kann mit jedem Schalter, der zwei Stellungen zuläßt, physikalisch realisiert werden. Das Relais ist ein solcher Schalter. Der Arbeitskontakt erzeugt im Ausgangsstromkreis dann einen Strom (d.h. L), wenn am Eingangsstromkreis (1) .... Ebenso wie das Relais ist auch (2) .... ein aktiver Schalter. Vorteile der Integrierten Schaltkreise gegenüber dem Relais und diskreten Bauelementen sind beispielsweise (3) .... Der Preis pro bit sinkt, da (4) .... Als Basis für die Chips setzt man meist hochreines (5) .... ein.

2. Speicherarten

In den folgenden Abschnitten wollen wir die physikalischen Prinzipien und die Kenngrößen der verschiedenen Speicherarten der DV untersuchen.

2.1 Halbleiterspeicher

2.1.1 Kippschaltungen

So komplex auch der gesamte Schaltungsaufbau einer digitalen DVA sein mag – er setzt sich doch stets aus standardisierten Grundschaltungen zusammen. Im Prinzip sind dies:

a) die digitalen Standardbaugruppen für die logischen Grundverknüpfungen, d.h. die Gatter für NEG, AND, OR oder NAND, NOR
b) die Speicherschaltungen der Arten ROM und RAM
c) einige zusätzliche Schaltungen, wie Energieversorgung.

Die Baugruppen für die logischen Grundverknüpfungen haben wir in IV1.2 kurz gestreift. Hier sollen nun noch die Speicherschaltungen erläutert werden. Sie dienen vor allem als Register (wie Akkumulator, Befehlsregister, vgl. I3.6) und als Zählschaltungen (wie Befehlszähler, Dualzähler). Ihre Kapazität ist klein, die Zugriffszeit jedoch ist extrem kurz.

Den Grundbaustein der Speicherschaltungen bilden die sogenannten Kippstufen. Eine Kippstufe besteht aus zwei (oder mehr) Transistorstufen.
Die zugehörigen Schaltungen bezeichnet man als monostabile, bistabile und astabile Kippstufen bzw. -schaltungen.

Monostabile Kippstufe
Die monostabile Kippstufe wird auch ‚Monoflop‘ oder ‚monostabiler Multivibrator‘ genannt. Diese Kippstufe strebt stets die O-Ausgangsspannung als stabile Vorzugsstellung an. Nur nach einem Eingangs-Spannungsimpuls nimmt sie für die Zeit T die Stellung L an. Danach fällt sie wieder zur O-Stellung zurück. Die Zeitdauer T läßt sich über die entsprechende Veränderung von Bauelementen der Kippstufe (Widerstände, Kondensatoren) nach Wunsch einstellen. Monoflop werden aus diesem Grunde vor allem für zwei Zwecke eingesetzt:
a) zur Erzeugung von Ausgangsimpulsen mit klar definierter Form aus ‚verwaschenen‘ Eingangsimpulsen
b) als Verzögerungsschaltung für Impulse

Bistabile Kippstufe (Flip-flop)
Die bistabile Kippstufe wird auch ‚Eccles-Jordan-Schaltung‘ oder vor allem ‚Flip-flop‘ genannt. Der aus dem Labor-Slang stammende Ausdruck ‚Flip-flop‘ weist ebenso wie das Adjektiv: *bi*stabil darauf hin, daß diese Kippstufe über *zwei* stabile Vorzugsstellungen verfügt. Nur durch einen Eingangsimpuls geht sie von einer Stellung in die andere über. Wird der aktuelle Zustand der Ausgangsspannung des Flip-flop als O bzw. L interpretiert, so liegt im Flip-flop ein Speicherelement für 1 Bit vor.

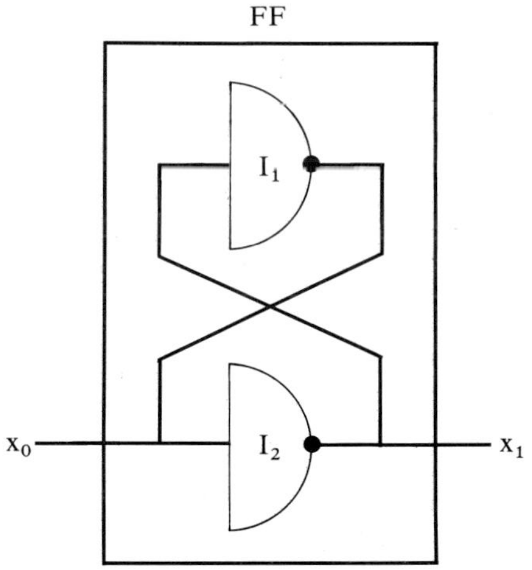

Abb. IV 9: Flip-flop aus 2 Invertern (gemäß Abb. IV 6)

Zwei Inverter I_1 und I_2 gemäß Abb. IV 6 erzeugen bei wechselweiser Rückkopplung den FF-Effekt. Legt man auf x_0 den L-Pegel, so entsteht am Ausgang von I_2 der negierte Wert $x_1 = 0$. Damit liegt auch der Eingang von I_1 auf dem O-Pegel und der I_1-Ausgang auf dem L-Pegel, d. h. wie x_0; die Kippstufe stabilisiert sich

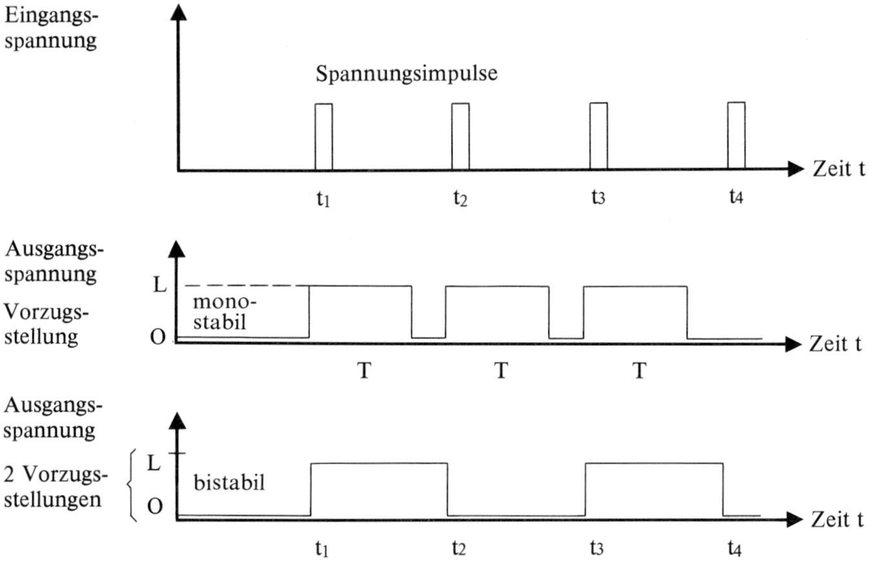

Abb. IV 10: Spannungsverlauf bei einer Monostabilen und einer Bistabilen Kippstufe (Flip-flop)

selbst. Das Flip-flop kippt in den anderen Zustand, wenn man auf x_1 den L-Impuls legt, x_1 wird L und x_0 wird O.

Astabile Kippstufe (*astabile multivibrator*)
Wie der Name schon sagt, weist die *a*stabile Kippstufe überhaupt keine stabile Vorzugsstellung auf. Die Ausgangsspannung pendelt – ohne Taktgabe vom Eingang her – stetig zwischen zwei Zuständen (O und L) hin und her. Diese Eigenschaft wird vor allem bei Taktgeneratoren, bei denen eine hohe Taktfrequenz (bis herab zu Nanosekunden) gefordert wird, ausgenutzt (vgl. Kap. I 3.6.2).

Register
Das wichtigste Anwendungsbeispiel für Flip-flop ist das Register. Es dient zur Aufnahme und (oft nur kurzzeitigen) Abspeicherung einer Folge von Binärzeichen (etwa ein Wort). Für jedes Binärzeichen (O oder L) ist ein eigenes Flip-flop vorgesehen. Jedes Flip-flop ist mit dem vorhergehenden und dem nachfolgenden elektrisch verbunden. Die Binärfolge kann beispielsweise Bit für Bit in ein Register eingeschrieben und taktweise hindurch geschoben werden (vgl. Abb. II 9). Die ganze Binärfolge kann aber auch parallel eingeschrieben werden, d. h., alle Bits werden gleichzeitig in die Flip-flop übernommen. Ebenso ist ein Serien- oder ein Parallel-Auslesen möglich.

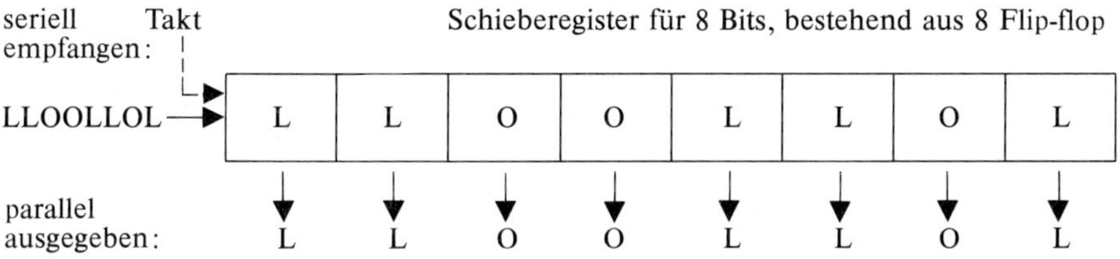

Abb. IV 11: Serien-Parallel-Umsetzung mit einem Schieberegister

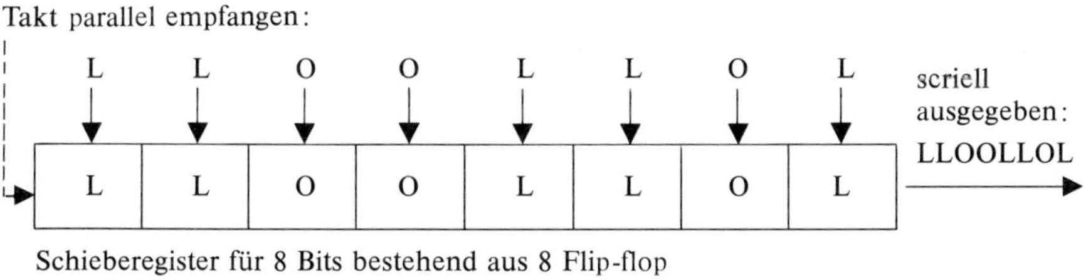

Abb. IV 12: Parallel-Serien-Umsetzung mit einem Schieberegister

Mit Hilfe einer derartigen Serien-Parallel-Umsetzung kann etwa das von einer E/A-Schnittstelle seriell eintreffende Wort parallel (z. B. 8-Bit Datenbus) weitergegeben werden. Der umgekehrte Fall wäre die Parallel-Serien-Umsetzung.

2.1.2 Festwert- und Schreib-/Lesespeicher

Halbleiter-Bauelemente setzte man schon bald nach der Erfindung des Transistoreffekts für die Schaltungstechnik der Computer ein, um ihren Geschwindigkeitsvorteil zu nutzen. Wie bereits im letzten Kapitel (1.) ausgeführt wurde, lassen sich aus Halbleiter-Bauelementen, insbesondere in ihrer integrierten Form als Chip, einerseits Logikfunktionen (Gatter) oder komplexe integrierte Schaltungen (z. B. Mikroprozessor) und andererseits Speicher aufbauen. Die überaus günstige Entwicklung ihrer Speicherkenngrößen (Integrationsdichte, Kapazität, Preis pro Bit) trug besonders zur schnellen Ausbreitung preiswerter Rechnerleistungen als Mikrocomputer bei. In den letzten zehn Jahren ging der Preis pro Bit jährlich um durchschnittlich 35% zurück, um denselben Prozentsatz wuchs der Weltmarkt für Integrierte Schaltungen auf 20 Mrd. $ 1985. In dieser Zeit entstanden nacheinander die 1, 16, 64 und 256 KBit-Speicher-Chips, die 1 und sogar 2 bzw. 4 MBit werden bereits produziert oder entwickelt. Die Preise derzeitiger Standardspeicher liegen bereits unter 10 DM bis hundert DM. So sanken in den USA die 64 KBit-Preise auf 4,5 $ als die 256 KBit auf dem Markt erschienen. Diese einmalige technologische Produktivitätssteigerung setzt sich noch fort.

Halbleiterspeicher bilden infolge ihrer schnellen Zugriffszeit die Spitze der Speicher-Hierarchie (vgl. Abb. I 32) eines Rechnersystems. Der ‚Preisverfall' erlaubt es jedoch zunehmend, die Halbleiterspeicher auch als periphere Massenspeicher zu nutzen. Ein Großrechner-Hersteller ersetzte beispielsweise das externe Plattenspeichersystem durch einen Halbleiterspeicher mit 32 bis 128 MB auf der Basis preiswerter 64 KBit-Baugruppen; die Zugriffszeit beträgt 0,3 ms und die Transferrate 3 MB/s.

Die benötigte Speichereinheit kann heute aus Bausteinen unterschiedlicher Organisationsform zusammengestellt werden. Zu nennen sind Speicherbauelemente der Art:

$$n * 1, \; n * 4 \quad \text{und} \quad n * 8.$$

Die Größe n gibt den Adreßumfang an, z. B. 1 K = 1024. Die zweite Zahl weist auf die Wortbreite hin, d. h. auf die Anzahl parallel, also gleichzeitig gelesener oder geschriebener Bits. Die Speicherkapazität errechnet sich aus dem Produkt beider Zahlen. Beispielsweise verfügt ein Byte-orientierter Speicher der Form 2 K * 8 bit über 16 Kbit (bzw. 2 KB) Speicherkapazität. Die 8 Bit breiten Bauelemente lassen sich in ein standardisiertes, 24-poliges DIL-Gehäuse (Dual In Line) einstecken. Wird beispielsweise eine Kapazität von 64 KB benötigt, so lassen sich 32 Integrierte Speicherbausteine der Art 2 K * 8 Bit hintereinander schalten. Ein Speicherbaustein verfügt über 16 oder ähnliche Anzahl Kontakte (Pins), die als Versorgungsspannung (V), Datenanschlüsse (Din, Dout) oder Adreßanschlüsse (A0 bis A7) ausgelegt sind.

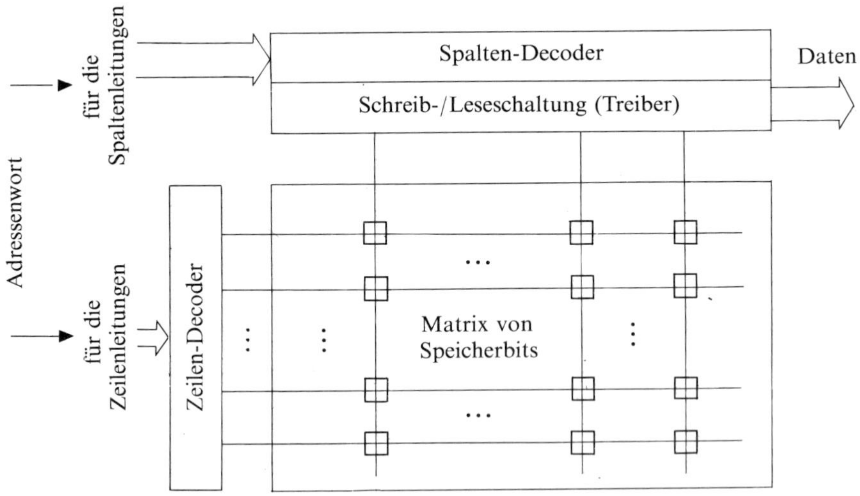

Abb. IV 13: Vereinfachte Matrixstruktur von Halbleiterspeichern

Die Abb. IV 13 zeigt vereinfacht die Matrix der internen Chip-Struktur und die Adressierung der Speicherzellen. An jedem Schnittpunkt der Zeilenleitungen und Spaltenleitungen (Datenleitungen) befindet sich ein 1 Bit-Speicherelement; beispielsweise 1 Flip-flop aus 2 Transistoren (Abb. IV 8), das mit Hilfe 2 weiterer Transistoren an die Leitungen angeschaltet wird. Über die vorgegebene Datenadresse und die damit ausgewählten Matrixzeilen und -spalten kann der wahlfreie Zugriff in allen Halbleiterspeichern gesichert werden. Die zu schreibenden oder zu lesenden Bits müssen noch durch eine Schreib-/Leseschaltung (Treiber) verstärkt werden. Treiber und Decodierlogik beanspruchen meist nochmal etwa die gleiche Anzahl von Bauelemente je Chip wie die eigentlichen Speicherzellen. Ungeachtet der grundsätzlich ähnlichen Matrixstruktur unterscheiden sich die Halbleiterbausteine durch die Speicherelemente, die an den Kreuzungspunkten die eigentliche Bit-Speicherung übernehmen. Die Abb. IV 14 listet die wichtigsten Speicherarten mit einigen Kenngrößen auf. Dabei bleibt zu bedenken, daß diese sich infolge der schnellen technologischen Entwicklungen ebenfalls laufend verbessern.

Typ	Speicherart	Zugriffsart (Lesen/Schreiben)	Permanenz	Bauelemente	Speicherkapazität
RAM	dRAM	L/S: wahlfrei	flüchtig Auffrischen	NMOS-Kondensator	16, 64, 256 KBit
	sRAM	zerstörungsfreies Auslesen	flüchtig kein Auffr.	MOS, Bipolar: FF	16, 64 KBit
ROM	EAROM	L: wahlfrei S: selektiv elekt. während Betrieb	permanent elektrisch änderbar	MOS: Transistor	16 KBit
	EPROM	L: wahlfrei S: wiederholbare Kundenprogrammierung	permanent mit UV umprogrammierbar	MOS-Transistor	32, 64, 128 KBit
	PROM	L: wahlfrei S: einmalige Kundenprogrammierung	permanent festlegbarer Inhalt	Bipolar: u. a. Diode	4, 16, 64 KBit
	ROM	L: wahlfrei S: Herstellerprogrammierung (Maskenprogrammierung)	permanent fester Inhalt (Festwerte)	Bipolar: u. a. Diode	bis 128 KBit

Abb. IV 14: Formen von Halbleiterspeichern und einige Kenngrößen

Schreib-/Lesespeicher (RAM = *R*andom *A*ccess *M*emory) lassen den wahlfreien Zugriff sowohl für das Lesen als auch das Schreiben durch den Anwender zu. Das Auslesen erfolgt – im Gegensatz zum früheren Magnetkern-Hauptspeicher zerstörungsfrei (non destructive readout). Jedoch sind RAM-Speicher ‚flüchtige', d.h. nicht-permanente Speicher: eine abgeschaltete Spannung führt zum Datenverlust. Statische RAM arbeiten mit Flip-flops der schnellen Bipolartechniken (ECL, TTL) und erreichen Zugriffszeiten um 50 ns. Muß der Stromverbrauch klein bleiben, wie beim batterie-betriebenen tragbaren Mikrocomputer, so bieten sich CMOS-Flip-flops an. Langsamer (ca. 200 ns), aber integrierter, billiger und damit häufig eingesetzt sind die dynamischen Schreib-/Lesespeicher (dRAM). Die NMOS-Kondensatoren speichern die Bits, verlieren aber konstruktionsbedingt ihre Ladung durch ‚Kriechströme'. Ein kurzzyklisches Auffrischen (Refreshing) mit entsprechenden Logikschaltungen wird notwendig. Der weltweite Bedarf an dRAM wird auf etwa 4 Mrd. $ geschätzt.

Festwert- oder Lesespeicher (ROM = *R*ead *O*nly Memory) können zwar wahlfrei gelesen, nicht jedoch beschrieben werden. Der Dateninhalt bleibt ‚permanent' erhalten, auch bei Spannungsausfall. Je nach Technologie kann der Inhalt verändert werden. Bei echten ROM-Speichern fixiert der Hersteller mit einer ‚Maskenprogrammierung' (vgl. IV 1.3) den Dateninhalt. Diese relativ teure Herstellung bedingt Anwendungen mit hoher Stückzahl: Haushaltsmaschinen, Code-Umwandler, Bildschirm-Zeichengenerator und residentes ‚Monitor'-Programm zum Starten des Rechners. In PROM-Speicher (*P*rogrammable ROM) bringt Kunden selbst erst- und einmalig den Festwert ein. Dies geschieht durch selektives Durchbrennen von Dioden an den Matrixstellen mit Hilfe spezieller PROM-Programmiergeräte oder heute auch schon mit dem normalen Mikrocomputer. Typische Anwendungen der PROMs mit etwa 40 ns Zugriffszeiten sind Mikroprogramme und Adreßdecoder.

Die relativ langsamen (ca. 300 ns) EPROMs (Erasable PROM) können vom Nutzer wiederholt mit Hilfe von UV-Licht gelöscht und inhaltlich umprogrammiert werden. Der Löschvorgang dauert allerdings mehrere Minuten. Nur einige Millisekunden dagegen benötigt der EAROM (Electrically Alterable ROM) dafür. Während des Rechnerbetriebs lassen sich Bits des Speicherinhalts selektiv elektrisch ändern. Anwendungen sind Konsumelektronik und programmierbare Taschenrechner.

2.2 Magnetkernspeicher

Ab der ersten Rechnergeneration diente der Magnetkernspeicher als Arbeitsspeicher in der Zentraleinheit. Heute hat er nur noch historische Bedeutung, weshalb er auch aus didaktischen Gründen kurz erwähnt wird. Ein Magnetkern (Ring: innen 1,5 mm, außen 2,5 mm) bestand aus Ferrit (= gesintertes Eisenoxyd). Die Magnetisierungsrichtung ließ sich durch einen Vollstrom (bestimmter Größe) umkehren, d. h. ein Kern speicherte 1 Bit (O, L). Matrixförmig angeordnete Drähte waren an ihren Kreuzungsstellen durch die Magnetkerne gefädelt. Statt den Vollstrom auf einem Draht schickte man auf zwei Leitungen zwei Halbströme. Nur in einem, dem zu lesenden oder schreibenden Kern addierten sie sich zum notwendigen Vollstrom. Neun (8 Bit/Byte + 1 Prüfbit) Magnetkern-Matrizen zu je 4 Kbit bildeten eine 4 KB Speichereinheit.

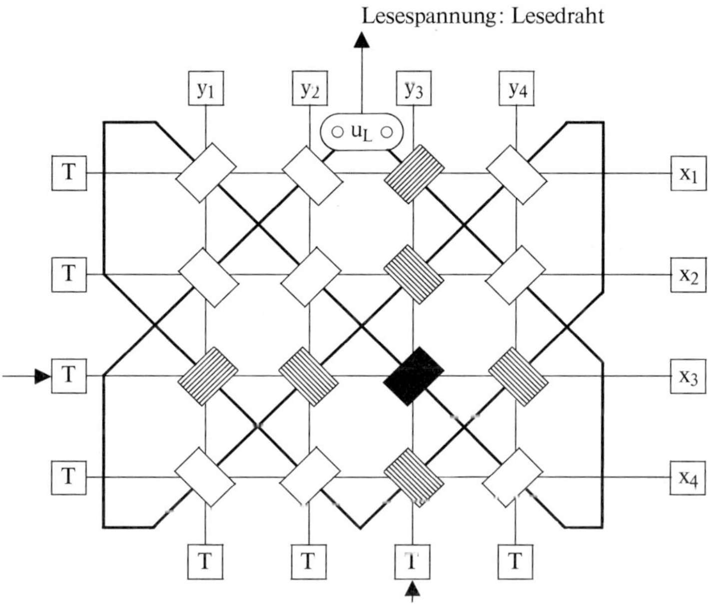

T = Treiber = Lese-/Schreibverstärker
schwarz = ausgewählter Kern (Ring)

x_i = Zeilendrähte
y_i = Spaltendrähte

Abb. IV 15: Magnetkern-Matrix (schematisch, verkleinerte Struktur)

Die Kenngrößen für einen Magnetkernspeicher betrugen:
a) Kapazität: 4 KB bis 2 MB als Hauptspeicher, stufenweise erweiterbar
b) Zugriffsart: RAM = wahlfreier Zugriff mit zerstörendem Lesen
c) Zykluszeit: 0,3 bis 5 µs
d) Permanenzspeicher
e) 0,05–0,30 DM/bit

Aufgaben zu IV 2.1/2.2

Aus zwei Transistorenstufen können verschiedene Kippschaltungen aufgebaut werden, z.B. die monostabile, (1) .... und .... Kippstufe. Der Kernspeicher ist als Permanenzspeicher anzusprechen, weil (2) .... Die wichtigsten Unterschiede zwischen RAM und ROM-Halbleiterspeichern sind:..

2.3 Magnetbandspeicher

Der Magnetbandspeicher ergänzte und ersetzte als Peripher-Speicher frühzeitig die Lochkarte. Heute dient er überwiegend als preiswerter Massenspeicher für die Datensicherung und -archivierung aus Plattenspeichern. Es gibt dafür spezielle sog. Magnetbandstationen (Tapestreamer), auch als Tischgeräte und insbesondere schon für Mikrocomputer.

2.3.1 Technische Struktur

Ein Magnetbandspeicher besteht aus vier konstruktiv unterscheidbaren Komponenten (Abb. IV 16). Die Steuereinheit hat u.a. die Aufgabe, den Datenaus-

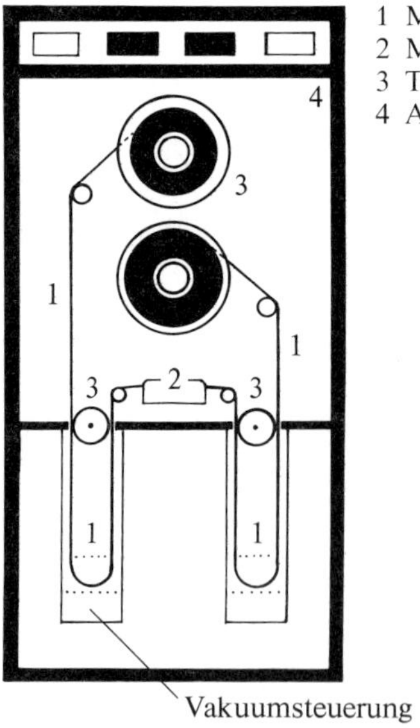

1 Magnetband (magnetic tape)
2 Magnetköpfe (magnetic heat)
3 Transporteinrichtung (Laufwerk, Fest-, Wechselspule)
4 Anschlußsteuerung

Abb. IV 16: Magnetband-Speichereinheit

tausch mit der Zentraleinheit sicherzustellen. Sie vermag bis zu 8 Laufwerke zu bedienen.

Als Speichermedium dient ein Magnetband. Es besteht aus einem nichtmagnetisierbaren Träger (Kunststoff), der einseitig mit einer magnetisierbaren Schicht (Eisenoxyd), überzogen ist. Genormte Kenngrößen zeigt Abb 125. Reflektormarken (reflective marker) auf dem Magnetband zeigen den Beginn (Bandanfangmarke) oder das Ende (Bandendemarke) des Aufzeichnungsbereiches an. Sie bestehen beispielsweise aus aufgedampftem Aluminium und werden mit Fotodioden abgetastet. Die Bandspulen (spool, reel) gibt es mit dem Außendurchmesser von 7, 8,5 und 10,5 Zoll. Der Bandeinzug erfolgt automatisch. Die Bandgeschwindigkeit liegt zwischen 25 und 200 ips. Die Bandrückspulung dauert 50 bis 200 Sekunden.

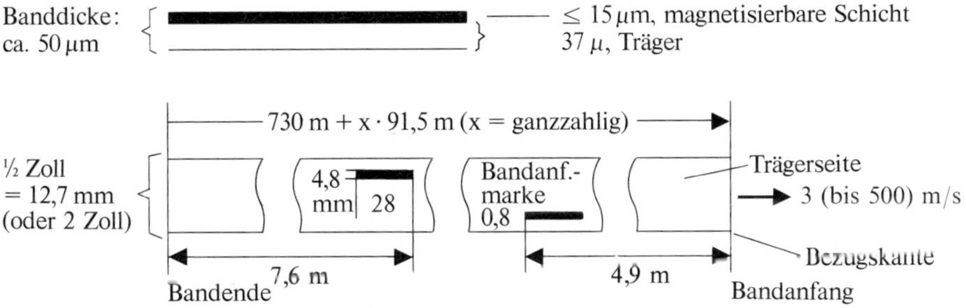

Abb. IV 17: Abmessungen eines Magnetbandes

2.3.2 Informationsaufzeichnung

Die Umwandlung eingehender Informationssignale in definierte Zustände des Speichermaterials (Schreiben, Löschen) und den umgekehrten Vorgang (Lesen) übernehmen die Magnetköpfe. Mehrere (7 oder 9) nebeneinander angeordnete Magnetköpfe bilden einen Mehrspurkopf. Eine Spur (track) ist der Teil des Bandes, den ein Magnetkopf bei einer Bandbewegung parallel zur Bezugskante überstreicht (Abstand 3–30 µm). Die Informationsaufzeichnung erfolgt in 7 oder 9 parallel-liegenden Spuren. Innerhalb einer Spur nimmt ein Spurelement gerade 1 Bit auf. Die 9 (bzw. 7) Spurelemente, die gleichzeitig gelesen, gelöscht oder geschrieben werden, nennt man eine Bandsprosse (frame row). Eine Bandsprosse nimmt ein Zeichen auf, z. B. im EBCDI-Code (vgl. Abb. IV 19). Der Datenstrommodus (Streaming) mit kontinuierlichem Lesen und Schreiben (z. B. Datensicherung) löst immer mehr den Start-/Stop-Betrieb ab. Die Schreibverfahren (recording mode) NRZ und RE (Abb. IV 18), zwischen denen häufig umgeschaltet werden kann, nutzen außer Magnetbandspeicher auch andere Speicher.

Schreibverfahren (DIN 66010)	Bitdichte bit/mm (bpi) Byte/mm	Schreib-/Lese-geschwindigkeit Byte/s (cps)	Anwendung beim Speichertyp:
NRZ (1) Non Return to Zero	8 (200) 32 (800)	40 160	Magnetband, -platte, -trommel, -streifen
PE Phase Encoding	64 (1600)	200– 320	Magnetband, -platte
sonstige (z. B. GCR)	246 (6250)	781–1250	Magnetband

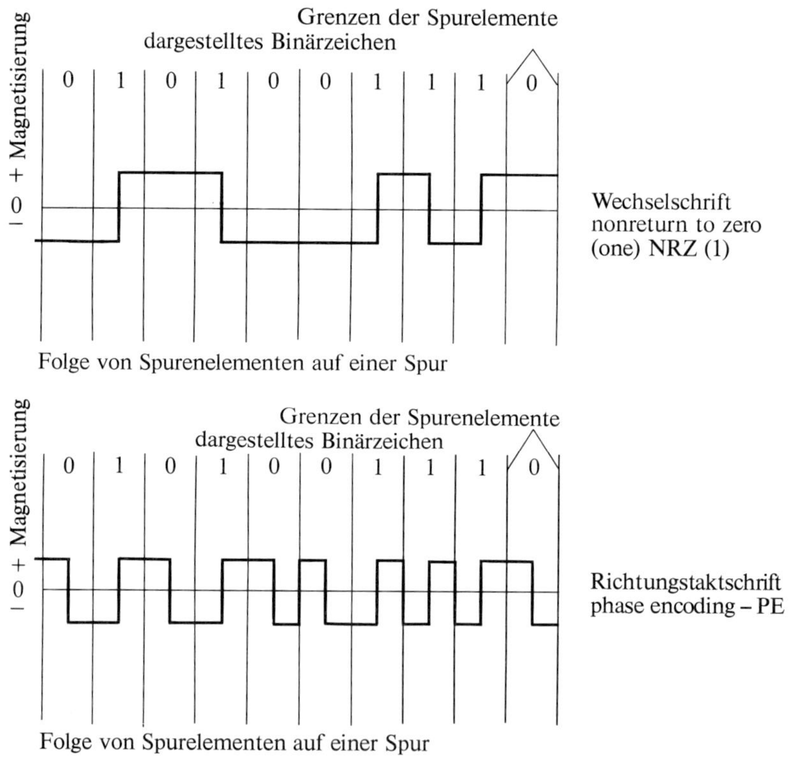

Abb. IV 18: Magnetische Schreibverfahren (DIN 66010)

Die Trägheitswirkung der Spulen gleichen Bandpuffer aus, die von einer Vakuumsteuerung auf Toleranzlänge gehalten werden. Beschleunigungs- und Bremsvorgänge bedingen, daß sogenannte Blockzwischenräume (interblock gap) entstehen, die nicht zur Informationsspeicherung verwendbar sind. Die zusammenhängende Folge von Bandsprossen dazwischen, der Bandblock (tape block), speichert die Informationen (Daten).

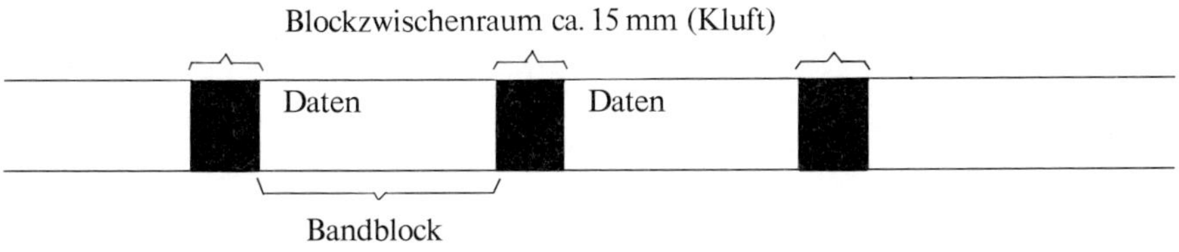

Verschiedene Verfahren der Datensicherung ergänzen sich (vgl. dazu auch VI 1.2.2).

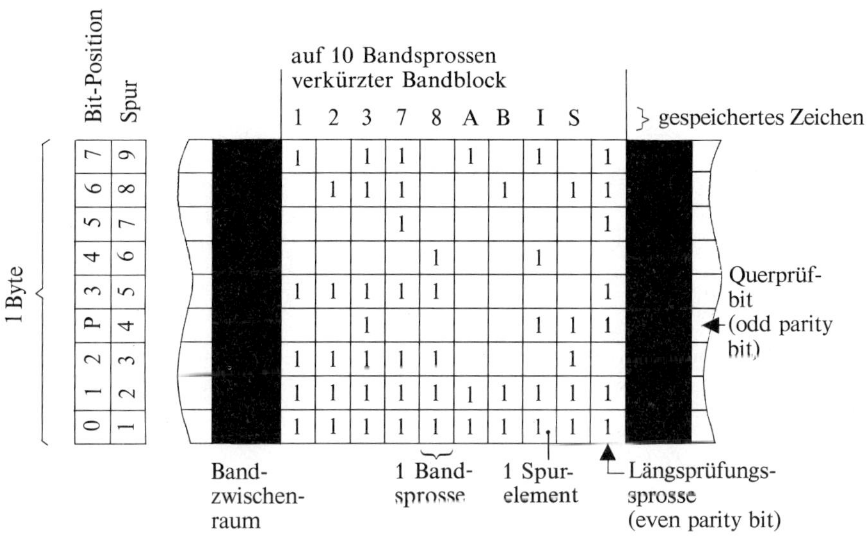

Abb. IV 19: Prüfbit-Verfahren beim Magnetband

Das Prüfbit-Verfahren kommt kombiniert als Quer- und Längsprüfung zum Einsatz (vgl. III 2.4.4). Nach Übertragungs-, Lese- und Schreibvorgängen erfolgt eine Prüfung. Ein Prüffehler führt zur Wiederholung des Vorgangs.

Die Bandspule weist eine ringförmige Nut auf. Nur wenn der Operateur einen Schreibring (= Kunststoffring *write enable ring*) in diese Nut eingelegt hat, gibt ein Abtaststift die Schreibelektronik frei. Andernfalls kann das Band nur gelesen werden (= elementare ROM-Methode).

Die Steuerung und Überwachung Magnetbandgeräte erfolgt über die Steuereinheit mit 5 Befehlsarten:

a) Schreibbefehle:
   - Schreiben eines Blocks mit anschließendem Prüflesen
   - Löschbefehl (alle Spuren auf Null schreiben)

b) Lesebefehle
   - Lesen eines Blocks vorwärts/rückwärts
c) Positionierbefehle
   - Vor-/Rücksetzen um einen Block
d) Rückspulbefehl
   - schnelles Rückspulen zum Bandanfang (1–4 min)
e) Zustandsbefehle
   - Abfragen von Zustands-/Fehleranzeigen

Der Magnetbandspeicher arbeitet im Reihenfolgezugriff, d.h. Lesen und Schreiben erfolgen seriell, insbesondere blockweise. Befehle mit Adreßangaben werden nicht benötigt.

2.3.3 Kenngrößen

Die Kenngrößengliederung aus I 3.5.2 ergibt für den Magnetbandspeicher:
a) Speicherkapazität:
   - 1 Magnetband: 5–50 MB
     (abhängig von Bandlänge, Bitdichte und Blocklänge)
   - das Speichermedium Band ist leicht wechselbar, d.h. im Prinzip unbegrenzte Kapazität
b) Zugriffsart:
   - Reihenfolgezugriff, d.h. Datensortierung nur über die Zentraleinheit
   - als ROM verwendbar
   - zerstörungsfreies Lesen
c) Arbeitsgeschwindigkeit
   - Zugriffszeit: 10–500 s
     (je nach Positionierung des Bandes)
   - Datenübertragungsrate (Transferrate): 20 KB/s bis 1,25 MB/s
d) Permanenzspeicherung
e) Kosten:
   - eine Anschlußsteuerung mit 2 Laufwerken: ca. 100000 DM
   - ein Magnetband: ca. 40 DM

2.3.4 Kassettenspeicher

Der Kassettenspeicher wurde als Variante des Magnetbandspeichers in der Mittleren Datentechnik (MDT) und für die offline-Datenerfassung einige Zeit verbreitet genutzt. Heute spielt der Kassettenspeicher noch beim Heimcomputer als billiger Massenspeicher eine Rolle. Handelsübliche Audio-Recorder, in die Tastatur integrierte Geräte und speziell angepaßte Digital-Laufwerke finden gleichermaßen ihre Käufer. Programmierbare Steuer-Software (EPROM) erhöht die Leistungsdaten und über die nutzbaren Steuerbefehle die Flexibilität; so kann etwa ein automatisches Prüflesen (Verify) die Übertragungsfehler verringern. Die Speicherung übernehmen Mini- oder Kompakt-Kassetten. Als Schnittstelle dient RS232C.

a) Speicherkapazität je Mini-Digital-Kassette: 160 KB
b) Reihenfolgezugriff (seriell)
c) Arbeitsgeschwindigkeit:
   - Transportgeschwindigkeit: 4,75 bis 19 cm/s
   - Transferrate: 300, 600, 900, 1200, 2400 bis 9200 Baud (bps)
d) Permanenzspeicherung, störanfällig bei Staub und Magnetfeldern
e) Kosten für den Kassetten-Recorder: 300 bis 1000 DM

IBM führte 1975 ein Massenspeichersystem ein, das die Zugriffsorganisation eines Plattenspeichers mit der billigen Massenkapazität von Kassettenbändern vorteilhaft verbinden sollte. Eine Kassette enthält in einer Hülse auf einer Spule ein etwa 7 cm breites Magnetband mit einer Kapazität von 50 MB. Die Kassettenbibliothek erreicht eine Gesamtkapazität von 35 bis 235 GB, bei gekoppelten Einheiten 472 GB. Der Massenspeicher arbeitet gegenüber dem Benutzer als virtuelles System wie eine Plattenspeicherorganisation. Die Anwendungen liegen in der Datensicherung und -archivierung großer Datenbestände, die bisher auf Magnetbändern oder Mikrofilm aufbewahrt wurden.

2.4 Magnetplattenspeicher

2.4.1 Technische Struktur

Ein Magnetplattenspeicher (magnetic disc storage) besteht aus den Komponenten: Platten-Steuereinheit und ein oder mehrere Laufwerke mit Platten. Die heutigen Steuereinheiten verfügen über eigene Intelligenz in Form eines oder zweier mikroprogrammierbarer Mikroprozessoren. Sie interpretieren Kommandos von der Zentraleinheit, steuern alle Laufwerkfunktionen (z. B. Datenblock suchen) ohne Belastung der Zentraleinheit, führen Fehlererkennung (Zweibitfehler) und -korrekturen (Einbitfehler, vgl. Kap. III 2.4.3) aus und prüfen die Funktionen bei Initialisierung des Plattensystems. Eine Magnetplatte besteht aus Aluminium (bis zu 2 mm dick), die beidseitig mit einer magnetisierbaren Schicht (z. B. Kobalt-Nickel-Legierung) überzogen ist. Der Durchmesser ist $5^1/_4$, 8, 14 und mehr Zoll. Die Gestaltungsformen von Plattenspeichern sind sehr vielfältig. Werden mehr als eine Platte pro Laufwerk eingesetzt, so sind diese Platten in festem Abstand übereinander angeordnet. Der Plattenstapel kann fest montiert oder auswechselbar sein. Demnach unterscheidet man Festplatten- und Wechselplattenspeicher. Der Stapelwechsel dauert etwa eine Minute. Der Stapel rotiert mit konstanter Geschwindigkeit.

Die oberste und unterste Plattenoberfläche dienen nicht der Informationsspeicherung. Jeder Plattenoberfläche sind ein oder mehrere Magnetköpfe für den Lese- oder Schreibvorgang zugeordnet. Die Lese-/Schreibköpfe schweben auf einem dünnen Luftpolster über der Plattenoberfläche. Sie können positionierbar oder aber – in größerer Anzahl – fest angeordnet werden, um die Zugriffszeit zu verringern.

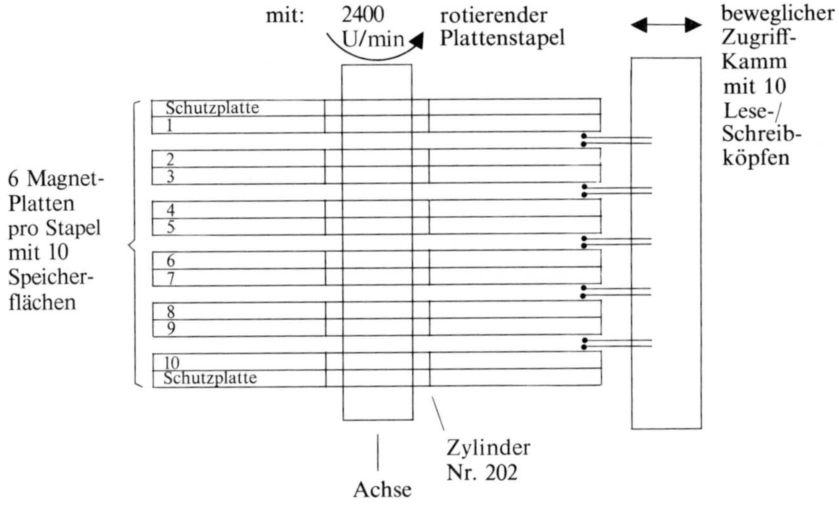

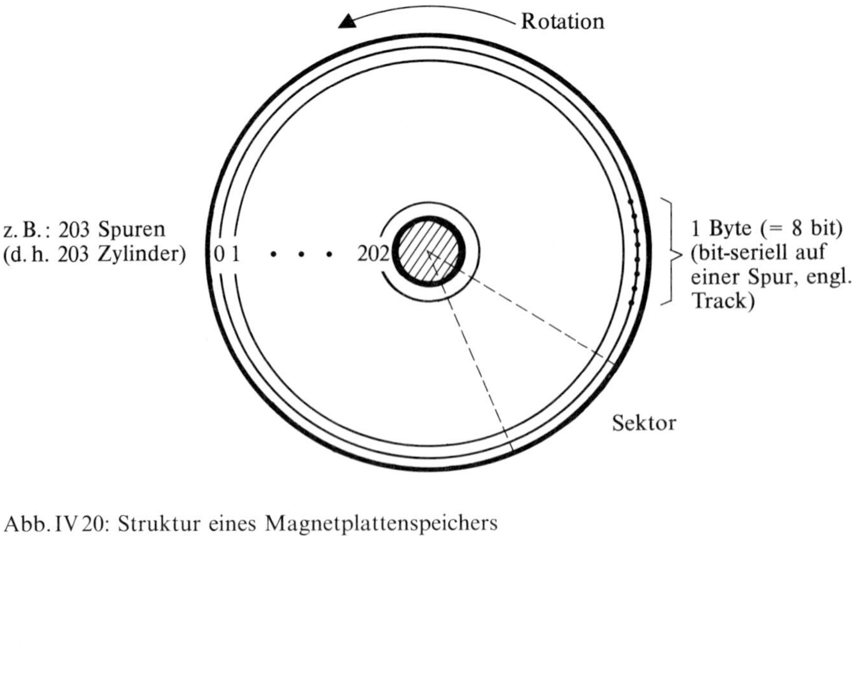

Abb. IV 20: Struktur eines Magnetplattenspeichers

Die Abb. IV 20 zeigt als Beispiel den typischen Aufbau eines 6-Platten-Speichers. Die 6 Platten liefern 10 Speicherflächen. Jede Speicherfläche enthält 200 konzentrische Spuren und zusätzlich innen 3 Reservespuren. Die Reservespuren kommen zum Einsatz, wenn andere Spuren defekt sind. Die Informationsspeicherung erfolgt auf diesen Spuren bit-seriell – nicht parallel, wie in der Bandsprosse eines Magnetbandes.

Jede Spur hat eine nutzbare Kapazität von 3625 Bytes. Konstante Rotationsgeschwindigkeit und gleiche Kapazität je Spur bedingen von Spur 0 bis 202 eine zunehmende Bitdichte. Als Schreibverfahren dienen NRZ und PE. Der Zugriffskamm muß jede Spur erreichen, d. h. er muß 203 Positionen ansteuern können. In jeder Position sind 10 übereinanderstehende Spuren gleichzeitig lesbar. Sie bilden zusammen einen sogenannten *Zylinder*. Zusammengehörige Daten werden auf den übereinanderliegenden Spuren eines Zylinders zusammenhängend untergebracht. Dieses Zylinderprinzip vermeidet häufige Kammbewegungen und reduziert die Zugriffszeiten. Die Zylinder- und darin die Spuridentifizierung erfolgen übereine zweiteilige Adresse: Zylinder-Nr. (000 bis 202) und Magnetkopf-Nr. (00 bis 09).

Der Indexpunkt kennzeichnet den Spuranfang. Das Zustands-Byte markiert, ob die Spur brauchbar oder defekt ist. Der Spurbeschreibungssatz enthält Informationen über die aktuelle Spurbelegung, z. B. die Zahl des noch unbelegten Bytes auf der Spur oder – falls die Spur defekt ist – die Adresse einer Ersatzspur. Zur Struktur der danach folgenden Datensätze sagt V 1.2 mehr aus.

Um die Entwicklung in den letzten 20 Jahren (vgl. I 1.2) in den technologischen Daten besser nachvollziehbar zu machen, gibt die Abb. IV 22 die Daten typischer Plattenspeicher der 3. bis 4. Rechnergeneration an. Die Leistungsdaten heutiger Systeme überstreichen – den unterschiedlichen Bedürfnissen der Anwender folgend – ein weites Spektrum.

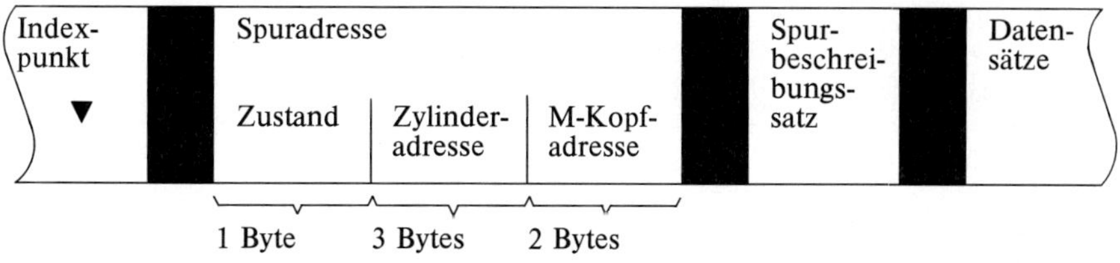

Abb. IV 21: Aufbau einer Spur beim Magnetplattenspeicher

2.4.2 Kenngrößen

Immer mehr setzen sich Winchester-Plattenspeicher durch (vgl. n. Kap.).

a) Kapazität

Bei Wechselplattenspeicher prinzipiell unbegrenzt
Zahl der Platten je Laufwerk: 1 bis 10
Je Laufwerk: 20 MB bis 2 GB (= 1000 MB, oft 2 Laufwerke je Steuereinheit)
Laufwerke je Steuereinheit: 1 bis 8, (ggf. 16)
Aufzeichnungsdichte: 5500 bpi, 300 Spuren/Zoll

b) Zugriffsart

Die Zylinder- und Spuradresse ermöglichen einen quasi-wahlfreien Zugriff, d. h. die Plattenspeichereinheit ist ein RAM-Speicher. Über die Zylinderorgani-

Kenngröße	Dimension	Plattenspeicher-einheit A (z. B. IBM 360, Siemens 4004) 3. Rechnergeneration	Plattenspeicher-einheit B (z. B. IBM 370, Siemens 7000) 3.–4. Rechnergener.
Speicherplatten	Zahl	6	10
Speicherflächen	Zahl	10	19
Rotation n	U/s (U/min)	40 (2400)	60 (3600)
Zylinder/Reservezylinder	Zahl/Zahl	200/3	404/7 (808/14)
Spurkapazität	Bytes	3 625	13 030
Zylinderkapazität	Bytes	36 250	247 570
Stapelkapazität	Mio B	7,25	100 (200)
2 Laufwerke-Kapazität	Mio B	14,5	200 (400)
8 Laufwerke-Kapazität	Mio B	–	800 (1600)
Transfergeschwindigkeit	KB/s	156	806
Ø Positionierzeit	ms	75	30
Ø Drehwartezeit $= \frac{1}{2n}$	ms	12,5	8,3
Ø Zugriffszeit	ms	87,5	38,3

Abb. IV 22: Kenngrößen von Plattenspeichern bisheriger Rechnergenerationen

sation kann aber natürlich auch der Reihenfolgebegriff wie beim Magnetband praktiziert werden.

c) Arbeitsgeschwindigkeit
Festplattenspeicher arbeiten etwas schneller als Wechselplattenspeicher.

Die Zugriffszeit umfaßt:
- die Positionierzeit zum Einstellen des Magnetkopfkamms auf den erwünschten Zylinder
- die Drehwartezeit, bis innerhalb der eingestellten Spur die erwünschten Daten durch die Rotation des Stapels am Magnetkopf vorbeiziehen.

Typische Leistungswerte sind:

Mittlere Positionierzeit:	16 bis 45 ms
Rotationsgeschwindigkeit:	2400 bis 3600 1/min
Mittlere Drehwartezeit:	12,5 bis 8,3 ms
Mittlere Zugriffszeit:	25 bis 55 ms

d) Permanenzspeicherung

2.4.3 Winchesterplatten für Mikrocomputer

Anfang der siebziger Jahre lief bei IBM ein Entwicklungsprojekt unter dem Namen ‚Winchester', genannt nach der bekannten Winchester-Büchse – so im nachhinein die Legende. Die wärme- und stoßempfindlichen Winchesterplatten konnten ab 1972 zunächst nur in klimatisierten Räumen für Großrechner genutzt werden. Danach wurde die für Großrechner entwickelte Technologie für Minicomputer und anschließend auch für die besonderen Bedingungen der Microcomputer angepaßt. Ab 1980 bot zum erstenmal ein Hersteller speziell für Mikrocomputer einen 5,25-Zoll-Festplattenspeicher an. Parallel zur Ausbreitung der 16-Bit-Mikrocomputer in den Jahren ab 1981 setzten sich die Harddisk-Speicher als Standard neben und in Ergänzung zu den Diskettenspeichern voll durch. In 2 Jahren halbierte sich der Preis. Heute ist der Anbietermarkt kaum noch überschaubar.

Bei konventionellen Platten- und Diskettenspeichern sind Lese-/Schreibköpfe und Plattenoberflächen durch Staubkörner erheblich gefährdet. Die Winchester-Technologie reduziert derartige Gefahren. Der Speicher wird in staubfreien Räumen produziert. Platten und Laufwerk sind integriert, in ein Gehäuse eingekappselt und damit hermetisch vom Arbeitsumfeld abgeschirmt. Ein Luftfilter läßt nur staubfreie Luft eintreten. 1 bis 3 Platten sind im Zentimeterabstand auf einer 5 cm dicken Nabe/Achse übereinander fixiert, in Zukunft werden es 8

Platten sein. Da der Motor inzwischen nicht mehr unter, sondern in der Achse angebracht ist, können mehr als 2 Platten eingebaut werden. Im Gegensatz zur Diskette (Floppy), die nur bei Zugriff angetrieben wird, rotiert die Harddisk kontinuierlich – mit exakt 3600 Umdrehungen pro Minute.

Die ausgewuchteten und zentrierten Platten aus Metall (Harddisk) sind beidseitig beschichtet. Jede dieser Flächen nimmt heute 200 bis 500, in absehbarer Zeit 1000 und mehr Spuren auf. Die sog. Dünnfilmtechnik und eine vertikale statt bisher horizontale Aufzeichnung (Vertical Recording) werden eine höhere Speicherdichte erlauben. Von den Plattenflächen dient bisher nur ein 2 bis 2,5 cm breiter, äußerer Kreis der Speicherung. Je Plattenfläche ist ein Schreib-/Lesekopf installiert; mit zwei Köpfen je Fläche wird bereits experimentiert. Diese Magnetköpfe sind nur so groß wie Stecknadelköpfe. Kleine Metallflügel bewirken das Schweben auf der Platte im Abstand von wenigen Microinches bzw. Micron und sichern die aerodynamische Stabilität. Ein Staubkorn oder Fingerabdruck ist erheblich größer als dieser Abstand.

Die gesamte Harddisk kombiniert gezielt hochwertige Feinmechanik und Mikroelektronik. Ein Mikroprozessor steuert die Schreib-/Leseköpfe. Ein Schrittmotor setzt die gesuchte Spurnummer in die entsprechende Zahl von Bewegungsschritte für den Magnetkopfkamm um. Eine höhere Spurdichte kann mit Hilfe eines Linear-/Servomotors erreicht werden. Bei laufender Rückkopplung an den Motor nähert sich der Magnetkopf zuerst sehr schnell und zuletzt langsam der gesuchten Spur – vergleichbar der Aufzuggeschwindigkeit in einem Hochhaus. Ferner bleibt eine der 6 bis 8 Flächen eigens für die Spur- und Sektornummern reserviert. Sie dient dem Kamm als ‚Landkarte' zur schnellen Positionierung. Die Zugriffszeit verkleinert sich dadurch erheblich.

Die zukünftigen Verbesserungen sollen die Harddisk schneller und aufnahmefähiger machen. Beide Merkmale werden den Mehrprogramm-, Mehrbenutzer- und Datenbankbetrieb eines Mikrocomputers und dessen Kopplung mit Großrechnern erleichtern. Die Kapazität beträgt bei Standardgeräten 10 oder 20 MB, wenngleich bereits Systeme mit etwa 100 MB angeboten werden. Bei solchen Datenmengen müssen die Datenbestände regelmäßig gesichert werden. Audio-Recorder sind dafür zu langsam und schnelle Streamer-Kassettenspeicher (Data-Cartridge) noch teuer; Disketten (Floppy) erreichen aber immerhin bereits über 1 MB. Auch bieten inzwischen einzelne Hersteller schon Wechselplattenspeicher an. Bei weiterer Preis-/Leistungsverbesserung dürfte das Problem der *Datensicherung* ähnlich wie bei Großrechnern auch über Harddisk-Zweitgeräte angegangen werden. In einigen Jahren bieten sich wahrscheinlich Optische Speicherplatten an. Die Zuverlässigkeit der heutigen Geräte, auch bei Dauerbetrieb ist schon sehr hoch; der MTBF-Wert (Meantime Between Failure) liegt bereits bei über zehntausend Stunden.

Kenngrößen

a) Speicherkapazität:
Speicherformat: 5,25 Zoll-Winchesterplatten (auch 8 und 14 Zoll)
Standardkapazitäten: 5, 10 oder 20 MB; angeboten: 30 bis 140 MB

b) Zugriffsart
Vergleichbar den Plattenlaufwerken für Großrechner arbeitet eine Winchestereinheit für Mikrocomputer als RAM-Speicher. Die Adressierung erfolgt über Platte, Spur und Sektor.

c) Arbeitsgeschwindigkeit
Zugriffszeiten: 30 bis 100 ms
Transferrate: 0,5 bis 1,2 MB/s

d) Permanenzspeicher
Datenverlust durch Staub wird verhindert, nicht aber durch Laufwerkstörungen oder Magnetfelder. Eine Datensicherung auf Backup-Speicher ist notwendig.

e) Kosten
Preise für 5 MB bis 60 MB Geräte: 1000 DM bis 100000 DM

2.4.4 Diskettenspeicher für Mikrocomputer

Floppy-Disk- oder Disketten-Laufwerke dienen bei Personal Computer schon heute und bei Heimcomputer in Kürze als wichtigste Massenspeicher. Nach Schätzungen wurden 1984 weltweit mehr als 400 Millionen, in der Bundesrepublik Deutschland über 20 Millionen Disketten verkauft. Die 8 Zoll-Diskette von IBM gilt seit 1973 als Industriestandard für Groß- und Minicomputer, der als ANSI-Norm übernommen worden ist. Sie diente vor allem dem Datentransfer zum Großrechner. Mikrocomputer arbeiten dagegen seit 1977 mit den Mini-Disketten (5,25″) oder heute noch kleineren Mikro-Disketten (3″, 3,25″, 3,5″, 3,9″). Sie sind kompakt und handlich, bieten wahlfreien Zugriff, arbeiten mit auswechselbaren, transportablen Disketten mit beachtlicher Speicherkapazität und werden immer preiswerter angeboten.

Eine Diskette besteht aus einer flexiblen Kunststoff-Trägerfolie (Polyester) oder festem Material bei Mikrodisketten. Der Überzug mit einer Lackschicht enthält magnetisierbares Eisenoxyd. Die Beschichtung erfolgt in staubfreien Räumen mit Luftschleuse. Staubkörner auf der Diskettenoberfläche würden den Magnetkopf beim späteren Lesen oder Schreiben abheben und so zu Fehlern führen. Dazu einige Größenverhältnisse in 1/1000 mm:

Schreib-Lese-Spalt: 2	Staubkorn: 6
Magnetisierung für 1 Bit: 1,5 tief, 4 hoch	Disketten-Dicke: 80
Magnetschicht: 2,5	Menschenhaar: 44

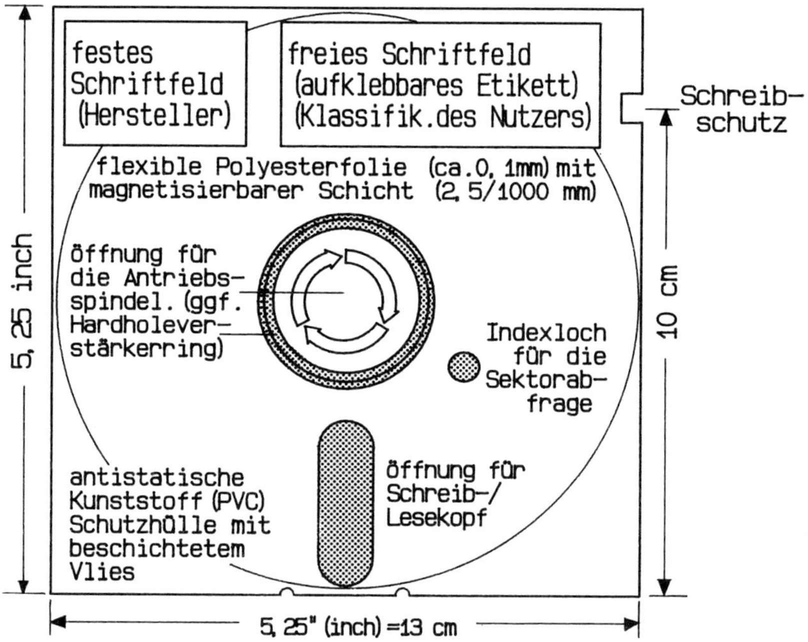

Abb. IV 23: Aufbau einer Diskette

Die automatische Qualitätskontrolle erfolgt, indem ein Prüfcomputer die neue Diskette mit Einsen und Nullen beschreibt und beim anschließenden Prüflesen die Stärke der Lesesignale mit vorgegebenen Sollwerten vergleicht. Eine antistatische Kunststoff(PVC)-Hülle mit Innen-Vlies schützt die Diskette. Spezielle Reinigungsdisketten reinigen die Magnetköpfe.

Die Datenspeicherung erfolgt auf konzentrischen, magnetisierbaren Spuren, die in ‚tortenstückartige' Sektoren unterteilt sind. Ein Sektor bildet die kleinste adressierbare Einheit mit einer Länge von 128, 256 oder 512 Bytes. Bei hardsektorierten Disketten kennzeichnen kranzförmig eingestanzte Löcher die einzelnen Sektoren. Ein Sektor nimmt einen Datensatz auf. Er enthält außer den Nutzdaten ein Adreßfeld. In diesem sind Spuradresse, Kopfadresse (bei 2 Diskettenoberflächen), Sektornummer und (bei variabler Sektorlänge) die Länge des Datenfeldes. Die Lücke zwischen Adreß- und Datenfeld eines Sektors nimmt magnetisierte Muster auf, um den Lesetakt zu synchronisieren. Ein Sektor enthält schließlich noch Sicherungsbits, die beim Datentransfer zum Mikroprozessor der Fehlererkennung dienen (CRC-Verfahren).

Ein Disketten-Laufwerk bedarf der Steuerung und Kontrolle durch einen Controller. Diese Baugruppe befindet sich meist auf einem LSI-Chip. Sie übernimmt mehrere Funktionen, vor allem: Formatdaten erzeugen, Parallel-Seriell-Umsetzen beim Schreiben und umgekehrt beim Lesen, Magnetkopf positionieren und gesuchten Sektor identifizieren, Lesefehler erkennen. Der Controller arbeitet mit dem DOS (= Disc Operating System) zusammen, der meist Teil des Betriebssystems ist (vgl. Kap. V 4.6).

Die Austauschbarkeit von Disketten zwischen unterschiedlichen Mikrocomputer-Modellen bleibt weiterhin durch unterschiedliche Codierung stark eingeschränkt. Einige Mikro-Laufwerke sind zu Mini-Laufwerken und von diesen wiederum einige zur 8″-Norm kompatibel. Mangels Normung bildete sich auf dem Mikrocomputermarkt eine unüberschaubare Vielzahl von mehreren hundert Diskettenformen bzw. -formaten heraus. Die wichtigsten Unterscheidungsmerkmale für die Diskettenspeicher spiegeln in ihren unterschiedlichen Ausprägungen auch die nahezu chaotische Situation wider:

Bauhöhe: 7 cm/3,35 mm bei der Slimline-Bauweise
Aufkleber: vom Hersteller vorfixiert (mit Diskettenmerkmalen)/vom Anwender zur Klassifikation der Disketteninhalte aufgeklebt
Kunststoff (PVC)-Hülle mit Innen-Vlies: flexibel/hart
Verstärkungsring (Hardhole): ohne/mit
Positionierung: Schrittmotor/Tauchspule (Servo)
Magnetkopfeinsatz: ständige Berührung von Magnetkopf und Diskette/ Lademagnet setzt Köpfe nur zum Lesen/Schreiben auf
genutzte Seiten: einseitig/zweiseitig (Aufdruck 1 oder 2)
Vorformatierung: (nicht) initialisierte Disketten, z. B. 26 × 256 B/S = vom Hersteller sind 26 Sektoren zu je 256 Bytes soft vorformatiert.
Kompatibilität mit anderen Diskettenformaten: nur Lesen/auch Schreiben
Diskettengröße: 3,5″ (3,5 × 3,7 Zoll), 5,25″ (13 × 13 cm), 8″ (20 × 20 cm)
Sektorierung: Hardsektorierung (Kranz von 10 oder 16 Sektorlöchern)/ Softsektorierung (ein Indexloch für Markierung des Anfangs)
Spuren/Fläche: 35, 40 oder 80 bei 5,25″-Disketten
77 bei 8″-ANSI-Disketten (73 für Daten, 3 Reservespuren)
Spurdichte: einfache (48 tpi = tracks per inch, d. h. 40 Spuren)/doppelte (96 tpi, d. h. 80 Spuren)/spezielle (192 tpi)
Schreibdichte/Spur: einfache/doppelte (D = double density)/besonders hohe (HD = high density) für Sonderanwendungen; (4473 bis 8946 bpi) 257 bis 352 bit/mm
Speicherart je Spur: bitseriell/bitparallel (bei Vertical Recording)

a) Kapazität:
Bei Kapazitätswerten in Prospekten ist zwischen unformatiert und formatiert zu unterscheiden; letztere liegt etwa bei $^{3}/_{4}$ des unformatierten Wertes.
8″-Disketten: Norm 1,2 MB (bzw. 1,6 MB unformatiert)
5,25″-Disketten: 125 KB bis 1,2 MB (bzw. 1,6 MB)/3,3 MB (unformatiert)

3,5″-Disketten: 250 KB bis 1 MB
2,8″-Disketten: 128 KB (spiralförmige Spuren)
Bei vertikaler Aufzeichnung (Vertical Recording) wurden bereits 10 MB erreicht.

b) Zugriffsart:
Die Spur- und Sektoradresse ermöglicht einen (wahlfreien) Direktzugriff (RAM) auf die Daten der Diskette. Die kleinste adressierbare Einheit ist allerdings nicht – wie beim Hauptspeicher – das einzelne Datenwort, sondern der Datensatz in einem Sektor.
Lesesignalstärke: mehr als 40% der Schreibsignalstärke (ECMA-Norm)

c) Arbeitsgeschwindigkeit:
Die Zugriffszeit hängt ab von der Laufwerkstechnik, d.h. von der Zeit, bis die Schreib-Lese-Köpfe auf der richtigen Spur positioniert sind und der richtige Sektor abgewartet wurde. Die Speicherung der Datensätze kann fortlaufend oder gestreut erfolgen (vgl. Kap. V 1.4).
Rotation: 360 1/min bei 8″, 300 (oder 360) 1/min bei 5,25″
(Der Mikrocomputer Sirius 1 setzte bereits 1981 variable Umdrehungszahlen ein, um gleiche Aufzeichnungsdichte über alle Spuren hinweg und damit die hohe Kapazität von 1,2 MB je Laufwerk zu erreichen)
Spurpositionierzeit: ca. 3 ms
Zugriffszeit: 100 bis 350 ms
Transferrate: 5,25″-Laufwerk 250 Kbit/s, 8″-Laufwerk 0,4–1 Mbit/s

d) Permanenz
Die Diskette speichert die Daten auf Dauer. Die Störanfälligkeit hängt allerdings sehr von der Behandlung ab. Stets sollte die Diskette in ihre Schutzhülle gesteckt werden, auch wenn sie nur kurzzeitig abgelegt wird. Auf Disketten sollte man nicht schreiben, sie dürfen nicht geknickt oder mit Flüssigkeit und Staub in Berührung kommen. Aber auch die Laufwerkseinstellung, z.B. zu großer Druck der Magnetköpfe auf die Oberfläche und falsche Spurenjustierung sowie der Einfluß von Magnetfeldern (z.B. Netzteile) verursachen Störungen.
Lebensdauer: 3,5 bis 70 Millionen Durchläufe je Spur einer Diskette
Archivierungsdisketten bis zu 30 Jahre
Laufend genutzte Disketten sollen 1 bis 2-mal jährlich ausgetauscht werden
Fehlerabstand (MTBF): ca. 10000 Betriebsstunden

e) Kosten/Bit
Laufwerk: 800 DM bis 5000 DM
Preis für Disketten (je nach Merkmalskombination): 1 bis 10 DM
Reinigungsdisketten: 30 bis 50 DM
Die Kosten pro Byte liegen bei ca. 5 DM/KB.

Seit 1981 setzen Anwender von Software für 8-Bit-MPUs gelegentlich sogenannte ‚Silizium-Laufwerke' ein. Darunter versteht man die Nachbildung der Funktionen eines mechanischen Diskettenlaufwerkes durch Halbleiterbauteile. Klassische 8-Bit-MPUs können nur 64 KB Speicherraum adressieren und nutzen. Die Pseudo-Floppies simulieren nun mit ‚überschüssigen' Halbleiterspeichern einen ‚virtuellen' Diskettenspeicher. Dieser ist natürlich schneller als ein real anzuschließendes mechanisches Laufwerk. Die dynamischen Halbleiterbauteile können aber zum Datenverlust führen, wenn kein Batteriepuffer dies verhindert.

2.5 Magnettrommel- und Magnetkartenspeicher

In Rechenanlagen der 2. Generation diente der Trommelspeicher als Hauptspeicher, danach als Massenspeicher. Heute setzt man ihn noch für spezielle Anwendungen, z. B. bei technischen Prozessen zur schnellen Abfrage ein. Ein Trommelspeicher besteht aus einer rotierenden Leichtmetalltrommel, feststehende Schreib-Lese-Köpfe und einer Elektroniksteuerung. Die wichtigsten Kenngrößen sind:

a) Speicherkapazität
Bei bis zu 800 Spuren (Trommelumfang) und einer Aufzeichnungsdichte von 10 bis 60 bit/mm lassen sich, je nach Trommelgröße, 0,1 Mbit bis 10 Gbit speichern.

b) Zugriffsart
Die Adressierung der Trommelspuren ermöglicht einen quasi-wahlfreien Zugriff – vergleichbar den Plattenspeichern. Die Magnetköpfe, deren Luftspalte ca. 0,02 mm beträgt, halten einen Abstand von 0,03 mm von der magnetisierten Trommel-Oberfläche (0,01 mm).

c) Arbeitsgeschwindigkeit
Rotation: n = 25 bis 300 1/s
(mittlere) Zugriffszeit (= 0,5/n): 20 bis 1,7 ms
Transferrate: 0,3 bis 1,2 MB/s

d) Der Trommelspeicher ist ein Permanenzspeicher

Die konstruktiven Grundideen des Magnetkartenspeichers bzw. des Magnetstreifenspeichers lassen sich zwischen Trommel- und Magnetbandspeicher einordnen. Ähnlich dem Magnetband verwenden sie ebenfalls als Speichermedium einen preisgünstigen beschichteten Träger – allerdings aufgeteilt in eine Vielzahl von Magnetkarten bzw. Magnetstreifen. Die Steuerungselektronik veranlaßt eine pneumatische Transportvorrichtung, die gesuchte Karte aus einem Bibliotheksmagazin zu entnehmen und auf eine Kleintrommel zum Lesen zu spannen.

Die Kenngrößen sind:

a) Speicherkapazität
Beispiel mit 11 * 41 cm-Karte:
8 Magazine * 256 Karten/Magazin * 128 Spuren/Karte * 2048 Bytes/Spur = 537 MB

b) Zugriffsart
Die gesuchte Karte wird selektiert und anschließend wie beim Trommelspeicher mit einem quasi-wahlfreien Zugriff auf die Spuren bearbeitet.

c) Arbeitsgeschwindigkeit
Zugriffszeit: ca. 0,5 s
Transferrate: 70 KB/s

Der *Magnetblasenspeicher* (magnetic bubble memory) besteht aus homogenen Kristallen. Besondere Magneteffekte erzeugen ‚permanente Blasen', die als Informationsträger wie ein Schieberegister arbeiten.

Aufgaben zu IV 2.3/2.4/2.5/2.6/2.7

Ein Peripherspeicher mit wechselbaren Speicherelementen und ohne wahlfreien Zugriff (kein RAM) ist der (1) .... speicher.

Für die Speicherung der Informationen von einem Magnetband üblicher Länge und mit PE-Schreibverfahren braucht man etwa (2) .... Lochkarten, wenn alle Spalten gelocht sind. Ein Trommelspeicher erreicht bei 100 Umdrehungen pro Sekunde eine mittlere Zugriffszeit von (3) ....
Für die 2., 3. und zum Teil 4. Rechnergeneration mußten Peripherspeicher mit sehr unterschiedlicher Technik entwickelt werden, weil (4) ....
Eine einheitliche Schaltungstechnologie des Prozessors einerseits und der Haupt- und Peripherspeicher andererseits wird erreicht, wenn die magnetische Speichertechnologie durch die (5) .... technologie ersetzt werden kann. Handlicher als der Magnetbandspeicher ist der Kassettenspeicher im Einsatz. Ähnliches gilt für (6) .... im Verhältnis zum Plattenstapelspeicher. Der Magnetstreifen(karten)speicher kombiniert das technologische Prinzip des (7) .... speichers. Auch für neuere Speichertechnologien gelten die Gesetzmäßigkeiten: Bei konstanten, vorgegebenen Kosten muß man eine größere Zykluszeit bei (8) .... Kapazitätsbedarf in Kauf nehmen; bei vorgegebenem Kapazitätsbedarf fallen die Kosten mit (9) .... Zykluszeit.
Einen wahlfreien Zugriff (random access) erlauben die folgenden Externspeicher: (10) .... Dagegen erlauben folgende nur einen Reihenfolgezugriff (serial access): (11) ....

---

3. Ein-/Ausgabeeinheiten

Eine kaum noch überschaubare Vielzahl von Ein- und Ausgabegeräten umgeben heute die Zentraleinheiten von Rechnersystemen (vgl. Abb. I 27) – sowohl von Großrechnern als auch schon beim Mikrocomputer. Die verschiedenen Eingabeeinheiten und Ausgabeeinheiten bilden zusammen mit den Peripherspeichern und einigen Geräten zur Datenübertragung die Peripherie eines Rechnersystems. Ein sogenanntes Ein-/Ausgabewerk, auch E-/A-Prozessor genannt, steuert und kontrolliert ihre Arbeitsweise und ihr Zusammenspiel. Die verschiedenen Ein-/Ausgabegeräte dienen nicht nur der direkten Verbindung zwischen dem Benutzer und Computer, sondern schließen auch die Endpunkte von Datenübertragungsleitungen ab. Vereinfacht können sie deshalb im folgenden als Endgeräte (Terminal i. w. S.) bezeichnet werden.

In Rechnern der 1. und 2. Generation veranlaßte und überwachte das Leitwerk sämtliche Operationen, auch alle Ein-/Ausgabevorgänge. Vereinfacht zeigte sich der Arbeitsablauf des Rechners als mehrfache Wiederholung der drei Arbeitsvorgänge: Eingeben (E), Verarbeiten (V) in der Zentraleinheit und Ausgeben (A). Diese drei Operationen E, V, A überlappten sich nicht.

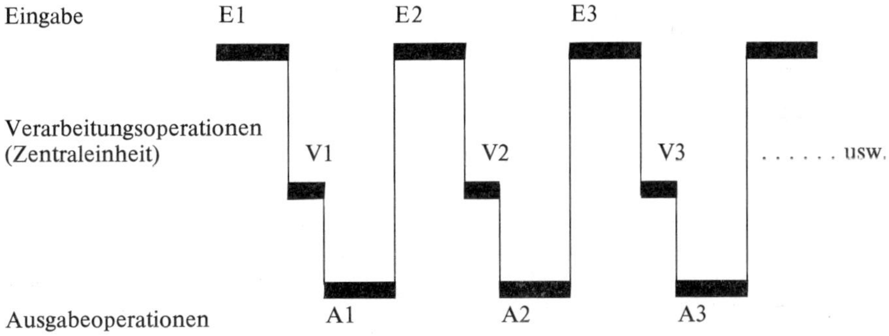

Abb. IV 24: Nicht überlappende Operationsabläufe im Computer der 1./2. Generation

Jedoch schon bei den Rechnern der 1. und 2. Generation – auch der Mikrocomputer-Generationen – arbeitete die Zentraleinheit erheblich schneller als die weitgehend mechanischen Ein- und Ausgabegeräte. Die Operationsarten E und A dauerten weitaus länger als die Verarbeitungsvorgänge V. Die Ein-/Ausgabegeräte blockierten die relativ schnelle Zentraleinheit. Ihre Auslastung erreichte oft nicht mehr als 1%. Dies war unwirtschaftlich. Dieses Dilemma der stark unterschiedlichen Geschwindigkeiten von Zentraleinheit und Peripherie (insbesondere der Endgeräte) besteht zum Teil auch heute noch. Verschiedene Bemühungen sollten und sollen diese Engpaßsituationen des Datenflusses beseitigen oder zumindest entschärfen:

a) technische Verbesserung der Endgeräte

b) Puffer zwischen Endgerät und Zentraleinheit
c) Kanalprinzip, E/A-Prozessoren (vgl. IV 3.4)
d) Multiprogramming, Multitasking (vgl. V 3.4)
e) Multiprocessing (vgl. V 3.7)
f) Dezentrale DV-Netzwerke (vgl. V 3.8)
g) Verbesserung und Dezentralisierung der Datenerfassung (vgl. IV 3.1.4).

Der weiteren Leistungserhöhung durch Verbesserung mechanischer Eigenschaften der Endgeräte sind enge physikalische Grenzen gesetzt. Der Übergang zu elektrischen Prinzipien (z. B. Tastatur) oder chemisch-physikalischen Verfahren (z. B. Schnelldrucker) bringt jedoch immer wieder beachtliche Leistungsverbesserungen.

Das Prinzip der Pufferung geht von der Annahme aus, daß zwischen dem jeweiligen Endgerät und dem Hauptspeicher in der Zentraleinheit immer wieder nur begrenzte Datenmengen gemeinsam übertragen werden. Ein kleiner elektronischer Pufferspeicher beim Endgerät kann den (elektro-)mechanischen Teil des Endgerätes vom schnellen Hauptspeicher entkoppeln. Die Übertragung vom Pufferspeicher zum Hauptspeicher erfolgt mit hoher Transferrate. Die Zentraleinheit wird dadurch die meiste Zeit vom bedienten Endgerät unabhängig.

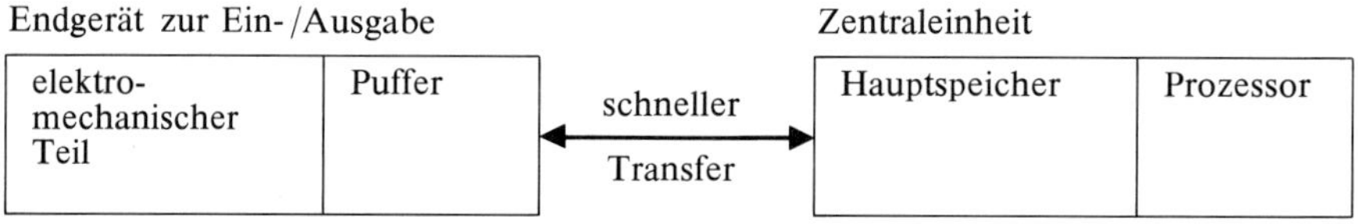

3.1 Eingabegeräte

3.1.1 Lochstreifen-Eingabe

Lochstreifen dienten jahrzehntelang als billige und robuste Datenträger. In den letzten Jahren wurden sie weitgehend durch die neuen Speichermedien: Kassetten und Disketten verdrängt. Ein ca. 300 m langer Lochstreifen (pergamentiertes Papier: 0,1 mm, 1,74–2,54 cm) nimmt bei einer Informationsdichte von 4 Zeichen pro cm etwa 120 000 Zeichen auf; eine einzige Diskette speichert das Mehrfache.

Runde oder viereckige Lochungen speichern die Daten. Jede Lochstreifenspalte nimmt 1 Zeichen auf. Da eine Lochung ein binäres Speicherelement ist, können im 5-Kanal-Lochstreifen EV $5 = 2^5 = 32$ Zeichen, bei 6, 7 oder 8 Spuren entsprechend 64, 128 oder 256 Zeichen abgebildet werden.

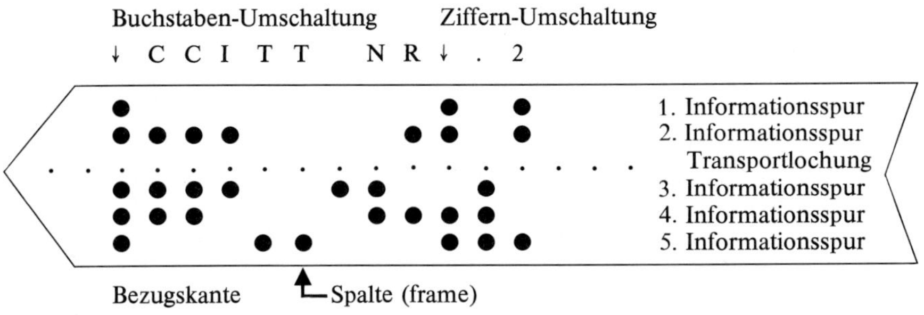

Abb. IV 25: 5-Kanal-Lochstreifen mit der gelochten Information: CCITT Nr. 2

Für 5-Kanal-Systeme wurde frühzeitig der internationale im Telexnetz eingesetzte Code Nr. 2 des CCITT (Comité Consultatif International Télégraphique et Téléphonique) genormt. Mittels Buchstaben- und Ziffernumschaltezeichen wurde für die Fernschreibmaschine der Elementarvorrat von 32 auf nahezu das Doppelte (nämlich 52) erhöht. Dieselbe Lochkombination im Streifen bedeutet entweder einen Buchstaben oder eine Ziffer – abhängig von dem letzten vorausgegangenen Umschaltezeichen.

Die Lochstreifenleser lesen ca. 200 Zeichen pro Sekunde. Dazu wandeln Fotozellen den Wechsel der Lichtenergie (Lochung, keine Lochung) in elektrische Spannungssignale um.

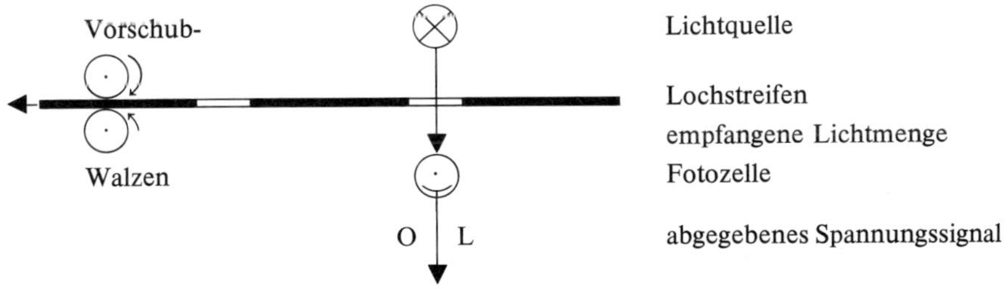

Abb. IV 26: Funktionsweise des Lochstreifenlesers

3.1.2 Lochkarten-Eingabe

Lochkarten

Nach dem Einsatz der ‚Lochkarte' zur automatischen Steuerung von Webstühlen benutzte Hollerith die von ihm entwickelte Lochkarte als Datenspeicher bei statistischen Erhebungen. Hollerith wählte damals für seine Lochkarte das bekannte Format der damaligen Dollarnote (187,3 × 82,5 mm). Dieses Format

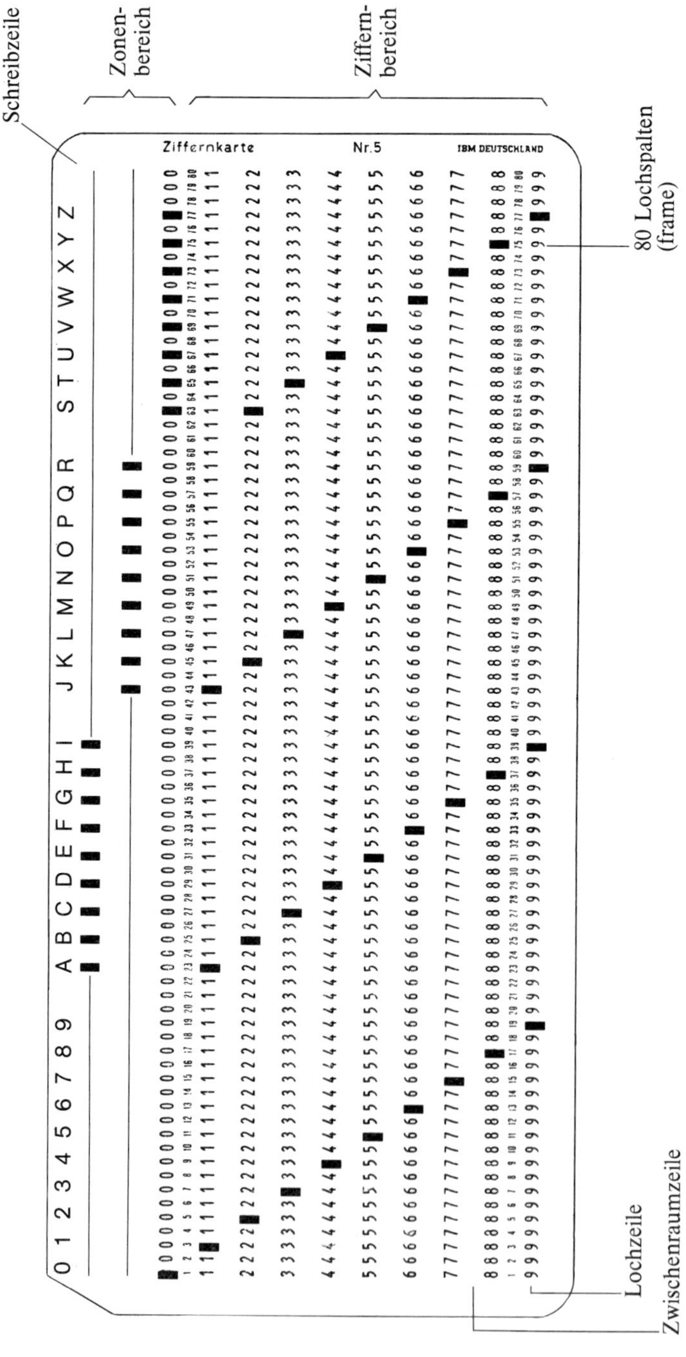

Abb. IV 27: 80spaltige Maschinenlochkarte

besitzt die übliche Maschinenlochkarte noch heute. Der links oben angebrachte Eckenabschnitt dient zur Kontrolle der Normallage der Karten eines Stapels. Erläuternde und einteilende Aufdrucke auf der gesamten Kartenfläche sind nämlich üblich. Die gesamte Kartenfläche ist in 12 Lochzeilen und je eine obere und untere halbe Randzeile sowie 80 Spalten aufgeteilt. Eine Lochspalte (frame) besteht also aus 12 Lochpositionen.

Jede Spalte der Lochkarte nimmt entweder 1 Ziffer oder 1 Buchstaben auf. Die zehn Dezimalziffern 0, 1, ... 9 werden im ‚1 aus 10'-Code (vgl. III 2.3) durch *eine* Lochung innerhalb des Ziffernbereichs dargestellt, d. h. mit hoher Redundanz. Die 26 Buchstaben des Alphabets werden jeweils durch *zwei* Lochungen pro Spalte abgespeichert – eine Lochung im Zonenbereich (Zeile 12, 11, 0) und eine im Ziffernbereich (ußer Zeile 0). Die Lochung im Zonenbereich gibt die Buchstabengruppen an, die Lochung im Ziffernbereich kennzeichnet innerhalb der Gruppe. Sonderzeichen werden durch eine, zwei oder drei Lochungen pro Spalte abgespeichert.

Lochkartenleser

Für die Datenauswertung standen in der konventionellen Datenverarbeitung mehrere Arten von (Hollerith-)Maschinen im Einsatz: Kartenlocher, prüfer, -doppler, -mischer, -sortierer, Rechenlocher und Tabelliermaschinen zum Ausdrucken. Großer Platzbedarf, relativ geringe Arbeitsgeschwindigkeit und manuelle Eingriffe zwischen den Arbeitsgängen auf den Maschinen ließen den Wechsel zu den elektronischen Universalrechnern mit neuen Massenspeichern (Magnetband, -platte) in den 60er Jahren leicht begründen.
Die Dateneingabe mit Lochkarten wird bei heutigen Rechnersystemen fast nur noch bei Rechenzentren (z. B. Universitätsrechenzentrum) mit breitem Nutzerkreis (Studenten) angeboten, soweit einzelne Anwender noch neben dem Timesharing-Betrieb ihre Programme als Lochkarten-Stapel abliefern (vgl. V 3.2). Zur Eingabe dient ein Lochkartenleser.

Der Lesevorgang geschieht – wie beim Lochstreifenleser – mit fotoelektrischer Abtastung. Die zu lesenden Lochkarten werden automatisch nacheinander einem Vorratsmagazin entnommen, das über ein Fassungsvermögen von ca. 1000 Lochkarten verfügt und während des Arbeitsgangs nachgefüllt werden kann. Die Lesegeschwindigkeit liegt bei heutigen Geräten zwischen 300 und 1500 LK/min.

Die Umwandlung des Lochkartencode in den EBCDI-Code übernimmt ein Codierer im Lochkartenleser.

3.1.3 Belegleser und Blattleser

Nach jahrelanger Entwicklungsarbeit stehen heute kommerziell einsetzbare Geräte zur Auswahl, die die schriftlichen Unterlagen (Urbeleg) direkt erfassen, d.h. in binäre Code zur Rechnereingabe umwandeln können. Man spricht von Belegleser, Blattleser, Klarschrift-, Magnetschrift-, Markierungsleser und optische Codeleser. Die Geräte unterscheiden sich in der lesbaren Dokumentengröße (Blatt, Zeile, Etikett) sowie der Schriftart und -technik (Typenräder-Zeichen, stilisierte Normschrift, magnetische oder optische Strichcode). Einige Geräte vereinigen die Funktionen des Klarschrift- und Markierungslesers.

Diese Geräte können entweder im *on-line-Betrieb* oder im *off-line-Betrieb* eingesetzt werden. Im ersten Fall wird die gelesene Information unmittelbar an die DVA zur weiteren Auswertung abgegeben. Im zweiten Fall dagegen wird nur sortiert oder die gelesenen Daten werden zunächst in ein anderes Speichermedium (Magnetband) übertragen und aufbewahrt.

Die Klarschriftleser erleichtern das Erfassen von schriftlich in Form von Urbelegen vorliegenden Daten. Unter ‚Klarschrift' versteht man in diesem Zusammenhang die konventionelle Druck- und Schreibmaschinenschrift, aber auch speziell für diese Lesegeräte entwickelte stilisierte Schriften (wie OCR-A und -B). Ein Blattleser mit 6 Schriftarten zu 86 Zeichen wählt die zu lesende Schriftart durch Schalter voreingestellt oder automatisch aus. Die Rechnerkopplung erfolgt über eine V.24/.28-Schnittstelle mit 1200 bit/s asynchroner Übertragung. Zur Verarbeitung der gelesenen Information muß der Klarschriftleser an einen Rechner angeschlossen werden. Der Blattleser liest ganze Textseiten zeilenweise in einem Durchlauf. Für eine DIN-A4 Seite benötigt er etwa 15 Sekunden. Klarschriftleser, die nur 1 Zeile pro Durchlauf lesen, verarbeiten zwischen 500 und 1500 Belege pro Minute (meist DIN A6).

Anwendungen des Blattlesers sind beispielsweise:
- Textdokumente werden am Bildschirm korrigiert, im Computerspeicher abgelegt und eventuell an andere Kommunikationssysteme übertragen,
- Texte unterschiedlicher Quellen zu einem mischen,
- schriftlich eingegangene Beiträge freier Mitarbeiter in der Redaktion einer Zeitung oder eines Verlages am Bildschirm lektorieren,
- Arbeitspläne in der Arbeitsvorbereitung für das Mikrofilmarchiv erfassen.

Blattleser kosten heute etwa 30000 DM, haben aber starke Rationalisierungseffekte.

Programmgesteuerte Abtaststrahlen (Kathoden-, Laserstrahl) sind aufwendig. Bei Festkopfmaschinen bewegt sich der Beleg am räumlich fixierten Lesekopf vorbei: Derartige Geräte eignen sich vor allem für Probleme mit Massenanfall von gleichartigen Belegen. Typisches Anwendungsbeispiel ist der Scheck- und Überweisungsverkehr der Banken. Die Information wird in der sogenannten

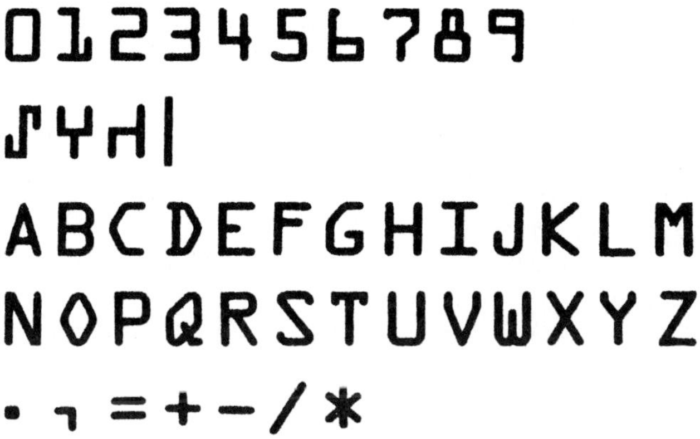

Abb. IV 28: OCR-A Zeichenvorrat nach DIN 66008

Codierzeile der Belege mit der international genormten Schrift OCR-A (*O*ptical *C*haracter *R*ecognition) aufgebracht. Diese Schrift bietet einen Kompromiß zwischen menschlicher und maschineller Lesbarkeit. Die Schrift OCR-B orientiert ihre Zeichenform noch stärker am konventionellen Zeichenbild.

Ein großes Versandhaus setzt ein von AEG-Telefunken entwickeltes Lesesystem für Postleitzahlen ein. Bei einer Stundenleistung von 16000 Paketen steuert es per Computer die Paketförderanlage für bis zu 200000 Sendungen täglich. Eine Fernsehkamera liest in Verbindung mit einer Bildverarbeitungselektronik die aufgedruckten Postleitzahlen.
Sehr verbreitet sind Balkencodes. Bereits 1958 entwickelte die Firma Bull die Magnetschrift CMC 7 (ähnlich auch E13-B), bei der jedes Zeichen durch 7 vertikale Balken mit magnetisierbarer ‚Tinte' abgebildet wurde. Die 6 binären Abstände (breit, schmal) zwischen den 7 Balken codierten den alphanumerischen Zeichenvorrat. Versandbelege oder Materialscheine werden mit Magnetschriftlesern sortiert. Andere Geräte drucken die Postleitzahl magnetisiert auf Briefkuvert für die automatische Briefverteilanlage.
Aus dem Alltag bekannt ist die EAN-Artikelnummer (VI 2.3.1) auf Etiketten von Nahrungsmittelpackungen. Die Nummer ist im Strichcode (Schrift SC) nach DIN 66236 und in der direkt lesbaren OCR-B Schrift aufgedruckt. Jedes der 13 Zeichen einer EAN-Nummer besteht aus 7 Balken, die hell (O) oder dunkel (L) gedruckt sein können. Jedes Zeichen enthält in diesem 7er Raster jeweils zwei helle (Zwischenräume) und zwei dunkle Balken; beispielsweise ergibt das binäre Symbol LOOLLLO für die Ziffer 5 einen schmalen (L) und einen breiten (LLL) Dunkel-Balken. Die Nutzzeichen 0,1 bis 9 sind als mehrfache Zeichensätze A, B, C und D vorhanden, u. a. damit das Lesegerät die linke und rechte EAN-Nummernhälfte unterscheiden kann. Als Lesegerät dienen Lese-

stifte/-griffel oder Handleser mit eingebauter Fotodiode (Auflösung ca. 0,2 mm) oder ein Scanner, d.h. ein Lesefenster im Warenablagetisch.

4 002966 005026

Abb. IV 29: EAN-Nummer auf einem Warenetikett als Strichcode und OCR-B

Ein sehr handliches und billiges Mittel zur Datenerfassung bei kleinem, einmaligem Datenanfall sind die Markierungsleser. Die Markierungsblätter (etwa DIN-A4-Format) können (bei etwa 50 Zeilen) in ca. 1000 Markierungsstellen durch eine einfache Strichmarkierung ‚beschrieben' werden. Zur Datenerfassung genügt also ein Bleistift oder Tintenstift. Die Formulareinteilung läßt sich sehr flexibel gestalten. Auf die Formulare kann in mehreren Farben interpretierender Text aufgedruckt werden. Ein Markierungsleser liest 50 bis 400 Belege pro Minute. Typisches Anwendungsgebiet sind statistische Erhebungen, wie Verkehrszählungen und Bestellungen.

3.1.4 Datenerfassung

In der Datenflußkette: Datenquelle, Datenerfassung (incl. Transport), Datenverarbeitung und Auswertung beim Empfänger bildet seit langem und auch heute noch die Datenerfassung den störenden Engpaß. Das Streben nach einer quellennahen Datenerfassung versteht sich von selbst. Dabei ist es sinnvoll, zwischen räumlich- und funktional-quellennah zu unterscheiden. Die *räumlich-quellennahe* Datenerfassung bedeutet die Übertragung der Daten am Ursprungsort auf ein Speichermedium (z. B. Formular oder Diskette). Mit der *funktional-quellennahen* Datenerfassung soll darauf verwiesen werden, daß zwischen der erstmaligen Datenerfassung und der Eingabe der Daten in den Hauptspeicher der Zentraleinheit keine manuellen Eingriffe mehr erforderlich sind. Weder räumlich- noch funktional-quellennah war folgende klassische Datenerfassung:
- dezentrale Urbelegerstellung (Auftragsformular) im Vertrieb, dann
- postalischer Formulartransport zum Rechenzentrum, dann
- manuelle Eingriffe (Lochkartenerstellung, LK in LK-Leser legen, Magnetband wechseln), dann
- Magnetbandverarbeitung durch Zentraleinheit

Derartige und ähnliche Umwegverfahren mußten vermieden werden.

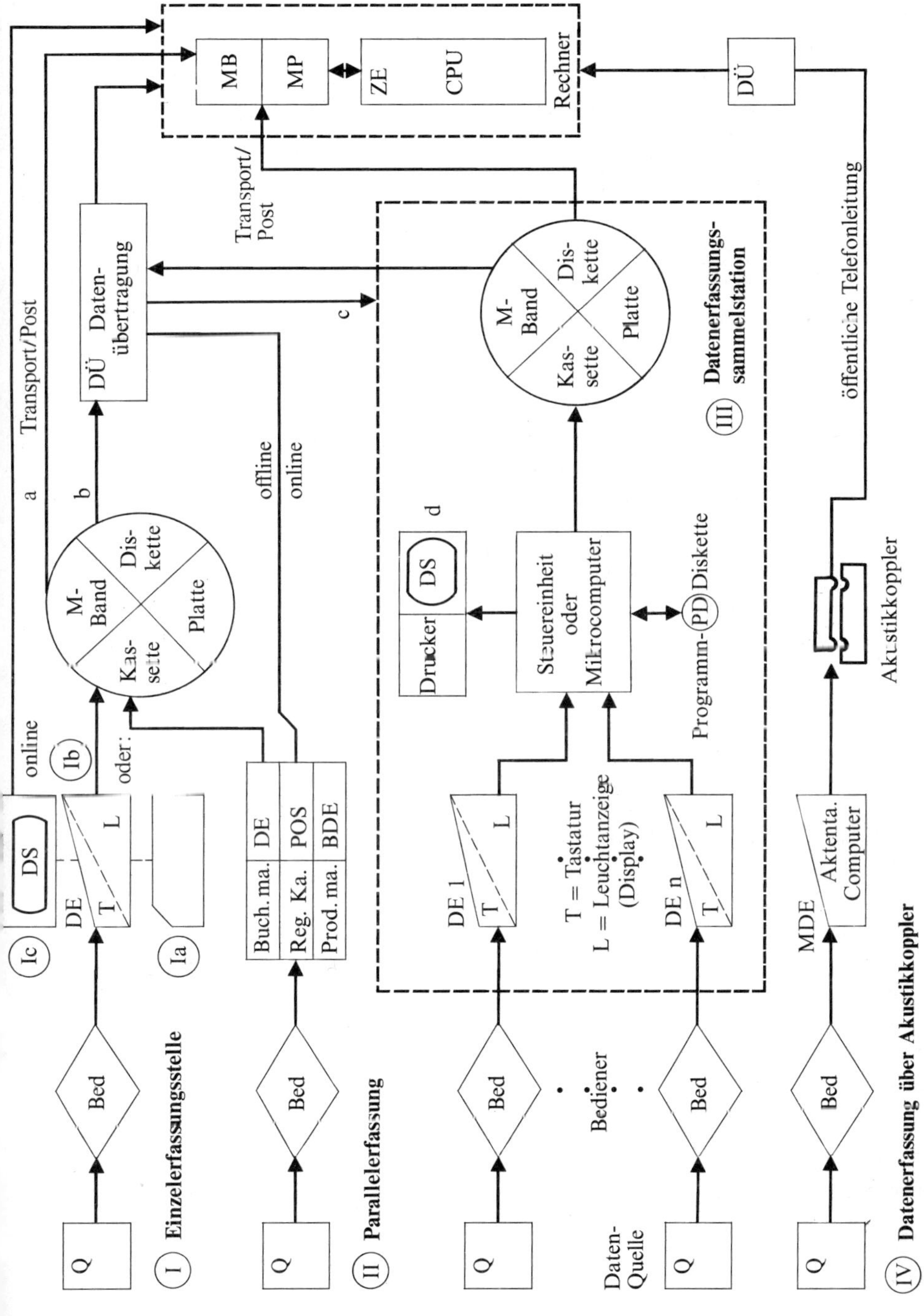

Abb. IV 30: Formen der Datenerfassung

Ende der sechziger Jahre führten derartige Überlegungen zur unmittelbaren Datenerfassung auf das Magnetband. Inzwischen erfolgt sie auch auf Magnetplatten, insbesondere aber auf Disketten und Magnetband-Kassetten. Aus dem Keypunch-Verfahren (Kartenlocher) wurden die Verfahren ‚Key-to-tape' und ‚Key-to-disk'. Aus den einfachen Tastaturterminals wurden programmierbare, d. h. intelligente DE-Terminals oder Personal Computer. Eingabekontrolle, Datenprüfung und -aufbereitung erfolgen an der Datenquelle, wo der Urbeleg bei Fehlermeldungen oder Änderungswünschen noch unmittelbar greifbar bleibt. Neben die Einzel-Erfassungsstelle traten Datenerfassungs-Sammelstationen sowie die Verbindung mit Datenübertragungsgeräten. Inzwischen bemüht man sich darum, die Datenerfassung aus der arbeitsteilig organisierten zentralen DE-Abteilung wieder herauszunehmen und in die Aufgaben dezentraler Sachbearbeiter zurückzugeben. Verschiedene Formen und Techniken der Datenerfassung bieten sich heute an:

- konventionell DE-Geräte in separierten, zentralen DE-Abteilung (VI 1.1.4)
- Sachbearbeiter-Bildschirmarbeitsplätze in dezentralen Fachabteilungen
- Akustikkoppler zur Übertragung auswärts erfaßter Daten (z. B.: reisender Verkäufer), Mobile Datenerfassungssysteme (MDE)
- Registrierkassen-DE bei Banken und im Handel (POS, vgl. VI 2.3)
- Betriebsdatenerfassung (BDE) im Produktionsbereich (vgl. VI 2.2.6)

Die Abb. IV 29 zeigt vereinfacht mögliche Datenerfassungsstrukturen. Die Datenerfassung kann parallel zur Arbeit einer Buchungsmaschine, Registrierkasse oder Werkzeugmaschine erfolgen (II). Die Erfassung durch einen Bediener erfolgt bei einer Einzel-Datenerfassungsstelle über Tastatur, die Fehlerkontrolle über eine Prüfleuchtanzeige (Display) oder Datensichtstation (DS). In beiden Fällen (I oder II) kann die Erstspeicherung auf Band, Kassette, Platte oder Diskette erfolgen. Die Weitergabe erfolgt entweder direkt (a) oder mit Datenübertragung (b) in einen Peripherspeicher eines Rechnersystems. Die Datenübertragung kann auch in einer Datensammelstation (c) enden. Eine Datensammelstation (III) koppelt die Eingabe mehrerer Datenerfassungsgeräte mit Hilfe einer Steuereinheit. Diese Steuereinheit kann als Mikrocomputer ausgelegt sein und über ein eigenes Programm Steuer-, Kontroll- und Aufbereitungsarbeiten übernehmen. Dazu zählen beispielsweise: Daten prüfen, formatieren und verteilen, arithmetische Funktionen (z. B. Querrechnung), Bedienerhinweise und Leistungsdokumentation. Gegebenenfalls können sogar Ausgabegeräte (z. B. Bildschirm, Drucker) angeschlossen werden (d).

Eine interessante und sehr flexible Variante der Datenerfassung bietet der Akustikkoppler (IV). Der Verkäufer erfaßt bereits beim Kunden die Auftragsdaten mit einem MDE-Gerät oder einem Aktentaschen-Mikrocomputer. Mit dem Akustikkoppler lassen sich die Daten als analoge Signale über den Telefonhörer und das Telefonnetz zur zentralen Datenverarbeitung übertragen.

Aufgaben zu IV 3.1

Die Problematik der Geschwindigkeiten liegt darin, daß die E/A-Geräte (1) .... arbeiten und die Zentraleinheit elektronisch. Zur Korrektur der dadurch hervorgerufenen Geschwindigkeitsdiskrepanz setzt man verschiedene Maßnahmen ein, z. B. Verbesserung der Endgeräte, Multiprogramming, (2) ....
Die am weitesten verbreitete Maschinenlochkarte enthält (3) .... Lochkartenpositionen. Mehrere Spalten, deren Inhalt logisch zusammenhängt, bezeichnet man als (4) .... Enthält eine Spalte je eine Lochung in den Zeilen 11 und 7, so speichert sie das Zeichen (5) .... In der Datenfassung empfiehlt es sich, zwischen räumlich- und funktional-quellennah zu unterscheiden, so daß folgende vier Kombinationen auftreten können:
a) weder räumlich-, noch funktional-quellennah
b) räumlich-, aber nicht funktional-quellennah
c) nicht räumlich-, aber funktional-quellennah
d) räumlich und funktional-quellennah
Nennen Sie ein Beispiel für b): (6) ...., c): (7) ...., d): (8) ....
Die Datenerfassung von 5000 Datenbeständen erfordert (9) .... Stunden, wenn pro Lochkarte ein Datenbestand (Datensatz) mit 3 Datenfeldern zu je 10 Zeichen und 4 Datenfeldern zu je 5 Zeichen vorgesehen ist und die mittlere Anschlagzahl pro Stunde einer Datentypistin bei 8000 liegt (vgl. dazu auch die Aufgabe (5) zu VI 1).

3.2 Ausgabegeräte

3.2.1 Lochstreifen- und Lochkartenstanzer

Die Ausgabe von Daten mit Hilfe der Datenträger Lochstreifen und Lochkarten erfolgt mit entsprechenden Stanzgeräten. Stanzeinrichtungen an Fernschreibmaschinen oder elektrischen Schreibmaschinen erzeugen 10 Zeichen/s im Lochstreifen. Langsame Lochstreifenstanzer arbeiten mit 30 Zeichen/s, schnelle erreichen ca. 150 Zeichen/s.

Sollen Daten oder Programme von Hand auf Lochkarten erstmalig erfaßt werden, setzt man sog. Kartenlocher mit elektrischen Tastaturen ein. Das Bedienungspersonal erreicht damit bis zu 10 Zeichen/s, d. h. ca. 1 Lochkarte/min. Die Ausgabe großer Datenmengen von der Zentraleinheit eines Rechners auf Lochkarten erfolgt mit einem sog. Kartenstanzer. Diese Geräte erzeugen 100 bis 400 LK/min. Der Transfervorgang ist gepuffert. Leistungsfähige, flexible andere Ausgabegeräte verdrängten stark die Lochkartenausgabe.

3.2.2 Drucker

Die Ergebnisse eines Datenverarbeitungs-Arbeitsgangs sollen entweder für eine später folgende weitere Verarbeitung abgespeichert oder aber dem Benutzer unmittelbar in gedruckter Form sichtbar gemacht werden. Im ersten Fall erfolgt die Aufbewahrung der Information in Peripherspeichern (Magnetband, Plattenspeicher, Disketten). Im zweiten Fall werden Drucker benötigt, die ein dem Beobachter lesbares Druck- oder Kurvenbild der Ausgabeinformation liefern. Auch wenn die Klagen über ‚Zahlenfriedhöfe' und ‚Informationen in Kilo' sicherlich gelegentlich ihre Berechtigung haben, kann doch nicht übersehen werden, daß neben den subjektiven Informationswünschen sachliche Notwendigkeit und auch rechtliche Forderungen die Datenausgabe in gedruckter Form erforderlich machen. Massendaten, wie Rechnungen, Kontoauszüge, Lohn- und Gehaltsabrechnungen sind nur mit hohen Druckleistungen zu bewältigen. Der DV-Markt bietet dem Anwender eine Vielzahl von Druckgeräten zur Auswahl an. Vor allem der expansive Mikrocomputer-Markt ließ neue Druckerarten entstehen. Der US-Markt für Drucker umfaßte 1983 einen Bestand von 2,8 Millionen Drucker mit einem Wert von 5,5 Milliarden $; für 1986 werden 8,5 Mio. mit einem Wert von 10,4 Milliarden $ prognostiziert.

Die Abb. IV 31 zeigt die verschiedenen Drucktechniken für Drucker von Groß-, Mini- und Mikrocomputer. Die ‚anschlagenden' (impact) Drucker erzeugen die Zeichen durch elektromechanisch ausgelöste Anschläge von Hebeln usw. über

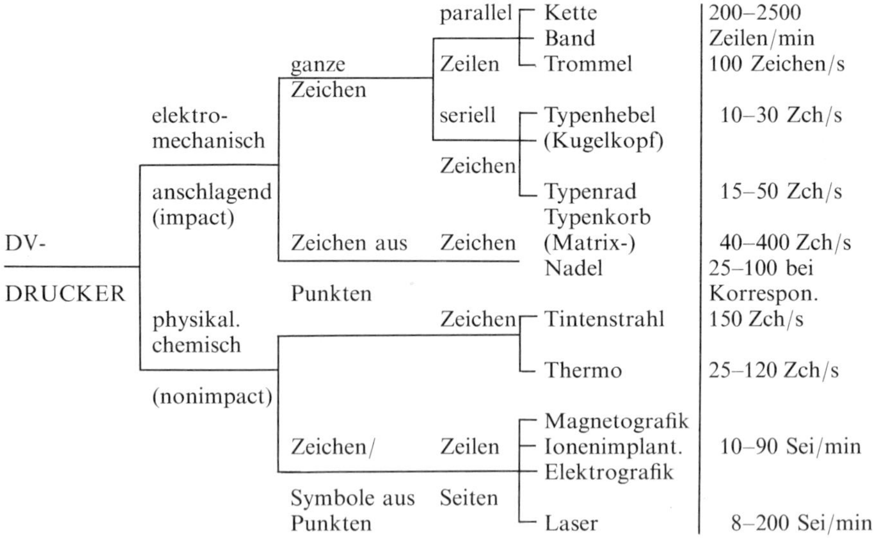

Abb. IV 31: Einteilung der Druckverfahren in der Datenverarbeitung

Farbbänder auf dem Papier. Dadurch ergibt sich unter anderem der Vorteil, mehrere Kopien in einem Arbeitsgang zu erzeugen. Weiterhin kann unterschieden werden, ob ein Zeichen voll ausgefüllt oder aus einzelnen Druckpunkten (dots) zusammengesetzt entsteht. Parallel arbeitende Drucker schlagen alle Druckstellen, d. h. Zeichen einer Zeile faktisch gleichzeitig an; man spricht auch von Zeilendruckern. Eine Druckzeile umfaßt meist 132 Druckstellen.

Der Kettendrucker arbeitet mit einer umlaufenden Kette, die in eine auswechselbare Kassette eingebaut ist. Für jede Druckstelle einer Zeile existiert ein Anschlaghammer, der elektronisch gesteuert gerade dann anschlägt, wenn das erwünschte Typenglied der Kette die Stelle passiert. Die Kette besteht aus etwa 300 Typengliedern. Bei einem Zeichensatz von 16 (Ziffern, Sonderzeichen), 32, 48, 64, 96 oder gar 120 Zeichenarten kann also das Alphabet (= Zeichensatz) mehrfach im rotierenden Kettenring enthalten sein. Die Druckgeschwindigkeit hängt somit auch vom Umfang des Zeichensatzes ab, sie liegt zwischen 200 und 2500 Zeilen pro Minute. Der Typentrommeldrucker arbeitet ähnlich. Der Zeichenvorrat (auch OCR-Alphabet) ist einmal oder mehrfach je Druckstelle auf dem Umfang einer mit etwa 700 U/min rotierenden Trommel untergebracht.

Als Drucker für die Mikrocomputer eignen sich elektrische Schreibmaschinen, spezielle Typenraddrucker ähnlicher Technik, vor allem aber Nadel-, Tintenstrahl- und Thermo-Drucker, vereinzelt auch schon Laser-Drucker. Die Technik des Typenhebels (z. B. Fernschreibmaschine) und des Kugelkopfes gilt als überholt. Typenräder in Schreibmaschinen oder separaten Druckern ohne Tastatur bieten für den Mikrocomputer hohe Schreibqualität (Korrespondenzqualität). Die Typenräder, die am Scheibenumfang 96 Zeichentypen enthalten, können vom Benutzer schnell ausgewechselt werden. Damit sind verschiedene Zeichensätze (Alphabete) wählbar; zu nennen sind: Pica, Elite, Gothic, Congress, Cursiv, Script in unterschiedlichen Versionen und Zeichendichten (10, 12, 15 Zeichen/Zoll) sowie Proportionalschrift, OCR-A/B, Griechisch und mathematische Symbole.

Die Nadeldrucker haben zur Zeit (noch) die größte Bedeutung. Im Druckkopf sind die Drucknadeln in Form einer Matrix angeordnet. Sie werden elektromagnetisch gegen ein Farbband bewegt und erzeugen auf dem dahinter abrollenden Papier das Bild des ausgewählten Zeichens. Das typische Bild des ‚Datendrucks' mit den sichtbaren Druckpunkten je Zeichen kann meist durch Umschalten auf ‚Schönschrift' verbessert werden. Die Normalschrift dient der Datenausgabe und dem Programm-Listing, die Schönschrift (NLQ = Near Letter Quality) der Textausgabe, insbesondere der externen Korrespondenz. Die Verbesserung des Schriftbildes erfolgt durch mehr Nadeln im Druckkopf, zweimaliges Drucken einer Zeile, eventuell mit geringfügig versetztem Druckkopf. Die Leistungen und Preise der Nadeldrucker schwanken stark, so daß für die Heimcomputer, Personal Computer und professionelle Mikrocomputer je nach Anwendung der passende Drucker gefunden werden kann. Die folgende Liste zeigt Variationsbereiche der Auswahl-Merkmale für Nadeldrucker:

Preis:	400 bis 4000 DM
Geschwindigkeit:	80 bis 300 Zeichen/sec (cps) bei Normalschrift 20 bis 100 Zeichen/sec (cps) bei Schönschrift
Zeichendichte:	5 bis 20 Zeichen/Zoll (cpi)
Zeichen pro Zeile:	40 bis 244 (cpl), z. B. 132 bei 10 Zch/Zoll
Punktmatrix:	5 × 7 bis 18 × 40 Punkte (Nadeln) (dots)
Nadelform:	kreisförmig (0,3 mm) oder rechteckig
Farbe:	schwarz/Farbe
Pufferspeicher:	keinen, 1 Zeile, 2 bis 16 KB
Internat. Zeichensätze:	1 (ASCII, deutscher ?) bis 8 oder 16, Proport.
Ober-/Unterlängen:	Nein/Ja
Grafikauflösung:	keine, 48 bis 240 Punkte/Zoll (dpi) oder Einzelnadel-Ansteuerung/-Adressierung
Überlappender Druck:	Nein/Ja
Papier(breite):	Rolle, Endlos, Einzelblatt; DIN-A4, -A3 (16″)
Papiertransport:	Friktion, Stichwalze, Traktor, Einzelblatt
Durchschläge:	0 bis 4
Bidirektionalen Druck:	Nein/Ja/(Wege-) optimiert
Geräusch:	53 bis 67 Dezibel (dB)
Gewicht:	5 bis 25 kg
Mittler. Fehlerabstand:	1500 bis 5000 h (MTBF)
Schnittstelle:	a) (bit-)seriell: Normen für 25 poligen Bus: (CCITT) V24, (EIA) RS232, ISO 2110, DIN 66020 b) (bit-)parallel: Centronics (max 3 m), IEEE-488

Die Auflösungsfähigkeit des Druckers bestimmt die Text- und Grafikqualität der Ausdrucke. Gemessen wird sie in Punkten pro Zoll, d. h. in ‚dots per inch = dpi'. Als Orientierung kann gelten: ab ca. 200 dpi wird die Schrift für die Korrespondenz akzeptiert, ab 400 pdi sind die Druckpunkte faktisch nicht mehr unterscheidbar und ab 600 dpi erreicht man Offset-Druckqualität.

Mit den Nadeldruckern vergleichbare Leistungsdaten weisen auch die Tintenstrahldrucker auf. An die Stelle der Matrix-Nadeln treten kleine Tintendüsen. Eine Mikroelektronik steuert sie – durch verformbare Piezokristalle oder durch auf 200 °C erhitzte Widerstände, die Dampfbläschen aus Tinte durch die (z. B. 12) Düsen drücken. 150 Zeichen pro Sekunde bei einer Auflösung von 96 × 96 dpi sind schon realisiert. In Zukunft kann der Zeilendruck die Geschwindigkeit noch erheblich steigern. Farbdruck wird damit auch möglich. Vor allem aber kann der Lärmpegel erheblich gesenkt werden – deutlich unter 50 dB. Zum Vergleich: eine Kugelkopfschreibmaschine erzeugt ca. 76 dB. Durchschläge können damit aber nicht angefertigt werden. Gleiches gilt für die Thermo-drucker, die vor allem auch bei geräte-integrierten Druckern ihre Vorteile nutzen: kompakte Bauweise, geräuscharm, preiswert und schönes Schriftbild. Benötigt wird allerdings Spezialpapier mit einer Wachsschicht. Der Druckkopf aus einer Silizium-Matrix von elektrischen Widerständen brennt die Druckpunkte in die Wachsschicht ein. Grafik und Farbdruck sind möglich. Man spricht von einer Hardcopy (z. B. des Bildschirmbildes).

Über Nadel-, Tintenstrahl- und Thermo-Drucker hinaus bietet der Markt auch andere nicht-anschlagende Technologien (nonimpact) an: Magnetografik-, Ionenimplantations-, Elektrografik- und Laser-Drucker. Die aufwendigste der ansonsten ähnlichen Techniken benötigt der Laser-Drucker. Er arbeitet wie ein Fotokopierer, aber ohne Papiervorlage, vielmehr mit einem Laserstrahl, der aus einem Speicher die Druckinformationen entnimmt. Der Laser erzeugt (aus Helium-Neon) Licht gleicher Wellenlänge, das sehr gut zu bündeln ist. Dieser Laserstrahl erzeugt das zu druckende Muster auf einer fotoelektronisch sensibilisierbaren Trommel. Ein Polygonspiegel leitet z. B. 6 Laserstrahlen viermal über die Druckzeile. Somit kann eine Auflösung von 24 × 40 dpi für eine Zeichen-Matrix erreicht werden. Entsprechend dem Ladungsmuster bleibt ein Farbpuder (Toner) haften und überträgt sich auf das Papier. Die heute bereits beherrschte Kaltfixierung läßt auch wärmeempfindliche Papiere, wie Etiketten zu.

Für Großrechner sind weltweit etwa 6000 derartige Hochleistungsdrucker mit Leistungen von bis zu 200 Seiten pro Minute zu Preisen von 30 000 DM bis einige Hunderttausend DM im Einsatz. Inzwischen bieten einige Hersteller bereits Laser-Drucker für den weitaus größeren Mikrocomputer-Markt zum Preis von einigen Tausend DM an – natürlich mit verringerter, aber dennoch hoher Leistung von ca. 8 Seiten pro Minute. Die hohen Druckgeschwindigkeiten erlauben es ‚Kopien' durch Mehrfachdruck in Originalqualität herzustellen. Job Control Parameter, durch das Programm bzw. den Benutzer eingegeben, steuern ihre Anzahl und Sortierung ebenso wie die variablen Zeichensätze. Der Drucker erzeugt in einem Arbeitsgang Text, Grafik und das erwünschte Formular auf Einfachpapier. Das Formularbild kann von einer Folienvorlage über eine separate Trommel eingeblendet werden.

Eine integrierte Steuereinheit und ein Pufferspeicher entlasten die Zentraleinheit des Rechners und erlauben auch eine abgekoppelte Nutzung (off-line) des Laser-Druckers (z. B. für Massendatenanfall bei periodischen Programmen in der Stapelverarbeitung). Die Vorteile des Laserdruckers sind: hohe Flexibilität bei Formularbild, -größe, Grafik, Schriftart, Zeichenvorrat, -dichte, Zeilenlänge und abstand, einheitliches Einfachpapier, sehr geringe Geräuschentwicklung, gute Entwicklungsmöglichkeiten für den Mikrocomputer.

3.2.3 Zeichengeräte (Plotter)

Informationen grafisch zu präsentieren eignet sich für die menschlichen Sinne weitaus mehr als abstrakte Zahlentabellen. Sowohl kaufmännische Daten (Geschäftsgrafik) als auch technisch-wissenschaftliche Berechnungsergebnisse werden immer mehr in Kurven und anderen Grafiken, auch in Farben aufbereitet. Die schnelle Verbreitung der Mikrocomputer eröffnete vielen Mitarbeitern in dezentralen Abteilungen die Möglichkeit, schnell und individuell Grafiken zu erzeugen. Besonders preiswert läßt sich dies mit grafikfähigen Druckern, z. B. Matrix-, Thermo- oder Tintendrucker, ausführen. Eine höhere Qualität der Zeichnungen und Grafiken erreicht man allerdings mit sogenannten Zeichengeräten (Plotter). Sie zeichnen durchgehende Linien in beliebiger Richtung mit hoher Genauigkeit. Drei Gerätetypen lassen sich unterscheiden:

a) Tischplotter (Koordinatographen) mit bewegtem Zeichenstift
b) Tischgeräte mit bewegtem Zeichenblatt
c) Trommelplotter mit einem bewegten Zeichenzylinder

Bei der ersten Gruppe wird der Zeichnungsträger (Papier etc.) auf eine Tischfläche gespannt. Den Antrieb des Zeichenstiftträgers in Richtung der X und Y-Koordinate sichern zwei Schrittmotoren, über Spindel oder Zahnriemen. Bei der zweiten Gruppe bewegt sich der Zeichenstift nur in der Y-Richtung, während die X-Bewegung durch das vor- und rückwärts transportierte Papier erreicht wird. Die Trommelplotter dagegen erzeugen die X-Bewegung durch einen rotierenden Zylinder.

Koordinatographen verwenden als Zeichenträger Einzelblatt- oder Endlospapier, Projektionsfolien, Metallfolien oder Glasplatten. Als Zeichenstift dienen

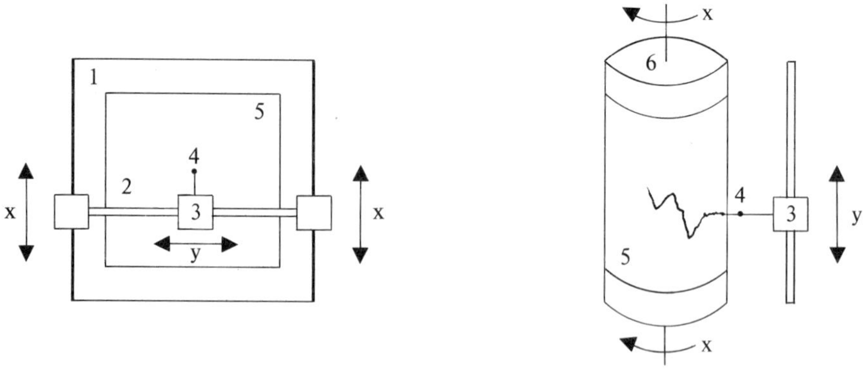

1 = Tischplatte
2 = Ordinatenschiene (Balken)
3 = Schlitten
4 = Zeichenstift
5 = Zeichnungsträger
6 = Zylinder

Abb. IV 32: Tischplatte und Trommelplotter

Tusche-, Faserstift, Tintenroller, Kugelschreiber oder gelegentlich Gravierwerkzeuge. Die Stifte kosten zwischen 3 und 50 DM.

Im Online-Betrieb liefert die Zentraleinheit dem Plotter unmittelbar die Steuerbefehle und Koordinatenwerte. Time-Sharing, Multiplexkanal oder Puffer verhindern, daß die schnelle Zentraleinheit behindert wird. Beim Offline-Betrieb erfolgte die Steuerung früher durch Lochstreifen, heute durch Magnetbänder oder Disketten.

Die Information dieser Medien wurde vorher in der Zentraleinheit errechnet. Räumliche und organisatorische Trennung vom Rechnerbetrieb ist der Vorteil.

In beiden Fällen ist noch zu unterscheiden, ob die Auswertung der numerisch vorliegenden Koordinatenrohwerte noch innerhalb der DVA erfolgt oder mittels einer Rechenelektronik des Tischplotters. Zu dieser Auswertung gehört vor allem die Interpolation zwischen den numerisch gegebenen Stützstellen der erwünschten Kurve. Im Plotter selbst ist i. a. nur lineare, zirkulare oder manchmal parabolische Interpolation errechenbar. Wird dagegen die Auswertung noch in der Zentraleinheit vorgenommen, so sind natürlich durch entsprechende Programme beliebige Interpolationsarten wählbar. Diese Methode ist also flexibler.

Die Beschriftung von Zeichnungen kann mit den Geräten automatisch erfolgen. Zusätzliche alphanumerische Ausgaben bieten sogenannte Printer-Plotter. Sie kombinieren Plotter und mechanischen Drucker. Die Anforderungen an die Plotter sind so verschieden, daß die Kenngrößen derartiger Geräte stark differieren. Die theoretische Genauigkeit einzelner Geräte erreicht ±0,01 mm, üblich sind Werte zwischen 0,025 und 0,05 mm. Die Papierformate reichen von DIN-A4 bis DIN-A0. Die Zeichengeschwindigkeit steht umgekehrt proportional zur erreichten Genauigkeit und wird vom eingebauten Plotterprozessor optimiert. Sie liegt zwischen 50 und 600 mm/s. Dabei werden etwa 300 Digitalschritte pro Sekunde vollzogen. Wenn der Zielpunkt von Hand positioniert werden kann und der Plotterstift automatisch folgt (sog. Digitalisiereinrichtung, vgl. Kap. 3.3.2), kann die Dateneingabeflut umgangen werden. Derart leistungsfähige (Trommel- und) Tischplotter kosten zwischen 7000 und 40000 DM.

Flachbett-Plotter (Typ a) oder b)) und Trommelplotter (Typ c) für Mikrocomputer kosten zwischen 500 und 5000 DM. Serielle und parallele Standardschnittstellen erleichtern ihre Kopplung an unterschiedliche Mikrocomputer-Modelle. Als Papierformat dient meist DIN-A4 oder auch DIN-A3. Bei einer Genauigkeit von 0,2 bis 0,05 mm arbeiten die Geräte mit einer Geschwindigkeit von 60 bis 300 mm/s. Das Stiftdepot enthält mehrere (2 bis 6) Stifte unterschiedlicher Breite oder Farbe, die befehlsgesteuert gewechselt werden. Der Umfang des Befehlsvorrats bestimmt die Intelligenz des Plotters. Der Befehl:

$$Dx_1, y_1, x_2, y_2$$

würde beispielsweise einen Linienzug von der derzeitigen Stiftposition zum Punkt (x_1, y_1) und von dort zu (x_2, y_2), wenn D für den Befehl DRAW stünde. Die Koordinaten werden in Einheiten der Zeichengenauigkeit (z. B. 0,1 mm) angegeben. Weitere Befehle sind: Stift heben/senken, absoluten/relativen Sprung ohne zeichnen, Linienart, Schraffur oder Farbe auswählen, Standardsymbole (Rechteck, Kreis usw.) zeichnen und in den Print-Modus (ASCII-Zeichen oder ladbare Zeichensätze) umschalten. Diese Befehle können in Programme unterschiedlicher Programmiersprachen eingebettet werden, z. B. über den Basic-Befehl: LPRINT „Dx_1, y_1, x_2, y_2". Ferner unterstützen die Plotter handelsübliche Personal Software für Grafikaufgaben (vgl. Kap. VI 2.1.4).

Sehr bald schon wurden automatische Tischplotter im Vermessungswesen eingesetzt, da dort schon mit manuell bedienten derartigen Geräten gearbeitet worden war. Karten und Pläne sowie Längs- und Querschnitt-Profilzeichnungen für den Straßenbau werden damit angefertigt. In den Entwicklungs- und Konstruktionsabteilungen des Automobil-, Flugzeug- und Schiffbaus ermöglicht die graphische Ausgabe bedeutende Erleichterungen in der Beurteilung neuer Entwürfe durch Variationen von Schnittzeichnungen räumlich gekrümmter Objekte. Automatisch erstellte, maßgenaue Einzelteilbezeichnungen in beliebigem Maßstab beschleunigen die Arbeit im Konstruktionsbüro. Auch elektrische Schaltpläne mit standardisierten Schaltsymbolen lassen sich anfertigen. Das Testen von Programmen für numerisch gesteuerte Werkzeugmaschinen auf Unzulässigkeiten von Werkzeugbewegungen sind über die graphische Ausgabe dieser Bewegungen möglich. Auch Größenveränderungen von Schnittmustern mit den dazu nötigen Umrechnungen werden in der Konfektionsindustrie mit Rechnern und angeschlossenen Zeichengeräten durchgeführt.

3.3 Kombinierte Ein-/Ausgabe

3.3.1 Bildschirmgeräte

Schon bei der Besprechung der graphischen Ausgabe mittels Zeichengerät wurde hervorgehoben, daß die visuelle Erfassung von Information in Kurvenform dem Menschen am besten liegt. Aufgrund ihrer geringen Arbeitsgeschwindigkeit sind jedoch Zeichengeräte für einen schnellen und stetigen Dialog zwischen Mensch und Rechner völlig ungeeignet. Diese Möglichkeit wurde aber durch die Entwicklung von Bildschirmgeräten zu echten Endgeräten der Datenverarbeitung geschaffen. Derartige Sichtgeräte arbeiten aufgrund ihres physikalischen Prinzips (Elektronenstrahlröhre) mit Geschwindigkeiten, die denen der Zentraleinheit vergleichbar sind. Ferner gestatten sie neben der Ausgabe von Kurven natürlich vor allem die Ausgabe von numerischer und alphanumerischer Information in Form von Klarschrift.

Der entscheidende Vorteil ist aber darin zu sehen, daß die meisten Bildschirmgeräte einen echten Dialog zwischen Benutzer und Computer ermöglichen. In einer Art Frage- und Antwort-Wechsel kann nicht mehr nur der zentrale DV-Experte, sondern auch der Sachbearbeiter von dezentraler Stelle mit dem Computer Informationen direkt austauschen. Charakteristisch für den Bildschirmeinsatz ist dabei, daß keine dauerhaften Informationen (z. B. wie beim Drucker) benötigt werden und doch eine beachtliche Vielfalt der Daten gegeben ist – im Gegensatz zur Sprachausgabe. Neben dem interaktiven Eingabe-/Ausgabebetrieb (interaktive Änderung von Datensätzen) dominiert gelegentlich die Ausgabefunktion (reine Auskunftsysteme), die Eingabefunktion (direkte Datenerfassung), die Editierfunktion (interaktive Programmentwicklung) oder der Lokalbetrieb (Personal Computing). Ferner kann auch eine Paralleldatenerfassung durch Kopplung etwa mit Digital-Waagen (Wareneingang, Versand) oder Ausweislesegeräten (z. B. Gleitzeit) erfolgen. Eine Bildschirmeinheit besteht üblicherweise aus Bildschirm, Tastatur, Pufferspeicher, Bildgenerator und der Steuereinheit, die häufig mehrere Datensichtstationen betreut. Als Bildschirm setzt man heute und wohl auch noch in den nächsten fünf Jahren überwiegend die Kathodenstrahlröhre (CRT = Cathode Ray Tube) ein. Jeder Haushalt nutzt sie im Fernsehgerät. Heimcomputer greifen sogar auf diese Geräte zurück. Die professionellen Rechner jedoch verwenden hochwertige Röhren in Form von sogenannten Monitoren mit größerer Bildstabilität und -auflösung. Impulse des Elektronenstrahls bringen die Phosphorbeschichtung der Röhre zum Leuchten. Speicherröhren halten das Bild auf dem Schirm ohne Bildwiederholung fest; sie eignet sich für Sonderfälle mit hoher Auflösung (bis zu 12 Millionen Bildpunkte je Schirm), z. B. CAD. Für normale Anwendungen setzt man Bildwiederholungsröhren (Refresh-CRT, bis zu 1 Million Bildpunkte) ein. Der Bild- bzw. Zeichengenerator entlastet die Zentraleinheit des angeschlossenen Rechners von der Informationswiederholung. Die Bildfrequenz muß hinreichend groß sein, soll kein Flimmern auftreten. Auch würde ein Nachleuchten des alten Bildes durch die Phosphorschicht stören.

Der Elektronenstrahl erzeugt punktweise eine Zeile (Bildlinie) und Zeile für Zeile auf dem Schirm. 800 Bildpunkte (Pixels, Dots) je Zeile und 400 Zeilen erzeugen beispielsweise eine sehr gute Auflösung von 320000 Bildpunkten. Der Zeichenmodus nutzt ein Feld von 10×16 Punkten um ein Zeichen im Raster 8×13 aufzunehmen. Damit lassen sich $800/10 = 80$ (Zeichen-)Spalten und $400/16 = 25$ (Zeichen-)Zeilen für die Textwiedergabe auf dem Bildschirm bereitstellen. Der Grafikmodus nutzt jeden Bildpunkt als separates Informationsbit (Bit-Mapping). Farbbildgeräte erzeugen mit drei Elektronenstrahlen drei Farbpunkte in den Grundfarben Rot, Grün oder Blau, die im Auge des Betrachters als ein gemischt-farbiger Bildpunkt erscheint. Die Auflösung von Color-Bildschirmen ist deshalb i. a. deutlich geringer als Schwarzweißschirme.

Zunehmende Konkurrenz erwächst der CRT-Röhre durch Plasmaröhren, die ionisierte Gase einsetzen, und LCD-Schirme (Liquid Christal Display = Flüssigkristallanzeige). Beide Techniken erlauben eine geringere Bautiefe für einen flachen Bildschirm. Das Angebot an Datensichtgeräten fächerte sich in den letzten Jahren aufgrund der differenzierten Nutzerwünsche stark auf und ändert sich laufend. Die folgende Liste von Merkmalen und ihren vorfindbaren Ausprägungen kann eine gewisse Orientierung für eigene Auswahlentscheidungen bieten:

Technologie: Kathodenstrahlröhre (CRT)/LCD-Schirm/Plasmaschirm
Bildschirmgröße (Diagonale in Zoll): 5/7/9/12 (31 cm)/15
(Zeichen-)Zeilen: 8/12/24/25 (= 24 + 1 Statuszeile)/32/43
Spalten (Zeichen pro Zeile): 40/80/132
Auflösung: 262 × 380/200 × 640/400 × 800 = 320000 Bildpunkte (Pixel)
Matrix (Zeichen in Zelle): 5 × 7 in 6 × 9/.../7 × 9 in 8 × 12/8 × 13 in 10 × 16
Pufferspeicherkapazität: bis 4 KB
Preise: Monchrom 500 bis 2000 DM/Color: 1000 bis 3000 DM
hochauflösende Spezialterminals: 3000 bis 30000 DM
Positivdarstellung (heller Hintergrund): Nein/umschaltbar/Ja
Monochrom-Schirm: grün/bernstein (amber)/weiß/orange
Farbschirm: Nein/3 (grün, rot, weiß) bis 7 Farben/8 simultan aus 256
Zeilenfrequenz (horizontal): 16/25 kHz
Bildfrequenz (vertikal): Europa 50 Hertz/USA 60 Hertz
Entspiegelung: Nein/Antireflex-Maske/schwarzes Gaze-Gitter
Schirm: mit CPU starr verbunden/von CPU getrennt aufstellbar/drehbar/Neigung (3 Grad nach vorne, 20 nach hinten)
Dateneingabe: Tastatur/Kontaktschirm/Lichtgriffel/‚Maus'/Rollball/Joystick/Grafiktablett/Ausweisleser
Tastatur: beweglich (vom Schirm separiert)/flach (3 mm Höhe)/konkav (nach innen) gewölbt/Handauflage/eigener Mikroprozessor
Anzahl Tasten: 75/78/87/96
Tastenblöcke: alphanumerisch (QWERTY, QWERTZ)/Funktionstasten (vorbelegt/programmierbar)/Zehnerblock (Rechnen, numerische DE) Cursor-Tasten (Shift-Umschalten/separiert/Kreuzform)
Tastaturbelegung: hardware (mit Zeichensatz-Umschalter/PROM-Tausch)/software (Matrix-Koordinatendefinition in CPU)
Zeichensätze: Deutsche Schreibmaschinentastatur (ISO 7-Bit-Code)/US-ASCII/weitere (z. B. 5) nationale oder sonstige
Attribute: Unterstreichen/Halbe Intensität/Revers (Invertiert)/Blinken/Anzeigeunterdrückung/Statuszeile
Grafik: Pseudografik (vorgefertigte Grafiksymbole: waagrechte oder senkrech-

te Striche, Kreuze, T-Anschlußstücke usw.)/Vollgrafik (echte Punkt-/Strichgrafik, Punktadressierung)
Gewicht: Bildschirm 8 bis 12 kg, Tastatur 1–2 kg
Steuereinheit: einfach/Mehrfachsteuerung: 4 bis 32 Bildschirme
Übertragungsrate: Personal Computer: seriell bis 19200 Bit/s (= Baud), Festleitung: 7200/9600 Bit/s; Wählleitung: 4800 Bit/s
Übertragungsarten: Vollduplex/Halbduplex/Block
Handshake-Protokolle (Übertragungsnormen): Xon/Xoff/DTR/CTS/DSR

Wichtige Anwendungsbereiche von Bildschirmeinheiten sind Buchungsstationen von Flug- und Touristikgesellschaften, Auskunftsstellen in Kreditinstituten, Fertigungsdatenerfassung (gegen Schmutz/Feuchtigkeit und Magnetfelder geschützter Bildschirm), Verkehrssimulation, Dokumentationszentren im Bibliothekswesen und der Kriminalistik, Versicherungs- und Bankwesen (z.B.: Unterschriftenvergleich), und betriebliche Informationssysteme (graphische Darstellung von Betriebsstatistiken). Groß-Bildschirme werden für die Darstellung des Börsengeschehens, von Sportereignissen, Ergebnissen politischer Wahlen und für die zivile und militärische Luftüberwachung verwendet.

Bei all diesen Anwendungen gewinnt die Form der Mensch-Maschine-Kommunikation (vgl. III 1.1.1) an Bedeutung. Insbesondere die starke Verbreitung von Bildschirmarbeitsplätzen durch die zahlreichen Mikrocomputer führt immer mehr zu interaktiven Lern- und Arbeitsformen. Aufgrund eines eingegebenen Programms führt der Rechner umfangreiche Sortier-, Rechen-, Vergleichs- und Entscheidungsprozesse durch und gibt Zwischen- und Endergebnisse in Kurven-, Text- und Zahlenform auf dem Bildschirm aus. Darauf aufbauend stellt der Benutzer seine Bewertungs- und Auswahlüberlegung an und trifft Grundsatzentscheidungen.

Umfangreiche Untersuchungen galten den ergonomischen, d.h. arbeitswissenschaftlich besten Merkmalen von Bildschirmarbeitsplätzen. Die amerikanische

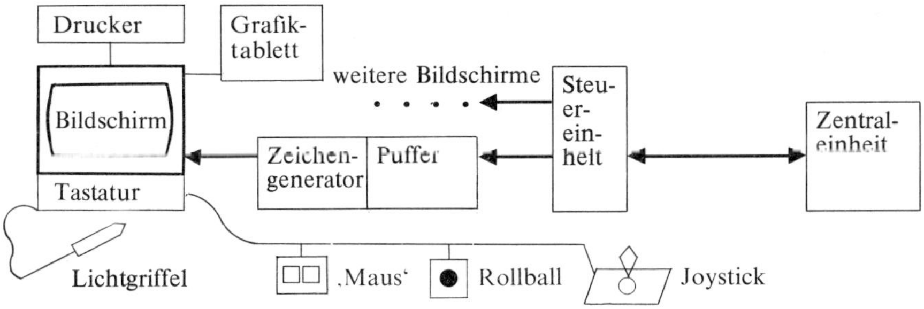

Abb. IV 33: Bildschirm als Periphergerät und Zusatzgeräte

Tastatur mit der QWERTY-Belegung, von der sich die deutsche QWERTZ-Variante durch ausgetauschte Y, Z und durch Umlaute anstelle der Klammern unterscheidet, entstand in den 70er Jahren des 19. Jhd. ohne vorherige Studien. Die Anordnung der Tasten stimmt nicht mit der Häufigkeit der Buchstaben in den verschiedenen Sprachen überein (vgl. III 1.2.4.1). Die Tastaturbedienung wird erleichtert, wenn die zuletzt gedrückte(n) Taste(n) nicht schon losgelassen werden muß bevor die nächste gedrückt wird (2/3-key rollover). Die Tasten werden bis zu dreifach belegt und durch gleichzeitiges Bedienen der Umschalttasten ‚Shift' (z. B.: für Großbuchstaben) oder CTR (Control) bzw. ALT (Alternative) abgerufen. Funktionstasten ändern die Attribute der Zeichen (z. B. Unterstreichen) oder geben ganze Befehle ein (Rollen des Schirminhaltes, programmierte ESCAPE-Funktionen usw.).

Neben der Gliederung und Belegung der Tasten eignen sich Form, Farben, Material (Kunststoff, Gummi) und Oberfläche für die ergonomische Gestaltung der Tastatur. Die 1979 herausgegebene Norm für Datensichtstationen DIN 66234 hat sich in Europa und auch bei vielen amerikanischen, exportierenden Herstellern durchgesetzt. Umstritten ist dort, ob die Regelungsdichte (z. B. die empfohlene Tastaturhöhe von 30 mm) nicht innovationshemmend wirkt. Ab 1985 erwartete man mehr Datensichtgeräte nach der DIN als nach anderen Regelungen.

Das menschliche Auge ist im grün-gelben Bereich (nach der EIA-Norm: Phosphore P1,7 und 39) besonders lichtstark und empfindet diese Lichtart als angenehm. Bei einem üblichen Abstand des Auges vom Schirm von 50 bis 70 cm sollte die Zeichenhöhe mindestens 2,6 mm sein; die Zeichenbreite liegt bei 50 bis 70% der Höhe. Die Punktmatrix sollte möglichst über 5×7 gewählt werden. Die Zeichen und Zeilen sind durch mindestens einen Bildpunkt zu trennen. Ein (Helligkeits-) Kontrast 6 : 1 bis 10 : 1 zwischen Zeichen und Hintergrund verhindert Unschärfe. Eine positive Zeichendarstellung, d. h. dunkle Zeichen auf hellem Hintergrund macht keine Adaption von der Papiervorlage nötig. Die Beleuchtung sollte zwischen 300–500 Lux erreichen. Wenn der Schirm rechtwinklig zum Fenster steht, treten die wenigsten Blendungen auf. Die oberste Bildschirmzeile sollte sich maximal 50 cm über der Tischoberfläche befinden. Generell müssen Größe und Verstellbarkeit des Mobiliars und der Geräte eines Datensicht-Arbeitsplatzes die Anpassung an den individuellen Benutzer erleichtern und statische Haltearbeit sowie einseitige dynamische Muskelarbeit vermeiden helfen. Immer häufiger arbeitet ein Datensichtgerät mit Zusatzgeräten, wie sie das nächste Kapitel beschreibt.

3.3.2 Grafiktablett, Lichtgriffel und Maus

Die Hersteller von Mikrocomputer-Systemen reagierten bisher schnell und flexibel – wohl mehr als die Universalrechner-Hersteller – auf die spezifischen Wünsche der Nutzer ihrer Rechner. Die Forderungen nach erleichterter Mensch-Computer-Kommunikation verdichten sich in dem Begriff der Benutzeroberfläche (V 2.5.1). Über die ergonomischen Verbesserungen des Bildschirms und seiner Tastatur hinaus entstanden und entstehen laufend neue Eingabegeräte am Bildschirm-Arbeitsplatz (pointing devices): neben dem Kontaktschirm noch der Lichtgriffel, Digitalisierer, Abtastgeräte, Grafiktablett, die ‚Maus' und Spracheingabe (IV 3.3.4).

Lichtgriffel in Verbindung mit einem Bildschirmgerät wurden bereits vor der Nutzung von Personal Computer und Homecomputer eingesetzt, insbesondere beim CAD. Mit zunehmendem Software-Angebot und bei niedrigen Hardware-Kosten (Materialwert ca. 10 DM) findet der Lichtgriffel immer neue Einsatzgebiete. Er bedarf allerdings (noch) eines aktiv leuchtenden Bildschirms (Kathodenstrahlröhre, nicht LCD-Schirm). Der Elektronenstrahl überstreicht periodisch alle Zeilen des Schirms, d.h. Zeitpunkt und Bildpunkt sind fest zugeordnet. Führt man den Lichtgriffel an einen Bildpunkt des Schirms, so nimmt seine lichtempfindliche Sensorspitze (Fototransistor mit Verstärkereffekt) einen Impuls auf und leitet ihn über ein Kabel verstärkt an den Bildschirm-Prozessor weiter. Aus Zeitpunkt und Speicheradresse des betreffenden Bildpunktes kann die Position des Lichtgriffels eindeutig ermittelt werden. Mit dem Lichtgriffel verwandt sind Lichtgewehr/-pistole für Videospiele, Lesestifte bei POS-Systemen (vgl. V 2.3.1) und Zeichenstifte bei Grafiktabletts.

Kurven auf Zeichnungen sind analoge Signale auf einem zweidimensionalen Träger. Wollte man früher solch eine Kurve in einem Digital-Rechner auswerten, so mußten viele Punktkoordinaten-Paare mühsam von Hand ermittelt und über eine Eingabetastatur eingegeben werden. Kurvendigitalisierer (digitizer) erleichtern diese Eingabe grafischer Daten erheblich. Ein Grafiktablett erzeugt mit unterschiedlicher Technik (magnetisierbare Koordinatendrähte oder Dioden-entkoppelte Elektroden-Potentiallinien) ein Netz aus X- und Y-Koordinaten. Die Koordinatendichte bestimmt den technischen Aufwand, aber auch die erreichbare Auflösung – im günstigsten Fall entspricht ein Matrixpunkt des Tabletts einem Bildpunkt (Pixel) des angeschlossenen Bildschirms (konforme Abbildung). Für *Digitalisierer* (Digitizer) stehen Tabletts von 300 × 300 mm bis 1000 × 1500 mm bereit mit einer Auflösung von 10 Punkten pro Millimeter. Sie verfügen mittels eines Mikroprozessors über eigene Intelligenz, über serielle oder parallele Standardschnittstellen. Der Preis liegt zwischen 2500 und 7000 DM. Ein Abtaststift oder eine kleine Abtastdrahtschleife werden von der Hand entlang der Kurve geführt. Über eine Kabelverbindung übermittelt der Abtaster die Kurvendaten an das Digitalisiergerät. Ein Bildschirm zeigt die digi-

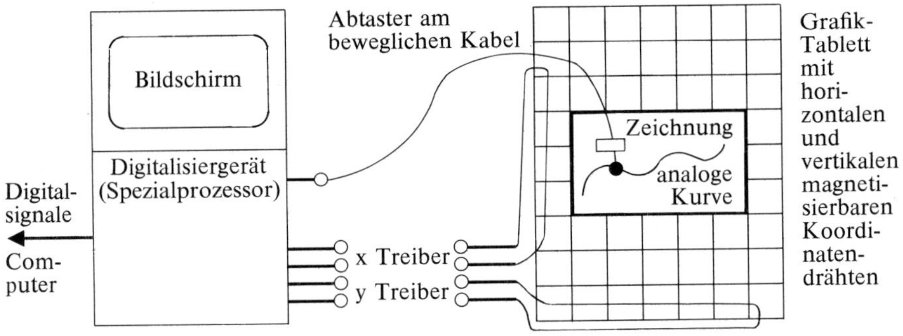

Abb. IV 34: Einsatz eines Kurvendigitalisierers

talen Ergebnisse (Koordinatenwerte, Kurvenfläche usw.). Die Abtastfrequenz kann zwischen 2 und 200 Abtastungen pro Sekunde reguliert werden.

Anwendung findet der Kurvendigitalisierer im Maschinenbau (Oberfläche und Trägheitsmomente komplizierter Teile), im Vermessungswesen (aus fotogrammetrischen Aufnahmen Ortsentfernungen errechnen), im Umweltschutz (Waldbrandflächen aus Luftaufnahmen) und in der Medizin oder Biologie (Organgröße aus Röntgenaufnahmen, EKG-Auswertungen). Im Modellbau (z. B. Autokarosserie-Design) verwendet man mechanisch-optische Abtastgeräte für zwei- bis dreidimensionale Abtastung.

In Verbindung mit dem Mikrocomputer gewinnt das *Grafiktablett* eine große Bedeutung für die grafische Eingabe. Mit einem Zeichenstift lassen sich beliebige Kurven auf das Grafiktablett zeichnen, die unmittelbar auf dem Bildschirm beobachtet werden können. Kleinere Tabletts sind gelegentlich in die Tastatur integriert. Auch gibt es Geräte, die ohne spezielles Tablett arbeiten, indem zwei Mikrofone aus der unterschiedlichen Laufzeit der vom Zeichenstift ausgesandten Töne die X-/Y-Koordinaten errechnet. Einige Tabletts enthalten Menü-Felder für vorgegebene und für eigendefinierte Funktionen. Derartige Funktionen können beispielsweise sein:
Delta = Zeichengenauigkeit (in Punkten) auswählen
Draw = beliebige Kurven zeichnen
Distance = Länge eines Linienzuges berechnen
Area = Fläche eines geschlossenen Linienzuges berechnen
Reset = Bildschirm löschen.

Grafiktabletts mit eigenem Mikroprozessor erkennen bereits handschriftliche Buchstaben. Zu nah angeordnete elektrische Geräte können zu Störungen führen. Handlichkeit und fallende Preise der Grafiktabletts fördern ihre Verbreitung beim Personal Computer und Homecomputer.

Bereits 1964 entwickelte D. Englebart die Technologie der *,Maus'* (Mouse) als interaktives Eingabegerät. In den 70er Jahren wurde sie am Xerox Palo Alto Research Center in den STAR-Minicomputer integriert. Die Firma Apple ergänzte die Maus-Technik mit Anwendungs-Software, bot das System zu niedrigeren Preisen an und erntete mit den Personal Computer Modellen LISA (1982) und Macintosh (1983) den Erfolg. Mehrere Software-Häuser bieten Software-Pakete mit Maus-Technologie an (z. B. VisiOn) – sogar unabhängig vom Hardware-Modell (z. B. Microsoft).

Ein mehr oder weniger an die Innenhandfläche angepaßtes Gerät (‚Maus') wird von Hand auf einer Tischplatte bewegt. Über ein bis drei Knöpfe auf der Maus lassen sich Befehle, wie Select (Auswählen) oder Scroll (Bildschirminhalt rollen), an den Mikrocomputer richten. Über ein Kabel überträgt die Maus ihre Bewegung als X/Y-Koordinaten an den Mikrocomputer. Damit wird die Bewegung des Cursors auf dem Bildschirm gesteuert. Zwei Techniken der Maus werden angeboten:

a) mechanisch-optische Maus: Die Bewegung einer gummierten Metallkugel auf einer (beliebigen) Tischplatte wird optisch digitalisiert. Dies geschieht, indem präzise Schlitzscheiben und Fototransistoren elektrische Impulse erzeugt werden (vgl. Gray-Code III 2.2.3)
b) rein optische Maus: Das feine Schwarz-Weiß-Raster auf der Oberfläche einer Aluminiumplatte (23 × 23 cm) wird von lichterzeugenden Dioden (LED) optisch abgetastet und digitalisiert.

Die Mausbewegung wird mit 100 Punkten pro Zoll (0,25 P/mm) erfaßt und im Verhältnis 1 : 2,5 auf den Bildschirm übertragen. Die Maus-Hardware kostet einige hundert DM. Die Vorteile eines Maus-Systems können aber nur mit Anwendungs-Software genutzt werden. Mit ihr soll die konventionelle Arbeitsweise am Schreibtisch auf dem Bildschirm nachgebildet werden. Über den Cursor lassen sich Kommandos aus Menüs und Untermenüs (pull down menue) auswählen. Der Bildschirm bietet sie als Text oder als anschauliche Symbole, sogenannte Icons (z. B. Papierkorb für den Löschbefehl) auf dem Bildschirm an. Solch benutzerfreundliche Software beansprucht erhebliche Speicherkapazität, bis zu einigen Mega-Bytes. Anwendungs-Software kann mit Assembler oder höheren Programmiersprachen entwickelt werden. So können in Microsoft-Basic mit dem Befehl CALL MOUSE (Parameter 1, ... 4) einer von 16 Maus-Funktionen, wie ‚Cursor anzeigen, löschen, positionieren', aufgerufen werden.

Die Maus-Eingabetechnik bringt ergonomische Vorteile. Im Gegensatz zum Kontaktschirm und zum Lichtgriffel kann stets eine entspannte Arbeitshaltung beibehalten werden. Eine oft als mühsam empfundene Befehlseingabe mit Tasten entfällt. Für viele Manager wirft jede Tastaturbedienung Statusfragen auf. Gerade Nicht-Experten reagieren begeistert, wenn sie mit der Maus vom Bildschirm symbolische Kommandos aktivieren können, ohne große Gedächtnisleistung erbringen zu müssen. Kritiker befürchten dagegen, daß solche Benutzeroberflächen auf dem Niveau von Comics enden.

Im Gegensatz zur Maus beansprucht die *Rollkugel* (Trackball) kaum etwas von der ohnehin meist zu kleinen Arbeitsfläche des Benutzers. Die Rollkugel arbeitet, als wäre ein Maus-Gerät auf den Rücken gelegt; die Bedienungshand bewegt die nach oben stehende Kugel. Anwendungen sind: Computerspiele, Robotersteuerung, Radarkontrolle, Kransteuerung. Ähnliche Vorteile bietet auch der elektrische Steuerknüppel (*Joystick*), der vor allem bei Computerspielen auf dem Heimcomputer genutzt wird.

3.3.3 Mikrofilm in der Datenverarbeitung

Seit Jahren bewährt sich – unabhängig vom Computereinsatz – eine Technik zur Eindämmung der betrieblichen Papierflut: die Mikroverfilmung von Daten- und Zeichnungsunterlagen. Eine erste Verbindung zur Datenverarbeitung gibt es schon lange in Form der Mikrofilm-Lochkarte (Filmsortkarte). Heute wird die Mikroverfilmung immer mehr mit Rechnern gekoppelt.

Zum besseren Verständnis der möglichen Anwendungsvarianten zeigt die Abb. IV 35 fünf Stufen der Mikroverfilmung:

I: die konventionelle Mikroverfilmung von Papiervorlagen
II: PROM (printer output on microfilm), Datenausgabe über Schnelldrucker und anschließende Verfilmung der Papierausdrucke (Datenformulare)
III: COM-offline (computer output to microfilm)
IV: COM-online
V: CIM (computer input from microfilm)

Beim COM-Verfahren erfolgt die Datenausgabe über einen Mikrofilm-Recorder, d.h. eine Art ‚Mikrofilm-Drucker'. Dieser COM-Recorder kann direkt an die Zentraleinheit gekoppelt (online) oder von ihr räumlich, zeitlich und organisatorisch unabhängig eingesetzt werden (offline). In diesem Fall erhält er die Daten von einem Magnetbandspeicher. In beiden Fällen ist es Aufgabe des COM-Recorders, die empfangenen digitalen Signale (Daten) in analoge optische Signale umzuwandeln und diese Helligkeitswerte auf den Datenträger Mikrofilm zu übertragen. Der Mikrofilm wird als Filmkarte (microfiche), Rollfilm (16, 35 mm) oder Kassette angeboten. Eine 30 m Rolle nimmt ca. 2800 DIN-A4 Dokumente, die Normal-Jackets (Hüllen für DIN-A6) in einem 10 cm Karteitrog 300000 auf. Die Kamera verfilmt 2500 DIN-A4 pro Stunde. Die Erfassung kann auch mit dem Blattleser erfolgen. Der COM-Recorder arbeitet mit der Kathodenstrahlröhre, der LED-Technik (light emitting diodes) oder der Lasertechnik.

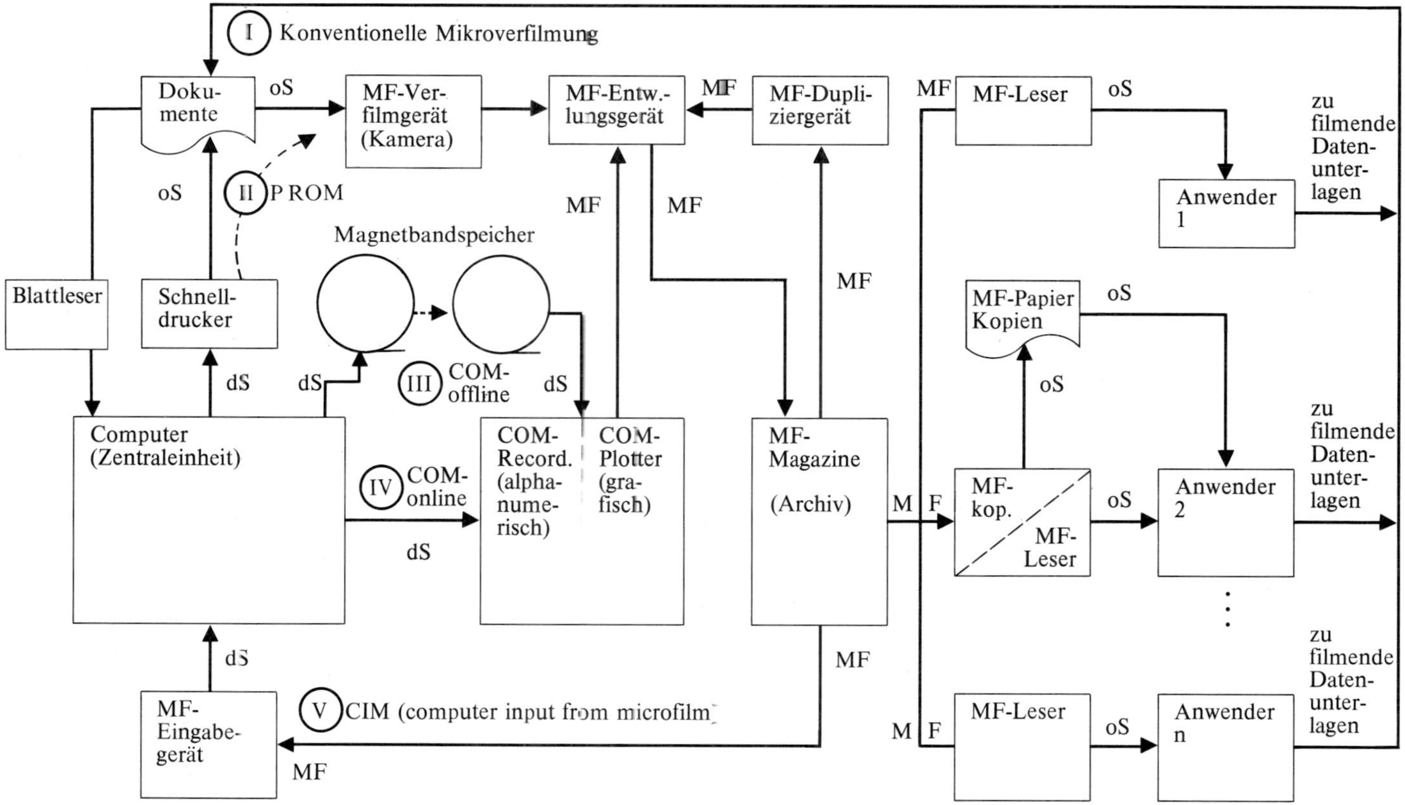

Abb. IV 35: Mikrofilm und Datenverarbeitung MF = Mikrofilm dS = digitale Signale oS = optische Signale (Schriftbild)

Als Vorteile der Mikroverfilmung werden genannt:
- nur 2 bis 10% des Raumbedarfs der Papierarchivierung (10000 bit/qmm)
- geringere Materialkosten (bis zu 50% Einsparungen)
- erheblich weniger Bedienungspersonal als bei Schnelldrucker-Ausgabe
- geringere Informationssuchzeit als bei Papierarchivierung

Inzwischen ist der Mikrofilm auch steuerrechtlich als Dokument akzeptiert. Trotz solcher anscheinend zwingenden Vorteile können sich COM-Systeme nur langsam durchsetzen. Gründe dafür dürften sein:
- wir alle sind gewohnt, Informationen in Papierform ‚schwarz auf weiß' zu ‚besitzen'
- hohe Investitionen stehen *vor* dem späteren Vorteil bei den variablen Kosten.
- als kritische Menge für COM-Verfahren werden ca. 100000 Seiten/Monat genannt.

Über die Mikrofilm-Rechnereingabe (CIM) wird noch mehr spekuliert als daß sie bereits realisiert würde – außer in Einzelfällen, wie für die Telefon-Zählerstandserfassung bei der Bundespost.

3.3.4 Spracheingabe und -ausgabe

Trotz der Vielfalt von Ein- und Ausgabegeräten, die nicht zuletzt auch im Zusammenhang mit dem Mikrocomputer entwickelt worden sind, suchen die Forscher nach weiteren Möglichkeiten. Insbesondere gelten die Bemühungen den verschiedenen Ansätzen, Spracheingabe und -ausgabe für Rechnersysteme technisch zu lösen. Die sprachliche Kommunikation ist nämlich die dem Menschen natürliche Ausdrucksform. Auch könnten die immer noch anwachsenden ‚Zahlenfriedhöfe' erheblich vermindert oder verhindert werden, was angesichts des hohen Papierverbrauchs auch eine wichtige ökologische Entlastung bringen würde.

Die bisherigen technischen Lösungsversuche leiden noch daran, daß die Computer eine monotone, roboterähnliche Sprache bieten, deren Wortschatz meist auf einige Dutzend bis Hundert Wörter begrenzt bleiben. Die Sprachausgabe erreicht noch nicht die Varianz und dynamische Qualität menschlicher Sprache. Dies muß nicht weiter verwundern, wenn man bedenkt, daß die Schallwellen der Sprache neben der zu übermittelnden Nachricht, auch noch Information über die Identität des Sprechers, seine emotionale (Stimmung usw.) und seine physische Verfassung (Heiserkeit usw.) enthält.

Sowohl in den Labors als auch in der Praxis werden heute unterschiedliche Ansätze zur Spracheingabe und -ausgabe erprobt:

a) Sätze werden einmalig eingegeben, als *analoge Signalkette* (stored speech waveforms) auf einem Magnetband abgelegt und zur Sprachausgabe beliebig oft

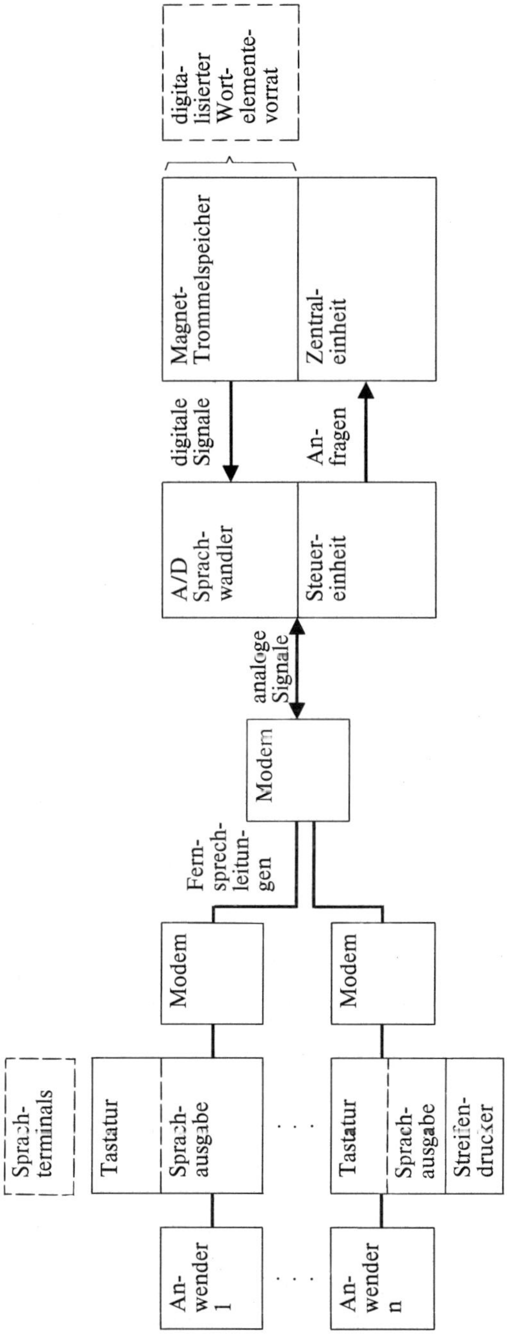

Abb. IV 36: Anwendung der Sprachausgabe

abgespielt. Beispiel: Bereits 1936 wurde in Großbritannien der sprechende ‚Clock Telephone Service' erprobt; bekannt ist die Auskunft der Post „Kein Anschluß unter dieser Nummer" von einem Endlos-Magnetband. Die Flexibilität dieses Ansatzes ist sehr gering.

b) Einmalige Spracheingabe analoger Sprachsegmente (Satzteile, eher Wörter, Silben oder Halbsilben), die als *analoge Signalsegmente* auf einem adressierbaren Speicher (Trommel, Platte) abgelegt und zur Sprachausgabe beliebig oft zu Signalketten kombiniert werden. Beispiel: Auskunftssysteme bei Banken, Bahn und Lagerhaltung. Als Nachteil erweist sich der begrenzte Wortschatz, die festgelegte Betonung und der unveränderliche Rhythmus der Sprachausgabe. In der Praxis werden flexible Segmentkombinationen von bis zu 30 Minuten genutzt.

c) Einmalige Spracheingabe analoger Sprachsegmente (Satzteile, eher Wörter, Silben oder Halbsilben), die als *digitale Signalsegmente* auf einem adressierbaren Speicher (Trommel, Platte) abgelegt und zur Sprachausgabe beliebig oft zu Signalketten kombiniert werden (speech encoding/decoding). Eine 1 : 1 Übertragung der Sprache auf den Speicher würde schnell an dessen Kapazitätsgrenzen stoßen. Verschiedene technisch aufwendige Verfahren reduzieren die gespeicherten Digitaldaten der Sprache; ein gewisser Qualitätsverlust ergibt sich zwangsläufig daraus. Prinzipiell stehen drei Arten von Reduktionsverfahren zur Wahl: Amplitudenmodulation (PCM = pulse-code modulation, DPCM = differential PCM, ADPCM = adaptive DPCM), Frequenzmodulation (LPC = Linear-predective coding) und Phonemtechnik (Phoneme synthesis). Beim ersten Verfahren werden mehrere Tausend Bit/s, beim zweiten 1200 bis 2400 bps und beim letzten 100 bis 400 bps zur kontinuierlichen Sprachgenerierung benötigt.

d) Die *Vollsynthese* (phoneme synthesis) als Sprachausgabe (voice synthesis systems) bedeutet, daß eingelesener oder gespeicherter Text (als ASCII-Kette) vom Rechnersystem als analoge Sprache ausgegeben werden soll. Dies geschieht in Form synthetischer Spracherzeugung. Die Phonetik, ein Teil der Sprachwissenschaft, liefert die Erkenntnis, daß Sprache als Text aus Sätzen mit mehreren Wörtern besteht und daß ein Wort wiederum als lineare Kette aus Sprachlauten (Phon, Phonem) entsteht. Leider existiert in faktisch keiner Sprache eine eindeutige Zuordnung von Phoneme zu Buchstaben, was beispielsweise am Unterschied zwischen Schreibweise und Aussprache der englischen Sprache sehr deutlich wird. Ein besprochenes Tonband könnte in Segmente zerschnitten werden, von denen jedes gerade noch 1 Phonem speichert. Mit Hilfe der internationalen Lautschrift API (= Association Phonetique Internationale) lassen sich die verschiedenen Laute, die in verschiedenen Sprachen als Bausteine benutzt werden, beschreiben bzw. benennen. Bei einem Phonem-Alphabet von 64 Lauten und bei 4 Betonungsstufen (Stimmla-

ge, d. h. Frequenz, oder Stimmstärke, d. h. Amplitude) wäre 1 Byte ($2^8 = 256 = 64 \times 4$) der minimale Speicheraufwand je Phonem (Laut) eines gesprochenen Textes. Ein Sprachsynthesizer (Laut- oder Phonemgenerator) erzeugt per Hardware und Software aus dem digital vorgegebenen Text die akustische Phonemkette als synthetische Sprachausgabe.
Die Sprachqualität wird verbessert, wenn die Einflüsse der Lautübergänge und der Nachbarwörter auf die ‚Aussprache' vom Generator berücksichtigt werden (Intonation, Tondauer, Betonung usw.). Der digitale Sprachprozessor des Systems ‚DECtalk' errechnet beispielsweise alle 6, 4 ms Steuermeldungen und generiert daraus 10000 synthetische Sprachsignale je Sekunde für den Analog/Digital-Wandler.

e) Systeme zur *sprecherunabhängigen Spracherkennung* (speaker-independent recognition) nehmen gesprochene Texte auf und vergleichen sie mit einem gespeicherten Wörterbuch. Sie erkennen Einzelwörter. Beispiel: Spracheingabe von Basic-Programmen; die französische Post PTT betreibt in Nantes eine Spracherkennung für 150 Zielorte und 1000 Pakete pro Stunde.

f) Die *Spracherkennung* (speech recognition) mit *Identifikation des* jeweiligen *Sprechers* vergleichen den gesprochenen Text mit den Durchschnittswerten, die aus mehreren Sprechproben des betreffenden Sprechers gespeichert worden sind. Einfache Systeme erkennen Einzelwörter, leistungsfähige dagegen ganze Wortketten, d. h. Sätze. IBM experimentiert mit einem System, das gesprochene Sätze in geschriebene Texte umwandelt. Es identifiziert 95% von 5000 Wörtern eines wachsenden Wörterbuches richtig mit einer Geschwindigkeit von einem Wort pro Sekunde. Mit Hilfe eines 20-minütigem Trainingssprechens wird die persönliche Sprechcharakteristik gespeichert. Bei 20 Sprachmessungen in 1/100 s können die Wort-Kandidaten sukzessive eingegrenzt werden. Ein Beispiel für Einzelworterkennung mit Sprecheridentifikation ist das sprachgesteuerte Telefon, das auch zur Bildschirmtext-Suche eingesetzt werden kann. Der Begriffsvorrat liegt bei 300 digital gespeicherten Wörtern (Teilnehmernamen, Btx-Suchbegriffe).

Die Spracheingabe bietet mehrere Vorteile: die Datenerfassung muß nicht mehr umständlich über Tastaturen erfolgen, die Hände bleiben frei, die Augen sind nicht an die Tastatur gebunden, die Eingabe ist leicht erlernbar, Behinderte können dem Computer Befehle und Daten übergeben, die Eingabe kann über Telefon erfolgen. Über die bereits genannten Anwendungen von computer-gestützter Spracheingabe und -ausgabe hinaus erprobt die Praxis bereits eine Vielzahl anderer Nutzungsfälle: Zeitansage durch die Post, automatische Fahrplanauskunft (z. B. bei der Bundesbahn), sprechende Puppen, Uhren, Spielautomaten, Autos und Mikrocomputer (z. B. Bedienungshilfen), Computer erteilen über Telefon Auskünfte über Lagerbestände, Bank-Kunden rufen Kontenstände und Börsendaten ab, die Elektronische Post kann per Telefon abgefragt werden, ‚akustischen Bildschirm' für Blinde, im Kinderkrankenhaus helfen Sprachausgabesysteme sprachbehinderten Kindern, der rechnergestützte Unterricht wird durch die natürliche Sprache erweitert. Preiswerte Mikrocomputer Lösungen für derartiger Sprachsysteme beschleunigen die Ausbreitung in der Praxis. Die bisherigen Sprachsysteme zeigen kaum Ansätze echten Sprachverständnisses (speech understanding), wozu die Spracheingabe vom Computer so zu interpretieren wäre, daß der Sinn der Wörter verstanden und sinnvoll geantwortet werden könnte. Die Bemühungen um Systeme der Künstlichen Intelligenz, wie Expertensysteme und Sprachübersetzer gehen in diese Richtung.

3.4 Datenübertragung und Telekommunikation

Die Datenverarbeitung bewegt sich in der Größenordnung von Bruchteilen von Sekunden, die Datenerfassung heute schon im Sekundenbereich – der konventionelle Datentransport (Boten oder Post) benötigt dagegen Stunden oder gar Tage. Es ist deshalb verständlich, daß immer mehr versucht wird, den materiellen Transport von Belegen und sonstigen Daten durch elektronische Datenübertragung zu ersetzen. Handel und Banken wollen auch Geschäftsvorfälle ihrer Zweigniederlassungen, die in Vororten oder anderen Städten liegen, zentral buchen. Die optimale Führung dezentraler Industrielager soll über den Rechner der Zentrale gesteuert werden (Abb. V 43). Dazu sind ständig Bestands- und Solldaten zu übermitteln. Die Schnelligkeit der Datenübertragung ist von großer Bedeutung für Polizei, Börse und Presse. Die Aktualität von Platzbuchungen bei großen Verkehrsgesellschaften – wie Luftfahrtgesellschaften, Bahn, Reisegesellschaften – läßt sich heute nur noch mit Datenübertragung sicherstellen.

Diese und viele andere Anwendungen faßt man unter dem Begriff der Datenfernverarbeitung (teleprocessing) zusammen. Sie umschließen die Datenverarbeitung beim Postkunden und die Datenübertragung, die in der Verantwortung der Deutschen Bundespost betrieben werden. Die Benutzung der Fernmeldewege für die Datenübertragung bezeichnet man als DATEL-Dienste (**Da**ta **Tele**comunication, **Da**ta **Tel**ephone, **Da**ta **Tel**egraph). In einem Datelhandbuch faßt die Post ihr Gesamtangebot für Datenkommunikation zusammen. Ein Datenübertragungssystem ergibt sich, wenn Datenstationen über geografische Entfernungen hinweg mittels Datenübertragungswege (Fernmeldewege) miteinander kommunizieren, d.h. Daten austauschen.

Eine *Datenstation* (DIN 44302) ist ein Gerät, das Daten senden und/oder empfangen kann; sie ist also Datenquelle oder/und Datensenke. Sie besteht aus einer Datenendeinrichtung (DEE) und einer Datenübertragungseinrichtung. Die Schnittstelle zwischen beiden definiert die Zuständigkeitsgrenze der Post und ihre Einrichtungen. Die gekauften oder gemieteten Datenendeinrichtungen

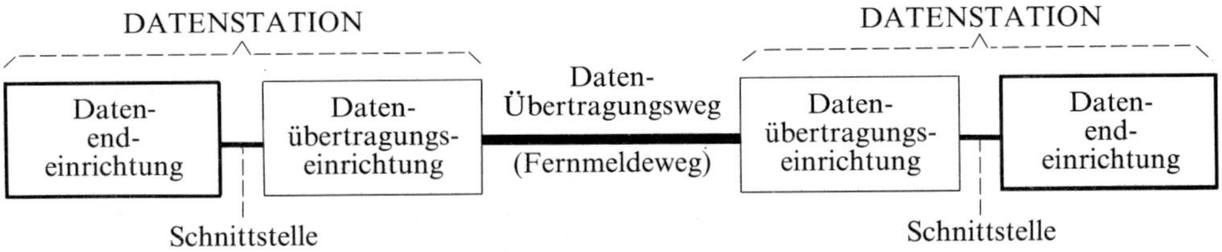

Abb. IV 37: Komponenten eines Datenübermittlungs-/übertragungssystems

müssen Zulassungsnummern vom Fernmeldetechnischen Zentralamt der Post aufweisen. Diese FTZ-Zulassung von Systemgeräten bedeutet kein allgemeines Qualitätsurteil, sondern nur Bestätigung, daß Fernmeldewege nicht gestört werden Datenendeinrichtungen können Rechnersysteme und verschiedene Peripherigeräte sein, wie Fernschreibmaschinen, Datensichtgeräte, Drucker, Lochstreifengeräte, Magnetbänder, Tastenfelder oder Datenkonzentratoren.

Als *Übertragungswege* kommen diverse Kabelverbindungen oder Funkverbindungen in Frage. Die Fernmeldewege können festgeschaltete Verbindungen oder Wählverbindungen für einen Zeitabschnitt sein. An definierten Übergabestellen (Schnittstellen) werden die abgegebenen digitalen Signale in entsprechende Abläufe auf dem Fernmeldeweg umgesetzt und umgekehrt. Datenübertragungen mit niedrigen Geschwindigkeiten von 50 bis 1200 bit/s (= Bd = Baud) nutzen asynchrone Übertragungsverfahren. Die Endeinrichtungen stellen den

Art des Fernmeldeweges	maximale Übertragungsgeschwindigkeit	Verbindung	Betriebsverfahren	durchschnittl. Bit-Fehlerwahrscheinlichkeit (10^{-6})	IDN-Netz
Telexnetz	50 bit/s	Wahl	sx/hx	1 bis 10	*
Telefonnetz (Fernsprechn.)	4800 bit/s	Wahl	sx/hx/dx	50 bis 200	
Datex-L-Netz	9600 bit/s	Wahl	sx/hx/dx	2 bis 10	*
Datex-P-Netz	48000 bit/s	Wahl	dx	0,001 bis 1	*
Direktrufnetz	48000 bit/s	Fest	sx/hx/dx	1	*

sx = Simplex hx = Halbduplex dx = Duplex (vgl. III 1.1.1)

Abb. IV 38: Dateldienste bzw. öffentliche Netze der Deutschen Bundespost

Gleichlauf zwischen Sender und Empfänger nur für eine Bit-Folge (i. a. ein Zeichen) her. Diese Start-Stop-Übertragung umrandet die Bit-Folge durch je ein Start- und Stopbit. Die Zeichen einer Zeichenkette können in beliebigen Abständen übertragen werden. Das Synchronverfahren sichert den ständigen Gleichlauf zwischen Sender und Empfänger. Es überträgt alle Zeichen einer Kette zusammenhängend und schließt diese mit ein oder mehreren Synchronwörtern ab. Voraussetzung sind Pufferspeicher in den Datenendeinrichtungen. Synchrone Übertragungen erfolgen ab 2400 bit/s.

Die Dateldienste in öffentlichen Fernmeldenetzen umfassen:
1) Öffentliches Telefonnetz (Fernsprechwählnetz):
2) Öffentliches Telexnetz
3) Öffentliches Datexnetz mit Leitungsvermittlung
4) Öffentliches Datexnetz mit Paketvermittlung
5) Öffentliches Direktrufnetz:
6) Integriertes Text- und Datennetz (IDN)
7) Integrated Systems Digital Network (ISDN)

Die Fernsprechleitungen des öffentlichen **Telefonnetzes** eignen sich infolge ihrer konstruktiven Auslegung auf analoge Signale (Töne) nicht unmittelbar für die Übertragungen digitaler Signale. Ihr Tonfrequenzbereich überstreicht nur die Bandbreite von 300 bis 3400 Hz. Die von der Datenendeinrichtung angebotenen digitalen Signale (vgl. Abb. 13, 14) müssen in analoge Tonfrequenzsignale umgewandelt werden. Dazu dient ein Gerät ‚Modulator'; die Rückformung beim Empfänger übernimmt ein ‚Demodulator'. In einer Datenübertragungseinrichtung zusammengefaßt, nennt man das Gerät ein *Modem*. Die Monatsmiete bei der Post beträgt etwa 200 DM. Die Modems sind nach CCITT-Empfehlungen (V.21 usw.) ausgelegt, so daß ein weltweiter Datenaustausch ermöglicht wird. Eine Reihe Modems für serielle, aber auch für parallele Übertragungen stehen dem Kunden zur Verfügung. Letztere dienen der Datensammlung, wie Bestellsystem der Apotheken und Buchhandlungen, Fernsehzuschauerforschung, Umwelt-Meßdatenerfassung. Auch lassen sich Datenendeinrichtungen über Akustikkoppler ans Telefonnetz anbinden. Insgesamt bleibt die Datenübertragung eine wesensfremde Sondernutzungsform des analog ausgelegten Telefonnetzes.

Das **Telexnetz** (Fernschreibnetz) dagegen war das erste der rein digitalen Netze. Seit langem schon diente es nicht nur der Übermittlung von Text (im CCITT Nr. 2-Code, Abb. 134), sondern auch der Datenübertragung.

Um die hohen Anforderungen der Kunden zu erfüllen, führte die Post 1967 das DATEX-Netz (*Dat*a *Ex*change) mit Leitungsvermittlung ein. Es nutzt das Elektronische Datenvermittlungssystem EDS, das die elektromechanische Vermittlungstechnik 1976 ablöste. Weitere Merkmale sind der schnelle Verbindungsaufbau (1 Sekunde) und eine hohe Übertragungsrate (9600 bit/s seit 1979) bei niedriger Bit-Fehlerwahrscheinlichkeit. **DATEX-L** wurde 1980 um DATEX-P, das

Datexnetz mit Paketvermittlung erweitert. Das DATEX-L-Netz verbindet für die Dauer der Wählverbindung zwei Hauptanschlüsse quasi direkt miteinander.

Dagegen besteht beim **DATEX-P**-Netz zwischen den beteiligten Hauptanschlüssen keine direkte physikalische Verbindung, sondern eine virtuelle. Die zu übertragenden Nachrichten werden in Pakete aufgeteilt, adressiert, gespeichert und vermittelt. Die Fehlerwahrscheinlichkeit ist mit 10^{-9} sehr niedrig. Zu nichtpaketorientierten öffentlichen Netzen kann der Zugang über sog. PAD-Anpassungen erfolgen. Internationale Normungsbestrebungen bei ISO und CCITT führten zu einem Architekturmodell für offene Kommunikationssysteme. Sein Datenübermittlungsprotokoll umfaßt 7 Regelungsebenen für Transportfunktionen (1–4), Sitzungssteuerung (5), Datenbereitstellung (6) und Anwendungsprozesse (7).

Das öffentliche **Direktrufnetz** bietet den Postkunden festgeschaltete duplexfähige Verbindungen, sog. Standverbindungen, mit 50 (asynchron) bis 48000 bit/s (synchron). Auch internationale Mietleitungen werden angeboten.

Das integrierte Text- und Datennetz **IDN** faßt alle Netzelemente zusammen, die auf digitaler Grundlage arbeiten. Es bietet eine Reihe besonderer Dienstleistungen, wie Kurzwahl, Rundsenden (elektronischer Nachrichten-Verteiler) und Gebührenübernahme bei ankommenden Rufen.

In der zweiten Hälfte der 80-er soll in den europäischen Ländern ein neues Telekommunikationsnetz eingeführt werden, welches die verschiedenen herkömmlichen Netze durch Vereinheitlichung ersetzen kann. Das mehrere ‚Dienste integrierende digitale Fernmeldenetz' **ISDN** (Integrated Systems Digital Network) verwendet nur digitale Technologie; sämtliche Übertragungsarten eines vollintegrierten Netzes: Sprache, Daten, Text und Bilder (Grafik) werden in Bits umgesetzt und übertragen. Die Übertragungsgeschwindigkeit ist international auf 64 kbit/s genormt, bei verbesserten und neuen Dienstleistungen. So werden aus dem Telefonnetz neben dem Fernsprechverkehr auch die dort bereits eingeführten Dienste übernommen und ‚digitalisiert'. Teletex (Schreibmaschinen-Kommunikation), Telefax (Fernkopieren), Bildschirmtext Btx, Temex (telemetry exchange = Fernmessen, z. B. Energieverbrauch) und Telebox (electronic mailbox; el. Briefkasten). Multifunktionale Terminals, wie HICOM (Siemens) oder Visiophon (Frankreich) werden nötig. Bewegtbilder (z. B. Video) können erst übertragen werden, wenn Glasfaserkabel mit großer Frequenzbreite die Kupferkabel der ersten Ausbaustufe (Schmalband-ISDN) ersetzen werden. Die Versuche dazu wurden unter der Bezeichnung BIGFON (breitbandiges integriertes Glasfaser-Fernmelde-Ortsnetz) in der Öffentlichkeit bekannt.

Im Gegensatz zur menschlichen Sprache sind Daten nicht mit hinreichender Redundanz zur Sicherung bei der Übertragung auf Fernsprechleitungen versehen. Störspannungen, verursacht u.a. durch Wählerknacken, führen zu Bit-

Fehlerwahrscheinlichkeiten von 50 bis $200 \cdot 10^{-6}$. Dies bedeutet: bei der Übertragung von 1 Mbit werden im Mittel etwa 100 bit gestört. Die digitalen Netze weisen eine geringere Fehlerwahrscheinlichkeit auf. Auf ihnen lassen sich deshalb bei geringen Sicherheitsforderungen Daten ungesichert übertragen. Um die Fehlerwahrscheinlichkeit weiter zu verringern, werden spezielle Codes eingesetzt, die die Daten mit zusätzlicher Redundanz ‚umgeben'. Wird jedem Zeichen der Länge 5 bit ein Parity-Bit zugefügt (vgl. III 2.4.4), so reduziert sich die Fehlerwahrscheinlichkeit um den Faktor 10^{-2}. Sicherungsgeräte für Fernsprechleitungen arbeiten mit speziellen Blockcodes, sogenannten zyklischen Codes. Damit werden Verbesserungen um den Faktor 10^{-5} erzielt. Die Bit-Fehlerwahrscheinlichkeit beträgt dann etwa $100 \cdot 10^{-11}$. Bei 5 Bits pro Zeichen folgt daraus eine mittlere Zeichen-Fehlerwahrscheinlichkeit von ca. 10^{-9}. Dies besagt: bei 1 Milliarde übertragener Zeichen bleibt ein gefälschtes Zeichen unerkannt.

Aus der Breite des Dienstleistungsangebots der Post für Datenübertragung wählt der Kunde nach eigenen Anwendungsbedarf sein System aus. Dabei gilt es folgende Faktoren zu beachten:

a) anwendungsspezifische Eignung der Endgeräte (terminals)
b) Kosten für die Geräte: Endgeräte, Sicherungsgeräte, Modem
c) Kosten für die Leitungen:
   Wählnetz (einmalige Gebühren und laufende Gebühren),
   Mietleitungen (laufende Gebühren)

Um die Auswahl der geeigneten Leitungen in der Praxis zu erleichtern, werden für die verschiedenen Leitungen Leistungsdiagramme gezeichnet. Diese Diagramme zeigen für verschiedene Leitungsarten die Abhängigkeit der Übertragungszeit (h/Mon), der spezifischen Übertragungskosten DM/10^3 Zei, der Betriebskosten DM/Mon oder der optimalen Entfernung (km) von der geforderten Übertragungsleistung (Zei/Mon).

3.5 Ein-/Ausgabewerk (Kanalprinzip)

Die Geschwindigkeitsdiskrepanz zwischen Datenerfassung, Ein-/Ausgabe und Datenverarbeitung in der Zentraleinheit wurde in Kap. IV 3 aufgezeigt. Neben anderen Ansätzen zur Überwindung dieser Geschwindigkeitsunterschiede wurde dort auch das sogenannte Kanalprinzip genannt. Die Computer ab der 3. und 4. Generation arbeiten danach. Die Grundidee des Kanalprinzips ist die Dezentralisierung von Steuerungsfunktionen. Neben dem zentralen Leitwerk des Prozessors werden zusätzliche Leitwerke zur weitgehend selbständigen Steuerung der E/A-Operationen bereitgestellt. Man spricht von Kanälen oder – besser – vom Ein-/Ausgabewerk. Auch findet sich die Bezeichnung ‚E/A-Prozessor'. Der **Kanal** bzw. das **E/A-Werk** ist nämlich nicht nur ein ‚Übertragungskanal, sondern ein Spezialprozessor'.

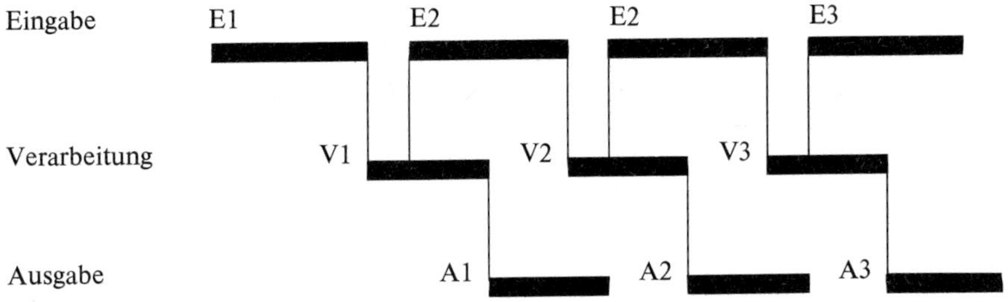

Abb. IV 39: Operationsüberlappung bei kanalgesteuerter E/A-Ausgabe

Ähnlich dem zentralen Prozessor kann er auf den Hauptspeicher zugreifen und E/A-Programme, d.h. hier: mikroprogrammierte Kanalprogramme ausführen lassen. Gerätesteuerungen unterstützen das E/A-Werk. Diese Steuereinheiten koordinieren die (elektro-)mechanischen Vorgänge meist mehrerer Periphergeräte, z.B. mehrerer Magnetplattenlaufwerke. Die Arbeitsteilung der Steuerungsfunktionen lautet demnach:

Leitwerk:	E/A-Operationen einleiten
E/A-Werk:	Kanalprogramm interpretieren
(Kanal)	Gerätesteuereinheit auswählen Steuerungsinformationen an Gerätesteuereinheit abgeben Datentransfer vornehmen
Geräte-Steuer-einheit:	Koordinieren des/der betreffenden Endgeräte(s)
Endgerät:	elektro-mechanische Ausführung der E/A-Operation

Das Leitwerk trifft im Rahmen eines Hauptprogramms auf einen E/A-Befehl. Die Ausführung dieses E/A-Befehls in einzelnen Schritten delegiert das Leitwerk an den Kanal. Zu diesem Zweck nennt es dem Kanal die Hauptspeicheradresse, ab der das notwendige Kanalprogramm zu finden ist. Das Leitwerk setzt die eigene Arbeit am Hauptprogramm fort. Der Kanal führt das Kanalprogramm autonom aus. Die Beendigung des E/A-Vorgangs bzw. Kanalprogramms meldet er dem Leitwerk mit einem Unterbrechungssignal. Das Leitwerk unterbricht daraufhin die Bearbeitung des aktuellen Hauptprogramms und kann dem Kanal neue E/A-Operationen delegieren. Diese Arbeitsteilung wiederholt sich laufend. Im Vergleich zur Abb. IV 24 zeigt das Ablaufschema in Abb. IV 39 deutlich eine überlappende und damit wirtschaftlichere Arbeitsweise.

Die Kopplung der peripheren Steuereinheiten an die Kanäle erfolgt mittels Übertragungsleitungen, die aus Daten- und Steuerungsleitungen bestehen und genormte Schnittstellen (interface) aufweisen. Diese Schnittstellennormung trug erheblich zur Ausweitung ‚gemischter Rechnerkonfigurationen' *(mixed-hardware)* bei. Die Periphergeräte müssen nicht mehr vom Hersteller der eigenen Zentraleinheit stammen. Sie können von anderen Computer- oder speziellen Periphergeräte-Produzenten erworben oder gemietet werden – zum Teil zu günstigeren Konditionen (vgl. Kap. VI 1.1.2).

Die Arbeitsgeschwindigkeit der Periphergeräte überdeckt ein großes Spektrum. So reicht z. B. die Datentransferrate von 500 Zei/s beim Lochkartenstanzer bis 1,9 MB/s beim Plattenspeicher. Um diesem Geschwindigkeitsspektrum gerecht zu werden, wurden und werden auch heute noch verschiedenartige Kanalarten entwickelt:
- Selektorkanal
- Multiplexkanal
- Bytemultiplexkanal
- Blockmultiplexkanal

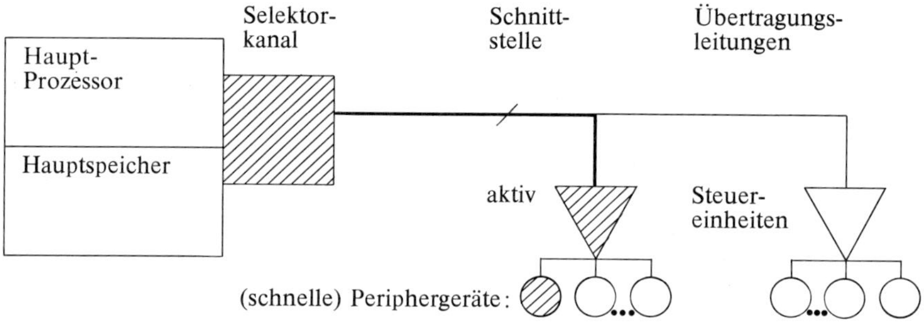

Abb. IV 40: Selektorkanal

An einem *Selektorkanal* können mehrere (z. B. 8) periphere Steuereinheiten angeschlossen sein. Der Kanal wählt (selektiert) eine Einheit aus und erledigt die vom Leitwerk veranlaßte E/A-Operation. Dies bedeutet: stets ist nur 1 Steuereinheit und bei dieser wiederum nur 1 Periphergerät aktiv. Der Datentransfer erfolgt allerdings sehr schnell: 0,3 bis 1,9 MB/s. Der Selektorkanal eignet sich demnach für schnelle Periphergeräte, wie Magnetband- und Magnetplattenspeicher. Der Datentransfer erfolgt blockweise (burst mode). Eine Zeichenfolge (Datenblock) wird ohne Unterbrechung vom Periphergerät zum Hauptspeicher oder umgekehrt übertragen.

Der *Multiplexkanal* arbeitet im Multiplexbetrieb (DIN 44300). Er führt mehrere E/A-Operationen, d. h. Kanalprogramme, im Zyklus wechselnd aus. Mehrere langsame Periphergeräte, wie Lochkartenleser/-stanzer, Drucker und Terminals, werden in so kurzen Zyklen reihum bedient, daß der Eindruck einer simultanen (gleichzeitigen) Bearbeitung entsteht (quasi-simultan). Eine

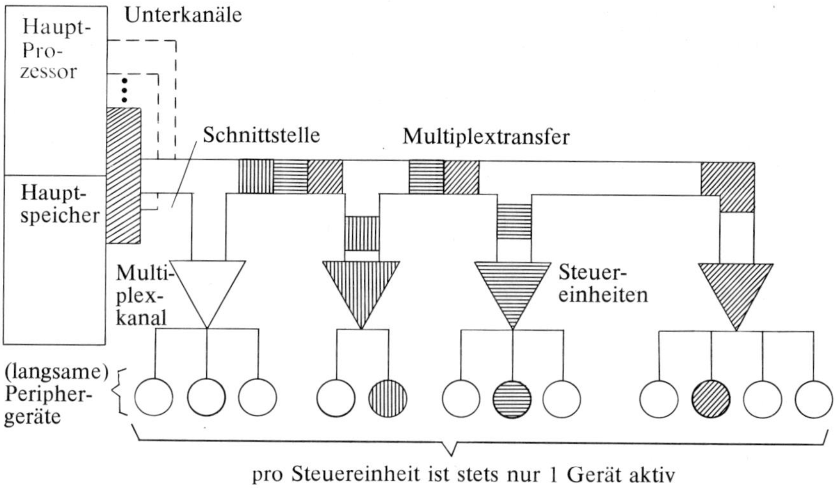

Abb. IV 41: Multiplexkanal

echte Parallelbedienung der aktiven Geräte liegt nicht vor. Der Multiplexkanal ist in Unterkanäle (z.B. 256 oder 512) aufgeteilt. In einem Zyklus wird reihum je 1 Zeichen von bzw. zu einem E/A-Gerät übertragen. Diesen zeichenweisen Zyklus nennt man Byte-Modus. Man spricht von einem *Bytemultiplexkanal.* Die gesamte Transferrate erreicht bis zu 200 KB/s.

Der *Blockmultiplexkanal* arbeitet ebenfalls im Multiplexbetrieb, jedoch nicht zeichenweise, sondern blockweise. Mehrere schnelle Periphergeräte, z.B. leistungsfähige Plattenspeicher, werden quasi-simultan mit Datenblöcken versorgt. Die Transferrate beträgt 1,5–3 MB/s. Der Blockmultiplexkanal kann auch als Selektorkanal eingesetzt werden.

Aufgaben zu IV 3.2/3.3/3.4/3.5

(1) Um eine schlechte zeitliche Ausnützung der schnellen Zentraleinheit aufgrund der langsamen Periphergeräte zu vermeiden, wendet man an:
   a) Pufferung, Time-Sharing, Multiprogramming, Kanäle
   b) Pufferung, Byte-Struktur, Multiprogramming, Kanäle
   c) feste Wortlänge, Byte-Struktur, Multiprogramming, Kanäle

(2) Was versteht man unter dem Ausdruck ‚7-Kanal-Lochstreifen'?
   a) ein Lochstreifen, auf dem (incl. Transportspur) 7 Lochspuren vorhanden sind – d.h. pro frame, also pro Zeichen 6 Lochpositionen.
   b) ein Lochstreifen, auf dem (incl. Transportspur) 8 Lochspuren vorhanden sind – d.h. pro frame, also pro Zeichen 7 Lochpositionen.
   c) ein Lochstreifen mit 7 Informationsspuren und keiner Transportspur.

(3) Der Einsatz des Mikrofilms in der Datenverarbeitung ist am weitesten fortgeschritten bei der Verwendung als:
   a) Eingabemedium
   b) Ausgabemedium
   c) als Datenerfassungsmedium

(4) Im Gegensatz zum Selektorkanal eignet sich der Bytemultiplexkanal für
   a) die gleichzeitige Bedienung mehrerer (meist langsamer) Periphereinheiten
   b) die gleichzeitige Bedienung mehrerer (meist schneller) Periphergeräteeinheiten
   c) die Bedienung eines ausgewählten schnellen Periphergerätes

(5) Nennen Sie einige Merkmale von Bildschirm-/Datensichtgeräten, die unterschiedlich ausgeprägt sein können und dann den Typ des Gerätes und seine Nutzung bestimmen.

(6) Nennen Sie möglichst viele der möglichen Periphergeräte für einen Personal Computer.

(7) Welche Dienste bietet die Bundespost ihren Kunden bereits an oder plant sie anzubieten?

(8) Belegleser lassen sich in zwei Betriebsarten nutzen:
   a) mit direkter Kopplung an den Rechner
   (...)
   b) ohne Rechnerverbindung, zum lesen, sortieren und erfassen auf einem Magnetträger
   (...)

(9) Der Handel verwendet heute auf Warenverpackungen weitgehend bereits einen Aufdruck in Form der normierten .... -Artikelnummer.

(10) Welche Merkmale charakterisieren einen Drucker für einen Mikrocomputer; welche Ausprägungen sind für diese Merkmale üblich (technische Lösungen)?

(11) Zur Spracherkennung mit dem Computer werden technische Lösungen sowohl mit .... Signalspeicherung als auch solche mit .... Signalspeicherung erprobt.

(12) Die Transferrate bei Übertragungswegen ermittelt man in Baud (Bd) = ...

(13) Die Übertragungswege lassen einen Datenaustausch nach der Simplex-, Halbduplex- und Duplex-Betriebsart zu. Was versteht man darunter?

Teil I:
Funktionale Grundlagen

- aus welchen Ansätzen heraus entstand die Datenverarbeitung und was bedeutet sie heute?
- wie versteht der Computer Informationen?
- aus welchen Komponenten besteht ein Rechnersystem und wie funktioniert es?

Teil II:
Mathematische Grundlagen

- welche mathematischen Begriffe sind hilfreich?
- mit welchen Zahlensystemen arbeitet ein Rechnersystem?
- wie rechnet ein Computer? (die Grundrechenarten im Rechenwerk)

Teil III:
Informationslogische Grundlagen

- was sind Informationen und Daten? (Informationstheorie)
- wie verschlüsselt (codiert) man Daten? (Codierungstheorie)
- wieso und wie kann ein Computer Daten logisch verarbeiten? (Boole'sche bzw. Schaltalgebra)

Teil IV:
Technologische Grundlagen

- wie funktioniert die Computer-Elektronik?
- welche Speichertechnologien setzt man ein?
- welche Ein- und Ausgabegeräte stellen den Informationsaustausch zwischen dem Menschen und dem Computer her?

Teil V:
Software - technologische Grundlagen

- wie „füttert" man einen Computer mit Daten und Befehlen? (Software, Programmierung)
- welche Arbeitsformen bietet der Computer dem Benutzer? (Betriebsarten, -formen)
- wie steuert und überwacht sich der Computer selbst? (Betriebssysteme)

Teil VI:
Anwendungsorganisatorische Grundlagen

- wer macht was in der Datenverarbeitung?
- warum und wie Datenschutz?
- in welchen Organisationen bearbeitet der Computer welche Aufgaben? (Anwendungsbereiche)

Teil V: Software - technologische Grundlagen

Der Teil I ging aus pädagogischen Gründen noch von einer einfachen Rechnerstruktur mit 5 Grundeinheiten aus. Der Teil IV zeigte, daß die technologische Struktur heutiger Rechnersysteme stark verfeinert wurde und oft bereits einem komplexen Netz gleicht. Eine Vielzahl technischer Lösungen und eine große Geräteauswahl erlauben es dem Benutzer, sich ein Rechnersystem seinem individuellen Bedarf gemäß zusammenzustellen. Je komplexer aber die Rechnerarchitektur wird, umso sorgfältiger muß der innere Rechnerbetrieb gesteuert und kontrolliert werden. Diesem weiten Themenbereich der innerorganisatorischen Selbststeuerung des Rechners, meist unter dem Begriff 'Software-Technologie' zusammengefaßt, gilt dieser Teil V. Die ergänzenden anwendungsorganisatorischen Aspekte wird der Teil VI vorstellen. Diese software-technologischen Grundlagen behandeln Fragen folgender Art:

(1) In welchen Formen erfaßt, speichert und verarbeitet ein Computer Daten? – d. h. **Datenorganisation**

(2) In welcher Sprache und mit welchen Hilfsmitteln veranlaßt der Benutzer den Computer, diese Datenbestände nach vorgegebenen Regeln zu verarbeiten? – d. h. **Software-Entwicklung** bzw. Programmierung

(3) Welche Arbeitsformen beherrscht ein Rechnersystem und wofür eignen sie sich? – d. h. **Betriebsarten**

(4) In welcher Weise funktioniert die Selbstverwaltung und das Selbst-Management dieses komplexen Rechnersystems? – d. h. **Betriebssysteme**.

Die folgenden vier Kapitel versuchen, auf diese Fragen in gleicher Reihenfolge Antworten zu geben. Die Kapitel begrenzen sich auf breites Grundlagenwissen und sollen den Leser für weiterführende Fragen und Literatur interessieren.

1. Datenorganisation*

Im Prozeß der menschlichen und automatisierten Datenverarbeitung sind Daten zu erfassen, in den Speicher einzubringen, darin aufzubewahren, dort wieder aufzufinden und bei Anfrage in geeigneter Form abzugeben. Als Datenorganisation kann die Gesamtheit aller Verfahren und Vorschriften zur Datenaufbewahrung bezeichnet werden. Dazu zählen dann auch die Ein-/Ausgabeorganisation (z. B. Formatisierungsregelungen) und die nicht computer-gebundene Datenorganisation, wie sie z. B. für die Karteien- und Ablageverwaltung erforderlich ist. Die Datenorganisation im engeren Sinne umfaßt allerdings die Verfahren zur Strukturierung, Speicherung und Suche der Daten auf den Peripherspeichern eines Rechnersystems. Die folgenden Kapitel bieten einen einführenden Überblick über diese Aufgabe.

1.1 Dateneinheiten

Datenanordnungen unterschiedlichen Aggregierungsgrades, wie sie Abb. V 1 zeigt, werden hier Dateneinheiten genannt. Dabei sind logisch-semantische Bezeichnungen von solchen rein physischer Art zu unterscheiden. Letztere sind durch die Speichertechnik bedingt und in der Abbildung punktiert gekennzeichnet. Die kleinste semantische Dateneinheit ist das Binärzeichen (O, L), das physisch durch eine Bit-Speicherstelle realisiert wird. 8 Bit-Positionen bilden 1 Byte, mit dem die logisch-semantische Dateneinheit ‚Zeichen' physisch abgebildet wird.

Mehrere alphabetische, numerische oder/und Sonderzeichen bilden eine semantische Sinneinheit und werden vom Benutzer als Datenfeld angesprochen. Die Abbildung enthält beispielhaft die Datenfelder: Name, Ort, Vorjahresumsatz, Aufträge. Von der Datenfeldbezeichnung ist der jeweilige konkrete Inhalt zu unterscheiden. Stehen mehrere Datenfelder in einem inneren logischen Zusammenhang, so bildet die Datenorganisation aus ihnen ein Segment. Das Segment ‚Adresse' beispielsweise kann aus den sechs zusammengehörigen Datenfeldern: Name, Vorname, Straße, Hausnummer, Postleitzahl und Ort bestehen. Die Segmenteinheit tritt erst bei komplexeren Datenorganisationen, wie Datenbanken und Informationssystemen durchgehend auf. Alle Segmente (bzw. Datenfelder), die sich auf ein Objekt beziehen (in Abb. V 1 der Kunde Nr. 101), bilden einen Datensatz. Die Zahl der anzusprechenden Objekte bestimmt die Zahl der Datensätze in einer Datei. Die Datei ist somit die erste Dateneinheit, die aus gleichartigen Untereinheiten, hier: den Sätzen, aufgebaut wird.

* unter Mitarbeit von Hermann Gehring.

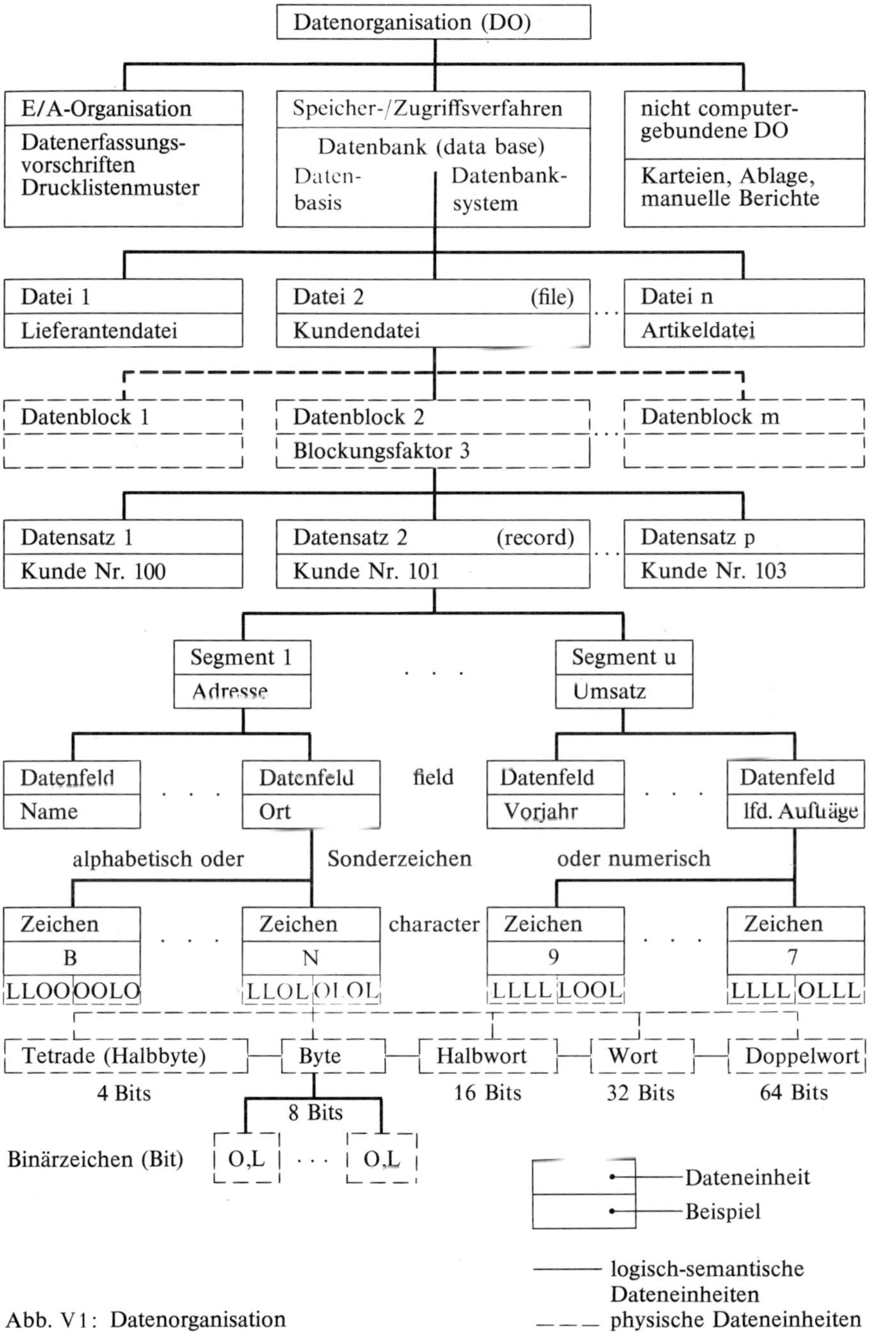

Abb. V1: Datenorganisation

Personal-, Kunden-, Lieferanten-, Artikeldatei und viele andere Dateien können additiv oder integriert innerhalb der Datenorganisation aufgebaut sein. Eine erste Integration vermeidet redundante Speicherungen, d.h. verhindert die Mehrfachspeicherung gleicher Datenfelder in verschiedenen Dateien. So kann beispielsweise auf die Wiederholung der Artikelbezeichnung in der Kunden- und Lieferantendatei bei Einsatz der Artikel-Nr. verzichtet werden. Eine höhere Integration strebt die logische Verkettung der Datensätze verschiedener Dateien an. Man spricht dann von einer Datenbank. Mehrere Programme können zu Auswertungszwecken gleichzeitig auf diese Dateien zugreifen. Die Gesamtheit aller Daten bzw. Dateien, also der gesamte Datenbestand wird auch Datenbasis genannt. Das Arbeiten mit einer Datenbank erfordert ein sogenanntes Datenbank(verwaltungs)system, englisch: data base (management) system. Das Datenbanksystem besteht aus programmierten Verfahren, die dazu dienen Dateien zu beschreiben, sie aufzubauen, zu warten und um auf sie gezielt zuzugreifen. Dazu bietet das Datenbanksystem eine Datenbeschreibungssprache und eine Datenmanipulationssprache an.

1.2 Datensatzstrukturen

Eine der Aufgaben der Datenorganisation ist die Festlegung von Datensatzstrukturen. Dabei ist zu beachten:
- Unterscheidung von logischen und physischen Sätzen
- Arten von Satzstrukturen
- Unterscheidung von formatierten und nichtformatierten Daten

1.2.1 Logische und physische Sätze

Logische Sätze bestehen aus logisch zusammengehörigen Feldern oder Segmenten. Bei ihrer Speicherung entstehen Datenordnungen, die man als physischen Satz oder Block bezeichnet. Ein physischer Satz (Block) ist technisch bedingt und stimmt oft nicht mit einem logischen Satz überein. Beispiele:

a) Lochkarte
physischer Satz = 80stellig (80 Stellen einer Lochkarte)
Zwei Fälle sind zu unterscheiden:

α) logischer Satz < physischer Satz:

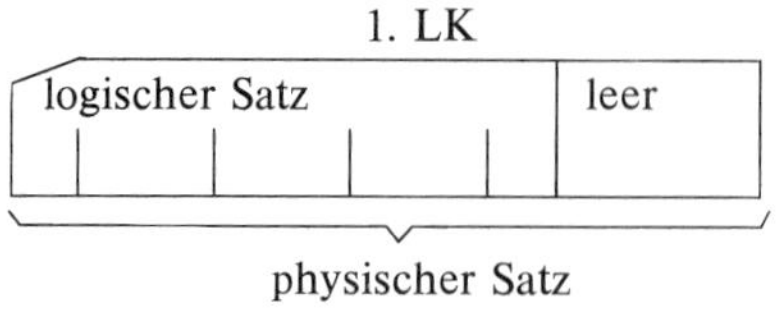

β) logischer Satz > physischer Satz:

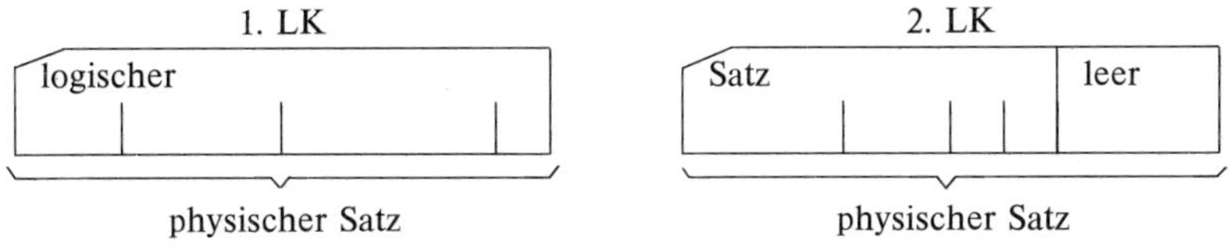

b) Magnetband

Beim Magnetband besteht ein physischer Satz, der Block genannt wird (vgl. Abb. IV 19), im allgemeinen aus einem oder mehreren logischen Sätzen. Die Länge der logischen Sätze kann fest oder variabel sein. Damit ergeben sich folgende Satzformen:

– feste Satzlänge, ungeblockt:

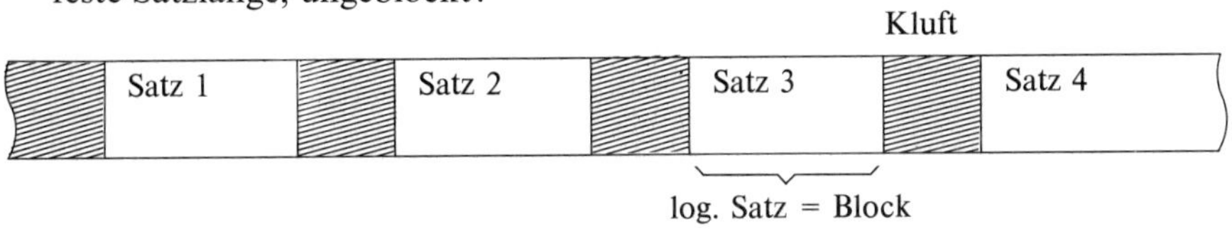

– feste Satzlänge, geblockt:

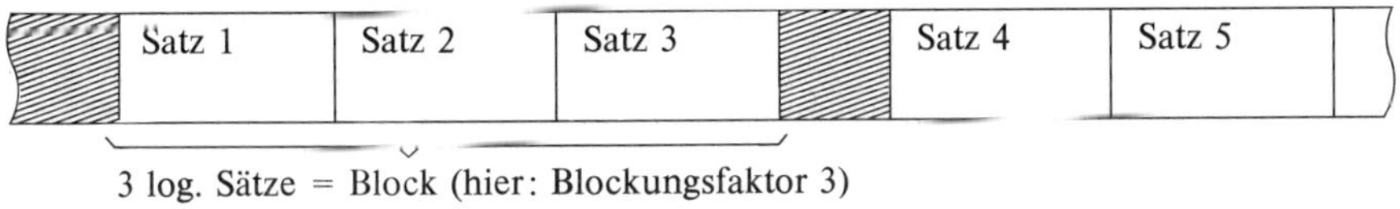

– variable Satzlänge, ungeblockt:

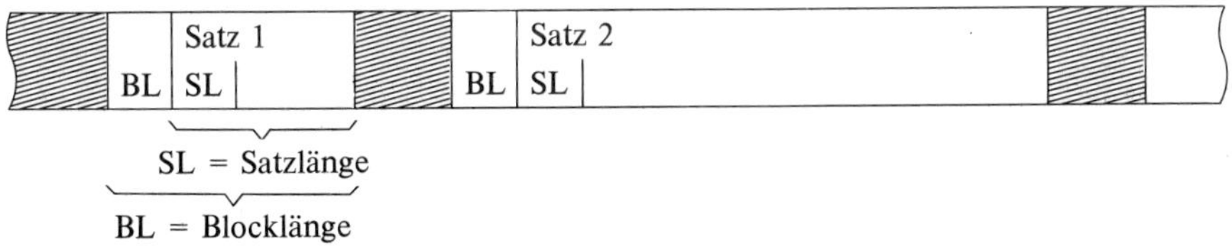

– variable Satzlänge, geblockt:

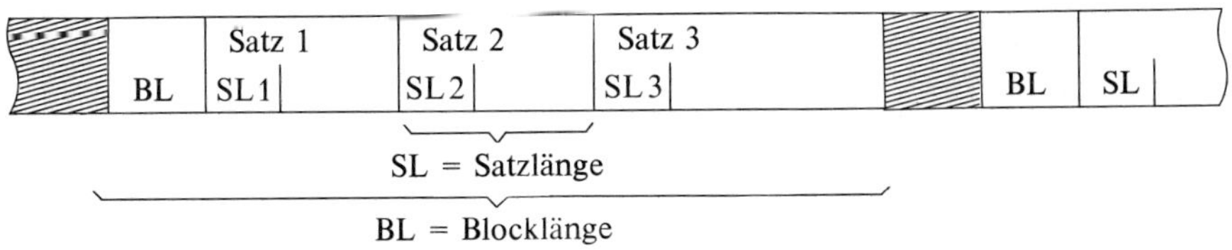

Die Blockung bietet den Vorteil, daß auf eine Bandrolle wesentlich mehr Daten aufgezeichnet werden. Bei größeren Blocklängen ergeben sich ferner höhere effektive Lese/Schreibgeschwindigkeiten.

Beispiel zur Ausnutzung einer Bandrolle:
Auf einer Bandrolle von 730 m Länge sollen bei einer Schreibdichte von 1600 bpi (640 Zeichen/cm) 80stellige, logische Sätze (z.B. Lochkarteninhalte) aufgezeichnet werden. Die Magnetbandkapazität beträgt dann bei verschiedenen Blockungsfaktoren:

Blockungsfaktor	Zahl der logischen Sätze je Bandrolle (in Tausend)	Ausnutzung der Bandrolle
1	ca. 45	ca. 8%
10	ca. 250	ca. 45%
20	ca. 350	ca. 63%

c) Magnetplatte
Die Informationsaufzeichnung erfolgt bei der Magnetplatte in Spuren. Der Datensatz zeigt folgenden Aufbau (vgl. dazu Abb. IV 21):

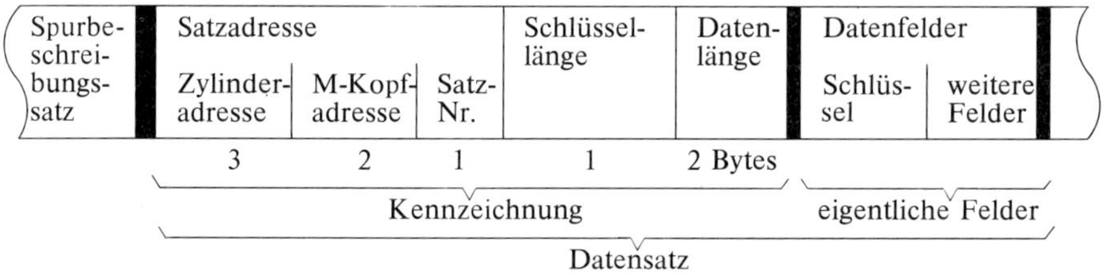

Abb. V 2: Aufbau eines Datensatzes bei der Magnetplatte

Die Satzadresse enthält neben der Spuradresse (Zylinder und Magnetkopf) noch die Satznummer. Sie gibt an, der wievielte Satz in der Spur mit dem betrachteten Datensatz vorliegt. Der Zweck des ‚Schlüssels' wird im Kapitel V 1.3 erläutert. Auch auf der Magnetplatte kann ein Satz ungeblockt oder geblockt abgespeichert werden. Demnach enthält ein Block einen der aufgezeigten Datensätze oder mehrere. Der Kennzeichnungsteil erscheint stets nur einmal am Anfang des Blocks.

1.2.2 (Nicht-)Lineare Sätze

In linearen Sätzen sind alle Felder gleichgeordnet. Welche linearen Satzarten auftreten können zeigt Abb. V 3.

Lineare Sätze sind datenorganisatorisch leicht zu handhaben. Sie besitzen aber den Nachteil, daß der ganze Satz durchsucht werden muß, wenn ein bestimmtes Feld gelesen werden soll.

Nichtlineare Datensätze bestehen nicht aus gleichgeordneten Feldern. Die Felder sind vielmehr logisch einander unter- oder übergeordnet. Von den möglichen Strukturen (Netzstrukturen, zyklischen Strukturen usw.) soll hier nur die hierarchische Struktur, und zwar speziell die hierarchische Baumstruktur, behandelt werden. Sie wird im Rahmen der Programmiersprache COBOL zur Definition von Datensätzen verwendet.

Hierarchische Sätze besitzen den Vorteil, daß gezielt zu den hierarchischen Niveaus zugegriffen werden kann. Mit einem Zugriff zu ‚KENNDATEN' werden die Inhalte der Felder ‚PERSNR', ‚ABTEIL', ‚WERK' verfügbar gemacht, mit einem Zugriff zu ‚WERK' nur der Inhalt des Feldes ‚WERK' und mit einem Zugriff zu ‚LOHNKARTE' der Inhalt aller Felder.

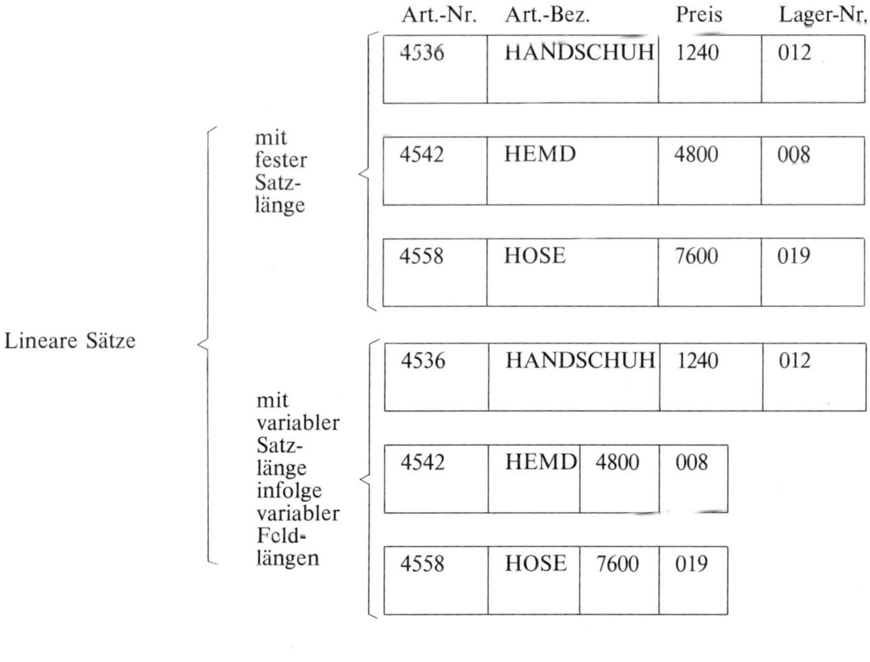

Abb. V 3: Lineare Satzstrukturen

Beispiel

<table>
<tr><td colspan="6">LOHNKARTE</td><td>01 Hierarchisches Niveau</td></tr>
<tr><td rowspan="2">KA</td><td colspan="3">KENNDATEN</td><td colspan="2">LOHNDATEN</td><td>02</td></tr>
<tr><td>PERS-
NR.</td><td>AB-
TEIL.</td><td>WERK</td><td>LOHN-
SATZ</td><td>STUN-
DEN</td><td>03</td></tr>
</table>

Schreibweise: 01 LOHNKARTE } Satzniveau

02 KA
02 KENNDATEN
03 PERSNR
03 ABTEIL.
03 WERK
02 LOHNDATEN
03 LOHNSATZ
03 STUNDEN
} Feldniveau

1.2.3 (Nicht-)Formatierte Daten

Ein Computer folgt in seiner Arbeitsweise strengen, vorgedachten Regeln, wie sie sich in der Schaltlogik und der Programmierung ausdrücken. Es ist deshalb auch verständlich, daß Dateneinheiten mit fest vereinbarten Strukturen und Formaten von ihm am einfachsten verarbeitet werden können. Die Datensätze einer formatierten Datei zeigen alle die gleiche Einteilung in Segmente und Datenfelder. Aus der Zugehörigkeit eines Datensatzes zu einer formatierten Datei kann demnach eindeutig auf die Satzstruktur und die Bedeutung der Datenfelder geschlossen werden. Die kommerzielle Datenverarbeitung kennt fast ausschließlich formatierte Daten. Formatierte Daten sind beispielsweise: Konten, Rechnungen, Aufträge, Stücklisten und Adressen. Ordnungskriterien, sogenannte Schlüssel (z.B. Kunden-Nr. 102) ermöglichen zusammen mit der Formatkenntnis (wievieltes Datenfeld ist Kd.-Nr.) den eindeutigen Zugriff.

Nichtformatierte Daten weisen kein einheitliches Format im Sinne eines vorgeschriebenen Schemas auf. Ihre semantische Bedeutung kann nicht aus ihrer definierten Stellung innerhalb eines Datensatzes abgelesen werden. Vielmehr muß sie aus dem inhaltlichen Umfeld, dem Kontext umgebender Dateneinheiten abgeleitet werden. Dies erfordert assoziatives Denken. Dazu kann ein Computer heute nur begrenzt programmiert werden. Schlüsselwörter, sogenannte Deskriptoren, sollen den betreffenden Text, also die unformatierten Daten, inhaltlich bestimmen und auffinden lassen. Die zulässigen Schlüsselwörter sind in der Deskriptorenliste, dem Thesaurus, gespeichert. Typische unformatierte Daten sind: Zeitungsnachrichten, Buchtexte, Patenttexte, Diagnosen, Urteile, Verträge. Der Kopf aller Dateneinheiten einer nichtformatierten Datei kann natürlich formatiert werden. Das oft überaus große Volumen, mangelnde Formatnormierung und die Probleme mit den Schlüsselbegriffen erschweren die Verarbeitung nichtformatierter Dateien im Computer. Die Information-Retrieval-Systeme, d.h. Dokumentations-Datenbanken (VI 2.3), nutzen spezielle Dialogsprachen, z.B.: GOLEM (Siemens) oder STAIRS (IBM).

1.3 Schlüssel

Der Schlüssel ist ein spezielles Datenfeld eines Satzes, das Begriffe für Sortier-, Misch- und Selektionszwecke aufnimmt. Beispiele für Schlüssel (Ordnungsbegriff, key) sind: Kunden-Nr., Art.-Nr., Personal-Nr. Die Aufgaben eines Schlüssels können sein:

a) Informieren
b) Identifizieren
c) Klassifizieren

zu a)
Informierende Schlüssel stehen für ausführliche Beschreibungen. Ihre Aussagen können auf viele Objekte zutreffen. Beispiel: Einstelliger alphabetischer Schlüssel zur Kennzeichnung des Familienstandes von Personen:

Schlüsselwerte	Bedeutung
L	Ledig
V	Verheiratet
G	Geschieden

zu b)
Identifizierende Schlüssel bezeichnen eindeutig einzelne Objekte einer gegebenen Objektmenge. Sie stellen meist fortlaufend vergebene Nummern dar, z.B. die Personalnummer.

zu c)
Klassifizierende Schlüssel identifizieren ein Objekt und ordnen es im allgemeinen in ein hierarchisches Klassifikationsschema ein. Beispiel: 8stelliger Schlüssel zur Bezeichnung von Produkten:

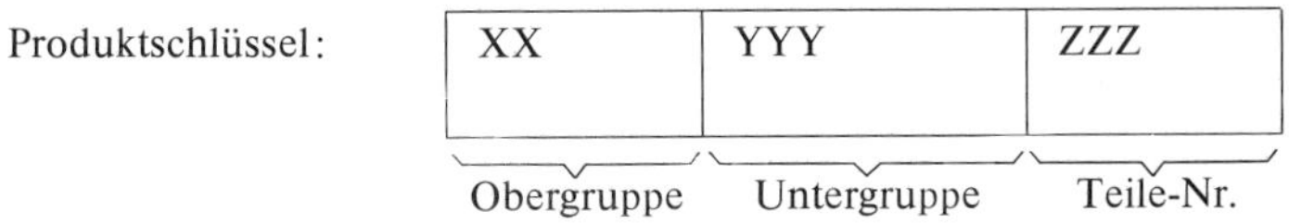

In der kommerziellen Datenverarbeitung ist die sogenannte Parallelverschlüsselung von Bedeutung. Ein Schlüssel besteht hierbei aus einem Klassifikations- und einem Identifikationsteil. Die beiden Teile sind unabhängig voneinander.

Eine derartige Parallelverschlüsselung ist die uns allen vertraute Kfz.-Nummer:

Kfz-Schlüssel:

AC	——	VX 41
Klassifizierender Teil		Identifizierender Teil

Die Schlüssel können weiter eingeteilt werden in:
- Primäre Schlüssel (primary keys, Hauptordnungsbegriffe)
- Sekundäre Schlüssel (secondary keys, Nebenordnungsbegriffe)

Die Sätze einer Datei sind nach dem Hauptordnungsbegriff sortiert. Enthält ein Satz weitere Schlüssel, so heißen diese Nebenordnungsbegriffe. Beispiel: Lagerentnahmesatz:

Kunden-Nr.	Lager-Nr.	Artikel-Nr.	Menge	Preis	....
Haupt-ordnungsbegriff	Nebenordnungsbegriffe		Mengen, Werte		

1.4 Speicherungsverfahren

Daten können auf nicht adressierbaren und adressierbaren Speichern (Direktzugriffsspeichern) gespeichert werden. Nicht adressierbare Speicher werden i.a. fortlaufend mit Daten belegt. Bei Direktzugriffsspeichern kann eine fortlaufende oder eine lückenhafte Belegung der Speicherplätze gewählt werden. Ferner können zwischen dem Hauptordnungsbegriff eines Datensatzes und seiner Speicherplatzadresse Zusammenhänge bestehen. Vier Grundformen der Speicherung von Datenbeständen lassen sich somit unterscheiden:
a) fortlaufende Speicherung (sequentielle Speicherung)
b) index-sequentielle Speicherung
c) index-verkettete Speicherung (chaining)
d) gestreute Speicherung

1.4.1 Sequentielle Speicherung

Das Speichermedium wird fortlaufend, lückenlos mit Datensätzen belegt. Eine Blockung ist möglich. Als Speichermedien kommen nichtadressierbare und adressierbare Speicher in Frage. Bei Belegung von Direktzugriffsspeichern besteht kein Zusammenhang zwischen Ordnungsbegriffen der Datensätze und ihren Speicheradressen. Die Datensätze einer Datei werden i.a. in auf- oder absteigender Sortierfolge bezüglich des Ordnungsbegriffs gespeichert.

1.4.2 Index-sequentielle Speicherung

Die index-sequentielle Speicherung ist nur bei adressierbaren Speichern möglich. Sie verwendet sogenannte Indextabellen (Adressentabellen). Ein Index bezeichnet das Paar „Ordnungsbegriff/Speicheradresse“ für einen Datensatz. Eine Indextabelle enthält derartige Indizes für mehrere oder alle Datensätze einer Datei.

Indextabelle (Zuordnung)

Ordnungsbegriff	Satzadresse (SA)
137	2014
152	2015
169	2016
251	2017

Gespeicherter Datenbestand (M-Platte)

137	Daten	152	Daten	169	Daten	251	Daten
SA: 2014		2015		2016		2017	

Aus ökonomischen Gründen wählt man die adressierbaren Bereiche so groß, daß sie einen ganzen Datenblock, d.h. einen oder mehrere Datensätze aufnehmen können. Zur Lokalisierung eines Datensatzes wird der gesamte Block in den Hauptspeicher transferiert und dort der gewünschte Satz aufgesucht.

Eine index-sequentielle Datei wird aufgebaut, indem man die Sätze nach dem Schlüssel sortiert und in dieser Folge einliest. Dadurch werden die adressierbaren Bereiche (z.B. Spuren) fortlaufend belegt.

1.4.3 Index-verkettete Speicherung

Bei der index-verketteten Speicherung (chaining) besteht eine Trennung zwischen physischer Abspeicherungsfolge und logischer Aufeinanderfolge der Datensätze. Die Sätze sind oft lückenhaft auf einem adressierbaren Speicher niedergelegt. Durch sogenannte Zeiger (pointer) wird die logische Folge der Sätze in Form von sogenannten Ketten (chains) hergestellt. Ein Zeiger ist eine Verweisadresse am Ende eines Datensatzes. Sie gibt den Speicherplatz des logisch folgenden Satzes an. Ein spezieller Zeiger, der Anker, verweist auf den Beginn einer Kette. Er dient sozusagen zum Einstieg in die Kette.

Man unterscheidet u.a. folgende Kettenarten:
Einfach-Kette (simple chain): Es werden nur Nachfolger-Verweisadressen verwendet.
Doppel-Kette (double chain): Jeder Satz enthält einen zusätzlichen Zeiger, der auf den Vorgängersatz verweist.

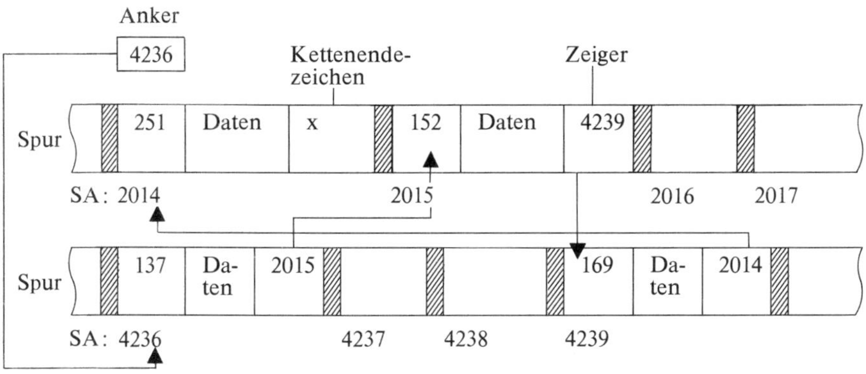

Abb. V4: Index-verkettete Speicherung (Einfach-Kette, offen)

Einfach- und Doppel-Kette können als offene Ketten (mit Kettenendezeichen) oder als geschlossene Ketten (ring structure) organisiert sein. Anstelle des Kettenendezeichens verweist bei der geschlossenen Kette ein Zeiger auf den Kettenanfang und schließt somit die Kette.

1.4.4 Gestreute Speicherung

Bei der gestreuten Speicherung verwendet man ein Umrechnungsverfahren, mit dem aus dem Schlüssel eines Datensatzes die Speicheradresse ermittelt wird:

Gemäß den Eigenschaften des Umrechnungsverfahrens unterscheidet man zwischen direkter und indirekter Adressierung.

Direkte Adressierung

Mit direkter Adressierung bezeichnet man alle Umrechnungsverfahren, die die Speicheradresse umkehrbar eindeutig aus dem Schlüssel bestimmen. Die vorgegebene Sortierfolge der Datensätze bleibt dann erhalten, und die Sätze können sortiert *und* unsortiert verarbeitet werden (vgl. Verarbeitungsverfahren, V 1.6).

Im einfachsten, aber auch seltensten Fall entspricht der Nummernkreis des Schlüssels dem für die Speicherung bereitgestellten Adressenkreis. Dann kann der Schlüssel unmittelbar als Adresse übernommen werden. Beispiel: Ein Unternehmen habe seinen Kunden die Kundennummern 1 bis 1000 zugeordnet. Jedem Kunden entspricht demnach ein Datensatz mit dem Ordnungsbegriff (Schlüssel) ‚Kundennummer'. Da der Ordnungsbegriff mit der Datensatz-Adresse übereinstimmt, muß er nicht gesondert im Datensatz gespeichert werden. Wurde die Kundennummer 567 gelöscht, so bleibt dennoch der 567. Datensatz physisch erhalten, er ist jedoch leer. Es entsteht eine ‚gestreute Speicherung' mit ungenutzten Speicherplätzen. Abhilfe schafft die indirekte Adressierung (vgl. unten). Ist der Schlüssel zu lang bzw. zu kurz, so ist die gewünschte Länge durch Subtraktion bzw. Addition einer Konstanten oder einfache Umrechnungsverfahren herzustellen.

Beispiel für ein einfaches Umrechnungsverfahren:

Auf einem Plattenspeicher (200 Zylinder zu 10 Spuren) soll eine Datei direkt gespeichert werden. Auf einer Spur können 12 Sätze untergebracht werden. Die Schlüssel der Sätze liegen im Bereich von 10000 bis 15999. Der erste Satz soll die physische Satzadresse: Zylinder 000, Kopf 00 Satz 1 erhalten. Für den Satz mit dem Schlüssel 14615 bestimmt sich die physische Satzadresse in zwei Schritten:

1. Schritt: Subtraktion der Konstanten 10000.

Schlüssel	14615
./. Konstante	10000
= Zwischenergebnis	4615

2. Schritt: Division durch die Anzahl der Sätze pro Spur

$$4615 : 12 = 384 \quad \text{Rest } 7$$

Die Speicheradresse des Satzes ist dann:

Zylinder:	038
Kopf:	4
Satz-Nr.:	8 (= Rest 7 + 1)

Indirekte Adressierung
Umrechnungsverfahren, die die Speicheradressen *nicht* eindeutig aus den Schlüsseln ermitteln, bezeichnet man als indirekte Adressierung. Charakteristisch ist also das Auftreten von Duplikatadressen und somit von Doppelbelegungen einzelner Speicherplätze. Tritt eine Doppelbelegung auf, so gilt i.a. folgende Regelung:
- Der erste Satz, Haussatz genannt, wird unter der errechneten Adresse gespeichert.
- Der zweite Satz, Überlaufsatz genannt, für den die gleiche Adresse errechnet wurde, wird in einem anderen Speicherbereich, dem Überlaufbereich, gespeichert.

Eine vorgegebene Sortierfolge von Datensätzen bleibt *nicht* erhalten (im Gegensatz zur direkten Adressierung). Es ist also nur eine unsortierte Verarbeitung möglich.

An die Verfahren der indirekten Adressierung stellt man folgende Anforderungen:
- Rechenregel derart, daß wenig Duplikatadressen auftreten
- Einfache Rechenregel (geringer Umrechnungsaufwand)
- Gute Streuung der errechneten Adressen über einen gewünschten Adressenkreis.

1.5 Suchverfahren

Unter ‚Suchen' wird hier die Lokalisierung eines Datensatzes in einem Datenbestand aufgrund des vorgegebenen Schlüssels verstanden. Der Suchvorgang kann einen oder mehrere Zugriffe zu gespeicherten Dateneinheiten erfordern. Als Maß für die Qualität eines Suchverfahrens kann die mittlere Anzahl der benötigten gleichartigen Suchschritte (= Zugriffe zu Dateneinheiten) gelten.

Einige Suchverfahren stellen praktisch einen Rückvollzug der entsprechenden Speicherungsverfahren dar. Dieser teils enge Zusammenhang wird bei der Einteilung der Suchverfahren berücksichtigt:
a) Sequentielle Suche
b) Suche durch Springen
c) Suche bei Indextabellen
d) Suche bei Indexverkettung
e) Suche bei Adreßrechnung

zu a) Sequentielle Suche
Die sequentielle Suche beginnt mit einem Zugriff zum ersten Satz des zu durchsuchenden Datenbestandes. Enthält der erste Satz nicht den vorgegebenen Schlüssel, so wird zum nächsten Satz zugegriffen usw. Für die sequentielle

Suche gilt:

mittlere Anzahl der Suchschritte: $\bar{x} = \frac{1}{2}(N+1)$
maximale Anzahl der Suchschritte: $x_{max} = N$

wobei N = Anzahl der Datensätze des zu durchsuchenden Datenbestandes.
Die sequentielle Suche wird (häufig) bei fortlaufend lückenloser Speicherung von Datensätzen auf adressierbaren und nicht adressierbaren Speichern angewandt. Sie kann jedoch auch bei lückenhaft belegten (adressierbaren) Speichern angewandt werden. Zur Durchführung der Suche müssen die Sätze *nicht* nach dem Schlüssel sortiert abgelegt sein.

Die mittlere Suchzeit kann verringert werden, wenn die Sätze sortiert nach abnehmender Nachfragewahrscheinlichkeit abgelegt sind. Die sequentielle Suche eignet sich für kleine Datenbestände und wenn die Datenbestände selten durchsucht werden.

zu b) Suche durch Springen
Suche durch Springen setzt eine Sortierung des Datenbestandes nach dem Schlüssel der Sätze voraus. Unterschiedliche Nachfragewahrscheinlichkeiten der Sätze können somit nicht berücksichtigt werden. Suche durch Springen sollte nur dann angewandt werden, wenn ein Datenbestand häufig durchsucht wird. Die zwei bekanntesten Verfahren sind die Binäre Suche (binary search) und die Blocksuche (block search). Beispielhaft wird hier die *Binäre Suche* beschrieben. Im ersten Suchschritt wird zu dem Satz in der Mitte des Datenbestandes zugegriffen. Der Schlüssel des Satzes wird mit dem vorgegebenen Schlüssel verglichen. Bei Gleichheit ist der gesuchte Satz gefunden. Bei Ungleichheit muß sich der gesuchte Satz in der ersten Dateihälfte (vorgegebener Schlüssel ist kleiner als gefundener Schlüssel) oder in der zweiten Dateihälfte befinden. Im zweiten Suchschritt wird nun zur Mitte der zutreffenden Dateihälfte zugegriffen. Der Schlüsselvergleich wird durchgeführt. Dieser Halbierungs- und Vergleichsprozeß wird solange fortgeführt, bis der gesuchte Satz lokalisiert ist.

Läßt sich N in der Form:

$$N = 2^t - 1, \ t = \text{ganze, positive Zahl}$$

darstellen, so gilt:

mittlere Anzahl der Suchschritte: $\bar{x} = \frac{N+1}{N} \cdot \text{ld}(N+1) - 1$

maximale Anzahl der Suchschritte: $x_{max} = \text{ld}(N+1)$

Beispiel
$t = 3, \quad n = 7 \quad x_{max} = \text{ld}(7+1) = \text{ld}\,8 = 3$ (zu ld vgl. II 1.2)

Such-Schlüssel x = 10 358

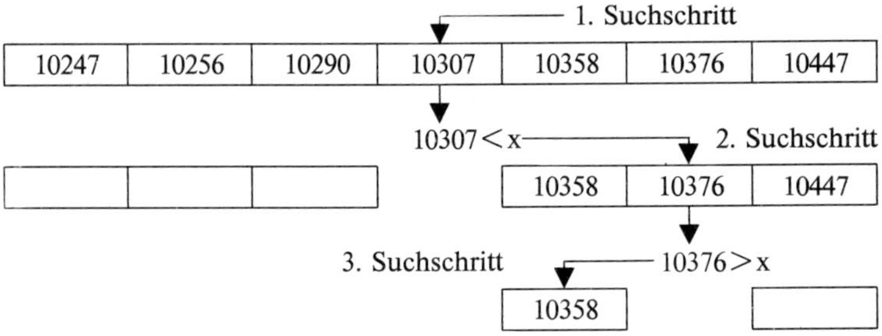

zu c) Suche mit Indextabellen
Dieses Suchverfahren kehrt die Speicherung mit der Indextabelle um.

zu d) Suche bei Indexverkettung
Index-verkettet gespeicherte Datenbestände werden i. a. quasisequentiell durchsucht. Eine Einfach-Kette wird z. B. beginnend beim ersten Satz, in Verkettungsrichtung durchlaufen, bis der gesuchte Satz lokalisiert ist. Es gilt (wie bei der sequentiellen Suche):

mittlere Anzahl der Suchschritte: $\bar{x} = \frac{1}{2}(N + 1)$
maximale Anzahl der Suchschritte: $x_{max} = N$

wobei: N = Anzahl der verketteten Dateneinheiten.
Kompliziertere Kettenstrukturen erfordern eine entsprechend modifizierte Anwendung des sequentiellen Suchprinzips.

zu e) Suche bei Adreßrechnung
Hier wird der Speicherplatz eines Satzes aus dem vorgegebenen (Such-) Schlüssel abgeleitet. Entsprechend den Verfahren der gestreuten Speicherung kann eingeteilt werden in:
- Suche mit direkter Adressierung
- Suche mit indirekter Adressierung.

1.6 Verarbeitungsverfahren

Die Verarbeitungsverfahren stehen in enger Beziehung zur Datenorganisation und werden daher an dieser Stelle behandelt. Sie orientieren sich an der Art der Datenbestände:
- Bestandsdatenbestände
- Bewegungsdatenbestände

Beide Begriffe lassen sich am Beispiel der Kontenfortschreibung erläutern. Die zu einem Stichtag erstellte Kontenstand-Datei stellt einen Bestandsdatenbestand dar. Die während eines Abrechnungszeitraums gesammelten Kontenbewegungen ergeben einen Bewegungsdatenbestand. Bestands- und Bewegungsdatenbestände können nach verschiedenen Speicherverfahren abgelegt sein. Die Verarbeitung orientiert sich jedoch stets an der Reihenfolge, in der die Bewegungssätze zur Verarbeitung gelangen. In dieser Reihenfolge werden also die Bestandssätze verarbeitet. Entsprechend der Bereitstellung der Bewegungssätze unterscheidet man daher: Sortierte Verarbeitung und Unsortierte Verarbeitung.

1.6.1 Sortierte Verarbeitung

Die Sätze des Bewegungsdatenbestandes sind nach dem Schlüssel sortiert und gehen in dieser Sortierfolge in die Verarbeitung ein. Im praktischen Betrieb sammelt man die Bewegungssätze eines (Abrechnungs-)Zeitraums und verarbeitet diesen Datenstapel in einem Schub. Ein Beispiel für diese schubweise Verarbeitung zeigt die Abb. V 5.

Die sortierte Verarbeitung kann wirtschaftlich bei:
- sequentieller Speicherung
- index-sequentieller Speicherung
- gestreuter Speicherung mit direkter Adressierung

der Datenbestände durchgeführt werden, da hier die Datenbestände sortiert nach dem Schlüssel abgelegt sind. Bei Verwendung von Direktzugriffsspeichern bestehen jedoch Probleme beim Einfügen von Neuzugängen. Die sortierte Verarbeitung wird angewandt, wenn die anfallenden Bewegungssätze nicht sofort verarbeitet werden müssen und der Anteil der bei der Verarbeitung bewegten Bestandssätze hoch ist.

1.6.2 Unsortierte Verarbeitung

Im praktischen Betrieb können die Bewegungssätze häufig nicht gesammelt werden. Sie müssen nach nur kurzer Zwischenspeicherung sofort verarbeitet werden. Die Bewegungssätze werden also unsortiert, d.h. in der Reihenfolge ihres Eintreffens, verarbeitet. Typisches Beispiel für eine solche unsortierte Verarbeitung ist das Platzbuchungssystem, wie es Fluggesellschaften verwenden. Die unsortierte Verarbeitung kann angewandt werden bei:

- index-sequentieller
- gestreuter Speicherung: (direkte *und* indirekte) Adressierung der Bestandsdatei; nur Speichermedien mit wahlfreiem Zugriff (RAM).

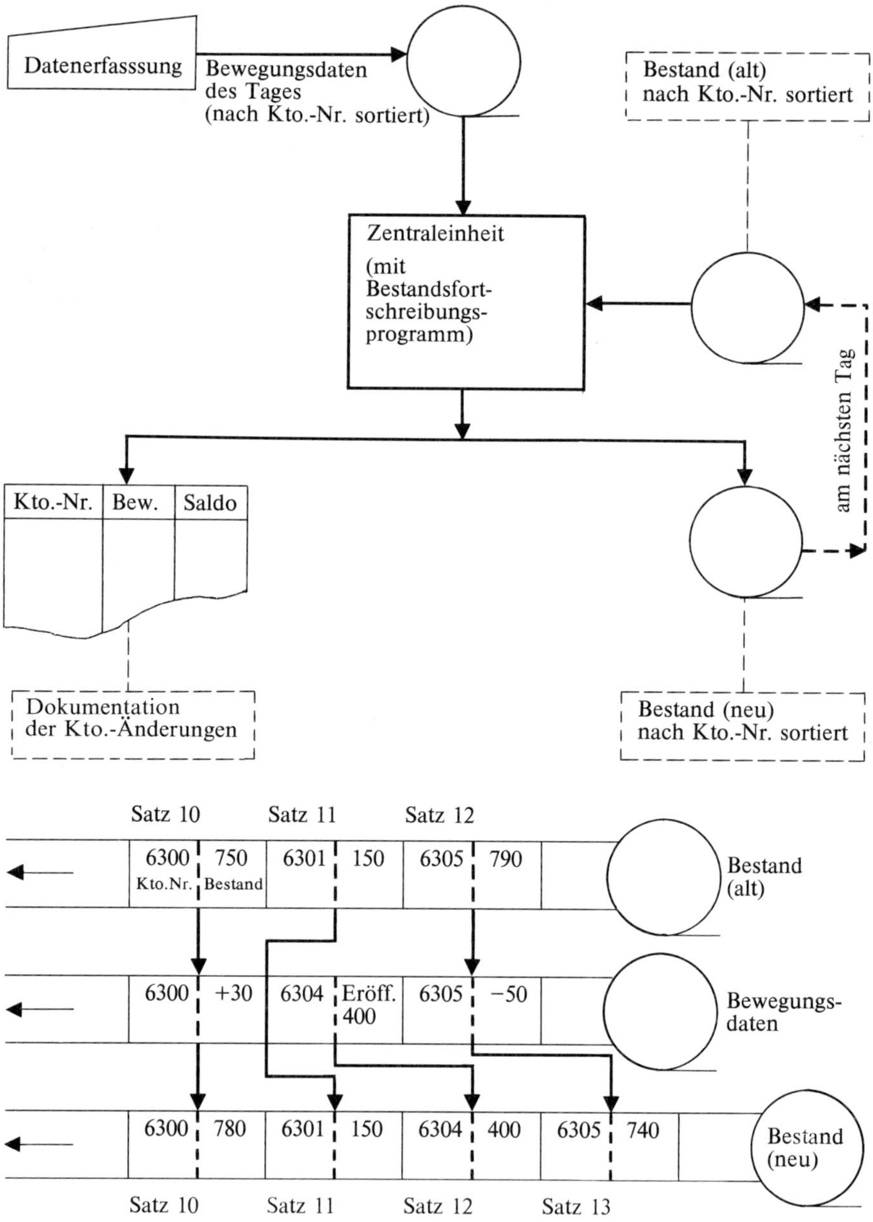

Abb. V 5: Bestandsfortschreibung als Beispiel für sortierte Verarbeitung

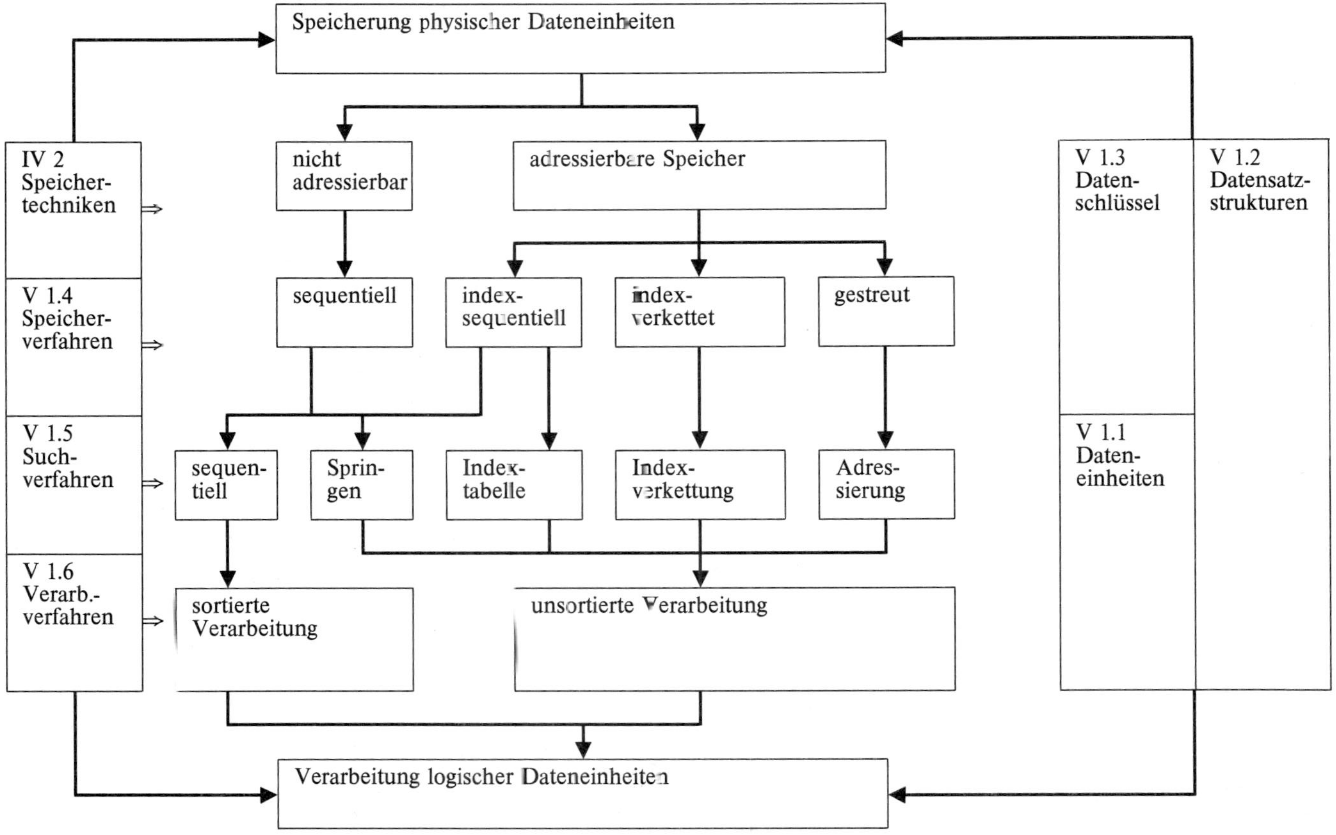

Abb. V 6: Zusammenhänge zwischen Begriffen der Datenorganisation und entsprechende Kapitel

Die unsortierte Verarbeitung wird angewandt, wenn:
- in einem gegebenen Zeitraum der Anteil der bewegten Bestandssätze gering ist,
- eingehende Bewegungssätze aus Gründen der jederzeitigen Aktualität der Bestandsdateien sofort verarbeitet werden müssen.

Vor-/Nachteile beider Verarbeitungsverfahren:

Verarbeitung	Vorteile	Nachteile
Sortiert	- geringerer Aufwand	- Bestandsdateien (zum Stichzeitpunkt der Verarbeitung) sind nur periodisch aktuell
Unsortiert	- stets aktuelle Bestandsdaten (aktuelle Auskunft)	- moderne Betriebsart (z. B. Echtzeitverarbeitung notwendig) - jederzeit Aktivierung des Bestandsführungsprogramms muß möglich sein.

Die Abb. V 6 ordnet die sortierte und unsortierte Verarbeitung ein in den Zusammenhang der Erkenntnisse aus den letzten Kapiteln.

1.7 Datenbanken für Mikrocomputer

Bei den Rechnersystemen der 0. und 1. Generation prägte der Rechenbedarf und die Programmierung der Algorithmen den Umgang mit dem Rechner. Mit den weiteren Rechnergenerationen nahm die Bedeutung der Daten und ihrer Handhabung zu. Kaufmännische Anwendungen und wissenschaftliche Informationssysteme machten die Verwaltung von großen Datenmengen mit ein oder mehreren Milliarden Zeichen erforderlich. Um diese Datenverwaltungsaufgaben zu bewältigen entwickelten Computer-Hersteller und Software-Häuser zunächst für Großrechner und später für Minirechner sogenannte Datenbanksysteme. Beispiel für eine Großrechner-Datenbank: IMS = Information Management System. Mit der Verbreitung der Mikrocomputer in den letzten Jahren entstand bei deren Benutzern auch der Wunsch, Datenbanken auf dem Mikrocomputer betreiben zu können. Der Markt bietet heute eine gute Auswahl. Realisierte Datenbanken weisen eine große Gestaltungsvielfalt auf. Gewisse Merkmale sind ihnen jedoch gleich:

a) Eine Datenbank beschreibt und speichert eine Menge von Informationen aus einem abgegrenzten Informationsbereich. Zu diesem Zweck umfaßt sie zwei Komponenten:
   - eine Datenbasis, d.h. die Sammlung aller für den betrachteten Informationsbereich relevanten Daten bzw. Dateien;

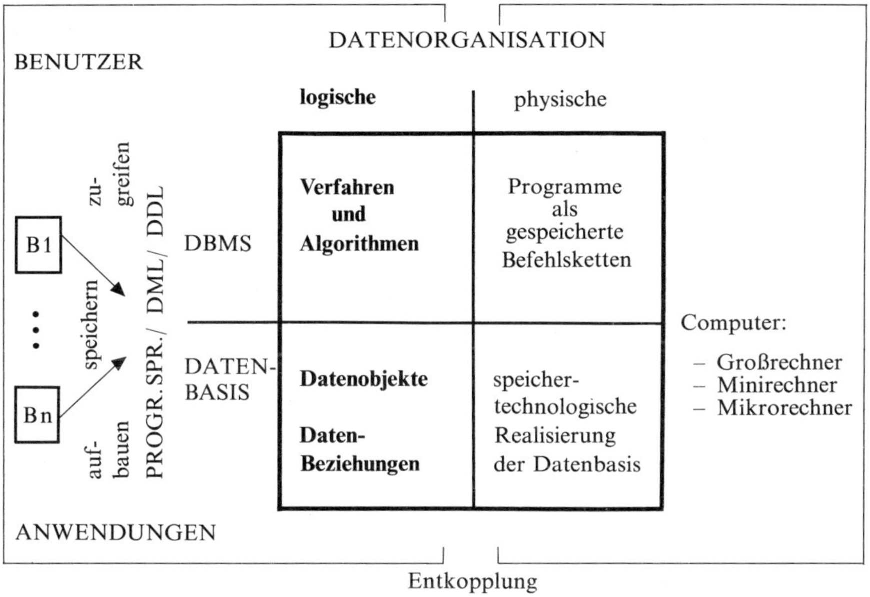

Abb. V 7: Die Datenbank zwischen Benutzer/Anwendung und Computer

- ein Datenverwaltungssystem (DBMS = Date Base Management System), d. h. eine Reihe von programmierten Verfahren (Software-Paket) die dem Datenbankbenutzer das Aufbauen, Einfügen, Ändern, Suchen, Ausgeben und Löschen von Daten erleichtern.

b) Über diese Trennung von Datenbasis und DBMS hinaus dient die Datenbank einer weiteren Entkopplung. Sie entbindet den Benutzer von der Kenntnis und Wartung der physischen Speichertechnologie des Rechnersystems. Der Anwender bestimmt und definiert die logische Datenorganisation für sein Anwendungsgebiet (z. B. Lagerverwaltung). Er kümmert sich aber nicht mehr um die physikalisch-technische Datenorganisation (Speicheradressierung etc.) in den Computer-Speichern.

c) Eine dritte Art der Entkopplung erleichtert dem Benutzer die Arbeit: eigene Benutzersprachen der Datenbanken. Der Benutzer kann auf unterschiedliche Weise mit der Datenbank und ihrem Rechner kommunizieren:
   - in Programme, die in einer üblichen Programmiersprache erstellt werden, können spezielle Datenbank-Befehle eingebaut werden, die vom DBMS verstanden und ausgeführt werden.
   - über eine eigene Datenbanksprache (data base language) des DBMS, die aus zwei Komponenten besteht:
     - Datenmanipulationssprache DML (= Data Manipulation Language)
     - Datenbeschreibungssprache DDL (= Data Description Language)

d) Mit Hilfe einer Datenmanipulationssprache DML, auch etwas unzureichend als Abfragesprache (query language) bezeichnet, können Daten gesammelt, erfaßt, gesucht, angezeigt/gedruckt, nach verschiedenen Kriterien sortiert, verknüpft und gelöscht werden.

e) Die Datenbasis besteht aus Datenobjekten (Entities) und Beziehungen (Relationen) zwischen diesen. Die logische Ebene der Datenbasis kann mit Hilfe der DDL beschrieben werden. Die Datenobjekte können physisch vorhanden sein (z. B. Artikel, Lieferanten) oder abstrakt beschrieben werden (z. B. Aufträge, Kontobestände). Den Datenobjekten (physisch: Datensatz) werden Merkmale/Attribute (physisch: Datenfelder) zugeordnet. Datenobjekte mit ähnlicher Struktur von Attributen werden zu Entity-Klassen (physisch: Datei) zusammengefaßt. Das identifizierende Attribut bezeichnet man als Schlüssel (vgl. vorausgehende Kapitel), z. B. die Artikelnummer bei der Artikeldatei. Zwischen Datenobjekten gleicher oder verschiedener Klassen bestehen Beziehungen (z. B. welcher Lieferant liefert welche Artikel?).

f) Abhängig von der Art der zulässigen Beziehungen zwischen den Datenobjekten einer Datenbank unterscheidet man:
   - das Hierarchiemodell
     (z. B. erste Versionen des Datenbanksystems IMS)
   - das Netzwerkmodell
     (z. B. CODASYL-Vorschlag, MDBS III für Mikrocomputer)
   - das relationale Datenmodell
     (z. B. ORACLE für Minirechner, dbase II und III für Mikrocomputer).

Im hierarchischen Modell werden die Daten in einer Baumstruktur verwaltet. Jedes Datenobjekt (z. B. Auftrag) ist einem und nur einem anderen (z. B. Kunden) untergeordnet. Die Suche nach ihm gelingt nur über einen bestimmten Pfad. Im Netzwerkmodell dagegen kann ein Datenobjekt (z. B. Artikel) mehreren anderen (z. B. Lieferanten) untergeordnet sein.

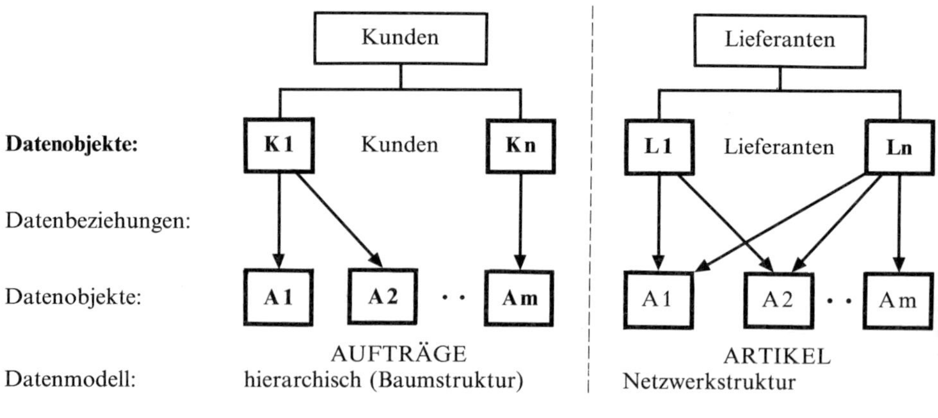

Abb. V 8: Beispiele für verschiedene Datenmodelle von Datenbanken

Das relationale Modell kann als zweidimensionale Tabelle (Relation) aufgefaßt werden (vgl. obere Hälfte von Abb. V 3). Die Zeilen enthalten die Datenobjekte, die durch ihren Schlüssel (Hauptattribut) unterschieden und identifiziert werden könne. In den Spalten (Datenfelder) stehen die Attribute. Diese einfache Struktur der logischen Datenorganisation erleichtert dem unerfahrenen Anwender das Verständnis und die Nutzung der Datenbank. Auf die Relationen der Datenbank lassen sich leicht verständliche und flexible Operatoren anwenden, z.B.:

- Selektion: Auswahl von Zeilen (Datensätzen) anhand vom Nutzer vorgegebenen Kriterien (horizontales Zerschneiden der Relation)
- Projektion: Aus den vorhandenen Attributen (Spalten) der betrachteten Datenobjekte werden einige ausgewählt, um eine neue Relation zu bilden (vertikales Zerschneiden der Relation).
- Joining: Zwei oder mehrere vorhandene Relationen werden zu einer neuen Relation gekoppelt.

g) Die Anforderungen an eine Datenbank unterscheiden sich teilweise, abhängig davon ob sie ein wenig erfahrener Anwender (A) oder ein Software-Entwickler eines Software-Hauses (S) einsetzt:
   - schnell erlernbare Bedienerführung (incl. Hilfefunktion) (A)
   - einfache Abfragesprache (A)
   - integrierbar in vorhandene Anwendungs-Software (z.B. FIBU) (A)
   - Verfahren zur Datensicherung (A)
   - mächtige Kommandos der Datenbanksprache (S)
   - Schnittstelle zu Programmiersprachen (S)
   - auf unterschiedlicher Hardware einsetzbar (S)
   - redundanzfreie Datenspeicherung (S)
   - Vollständigkeit der Daten für die zugreifenden Programme (A, S)
   - große Kapazität der verwalteten Daten (A, S)
   - schneller Zugriff auf die Datenbestände (A, S)
   - leicht veränderbare Datensatzstrukturen (A, S)
   - mehrere Dateien gleichzeitig offen, d.h. im Zugriff (A, S)

Im Gegensatz zu Datenbanken für Groß- und Minirechner arbeiten die meisten Datenbanken für Mikrocomputer nach dem relationalen Datenmodell. Zu nennen sind:

- Adimes (engl. Version: Aladin)
- CA-Executive
- Condor
- Data Design
- dbase II und III
- Framework
- Friday
- Informix
- Infostar
- Jazz
- KnowledgeMan
- Lotus 1-2-3
- Open Access
- Relevation
- ReQuest
- Symphony

Einige dieser Datenbanken wurden von Versionen der Groß- oder Minirechner abgeleitet (MDBS II, CA-Executive), andere speziell für die 8-Bit oder 16-Bit Mikrocomputer entwickelt (dbase II und III). Ferner verfügen einige (Data Design, Friday) über Schnittstellen zu anderen Arbeitsplatz-Software-Paketen, wie Textverarbeitung oder Grafik. Bei sogenannten Integrierten Software-Paketen (z. B. KnowledgeMan, Open Access, Framework, Symphony, Lotus 1-2-3, Jazz) schließlich bildet die Datenbank den Kern, der von flankierenden Programmen für Tabellenkalkulation, Textverarbeitung, Grafik und zunehmend auch Kommunikation mit anderen Rechnern umgeben ist (vgl. Kap. VI 2.1.5).

Das am meisten verbreitete Datenbanksystem **dbase** wurde als Version II für 8-Bit-Mikrocomputer entwickelt, dann auf 16-Bit-Rechner mit seinen Begrenzungen genutzt und als Version III erheblich verstärkt. Die Leistungssteigerung etwa für das Sortieren oder Indizieren von Datenbeständen beträgt ca. den Faktor 5. Das interaktive System interpretiert die Befehle und führt sie aus. Diese Befehle, z. B. APPEND oder INSERT zur Dateneingabe, sind erheblich mächtiger als vergleichbare Befehle von Programmiersprachen. Insgesamt kann die Datenbanksprache von dbase als leicht erlernbar und leistungsfähig bezeichnet werden. Dies erklärt die in Hunderttausende gehende Anwenderzahl. Typische Anwendungen sind: Adress-, Lagerverwaltung, Mitglieder-, Personal-, Kunden- und Lieferantenbetreuung oder Literaturverzeichnisse.

Das von einem deutschen Software-Haus entwickelte Datenbanksystem Adimes zeichnet sich durch eine flexible Generierung von (Eingabe-) Masken und (Ausgabe-) Listen aus. Bis zu 32 Dateien können simultan geöffnet sein.

KnowledgeMan zählt zu den am meisten integrierten Datenbank-Software-Paketen, verfügt zwar über keine ausgefeilte Menüsteuerung, bietet aber dem Software-Profi eine hohe Leistung.

Kriterium	dbase II	dbase III	KnowledgeMan
Datentypen (Art der Felder)	numerisch alphanumerisch logisch	numerisch alphanumerisch logisch Datum Memo (4000 Z/F)	numerisch alphanumerisch logisch
Sätze (records)	65535	theor. 1 Mrd.	65535
Zeichen/Satz	1000	4000	65535
Felder/Satz	32	128	255
Zeichen/Feld	254	4000	65535
Rechengenauigkeit	10	16	14 Stellen
offene Dateien	2	10	unbegrenzt
Variable	64	256	
Farben	mono	color	color
nutzbare Schlüssel	alle	alle	alle

Die Tabelle zeigt wichtige Leistungsmerkmale von Datenbanksystemen für Mikrocomputer. Weitere Merkmale sind:
- dynamische Speicherplatzverwaltung?
  (nicht voll genutzte Stellen von Datenfeldern belegen keinen Speicherplatz)
- physikalische Speicherung: (meist) B-Baum oder Hash-Algorithmus
- Speicherplatzbedarf: 48 KB bis 512 KB RAM
- auf welchem Betriebssystem (vgl. Kap. V 4.6) lauffähig?
- Ein- oder Mehrplatz-Version (vgl. Kap. V 3.8)
- Intensität der Menüsteuerung/englisch oder deutsch?
- Help-Funktionen zur Interpretation der einsetzbaren Befehle
- Preis: zwischen 1000,– und 4000,– DM.

Aufgaben zu V 1

Der Datensatz ist eine logische Dateneinheit, der Datenblock dagegen ist eine physische Dateneinheit, weil (1) .... Bei dem Beispiel auf S. 314 ergäbe der Blockungsfaktor 3 eine Bandausnutzung von ca. (2) ....%. Typische Beispiele für nichtformatierte Daten sind (3): .... Die drei Schlüssel (informierende, identifizierende, klassifizierende) liefert der (4) ...... Schlüssel die umfangreichste Information über das beschriebene Objekt. Welche der folgenden Speicherverfahren ist/sind nur bei adressierbaren (RAM) Speichern anwendbar (5): a) index-sequentiell, b) index-verkettet, c) gestreut. (6): Welche Arten von Datenmodellen stehen für Datenbanken zur Auswahl? (7): Welches Datenmodell bevorzugen die Datenbanksysteme für Mikrocomputer? (8): Eine Datenbank besteht aus den beiden Komponenten: .... und .... (9): Nennen Sie praktische Beispiele für hierarchische, netzartige und relationale Daten-Beziehungen.

---

2. Software-Entwicklung

Die informationslogische Struktur und die technologische Ausgestaltung eines Rechnersystems eröffnen umfangreiche Fähigkeiten. Aktiviert werden sie aber erst durch ein Programm. Ein Programm richtet die universellen Fähigkeiten des Rechners auf die Lösung eines Problems aus. Das Problem, sei es mathematischer, technischer, kaufmännischer oder linguistischer Art, muß aber von einem Programmierer logisch vorstrukturiert worden sein. Das Programm besteht nämlich aus einer Folge logisch gekoppelter Anweisungen (statements). Das Erstellen dieser Anweisungsfolge in einer Programmiersprache, aufbauend auf einer vollständigen und präzisen Problembeschreibung, nennt man *Programmieren.* Eine Programmiersprache besteht aus eindeutigen Sprachelementen, wie Befehlen und Anweisungen. Sie sind vom Sprachentwickler (oder heute auch schon vom Anwender) definiert. Ein Befehl (instruction) ist eine Anweisung, die sich in der benutzten Sprache nicht mehr weiter in Teile zerlegen läßt, die dann selbst noch Anweisungen wären. Den gesamten Prozeß von der Problemanalyse bis zur Wartung der Programme im laufenden Betrieb nennt man meist *Software-Entwicklung*.

2.1 Datenflußplan und Programmablaufplan

Schon der konventionelle Programmierprozeß umschloß eine Reihe von Arbeitsschritten oder Phasen zur Programmentwicklung. Die Aufgabenstellung muß präzisiert und analysiert werden. Ein geeignetes mathematisch-logisches Lösungsverfahren und ein Modell werden gesucht. Dieses Modell kann natürlich mit der Realität nur bedingt übereinstimmen, kann nur Ähnlichkeit aufweisen. Die wichtigsten Parameter und logischen Zusammenhänge müssen aber erfaßt sein. Bei mathematisch-technischen Problemen müssen weitgehend numerische Näherungsverfahren gefunden werden, da exakte Lösungen oft aus prinzipiellen oder zeitlichen Gründen nicht möglich sind. Von großer Bedeutung ist dabei die geforderte Genauigkeit. Bei anderen Aufgaben, etwa bei Simulationen, tritt die Frage nach der Erfaßbarkeit logischer Zusammenhänge in mathematischen Modellen auf. Der Datenflußplan skizziert die Ein-/Ausgabevorgänge beim Computer und verwendet Sinnbilder für die Bearbeitung, Flußlinien und die Datenträger. Die Symbole für den Datenflußplan (data flow chart) und für den Programmablaufplan (program flow chart) sind in DIN 66001 genormt. Der Programmablaufplan besteht aus Sinnbildern für Operationen, Ein-/Ausgabe und Ablauflinien. Er schematisiert den logischen Lösungsablauf, indem er alle möglichen Wege mit ihren Anweisungsketten sichtbar macht. Erst dann erfolgt das Programmieren i. e. S. oder Codieren, wie es auch genannt wird. Gemeint ist das Auflisten der einzelnen Befehle in der richtigen Reihenfolge. Testläufe mit ausgewählten typischen Beispielen, möglichst für alle denkbaren Sonderfälle, führen häufig zu Programmkorrekturen. Das Programm wird dokumentiert. Es kann jetzt laufend für Arbeitsläufe eingesetzt werden. Der Anwender wertet die Ergebnisse aus, benötigt allerdings gelegentlich die Interpretationshilfe des zuständigen Programmierers.

1. Beispiel: quadratische Gleichung

An dem klassischen Beispiel der Lösung einer quadratischen Gleichung kann gezeigt werden, wie aus einer logischen Problemanalyse oft (für den Laien) überraschend viele Fälle entstehen.

Für die allgemeine quadratische Gleichung:

$$A \cdot X^2 + B \cdot X + C = 0$$

folgt – ohne Beachtung oder Herausstellung von Sonderfällen – die bekannte Lösung:

$$X1, X2 = \frac{-B \pm \sqrt{B^2 - 4AC}}{2A}$$

Fall	A	B	C	U = $-C/A$	V = $B^2 - 4AC$	Ergebnis
1	0	0	0			triviale Gleichung
2	0	0	$\neq 0$			Widerspruch
3	0	$\neq 0$	0			$X1 = 0$
4	0	$\neq 0$	$\neq 0$			$X1 = -C/B$
5	$\neq 0$	0	0			$X1 = 0 \quad X2 = 0$
6.1	$\neq 0$	0	$\neq 0$	>0		$X1 = +\sqrt{U} \quad X2 = -\sqrt{U}$
6.2				<0		$X1 = +\sqrt{U} \cdot I \quad X2 = -\sqrt{U} \cdot I$
7	$\neq 0$	$\neq 0$	0			$X1 = 0 \quad X2 = -B/A$
8.1	$\neq 0$	$\neq 0$	$\neq 0$		>0	$X1 = \frac{-B + \sqrt{V}}{2A} \quad X2 = \frac{-B - \sqrt{V}}{2A}$
8.2					$=0$	$X1 = X2 = -B/2A$
8.3					<0	$X1 = -B/2A + \sqrt{V}/2A \cdot I$ $X2 = -B/2A - \sqrt{V}/2A \cdot I$

$I = +\sqrt{-1}$ = imaginäre Einheit

Abb. V9: Falluntersuchung zur Lösung einer quadratischen Gleichung

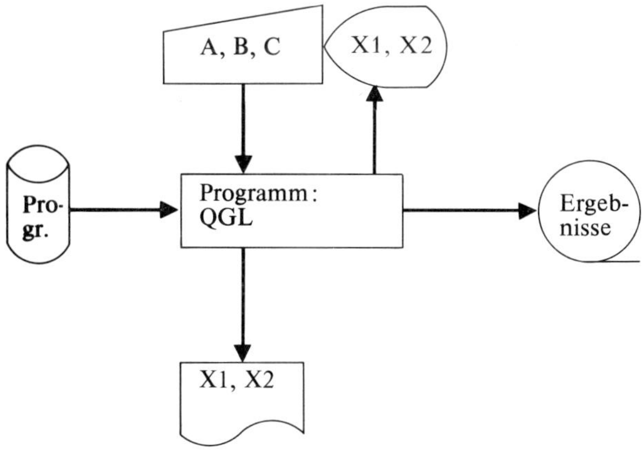

Symbol-Erklärung:
- Tastatureingabe der Größen: A, B, C
- Bildschirmausgabe der Ergebnisgrößen: X1, X2
- Programmbibliothek im Plattenspeicher
- aktiviertes Programm QGL in der ZE
- Ergebnissse im Magnetbandspeicher aufbewahren
- Ergebnisausdruck

Abb. V10: Datenflußplan (mit DIN 66001 – Symbolen)

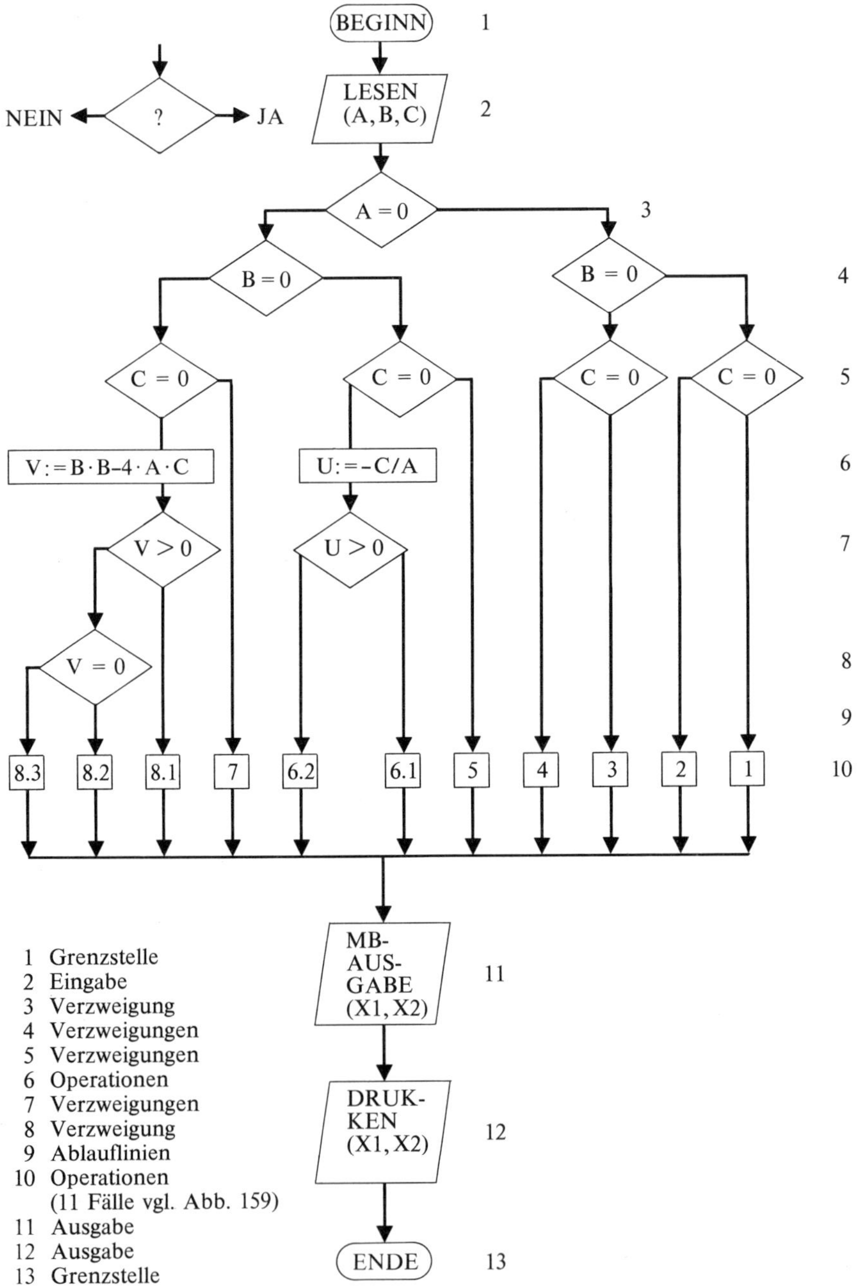

1 Grenzstelle
2 Eingabe
3 Verzweigung
4 Verzweigungen
5 Verzweigungen
6 Operationen
7 Verzweigungen
8 Verzweigung
9 Ablauflinien
10 Operationen (11 Fälle vgl. Abb. 159)
11 Ausgabe
12 Ausgabe
13 Grenzstelle

Abb. V 11: Programmablaufplan: Wege zur Lösung einer quadratischen Gleichung

Eine einfache Analyse der drei Parameter A, B, C schon führt zu Fallunterscheidungen. Jeder der 3 Parameter kann 0 oder $\neq 0$ sein. Demnach sind $2^3 = 8$ Fälle, die sich z.T. noch weiter aufspalten, isoliert auf ihr Ergebnis hin zu überprüfen.

Der Datenflußplan fällt in diesem einfachen Beispiel kurz aus. Das im Datenflußplan verwendete Programm mit dem (frei gewählten) Namen QGL wird mit dem Programmablaufplan visualisiert (optisch schematisiert). Er spiegelt die innere Programmlogik mit den bereits analysierten 11 möglichen Ergebnisfällen wider.

2. Beispiel: Summe der Quadrate

Die Aufgabe lautet: es ist die Summe der Quadrate aller ganzen Zahlen von 1 bis 10 zu bilden. Als Lösungsverfahren bietet sich die folgende Formel an:

$$\text{Summe } S = 1^2 + 2^2 + \ldots\ldots + 10^2 = \sum_{I=1}^{10} I^2$$

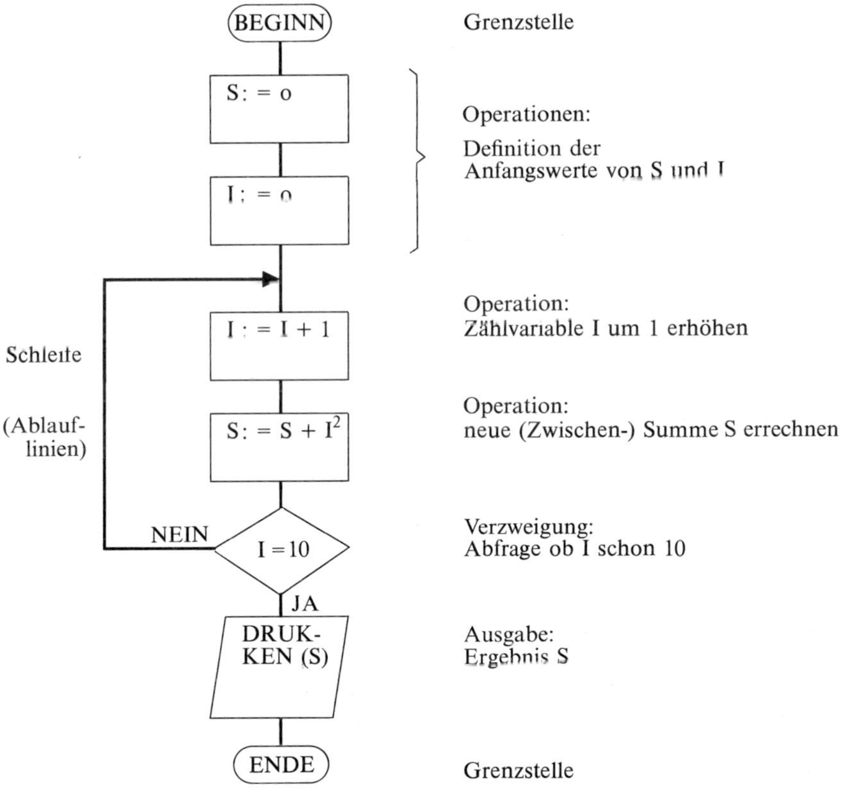

Abb. V 12: Programmablaufplan (mit Symbolen aus DIN 66001)

Dieses einfache mathematische Modell schreibt vor, daß die beiden Operationen ‚Quadratbildung' und ‚Summierung' zehnmal ausgeführt werden. Im Programmablaufplan zeigt sich dies als Schleife. Die Zählvariable I läuft dabei von 1 bis 10. Die jeweils neue (Zwischen-)Summe S ergibt sich (:=) stets aus ihrem bisherigen Wert vermehrt um das aktuelle I^2. Der Anfangsstatus der veränderlichen Größen S und I muß zum Beginn definiert, d.h. hier auf Null gesetzt werden. Sobald die Abfrage I = 10 erfüllt ist, wird die Schleife verlassen und die Summe S gedruckt.

2.2 Maschinenorientierte Programmiersprachen

Der Programmierer erteilt dem Computer über eine Programmiersprache Befehle. Als Programmiersprache kann die Gesamtheit aller zulässigen Anweisungsarten und Informationshinweise, mit denen der Programmierer den Computer befähigt, die anstehende Aufgabe zu lösen, verstanden werden. Mehr als zweihunder Programmiersprachen sind heute verfügbar, von denen aber nur 10 bis 20 eine breite Bedeutung gewinnen konnten. Die übliche Unterteilung gruppiert in maschinenorientierte und problemorientierte Programmiersprachen.

2.2.1 Maschinensprache

Jeder Computer arbeitet mit einer individuellen Befehlsstruktur, die sich aus seiner technischen Architektur ableitet. Der Operationsteil (Op) und der bzw. die Adreßteil(e) (Ad) eines Maschinenbefehls sind in binärer Form aufgebaut (vgl. Kap. I 3.1 und Abb. V 13). Der Computer versteht die in seiner Maschinensprache erstellten Befehle unmittelbar. Seine technischen Komponenten, z.B. der Op-Decodierer, können die Binärzeichen des Operationsteils unmittelbar in funktionale Signale an andere Maschinenkomponenten umsetzen. Eine Übersetzung erübrigt sich. Die Zahl der Binärstellen des Operationsteils ist begrenzt und damit auch die Zahl möglicher Binärkombinationen, d.h. möglicher Befehlsarten. Diesen zulässigen Befehlsvorrat definiert die Befehlsliste der Maschinensprache, die der Hersteller dem Benutzer übergibt. Am Anfang stand die Programmierung (1. Computer-Generation) tatsächlich noch unter dem Zeichen dieses internen Codes. Heute dagegen arbeiten die Anwendungsprogrammierer nicht mehr mit der Maschinensprache. Das Programmieren wäre infolge der vielen Binärfolgen unübersichtlich und umständlich. Lediglich die Systemprogrammierer der Herstellerfirmen beherrschen die Maschinensprache des betreffenden Rechnermodells. Maschinenprogramme sind in der Maschinensprache abgefaßt. Die Maschinensprache eines Rechnermodells läßt zum Abfassen von Arbeitsvorschriften nur Befehle zu, die als Befehlswörter durch die technische Struktur dieses Modells bestimmt sind. Andere maschinenorientierte Programmiersprachen (computer oriented languages) verwenden Anweisungen mit der gleichen oder ähnlichen Befehlsstruktur.

Im Gegensatz zur Maschinensprache eines Rechners verwenden Symbolsprachen anstelle binärer Codierung symbolische Operationsteile und dezimale Absolutadressen (Kap. 2.2.2) oder sogar auch symbolische Adressen (2.2.3).

2.2.2 Symbolsprache mit mnemotechnischem Operationsteil

Der mnemotechnische Code verwendet in jedem Befehl sprechende Buchstabenkombinationen als symbolischen Operationsteil. Der Programmierer erhält damit eine Gedächtnishilfe. Ein einfaches Lese-/Übersetzungsprogramm, das als Maschinenprogramm im Computer gespeichert ist, überträgt beim Lesen diese Op-Buchstabenkombinationen in die binäre Maschinensprache. Die Operandenadressen werden als Dezimalzahlen absolut angegeben. Dem Programmierer bleibt also auch bei dieser Programmiersprache die Speicheraufteilung und die Zuordnung der Daten zu den Adressen nicht erspart.

Des besseren Verständnisses wegen sei ein Computer mit einer (ungewöhnlich!) kleinen Befehlsliste von nur 8 zulässigen Befehlsarten angenommen. Das Befehlswort besteht aus einem dreistelligen mnemotechnischen Operationsteil und einem vierstelligen Adreßteil für absolute Dezimaladressen (s. Abb. V 13).

Befehlsart	Beispiel: binärer Op-Teil	symbolisches Befehlswort Op	Ad	Wirkung := bedeutet ‚ergibt sich aus'
arithmetische Befehle:				
Addition	OOOLOOO	ADD	n	⟨AC⟩: = ⟨AC⟩ + ⟨n⟩
Subtraktion	OOLOLOO	SUB	n	⟨AC⟩: = ⟨AC⟩ − ⟨n⟩
Multiplikation	LLLLOLL	MLT	n	⟨AC⟩: = ⟨AC⟩ · ⟨n⟩
logische Befehle:				
bedingter Sprung	OLLLOLO	SPR	n	Sprung zur Zelle n, wenn ⟨AC⟩ ≠ 0 (vgl. Abb. I 22)
Transportbefehle:				
Einschreiben in AC	LOLOOOO	EAC	n	⟨AC⟩: = ⟨n⟩
Abspeichern aus AC	LOLOOOL	AAC	n	⟨n⟩ : = ⟨AC⟩
Druck-Befehl	LLLOOLO	DRU	n	drucke ⟨n⟩
Stop-Befehl	LLOOLLO	STP	0000	stop!

Abb. V 13: Befehlsliste eines fiktiven Rechners

Für die Lösung des in Abb. V 12 genannten Beispiels wollen wir folgenden Speicherverteilungsplan vereinbaren:

in Speicherzelle 1000 steht die Zahl 0 ⎫ die Zahlenwerte 0, 1, 10
in Speicherzelle 1001 steht die Zahl 1 ⎬ wurden früher eingelesen
in Speicherzelle 1002 steht die Zahl 10 ⎭ und abgespeichert
die Speicherzelle 1003 nimmt die Zählgröße I auf
die Speicherzelle 1004 nimmt die (Zwischen-)Summe S auf
ab Speicherzelle 1006 steht das Programm (das insgesamt 14 Befehle umfaßt).

Mit Hilfe dieser Befehlsliste des Programmablaufplans Abb. V 12 und dem Speicherverteilungsplan läßt sich das Programm erstellen. Es besteht aus den Befehlen EAC 1000 bis STP 0000 in der 2. Spalte der Abb. V 14. Die 1. Spalte gibt die Speicheraufteilung an, deren Kenntnis zum Erstellen der Sprungbefehle erforderlich ist. So gibt der Sprungbefehl SPR 1009 mit seinem Adreßteil 1009 die Adresse der Speicherzelle an, mit deren Inhalt (Befehl: EAC 1003) der Programmablauf fortzusetzen ist. Spalte 3 deutet den Programmablauf an. In Spalte 4 werden die Wirkungen der Befehle symbolisch erläutert, und Spalte 5 gibt

Speicher-Zelle	Befehlswort Op	Ad	Sprg.	Wirkung	⟨AC⟩	Symbole des Programmablaufplans
1006	EAC	1000		⟨AC⟩: = 0	0	BEGINN
1007	AAC	1004		S := 0	0	S: = 0
1008	AAC	1003		I := 0	0	I: = 0
1009	EAC	1003	▶	⟨AC⟩: = I	I	
1010	ADD	1001		⟨AC⟩: = ⟨AC⟩ + 1	I + 1	I: = I + 1
1011	AAC	1003		I := ⟨AC⟩	I_{neu}	
1012	MLT	1003		⟨AC⟩: = ⟨AC⟩ · I	I^2	
1013	ADD	1004		⟨AC⟩: = ⟨AC⟩ + S	$I^2 + S$	$S := S + I^2$
1014	AAC	1004		S := ⟨AC⟩	S_{neu}	
1015	EAC	1002		⟨AC⟩: = 10	10	
1016	SUB	1003		⟨AC⟩: = ⟨AC⟩ - I	10 - I	I = 10
1017	SPR	1009		Sprung nach Zelle 1009, wenn 10 - I ≠ 0		
1018	DRU	1004		drucke S		Drucken (S)
1019	STP	0000	▼	stop!		ENDE
Speicherverteilung	Programm		Erläuterungen			

Abb. V 14: Programm in einer symbolischen Programmiersprache mit mnemotechnischem Operationsteil und absoluten Dezimaladressen

den jeweiligen Akkumulatorinhalt *nach* Ausführung des Befehls derselben Zeile an. In Spalte 6 werden die Symbole des Programmablaufplans wiederholt. Mit Hilfe dieser erläuternden Spalten ist das Programm (Spalte 2) leicht verständlich.

Aus den bisherigen Überlegungen sind folgende Nachteile für das Programmieren in dieser Sprache zu entnehmen:

a) Der Adreßteil der Befehle besteht nur aus Ziffern und ist somit schwer merkbar.
b) Große Programme, die aus Tausenden von Befehlen aufgebaut sind, führen zu mangelhafter Übersichtlichkeit, schlechter Lesbarkeit, erhöhter Fehlerwahrscheinlichkeit und großem Schreibaufwand.
c) Sind bei Programmänderungen Befehlseinschübe erforderlich, so ändert sich die gesamte folgende Speicheraufteilung. Sprungbefehle müssen vom Programmierer wieder umgeschrieben werden.
d) Bei mittleren und größeren Rechnern umfaßt die Befehlsliste bis zu einigen hundert Befehlsarten. Das Programmieren wird damit sehr gedächtnis-aufwendig
e) Die Programme können nicht auf Rechnermodellen anderer Fabrikate gefahren werden.

2.2.3 Assemblersprachen

Einen weiteren Schritt, die Programmierung anwendungsfreundlicher zu gestalten, brachten am Ende der 1. Computer-Generation, insbesondere aber in der 2. Generation, die Assemblersprachen. Bei ihnen wird der Adreßteil des Befehlswortes durch alpha-numerische Symbole (Buchstaben-Ziffern-Kombinationen) dargestellt. Man spricht von einer symbolischen Adressierung. Die Zuordnung absoluter Adressen zu diesen symbolischen Adressen wird einem Übersetzerprogramm, dem sogenannten *Assemblierer* (assembler), aufgebürdet. Die Sprungziele innerhalb eines Programms werden ebenfalls durch symbolische Adressen, sogenannte *Marken*, gekennzeichnet (vgl. MAR in Abb. V 15). Die Programmierung wird weitgehend erleichtert – vor allem bei Programmänderungen, die Änderungen in der Speicheraufteilung nach sich ziehen.

Der Assemblierer wird von der Herstellerfirma des Computer-Modells mitgeliefert. Er ist natürlich in der Maschinensprache geschrieben. Er übersetzt das vorliegende Quellenprogramm entweder schon beim Einlesen oder mit einem eigenen Übersetzungslauf in ein Zielprogramm (Objektprogramm), das in der Maschinensprache abgefaßt ist. Entspricht jedem symbolischen Befehl auch ein Maschinenbefehl, so liegt eine 1 : 1 Sprache vor. Nach der Übersetzung befindet sich das Programm in Maschinensprache im Hauptspeicher und kann in einem

Peripherspeicher aufbewahrt werden. Beim nächsten Arbeitsablauf des Programms wird somit die Übersetzung gespart.

In der Abb. V 15 ist das Programm für das bisher stets besprochene Beispiel in einer Assemblersprache aufgestellt. Die Befehlsliste Abb. V 13 wurde dabei übernommen. Die symbolischen Adreßteile der Befehle sind in Klammern gesetzt. Sie wurden entsprechend den Bezeichnungen im Programmablaufplan gewählt. Die Größen NU, EI, ZE, I, S werden in einem eigenen Vereinbarungsteil des Programms definiert.

	Befehlswort Op	Ad	Erläuterungen
	EAC	(NU)	
	AAC	(S)	$S := 0$
	AAC	(I)	$I := 0$
(MAR) →	EAC	(I)	
	ADD	(EI)	$I := I + 1$
	AAC	(I)	
	MLT	(I)	
	ADD	(S)	$S := S + I^2$
	AAC	(S)	
	EAC	(ZE)	
	SUB	(I)	Weiche: I = 10?
	SPR	(MAR)	
	DRU	(S)	drucke (S)
	STP		stop
(NU)	0		
(EI)	1		
(ZE)	10		Vereinbarungsteil
(S)	0		
(I)	0		

Abb. V 15: Quellenprogramm in einer Assemblersprache

Vergleicht man diese Abbildung mit Abb. V 14, so erkennt man sofort die bessere Lesbarkeit und größere Übersichtlichkeit des Programms in der Assemblersprache. Der entscheidende Vorteil dieser Sprache ist natürlich, daß der Programmierer nicht mit der Speicheraufteilung und Adressenumrechnung belastet wird.

Assemblerbeispiele für Byte-Maschinen (vgl. Abb. I 25):

Typ:	Op:		Wirkung:
RX	**AD**	Add normalised Double precision	Gleitpunkt-Doppelwort addieren und normalisieren (II 2.4.2)
SS	**MVC**	Move Character	Zeichen übertragen
SS	**PACK**	Pack	Dezimalzahlen packen
RS	**SRA**	Shift Right single Algebraical	algebraische Rechtsverschiebung des Registerinhalts (IV 2.1.1)

Die meisten Assemblersprachen verfügen über ein weiteres sehr nützliches Werkzeug, die Makros. Ein *Makro* (-Befehl) ersetzt eine ganze Kette von wiederholt benutzten Maschinenbefehlen. Ein Makro wird entweder im eigenen Programm definiert oder als Systemmakro aus einer Makrobibliothek, die der Hersteller bereitstellt, abgerufen. Ein Makroumwandler, Teil des Assemblers, ersetzt vor dem übersetzen jeden Makro automatisch durch die betreffende Befehlskette (Unterprogramm). Somit wird das Ziel- bzw. Maschinenprogramm länger als das Quell- bzw. Assemblerprogramm. Eine Makro-Assemblersprache ist also eine 1 : n Sprache.

Beispiele für Makros	Prozedur (Unterprogramm) für
ØPEN Dateiname 1 , . . .	Dateien aktivieren, die in einem Programm benutzt werden
CLØSE Dateiname 1, ...	Dateien schließen
GET Dateiname	serielles Einlesen eines Blocks von der Datei
PUT Dateiname	serielles Schreiben eines Blocks auf die Datei
CNTRL Dateiname, Schlüssel	Schnelldrucker steuern

2.3 Problemorientierte Universalsprachen

2.3.1 Problemorientierung

Als maschinenorientiert gilt eine Programmiersprache, wenn ihre Befehlsliste im direkten Zusammenhang mit einem speziellen Rechnermodell steht. Die Programmierung der Maschine bestimmt die Sprachstruktur. Bei den problemorientierten Programmiersprachen (problem oriented language) steht nicht die Programmierung eines bestimmten Computer-Modells, sondern die Programmierung eines Problems, einer Aufgabe im Vordergrund. Die Befehlsstruktur der Sprache ermöglicht es, direkt das zu lösende Problem zu programmieren, ohne auf die jeweiligen Möglichkeiten der Maschinensprache (interner Code)

Rücksicht nehmen zu müssen. Die Qualität einer problemorientierten Programmiersprache ist um so größer, je mehr sie dem Anwendungsbereich angemessen ist. Man spricht deshalb auch von maschinen- oder systemunabhängigen Sprachen. Sie sind stets Makro-Sprachen, d. h. erreichen einen höheren Grad an Verdichtung und an umgangssprachlicher Form. Die problemorientierten Sprachen nennt man deshalb auch *höhere Programmiersprachen*.

Die Symbolik dieser Sprachen orientiert sich mehr an der mathematischen Formelsprache und an Ausdrücken der menschlichen Umgangssprache als an der Maschinensprache eines bestimmten Rechnermodells. Damit gewinnen diese Programmiersprachen eine Allgemeingültigkeit, die es ermöglicht, sie bei nahezu allen Maschinentypen einzusetzen. Für jeden Maschinentyp ist natürlich ein eigenes Übersetzungsprogramm (Kompilierer, compiler) erforderlich. Es wird vom Hersteller des Rechnermodells mitgeliefert.

Das in der problemorientierten Sprache erstellte Quellenprogramm wird in den Computer eingelesen und dort vom Kompilierer in ein maschinenorientiertes Ziel- bzw. Objektprogramm umgewandelt (kompiliert). Da der Kompilierer umfangreiche Arbeiten zu erledigen hat, sind meist mehrere Übersetzungsläufe erforderlich. Seine Aufgaben sind u. a.:

a) Kontrolle auf Syntaxfehler, d. h. auf grammatikalische Mängel des Quellenprogramms
b) teilweise Kontrolle auf Semantikfehler (das sind logische Prinzipfehler)
c) Übersetzen des Quellen- in ein provisorisches Zielprogramm, ggf. in einer Zwischensprache
d) Erstellen einer optimalen Form des Zielprogramms

Die Übersetzung wird im ersten Schritt oft nur bis herab zur Assemblersprache vorgenommen. Die Übersetzung von dieser Assemblersprache in die Maschinensprache übernimmt dann ein regulärer Assemblierer, der Teil des Kompilierers ist. Ein Kompilierer übersetzt alle Anweisungen eines Quellprogramms insgesamt in ein Objektprogramm. Ein anderes Hilfsprogramm, der *Interpretierer* (interpreter) dagegen ermöglicht es, auf einer bestimmten Rechenanlage Anweisungen, die nicht in ihrer Maschinensprache abgefaßt wurden, ausführen (interpretieren) zu lassen. Er übersetzt Befehl für Befehl einzeln in die Maschinensprache und läßt ihn sofort ausführen; dabei werden bereits die betreffenden Daten benötigt. Es entsteht kein Zielprogramm. Die Übersetzung erfolgt bei jedem Arbeitslauf neu. Die Programmlaufzeit liegt somit höher als beim Kompilierer. Die Fehlerdiagnose bei interaktiver Programmentwicklung verbessert sich jedoch. Interpretierer finden sich vor allem beim Mikrocomputer, insbesondere für die problemorientierte Sprache BASIC.

Eine problemorientierte Programmiersprache baut sich nicht mehr aus einzelnen Befehlen auf. Im Prinzip besteht sie vielmehr aus zwei Arten von Sprachelementen:

(1) Vereinbarungen (declaration)
(2) Anweisungen (statement)

Hierfür existieren auch andere Begriffe wie:

(1) deskriptive Anweisungen oder:	(1) nonexecutable statements
(2) imperative Anweisungen	(2) executable statements

zu (1)
Vereinbarungen haben beschreibenden Charakter. Sie bewirken selbst keine rechnerischen und logischen Operationen. Sie ermöglichen es etwa dem Programmierer:
a) Den Namen und die Art einer Variablen (integer. real, boolean)
b) die Dimension eines Zahlenfeldes (ein- oder mehrdimensional)
c) die Druckanordnung (Formatangabe)
dem Computer mitzuteilen. Es werden also zwischen dem Programmierer und dem Computer Absprachen über Sprachelemente, die in den Anweisungen auftreten, getroffen.

zu (2)
Anweisungen ordnen als abgeschlossene Arbeitsvorschrift den Vollzug gewisser Operationen im Computer. Sie können etwa als Makros aufgefaßt werden, die später im Zielprogramm die Aktivierung einer ganzen Folge von Maschinenbefehlen bewirken.

In den letzten Jahren zeigen sich zwei zum Teil widersprüchliche Tendenzen. Die problemorientierten Universalsprachen, wie BASIC, FORTRAN, COBOL und PASCAL, werden laufend weiterentwickelt, um nicht nur bezüglich der Computermodelle, sondern auch bezüglich der Problembereiche (technisch-wissenschaftlich/kaufmännisch) universell einsetzbar zu sein. Andererseits entstehen problemorientierte Spezialsprachen für spezielle Anwendungsbereiche, wie Datenbankdialog (2.4.3) oder Simulationen und Produktionssteuerung (2.4.4).

2.3.2 RPG

Jeder maschinelle Datenverarbeitungsprozeß durchläuft drei Phasen: Eingabe, Verarbeitung, Ausgabe. Die auf Speichermedien (Lochkarte, Magnetband, Kassette, Diskette usw.) gespeicherten Daten werden in den Computer eingelesen, dort intern verarbeitet und ausgegeben (Druck, Lochkarte, Magnetband usw.). An diesem Prinzip orientiert sich die PRG-Sprache (**R**eport **P**rogram **G**enerator). Der Programmierer hat auf den Eingabe-, Rechen- und Ausgabe-Formularen zu definieren, was eingegeben, wie verarbeitet und wie ausgegeben werden soll. Aus diesen Angaben erstellt ein sogenannter Listenprogrammgenerator in einem Übersetzungslauf das Maschinenprogramm. Da die Beschreibung der Daten und der Verarbeitung in der Regel kaum anlagenbezogene Programmierkenntnisse erfordert, zählt man die RPG-Sprache zu den problemorientierten Programmiersprachen. Dies ist nur bedingt richtig, da bei RPG und ähnlich auch bei anderen Generatorsprachen eine relativ starre Programmstruktur festgelegt ist. IBM entwickelte 1960 ihr RPG und bietet heute die Version III an, z. B. für den Minirechner IBM/38.

2.3.3 BASIC

Die Programmiersprache BASIC (= **B**eginner's **A**ll-purpose **S**ymbolic **I**nstruction **C**ode) wurde 1962/64 von J. Kemeny und Th. Kurtz am Dartmouth College im amerikanischen Hanover auf der Basis von FORTRAN (2.3.4) als Dialogversion entwickelt. Inzwischen wurde sie zur meistverbreiteten Programmiersprache für die Mikrocomputer. Sie ist stufenweise und leicht erlernbar. Auf dem Markt befindet sich ein Wildwuchs von Dialekten, die nicht von Modell zu Modell portabel (übertragbar) sind. Bei den ersten Mikrorechnern übernahm BASIC auch noch interaktive Funktionen eines Betriebssystems. Die Unterschiede liegen im Volumen der Befehlsliste und in der Leistungsfähigkeit der verarbeiteten Dateiformate.

Ursprünglich wurden nur interpretierende Versionen auf ROM- oder RAM-Speichern mit 4 bis 8 KB eingesetzt, inzwischen existieren auch BASIC-Kompilierer. So kann der Programmierer mit dem Interpretierer seine Programme interaktiv, d.h. im wechselweisen Dialog entwickeln und die Diagnosehilfen nutzen. Vor den wiederholten Arbeitsläufen aber wird das Programm kompiliert, damit es um den Faktor 5 bis 30 schneller läuft. Interpretierer wandeln beispielsweise Operationen in einer Schleife mit jeder Schleifenwiederholung erneut um. Dagegen übersetzen interaktive Kompilierer (incremental compiler) ebenfalls schrittweise und zeigen Fehlermeldungen auch zeilenweise an. An BASIC wird kritisiert, es verleite den Programmierer dazu, wenig strukturierte Programme zu erzeugen – ein Nachteil vor allem bei komplexen Aufgabenstellungen mit entsprechend hohem Dokumentations- und Wartungsbedarf.

Einen gewissen Marktstandard bildet heute das MS-BASIC der Firma Microsoft. Die Firma gibt – vorsichtig geschätzt – über 2 Millionen Lizenzen für ihren BASIC-Interpretierer an. Allen und Gates entwickelten ihn 1974 für den Mikroprozessor INTEL 8080. Er läuft inzwischen auf nahezu allen Betriebssystemen für Home und Personal Computer. Die 1981 eingeführte Obermenge GW-BASIC (Gee Whiz), enthält zusätzliche Sprachelemente für Farbgrafik, Audio, Fenster und Kommunikation. Konkurrenzprodukte versuchen den MS-Marktstandard zu emulieren, d.h. in den Befehlswirkungen zu simulieren.

1978 veröffentlichte das ANSI (American National Standard Institute) einen

Minimalstandard für BASIC. Seit 1982 liegt ein neuer Vorschlag vor. Neben anderen schlugen auch die BASIC-Autoren Kemeny/Kurtz eine verbesserte BASIC-Version gemäß diesem ANSI-Entwurf vor, nämlich das sogenannte ‚True BASIC'. Angestrebte Verbesserungen sind: Strukturierungshilfen, Generator für ‚variable cross-reference tables' (um ausgewählte Variablen im Programmablauf zu verfolgen), integrierten Editor zur Bildschirm-Textgestaltung, Fenstertechnik (um Quellencode und Objektcode gleichzeitig auf dem Schirm zu beobachten), mehr Grafik (Polygon, Schattierung, Textlabels), Verarbeitung verschiedener Dateiarten und von Strings (Zeichenketten), große Speicherbereiche verwaltbar, Formatierer, vom Interpretierer zum interaktiven Kompilierer, mathematische Koprozessorunterstützung und Echtzeitverarbeitung.

Befehle	Wirkungen
DATA ⟨Konstanten⟩	speichert (für READ) numerische und Stringkonstante
DIM ⟨Variablen⟩	definiert max. Anzahl von Elementen je Feldvariable
END	beendet Programm, schließt Dateien, Befehlsebene
FOR ... NEXT	Anweisungen in einer Schleife mehrfach verarbeiten
IF ... THEN ... (ELSE)	Verzweigungen infolge Bedingungsabfrage
INPUT	erlaubt Dateneingabe im Programmablauf
PRINT	erlaubt Datenausgabe im Programmablauf
GOTO ⟨n⟩	unbedingter Sprung in die Zeile n ohne Rückkehr
GOSUB ⟨n⟩ ... RETURN	unbed. Sprung in Unterprogramm ab n und Rückkehr
RANDOMIZE	setzt den Zufallsgenerator zurück bzw. neu
READ ⟨Variablen⟩	liest über DATA Werte und ordnet sie Variablen zu
REM ⟨Text⟩	nicht auszuführender Kommentartext im Programm

Abb. V 16: BASIC-Befehle aus dem ANSI-Minimalstandard

Die Abb. enthält einen MS-BASIC-Programmausdruck mit Zeilennummerierung für das Beispiel aus dem letzten Kapitel.

BASIC-Programm	Kommentar
10 REM PROGRAMM: SUMME QUADRATE	dokumentierender Text
20 REM	Leerzeile
30 S = 0	Summe-Anfangswert 0 setzen
40 FOR I = 1 TO 10 STEP 1	Schleifenbildung mit I = 1,2
50 S = S + I*I	bis 10 um in S die I-Quadrate
60 NEXT I	zu kumulieren
70 PRINT "SUMME IST"; S	String und Ergebnis S drucken
80 END	Programmende
OK	Interpretierer bereit
RUN	startet geladenes Programm
SUMME IST 358	Ergebnis-Ausdruck
OK	Interpretierer bereit
SYSTEM	Rückkehr ins Betriebssystem
A⟩	Prompt des Betriebssystems

Abb. V 17: BASIC-Programmbeispiel mit Programmaufruf und Ausdruck

2.3.4 ALGOL

Der Anstoß zur Entwicklung von ALGOL (= *algo*rithmic *l*anguage) kam 1955 aus den USA, die entscheidenden Arbeiten wurden jedoch danach in Europa geleistet. ALGOL ist eine problemorientierte Programmiersprache für den mathematisch-wissenschaftlichen Anwendungsbereich. Sie baut auf der algorithmischen Beschreibungsweise (Rechenschema) von Problemen auf und ist deshalb für den mathematisch Geschulten leicht zu erlernen.

Im Jahre 1959 schlossen sich die an ALGOL interessierten Firmen und Hochschulinstitute in der sogenannten ALCOR-Gruppe zusammen. Da im Gegensatz zu den kommerziellen Aufgaben bei technisch-wissenschaftlichen Aufgaben Ein-/Ausgabeoperationen nur selten auftreten, vernachlässigten die Regelungen im Definitionsbericht ALGOL 60 diesen Operationstyp. In ALGOL 68 konnte dieser Mangel teilweise behoben werden. Die Sprache wurde mit einer formalen Darstellung, der Backus-Naur Notation definiert. Andere Sprachen, SIMULA und insbesondere PASCAL, bauten auf ALGOL auf, entwickelten sie weiter und lösten sie ab.

2.3.5 FORTRAN

Die problemorientierte Programmiersprache FORTRAN (**For**mula **Tran**slator) wurde 1954/55 unter der Leitung von J.W. Backus bei IBM entwickelt. ASA- und ANSI-Normungen entstanden 1966 (Version IV) und 1977/78. Kompilierer existieren für verschiedene Rechner bzw. Betriebssysteme (V 4.), z.B.:

Großrechner:	IBM	VS FORTRAN-77	für das Betriebssystem MVS 370
Minirechner:	DEC	FORTRAN-77	für den VAX-Rechner
Mikrorechner:	MS	FORTRAN	für das Betriebssystem CP/M-80
	MS	FORTRAN-77	für das Betriebssystem MS-DOS
	Supersoft	FORTRAN-66	für das Betriebssystem MS-DOS.

Der RAM-Speicherbedarf für den FORTRAN-Kompilierer liegt bei 48 bzw. 128 KB.

Im Laufe der Zeit erfuhr FORTRAN eine Reihe von nützlichen, aber unsystematischen und schwer erlernbaren Erweiterungen. Die E/A-Anweisungen orientieren sich z. T. noch an den Lochkartenformaten und an der Maschinenkonfiguration. Die Symbolik der Sprache lehnt sich stark an die mathematische Formelsprache an. Verwendet werden normierte Wortsymbole mit Makro-Funktion (z.B. READ, WRITE, PRINT) oder zum Zweck der Vereinbarung (z.B. END, FORMAT, INTEGER) verwendet. Zum Teil sind sie in der Programmauflistung in Abb. V 18 für das bisherige Aufgabenbeispiel enthalten. Die drei Parameter hinter der FORMAT-Vereinbarung legen für die Ausgabe eine neue Seite

(1H1), 10 Leerstellen (10X) und den Druck von 4 Stellen für ganze Zahlen (I4) fest.

	FORTRAN-Programm 12345 789 72	Kommentar (Spalteneinteilung aus Lochkarte)
C	PROGRAMM: SUMME	Kommentarzeile im Programm
C		Leerzeile
	INTEGER S	Vereinbarung: Variable S ganzzahlig
	S = 0	Anweisung: Wert-Zuweisung
	DO 15 I = 1,10	DO-Anweisung: Schleife I (1 bis 10)
	S = S + I*I	über Anweisungen bis Markierung 15
15	CONTINUE	Leer-Anweisung als Stilmittel
	WRITE (5,20) S	Druck-Anweisung: Ausgabegerät Nr. 5
20	FORMAT (1H1, 10X, I4)	Format-Anweisung Nr. 20
	STOP	Programmausführung beenden
	END	Ende einer Einheit für Kompilierer

Abb. V 18: FORTRAN-Programmbeispiel ‚Summe der Quadrate‘

2.3.6 COBOL

Es lag nahe, die stark ein-/ausgabeorientierten Aufgaben der kaufmännisch-betriebswirtschaftlichen Anwendungen mit einer eigenen problemorientierten Programmiersprache zu behandeln. Bereits 1959 berief die US-Regierung die CODASYL-Arbeitsgruppe (**co**nference on **da**ta **sy**stems **l**anguages) ein. Sie entwickelte bis 1961 die Sprache COBOL (**co**mmon **b**usiness **o**riented **l**anguage) auf der Grundlage der Version COBOL-61. ANSI normierte 1968 das ‚USA Standard Cobol‘ (vgl. DIN-Entwurf 66028), der 1974 zum heute weit verbreiteten ‚ANS Cobol‘ revidiert wurde. Für 1986 wird eine weitere COBOL-Norm erwartet. COBOL arbeitet mit relativ vielen Wortsymbolen und ist recht speicheraufwendig. Ein COLBOL-Programm besteht grundsätzlich aus vier Teilen:

1. Identification Division (Erkennungsteil)
2. Environment Division (Maschinenteil)
3. Data Division (Datenteil)
4. Procedure Division (Prozedurteil)

Der erste Teil dient lediglich der Kennzeichnung des Programms in der Programmbibliothek. Im zweiten Teil wird die Art der Zusammenarbeit zwischen Zentraleinheit und Periphergeräten des Rechnersystems festgelegt. Seine beiden Kapitel: configuration und input-output section sind demnach stark von der Gerätekonfiguration des Systems abhängig. Der Datenteil ist weit weniger maschinenabhängig und dient der Vereinbarung der verwendeten Dateneinheiten und definiert Konstante. Der vierte Teil ist der eigentliche Programmabschnitt. In ihm werden in algorithmischer Form die Anweisungen zur Verarbeitung der

Daten festgelegt. Das bisher behandelte Summen-Beispiel ist nicht ein/ausgabeintensiv, also kein COBOL-spezifisches Programm. Die Befehlszeilen sind numeriert. PIC(ture) 99 bzw. 9(4) vereinbaren die Variablen I bzw. S als 2- bzw. 4-stellige ganze Zahlen.

```
000010 IDENTIFICATION DIVISION.
000020 PROGRAMM-ID. SUMME.
000030*
000040 ENVIRONMENT DIVISION.
000050 CONFIGURATION SECTION.
000060 SOURCE-COMPUTER. SIEMENS-7880.
000070 OBJECT-COMPUTER. SIEMENS-7880.
000080*
000090 DATA DIVISION.
000100 WORKING-STORAGE SECTION.
000110 77          I PIC 99.
000120 77          S PIC 9(4) VALUE 0.
000130*
000140 PROCEDURE DIVISION.
000150 P1.
000160     PERFORM P2 VARYING I FROM 1 BY 1 UNTIL I > 10.
000170     DISPLAY S UPON PRINTER.
000180     STOP RUN.
000190 P2.
000200     COMPUTE S = S + I*I.
```

Abb. V 19: COBOL-Programmbeispiel ‚Summe der Quadrate‘

2.3.7 PL/I

Mit dem Einsatz moderner Familienserien von Computer-Modellen, die gleichwertig für wissenschaftliche und kommerzielle Zwecke eingesetzt werden können, wuchs auch das Bedürfnis nach einer für beide Bereiche zuständigen, einheitlichen Programmiersprache. In den Jahren 1963/64 wurden bei der Firma IBM entsprechende Versuche unternommen, die in der Schaffung der universellen Programmiersprache PL/I (**P**rogramming **L**anguage One) mündeten. Im Jahre 1966 stand der erste Kompilierer für diese Programmiersprache zur Verfügung. Inzwischen bieten verschiedene Rechnerhersteller Kompilierer an. 1976 verabschiedeten ANSI und ECMA einen Sprachstandard. PL/I enthält Sprachelemente von ALGOL, FORTRAN und COBOL. Indem Programmodule als Prozeduren vereinbart und auch verschachtelt werden, entstehen klare Unterprogrammstrukturen. Der vergrößerte Sprachumfang erweiterte für PL/I die

Anwendungsfelder im kommerziellen, technischen und wissenschaftlichen Bereich. Andererseits zwingt er viele Programmierer, sich mit einer Teilmenge der Sprachelemente zu begnügen. Mit **PL/M** (**p**rogramming **l**anguage for **micro**computers), eine Untermenge von PL/I, steht eine Version auch für Mikrocomputer zur Verfügung.

```
/* SUMME DER QUADRATE 1 BIS 10 */
SUM: PROC OPTIONS(MAIN);
        DECLARE I DECIMAL FIXED (2),
                S DECIMAL FIXED (4) INITIAL (0);
                DO I = 1 TO 10;
                   S = S + I*I;
                END;
        PUT EDIT (,SUMME = ', S) (F(10));
END SUM;
```

Abb. V 20: PL/I-Programmbeispiel ‚Summe der Quadrate'

2.3.8 PASCAL und MODULA-2

Die höhere Programmiersprache PASCAL ist nach dem Mathematiker Pascal (vgl. Teil I 1.1) benannt. Niklaus Wirth entwickelte sie 1971 an der ETH Zürich auf der Grundlage von ALGOL. Ihre Entwicklung verfolgte mehrere Ziele:
- sie sollte leicht implementierbar sein und einen begrenzten, aber effizienten Übersetzer bieten
- die Notation sollte gut strukturierte Programme zu schreiben erlauben und fördern
- neuere Software-Entwicklungsmethodik war zu berücksichtigen.
- algorithmisches Denken sollte geschult werden.

Im Gegensatz etwa zum großen Sprachumfang von PL/I sollte die PASCAL-Definition sich auf wenige Sprachkomponenten und -prinzipien begrenzen. PASCAL enthält die Systematisierung von Datenstrukturen nach C. A. R. Hoare, fördert besonders das strukturierte Programmieren und ist weitgehend selbstdokumentierend.

Das Benutzerhandbuch (User Manual and Report 1978) von N. Wirth und K. Jensen gilt als ‚Standard-PASCAL'. Ursprünglich wurde PASCAL für die Stapelverarbeitung entwickelt. Die Dialogversion **UCSD-PASCAL** (**U**niversity of **C**alifornia at **S**an **D**iego), eine spezielle Implementierung für Mikro- und Minirechner, fand eine weite Verbreitung in der Lehre. Der begrenzte Definitionsumfang, insbesondere was die unzureichenden Ein/Ausgabe-Möglichkeiten betrifft, und die einfache Erweiterbarkeit führten, vor allem durch die MikrocomputerVerbreitung, zu einer Reihe von Dialekten. Der ISO-Standard basiert auf einem Vorschlag der britischen Normungsinstitution; er wurde 1983 als DIN-Entwurf 66256 veröffentlicht.

Der hohe Formalisierungsgrad fördert die Klarheit, macht aber vermutlich den ersten Einstieg in die Symbole, die etwa drei Dutzend ‚reservierten Wörter‘ und die Syntaxregeln etwas schwieriger. Insgesamt gilt PASCAL als leicht erlernbar. In dem gegenüber bisherigen Formen etwas erweiterten Programmbeispiel ‚Summe‘ (Abb. V 20) wurden die vordefinierten, reservierten Wörter aus didaktischen Gründen fett gedruckt.

PASCAL-Programm	Kommentar
PROGRAMM SUMME (INPUT, OUTPUT);	Programmkopf
(* BERECHNET DIE SUMME DER QUADRATE *)	Kommentartext
VAR S, I, OG, UG, D: INTEGER;	Variablen vereinbaren
BEGIN	Programmblock-Beginn
WRITELN (‚GEBEN SIE DIE UNTERE GRENZE EIN:‘);	Ausgabe (String)
READ (UG);	Eingabe (Daten)
WRITELN (‚GEBEN SIE DIE OBERE GRENZE EIN:‘);	Ausgabe (String)
READ (OG);	Eingabe (Daten)
WRITELN (‚GEBEN SIE DIE SCHRITTDISTANZ EIN:‘);	Ausgabe (String)
READ (D);	Eingabe (Daten)
S := 0; I := UG;	Zuordnung
WHILE I <= OG	WHILE-Schleife mit
DO BEGIN	dem Unterprogramm
S := S + SQR (I);	SQR und der
I := I + D;	Zählvariablen I
END;	
WRITELN (‚DIE SUMME DER QUADRATE IST:‘, S)	Ausgabe (String, Daten)
END.	Programmblock-Ende
GEBEN SIE DIE UNTERE GRENZE EIN:	Computer-Ausgabe
2	Benutzer-Eingabe
GEBEN SIE DIE OBERE GRENZE EIN:	Computer-Ausgabe
13	Benutzer-Eingabe
GEBEN SIE DIE SCHRITTDISTANZ EIN:	Computer-Ausgabe
3	Benutzer-Eingabe
DIE SUMME DER QUADRATE IST: 214	Computer-Ausgabe

Abb. V 21: PASCAL-Programmbeispiel (modifiziertes Summen-Beispiel)

Charakteristisch für PASCAL ist die dualistische Behandlung von Daten und Befehlen bei der Programmentwicklung. Demnach bietet die Programmiersprache Instrumente sowohl zur systematischen Definition von Datenstrukturen als auch zur Formulierung von Algorithmen an. Die Sprache kennt folgende *Datentypen*:

a) einfache (skalare) Standardtypen:
   - char (alphanumerische Zeichen)
   - boolean (logischer Datentyp)
   - integer (ganze Zahlen)
   - real (reelle Zahlen)

b) benutzerdefinierte Typen: Aufzählungen und Teilmengen
c) strukturierte Typen (aus a) zusammengesetzte):
   - array (Feld)
   - record (Verbund)
   - set (Mengen)
   - file (Dateien)
d) Listen (list) mit Zeigern (pointer)

Die flexible Vielfalt der Datentypen eröffnet der Programmiersprache ein großes Anwendungsspektrum, von mathematisch-technischen über kommerzielle zu linguistischen Nutzungen. Ein PASCAL-Programm vereinbart zunächst in einem gesonderten Vereinbarungsteil die benutzten Variablen, Datentypen, Konstanten, Prozeduren und Funktionen. Der hierauf zugreifende Anweisungsteil enthält zwei *Arten von Anweisungen*:
a) einfache Anweisungen:
   - Zuweisung (:=)
   - Prozeduraufruf (Namen der erwünschten Prozedur, z.B. WRITELN)
b) strukturierte Anweisungen:
   - Verbundanweisung: (BEGIN ... END)
   - bedingte Anweisung: (IF ... THEN ... ELSE ...)
     und: (CASE ... C1: ...; Cn: ... END)
   - Wiederholungsanweisung: (WHILE ... DO)
     und: (REPEAT ... UNTIL)
     und: (FOR ... (DOWN) TO ... DO ...)

Die Syntax der PASCAL-Sprache beschreibt man üblicherweise mit sogenannten *Syntaxdiagrammen*.

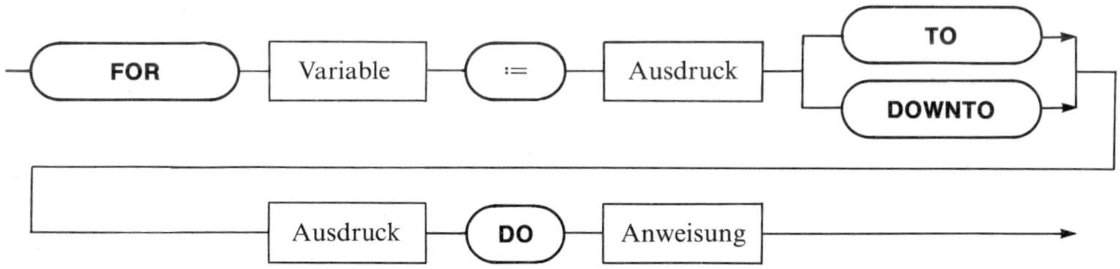

Abb. V 22: Syntaxdiagramm für die FOR ... DO-Anweisung in PASCAL

Der ‚Ausdruck' selbst wird wiederum durch ein eigenes Syntaxdiagramm eindeutig definiert; Ausdrücke entstehen, indem Konstante, Variable (vgl. S in Abb. V 21) und/oder Funktionen (SQR in Abb. V 21) durch definierte Operatoren (+, −, ∗, /, AND, OR, NOT etc.) verbunden werden.

Für Mikrocomputer bieten sich neben UCSD-PASCAL, PASCAL MT+ und

Apple PASCAL vor allem MS-PASCAL (wegen der Nähe zum Betriebssystem UNIX bzw. XENIX, Kap. 4.6) und Turbo-PASCAL an. Kurze Übersetzungszeiten, kleiner Speicherbedarf, bequemes Editieren (Befehlstexte gestalten) und ein niedriger Preis sicherten Turbo-PASCAL eine ungewöhnlich schnelle Verbreitung; Redakteure sprachen deshalb sogar vom ‚Volks-Compiler'. Kurze Übersetzungszeiten und die Hauptspeicher-Residenz des Kompiliers und Editors ermöglichen einen schnellen Wechsel vom Editierstatus in den Kompilierstatus und zurück; der Benutzer vermutet eher einen Interpreter. Im Editiermodus springt der Cursor an die Stelle des Syntaxfehlers im Quellenprogramm. Der Befehlsumfang des Editors entspricht dem Textverarbeitungsprogramm Wordstar (VI 2.1.2). Die Version 2 bietet einen erweiterten Editor und zerlegt große Programme in bis zu 100 Overlay-Segmente, die speichersparend auf Peripherspeicher ausgelagert werden. Über ein Installationsmenü erfolgt die Anpassung an die jeweilige PC-Konfiguration. Insgesamt kann Turbo-PASCAL als Software-Entwicklungssystem angesehen werden.

Die Programmiersprache **MODULA-2** stammt ebenfalls von N. Wirth und gilt als Erweiterung und Verbesserung von PASCAL. Umwandlungsprogramme formen PASCAL-Programme weitgehend automatisch in MODULA-2 um. Zentrales Konzept ist – wie der Name schon sagt – das Modul und die parallele Prozeßverarbeitung. Programmbausteine (Module) werden getrennt übersetzt, wobei die Schnittstellen durch Syntaxprüfungen gesichert bleiben. Die Adressierung überstreicht 1 MB Hauptspeicher für Programmcode oder Daten. Wie PASCAL unterstützt auch MODULA-2 den arithmetischen Co-Prozessor 8087. Das komplette Kompiliersystem benötigt 192 KB Hauptspeicher. Da Zugriffe auf die Maschinenebene, u. a. zur absoluten Adressierung der Variablen, möglich sind, eignet sich MODULA-2 außer für die Anwendungs- auch für Systemprogrammierung, wie die Sprache C.

2.4 Höhere Programmiersprachen

2.4.1 Generationen von Programmiersprachen

Generationen abzugrenzen bereitete bereits bei den Rechnersystemen Schwierigkeiten (I 1.2), erst recht gilt dies für die Programmiersprachen. Gelegentlich teilt man sie gemäß Abb. V 23 ein:

Die 1. und 2. Generation von Programmiersprachen binden noch wegen ihrem maschinenabhängigen Befehlscode an das jeweilige Rechnermodell. Assemblersprachen erlauben eine symbolische Adressierung ohne Kenntnis der rechnerinternen Adressierungstechnik und Speicheraufteilung. Die klassischen problemorientierten Programmiersprachen (3. Generation) brachten die Unabhängigkeit von den rechnergebundenen Befehlsstrukturen. Die Nutzersicht ist proble-

GEN.	P-SPRACHE	BEISPIELE	TYPISCHE MERKMALE
1.	Maschinen-sprachen	Maschinencode (früher IBM 1401)	maschineninterne Operations-abläufe/Speicheraufteilungen
2.	Assembler-sprachen	alle Groß-/Mikro-Rechnermodelle	symbolische Adressierung, maschinenabhängige Op-Symbole
3.	problemor. höhere Spr.	FORTRAN, COBOL, ALGOL, BASIC, PL/I	universell für Problembereiche rechnerunabhängige Befehle
3+	prozedurale Hochsprachen	PASCAL, MODULA-2 ADA, C, FORTH	ebenfalls noch zuweisungsor. komplexere Datenstrukturen
4.	nichtprozed. Hochsprachen	LISP, OPS 5, PROLOG SQL, NATURAL	problemlösend, nichtprozedural, transaktionsorientiert

Abb. V 23: Generationen-Einteilung der Programmiersprachen

morientiert, gelegentlich mit enger definiertem Problembereich, wie bei den Simulationssprachen. Die Sprachsyntax entspricht einem ‚höheren', umgangssprachlichen Niveau. Die Programmstruktur ist geprägt von Schleifen, einfachen Datentypen (Felder) und Zuweisungen. Neuere Hochsprachen, die ebenfalls noch prozedural den Programmablauf steuern (Sprunganweisungen etc.), arbeiten bereits mit komplexen Datentypen und -strukturen.

Programmiersprachen der 4. Generation lösen sich weitgehend von den DV-technischen Prozeduren, der Anwender sagt dem System nicht mehr wie es das Problem lösen soll, sondern was er erwartet. Sie erlauben Transaktionen (durch Dialogaufruf Daten suchen, ändern, ersetzen, löschen) und schrittweise Problemlösungen (prototyping). Sie kombinieren das Interpretieren und Kompilieren und bieten eine interaktive Benutzerschicht. Der Dialogbetrieb der Rechner fordert und fördert die Integration von Hochsprache und Teilen der Kommandosprache des Betriebssystems. Neuere Datenbanksprachen zählen zur 4. Generation. So liefert die Hochsprache **NATURAL** eine benutzerfreundliche Programmierumgebung (Editor, Maskengenerator, Kompilierer, Daten- und Bibliotheksverwaltung, Zugriffsschutz); sie nutzt die Datenbank ADABAS oder VSAM-Dateien und nutzt übliche Timesharing und Betriebssysteme (V 3.3, 4). Die Datenbanksprache **SQL** (**S**tructured **Q**uery **L**anguage) von IBM setzen auch andere Anbieter relationaler Datenbanken ein, wie ORACLE. Sie läuft auf Groß- und Minirechner und auf Personal Computer mit und ohne diese Hostrechner.

2.4.2 SIMULA, ADA, C, FORTH, LISP, LOGO und PROLOG

Für die vielfältigen Anwendungen zur Simulation technischer oder ökonomischer Prozesse, z. B. Warteschlangen, wurden frühzeitig problemorientierte Simulationssprachen entwickelt. 1965 entstand in Norwegen **SIMULA** (**Simu**lation **La**nguage). SIMULA ist eine Erweiterung von ALGOL-60 und eignet sich besonders für ereignisorientierte Prozesse. Ebenfalls für diskrete Modelle geeignet sind **GPSS** (**G**eneral **P**urpose **S**imulation **S**ystem) und die abgeleiteten Herstellervarianten. Die Simulationssprache **DYNAMO** bildet kontinuierliche Prozesse in Gleichungssystemen ab. Simulationssprachen sind meist selbst in einer Basissprache, wie FORTRAN, formuliert.

Die Programmiersprache **ADA** wurde nach der Tochter des britischen Poeten Lord Byron, Ada Augusta Byron benannt, die infolge ihrer Mitarbeit an Babbage's difference engine (Teil I) als erste Programmiererin angesehen wird. ADA existiert seit 1979 unter diesem Namen als offizieller DOD-Standard (Department of Defense, USA). Die Sprache ist sehr komplex und mächtig und eignet sich deshalb eher für professionelle Programmierer. Der Lernaufwand ist größer als für andere höhere Programmiersprachen; als Minimum gilt 1 Monat Training. 1984 waren etwa ein Dutzend Kompilierer für Groß- bis Kleinrechner, häufig nur für ADA-Untermengen (z.B. Janus, Augusta) einsatzfähig. Die Sprache ist Modula-2 ähnlich.

Die Programmiersprache **C** verdankt ihren Bekanntheitsgrad nicht zuletzt der Tatsache, daß in ihr schon bald die meisten Versionen des UNIX-Betriebssystems (vgl. V) programmiert worden sind – mit über 300000 Zeilen C-Quellencode. Wie UNIX so wurde auch C (1972) in den Bell Laboratories entwickelt. C ist eine sehr systemnahe Sprache; so kann der Datenzugriff, etwa mittels Zeiger (pointer) über die (Maschinen-)Adressen erfolgen, was für die Systemprogrammierung vorteilhaft ist. Der C-Kompilierer erzeugt symbolischen Assembler-Code, der von Hand ‚nachoptimiert' werden kann. Befehlsketten können zu Funktionen zusammengefaßt und aus Biblitheken abgerufen werden. Zu den üblichen Operatoren kommen weitere hinzu, wie: ⟨⟨ **und** ⟩⟩ (left und right shift) oder Bit-Manipulationsoperator. C-Kompilierer wurden inzwischen für mehr als 40 Mikrorechner (Z80, 8088, 80286) bis Großrechner (Cray-1) entwickelt. Die Sprache C kann als Software-Tool auf ‚mittlerem Niveau' der Programmiersprachen bezeichnet werden. Sie bildet einen Kompromiß zwischen effizienter Assemblerprogrammierung und dem Komfort einer höheren Programmiersprache; C wurde schon ‚portabler Assembler' genannt. Assembler-Programmierern fällt der Wechsel leichter zu dieser ‚mittleren' C-Sprache als zu einer ‚höheren'. C ist nicht selbst-dokumentierend.

Die Dialogsprache **APL** (**A P**rogramming **L**anguage) ist sehr mächtig, insbesonder bezüglich mathematischer Operationen. Sie ist wenig selbstdokumentierend. Ihre Stärke liegt in der schnellen interaktiven Lösungssuche (‚quick-and-dirty problem solving'). Ab 1965 eingesetzt, verbreitete sich APL vor allem durch die Unterstützung von IBM und Timesharing-Firmen. Inzwischen sind auch preiswerte Versionen für Personal Computer verfügbar.

Die Programmiersprache **FORTH** (für fourth generation) wurde 1969 entwikkelt. Ihr kompilierter Code ist kompakt, modular, hardware-nah und extrem schnell. Sie eignet sich für Anwendungen mit Echtzeit- und Interrupt-Betrieb (vgl. V 3.5), z. B. bei technischen Prozessen. Ihre Kompaktheit bringt Vorteile für die Mikrorechner-Nutzung. Ihre Syntax arbeitet mit der ‚umgekehrten polnischen Notation'; Daten werden nach dem Stapelprinzip LIFO (last-in-first-out) abgearbeitet.

Beispiel für einen Dialog:	Wirkung:
: ZWEI."X*Y = "*.; OK	Vereinb.: neues Wort (Prozedur) ZWEI „Textausg.", Multipl. (*), Ausgabe (.)
5 10 4 20 ZWEI ZWEI	Stapel von 4 Daten eingeben, vereinbarte Prozedur ZWEI darauf anwenden
X*Y = 80 X*Y = 50 OK	Ergebnisausgabe (LIFO-Reihenfolge)

Die Fähigkeit von FORTH zur interaktiven String- und Listenverarbeitung macht sie auch zu einem Werkzeug (tool) für Experimente zur Künstlichen Intelligenz (Teil I).

Die höhere Programmiersprache **LISP** (**LISt Processing** language) wurde bereits in den 50-er Jahren am Artificial Intelligence Laboratory des MIT entwickelt und dominiert seither die Behandlung von Aufgaben der Künstlichen Intelligenz (AI). Sie kann Listen handhaben, d. h. beliebig strukturierbare Datentypen bestehend aus Zahlen, Zeichenketten und wiederum Listen. Daten- und Programmbereich werden nicht getrennt. LISP ist sehr mächtig, beansprucht aber viel Speicherkapazität – eine Beschränkung, die auch bei den Mikrorechnern immer mehr an Bedeutung verliert. Die Sprache wirkt etwas fremdartig in ihrer Notation (z. B. + 5 10 statt 5 + 10) und ist deshalb schwer zu erlernen. Interpretierer bzw. Kompilierer für Mikrocomputer benötigen etwa 256 KB. Abgeleitete Sprachformen sind: SMALLTALK, FLAVORS und EXPERTISE.

Die interaktive, grafikorientierte Programmiersprache **LOGO** ist sehr mächtig, dennoch leicht erlernbar, wenig laufzeiteffizient und speicherintensiv. Kennzeichnend für LOGO sind die modulare Struktur (flexibel handhabbare Programmprozeduren), Listenverarbeitung, Grafik (‚Schildkröte bzw. Igel' als Cursorsymbol) und Dialogorientierung. LOGO wurde ab 1968 am MIT als ‚natürliche' Rechnerumgebung für Kinder geplant. Sie dient als Einstiegs-Programmiersprache in Schulen und als Ausbildungs-Software, aber auch zur Lösung von AI-Aufgaben. Seit 1981 existieren LOGO-Versionen für Mikrocomputer; es gibt Fassungen in vielen Landessprachen.

Beispiele für LOGO-Standardwörter in Deutsch (Englisch):

BILD	(DRAW)	Grafikmodus auf Bildschirm einstellen
VW VORWÄRTS ...	(FD FORWARD)	vorwärts gehen um ... Schritte
RE RECHTS ...	(RT RIGHT)	nach rechts drehen um ... Winkelgrad
WH WIEDERHOLE ...	(REPEAT)	wiederhole ... mal
PR LERNE	(TO)	lerne/vereinbare neues Wort
ED EDIT	(ED EDIT)	in den Editormodus übergehen

einfacher LOGO-Dialog:	Wirkungen:
BILD	Dialogbeginn
WH 4⟨VW 50 RE 90⟩	Rechteck zeichnen, Seitenlänge 50
WH 6⟨VW 50 RE 60⟩	Sechseck zeichnen, Seitenlänge 50
?LERNE QUADRAT	in den Lernmodus um Q. zu ‚lernen'
PR QUADRAT	Prozedur Q. vereinbaren
WH 4⟨VW 50 RE 90⟩	Rechteckfunktion definieren
ENDE	Prozedur-Vereinbarung abschließen
CTRL-C	Modus beenden
QUADRAT GELERNT!	Lern-Quittung vom Computer
QUADRAT VW 65 QUADRAT	2 gleiche Rechtecke verbunden zeichnen
EDIT	zuletzt vereinbarte Prozedur (hier
PR QUADRAT	QUADRAT) wird zum editieren angezeigt
WH 4⟨VW 100 RE 90⟩	Rechteck-Seitenlänge auf 100 verdoppelt
ENDE	Ende der editierten Prozedur

Abb. V 24: Standardwörter und einfaches Dialogbeispiel in LOGO

PROLOG (**Pro**gramming in **Log**ic) und **OPS5** sind Hochsprachen einer neuen Qualität zur Behandlung von AI-Aufgaben, wie Expertensysteme oder Rapid Prototyping. Das Expertensystem zur Konfigurierung des Rechnermodells VAX von DEC baut auf OPS5 auf. PROLOG wurde 1972 unter Leitung von Colmerauer in Marseille implementiert und in England verbessert. Die Entscheidung der Japaner, PROLOG wegen der klaren Logikstruktur gegenüber LISP für ihre 5. Rechnergeneration vorzuziehen, trug erheblich zum Bekanntheitsgrad bei. PROLOG-Kompilierer sind bereits auch für Mikrocomputer auf dem Markt. Die Datenbasis dieser Sprachsysteme besteht aus:

a) Fakten über Objekte und deren Beziehungen
b) Regeln, die erklären, wie aus vorgegebenen Fakten logische Schlüsse und damit Auswertungen gezogen werden können.

Benutzeranfragen geben Faktenmuster (pattern-match) an, nach denen das System seine Datenbasis absucht.

2.4.3 Datenbanksprache DBASE für Mikrocomputer

Das weltweit verbreitete Datenbanksystem DBASE (V 1.7) verfügt über eine eigene Dialogsprache. Das folgende Protokoll eines kurzen DBASE-Dialogs soll eine allererste Vorstellung von der benutzerfreundlichen Arbeitsweise vermitteln.

DBASE-DIALOG	Kommentar
A⟩DBASE	dbase aus Laufwerk A laden
. CREATE	Datei definieren
ENTER FILENAME: **adr**	Dateiname definieren: adr
ENTER RECORD STRUCTURE AS FOLLOWS:	
FIELD NAME, TYPE, WIDTH, DECIMAL PLACES	
001 **VORNAME, C, 10**	alphanumer. (C) Datenfeld, 10 Zeichen
002 **NAME, C, 12**	alphanumer. (C) Datenfeld, 12 Zeichen
003 **STRASSE, C, 15**	alphanumer. (C) Datenfeld, 15 Zeichen
004 **PLZ, N, 4**	numerisches (N) Datenfeld, 4 Zeichen
005 **ORT, C, 12**	alphanumer. (C) Datenfeld, 12 Zeichen
006 **PRIVAT, L**	logisches (L) Datenfeld, (1 Zeichen)
INPUT DATA NOW? **N**	sollen Daten sofort erfaßt werden? Nein
. APPEND	Datenerfassung (fortsetzen)
RECORD # 00001	der nächste freie Datensatz ist Nr. 1
VORNAME :**Renate:**	Daten erfassen
NAME :**Hillmann:**	Daten erfassen
STRASSE :**Sonnenweg 7:**	Daten erfassen
PLZ :**2900:**	Daten erfassen
ORT :**Oldenburg:**	Daten erfassen
PRIVAT :**T:**	Daten erfassen
:	weitere Datensätze erfassen
RECORD # 00004	Datensatz Nr. 4 erfassen?
VORNAME :**⟨RET⟩**	⟨Return⟩, d.h. nein, Datenerf. beenden
. LIST NAME, PLZ, ORT FOR PLZ⟩ = 2700 .AND. PLZ ⟨2900	Datensätze drucken
00002 Degode 2800 Bremen	mit PLZ zwischen
00003 Michaelis 2804 Lilienthal	2700 und 2899
. COUNT FOR PRIVAT	wieviele Datensätze mit PRIVAT = True?
COUNT = 00002	2 Datensätze enthalten die Markierung T
. SORT ON PLZ TO adrplz	neue Datei adrplz, nach PLZ sortiert
SORT COMPLETE	Sortiergang abgeschlossen
. USE adrplz	sortierte Datei adrplz laden/aktiveren
. LIST NAME, PLZ	Name und Postleitzahl drucken/anzeigen
00001 Degode 2800	nach PLZ sortierte Datensätze
00002 Michaelis 2804	mit veränderten
00003 Hillmann 2900	Datensatz-Nummern
. USE adr	Adressdatei adr laden/aktivieren
. INDEX ON NAME TO adrname	zu adr die Indexdatei adrname erzeugen
00003 RECORDS INDEXED	3 Datensätze wurden indiziert
. USE adr INDEX adrname	Indexdatei laden/aktivieren
. LIST NAME	Namen aller Datensätze drucken/anzeigen
00002 Degode	nach PLZ sortierte Datensätze
00001 Hillmann	mit gegenüber adr unveränderten
00003 Michaelis	Datensatz-Nummern
. FIND Hilmann	Datensatz mit dem Namen Hilmann suchen
NO FIND	keinen gefunden
. FIND Hillmann	Datensatz mit dem Namen Hillmann suchen
. DISPLAY	alle Datenfelder auf Bildschirm anzeigen
00003 Renate Hillmann Sonnenweg 7 2900 Oldenburg .T.	
EDIT 3	Datensatz Nr. 3 zum ändern holen
:	:
QUIT	dbase verlassen, in das Betriebssystem

Abb. V 25: Kurzer DBASE-Dialog mit Kommentar (Benutzerbefehle fettgedruckt)

DBASE speichert die Dateien automatisch mit der zugehörigen Extension im Dateiname: adr.dbf, adrplz.dbf (dbf = database file) und adrname.ndx (ndx = Indexdatei). Der eingesetzte Befehl SORT sortiert die Datensätze der Adreßdatei adr.dbf nach der Postleitzahl PLZ und speichert sie unter adrplz.dbf. Der Befehl ist aber langsam. Statt die Datensätze zu sortieren, kann auch eine Indexdatei erzeugt werden: die nach dem Datenfeld NAME angelegte Indexdatei adrname.ndx enthält die sortierten Namen mit der Datensatznummer aus der Basisdatei adr.dbf. Bei Änderungen der Basisdatei wird automatisch die Indexdatei aktualisiert. Die Indexdatei spart gegenüber einer sortierten Zweitdatei Speicherplatz; ferner ist der INDEX-Befehl schneller wie der SORT-Befehl. Zu einer Basisdatei können mehrere Indexdateien (nach unterschiedlichen Feldern) angelegt werden. Vor allem aber: der Befehl FIND sucht und findet schnell einen Datensatz in der Indexdatei.

DBASE II und die neue Version III verfügen über mehrere Dutzend Befehle mit Modifikationen, z.B. COPY, DO CASE, DELETE, DO WHILE, MODIFY STRUCTURE, SET PRINT ON/OFF. Mit REPORT können individueller formatierte Listen erstellt werden als mit LIST. Befehlsketten lassen sich zu Programmen koppeln und mit DO zum Ablauf aktivieren.

2.4.4 Produktionsprozeßsprachen EXAPT und PEARL

In zunehmendem Maße werden numerisch gesteuerte Werkzeugmaschinen zur Automatisierung der Einzel- und Kleinserienfertigung eingesetzt. Derartige Maschinen bezeichnet man auch als Numerik- oder NC-Maschinen (vgl. VI 2.1.5). Sie werden mit einem Lochstreifen gesteuert. Die Informationen für diesen Steuerlochstreifen können von Hand erstellt werden. Als Nachteile der manuellen Programmierung gelten allerdings der große Zeitaufwand, hohe Fehlerquote und mangelnde Flexibilität. Damit ein Computer den NC-Steuerlochstreifen erzeugen kann, muß er auf dieses spezielle Problem programmiert werden. Verschiedene Firmen und Institutionen schufen problemorientierte NC-Spezialsprachen wie: APT, ADAPT, AUTOPIT (Fa. Pittler), COMPACT II (Timesharing-Verbindungen nach USA), ELAN (Frankreich), EXAPT, MINIAPT, MITURN (Holland), TELEAPT (interaktive Version von IBM). Es gibt Einzwecksprachen, die auf eine Bearbeitungsart, wie Dreharbeiten, spezialisiert sind. Mehrzweckmaschinen dienen dagegen universell verschiedenen Bearbeitungsproblemen. Die meisten Sprachen basieren auf **APT** (= **A**utomatically **P**rogrammed **T**ools). APT entstand 1958 am MIT; in ihr stekken inzwischen mehrere 100 Personenjahre Entwicklungsaufwand. APT bietet dem Programmierer etwa 300 symbolische Wörter. **EXAPT** (= Extended Subset of APT) umfaßt etwa 175 Symbolwörter. Diese stark problemorientierte entstand aus der Zusammenarbeit von drei deutschen Hochschulinstituten, um unnötige Parallelarbeiten zu vermeiden. Das neue modulare Gesamtsystem vereinigt die Vorteile früherer Einzelsysteme. Die praxisnahe Weiterentwicklung sichert eine von NC-Maschinen- und Rechnerherstellern unabhängige Organisation von Hochschulinstituten und Anwendern im In- und Ausland.

Außer geometrischen Angaben sind bei EXAPT umfangreiche Angaben technologischer Natur möglich. Die Informationen des Quellenprogramms werden nach der Übersetzung ins Zielprogramm über vielfältige Berechnungen des Rechners durch zusätzliche Steuerdaten erweitert. Der ausgegebene Steuerlochstreifen für die NC-Maschine enthält somit detaillierte Angaben über Arbeitsfolge, Werkzeugart, Schnittgeschwindigkeit und Vorschub. Die Sprache EXAPT ist in mehrere Sprachteile gegliedert und kann stufenweise erlernt und eingeführt werden. DIN 66025 definiert Regeln für syntaktisch richtige NC-Programme.

Neben den NC-Werkzeugmaschinen bedeutet der Prozeßrechnereinsatz, wie er in VI eingehender behandelt wird, eine bedeutende Rationalisierung und Reorganisation in der Produktion. In Gemeinschaftsarbeit zwischen Hochschulinstituten und Industriefirmen und mit Unterstützung durch das 2. BMFT-Förderungsprogramm entstand eine problemorientierte Spezialsprache für den Prozeßrechnereinsatz: PEARL (*P*rocess and *E*xperiment *A*utomation *R*ealtime *L*anguage). Inzwischen wurde mit PEARL beispielsweise ein Betriebsleitsystem für den öffentlichen Nahverkehr programmiert.

Aufgaben zu V 2.1/2.2/2.3/2.4

Die Summenformel des Beispiels aus Abb. V 12 könnte durch eine offene obere Grenze N, deren konkreter Wert vor dem Programmablauf z. B. in einer Lochkarte bereitgestellt wird, erweitert werden. Wie wäre der Programmablaufplan zu ändern? (1) .... Eine Befehlsliste ist (2) ....
Ein Befehl besteht im Prinzip aus Operationsteil und Adreßteil. Für welchen Teil setzt die Assemblersprache symbolische Buchstabenkombinationen ein? (3) Speziell für kaufmännische Aufgaben wurde die Programmiersprache (4) .... entwickelt.
Kompilierer übersetzen Quellprogramme von (5) .... Programmiersprachen. Einen Befehl im Assembler-Quellprogramm, der im übersetzten Zielprogramm ganze Prozeduren (Unterprogramm), d.h. Befehlsfolgen, auslöst, nennt man (6) .... Wie würde das BASIC-Programm aus Abb. V 17 abzuändern sein, wenn die betreffende Summenformel (Abb. V 12) abgewandelt würde zu: (7) $S = \sum_{I=1}^{N} I^2$
oder zu: (8) $S = 2^3 + 4^3 + 6^3 + 8^3 \ldots\ldots N^3$.
Welche Programmiersprachen eignen sich für Aufgaben der Künstlichen Intelligenz?

2.5 Software-Technologie

Nachdem die letzten Kapitel den Leser mehr in einer induktiven Weise, also in kleinen Schritten und mit didaktisch aufbereiteten Lernbeispielen, mit dem Aufgabenfeld der Programmierung vertraut gemacht hat, sollen die folgenden Abschnitte ein zusammenhängendes Bild der Software-Entwicklung und ihren Methoden skizzieren.

2.5.1 Software-Engineering

In frühen Phasen der Datenverarbeitung glich die Erstellung eines Rechnerprogramms einer *künstlerisch-handwerklichen Produktion.* Individuelle Kunstfertigkeit war gefragt. Die meisten Programmierer – aus sehr unterschiedlichen Berufen und Disziplinen stammend – programmierten bzw. codierten intuitiv und mit improvisierenden Arbeitshilfen (Grafiken etc.). Indem sich Programmierer in kleinen Software-Häusern oder DV-Abteilungen zu Arbeitsgruppen fanden und erste abgestimmte Arbeitsmethoden nutzten, entstand eine Art *Software-Manufaktur.* Eine Reihe von Veränderungen sprechen dafür, sich heute auch in der Software-Entwicklung an größeren *industriellen Produktionsformen* zu orientieren, d. h. Software-Technologie einzusetzen. Die Komplexität der Aufgaben und damit der Programme steigt, die Zahl der Befehlszeilen übersteigt oft einige Hunderttausende. Der Zwang zur Spezialisierung und damit zur Arbeitsteilung ersetzt die individuelle Programmproduktion zunehmend durch Gruppen-Arbeitsprozesse. Es gilt die Kommunikation zwischen mehreren Programmierern einer Abteilung, zwischen mehreren Abteilungen einer oder mehreren Organisationen, eventuell unterschiedlicher Länder, zu koordinieren. Meist entstehen mehrere Versionen der Programme bis ein abgestimmtes Programmsystem entsteht, das eine gestellte Anwendungsaufgabe löst. Die Kosten für Software-Entwicklung steigen absolut und relativ zu den Hardware-Kosten. Insbesonders liegen die Wartungskosten in vielen Organisationen mit größeren Anwendungen bereits bei zwei Drittel der gesamten Software-Kosten. Bereits Ende der 60-er Jahre sprach man von einer Software-Krise. Es bildete sich ein Art ‚Anwendungsstau' infolge der nachfragenden dezentralen Fachabteilungen.

Um das Bewußtsein für diese Situation zu stärken, soll das Denken in Life-Cycle-Cost und Projektphasen gefördert werden. Software muß mit ingenieurmäßiger Vorgehensweise entwickelt werden, Software-Engineering soll betrieben werden. *Software-Engineering* bedeutet, Prinzipien, Methoden und Qualifikationen systematisch zu entwickeln und zu nutzen, um Programme und Software-Systeme zu entwerfen, zu erstellen und zu warten. Software-Engineering wird auch *Software-Technologie* genannt. Die Disziplin *Software-Technologie* ist ein Teilgebiet der Informatik, die sich ingenieurwissenschaftlich mit der Entwicklung, Implementierung, Nutzung und Wartung rechnergestützter Informationssysteme befaßt. *Software* (= ‚weiche Ware') umfaßt alle immateriellen, also nicht-gerätemäßigen Betriebs- und Hilfsmittel zum Einsatz von Rechnersystemen. Im engeren Sinne versteht man darunter alle lauffähigen Programmsysteme, die in Zusammenarbeit mit der Hardware die verschiedenen Rechner-Betriebsarten (V 3.) und Anwendungen (VI 2.) ermöglichen und sichern. Im weiteren Sinne bezieht man sinnvollerweise die Dokumentation mit ein. Software-Technologie zielt somit auf *Softwaresysteme*, die über ihre Programmsysteme hinaus auch die Modellierungsergebnisse (konzeptionelle Module) für die Anwendungsaufgaben mit Dokumentation enthalten. Ein Programmsystem umfaßt mehrere Programme (Haupt- und Unterprogramme) zur Lösung einer Aufgabenstellung.

Ein *Programm* besteht aus den zur Lösung einer Aufgabe vollständig beschriebenen Anweisungen mit allen erforderlichen Vereinbarungen. Es muß damit sowohl den Algorithmus als auch die *Daten*(strukturen) in einer dem Rechner verständlichen Form exakt beschreiben. Ein *Algorithmus* besteht aus der vollständigen und eindeutigen Verfahrensvorschrift zur Lösung einer bestimmten Klasse gleichartiger Probleme (z. B. die Lösung quadratischer Gleichungen mit unterschiedlichen Daten, Abb. V 11). Werden die Anweisungen der Vorschrift schrittweise ausgeführt, so liefert sie nach endlich vielen Schritten ein Ergebnis. Die Entscheidungsregeln müssen bei Eingabe der gleichen Daten die gleichen Ergebnisse liefern, auch wenn sie zu unterschiedlichen Zeiten (Zeit-Invarianz) oder/und von unterschiedlichen Personen bzw. Rechnersystemen (Rechner-Invarianz) befolgt werden. Menschliche Rechner erwarten eine umgangssprachliche Beschreibung, ggf. ergänzt um mathematische Formeln. Um für Computer die Beschreibung von Algorithmus und Daten maschinenverständlich zu machen, benötigt man künstliche Sprachen, sogenannte *Programmiersprachen*. Sie umfassen exakt definierte Mengen von Zeichen bzw. Zeichenkombinationen (Wörter) und Regeln (Grammatik), nach der Sätze formal richtig gebildet werden können. Syntax, Semantik und Pragmatik (III 1.1.1) kennzeichnen die verschiedenen Sichtweisen der Sprache. Die so verfaßten Anweisungen und Vereinbarungen beschreiben den Algorithmus und die Daten der Aufgabe; sie werden vom Rechner automatisch interpretiert, um schließlich in Steuerungssignale an die Grundeinheiten des Rechners umgesetzt zu werden (Abb. V). Da die Programmierung heute kaum noch unmittelbar in Maschinensprache erfolgt, benötigt man Übersetzungsprogramme (Kompilierer, Interpretierer, Assemblierer). Ein Programm wird befehlsweise oder als Einheit übersetzt und durch ein Kommando aus dem Betriebssystem (V 4.6) heraus aktiviert. Anweisungen in einem Hauptprogramm rufen wiederum *Unterprogramme* auf.

Höhere Programmiersprachen sollen es dem Programmierer immer mehr erlauben, mit dem Computer in umgangssprachlichen oder verwandten Ausdrücken fehlerfrei Informationen auszutauschen. Der Programmtext soll aber nicht nur dieser Mensch-Maschine-Verständigung dienen, sondern auch vielfältige Mensch-Mensch-Kommunikationen unterstützten. So muß der Programmentwickler in späteren Phasen, etwa zu Wartungszwecken, sein eigenes Programm wieder schnell verstehen. Zwischen Systemanalytiker, Programmierer und Anwender, zwischen Auftragnehmer- und Auftraggeber-Organisation sollen keine Mißverständnisse entstehen. Selbstdokumentierende Programmiersprachen und andere Hilfen der Software-Technologie können dabei helfen.

Der Software-Entwicklungsprozeß wird zunehmend als übergreifendes Projekt verstanden und mit Methoden des *Projektmanagement* abgewickelt. Dazu dienen vor allem:

a) Projektziele der Software-Entwicklung präzisieren
b) Projekttechniken einsetzen:
   - Phasenmodelle strukturieren den Entwicklungsablauf (2.5.2)
   - Software-Entwicklungsmethoden (2.5.3)
c) Projektorganisation gestalten (VI 1.1):
   - Qualifikation und Organisation des DV-Personals
   - Wirtschaftlichkeitsanalyse des Computer-Einsatzes.

Die Projektziele gilt es in Bezug auf das Software-Produkt, die eingesetzten Entwicklungsmethoden, den Personaleinsatz und die Wirtschaftlichkeit zu formulieren. Die Anforderungen an die Software-Qualität so operational (exakt) zu formulieren, daß der Erreichungsgrad überprüft oder gar gemessen werden kann, bereitet noch große Schwierigkeiten. Gefordert werden:

a) *Fehlerfreiheit:* Das Programm muß die durch die Aufgabenstellung spezifizierten Funktionen erfüllen. Alle möglichen Fälle müssen korrekt behandelt werden. Die Annahmen über Datenstrukturen und Bearbeitungsregeln haben betrieblichen und zum Teil rechtlichen Vorgaben zu entsprechen.
b) *Effizienz:* Laufzeit und Speicherbedarf bestimmen die Effizienz. Die Laufzeit ist bei großen Datenbewegungen oder/und häufigen Programmläufen zu beachten. Sie wird u. a. mit Kennzahlen, wie Benchmarks gemessen (vgl. VI 1.1.2). Beide Merkmale verlieren mit größeren Speicherkapazitäten und Geschwindigkeiten, selbst der Mikrocomputer, an Gewichtung.
c) *Portabilität* und Kompatibilität: Softwaresysteme sollten von einem Modell auf ein anderes umstellbar, also portabel sein. Höhere Programmiersprachen machen unabhängig vom Rechnermodell und Hersteller. Ferner sollten sie und ihre Komponenten, z. B. Datenbestände, zu einander austauschbar (kompatibel) sein. Das kann von der Codierung, Steuerzeichen und Diskettenformatierung abhängig sein.
d) *Modularität:* Das Softwaresystem sollte aus Modulen (Programme, Unterprogramme, Prozeduren) bestehen, die eine weitgehend abgeschlossene, betriebliche Teilaufgabe erledigen. Die möglichst wenig vernetzten Module und ihre Schnittstellen sollten gut lesbar dokumentiert sein.
e) *Parametrisierung:* Standard-Softwarepakete sollen den unterschiedlichen

Anforderungen verschiedener Anwender gerecht werden. Dazu muß der Nutzer Parameter, also vorgebbare Steuergrößen, seinen Bedürfnissen gemäß belegen können. Solche Parameter sind z. B. Art und Zahl der Konten in einem Finanzbuchhaltungsprogramm.

f) *Benutzerfreundlichkeit:* Diverse Programmhilfen, wie Menüsteuerung, Help-Funktionen und kommentierte Fehlerhinweise, erleichtern die Einarbeitung. Sie fördern die Personenunabhängigkeit. Standardbelegungen (default), etwa für die Ausgabeformate, erlauben es dem Anfänger, sich die Bedienung in Stufen anzueignen. Er muß nicht vorab einen umfangreichen Kommandovorrat (‚Rucksackwissen') erlernen.

g) *Robustheit:* Robuste Programme ‚stürzen nicht ab' und lassen den Nutzer nicht allein. Sie erkennen Syntaxfehler, z. B. falsche Befehls- oder Datenschreibweise (1O statt 10). Sie sind mehr oder weniger fehlertolerant, indem sie beispielsweise unterschiedliche Datumseingaben annehmen: 15.09.1985 oder 15.9.84 oder 15-9-84. Auch kontrollieren sie aufgabenabhängige Plausibilitäten – etwa die unsinnige Dateneingabe von 28 Arbeitsstunden je Tag in der Lohnabrechnung.

h) *Wartungsfreundlichkeit:* Modularität und gute Dokumentation erleichtern die Wartung. Software-Hersteller bieten ihren Kunden auch aktualisierte Versionen an. Dies ist vorteilhaft, wenn neue Betriebssysteme verfügbar oder rechtliche Aufgabenänderungen, wie bei der Lohnabrechnung, eingetreten sind.

2.5.2 Phasenmodelle der Software-Entwicklung

Eine zentrale Idee des allgemeinen Projektmanagement ist es, den Ablauf der Projektaktivitäten in Phasen zu gliedern. Übertragen auf die Software-Entwicklung bedeutet das, ein Modell des Lebenszykluses eines Softwaresystems (Software-Life-Cycle-Modell) zu formulieren. Software-Häuser bieten verschiedene, aber ähnliche Phasenmodelle an. Die Abb. V 27 zeigt eine mögliche Form an.

Ungenaue Ziele und Anforderungen, Arbeitsteilung in der Entwicklungsgruppe, konkurrierende Interessen der Beteiligten und Kommunikationsdefizite führen im Zeitablauf zu Divergenzen (Streuungen) bezüglich der Lösungsvorstellungen und -wege in der Software-Entwicklung (‚Scherensyndrom' in Abb. V 26). Die Phasenbetrachtung soll Ziele bündeln, Lösungsversuche zusammenführen, den Arbeitsfortschritt simultan dokumentieren und Zwischenergebnisse diskussionsfähig machen – kurz: die Entwicklungsarbeiten wieder konvergieren. Kommunikation und Akzeptanz werden gefördert, Risiken verringert.

Der Auftrag des Auftraggebers aus der eigenen Organisation oder von einem Kunden veranlaßt die drei Unterphasen der *Problemanalyse* (requirement analysis). Das zwischen Auftraggeber und -nehmer abgestimmte Pflichtenheft defi-

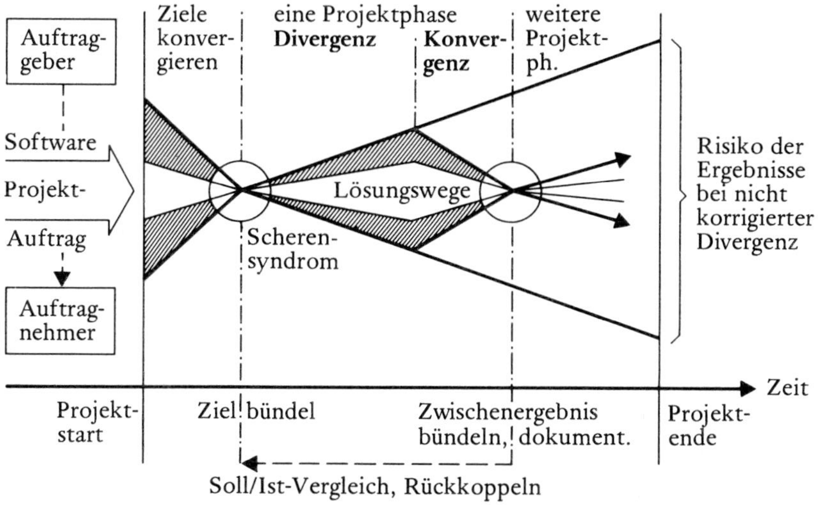

Abb. V 26: Konvergenz-Vorteile des Phasenmodells in der Software-Entwicklung

niert die Anforderungen an das erwartete Software-Produkt (,Benutzermodell oder -maschine'). Es geht hier um das ,Was', während in der folgenden Entwurfsphase mehr das ,Wie' der Produktrealisierung zu klären sein wird. Die Durchführbarkeitsstudie soll prüfen, ob das Projekt für die vorgegebenen Anforderungen unter den gegebenen oder veränderbaren Nebenbedingungen technologischer, personeller und finanzieller Art realisierbar erscheint und welche Risiken damit verbunden sind.

In der *Entwurfsphase* entsteht eine implementierungsfähige Detaillösung. In diesen Spezifikationen für die Module und ihre Schnittstellen muß somit bereits auf die maschinelle Umgebung mit Hilfe einer simulierten ,Basismaschine' bezug genommen werden. Dennoch können stärker Entwurfsprinzipien und -methoden genutzt werden, indem diese Phase von der folgenden *Implementierungsphase* logisch getrennt wird. In ihr müssen die Spezifikationen in ablauffähige, aber noch nicht notwendigerweise fehlerfreie Programme umgesetzt werden. Durch Codierung (Befehlsketten erzeugen), Kopplung vorhandener Unterprogramme, Nutzung von Programmgeneratoren oder integrieren von Standard-Software-Modulen entsteht das Programmsystem. Quellenprogramme sind in ein lauffähiges Objektprogramm umzuwandeln (vgl. Abb. V 51). Syntaxfehler müssen dabei bereits beseitigt werden. Programm und Programmdokumentation gehen dann in die *Testphase* ein. Getestet werden die Komponenten des Programmsystems, ihr integratives Zusammenspiel zu einem System und das Leistungsverhalten in dem Rechnersystem.

In der *Installationsphase* erfolgt eine Neuinstallation, meist eine Parallelumstellung oder seltener eine Totalumstellung vom bisherigen Softwaresystem ggf.

einschließlich Hardwaresystem auf das neu entwickelte. Der Auftraggeber nimmt das auf seiner realen Anlage eingeführte Softwaresystem ab. Pflichtenheft, Spezifikationen und Programmdokumentation und Benutzerhandbücher dienen ihm dabei als Beurteilungsgrundlage. Benutzerhandbücher (Operating and User's Guide, Utility and Reference Manual) wenden sich an verschiedene Personengruppen: Endbenutzer in dezentralen Fachabteilungen, Operateure, bei Mikrocomputer in Personalunion, und Programmierer. Entsprechend der Vorqualifikation sollten sie auch Informationen nach Inhalt und Form (Grafiken) differenziert anbieten. Handbücher für den Endbenutzer sollten stets von einem Autorentandem verfaßt werden, z.B. bei einem Textverarbeitungsprogramm von dem Programmierer und einer Sekretärin. In der eigentlichen Lebensphase eines Softwareproduktes, der *Betriebsphase*, gilt es, die neue Software durch arbeitsorganisatorische Maßnahmen laufend fehlerfrei zu nutzen; dabei sind Vorgaben des Datenschutzes und der Datensicherung einzuhalten. In der eventuell mehrfach zu durchlaufenden Unterphase Wartung werden Programme korrigiert, geändert oder erweitert. Erfahrungen aus dem Projektmanagement können genutzt werden: der Ersatz größerer Softwaresysteme sollte in einer Aussonderungsphase systematisch vorbereitet werden; diese letzte Unterphase im Lebenszyklus einer Software leitet dann über in die Installationsphase der neuen Software.

Bei handwerklicher und manufaktureller Programmierung stand und steht die *Dokumentation*, soweit sie überhaupt bewußt ausgeführt wird, am Ende der Programmentwicklung. Das Phasenmodell in Abb. V 27 zeigt aber, daß die Dokumentation eine projektbegleitende Tätigkeit sein muß: dokumentierende Unterlagen fallen als Ergebnisse einer Projektphase an und dienen bei danach folgenden Phasen als Informationsbasis.

Die strenge *Phaseneinteilung* jedes Lebenszyklus-Modells ist natürlich *idealisiert*. Die praktische Software-Entwicklung zeigt keinen zeitlich und logisch linearen Ablauf. Der Aufgabenablauf läßt sich nicht exakt mit Schnittstellen aufteilen. Phasen überlappen sich. So kann ein Teilprojekt bereits in der Implementierungsphase, ein anderes desselben Softwaresystems erst in der Entwurfsphase laufen. Personaleinsatzprobleme (Urlaub, Fluktuation), Parallelprojekte und Rechnerengpässe können die Ursachen sein. Rückkopplungen, etwa zur Fehlerbeseitigung oder gar Entwurfsrevisionen treten häufiger auf als erwartet. Der Informationsbedarf ist am Anfang oft wenig bewußt und nur schrittweise präzisierbar. Spezifikationen ändern sich im Projektablauf, je mehr dem Anwender die Möglichkeiten und Begrenzungen der Hard-/Software bekannt werden. Deshalb entwirft man mehr und mehr vorab einen *Prototyp* des Softwaresystems (rapid prototyping). Die wichtigsten Leistungsmerkmale der Benutzeroberfläche sind darin bereits enthalten und werden ggf. simuliert. Programmiertechnische Umsetzung und Effizienz bleiben noch teilweise offen. Der Anwender kann experimentieren; die Konvergenz der Lösungsvorstellungen wird gefördert.

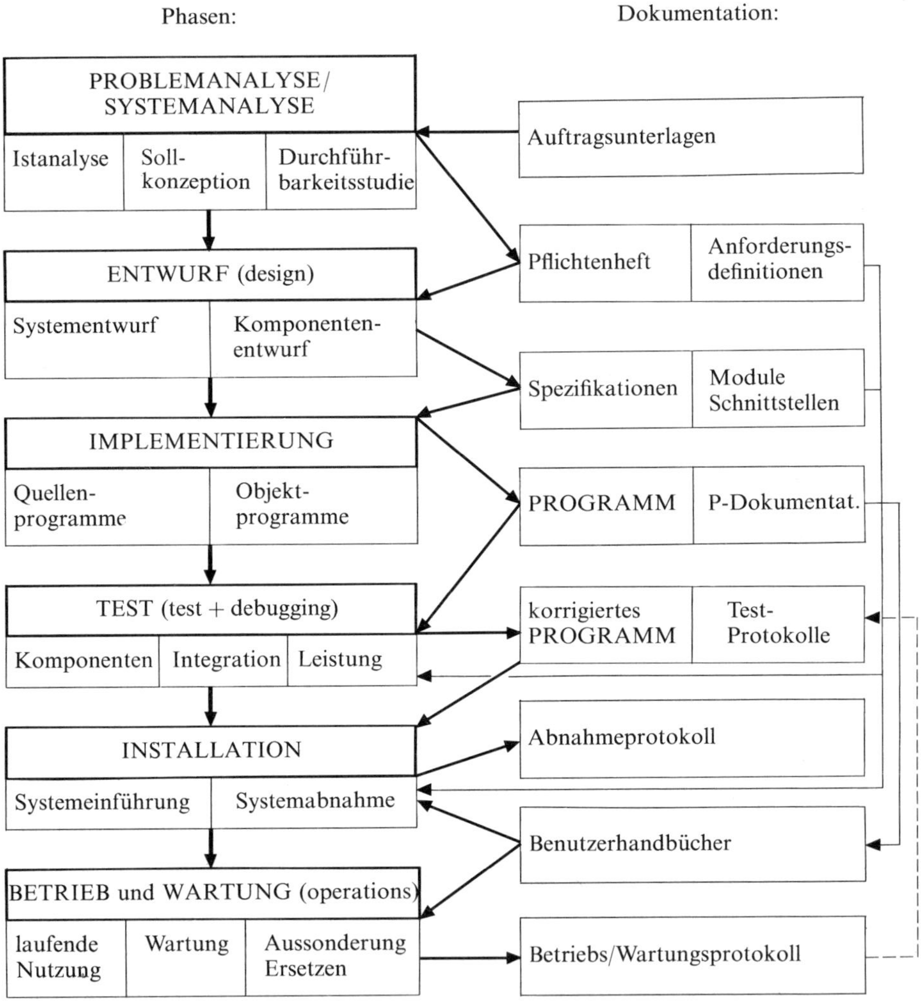

Abb. V 27: Phasen eines Lebenszyklusmodells von Softwaresystemen

2.5.3 Strukturierende Entwurfsdarstellungen

2.5.3.1 Entwurfsstrategien

Praktische Probleme der Software-Entwicklung sind meist recht umfangreich, eine Reduktion von Komplexität wird zur zentralen Aufgabe der Entwurfsphase. Das Projektmanagement in anderen Ingenieurdisziplinen kennt seit langem das Hilfsmittel des Projektstrukturplans. Kann das Software-Engineering ähnlich strukturierende Entwurfsstrategien und -darstellungen nutzen? Umfangreiche und komplexe Aufgaben, beschrieben durch die Spezifikationen, sind in Teilaufgaben (Module) aufzuspalten, die weitgehend für sich analysiert und ‚automatisiert' werden sollen. Der Ausdruck *Modularisierung* beschreibt diese Zerlegung und das dabei handlungsleitende Baukastendenken. Die Module erscheinen dem übergeordneten Aufgabenbereich als ‚black box', ihre inneren Abläufe bleiben versteckt (information hiding).

Als Hilfen für den Software-Entwurf bieten sich zwei Arten von Strategien an. Die ersten Konstrukte eignen sich eher für die Unterphase des Systementwurfs, die zweiten für den Komponentenentwurf.

a) Modularisierungskonstrukte:
   u. a. Top-Down-Design und Bottom-Up-Design
b) Steuerungskonstrukte:
   vor allem die strukturierte Programmierung

Wird die Gesamtaufgabe stufenweise nach Hierarchieebenen zerlegt, so entsteht eine Baumstruktur der Teilaufgaben; Abb. VI 11 skizziert einen solchen für das Aufgabensystem eines Fertigungsbetriebes. Um die geringen Speicherkapazitäten der ersten beiden Rechnergenerationen optimal auszunutzen, waren die kreativen Tricks der Programmier-Individualisten gefragt. Der spezifische Befehlsvorrat der maschinenorientierten Programmiersprachen bestimmte oft die Sichtweise der Programmierung. Hinzu kamen die Anwenderpräferenzen, die oft die ersten betrieblichen Programme, wie Fakturierung und Lohnabrechnung, als Insellösungen entstehen ließen. Weitere Programme kamen nichtkompatibel hinzu, gekoppelt durch Brückenprogramme. Die Programmsysteme entstanden somit häufig ‚von unten, vom Teil nach oben, zum Ganzen', man bezeichnet diese Vorgehensweise beim Systementwurf als *Bottom-Up-Design*. Diese Vorgehensweise mit aufsteigendem Abstraktionsgrad mag bei eher experimentell-suchenden, innovativen Programmentwicklungen angebracht sein (vgl. Arbeitsplatz-Software für Personal Computer, VI 2.1).

Mehr und mehr wird aber die Vorgehensweise von oben nach unten, der *Top-Down-Design* empfohlen; in der Software-Technologie wird er auch als Outside-In-Design bezeichnet, da von den Anwenderanforderungen (Benutzeroberfläche) nach innen zum Leistungsprofil der ‚Basismaschine' hin konkretisiert wird. Dieses Modularisierungskonstrukt kann nach folgenden Prinzipien vorgehen:

a) nach Funktionen:
   – Verrichtungen (z. B. Abb. VI 11 oder VI 2.2.1)
   – Schlüsselfunktionen (z. B. Abb. VI 16)
   – Rechnerfunktionen (Eingabe, Ausgabe, Verarbeitung)
b) nach Daten (z. B. Abb. V 1)

Die Programmiersprachen erleichtern die Top-Down-Strategie durch zwei Modularisierungstechniken:

a) Unterprogramme: sich selbst wieder aufrufende (rekursive) Prozeduren und Funktionen und
b) abstrakte Datentypen (auch Datenkapseln), bei denen auch die einzig zulässigen Zugriffoperationen definiert werden müssen.

Bezieht man die Modularisierung auf die Strukturierung des internen Programmablaufs, so führt dies zur *Strukturierten Programmierung*. Ihre Regeln gehen auf ein Strukturtheorem von Böhm und Jacobini zurück. Danach kann jedes Programm auf eine Kombination von drei logischen Elementarstrukturen zurückgeführt werden. Die Abschnitte 2.5.3.3 bis 5 werden dies anhand von Darstellungsmitteln des Software-Entwurfs verständlich machen. Den Steuerfluß stellt aber auch schon die Entscheidungstabelle (2.5.3.2) dar.

2.5.3.2 Entscheidungstabelle

Die Entscheidungstabelle ist eine Problembeschreibungsmethode, die den DV-Experten zur Entwurfsbeschreibung dient. Sie wird aber auch außerhalb der DV genutzt, beispielsweise in der Fertigung zur Qualitätskontrolle. In den USA ist die Entscheidungstabellentechnik bereits seit 1957 als Methode der Systemanalyse bekannt. In der Bundesrepublik Deutschland fand sie erst seit etwa 1970 einen breiteren Interessentenkreis und wurde 1979 in DIN 66241 genormt.

Die Struktur der Entscheidungstabelle wird von ihrer Grundidee bestimmt. Diese lautet: ein logischer Entscheidungs- oder Aktionsprozeß vollzieht sich nach Wenn-dann-Zusammenhängen. Wenn bestimmte Bedingungen bzw. Merkmale erfüllt sind, dann wird eine bestimmte Aktion in Gang gesetzt. Bei anderen Bedingungskombinationen dagegen werden andere Aktionen eingeleitet. Die Struktur der Entscheidungstabelle zeigt demnach eine obere Hälfte, in der die Bedingungen eingetragen werden, und eine untere Hälfte, die die geforderten Aktionen enthält. Die Bedingungen und die Aktionen müssen präzise beschrieben sein. Dies geschieht in der linken Hälfte der Entscheidungstabelle, dem Textteil. Die rechte Hälfte heißt Regel- bzw. Anzeigerteil. Für die Bedingungsanzeiger können boole'sche Werte: J (Ja) und N (Nein) oder andere Bedingungstexte eingesetzt werden. Sie werden innerhalb einer Spalte üblicherweise konjunktiv (UND) zu einer Regel kombiniert, um über Aktionsanzeiger (X, –, Text) die zugehörigen Aktionen zuzuordnen. Die Kopfzeile enthält einen Identifikationsteil. Mit seiner Hilfe können mehrere Entscheidungstabellen verbunden werden, um einen Entscheidungsprozeß formalisiert zu beschreiben und damit den Programmablauf zu strukturieren. Mehrere Grundformen des Verbundes können separat oder kombiniert eingesetzt werden:
a) Folge: der Entscheidungstabelle ET1 folgt nur ET2
b) Verzweigung (Auswahl):
ET1 hat alternativ mehrere Nachfolger ET2 ... ETn

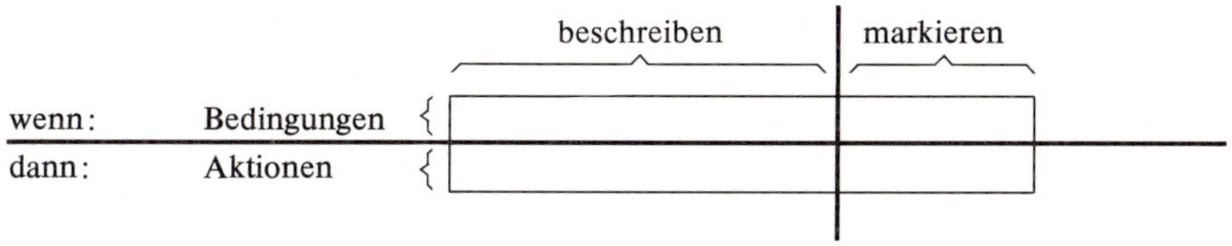

$2^n = 2^3 = 8$ Entscheidungsregeln

Nr.	Name	1	2	3	4	5	6	7	8
E7	Ausgleich von Eingangsrechnungen	1	2	3	4	5	6	7	8
B1	Fälligkeit	J	J	J	J	N	N	N	N
B2	Stammlieferant	J	J	N	N	J	J	N	N
B3	Rechnungsbetrag > 5 TDM	J	N	J	N	J	N	J	N
A1	Rechnungsbetrag zur Summe der Wechselbeträge addieren	X	X						
A2	Rechnungsbetrag zur Summe der Verrechnungsscheckbeträge addieren			X					
A3	Rechnungsbetrag zur Summe der Überweisungsbeträge addieren				X				
A4	Rechnungsbetrag zur Summe der offenen Rechnungsbeträge addieren					X	X	X	X
A5	Zahlungssumme bilden	X	X	X	X				

Verdichtungen

Nr.	Name	1	2	3	4
E7	Ausgleich von Eingangsrechnungen	1	2	3	4
B1	Fälligkeit	N	J	J	J
B2	Stammlieferant		J	N	N
B3	Rechnungsbetrag > 5 TDM			J	N
A1	Rechnungsbetrag zur Summe der Wechselbeträge addieren		X		
A2	Rechnungsbetrag zur Summe der Verrechnungsscheckbeträge addieren			X	
A3	Rechnungsbetrag zur Summe der Überweisungsbeträge addieren				X
A4	Rechnungsbetrag zur Summe der offenen Rechnungsbeträge addieren	X			
A5	Zahlungssumme bilden		X	X	X

Abb. V 28: Beispiel für Entscheidungstabellen

c) Schleife (Wiederholung): mindestens eine Regel führt unmittelbar zur erneuten Interpretation derselben Entscheidungstabelle
e) Verschachtelung (‚Unterprogramm'): um in ET 1 eine Bedingung zu prüfen oder eine Aktion auszuführen wird eine ET 2 vollständig interpretiert.

Beispiel
Im Rahmen der Zahlungsüberwachung eingegangener Lieferantenrechnungen erstellt die Kreditorenbuchhaltung eine Zahlungs-Vorschlagsliste für die Finanzabteilung. In einer Art Simulationslauf soll ermittelt werden, wie hoch der Gesamtbetrag der auszustellenden Wechsel, Verrechnungsschecks und Überweisungen zu erwarten ist. Ferner interessieren noch die Beträge der nicht fälligen Rechnungen. Von den fälligen Rechnungen werden die Rechnungen der Stammlieferanten unabhängig vom Betrag mit Wechsel bezahlt. Die Rechnungen der anderen Lieferanten sind mit einem Verrechnungsscheck zu begleichen, falls der Betrag über 5000,– DM liegt, ansonsten erfolgt eine Überweisung.

In der Entscheidungstabelle sind drei binäre Bedingungen abzufragen:
F = Fälligkeit
S = Stammlieferanten
B = Rechnungsbetrag > 5000 DM.

Bei $n = 3$ Binärmerkmalen lassen sich durch J/N-Markierungen maximal $2^n = 2^3 = 8$ Merkmalskombinationen bilden. Dementsprechend enthält die rechte Entscheidungstabellenhälfte 8 sogenannte Entscheidungsregeln.

Wenn die beschriebene Aufgabe automatisiert werden soll, so muß dafür ein Quellenprogramm erzeugt werden. Statt dieses Quellenprogramm in einer problemorientierten Sprache zu programmieren, kann der Programmierer auch die Entscheidungstabelle in den Rechner eingeben. Mit Hilfe eines Vorübersetzers (Pre-Kompilierer, z. B. DETAP oder VORELLE) erstellt der Computer sozusagen sein eigenes Programm. Der Vorübersetzer gibt dem Programmierer Hinweise auf Widersprüche und Redundanz der eingegebenen Entscheidungstabellen.

Die ersten zwei und die letzten vier Spalten der Entscheidungstabelle sind redundant. Die verdichtete Form der Entscheidungstabelle enthält in diesem Fall nur noch vier Entscheidungsregeln.

Die Entscheidungstabellen bilden die logische Struktur einer Aufgabenstellung in einer standardisierten Form ab. Sie erleichtern damit die Kommunikation, den Test, die Dokumentation und den Änderungsdienst.

2.5.3.3 Elementarstrukturen im Programmablaufplan

Bereits die letzten Ausführungen haben gezeigt, daß die Vielfalt der Aufgaben noch mit einheitlichen formalen Bausteinen beschrieben werden können. In

2.5.3.1 wurde auf die Steuerkonstrukte in Form von Elementarstrukturen hingewiesen. Als Elementarstrukturen genügen (Abb. V 29):

a) Folge (Sequenz)
b) Auswahl (Selektion)
c) Wiederholung (Repetition; Iteration; Schleife)

Eine Folge entsteht durch Aneinanderreihen von (mindestens) zwei Strukturblöcken A1 und A2. Die Auswahl veranlaßt, abhängig vom Ergebnis (J bzw. N) der Bedingungsprüfung B, die Ausführung des Strukturblocks A2 bzw. A1. Auf diese zweifache Alternative lassen sich auch die beiden Sonderfälle der einfachen ‚Alternative' (Block A1 entfällt) und der Fallunterscheidung (Case-Anweisung, mehr als 2 Blöcke) zurückführen. Das Steuerkonstrukt der Wiederholung beschreibt eine Schleife im Programm. Bei der WHILE-Schleife wird die Bedingung B vor dem auszuführenden Block A geprüft; solange B erfüllt bleibt wird A wiederholt. Die UNTIL-Schleife prüft B erst nachdem A ausgeführt ist. A wird hier mindestens einmal durchlaufen.

Die Unterscheidung zwischen einem bedingten Sprung und einem unbedingten ist bereits bekannt (vgl. I 3.3.1). Die Elementarstrukturen besitzen nur bedingte Verzweigungen. Einen unbedingten Sprung vom Typ GOTO kennen sie nicht. Dieser Anweisungstyp ist bei konventioneller Programmierung oft die Ursache für eine schwere Lesbarkeit der Programme, eine damit verbundene große Fehlerquote und Schwierigkeiten beim Testen und Ändern des Programms. Mit der Anweisung GOTO kann ein Programmierer jeden beliebigen Vorwärts- oder

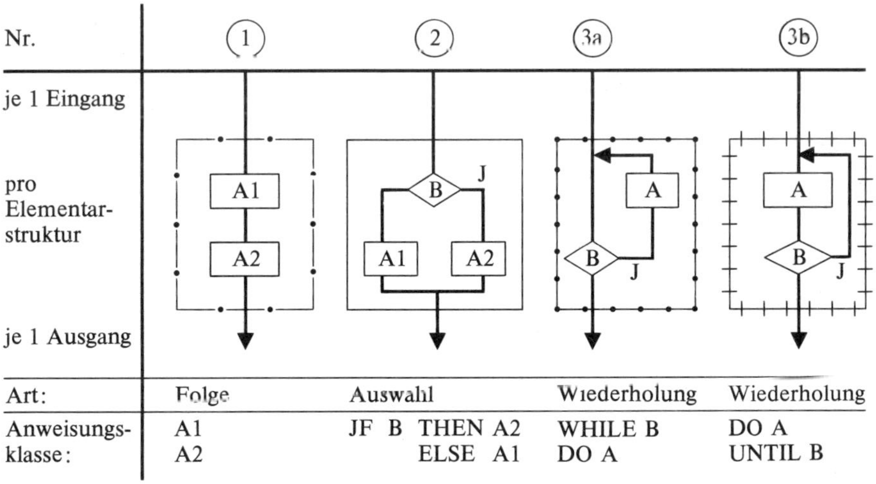

Abb. V 29: 3 Elementarstrukturen, aus denen modular jedes logische Problem strukturiert aufgebaut werden kann.

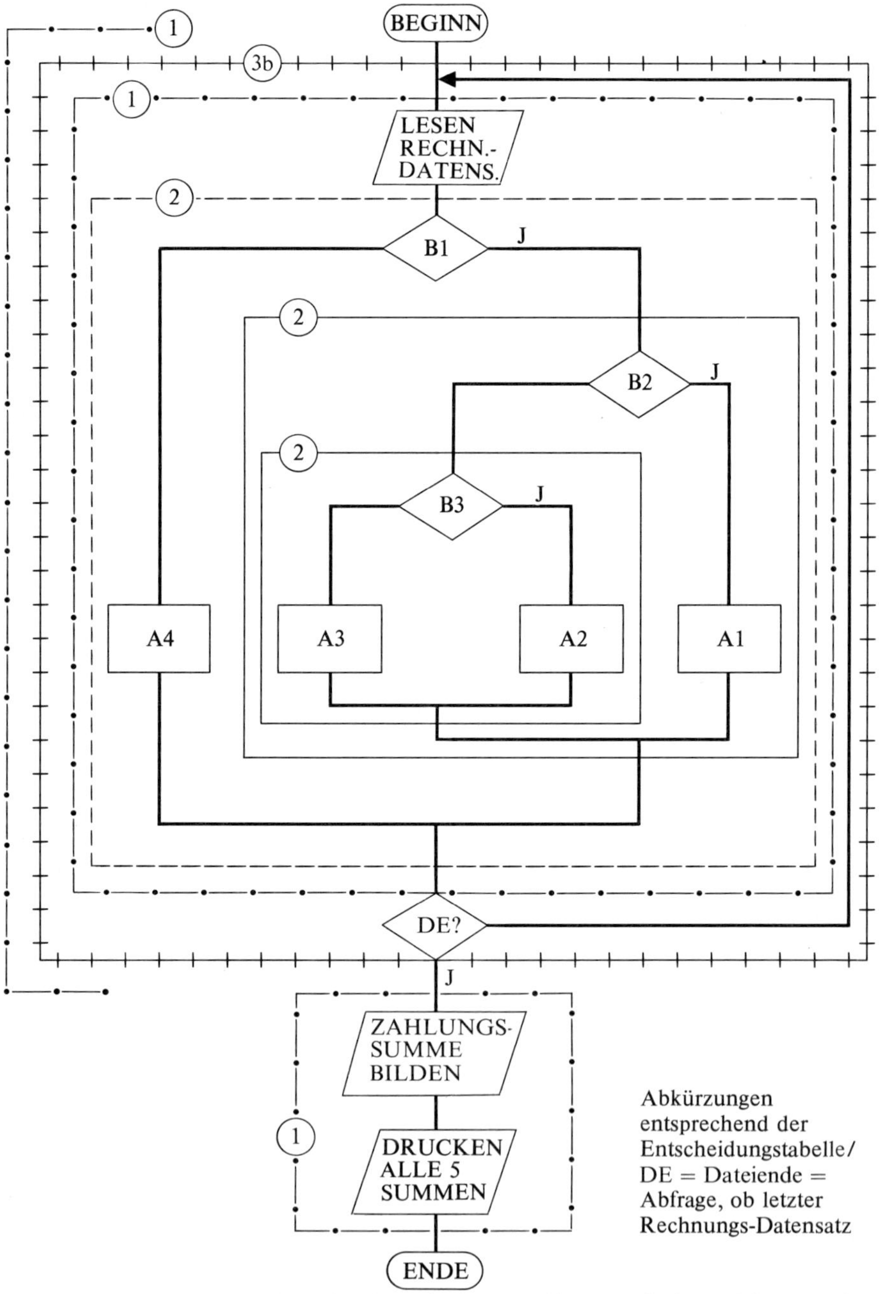

Abb. V 30: Programmablaufplan für das Beispiel aus Abb. V 29 mit eingezeichneten Elementarstrukturklassen gemäß Abb. V 29

Rückwärtssprung vornehmen und damit eine nahezu unbegrenzte ‚Unübersichtlichkeit' erzeugen. 1968 forderte E. W. Dijkstra, Eindhoven, den Verzicht auf GOTO in allen höheren Programmiersprachen, da dieser Anweisungstyp die Problemlogik verschleiere. Die Qualität eines Programms sei umgekehrt proportional zur Zahl der verwendeten GOTO-Befehle.

Die Arbeitsanweisung der oben gezeigten Entscheidungstabelle kann als Programmablaufplan gezeichnet werden, in dem nur Elementarstrukturen verwendet werden. Die black-box-Bildung auf den verschiedenen Ebenen und die daraus bestehenden Elementarstrukturen können der Abb. 172 an Hand der punktierten Einrahmungen entnommen werden. Die Elementarstrukturen 1 und 2 treten je dreimal auf, die Wiederholung (Typ 3b) erscheint einmal. Insgesamt entsteht eine Baumstruktur mit 7 logischen Ebenen. Werden die im strukturierten Programmablaufplan enthaltenen Module durch Einrücken des Programms in 7 Stufen hervorgehoben, so kann sogar das Druckbild des geschriebenen Programms die Baumstruktur widerspiegeln.

2.5.3.4 Elementarstrukturen im Struktogramm

Eine weitere Programmierhilfe ist das *Struktogramm*, auch Nassi-Shneiderman-Diagramm genannt. Es ersetzt einen strukturierten Programmablaufplan. Dabei zeigt es sehr deutlich die drei Elementarstrukturen, wie sie auf den verschiedenen logischen Ebenen eines Programms auftreten. Das Struktogramm in der Abb. V 31 beschreibt die bereits mit der Entscheidungstabelle und dem Programmablaufplan behandelte Aufgabenstellung aus dem oben formulierten Kreditbeispiel. Der Aufbau des Struktogramms führt den Leser automatisch durch die Logik der beschriebenen Aufgabenstellung.

Die Entwurfsarbeit für strukturierte Programme gestaltet sich etwas aufwendiger als bei linearer Programmierung. Auch stellt der kombinierte Einsatz mehrerer Techniken größere Forderungen an die Selbstdisziplin der Programmierer. Der Nutzen durch die Strukturierte Programmierung überwiegt jedoch bei weitem. Anwender, Analytiker und Programmierer durchdenken die Aufgabenstellung und das Problem gründlicher als bei unsystematischer Vorgehensweise. Die Logik des zukünftigen Programms gewinnt an Klarheit und Übersichtlichkeit. Die möglichen Alternativen und Ausgänge werden vollständig erfaßt. Die Fehlerdiagnose wird leichter und schneller. Der Schreibtischtest ersetzt weitgehend die Maschinen-Testzeiten. Detaillierte Programmablaufpläne können häufig entfallen. Standardisierte Dokumentation erleichtert die Wartung und Kommunikation.

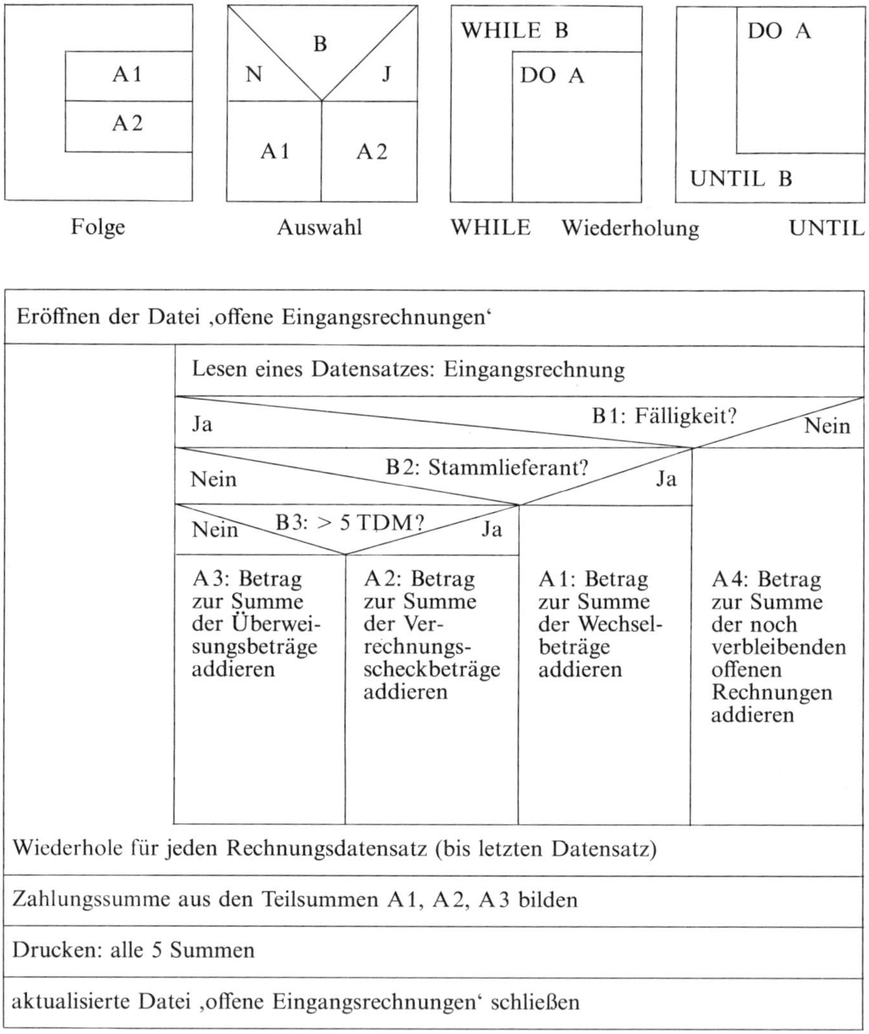

Abb. V 31: Struktogramm: Elementarstrukturen und Beispiel

2.5.3.5 Elementarstrukturen im Pseudocode

Im Gegensatz zu den bisherigen, grafischen und damit platzaufwendigen Darstellungsmitteln beschreibt der Pseudocode den Programmablauf verbal. Er nähert sich damit den Quellenprogrammen in höheren Programmiersprachen. Aus ihnen wurden auch die ‚reservierten Wörter' übernommen, die den Kontrollfluß bestimmen. Sie können von einem Übersetzungsprogramm (Prekompilierer) automatisch in Quellencode umgewandelt werden. Umgangssprachliche Texte beschreiben die auszuführenden Operationen und können im Quellenprogramm als Kommentarzeile stehen bleiben. Die Darstellung im Pseudocode weist bereits auf den Übergang von der Entwurfs- zur Implementierungsphase hin. Durch Einrücken der Textzeilen wird die Blockstruktur sichtbar.

```
DO Zahlungsliste Eingangsrechnungen
   DO Schleife UNTIL letzter Datensatz
      Lese Datensatz ‚Eingangsrechnung‘
      IF B1: Fälligkeit
         IF B2: Stammlieferant
            A1: zur ‚Wechsel‘-Summe addieren
         ELSE
              IF B3. Rechnungsbetrag > 5 TDM
                 A2: zur ‚Scheck‘-Summe addieren
              ELSE
                 A3: zur ‚Überweisung‘-Summe addieren
              ENDIF B3.
         ENDIF B2.
      ELSE
         A4: zur Summe noch offener Rechnungen addieren
      ENDIF B1.
   ENDDO Schleife.
   Zahlungssumme aus A1, A2 und A3 bilden
   5 Summen drucken
ENDDO Zahlungsliste Eingangsrechnungen.
```

Abb. V32: Pseudocode zur Strukturierung des Beispiels ‚Zahlungsliste‘

2.5.4 Methoden und Umgebungen für die Software-Entwicklung

Sind Beschreibungsmittel in Vorschläge bzw. Vorschriften eingebettet, eine bestimmte Vorgehensweise bei der Software-Entwicklung einzuhalten, kann von einer Methode (oder einem Verfahren) gesprochen werden. Beziehen sich die Nutzungsmöglichkeiten auf die Entwurfsphase, so spricht man von einer Entwurfsmethode. Sie muß den Entwurfprozeß erleichtern und korrekte Entwurfsergebnisse dokumentieren. Ferner soll sie für die Entwerfer verständlich und gut handhabbar sein. Schließlich dient sie der Projektleitung als Planungs- und Kontrollinstrument. Auch muß die Methode wirtschaftlich nutzbar sein. Werden diese drei Ziele verfeinert, skaliert und betriebsspezifisch gewichtet, so kann mit einer Nutzwertanalyse die geeignete Entwurfsmethode ausgewählt werden.

2.5.4.1 Normierte Programmierung

Die Normierte Programmierung bezeichnet ein von Rechnermodell und Programmiersprache unabhängiges Verfahren, den Programmablauf vorbereitend zu strukturieren und zu beschreiben. Regeln sollen eine übersichtliche und standardisierte Gliederung von Programmen sichern. Das Verfahren bezieht sich auf sequentielle Dateiverarbeitungen im Stapelbetrieb (V 3.2), wie sie für die kaufmännische Datenverarbeitung typisch ist (Abb. V 5). Derartige Dateiverarbeitungen orientieren sich an Gruppen von Datensätzen. Eine Gruppe wird durch den gleichen Ordnungsbegriff (Schlüssel) oder Teile davon definiert, nach dem sie gemeinsam einer Bearbeitungskette (z. B. Aufnahme in eine Statistik) unterworfen werden. Ändert sich während des Verarbeitungsablaufs der Schlüssel(wert) für die Gruppe, so entsteht ein *Gruppenwechsel*. Ein zweistufiger Gruppenwechsel ergäbe sich bei einer Umsatzstatistik, gegliedert nach Regionen und darunter nach Vertretern, wenn etwa in der mehrstelligen Vertreternummer die eine Schlüsselhälfte nach Postleitzahlen und die andere nach Vertretern codiert wäre. Die Norm DIN 66220 aus 1977 beschreibt diesen Programmablauf nach Satzgruppen. Ein normierter Programmablauf umfaßt folgende Operationen:

a) Vorlauf: Arbeiten zu Programmbeginn, wie Datei eröffnen
b) Eingabe: Sätze einlesen, Gruppenbegriff(e) zwischenspeichern
c) Satzauswahl: nächster Satz aus den zu verbindenden Dateien entsprechend dem kleinsten Gruppenwort zur Verarbeitung auswählen
d) Gruppenverarbeitung: prüfen, ob der Wert des Gruppenbegriffs (Vertreternummer) im neu ausgewählten Satz sich von dem des letzten Satzes unterscheidet. Bei Gruppenwechsel (andere PLZ-Region) werden häufig besondere Verarbeitungsschritte notwendig (wie: Zwischensumme für die letzte Region drucken).
e) Einzelverarbeitung: der ausgewählte Einzelsatz wird verarbeitet (z. B. sein Umsatz-Datenfeld aktualisiert)
f) Programmabschluß: wird in d) der letzte Satz erkannt, so erfolgt der Abschluß (mit Ausgeben von Endsummen und abschließen der Dateien).

Die so erstellte normierte Programmbeschreibung kann über ein Generator- bzw. Vorübersetzerprogramm in ein problemorientiertes Quellenprogramm (z. B. COBOL) umgewandelt werden. Firmen wie ADV/ORGA, Sperry (früher Univac) und Siemens betrieben seit Ende der 60-er bzw. Anfang 70-er Jahre die Praxiseinführung der Normierten Programmierung. Aus der Praxis werden Kostensenkungen von bis zu 30 % genannt. Die stark verbreitete, datenorientierte Methode wird trotz einiger Beschränkungen (nur Komponentenentwurf, sequentielle Verarbeitung) inzwischen auch in Entwicklungsumgebungen (2.5.4.5) integriert.

2.5.4.2 HIPO-Methode

Die Methode HIPO (**H**ierarchie + **I**nput-**P**rocess-**O**utput) wird von IBM als Designhilfe und Dokumentationstechnik für die gesamte Projektabwicklung angeboten. Die Funktionen und die Datenflüsse, weniger die DV-technische Realisierung werden erfaßt. Die HIPO-Methode geht davon aus, daß die zu analysierende und zu gestaltende Gesamtaufgabe mit einer hierarchischen Struktur von Teilaufgaben (Funktionen) bestimmt und grafisch abgebildet werden kann. Funktionen und Datenflüsse werden nach dem Schema: Eingabe (Input), Verarbeitung (Process) und Ausgabe (Output) verbunden. In diesem Sinne nutzt HIPO drei Arten von Diagrammen:

a) die visuelle Inhaltsübersicht (Hierarchiediagramm)
b) Überblickdiagramm
c) Detaildiagramme (incl. erweiterter Beschreibung).

Die visuelle Inhaltsangabe liefert eine hierarchische Struktur der Aufgabenpakete (ähnlich Abb. V 33). Die Paketnumerierung korrespondiert mit denen der Überblick- und Detaildiagramme. Das Überblickdiagramm beschreibt die Hauptfunktionen. Die Detaildiagramme sind ähnlich aufgebaut, bieten aber noch Raum für erweiterte Beschreibungen einzelner Funktionen, ggf. mit Verweis auf eine Verfeinerung mit einer Entscheidungstabelle. HIPO betont die Datenflüsse. Der Steuerfluß verläuft üblicherweise von oben nach unten gemäß der Funktionennumerierung, kann aber auch anders verlaufend eingezeichnet werden.

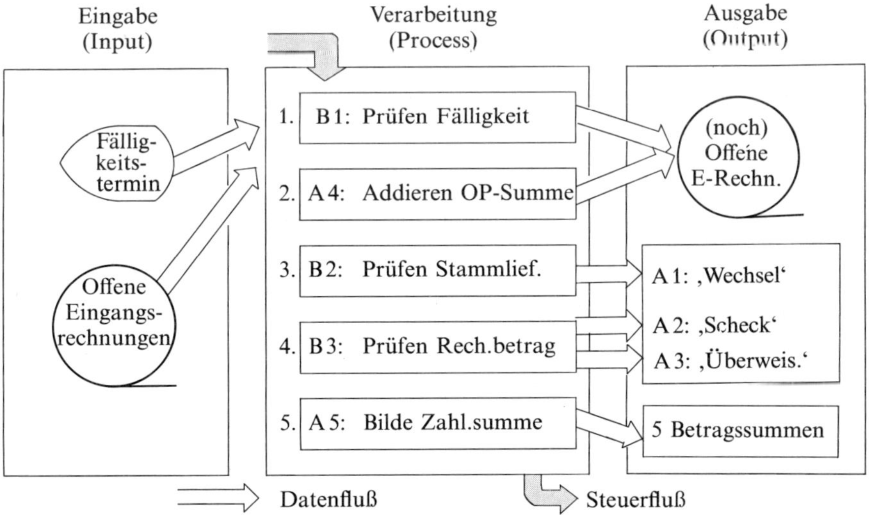

Abb. V 33: HIPO-Diagramm zum Beispiel ‚Eingangsrechnung'

2.5.4.3 Jackson-Methode

Im Jahre 1975 veröffentlichte M. A. Jackson in seinem Buch ‚Principle of Program Design' eine Methode zum strukturierten Entwurf (JSP = Jackson structured programming) von Komponenten, Programmen und Systemen, die transparent, einfach und korrekt sein sollen. Die Grundlage der Jackson-Methode besteht in einer dreistufigen Vorgehensweise:

1) Definiere aus einer Problemanalyse heraus die Strukturen der zu verarbeitenden Daten
2) Bilde darauf aufbauend eine Programmstruktur
3) Erstelle eine Liste elementarer Operationen zur Aufgabenerfüllung, wie := (Zuweisung) oder ‚DRUCKE', und ordne sie den Komponenten der Programmstruktur zu.

Sowohl zur Darstellung der Datenstrukturen als auch der Programmstruktur werden drei Konstrukte bzw. Elementarstrukturen eingesetzt:

a) Folge (Sequenz)

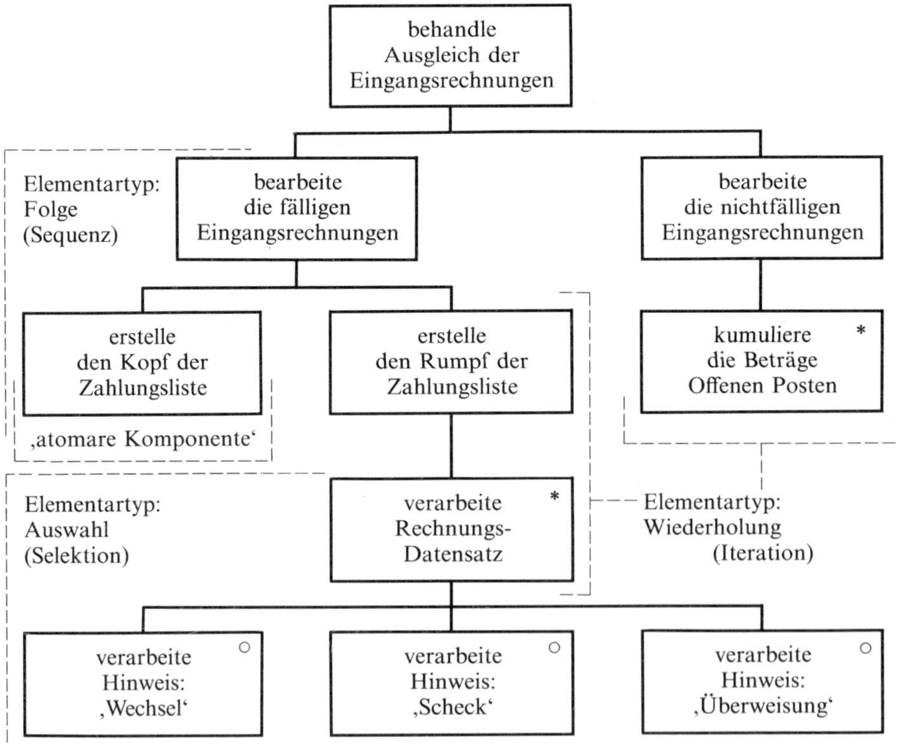

Abb. V 34: Jackson-Programmstruktur für ‚Eingangsrechnungen'

b) Wiederholung (Iteration, Symbol *)
c) Auswahl (Selektion, Symbol o)

Zusätzlich ist noch ein vierter Komponententyp, der atomare, vorgesehen; er kann nicht weiter zerlegt werden. Die Komponenten sind logisch und zeitlich von links nach rechts zu lesen und abzuarbeiten (vgl. den Elementartyp Folge in Abb. V 34). Der Kontroll- bzw. Steuerfluß der Programmlogik läuft von links nach rechts. Ein Diagramm der Komponententypen ist nicht als Programmablaufplan zu deuten. So bedeutet der untere Auswahltyp in Abb. V 34, nicht daß die letzten drei Komponenten alternativ nach der Komponenten ‚verarbeite Rechnungs-Datensatz' abzuarbeiten, sondern daß sie alle drei Teil von ihr sind.

Die Abb. V 34 enthält die Programmstruktur für das bereits aus den vorhergehenden Kapiteln bekannte Beispiel der ‚Zahlungsliste Eingangsrechnungen'. Die dazu ähnlich aufgebauten *Datenstrukturen* für die Eingabe- und Ausgabe gemäß dem zweiten Verfahrensschritt wurden hier nicht wiedergegeben. Im dritten Verfahrensschritt würden die auszuführenden Operationen zugeordnet; so wäre unter anderem die Operation $S := S + B$ mit der Summe S und dem Rechnungsbetrag B der jeweiligen Rechnung unter die unteren drei Komponenten des Diagramms anzuordnen. Letztlich schlägt Jackson noch einen vierten Verfahrensschritt vor: Das so ergänzte Strukturdiagramm wird in einen Pseudocode umgesetzt, der starke Nähe zu COBOL aufweist (schematic logic). Die Annahme für den zweiten Verfahrensschritt, daß die Programmstruktur mit der Datenstruktur stark übereinstimmen und auf ihr abgebildet werden kann, trifft faktisch nur bei kaufmännischen Aufgaben mit vielen Ein- und Ausgaben ohne komplexe innere Programmstruktur zu.

2.5.4.4 SADT-Methode

Die SADT-Methode (**S**tructured **A**nalysis and **D**esign **T**echnique) dient der funktionalen Analyse und partiell der Gestaltung von Systemen – dem Selbst-

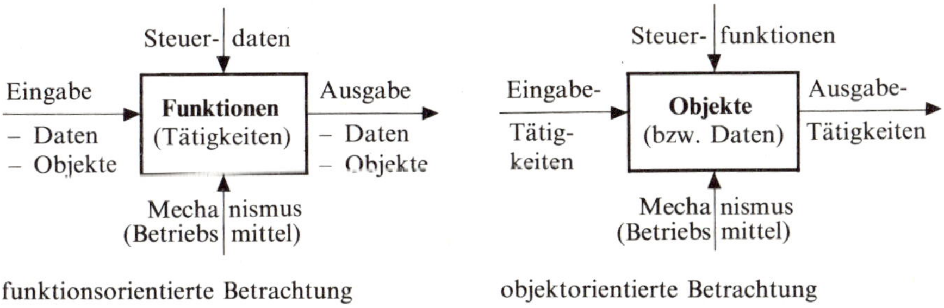

Abb. V 35: Bausteine für ein SADT-Funktionsdiagramm und SADT-Datendiagramm

verständnis der Methode gemäß nicht nur von Softwaresystemen. Nutzungsschwerpunkt dürfte eher in der Phase der Problemanalyse als des Entwurfs liegen. SADT versucht der dualistischen Situation einer Systemanalyse, insbesondere auch jeden Software-Entwurfs, gerecht zu werden. Danach sind stets sowohl Aufgaben (Funktionen, Tätigkeiten, Aktivitäten) als auch Daten (oder Objekte) zu untersuchen, zu beschreiben und ggf. zu strukturieren. Jede Systembeschreibung sollte deshalb aus zweifacher Sicht erfolgen, wozu standardisierte Grafikelemente angeboten werden (vgl. Abb. V 35).

Knoten (Kästchen) symbolisieren die Aktivitäten, Pfeile die Datenflüsse oder umgekehrt. Demgemäß entstehen *Funktionendiagramme* oder *Datendiagramme*. Jedes Diagramm besteht üblicherweise aus 3 bis 6 Knoten. Top-Down-Zerlegungen in mehreren Stufen verfeinern je einen Knoteninhalt (bis dahin eine black box) in wiederum 3 bis 6 Untereinheiten. Die punktierte Umrandung in Abb. V 36 verweist auf den zugehörigen, übergeordneten Knoten. Die Datenflüsse sind in ihrer Anordnung standardisiert. Von links nach rechts die Ein-/Ausgabeströme (z. B. Stammdaten), von oben die Daten mit teilweise steuern-

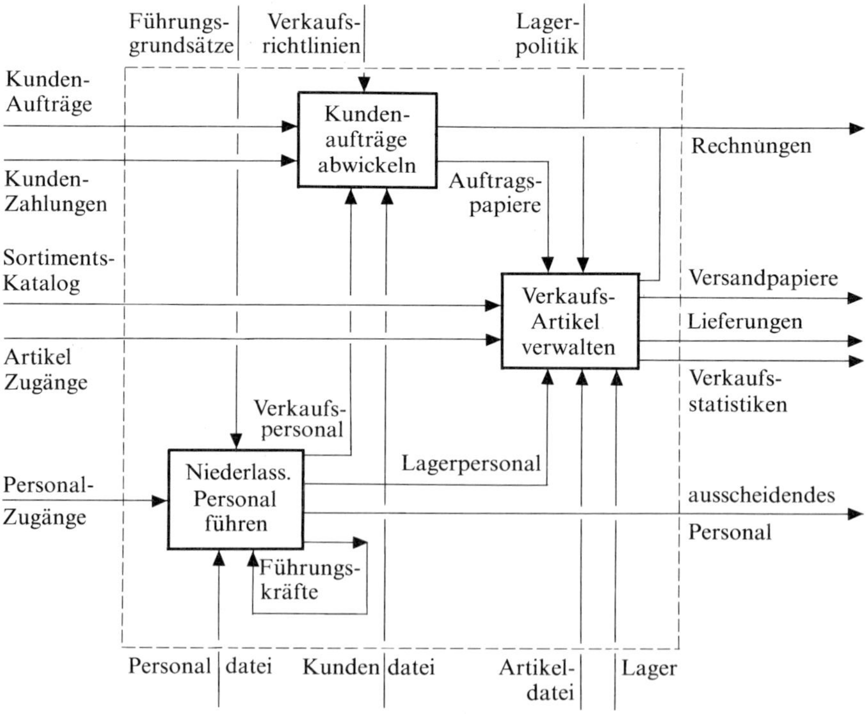

Abb. V 36: SADT-Funktionendiagramm für die Aufgaben einer Verkaufsniederlassung den Wirkungen (gewisser Steuerfluß). Da keine eigenen Symbole für den Steuer- bzw. Kontrollfluß vorgesehen sind, eignet sich SADT kaum für die Programmstrukturierung. Pfeile von unten antizipieren etwas die ‚Basismaschine', indem ‚Mechanismen' (Dateien, Betriebsmittel und Personal) für die spätere Durchführung erwähnt werden. Als Darstellungsmittel dienen die Diagrammsprache, Textblätter und ein Glossar, das im Konsens definierte Begriffe und Abkürzungen aufnimmt. SADT fördert die Verständigung in der Projektgruppe und mit dem Auftraggeber. Die Dokumentation entsteht projektbegleitend. Die Methode ist leicht erlernbar. Sie zwingt die Systemsituation aus unterschiedlicher Sicht vertikal und horizontal zu beschreiben und damit zu verstehen. Komplexe Zusammenhänge gewinnen an Transparenz. Die Diagrammtechnik ist jedoch aufwendig. Dabei treten semantische Interpretationsprobleme auf.

2.5.4.5 Software-Werkzeuge und -Umgebungen

Die Vielzahl von Beschreibungsmitteln, Methoden und Werkzeugen für die Software-Entwicklung und für die begleitende Projektkoordination lassen sich angesichts der schnellen Veränderungen nur bedingt klassifizieren. Dennoch werden in der Literatur und Praxis immer wieder solche Bemühungen erkennbar. Die Abb. V 37 versucht dem Leser eine gewisse Orientierung zu geben, wenngleich die z. T. fließenden und uneinheitlichen Definitionen zu bedenken bleiben.

Beschreibungsmittel, auch als Darstellungsmittel oder -technik bezeichnet, verwenden Symbole, Tabellen, Diagramme oder/und spezielle Sprachen. Primär setzt man sie in der Entwurfsphase ein, um eine für den System- und/oder Komponentenentwurf gültige Lösung zu gestalten und/oder zu beschreiben. Partiell nutzt man sie auch in den anderen Phasen der Software-Entwicklung, insbesondere zur begleitenden Dokumentation. Die Beschreibungsmittel beschränken sich oder betonen Teilaspekte des Entwurfs, wie Datenfluß oder Programmlogik. Kennzeichnend ist die Formalisierung, d. h. die weitgehende Einschränkung der individueller Formen. Das Kapitel 2.5.3 verglich häufig eingesetzte Beschreibungsmittel, weitere wären: ereignisorientierte Petrinetze für Echtzeitbetrieb und algebraische Beschreibung abstrakter Datentypen.

Eine Software-*Entwurfsmethode* bietet einen Satz abgestimmter Verfahrensregeln, nach denen der Entwickler vorzugehen hat, um einen System- und/oder Komponentenentwurf systematisch zu gestalten. Die Regeln beruhen meist auf allgemein anerkannten Gestaltungsstrategien und -prinzipien (z. B. top down design). Die Verfahrensregeln geben an, welche Arbeitsschritte, Handlungs- und Vorgehensweise einzuhalten sind, sie wirken auf den Entwickler normativ. Die Entwurfsmethoden nutzen einzelne Beschreibungsmittel und deren Vorteile; so setzt beispielsweise HIPO für die Detailbeschreibung Entscheidungstabellen ein.

Je nach primär betontem Aspekt der Entwurfsarbeit unterscheidet man gelegentlich auch zwischen aufgaben-, daten- und prozeßorientierten Methoden. Das Kapitel 2.5.4 gab einen kurzen Einblick in Vorgehensweisen und Beschreibungsmittel von drei verbreiteten Entwurfsmethoden. Weitere wären ebenfalls zu behandeln: LITOS (Linzer Technique of Softwaredesign), Structured Design/Composite Design (SD/CD, Constantine), Warnier (LCP). Hier führt einschlägige Literatur weiter.

Sowohl die Entwurfsmethoden als auch diverse Beschreibungsmittel werden zunehmend computer-gestützt verwendet. Die dafür eingesetzten Programme und Softwaresysteme nennt man *Werkzeuge (Tools)*. Dazu zählen Text- und Grafikeditoren ebenso wie Generatoren für Entscheidungstabellen, Struktogramme oder Pseudocode. Die Mehrzahl der Werkzeuge, einschließlich Kompilierer unterstützt die Implementierungsphase.

Beschreibungsmittel, Methoden und sie unterstützende Werkzeuge werden einzeln neu- oder weiterentwickelt, sie werden aber vor allem zunehmend zu Software-*Entwicklungssystemen* integriert. Sie unterstützten die Software-Herstellung über mehrere oder gar alle Phasen des Entwicklungsprozesses hinweg. Dazu müssen beispielsweise auch Werkzeuge für den Qualitätstest und vor allem die interaktive Dokumentation angeboten werden. Wird ein Entwicklungssystem von der Problemanalyse bis zur Betriebsphase noch unterstützt durch ein Pro-

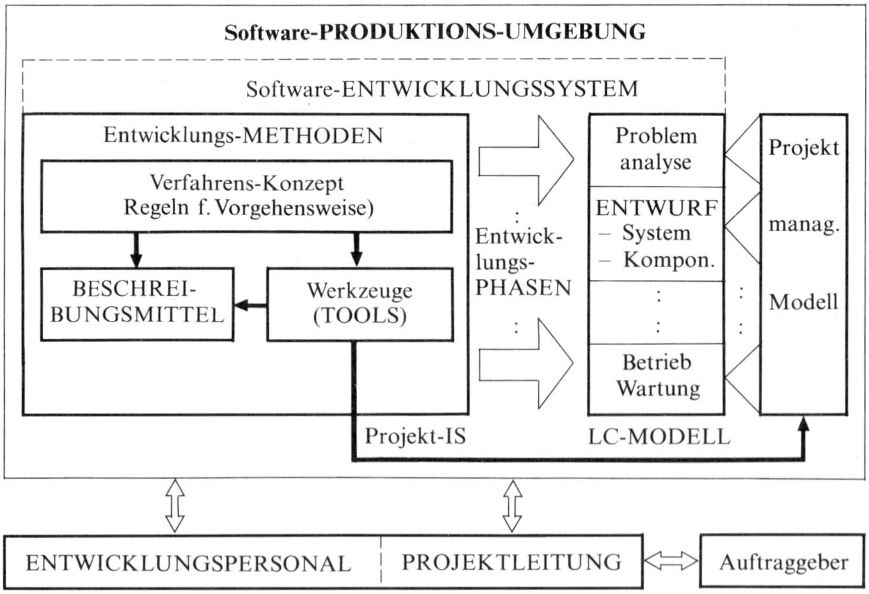

Abb. V 37: Software-Produktionsumgebung

jektinformationssystem, so spricht man auch von einer *Software-Produktionsumgebung*. Andere Ausdrücke sind Software-Entwicklungsumgebung oder Produktionssystem oder software engineering/development environment. Einige Produktionsumgebungen unterstützen außer der Software-Entwicklung auch die Hardware-Entwicklung; spezielle Werkzeuge zum Konfigurationsmanagement werden erprobt. Charakteristische Merkmale von Produktionsumgebungen sind:

- Die angebotenen Hilfsmittel sollen mehrere oder alle Phasen der System- und der Komponentenentwicklung rationalisieren; so sollen etwa Varianten und neue Versionen entwickelter Softwaresysteme weitgehend automatisch generiert werden können.
- Software-Entwickler unterschiedlicher Disziplinen und meist auch Organisationseinheiten arbeiten zusammen; Methoden- und Rechnereinsatz sollen unterstützend und entlastend und nicht einengend wirken. Die Kreativität der Entwickler muß erhalten bleiben.
- Der Arbeitsprozeß wird als Projekt verstanden und organisiert, d. h. mit Projektleitung, starke Ziel-/Ergebnisorientierung, arbeitsteilige Entwicklung von Teilaufgaben, phasenweise Ergebnisbündelung (vgl. Abb. V 26)
- Einsatz vorgeschriebener Beschreibungsmittel, Methoden und Werkzeuge, Netzplantechnik- und andere Projektmanagement-Software
- projektbegleitende, interaktive Dokumentationen mit Datenbank, u. a. Datenlexikon (data dictionary) und Projektbibliothek.

Aufgaben zu V 2.5

(1) Versuchen Sie mit eigenen Worten zu erläutern, was mit den Begriffen Software-Technologie und -Engineering bezeichnet werden soll?

(2) Was spricht:
  a) für die Nutzung eines Phasenmodells, um den Software-Entwicklungsprozeß zu beschreiben und zu gestalten
  b) gegen diese Nutzung.

(3) Bei einer Auswertung sollen in eine Statistik I alle Artikel aufgenommen werden, die von den drei Merkmalen A, B, C mindestens zwei erfüllen. Artikel, die keines der drei Merkmale aufweisen, werden nicht erfaßt. Die Statistik II nimmt die restlichen Artikel auf. Wie sieht die entsprechende Entscheidungstabelle aus?

(4) Welche der Elementarstrukturen 1, 2, 3a, 3b (vgl. Abb. V 29) findet man in dem Programmablaufplan Abb. V 12?

(5) Annahme: anders als im Programmablaufplan Abb. V 12 würde der Ausgang von A1 zum Eingang von A2 verlaufen. Was würde dies bezüglich der Strukturierung bedeuten?

(6) Nennen Sie Methoden für die Software-Entwicklung und versuchen Sie diese kurz zu charakterisieren.

3. Rechner-Betriebsarten

3.1 Klassifizierungsschema

Von dem Relaisrechner Z3 von Zuse bis zu den komplexen Datenverarbeitungssystemen der heutigen Zeit führten viele Entwicklungsstufen. Nicht nur die Endgeräte, Schaltungstechniken und Programmiersprachen wurden verändert und verbessert. Auch die Komplexität der Rechnerstrukturen und der Betriebsarten der Computer stieg. Als Betriebsart seien die Bedingungen und Formen bezeichnet, nach denen ein Computer die Programme der Anwender bearbeitet. Verschiedene Betriebsarten bildeten sich heraus und verändern sich laufend. Sie unterscheiden oder überlappen sich bezüglich mehrerer Merkmale. Im Interesse des Überblicks und der gegenseitigen Verständigung – gerade auch mit Nicht-DV-Spezialisten – müßte eine mehrdimensionale Klassifikation gesucht werden. Die folgende Merkmalsanalyse ist ein solcher Versuch.

	Einprogrammbetrieb (single tasking)		Mehrprogrammbetrieb (multi tasking)		
Einprozessorbetrieb	1	5	9	13	nicht EZB
	2	6	10	14	Realtime-/ Echtzeitbetrieb (EZB)
Mehrprozessorbetrieb	3	7	11	15	
	4	8	12	16	nicht EZB
	ohne Prior.	mit Prioritäten		o. P. Zeitteilung	

Jede dieser 16 Kombinationen kann noch mit den letzten beiden der genannten Merkmale kombiniert werden. Somit entstehen $2^2 \cdot 16 = 64$ Merkmalsverbindungen.

Die Betriebsart D1 charakterisiert zum Beispiel die Arbeitsweise:
- mit Operateurbedienung, d.h. Programmabgabe beim Operateur
- ohne Datenübertragung
- stets nur ein Programm im Prozessor
- Rechnerstruktur mit einem Prozessor
- keine Echtzeitverarbeitung
- Programmverarbeitung in der Anlieferfolge (ohne Prioritäten)

	Anwenderbetrieb	Operateurbetrieb
(mit Netzkopplung) Datenübertragungsbetrieb	1 13 A 4 16	1 13 C 4 16
kein DÜ-Betrieb (ohne Netzkopplung)	1 13 B 4 16	1 13 D 4 16

Abb. V 38: Merkmalsanalyse der Betriebsarten

Die einzelnen Rechnerstrukturen, installiert und projektiert, können in einem ersten Schritt mit diesem Klassifikationsschema kurz beschrieben werden. Gerade die erkennbaren Veränderungen in der Art des Rechnereinsatzes (z. B. dezentralisierte Computernetze) rechtfertigen solche Klassifizierungsversuche. Die folgenden Kapitel gehen auf bekannte Formen von Betriebsarten ein. Die dabei verwendeten Begriffe können eine oder mehrere der 4 × 16 Merkmalskombinationen überdecken.

3.2 Stapelverarbeitung

Unter Stapelverarbeitung (Batch-Processing) versteht man das sukzessive, schubweise Abarbeiten mehrerer vollständig gestellter Aufgaben. Man kann sich einen Stapel ‚aufeinandergeschichteter' Programme vorstellen, die nacheinander **einzeln** abgearbeitet werden. Für das nachfolgende Programm stehen Zentraleinheit und Peripheriegeräte erst zur Verfügung, wenn das im ‚Wartestapel' vorausgehende Programm vollkommen abgearbeitet ist.

Stapelverarbeitung ohne Prioritäten (Betriebsart D1)

Ist in der Betriebsweise keine Vorrangsteuerung vorgesehen, so werden alle anfallenden Programme gleichberechtigt behandelt. Es gibt keine Prioritäten, keine Vorrechte. Der Programmstapel wird in der Reihenfolge der zeitlichen Ankunft abgearbeitet. Die sequentielle Verarbeitung der anstehenden Probleme (Jobs) geht aus der Abbildung hervor.

Im Stapelverfahren ohne Prioritäten arbeiteten bis vor wenigen Jahren alle DVA. Ein typisches Beispiel für eine derartige Betriebsweise ist der Arbeitsrhythmus eines kleinen Rechenzentrums. Die zahlreichen Benutzer geben ihre Programme in Lochkarten gestanzt ab, die Programme werden gestapelt und dann verarbeitet.

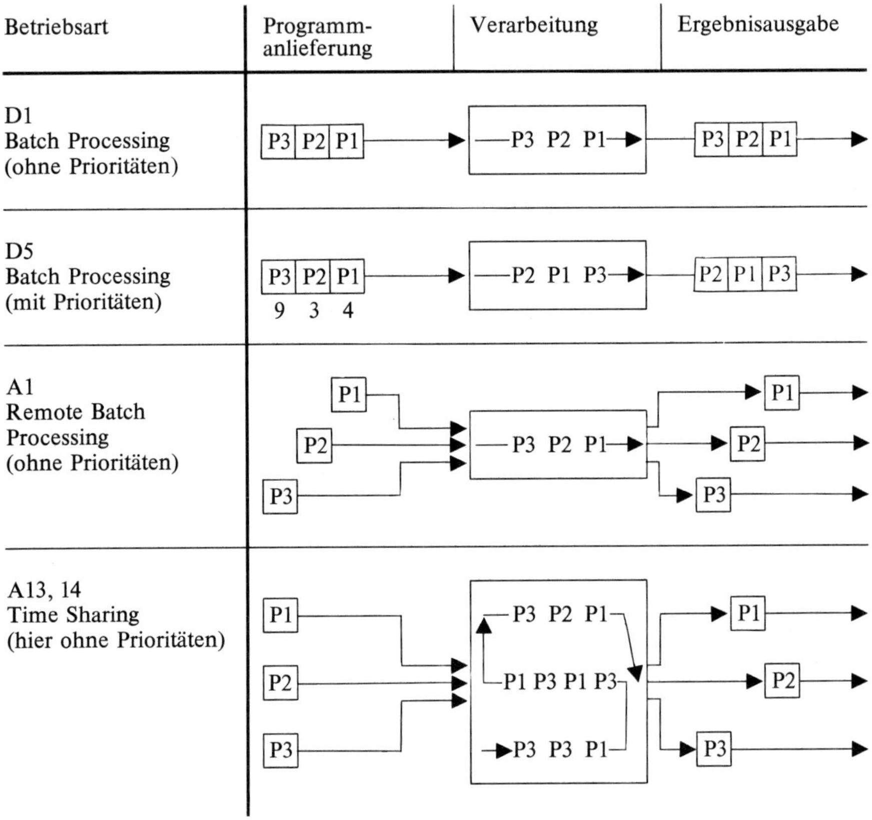

Abb. V 39: Betriebsarten und die zeitliche Reihenfolge bei der Abfertigung der Programme

Stapelverarbeitung mit Prioritäten (Betriebsart D5)
Prioritäten bei der Verarbeitung von Programmen werden vorwiegend bei der Multiprogramming-Betriebsweise (vgl. 3.4) angewandt. Es gibt jedoch auch Rechner mit Stapelverarbeitung, die Prioritäten berücksichtigen. Die Priorität eines Programms wird durch eine Zahl gekennzeichnet – z. B. hohe Zahl = hohe Priorität. Die Stufung der Prioritäten kann grob oder fein sein – 100 Stufen und mehr sind durchaus möglich. Der Stapel der wartenden Programme wird (etwa im Plattenspeicher) nicht mehr in der Reihenfolge zeitlichen Eintreffens, sondern in der Reihenfolge der Prioritäten ‚aufgebaut'. Damit bleibt gesichert, daß stets das Programm mit der höchsten Priorität vorrangig behandelt wird (vgl. Abb. V 39).

Teilnehmer-Stapelverarbeitung (Betriebsart A1, A5)
Eine Variante bietet die Stapelverarbeitung über Teilnehmerbetrieb. Auch hier werden die Programme sequentiell abgearbeitet. Die Eingabe der Programme

und Daten und die Ergebnisausgaben erfolgen aber über Endgeräte (terminal, remote) mit Hilfe der Datenübertragung. Man spricht deshalb von remote job entry, also der Eingabe (entry) eines Auftrags (job) über eine Station (remote). Auch die Bezeichnung remote batch processing findet sich. Den einzelnen Stationen können unterschiedliche Prioritäten zugeordnet werden.

Die vollständige Abarbeitung vorausgehender Programme des Wartestapels kann für die nachfolgenden Benutzer erhebliche Wartezeit (einige Minuten) bewirken. Die Antwortzeiten (response time), d.h. die Wartezeiten für die Ergebnisse, können also für manche Benutzer relativ hoch werden.

3.3 Time-Sharing

Die subjektive Belastung des Teilnehmers durch Wartezeit kann mit Hilfe der Betriebsart Time-Sharing praktisch verhindert werden. Die spezifische Betriebsart der Zeitteilung erweckt beim dezentralen Teilnehmer den Eindruck, der Computer arbeite ausschließlich für ihn. In Wirklichkeit steht der Rechner reihum jedem Teilnehmer nur periodisch für kurze Zeit zur Verfügung. Dies gelingt mit dem technischen Trick des time-slicing (Zeitteilung). Ein zeitlicher Grundzyklus T wird in n Zeitsegmente aufgeteilt, wenn n Teilnehmerstationen (remote) angeschlossen sind. In jedem Grundzyklus T steht jedem der n Programme für das Zeitsegment $t = T/n$ die Zentraleinheit zur Verfügung. Das Zeitsegment t liegt bei o,1 bis 1 Sekunde.

Ist ein Programm während eines Zeitsegments t nicht vollständig verarbeitet, so setzt der Rechner im folgenden Zyklus die Bearbeitung fort. Die n Aufträge (job), d.h. Programme und zugehörige Daten, bleiben in Peripherspeichern in Warteposition. Die Kontrolle über den Prozessor und die notwendigen Bereiche des Hauptspeichers hat stets nur der jeweils für das Zeitsegment t aktivierte Auftrag. Ein- und Ausgabeoperationen können über die Kanalsteuerung auch außerhalb der Zeit t ablaufen. Nach der Zeit t, die ein interner Zeitgeber kontrolliert, lagert der Prozessor den betreffenden Auftrag (Programm, Daten,

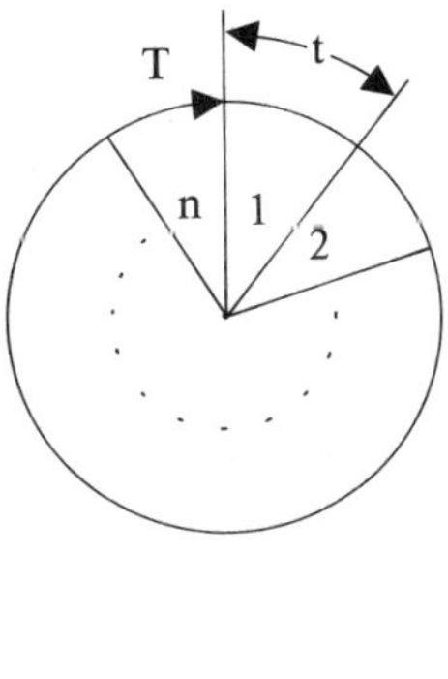

Grundzyklus: $T = n \cdot t$
Teilnehmerzahl: n
Zeitsegment: t

Abb. V 40: Prinzip des time-slicing

Zwischenergebnis) aus dem Hauptspeicher aus und aktiviert einen neuen Auftrag (job).

Voraussetzung für die Anwendung der Betriebsart Time-Sharing ist eine hohe interne Rechnergeschwindigkeit. Sie vermittelt dem Teilnehmer im Vergleich zu seiner eigenen Reaktionsgeschwindigkeit den subjektiven Eindruck, im steten Kontakt mit dem Prozessor zu stehen. Reale Time-Sharing-Systeme verwenden keine streng gleichlangen Zeitsegmente t. Vielmehr errechnet ein Betriebssteuerprogramm (vgl. V 4.) anhand verschiedener Kriterien (z.B. Speicherbedarf, Mindest- und Maximalzeiten) das zulässige Zeitsegment t je Auftrag. Auch koordiniert dieses Programm den Gesamtzeitbedarf aller Teilnehmerstationen mit dem Rechenzeitbedarf ‚gleichzeitig' ablaufender Stapelprogramme. Der interne Verwaltungsaufwand bei dieser Betriebsart der Zeitteilung (A 13, 14, 15, 16) ist groß.

3.4 Multiprogramming

Während Time-Sharing-Systeme die Prozessorzeit mittels der Zeitteilung zuordnen, erfolgt die Zuordnung beim Multiprogramming-Betrieb über eine Prioritätssteuerung. Anstoß zur Entwicklung von Rechnersystemen mit Multiprogramming-Betriebsarten gab die Problematik der stark unterschiedlichen Geschwindigkeiten von Zentraleinheit und Peripheriegeräten, wie sie in Kap. IV 3.1 angesprochen worden ist. Bei der Stapelverarbeitung wurde stets nur ein Programm im Prozessor bearbeitet. Sind Ergebnisse über ein Endgerät auszugeben, so wird die schnelle Zentraleinheit durch das weitaus langsamere Endgerät gehemmt. Die teure Zentraleinheit (Prozessor und Hauptspeicher) wird also nicht optimal ausgenutzt. Diesen Nachteil vermeidet die Multiprogramming-Betriebsart. Hierbei werden verschiedene Programme gleichzeitig innerhalb des Prozessors bearbeitet. Die Zentraleinheit und die Periphergeräte arbeiten weitgehend unabhängig voneinander. Der Datentransfer erfolgt über die Kanalsteuerung. Dadurch kann etwa der Prozessor ein Programm bearbeiten, während die Ausgabeeinheit die Ergebnisse eines anderen Programms druckt und die Eingabeeinheit Daten für ein neues Programm einliest.

In Abb. V 41 ist das Multiprogramming-Verfahren vereinfacht dargestellt. Die Prioritäten der Programme beziehen sich stets auf die Verarbeitungsreihenfolge im Prozessor. Ein Programm gibt den Prozessor nur dann frei, wenn:
entweder: von ihm ein Ein-/Ausgabe-Gerät benötigt wird
oder: ein Programm höherer Priorität die Zentraleinheit anfordert.

In der Abb. V 41 steht der Prozessor dem Programm P2 nur solange zur Verfügung, bis Programm P1 (mit höherer Priorität!) die Ausgabe abgeschlossen hat und ihn wieder beansprucht. Es ist zu entnehmen, daß mit der Multi-

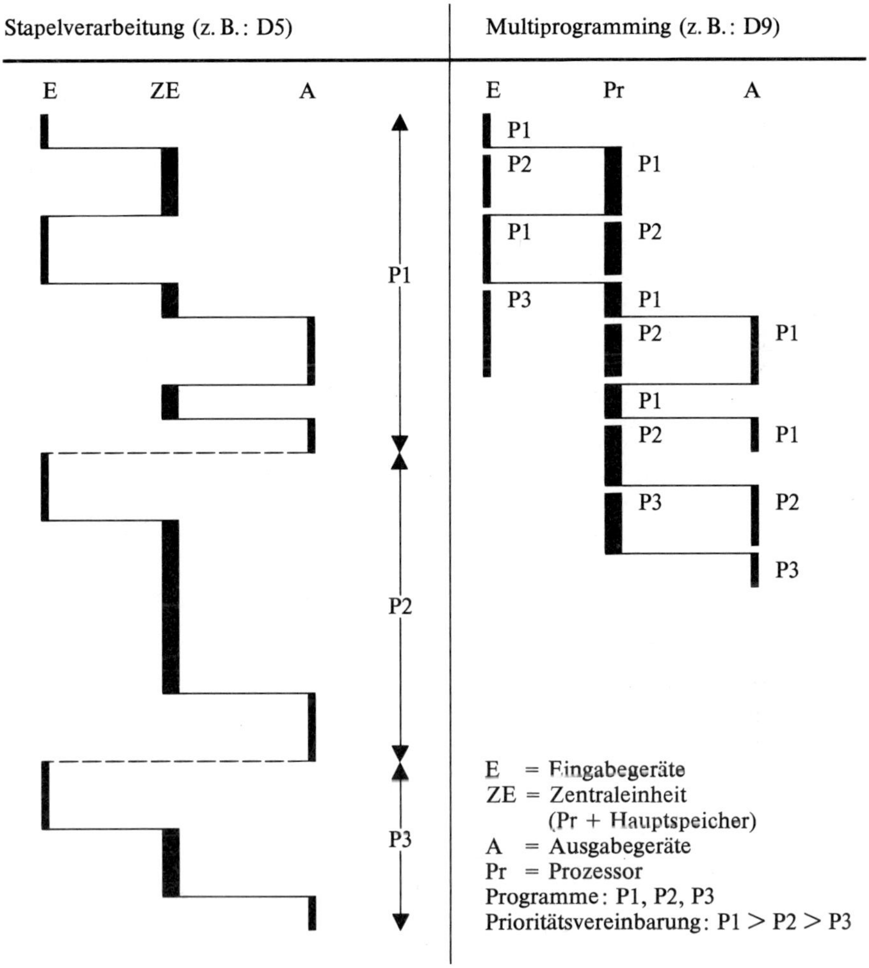

Abb. V 41: Unterschiedliche Geräteausnutzung bei Stapelverarbeitung und Multiprogramming

programming-Betriebsart die Zentraleinheit und die Periphergeräte zeitlich weitaus besser ausgenutzt sind als bei der Stapelverarbeitung.

Wird ein Programm, das gerade den Prozessor beschäftigt, unterbrochen, so muß der derzeitige Verarbeitungsstand irgendwie abgespeichert werden. Dieser Verarbeitungsstand ist gekennzeichnet durch den Inhalt der einzelnen Register (Akkumulator, Befehlszähler, Indexregister usw.). Dieser Inhalt muß also bei Programmunterbrechung abgespeichert und bei Programmfortsetzung wieder in die Register eingelesen werden. Das Multiprogramming erfordert somit eine ausgefeilte Unterbrechungstechnik (interrupt) – ähnlich dem Time-Sharing. Diese und ähnliche Verwaltungsaufgaben übernimmt das Betriebssystem.

3.5 Echtzeitverarbeitung

Den verschiedenen Formen der Echtzeitverarbeitung (realtime processing) ist gemeinsam, daß ein Rechnersystem in einem Kommunikationsvorgang:
- auf einen elektrisch direkt angeschlossenen Regelprozeß schritthaltend einwirken
- von diesem Rückmeldungen empfangen
- den internen Modellzustand (Programm, Daten) entsprechend anpassen und
- erneut Einfluß nehmen, d. h. antworten

können muß.

In einer Prozeßregelung ist der Echtzeitrechner an eine technische Anlage gekoppelt. Dies können beispielsweise Radaranlagen, Walzstraßen, Raffinerie- oder Kraftwerksanlagen sein (vgl. VI 2.1.6). Sind in den Regelprozeß Menschen aktiv einbezogen, so spricht man von einem Dialogbetrieb. Dialogvorgänge treten zum Beispiel bei Platzbuchungssystemen, Lagerhaltung, Kontodispositionen, aber auch bei pädagogischen Anwendungen auf. Schon die wenigen Beispiele zeigen, daß das Merkmal ‚schritthaltend' nicht für alle Regelprozesse gültig quantifiziert werden kann. Die Antwortzeit (response time), also die Reaktionszeit des Echtzeitrechners, bedarf in jedem konkreten Anwendungsfall der Präzisierung.

Bei der Dialog-Kontendisposition einer Bank bestimmt die Wartegeduld der Kunden die obere Grenze der Antwortzeit. Bei automatisierten Produktionsprozessen und erst recht bei Radarsystemen muß die Antwortzeit weitaus kürzer sein. Das Merkmal ‚Echtzeit' (vgl. Abb. V 38) kann mit einem Einprozessor-Computer im Einprogrammbetrieb ohne Datenübertragung (D2) realisiert

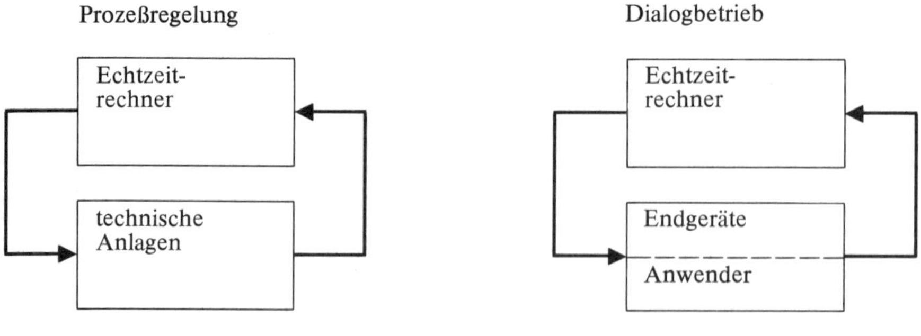

Abb. V 42: Echtzeitrechner zur Prozeßregelung und zum Dialogbetrieb

werden, z.B. Vor-Ort-Regelung einer technischen Anlage mit einem Mikrocomputer. Das gleiche kann natürlich auch mit Datenübertragung (C2) praktiziert werden. Sollen neben der Regelung eines technischen Prozesses auch Verwaltungsprogramme verarbeitet werden, so bietet sich ein Mehrprogrammbetrieb an, wobei dem Prozeßprogramm die höchste Prioritätskennzahl zugeordnet bleibt (Echtzeit-Multiprogramming: D10, C10). Zur quasisimultanen Prozeßrechnung bietet sich das Time-Sharing an (D14, C14), wobei die Zeitelemente (time slices) im Interesse einer kurzen Antwortzeit klein gewählt werden. Eine echte Simultanregelung mehrerer technischer Prozesse ermöglicht ein Mehrprozessor-Computer (D15, C15).

Ähnliche Überlegungen, wie sie hier für die Prozeßregelung (im Operateurbetrieb) angestellt wurden, gelten auch für die verschiedenen Dialogbetriebsarten (Anwenderbetrieb A, B aus Abb. V 38).

3.6 Teilnehmerbetrieb und Datenfernverarbeitung

Bei Rechnern der ersten Generation und zum Teil der 2. Generation konnten die Anwender ihre Programme und Daten noch selbst in den Rechner eingeben, sie testen, den Rechner bedienen und die Ergebnisse eigenhändig aus dem Drucker, Lochstreifen- oder Lochkartenstanzer entnehmen (Betriebsarten B1, B2). Der Anwender war gleichzeitig noch Operateur. Diese offene Betriebsart (open shop) mußte zugunsten der geschlossenen Betriebsweise (closed shop) aufgegeben werden, je mehr sich die Rechnerstruktur vergrößerte (z.B. mehr Peripheriegeräte), je teurer die Rechnerstunde wurde, je mehr Programme pro Arbeitsschicht infolge erhöhter Rechnergeschwindigkeit bearbeitet werden konnten und je mehr Wert auf Datenschutz gelegt werden mußte. Der Maschinensaal gilt als geschlossener Bezirk, zu dem nur Wartungs- und Bedienungspersonal (Operateure) Zugang haben. Die Programme und zugehörigen Daten werden, soweit sie nicht schon im System gespeichert sind, von den Anwendern in einem eigenen Raum als ‚Aufträge' (job) abgeliefert. In größeren Rechenzentren gruppieren speziell ausgebildete ‚Arbeitsvorbereiter' die Programmaufträge vor der Eingabe in den Rechner – ähnlich der Arbeitsvorbereitung im Produktionsbetrieb. Auch ordnen sie gegebenenfalls den Programmaufträgen Prioritätskriterien zu. Das Rechenzentrum also erbringt im ‚Operateurbetrieb' Dienstleistungen für die Anwender (Betriebsarten D1, D5).

Ein derartiger Operateurbetrieb verhindert allerdings den direkten Kontakt, den Dialog von Anwender und Computer. Der Schreibtischtest von Programmen ist kein vollwertiger Ersatz. Der Wunsch, Programme schrittweise zu entwickeln und zu prüfen, bleibt. Der Weg zurück zur Bedienung des Rechners durch den Anwender, wie er bei den Kleinrechnern heute erfolgreich beschritten wird, bleibt beim Großcomputer versperrt. Eine andere Lösung bietet der

Teilnehmerbetrieb (z. B. A9, 10, 13, 14). Hundert und mehr Teilnehmerstationen (remote) sind über je ein Endgerät (terminal), z. B. Bildschirm, und über eine Datenübertragungsleitung an einen zentralen Rechner angeschlossen. Die Teilnehmerstationen können im Rechenzentrum, am gleichen Ort oder dezentral über viele Kilometer entfernt, installiert sein. Jeder Teilnehmer kann mit Steuerungsbefehlen im Rechner gespeicherte Programme aktivieren, Daten eingeben, aber auch eigene neue Programme in das Teilnehmersystem einbringen. Häufig verbreitet sind Teilnehmersysteme im Hochschulbereich, andere Beispiele nennen die Kapitel in VI.

Solche universellen Teilnehmersysteme entstanden vor allem aufgrund der breiten Erfahrungen, die seit 1961 mit dem MAC-System (Multiple-Access-Computer bzw. Machine-Aided-Cognition) am Massachusetts Institute of Technology (MIT) gesammelt worden sind. Über 300 Teilnehmer aus 15 Laboratorien verfügten unabhängig über die Kapazität eines Großrechners. Voraus gingen jedoch Erfahrungen mit einfacheren ‚Teilnehmersystemen', die im *Teilhaberbetrieb* arbeiteten. Die Anwender, auch Teilhaber genannt, kommunizieren bei dieser Betriebsart nicht mit unabhängigen Programmen, vielmehr arbeitet der zentrale Rechner im Einprogrammbetrieb (z. B. A2, 6). Die Teilhaber sind voneinander abhängig, arbeiten am gleichen Problem und mit den gleichen Datenbeständen, wobei sich die Datenbank als Form der Datenorganisation anbietet. Typisch für den Teilhaberbetrieb sind Platzbuchungs- und sonstige Auskunftssysteme. Der Teilnehmerbetrieb läuft anwendergesteuert, der Teilhaberbetrieb eher rechnergesteuert ab.

Der Teilnehmer- und Teilhaberbetrieb setzen die Datenfernverarbeitung voraus. Die Datenfernverarbeitung (teleprocessing, telecomputing) entsteht, wenn Datenverarbeitung mit Computer und Datenübertragung (vgl. IV 3.5) gleichzeitig und gekoppelt betrieben werden. Bewußt wurde nicht der Ausdruck Datenfernübertragung benutzt. Kennzeichnendes Merkmal der Datenfernverarbeitung ist nämlich keineswegs die Überbrückung großer Entfernungen, wie es der Name anzudeuten scheint. Als entscheidend vielmehr erweist sich die Möglichkeit, Ein- bzw. Ausgabestationen am Ursprungs- oder Bestimmungsort der Daten (und ggf. Programme) einzurichten – unabhängig vom Standort des zentralen Rechners. Bestimmende Komponenten eines Datenfernverarbeitungsnetzes sind:
- Datenverarbeitungsanlage(n)
- Übertragungsleitungen
- Endgeräte

Der Teilnehmerbetrieb kann somit als Sonderfall der Datenfernverarbeitung angesehen werden – insofern, als die Endgeräte von den Anwendern selbst bedient werden. Datenfernverarbeitungsnetze können aber auch aus Verbindungen zwischen mehreren Rechnern – z. B. Haupt- und Satellitenrechner (vgl.

Abb. V 43) – bestehen, die nur den Eingriff von Operateuren erforderlich machen und zulassen (z. B. C3, 7, 11). Beim Teilnehmer- bzw. Teilhaberbetrieb per Datenübertragung ist ein Computer, beim Rechnerverbundsystem sind mindestens zwei Computer, direkt mit den Datenübertragungsleitungen verbunden. Man spricht von online-Betrieb. Bei der indirekten Datenfernverarbeitung (offline) erfolgt das Senden und Empfangen über Zwischenspeicher, wie Magnetbänder, -platten, Disketten oder Lochstreifen. Die Zentraleinheit bleibt von der Datenübertragungsstrecke entkoppelt. Auf verschiedene Anwendungsgebiete der Teilnehmersysteme und der Datenfernverarbeitung weisen die Kapitel in VI hin.

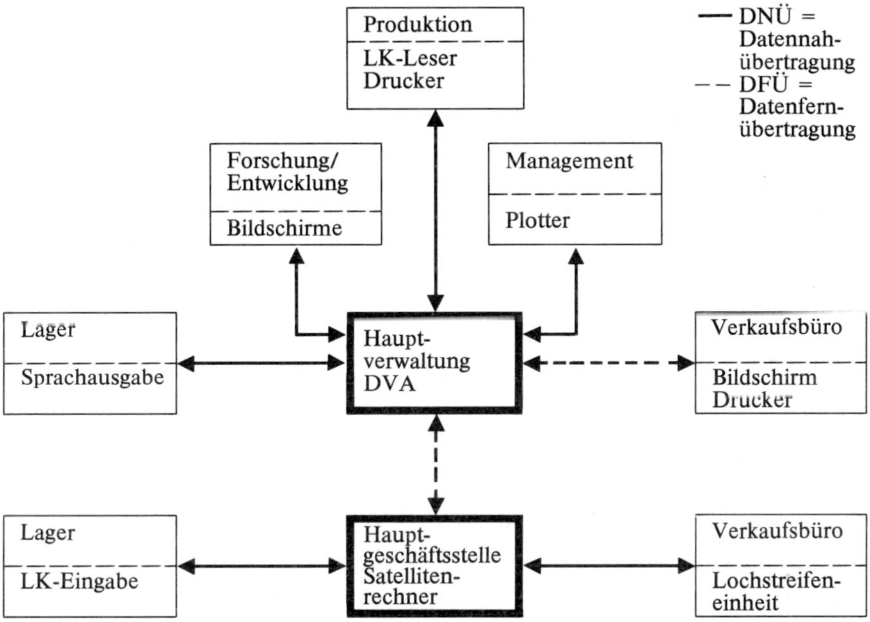

Abb. V 43: Beispiel für die Struktur einer Datenfernverarbeitung

3.7 Mehrprozessorbetrieb

Aus der Beobachtung der Arbeitsweise eines menschlichen Informationsverarbeiters konnten bereits in I 3.1 die wichtigsten Funktionsanforderungen an eine maschinelle Anlage zur automatischen Datenverarbeitung, d. h. an einen Computer, abgeleitet werden. Eine Rechnerstruktur mit den 5 bautechnischen Grundeinheiten Leitwerk, Rechenwerk, Hauptspeicher, Ein- und

Ausgabegeräten entstand. Die Abb. V44 versucht, diese und die im folgenden genannten Rechnerstrukturen schematisch festzuhalten und vergleichend gegenüberzustellen. Erhebliche Leistungssteigerung und größere Flexibilität bewirkte der Einsatz verschiedenartiger Peripherspeicher (IV 2.). Strukturelle Verfeinerungen ergaben sich auch aus dem Angebotsspektrum von Ein- und Ausgabegeräten (IV 3.). Eine Gruppierung der fünf Grundeinheiten in die Zentraleinheit (mit Prozessor und Hauptspeicher) und in Peripherie erwies sich in Kap. I 3.5.3 als sinnvoll. Dem Datentransfer zwischen Zentraleinheit und Peripherie kam eine besondere Bedeutung zu. Eine funktions- und bautechnisch weitgehend autonome Komponente entstand, der Kanal (auch E/A-Werk oder E/A-Prozessor, IV 3.6). Die Periphergeräte, insbesondere die vielfältigen Endgeräte, können dank der Datenübertragung einige hundert Kilometer von der Zentraleinheit entfernt installiert werden. Die Betriebsarten der Datenfernverarbeitung entstehen (V 3.6). Aus der Erfahrung mit neuen Betriebsarten entstehen neue Wünsche und Anforderungen an die Rechnerstruktur. So steigt beispielsweise das Sicherheitsbedürfnis bei Prozeß- und Dialogrechnern. Neben den Hauptprozessor und den E/A-Prozessor tritt bei einigen Anlagen ein eigener Wartungsprozessor, der Wartungsprozeduren bei laufendem Betrieb abwickelt, zum Teil mikroprogrammiert. Anstelle der quasisimultanen Betriebsart des Multiprogramming oder des Time-Sharing bei einem Einprozeßrechner, werden ferner Wege zu einer echt parallelen Mehrprogrammarbeit gesucht. Der Schritt zu einer Rechnerstruktur mit doppelter Prozessorausstattung in der Zentraleinheit liegt nahe.

Die Betriebsart ‚Multiprocessing' (also der Mehrprozessorbetrieb vgl. Abb. V38) entsteht, wenn zwei (oder mehr) gleichartige und (meistens) gleichberechtigte Prozessoren in einem Rechnersystem einen gemeinsamen Hauptspeicher beschreiben und lesen können. Beide Prozessoren unterliegen den Steuerbefehlen und der Kontrolle desselben Betriebssystems (vgl. n. Kap.). Diese Betriebsprogramme regeln auch den Ablauf, wenn Konflikte beim gleichzeitigen Zugriff beider Prozessoren auf dieselben Speicherzellen auftreten. Modulare, d. h. baukastenförmige Strukturierung des Hauptspeichers mit besonderer indirekter Adressierung (Interleving) vermindert diese Konfliktgefahr. Jedem Prozessor ist üblicherweise über einen eigenen E/A-Prozessor (Kanal) eine Reihe von Periphergeräten, d. h. Endgeräte und Peripherspeicher, zugeordnet. Die Periphergeräte können demnach durch geeignete Kanalnennung in den Befehlen von jedem Prozessor aus angesprochen werden. Der teure Hauptspeicher und die Vielzahl der Periphergeräte werden besser genutzt. Das (allerdings größere) Betriebssystem wird nur einmal gespeichert. Das Betriebssystem koordiniert den Kapazitätsausgleich zwischen den Prozessoren automatisch. Dem Anwender ist nicht bekannt, welcher Prozessor welche Befehlsfolgen seiner Programme im Mehrprogrammbetrieb bearbeitet hat. Bei Fehlertoleranten Systemen (FTS) lösen 2 bis 16 verbundene, teilautonome Computer ausfallgefährdete Aufgaben (VI 2.2.8, 2.3.1, 2.3.2, 2.4.1).

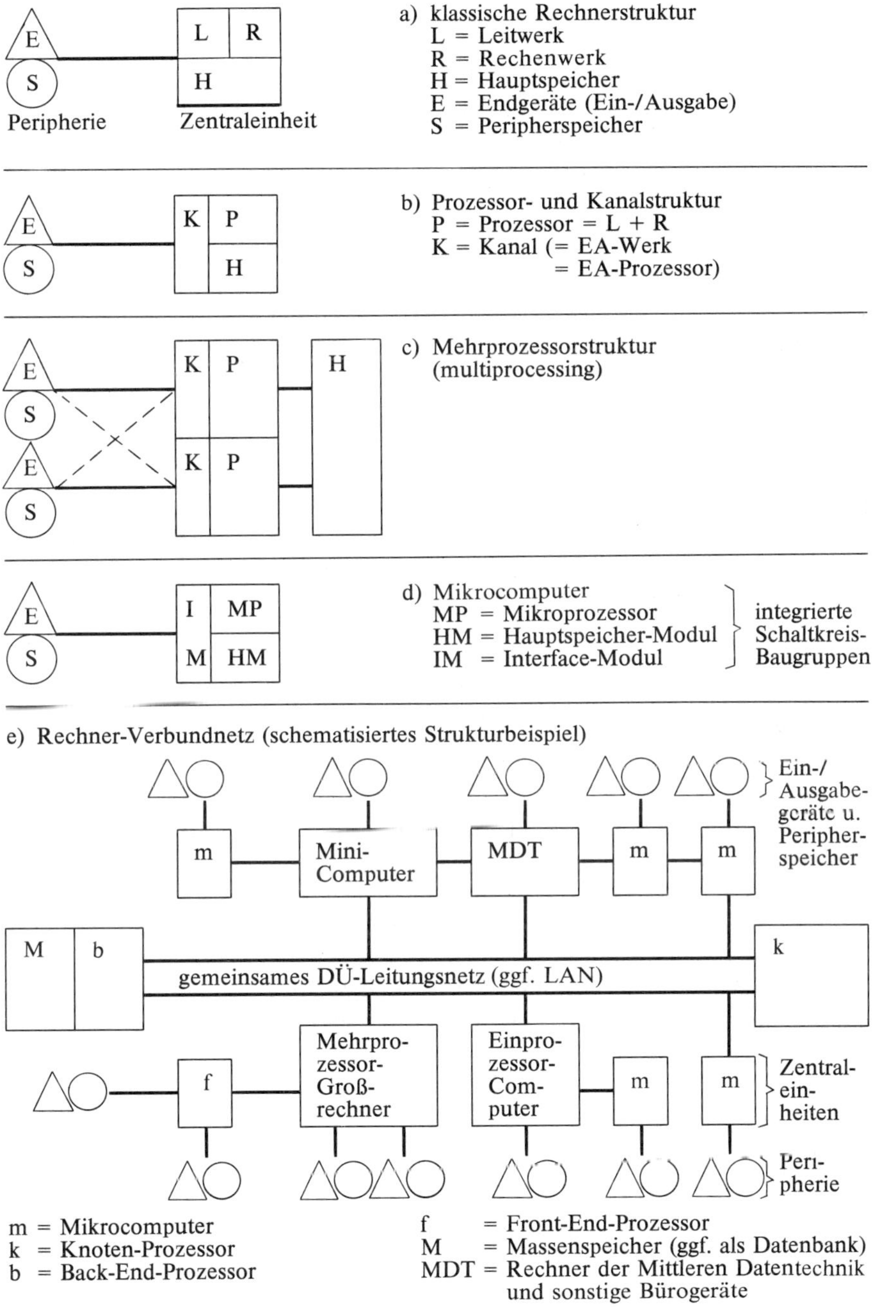

Abb. V 44: Rechnerstrukturen

3.8 LAN und Rechner-Verbundnetze

Die Rechnerstrukturen mit zwei und mehreren Prozessoren weisen, wie andere Entwicklungen, auf die Tendenz zur stärkeren Dezentralisierung der Datenverarbeitungsprozesse hin. Rechner-Verbundnetze (distributed processing) kündigen sich an.

Folgende Verbundformen werden bereits erprobt:
a) Duplex-Rechnersysteme, d.h. zwei Rechner arbeiten unabhängig aber gekoppelt
b) Verbundnetze mit Hauptrechner und mehreren dezentralen Vorfeldprozessoren, die Format- und Plausibilitätsprüfungen vor der Datenweitergabe in die Zentrale vornehmen
c) hierarchische Verbundnetze mit Leitrechner und dezentralen Satellitenrechnern
d) vermaschte Verbundnetze mit gleichberechtigten Rechnern und unterstützenden Vermittlungsrechnern
e) Informations-Verbundnetze:
Sende- und Empfängerteilnehmer sind während der Informationsübertragung nicht mehr mit einer Leitung direkt verbunden. Der Sendeteilnehmer schickt vielmehr ein ‚Informationspaket' mit genauer Adressierung in ein Datenübertragungsnetz. Vermittlungsrechner dirigieren die adressierten Pakete zum jeweiligen Empfänger. Seit 1975 betreibt die britische Post das Experimental Package Switching System (EPSS).

Verbundnetze begrenzten Umfangs arbeiten bereits erfolgreich in der Praxis, zum Beispiel als Datenfernverarbeitungssysteme im Handel, bei Großbanken und in dezentralisierten Produktionsbetrieben. Eine über den Hauptprozessor und den E/A-Prozessor hinausgehende Dezentralisierung und Spezialisierung der Prozessoren, ausgelegt als Minirechner, bietet sich an. Innerhalb eines DV-Verbundnetzes verknüpfen und überwachen Vermittlungsprozessoren (Knotenprozessoren) die dynamischen Datenübertragungsnetzwerke. Back-End-Prozessoren verwalten verselbständigte Datenbank-Massenspeicher. Front-End-Prozessoren koordinieren und kontrollieren eine Vielzahl intelligenter Endgeräte (Terminals). Man spricht auch von Vorverarbeitungs- oder Vorfeldrechnern.

Impulse zur Differenzierung von Rechnerstrukturen bis hin zu den genannten komplexen Rechner-Verbundnetzen kommen aus sehr unterschiedlichen Anlässen:
- flexiblere Betriebsarten der Universalrechner
- verbessertes Angebot an Datenübertragungsnetzen
- benutzerfreundlichere Programmiersprachen (z.B. Dialogsprachen)
- härtere Forderungen der Anwender, z.B. nach funktional und räumlich quellennaher Datenerfassung

- erweiterte Leistungsfunktionen der Mittleren Datentechnik (MDT)
- Einsatz der Minirechner (Prozeßrechner) auch für kommerzielle Aufgaben (z. B. durch Entwicklung ihrer Cobol-Compiler).
- äußerst dynamische Entwicklung von Mikroprozessoren bzw. Mikrorechnern.

Integrierte Schaltkreistechnik ermöglicht die Massenproduktion von sogenannten Mikroprozessoren. In funktionaler Sicht bildet ein *Mikroprozessor* eine monolithische Mikrobaugruppe, die als programmierbare Rechnerlogik dient. Dieses elementare Leit- und Rechenwerk kann Befehle entschlüsseln, arithmetische Operationen an Digitaldaten ausführen und Signale in vordefinierter Weise verknüpfen.

Das heute schon breite Spektrum des praktischen Einsatzes von Mikroprozessoren weitet sich noch laufend aus. Schon heute dienen Mikroprozessoren als modulare Steuerungskomponenten in MDT-, Mini- und Universalrechnersystemen. Ein zweites Einsatzfeld bietet der Ersatz verdrahteter Logik durch die programmierbaren Mikroprozessoren in technischen Gebrauchsgütern (Waschmaschinen-, Fernseh-, Autoelektronik) und in der Werkzeugmaschinensteuerung. Eine besondere Bedeutung erlangten Mikroprozessoren bereits, um verschiedene Endgeräte mit ‚dezentraler Intelligenz' auszustatten. Darunter versteht man die Fähigkeit, vor Ort an Daten einfache Auswertungen (z. B. Quersummenprüfung), Verdichtungen (z. B. Summen-, Saldobildung) und Umstrukturierungen (z. B. Datenreihenfolge ändern) vorzunehmen. Derartige ‚Intelligente Terminals' existieren als Bildschirm- und Datenerfassungsgeräte in Produktionsbetrieben, als elektronische Kassenterminals im Handel und als Bankterminals in dezentralisierten Großbanken und Sparkassen.

Eine besondere Rolle, bei der Verteilung und Dezentralisierung von ‚Computer-Intelligenz' in den verschiedenen Organisationen kommt den Lokalen Netzen (**LAN** = **L**ocal **A**rea **N**etwork) zu. Sie nutzen nichtöffentliche Netze. Die Übertragungskabel (Koaxialkabel oder Lichtleiter) bieten hohe Bandbreiten und kurze Signallaufzeiten. Technologie bzw. Kosten begrenzen die Reichweite auf maximal einige Kilometer. LAN's bieten aber die informationstechnologische Infrastruktur für die innerbetriebliche Kopplung vielfältiger digitaler Computer- und Bürogeräte. Für die öffentlichen Netze wurden internationale Standards (sog. Protokolle) definiert, z. B. das 7-Schichten-ISO-Referenzmodell. Damit werden physikalische, mechanische, funktionale und datenorganisatorische Schnittstellen der Datenkommunikation normiert. Um ähnliche Standards bemüht man sich auch bei den LAN's. Aus der Konkurrenzsituation heraus versuchen jedoch die großen Hersteller ihre Hausnormen als ‚Industriestandards' auf dem Markt durchzusetzen. Beispiele für LAN-Systeme sind:

- Ethernet, eine Gemeinschaftsentwicklung von DEC/Intel/Xerox

- SNA (System Network Architecture) und Token-Ring-LAN von IBM
- TeamNet II von Altos Computer Systems
- Wangnet von Wang

Die angebotenen LAN's realisieren unterschiedliche Strukturen, vor allem das Busnetz (Abb. V 44), Ringnetz (vgl. Abb. V 45) und das Sternnetz. Sternnetze nutzen eine zentrale Vermittlungsstelle, wie bei einer Telefonnebenstellenanlage. Der Zugang zum Netz erfolgt durch ‚Hineinhorchen' nach dem Zufallsprinzip (bei Ethernet) oder nach dem Token-Verfahren. Das Token, eine Folge von Adreß- und -Steuerbits, zirkuliert im Netz und wird wie ein Stab beim Staffellauf von Nutzer zu Nutzer für die Dateneingabe übergeben. Die Übertragung erfolgt mit 4 Mbit/s.

Insgesamt sollte betont werden, daß der breite Einsatz von Mikroprozessoren oder gar Mikrorechnern in einem Verbund mit Mini-, MDT-, Universalrechnern und verschiedenen Endgeräten die Dezentralisierung der Datenverarbeitung überaus fördern kann. Der Datenschutz und die Datensicherung werden erschwert (vgl. Kap. VI 1.2). Die Rechnerausfallgefährdung aber wird verringert gegenüber einem zentralen Großrechnerbetrieb. Die quellennahe Datenerfassung und Datenteilverarbeitung bringt Kosteneinsparungen, die höher als die Datenübertragungsgebühren liegen dürften.

Vor allem aber könnte eine Arbeitsorganisation geschaffen werden, die der Entqualifizierung und der extremen Arbeitsteilung bei den Mitarbeitern der betrieblichen Anwendungsabteilungen Einhalt gebietet. Der Computer wird eines unter mehreren Betriebsmitteln. Die Anwender werden definierte Rechner-Dienstleistungen auf einem Markt mit vermutlich mehr Konkurrenten als heute fordern können.

3.9 Betriebsarten der Mikrocomputer

Wie früher bei den Universalrechnern, so bilden sich auch beim Mikrocomputer mit der technologischen Weiterentwicklung über die Generationen (vgl. Kap. I 1.2) hinweg verschiedenen Betriebsarten heraus. Auch sie lassen sich nach dem Schema in Abb. V 38 klassifizieren und beschreiben.

Einplatzsysteme
Der Mikrocomputer wurde und wird überwiegend in seiner ursprünglichen Form als Arbeitsplatz-Gerät nach der in Abb. V 38 angegebenen Betriebsart B1 oder B2 genutzt, d. h.:
- der Anwender bedient sein Gerät selbst
- der Mikrocomputer verfügt über einen Prozessor
- Einprogrammbetrieb (single tasking system)

– je nach Programmart kann der Dialog zwischen Nutzer und Mikrocomputer als Echtzeit oder nicht bezeichnet werden.

Der einzelne Nutzer verfügt über seine individuellen, persönlichen Geräte- und Rechenkapazitäten ohne inhaltlich oder zeitlich auf den zentralen Großrechner und dortige Experten angewiesen zu sein – daher auch die Bezeichnung ‚Personal Computer'.

Organisatoren erproben auch den Operateurbetrieb D1 bzw. 2, indem der Anwender (z. B. der Manager) seinen Mikrocomputer nicht selbst bedient, sondern einen geschulten Operateur, z. B. Informationsassistent(in) beauftragt.

Einen ersten Schritt hin zur Betriebsart A9 bzw. A10 (in Abb. V38), d. h. zum Mehrprogrammbetrieb (multi tasking system), wird durch die gepufferte Druckerausgabe getan. Jedes Programm liefert seine Ausgabedaten in einem speziell für die Druckerausgabe reservierten Speicherbereich (spooling area) ab; während ein eigenes Unterprogramm diese Schlange von Druckdaten abarbeitet, kann der schnelle Prozessor bereits neue Anwenderprogramme bearbeiten. Die Spooling-Technik konnte aus den Betriebsarten der Groß- und Minirechner übernommen werden.

Eine einfache Art des Mehrprozessorbetriebs (A3 bzw. 4) entsteht, wenn in einem Mikrocomputer der Hauptprozessor durch Ein-/Ausgabeprozessoren und/oder einen leistungssteigernden Arithmetikprozessor unterstützt wird.

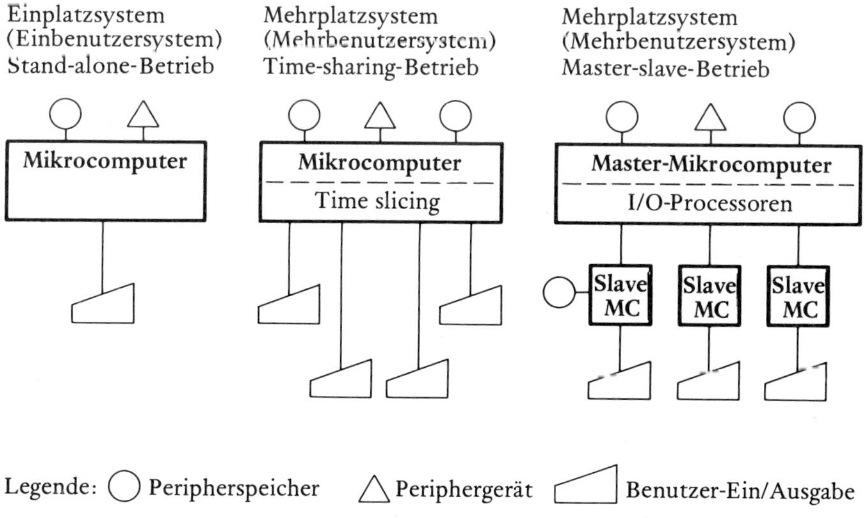

Abb. V45: Betriebsarten für den Mikrocomputer-Einsatz

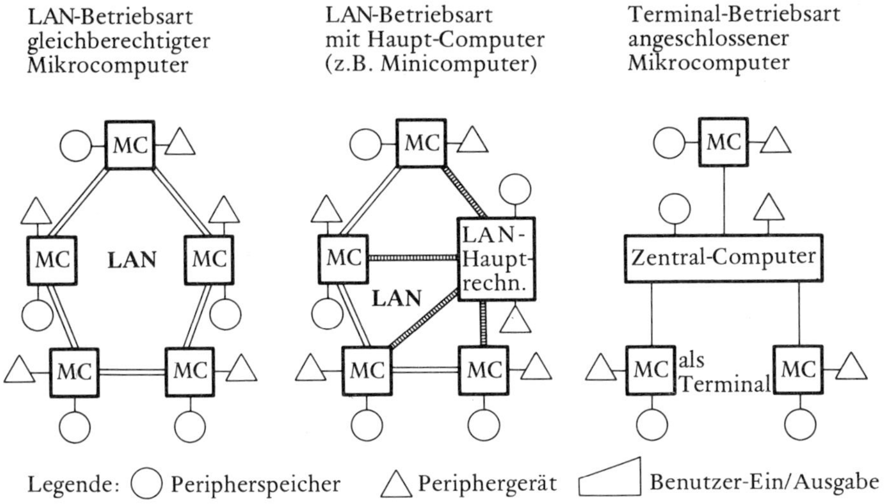

Abb. V 46: Betriebsarten des Mikrocomputer-Einsatzes

Mehrplatzsysteme

Angesichts der niedrigen und fallenden Preise für die Mikrocomputer Hardware, insbesondere für die Mikroprozessoren, scheint die Betriebsart des Einplatzsystems/Einzelbenutzers (single user system) nicht nur organisatorisch sinnvoll sondern auch finanziell gerechtfertigt. Dennoch setzen sich in der Praxis immer mehr Mehrplatz-/Mehrbenutzer-Betriebsarten (multi user system) durch:

a) Time Sharing Mehrbenutzersystem (Betriebsart B14 bzw. 16)
b) Master-Slave Mehrbenutzersystem (z. B. B11)
c) Mikrocomputer im Lokalen Netzwerk (LAN):
   c1) gleichberechtigte Mikrocomputer (z. B. A10)
   c2) Mikrocomputer mit einem LAN-Hauptrechner (z. B. A/C11)
   c3) Mikrocomputer in einem LAN-Bürokommunikationsverbund (A11)
d) Mikrocomputer als dezentrales Terminal eines Zentralrechners (A/C11)

Im Time Sharing Betrieb teilt ein Mikrocomputer nach dem ‚Zeitscheibenprinzip‘ (vgl. Abb. V 40) seine Leistungskapazität reihum den beteiligten Nutzern zu. Diese verfügen über je ein ‚nicht-intelligentes‘ Bildschirm-Terminal. Im Gegensatz zu den 8-Bit-Rechnern verfügen die 16- oder 32-Bit-Rechner infolge breiterer Busse und höherer Taktfrequenz über eine hinreichende Arbeitsgeschwindigkeit, um unzumutbare Wartezeiten bei den Benutzern zu vermeiden.

Bei einem Master-Slave-Mehrnutzersystem verfügen die Benutzer über je einen eigenen Mikrocomputer (‚slave‘) am Arbeitsplatz – meist ohne Periphergeräte. Ein koordinierender Mikrocomputer (‚master‘) verwaltet gemeinsam genutzte Periphergeräte, Programme und Dateien und teilt sie auf Anfrage zu. Derartige

Mehrbenutzer-Architekturen ließen sich bereits mit 8-Bit-Rechnern erfolgreich realisieren. Eine Fachabteilung mit gleichartigen Aufgaben der Mitarbeiter könnte diese Betriebsart abteilungsintern nutzen.

Mikrocomputer lassen sich besonders gut in Lokale Netzwerke (**LAN**) integrieren; beide technologischen Entwicklungen ergänzen und fördern sich wechselseitig. So können beispielsweise verschiedene Fachabteilungen über ihre Mikrocomputer kommunizieren, die durch ein LAN gleichberechtigt gekoppelt sind.

Verfügt ein solches Netz zusätzlich über einen LAN-Hauptrechner (meist Minirechner), so können die Mikrocomputer bei Bedarf auf dessen hohe Speicher- oder Rechenkapazität zurückgreifen. Diese Betriebsart gleicht der von b). Beide Formen lassen sich beispielsweise in einem Lehrsaal nutzen, wobei jeder Lernende seinen eigenen Mikrocomputer am Lehrplatz bedient und das Lehrpersonal über den Hauptrechner die Lehreinheiten vorbereitet, in das Netz einspeist, den Lernprozeß koordiniert und zusätzliche Periphergeräte (Massenspeicher, Hochleistungsdrucker, Lehrmedien etc.) bereitstellt.

Der Trend in der *Bürokommunikation* geht zu digitalen LAN-Verbundsystemen, mit denen über die Mikrocomputer hinaus weiter Bürogeräte, wie Telex, Teletex, Telefax, elektronische Post (electronic mail) und Btx, miteinander gekoppelt werden. Jedoch müssen noch umfangreiche Probleme der Geräte-Schnittstellen gelöst werden (vgl. IV 3.5). Ferner sind neue Formen der Arbeitsorganisation und der Berufsqualifikationen im Büro zu suchen und zu fördern.

Angesichts des sich weiter verbessernden Preis-/Leistungsverhältnisses der Mikrocomputer entscheiden sich die Leiter von Rechenzentren immer häufiger, konventionelle Bildschirm-Terminals durch Mikrocomputer für dezentrale Arbeitsplätze zu ersetzen. Eine Befragung in mehreren Unternehmen zeigte, daß sie ihre Ausstattung mit Mikrocomputer um durchschnittlich 300 Prozent in eineinhalb Jahren erhöhen wollen. Ein Mikrocomputer-Terminal kann dezentral flexibel genutzt werden: als stand-alone-Gerät mit eigener Rechnerleistung, als intelligentes Terminal für die Datenerfassung, lokale Datenausgabe oder -weiterverarbeitung.

Insgesamt zeigt sich, daß Mikrocomputer einen dominierenden Beitrag zum Aufbau von ‚verteilten Computerkapazitäten‘ (DDP = Distributed Data Processing) leisten – sei es in einer Einbenutzer-Betriebsart oder in einer der vielfältigen Mehrbenutzer-Betriebsformen.

Aufgaben zu V 3

(1) Im Rechenzentrum eines großen Betriebes steht in einem eigenen Anwendersaal etwa ein Dutzend Bildschirmeinheiten bereit, mit denen die DV-Anwender der Fachabteilungen in einer Dialogsprache ihre Programme

testen. Die Kapazität der beiden gekoppelten Großrechner mit gemeinsamem Hauptspeicher wird über Prioritäten zwischen den testenden Anwendern und sonstigen Programmen aufgeteilt. Welche Betriebsart entsprechend dem Klassifikationsschema Abb. V 38 liegt hier vor?

(2) Multiprogramming hilft den größten Geschwindigkeitsunterschied zwischen der ZE und den E/A-Geräten zu überblicken. Welche anderen Maßnahmen dienen dem gleichen Zweck?

(3) In welcher Betriebsart des Klassifikationsschemas aus Abb. V 38 betreibt man einen normalen Taschenrechner?

(4) Bei welcher der beiden Betriebsarten: Teilnehmer- und Teilhabersystem arbeiten die Benutzer nicht an jeweils eigenen Programmen, sondern mit einem gemeinsamen?

(5) Welche Strukturen von Lokalen Netzen (LAN) bietet der Computer-Markt an?

---

4. Betriebssysteme*

4.1 Zusammenarbeit von Hardware und Software

Die Datenverarbeitung mit dem elektronischen Taschenrechner ermöglicht noch einen direkten Kontakt zwischen dem DV-Anwender und dem Gerät. Bei Rechnersystemen der 3. und 4. Generation dagegen muß sich ein DV-Anwender der Hilfe mehrerer technischer und organisatorischer Zwischenstellen bedienen, um die Leistungen der Computer-Zentraleinheit nutzen zu können. Schon bei der Aufgabenanalyse benötigt er oft die Hilfe von Beratern, von Spezialisten der Herstellerfirmen oder des internen DV-Personals. Sie beherrschen die Methode der Systemanalyse, die Programmierhilfen und die Interpretation der Programmdokumentationen. Das personelle Potential (Manware) und die Gesamtheit DV-bezogenen Organisationswissens (Orgware) im Betrieb bezeichnet man gelegentlich auch als Brainware (Abb. V 47). Neben der Brainware unterstützen heute viele komplexe technische Komponenten die Kommunikation zwischen dem DV-Anwender und der Zentraleinheit, die aus Hauptspeicher und Prozessor besteht. Die flexiblen Ein-/Ausgabegeräte und großen Peripherspeicher sind über eigene Gerätesteuerungen und über E/A-Werke (Kanäle) mit der Zentraleinheit verbunden. Der Einsatz, die Koordinaten und die Kontrolle der Peripherie wurden weitgehend automatisiert, um die technischen Fähigkeiten der Peripherie dem DV-Anwender gut nutzbar zu machen. Die Gesamtheit der technischen Komponenten eines Rechnersystems bezeichnet

* unter Mitarbeit von Hermann Gehring.

man als *Hardware*. Der Begriff Mixed Hardware kennzeichnet die Kombination von mehreren Geräten und technischen Komponenten von verschiedenen Herstellern zu einem Rechnersystem mit günstigem Nutzen-/Kostenverhältnis.

Die bedeutsamste Hilfe erbringt dem DV-Anwender bei der Computer-Nutzung die zwischen Hardware und Brainware einzustufende *Software*. Die Software kann vereinfacht als Programmbibliothek zur Nutzung der Rechnerkapazität verstanden werden. Die Anwendungs-Software umfaßt standardisierte Programmpakete des Computer-Herstellers oder eines Software-Hauses und fremd- oder eigenerstellte Anwenderprogramme.

Die Funktion und das Zusammenspiel der vielen Hardware-Komponenten eines heutigen Rechnersystems erfordern eine abgestufte Strategie der Steuerung und Kontrolle. Komplexe Betriebsarten, wie sie im letzten Kapitel behandelt wurden, setzen erst recht eine solche abgestufte Strategie voraus. Die Hardware-Komponenten: Leitwerk, Kanäle und Gerätesteuerungen teilen sich einen Großteil der Steuerung und Kontrolle im Rechnersystem. Müßten sie alle koordinierenden und überwachenden Aufgaben übernehmen, so würden ihre elektronischen Schaltwerke weitaus umfangreicher und teurer als es heute üblich ist. Billiger dagegen ist es, wenn der Computer seine Gerätekomponenten selbst koordiniert und sie selbst kontrolliert. Diese Fähigkeit besitzt er, sobald ihm die geeigneten Steuerprogramme bereitgestellt werden. Die Summe dieser Steuerprogramme, die die Abwicklung der Programme steuern und überwachen, nennt man ‚Betriebssystem' (i.e.S.). Sie bieten zusammen mit den Eigenschaften der Rechenanlage die Grundlage für die verschiedenen Betriebsarten (vgl. Kap. V 3.). Meist interpretiert man *‚Betriebssystem'* (operating system) in einem weiten Sinne, so daß darunter alle Systemprogramme (System-Software) fallen – also auch das ‚Programmiersystem' mit den Übersetzern und den Dienstprogrammen. Das Betriebssystem kann als internes Management des Rechners angesehen werden, wenn das DV-Personal, z.B. die Operateure, als externes Computer-Management verstanden wird. Als Ziele der Arbeit eines Betriebssystems sind zu nennen:

(1) optimale Nutzung aller Hardware-Komponenten (Zentraleinheit und Peripherie) in bezug auf Auslastungsgrad, Verarbeitungsgeschwindigkeit und Verarbeitungssicherheit
(2) die zulässigen Betriebsarten des Rechnersystem einleiten, überwachen und abschließen
(3) möglichst geringen Personalaufwand und wenig erforderliche Eingriffe der Operateure
(4) umfassende Unterrichtung der Operateure und der DV-Anwender (z.B. Diagnosehinweise).

Die *Firmware* besteht aus der Mikroprogrammierung (vgl. Kap. I 3.6.1), die meist auf ROM-Speichern fixiert ist. Sie bedeutet also Steuerprogramme in Hardware-Form. Der Computer entwickelt dadurch Fähigkeiten, für die er

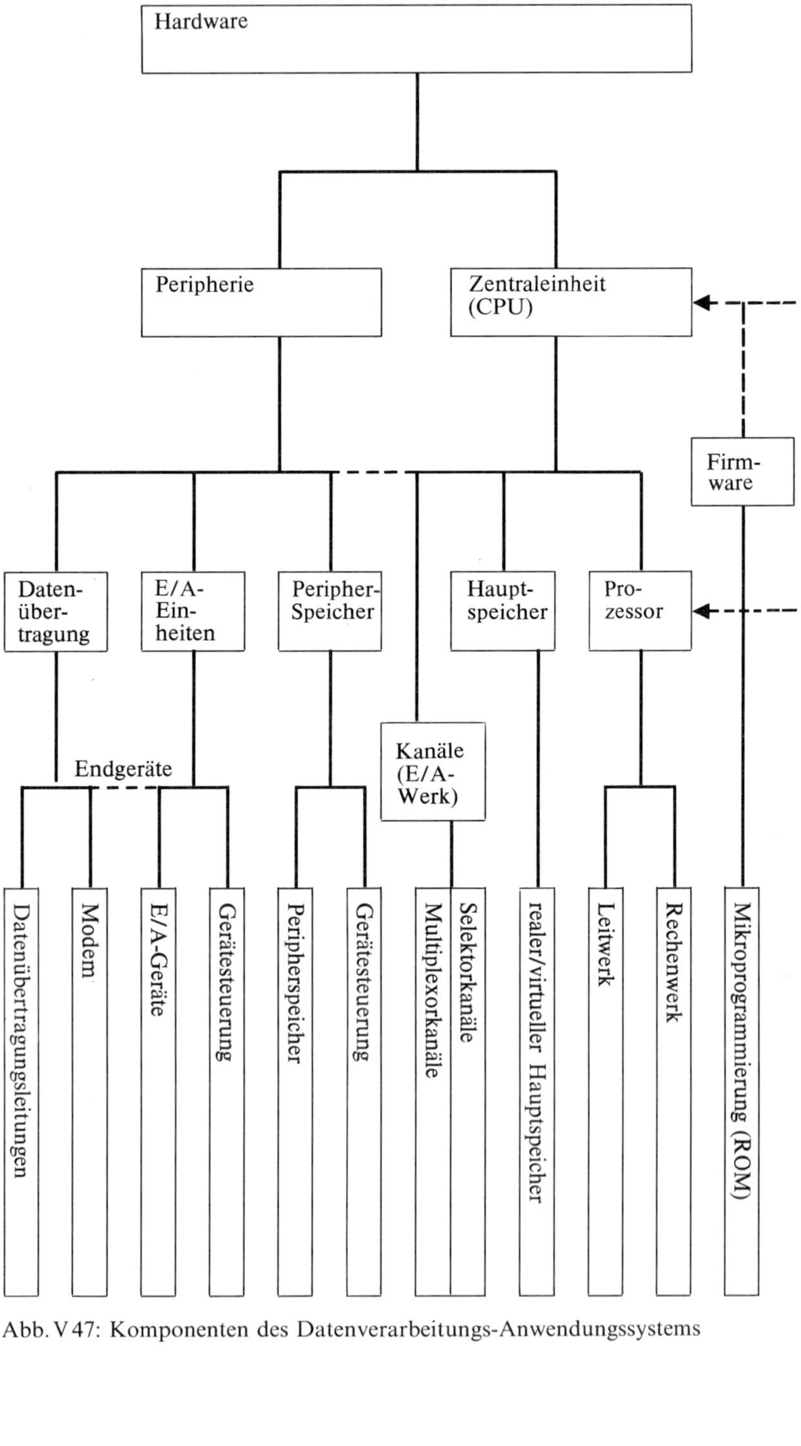

Abb. V 47: Komponenten des Datenverarbeitungs-Anwendungssystems

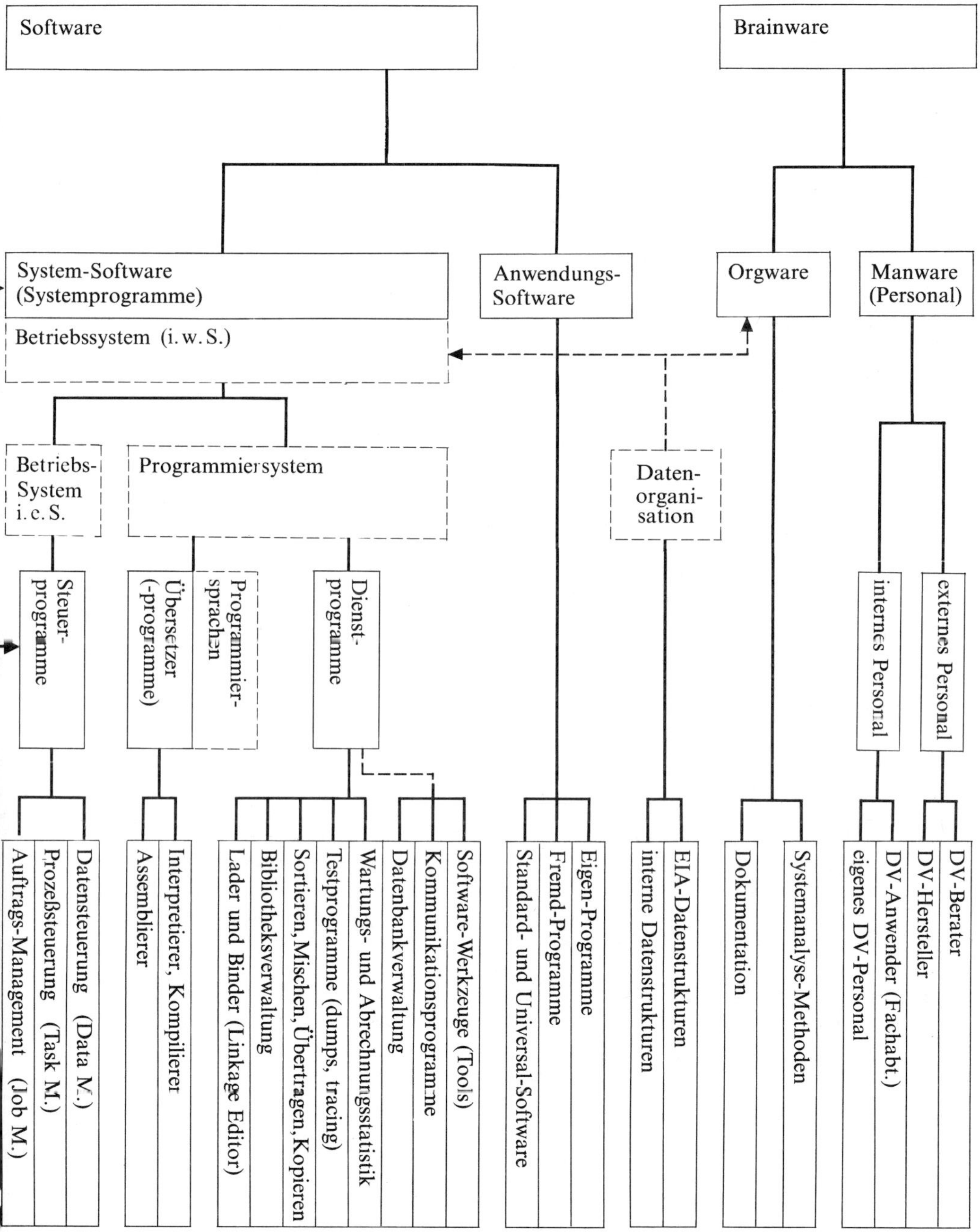
Software
Brainware
System-Software (Systemprogramme)
Anwendungs-Software
Orgware
Manware (Personal)
Betriebssystem (i. w. S.)
Betriebs-System i. e. S.
Programmiersystem
Daten-organi-sation
Steuer-programme
Übersetzer (-programme)
Programmier-sprachen
Dienst-programme
internes Personal
externes Personal
Auftrags-Management (Job M.)
Prozeßsteuerung (Task M.)
Datensteuerung (Data M.)
Assemblierer
Interpretierer, Kompilierer
Lader und Binder (Linkage Editor)
Bibliotheksverwaltung
Sortieren, Mischen, Übertragen, Kopieren
Testprogramme (dumps, tracing)
Wartungs- und Abrechnungsstatistik
Datenbankverwaltung
Kommunikationsprogramme
Software-Werkzeuge (Tools)
Standard- und Universal-Software
Fremd-Programme
Eigen-Programme
interne Datenstrukturen
EIA-Datenstrukturen
Dokumentation
Systemanalyse-Methoden
eigenes DV-Personal
DV-Anwender (Fachabt.)
DV-Hersteller
DV-Berater

schaltungstechnisch zunächst nicht ausgelegt war. Umfangreiche Befehlsvorräte mit komplexen Operationen bis hin zur Gleitpunktrechentechnik in Mikroprogrammform werden preiswert ermöglicht. Die Mikroprogrammierung steuert den Haupt- und den E/A-Prozessor, koordiniert ihre Verständigung und ordnet die Pufferspeicherzuteilung zu den Kanälen.

Ein Anwenderauftrag besteht aus dem Programm und den zugehörigen Daten. Seine Abwicklung in einem Rechnersystem setzt voraus, daß diesem Auftrag zur richtigen Zeit die benötigten Betriebsmittel (resources) zugeteilt werden. Betriebsmittel in diesem Sinne sind nicht nur Datenträger und die Hardware-Komponenten, sondern auch die benötigten Teile der Software. Ihrer Bedeutung beim DV-Prozeß entsprechend lohnt es sich, die Betriebsmittel nach verschiedenen Kriterien zu klassifizieren.

a) Hardware-/Software-Betriebsmittel

Diese Unterteilung kann der Abb. 181 entnommen werden. Software-Betriebsmittel können sein: Programme, Prozeduren, Dateikennsätze (labels) und Dateneinheiten unterschiedlicher Strukturgröße. Die Abgrenzung des Umfangs eines Betriebsmittels hängt von dem DV-Prozeß ab, der das Betriebsmittel beansprucht. So kann beispielsweise eine Datenbank, eine Datei, ein Datensatz oder ein Segment als Betriebsmittel angesprochen werden. Im Extremfall kann sogar eine 1-Bit-Anzeigestelle als Betriebsmittel definiert werden, wenn sie im Rahmen einer Fehlerbehandlung vom Betriebssystem abgefragt wird.

b) Entziehbarkeit der Betriebsmittel

Entziehbare Betriebsmittel (preemptive resources) können einem DV-Prozeß entzogen und einem anderen zugeteilt werden. Entziehbar sind beispielsweise der Prozessor und der Hauptspeicher. Werden einem DV-Prozeß Betriebsmittel nur zeitweise entzogen und später wieder zugeteilt, so muß eventuell zum Zeitpunkt des Entzugs der Betriebsmittelzustand sichergestellt und bei der späteren Zuteilung wieder hergestellt werden. Beim Prozessor geschieht dies durch Wegspeichern der Registerinhalte. Beim Mehrprogrammbetrieb sind solche Vorgänge keineswegs selten.

Nicht entziehbare Betriebsmittel (non-preemptive resources) dürfen einem DV-Prozeß nicht entzogen werden. Sie werden von ihm nach Beendigung der Nutzung automatisch freigegeben. Der Aufwand für den Entzug begrenzt die Zahl der entziehbaren Betriebsmittel. So dürfte das Kopieren eines Magnetbandes, nur um es für einen anderen DV-Prozeß freizustellen, zu aufwendig sein.

c) Vielfachverwendbarkeit von Betriebsmitteln

Einfachverwendbare Betriebsmittel können gleichzeitig nur von einem DV-Prozeß verwendet werden. Derartige Betriebsmittel sind zum Beispiel der Lochkartenleser, der Lochkartenstanzer und der Drucker. Vielfach verwendbare Betriebsmittel dagegen können gleichzeitig von mehreren DV-Prozessen genutzt werden. Typische Beispiele hierfür sind der Multiplex-Kanal und die Datenübertragungsleitungen.

Die Entwicklung der DV-Technologie führte zu einem großen Angebot an Hardware-Betriebsmitteln. Auch die Software-Betriebsmittel wurden immer mehr differenziert. Auch kann heute zwischen verschiedenen komplexen Betriebsarten gewählt werden. Es ist verständlich, daß sich vor diesem Hintergrund die Leistungsanforderungen an die Betriebssysteme und deren Aufgaben und Strukturen erheblich ausgeweitet haben.

4.2 Betriebssysteme der drei Rechnergenerationen

Die heutigen Betriebssysteme sind die Ergebnisse eines jahrelangen Entwicklungsprozesses, der sich parallel und in Ergänzung zur Hardware-Entwicklung vollzogen hat. Das Verständnis für die heutigen, sehr komplexen Betriebssysteme kann erleichtert werden, wenn die wichtigsten Merkmale der Betriebssysteme für die erste, zweite und dritte Rechnergeneration betrachtet werden.

4.2.1 Betriebssysteme der 1. Generation

Die mit Röhren bestückten Computer der ersten Generation besaßen noch kaum ein Betriebssystem. Sie arbeiteten im Open-shop-Betrieb. Der Anwender war meist gleichzeitig Programmierer, Tester und Operateur in einer Person. Die Programmierung erfolgte in der Maschinensprache. Der Programmierer setzte Befehle mit direktem Operationsteil und absoluten Adressen ein. Der Computer arbeitete im seriellen Einprogrammbetrieb. Den Übergang von einem abgeschlossenen Programm zu einem neuen folgenden Programm sicherte der Programmierer selbst. Da die interne Arbeitsgeschwindigkeit eines Rechners der 1. Generation noch relativ gering war, fiel diese Rüstzeit nicht sehr ins Gewicht. Auf 5 Minuten Rüstzeit folgten etwa 1 bis 2 Stunden Computerlaufzeit.

Erste Hilfsfunktionen, die zur Unterstützung des Programmierers bzw. Operateurs entwickelt wurden, waren:

a) Lader, d.h. Steuerprogramme, die es übernahmen, die Anwenderprogramme in den Arbeitsspeicher einzulesen
b) Dump-Routinen, d.h. Steuerprogramme, mit deren Hilfe die Inhalte bestimmter Hauptspeicherbereiche ausgedruckt werden konnten. Diese Speicherinhalte gaben Aufschluß über Fehlerursachen.

4.2.2 Betriebssysteme der 2. Generation

Infolge der schnelleren Zentraleinheiten der 2. Rechnergeneration fiel die Rüstzeit stärker ins Gewicht. Einer Rüstzeit durch den Operateur von etwa 5 Minuten stand eine Computerlaufzeit von nur noch 10–15 Minuten je Programm gegenüber. Die Verbesserungen der Betriebssysteme strebten an:

- Senkung der Rüstzeiten durch weitgehend automatisches Rüsten des Computers auf das jeweils folgende Programm
- Erleichterung der Programmierung

Eine Grundidee zur Realisierung des ersten Ziels war die Einführung von zwei definierten Computer-Betriebszuständen:

(1) Steuerungs- und Überwachungszustand
 (supervisor-status, control state)

(2) Benutzer- oder Problemzustand (problem state)

Der Benutzerzustand galt für die Anwendungsprogramme der Benutzer. Der Supervisor-Status war für das Betriebssystem reserviert. Dem Benutzer verwehrte man bestimmte Befehle oder Funktionen, wie etwa:

- Zugriff zu bestimmten Speicherbereichen
- Manipulation der Zentraleinheit-Uhr
- bestimmte Ein-/Ausgabebefehle

Damit sollte sichergestellt werden, daß der durch das Betriebssystem gesteuerte Arbeitsablauf des Rechners nicht durch Benutzerprogramme gestört wird.

Eine zweite, daran anschließende Grundidee war die Einführung von Steuerkarten (control cards). Sie ergänzten die Programm- und Datenkarten eines Auftrags an den Computer. Ihre Steueranweisungen versetzen das Betriebssystem in die Lage:

- den Computer automatisch auf den nächsten Programmauftrag zu rüsten
- den Ablauf der einzelnen Programmabschnitte zu steuern
 (z. B. Übersetzen, Laden, Arbeitslauf)
- den Programmauftrag abzuschließen.

Problemorientierte Programmiersprachen und zugehörige Übersetzungsprogramme erleichterten die Programmierung.

Insgesamt lassen sich für die Betriebssysteme der 2. Rechnergeneration folgende Merkmale anführen:

a) Betriebsart: serieller Einprozessor- und Einprogrammbetrieb; der Programmübergang war automatisch gesteuert
b) Hauptspeicher-Residenz: Teile des Betriebssystems waren ständig im Hauptspeicher abrufbereit verfügbar.
c) Auftrags-Steuerkarten
d) Unterscheidung von Supervisor- und Benutzer-Status

e) Bibliotheken (libraries): eine Sammlung von Standardprogrammen in den Peripherspeichern konnte von den Anwenderprogrammen abgerufen werden.
f) Steuerung der Ein-/Ausgabevorgänge durch das Betriebssystem und damit ihre einfachere Programmierung
g) einfachere Programmierung durch symbolische Programmiersprachen (Assembler) und problemorientierte Programmiersprachen.

Mehr Standardisierung und geringere Operateurzeiten wurden erreicht. Das Betriebssystem und der Closed-shop-Betrieb schränkte allerdings die Freiheitsgrade der Programmierer etwas ein.

4.2.3 Betriebssysteme der 3. Generation

Die nochmals verbesserten Betriebssysteme intensivierten die Nutzung der Computer in der 3. Generation. Neue Konzepte waren:

a) Kanalkonzept,
   d.h. statt des zentralen Leitwerks steuerten Nebenleitwerke (Kanäle) die E/A-Operationen.
b) Interrupt-Konzept,
   d.h. Programme können unterbrochen, ihre Bearbeitungsstatus kann gespeichert und ihre Fortsetzung an der Unterbrechungsstelle sichergestellt werden.
c) E/A-Warteschlangen-Konzept,
   sowohl für die Auftragseingänge als auch für die Ausgabedaten.
d) Partition-Konzept,
   d.h. der Hauptspeicher wird in Partitions (Hauptspeicherbereiche) aufgeteilt. Jede Partition enthält einen durchzuführenden Programmauftrag. Die Partitions sind gegenseitig geschützt, so daß die gleichzeitig im Hauptspeicher befindlichen Aufträge sich gegenseitig nicht stören.

Im Bereich der Programmierunterstützung und des Programmbetriebs wurden folgende Weiterentwicklungen verwirklicht:

a) Verschiebbarkeit von Programmen (relocalability),
   d.h. Programme können im Interesse der besseren Hauptspeichernutzung in beliebige Bereiche des Hauptspeichers geladen werden. Dies wurde durch die relative Adressierung erreicht.
b) Reenterabilität von Programmen (reenterability):
   Ein (Unter-)Programm kann bereits ein zweites Mal begonnen werden, bevor seine erste Ausführung beendet ist. Ein Beispiel hierfür ist die Mehrfachnutzung einer E/A-Routine für die Druckerausgabe.
c) Wiederanlaufpunkte in Programmen (checkpoint restart):
   Ein laufendes Programm wird in vorgegebenen Intervallen kurz gestoppt.

An jedem dieser Wiederanlaufpunkte wird der Programm- und der Datenstatus sichergestellt. War beispielsweise die Programmausführung durch einen Fehler unterbrochen worden, so muß das Programm nicht mehr von Anfang an durchlaufen werden, sondern kann beim letzten Wiederanlaufpunkt gestartet werden.

d) Fehlersuch-Programme (debugging programs):
   Das Betriebssystem verfügte über Routinen zur Diagnose von Programmfehlern.
e) Symbolische Gerätebezeichnungen:
   In Programmen genügen symbolische Bezeichnungen für E/A-Geräte. Das Betriebssystem sucht aktuell freie Geräte des entsprechenden Typs aus.
f) ein Logbuch führten, d.h. in einem Ablaufprotokoll Rechenzeit, Speicherplatzbedarf, Datum des Laufs und Uhrzeit für jedes gerechnete Programm druckten.

Das Wissen auf dem Sektor der Betriebssysteme ist inzwischen sehr umfangreich und sehr kompliziert geworden. An herstellerunabhängiger Normierung und Standardisierung existiert nur wenig. Der DV-Anwender nutzt die Fähigkeiten des Betriebssystems, ohne allzu detaillierte Kenntnisse von dessen Arbeitsmethode zu besitzen. Die folgenden Abschnitte versuchen die vielfältigen Betriebssystemfunktionen einfach zu beschreiben. Darüber hinausgehende Detailinformationen findet man u.a. in Betriebssystem-Handbüchern. Beispiele für Betriebssysteme sind:

IBM: DOS/VSE (Disk Operating System/Virtual Storage Extended)
MVS/SP (Multiple Virtual System/System Product)
VM/SP (Virtual Machine/System Product)
Siemens: BS 1000, 2000 und 3000.

4.3 Steuerprogramme des Betriebssystems

4.3.1 Job und Task

Ein DV-Anwender übergibt seinen Rechenauftrag per Datenstation (Terminal) nach einem Eröffnungskommando LOGON oder in Form eines Lochkartenpakets an das Rechenzentrum. In zweiter Form besteht der Auftrag aus Steuer-, Programm- und Datenkarten. Einen derartigen vom Anwender definierten Auftrag an das Rechnersystem nennt man in der Datenverarbeitung einen ‚Job'. Ein Job kann aus einem oder mehreren Anwendungsprogrammen desselben Anwenders bestehen. Eine Folge von Jobs, die in einem Rechnersystem zum Zwecke der Verarbeitung eingegeben werden, bezeichnet man als Job-Strom (job stream). Ein Auftrag wird im allgemeinen nicht in einem Schritt vom Computer verarbeitet. Die Steuerkarten definieren mehrere Bearbeitungsschritte (job step). Während eines Job-Schritts erledigt der Computer eine bestimmte Arbeitseinheit. Einen derartigen Abschnitt eines Jobs nennt man Task. Die einzelnen Tasks benötigen unterschiedliche Betriebsmittel. Die Abwicklung einer Task wird auch als Prozeß bezeichnet.

Die Steuerkarten eines COBOL-Programmauftrags können beispielsweise folgende Job-Steps definieren (vgl. Abb. V 48):

1. Job-Step: Der COBOL-Kompilierer wird in den Hauptspeicher geladen. Er übersetzt das COBOL-Quellenprogramm. Das so erzeugte Zielprogramm (auch Objektprogramm genannt) findet seinen Platz in der Ziel-Modul-Bibliothek auf dem Plattenspeicher.
2. Job-Step: Das Steuerprogramm ‚Verschiebelader' wird im Hauptspeicher geladen. Es ersetzt die relative Adressangabe im Zielmodul durch absolute Speicheradressen. Aus dem Zielmodul wird somit erst ein ausführbares Anwenderprogramm. Die Bibliothek für Lademodule nimmt dieses absolutadressierte Zielmodul auf.

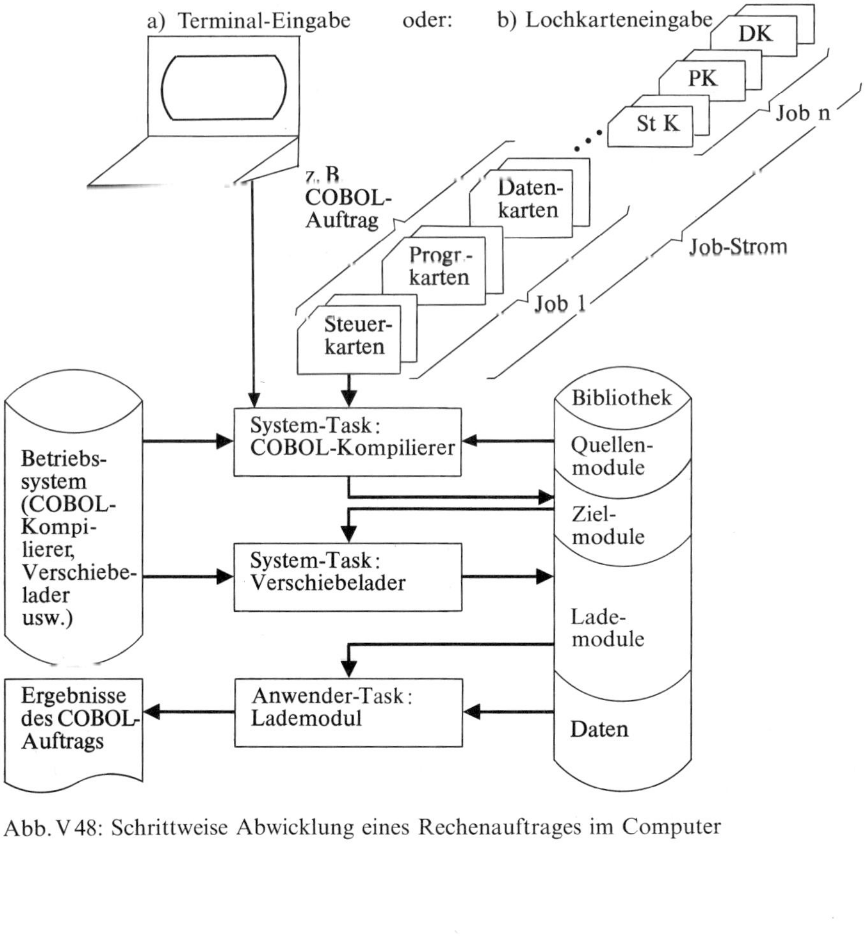

Abb. V 48: Schrittweise Abwicklung eines Rechenauftrages im Computer

3. Job-Step: Das absolutadressierte Zielmodul wird im Hauptspeicher geladen und danach gestartet. Als maschinenlauffähiges Benutzerprogramm verarbeitet es die Datenkarten und erzeugt die gewünschten Ergebnisdaten.

Aus dem ersten und zweiten Job-Step entsteht jeweils eine System-Task, aus dem 3. Job-Step dagegen wird eine Anwender-Task. Bei System-Tasks laufen Programme ab, die vom Computer-Hersteller erstellt worden sind. Sie werden dem Anwender im Rahmen des Betriebssystems zur Verfügung gestellt. Sie überführen die abgegebenen problembezogenen Programme in Lademodule, die danach in Form von Anwender-Tasks vom Computer ausgeführt werden können. Ferner starten, überwachen und beenden sie diese Anwendungs-Tasks. Um den Auftragsstrom schnell und sicher abwickeln zu können, verfügt das Betriebssystem über drei Steuerprogrammpakete: das Auftrags-Management (job management), die Prozeßsteuerung (task management) und die Datensteuerung (data management). Die folgenden drei Kapitel informieren über die Aufgaben und das Zusammenwirken dieser Steuerprogramme und füllen das folgende Grobschema im einzelnen noch aus.

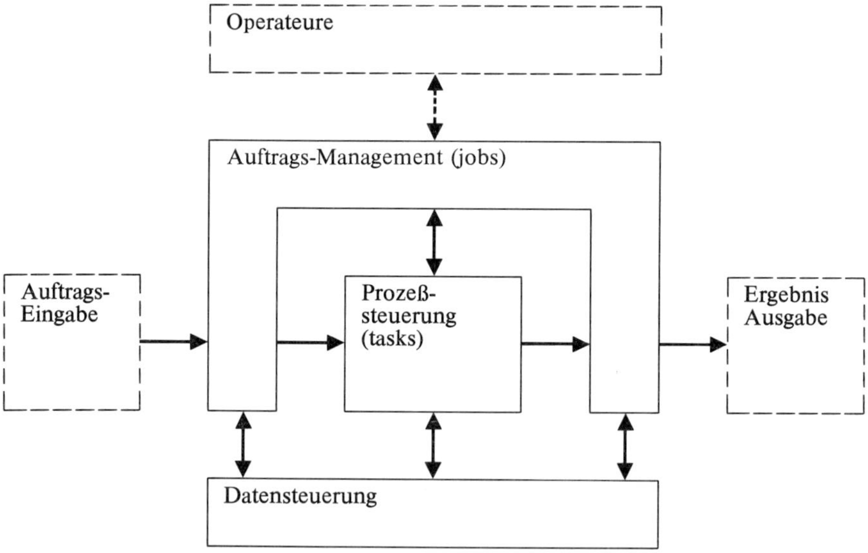

Abb. V 49: Steuerprogrammpakete des Betriebssystems

4.3.2 Auftrags-Management

Das Auftrags-Management (job management) stellt die Verbindung des Rechnersystems zur Außenwelt her. Über sein erstes Steuerprogramm, die Bedienungssteuerung, kommuniziert es mit den Operateuren. Sein zweites Steuerprogramm, die Auftragssteuerung, koordiniert den Auftragsstrom.

4.3.2.1 Bedienungssteuerung (master scheduler)

Die Kommunikation zwischen den Operateuren und dem Betriebssystem muß jederzeit möglich sein. Die Prozeduren der Bedienungssteuerung sind deshalb im Hauptspeicher resident, d.h. ständig verfügbar. Die Operateure und das Betriebssystem kommunizieren in Multiplexart. Die Operateure können in die Arbeitsabläufe des Rechnersystems eingreifen. Dazu bedienen sie sich bestimmter Kommandos aus einer definierten Menge von Befehlen, die sie über die Konsol-Schreibmaschine eingeben können. Das Befehlswort HOLD bewirkt beispielsweise das Zurückstellen eines Auftrags. Mit RELEASE wird ein zurückgestellter Auftrag zur Ausführung wieder freigegeben. Der Befehl MONITOR bewirkt eine kontinuierliche Anzeige von beispielsweise Start und Ende der Aufträge. Mit RESET ändert der Operateur die Priorität eines Auftrags. Diese Sprache zur Verständigung zwischen dem Benutzer und dem Betriebssystem bezeichnet man als Betriebssprache (operating language).

Der Computer informiert den Operateur mit Meldungen über die Konsol-Schreibmaschine. Sie unterrichtet den Operateur über bestimmte Bedingungen (z.B. Fehlerdiagnose) oder fordert ihn zu einer bestimmten Handlung auf (z.B. Einlegen eines Magnetbandes oder von Druckerpapier). Die Meldungen können von der Bedienungssteuerung oder indirekt über sie von der Auftragssteuerung, Prozeßsteuerung oder einem aktivierten Arbeitsprogramm veranlaßt worden sein.

4.3.2.2 Auftragssteuerung

Die Auftragssteuerung (job-scheduler) besteht aus einer Reihe von Prozeduren für die Makrosteuerung der Aufträge. Die Prozeduren laufen als System-Tasks neben anderen Programmen. Sie sind nicht resident. Der Operateur bzw. die Bedienungssteuerung veranlassen sie und brechen sie auch ab. Häufig verwendete Prozeduren sind:

a) Eingabeleser (reader/interpreter)
b) Prozeßstarter (initiator)
c) Prozeßbeender (terminator)
d) Ausgabeschreiber (output-writer).

Der Eingabeleser liest die Aufträge des Eingabestroms, analysiert die Steuerkarten und veranlaßt die Zwischenspeicherung der Eingabedatensätze im Magnetplattenspeicher. Er beendet seine Arbeit, sobald er eine Auftragsstrom-

Endekarte erkennt oder vom Operateur dazu veranlaßt wird. Drei Arten von Steuerkarten treten auf. Die Job-Karte gibt Anweisungen für den ganzen Auftrag. Dazu gehören beispielsweise der Auftragsname, die Auftragsnummer, Priorität, maximale Laufzeit und Hauptspeicherbedarf des Auftrags.

Die Task-Karten teilen dem Betriebssystem mit, daß eine Task – ähnlich den drei in Abb. 182 gezeigten – gestartet werden soll. Die Daten-Steuerkarten informieren das Betriebssystem über beteiligte Ein-/Ausgabedateien. Derartige Informationen sind zum Beispiel die Nummer des betreffenden Periphergerätes, der Dateiname, der Datei-Umfang (Zylinder usw.) und die Datei-Struktur (Block- und Satzlänge). Mit diesen Informationen baut der Eingabeleser Steuertabellen und eine Auftragswarteschlange auf.

Der Prozeßstarter umfaßt Prozeduren zur Auftragsauswahl, zur Zuordnung von Betriebsmitteln und für die Einleitung der Auftragsverarbeitung. Die Auftragsauswahl kann seriell oder prioritätsgebunden erfolgen. Um beim Multiprogramming eine geeignete Auftragsmischung zu erreichen, können die Aufträge z.B. in die Klasse technisch-wissenschaftlicher Programme und in eine zweite Klasse kaufmännischer Programme sortiert werden. Die erste Programmklasse ist rechenintensiv, die zweite dagegen E/A-intensiv. Der Prozeßstarter kann dann aus beiden Auftragswarteschlangen gezielt auswählen und mischen. Entsprechend den Angaben in den Steuerkarten ordnet der Prozeßstarter einem Auftrag die benötigten Betriebsmittel zu. Dabei hat er zu beachten, daß eventuell andere Aufträge die gleichen Betriebsmittel benötigen. Um nun die entsprechende Ausführung des Auftrags zu veranlassen, sucht der Prozeßstarter das gewünschte Programm. Es ist durch die Task-Karten spezifiziert und kann beispielsweise in der Bibliothek für Lademodule gespeichert sein. Der Prozeßstarter bringt das Programm in den Hauptspeicher und startet es. Die Abwicklung des Programms (der Task) wird von der Prozeßsteuerung kontrolliert.

Die Auftragssteuerung wird erst wieder aktiv, wenn ein Prozeß (= Abwicklung einer Task) regulär beendet ist oder wegen eines Fehlers oder Operateureingriffs beendet werden muß. Der Prozeßbeender gibt die bisher vom Prozeß gebundenen Betriebsmittel frei. Falls mit der aktuellen Task der gesamte Auftrag beendet ist, führt der Prozeßbeender noch weitere Funktionen aus. Er stellt dann Daten für die Auftragsabrechnung bereit, legt die Ausgabewarteschlange an und übergibt die Kontrolle an den Prozeßstarter zurück.

Die Prozeduren des Ausgabeschreibers schließen die Auftragsbearbeitung mit der Datenausgabe an den Benutzer ab. Die Datenausgabe umfaßt einerseits die bisher zwischengespeicherten Ergebnisdaten des Auftrags. Andererseits enthalten sie auftragsbezogene Rahmeninformationen, z.B. Datum, Uhrzeit des Einlesens, benötigte Prozessorzeit und belegte Hauptspeicherkapazität.

4.3.3 Prozeßsteuerung

Die Prozeßsteuerung (task management) veranlaßt und überwacht die Ausführung der von der Auftragssteuerung eingeleiteten Tasks. Ziele der Prozeßsteuerung sind die wirtschaftliche Systemnutzung und geringe fehlerbedingte Stillstandszeiten. Verschiedene Prozeduren stehen für folgende Aufgaben zur Verfügung:
a) Fehlerdiagnose
b) Unterbrechungsdiagnose
c) Unterbrechungsbehandlung
d) Prozeßüberwachung
e) Prozeßumschaltung.

Fehler können in der Hardware, in Systemprogrammen oder in Anwenderprogrammen auftreten. Die Prozeßsteuerung muß entscheiden, ob der betreffende Fehler einen Maschinenstop, den Abbruch eines Prozesses oder eine Korrekturmaßnahme ohne Abbruch des aktuellen Prozesses erforderlich macht. So führt beispielsweise ein falscher Operationsschlüssel im Anwenderprogramm zu einem Abbruch des betreffenden Prozesses. Entdeckt die Prozeßsteuerung einen fehlerhaften Datentransfer über einen Kanal, so kann sie die Wiederholung der fehlerhaft übertragenen Daten veranlassen. Der betreffende Prozeß läuft weiter.

Eine Task wird im allgemeinen nicht als durchlaufender Prozeß abgewickelt, sondern – beim Eintritt bestimmter Ereignisse – unterbrochen. Sie gibt dann den Prozessor ab. Diese Prozessorabgabe kann zwangsweise oder freiwillig erfolgen. Der erste Fall ist gegeben, wenn ein Fehler auftritt, das Zeitlimit erreicht wurde oder ein Prozeß höherer Priorität wieder lauffähig wird. Abhängig von der Unterbrechungsursache kann der unterbrochene Prozeß später fortgesetzt werden, oder die Prozeßsteuerung geht zu einem anderen Prozeß über.

Die Behandlung von Unterbrechungen erfolgt im Zusammenspiel zwischen einem Hardware-Unterbrechungsmechanismus und den Prozeduren zur Fehlerdiagnose, Unterbrechungsdiagnose und Unterbrechungsbehandlung. Verschiedene Unterbrechungsarten und -ursachen treten auf:
a) fehlerbedingte Unterbrechungen
b) externe Unterbrechungssignale (Signal von der Konsole oder von Anwenderterminals)
c) interne Unterbrechungssignale (z.B. Zeitgeber)
d) E/A-Unterbrechungen (z.B. Ende eines E/A-Vorgangs)
e) Anruf der Prozeßüberwachung (z.B. Anforderungen seitens eines Anwender- oder Systemprogramms).

Die Antworten auf diese Unterbrechungsarten geben die Prozeduren zur

Unterbrechungsbehandlung. Nach Abschluß einer Unterbrechungsbehandlung oder eines Prozesses ist der unterbrochene Prozeß fortzusetzen, oder ein neuer Prozeß ist zu starten. Dabei sind Prioritäten und die Verfügbarkeit von Betriebsmitteln zu beachten. Diese internen Planungsaufgaben und Ablaufsteuerungen übernimmt das Steuerprogramm ‚Prozeßüberwacher'. Die vom Prozeßstarter übernommenen und eingeleiteten Tasks werden in einer Prozeßwarteschlange gesammelt. Für jede Task wird eine sogenannte Prozeßsteuertabelle angelegt. Darin sind unter anderem folgende Informationen über die Tasks gespeichert:
- Arbeitsspeicherbedarf
- Anfangsadresse des Speicherbereichs
- benötigte Periphergeräte
- vorgegebene und bisherige Rechenzeit
- Priorität
- Daten zum Prozeßzustand.

Das Durchsuchen der Prozeßwarteschlange auf die nächste auszuführende Task übernimmt der Prozeßumschalter. Ferner ordnet er die benötigten Betriebsmittel zu. Das Auswählen aus der Prozeßwarteschlange kann über Prioritäten oder über eine Zeitteilung (time slicing) erreicht werden.

4.3.4 Datensteuerung

Die Datensteuerung stellt Verbindungen zwischen den System- und Anwenderprogrammen einerseits und den Datenbeständen andererseits her. Sie übernimmt dabei folgende Aufgaben:
- Datentransfer zwischen E/A-Geräten und Hauptspeicher durchführen lassen
- Datenbestände auf den Peripherspeichern verwalten
- Fehlerbehandlung beim Datentransfer.

Zur Durchführung dieser Aufgaben setzt die Datensteuerung mehrere Prozeduren ein:
a) E/A-Überwachungsprozeduren
b) E/A-Fehlerbehandlungsprozeduren
c) E/A-Geräteverwaltungsprozeduren
d) E/A-Zugriffprozeduren.

Der E/A-Überwacher steuert und kontrolliert die Ausführung von E/A-Operationen. Dazu ist zu prüfen, ob die benötigten Kanäle frei sind. Ist dies nicht der Fall, so muß eine Kanal-Warteschlange aufgebaut werden. Bei freiem Kanal wird das notwendige Kanalprogramm ausgewählt und gestartet. Ferner müssen die Prozeduren für die E/A-Unterbrechungen und -Fehlerkorrekturen eingeleitet werden. Die Prozeduren der E/A-Geräteverwaltung ordnen die symbolischen Namen der E/A-Geräte (z.B. PRINTER) den konkreten Geräten zu. Diese Zuordnung symbolischer Gerätenamen zu physikalischen E/A-Geräten

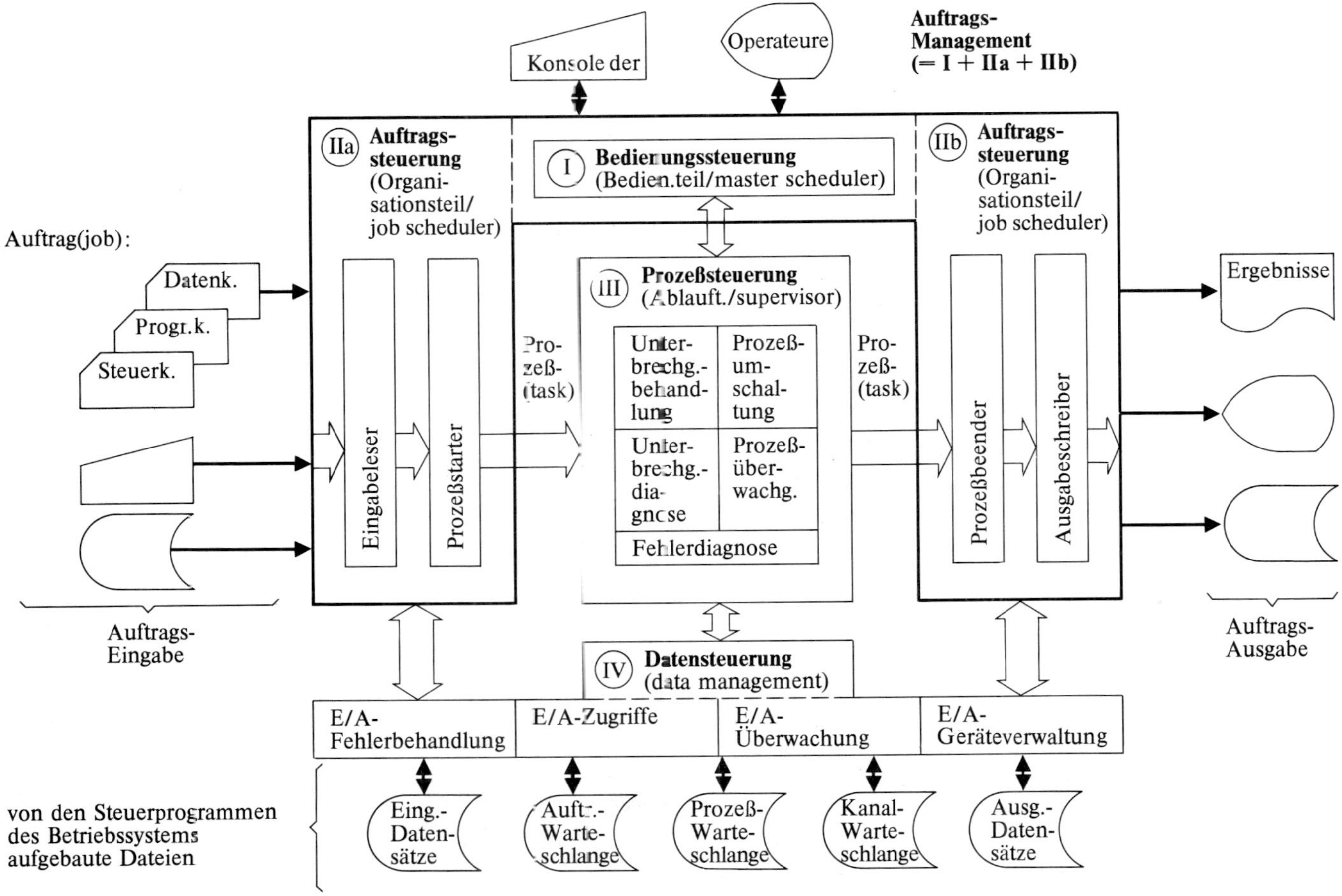

Abb. V 50: Steuerprogramme (I + IIa + IIb + III + IV) des Betriebssystems

wird in einer Gerätetabelle protokolliert. Die Zugriffsprozeduren stellen die Verbindung zwischen den logischen E/A-Programmaufträgen und dem E/A-Überwacher her, der für die physikalische Gerätebedienung zuständig ist. Die möglichen Zugriffsverfahren wurden in Kap. V 1 behandelt.

4.4 Übersetzer und Dienstprogramme

Ein Betriebssystem i. w. S., d. h. als Gesamtheit der System-Software verstanden, verfügt außer über die Steuerprogramme auch über ein ‚Programmiersystem' (vgl. Abb. V 47). Das Programmiersystem umfaßt (nach DIN 44300) Programmiersprachen und unterstützende Programme zur Ausführung der damit erzeugten Nutzer-Programme. Es besteht somit aus den Übersetzern (Sprachübersetzungsprogramme) und einer Reihe von Dienstprogrammen. Sie werden auch Arbeitsprogramme genannt. Sie erleichtern dem Anwender den Umgang mit dem Computer und die Nutzung seiner Betriebsmittel.

4.4.1 Übersetzer, Binder, Lader

Die Notwendigkeit von Übersetzern ergibt sich aus der Tatsache, daß der Programmierer symbolische Programmiersprachen verwendet (Assembler- und problemorientierte Sprachen), der Computer dagegen nur seine Maschinensprache, d. h. Binärziffergruppen, versteht. Die symbolischen Quellenprogramme der Anwender müssen in binäre Zielprogramme für den Computer übersetzt werden. Drei Arten binärer Zielprogramme sind zu unterscheiden:

a) absolut-binäre Programme
b) verschieblich-binäre Programme
c) symbolisch-binäre Programme.

Die absolut-binären Programme sind bereits mit absoluten Hauptspeicheradressen versehen und können unmittelbar ausgeführt werden. Die verschieblich-binären Programme dagegen sind relativ zum Programmanfang adressiert. Vor der Programmausführung müssen die relativen Adressen noch in absolute Adressen übergeführt werden. Als symbolisch-binäre Programme kann man Programme oder Unterprogramme (Prozeduren) bezeichnen, die zwar in Binärzifferform vorliegen, jedoch noch einige symbolische Querbezüge (z. B. gemeinsame Variablen) besitzen. Die Werte für diese symbolischen Querbezüge sind solange unbekannt, solange das Gesamtprogramm aus den einzelnen Programmen bzw. Unterprogrammen noch nicht zusammengesetzt ist. Erst nach dem ‚Binden' der verschiedenen Programmbausteine zu einem Gesamtprogramm können die Symbole in binäre Formen umgesetzt oder eliminiert werden.

Bevor ein Anwenderprogramm im Prozessor eines Rechners verarbeitet werden kann, müssen demnach mehrere Umsetzungsvorgänge mit ihm vorgenommen werden. Das vom Anwender erzeugte Quellenprogramm muß in einem ersten Schritt in ein Zielprogramm übersetzt werden. Ist dieses Zielprogramm bereits absolut-binär, d. h. aus binären Befehlen und absoluten Adressen aufgebaut, so kann es mit Hilfe des sogenannten Absolutladers aus den Peripherspeichern übernommen, im Hauptspeicher richtig adressiert abgelegt und zur Verarbeitung im Prozessor aktiviert werden. Dieses Laden von Programmen ist eine wichtige Funktion des Betriebssystems.

Sollen Zielprogramme im Mehrprogrammbetrieb verarbeitet werden, so darf der Übersetzer ihnen keine festen Adressen zuordnen. Vielmehr muß über die relative Adressierung sichergestellt werden, daß die Zielprogramme im Hauptspeicher verschiebbar bleiben. Bevor ein verschiebbar-binäres Zielprogramm in der Zentraleinheit aktiviert wird, müssen die relativen Adressen durch absolute ersetzt werden. Diesen Übergang vom Status ‚verschiebbar-binär' zum Status ‚absolut-binär' übernimmt ein Verschiebelader, der danach auch die Aktivierung in der Zentraleinheit veranlaßt.

Schließlich tritt häufig der Fall auf, daß man Zielprogramm-Module, die aus voneinander unabhängigen Übersetzungen stammen, miteinander zu einer Einheit koppeln möchte (Unterprogrammtechnik). Das Verbinden dieser Module geschicht, indem ihre symbolischen Querbezüge ersetzt werden. Den Übergang zwischen symbolisch-binären Zielprogramm-Modulen und dem daraus entstehenden verschiebbar-binären Gesamtprogramm übernimmt der Binder (linkage editor). Der Binder kann somit eine Vorarbeit für den Verschiebelader erbringen. Es ist aber auch möglich, alle Übergänge, die der Binder und der Verschiebelader nacheinander ausführen, von einem Steuerprogramm allein ausführen zu lassen, nämlich von dem Bindelader (linking loader). Heute können Module sogar von Quellenprogrammen mit unterschiedlicher Programmiersprache (z. B. COBOL, FORTRAN, ASSEMBLER) verbunden werden.

Die Abb. V 51 zeigt verschiedene Wege, wie mit Hilfe der Arbeitsprogramme des Betriebssystems aus problem- oder maschinenorientierten Quellenprogrammen lauffähige Zielprogramme erzeugt und aktiviert werden können.

Die einzelnen Prozeduren eines problemorientierten Quellenprogramms (z. B. eines FORTRAN-Programms) übersetzt der Prozedur-Kompilierer in symbolisch-binäre Zielprogrammodule und gibt sie an den Binder weiter. Der Binder verknüpft sie zu einem verschiebbar-binären Gesamtprogramm. Dabei kann er die Bibliotheksprogramme, die in den Prozeduren angefordert wurden, mit eingliedern. Der Verschiebelader ersetzt die relativen Adressen durch absolute und aktiviert das Zielprogramm in der Zentraleinheit. Das so erzeugte absolutbinäre Zielprogramm kann abgespeichert werden und zu einem späteren Zeitpunkt ohne einen Übersetzungslauf mit Hilfe des Absolutladers geladen und

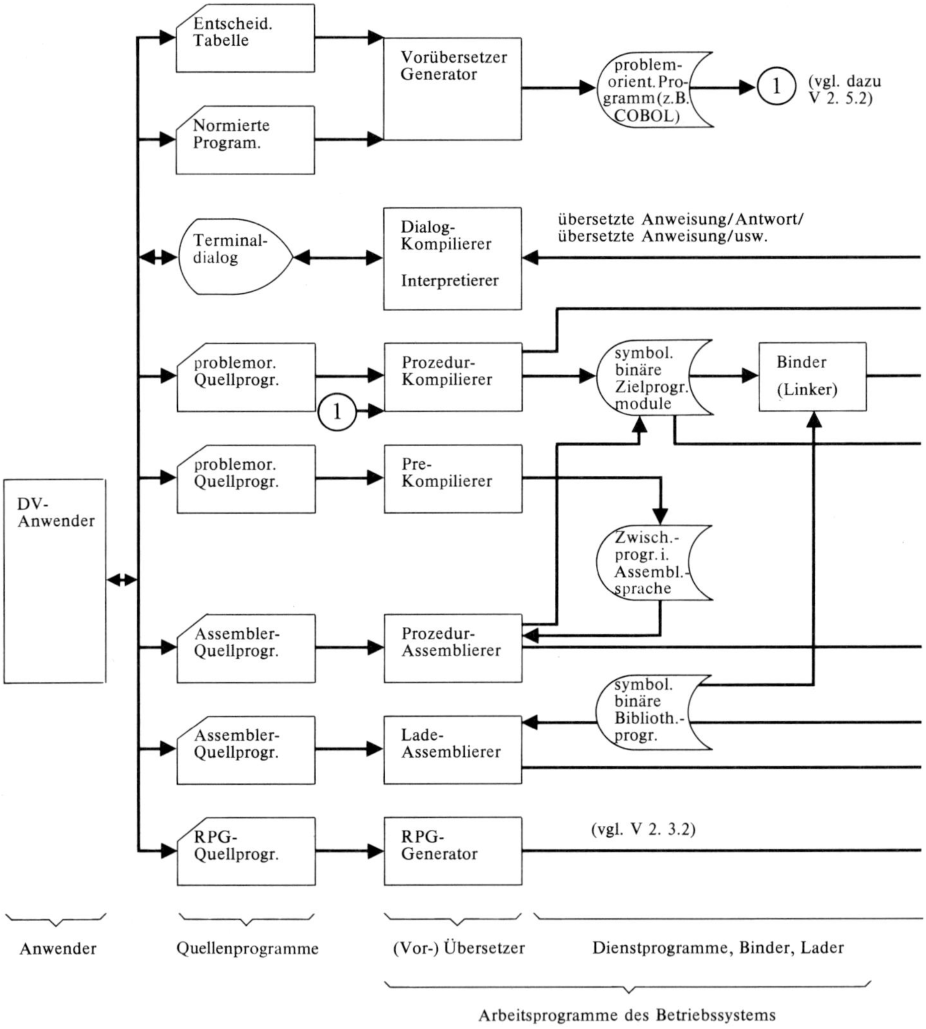

Abb. V 51: Verschiedene Wege, wie mit Hilfe der Arbeitsprogramme des Betriebssystems aus problem- oder maschinenorientierten Quellenprogrammen lauffähige Zielprogramme erzeugt und aktiviert werden können.

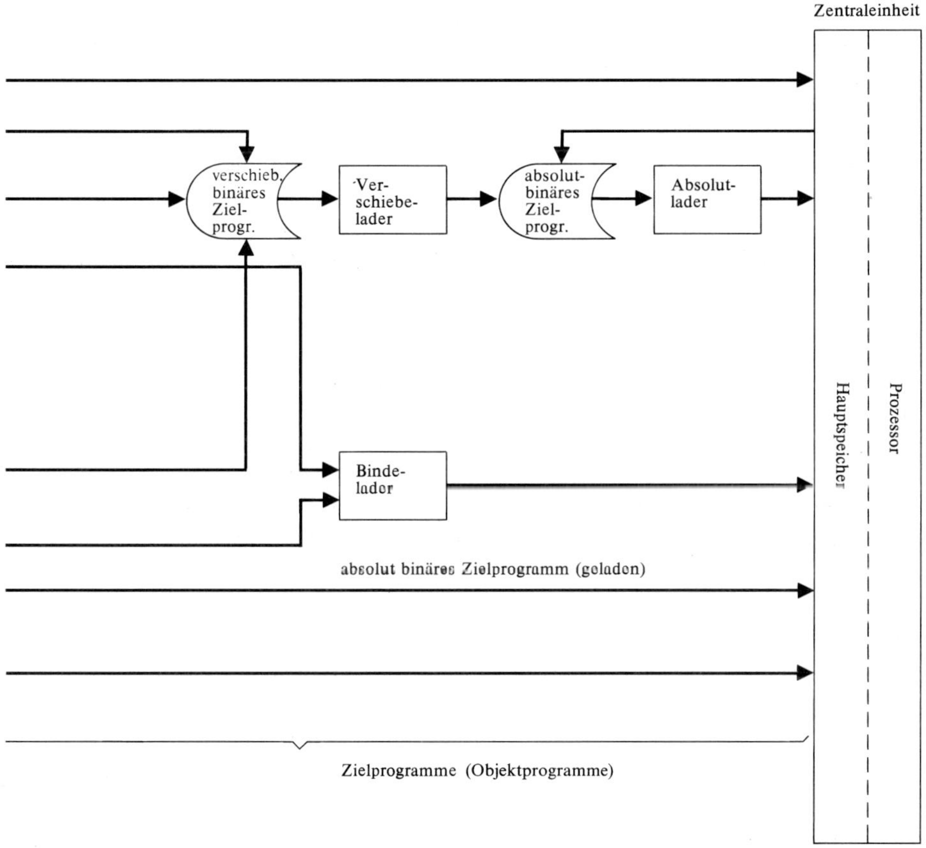
Zentraleinheit
verschieb. binäres Ziel-progr.
Ver-schiebe-lader
absolut-binäres Ziel-progr.
Absolut-lader
Binde-lader
absolut binäres Zielprogramm (geladen)
Zielprogramme (Objektprogramme)
Hauptspeicher
Prozessor

gestartet werden. Bei einfachen Programmen kann auf den Binder verzichtet werden.

Der Prozedur-Assemblierer arbeitet ähnlich, jedoch geht er von einem Quellenprogramm in der Assemblersprache aus. Nach dem Übersetzungslauf durch den Prozedur-Kompilierer oder den Prozedur-Assemblierer kann ein Bindelader die Funktionen des Binders und des Verschiebeladers gleichzeitig übernehmen. Einige problemorientierte Übersetzer erzeugen Zwischenprogramme in der Assemblersprache und nutzen danach die Fähigkeiten des Prozedur-Assemblierers für die endgültige Übersetzung aus. Einen solchen problemorientierten Übersetzer nennt man einen Pre-Kompilierer. Neben den gewöhnlichen Kompilierern, die abgerundete Programme bzw. Programmbausteine übersetzen, gewinnen spezielle Kompilierer für den Dialogbetrieb an Bedeutung. Ein Dialog-Kompilierer (Interpretierer) übersetzt sofort jede im Terminaldialog eingegebene Anweisung und veranlaßt in der Zentraleinheit ihre Ausführung. Der Benutzer kann am Terminal das Ergebnis seiner Anweisung prüfen, bevor er die nächste Anweisung eingibt. Damit können Quellenprogramme in problemorientierter Sprache interaktiv entwickelt und gleichzeitig getestet werden.
Die einfachsten Assemblierer sind die Lade-Assemblierer. Ihnen wird ein Programm in symbolischer Form übergeben. Sie erzeugen daraus ein absolutbinäres Zielprogramm und laden es selbständig in den Hauptspeicher. Ein Lade-Assemblierer ist nicht in der Lage, symbolisch-binäre Zielprogramm-Module zu erzeugen und zu einem Programm zu koppeln. Im Quellenprogramm angeforderte Bibliotheksprogramme jedoch können von ihm eingebaut werden.

Die in der Programmbibliothek gespeicherten Dienstprogramme ergeben zusammen mit den Übersetzern, Bindern und Ladern die Arbeitsprogramme des Betriebssystems.

4.4.2 Dienstprogramme

Dienstprogramme (utilities) sind Arbeitsprogramme des Betriebssystems, die beim normalen Computer-Einsatz relativ häufig angefordert werden. Folgende Gruppen von Dienstprogrammen lassen sich unterscheiden:

a) Mischprogramme: sie dienen der Zusammenführung zweier oder mehrerer Dateien zu einer neuen Datei
b) Sortierprogramme: sie dienen dazu, die Datensätze einer Datei in eine ganz bestimmte Ordnung zu überführen
c) Kopierprogramme: sie kopieren Dateien vom Band auf den Plattenspeicher oder umgekehrt
d) Ausgabeprogramme: sie erleichtern die Ausgabe (z. B. beim Drucken)
e) Hauptspeicherbezogene Dienstprogramme: sie werden benötigt, um den

Hauptspeicher auf Null zu setzen, indem alle Speicherstellen mit binären Nullen beschrieben werden. Auch können Speicherinhalte zum Zwecke der Fehlerkontrolle ausgedruckt werden

f) Testprogramme: sie geben Diagnosehilfen beim Testen von Programmen und Programmbausteinen.

Abschließend kann festgehalten werden, daß die Leistungen der Steuer- und Arbeitsprogramme des Betriebssystems die Arbeit verschiedener Personen erleichtern. Dem Wartungstechniker ermöglicht das Betriebssystem, den Rechner sogar während des Betriebs zu prüfen. Den Operateuren erleichtert es durch intensiven Dialog, den Computer zu steuern und zu überwachen. Übersetzer, Test-, Diagnose- und Dienstprogramme erst ermöglichen es dem Programmierer, die Fähigkeiten des Rechnersystems aktuell und voll zu nutzen. Dem DV-Anwender nimmt das Betriebssystem die Dateiverwaltung ab, bietet ihm Standardprogramme an und liefert ihm vielfältige Ausgabevarianten. Auch müssen die neuen benutzerfreundlichen Betriebsarten vom Betriebssystem beherrscht werden. Die automatischen internen Auftragsabrechnungen (Rechenzeit, Speicherbedarf usw.) informieren sowohl den Anwender in den Fachabteilungen als auch das DV-Personal mit Leitungsaufgaben. Bequeme Computer-Nutzung, gute Betriebsmittel-Auslastung und hohe Verarbeitungssicherheit sind ohne ein leistungsfähiges Betriebssystem bei keinem Rechnersystem möglich. Andererseits belegen die Programme des Betriebssystems Haupt- und Peripherspeicherkapazität und benötigen selbst einen Teil der Computer-Arbeitszeit.

4.5 Virtuelle Systeme

Die DV-Anwender von Rechnern der ersten und zum Teil der zweiten Generation betrieben meist in Personalunion als Programmierer und Operateur über die Konsole eine direkte Kommunikation mit dem Rechner. Die Kommunikation war aber stark auf die technische Struktur der Maschine ausgerichtet und setzte entsprechendes technisches Detailwissen voraus. Die Anlagen ab der dritten Generation weisen eine weitaus komplexere Technologie auf und laufen in verfeinerten Betriebsarten, z.B. im Mehrprogrammbetrieb. Die vielen technischen Detailgrößen zu beherrschen und zu beobachten würde einen Programmierer von seiner eigentlichen Arbeit, dem logischen Durchdenken von anwendungsorientierten Aufgabenstellungen, nur ablenken. Der technisch großartig aufgebaute Computer sollte sich dem Programmierer und zunehmend auch dem DV-Anwender eher als bediener- und benutzer-freundliches Instrument anbieten. Die reale Rechnerstruktur müßte durch ein virtuelles, d.h. gedachtes Rechnersystem nachgebildet und nach außen simuliert werden. Verschiedene technische und organisatorische Ansätze entstanden, um reale Rechner (komponenten) virtuell abzubilden:

a) symbolische statt absolute Adressen bei Assemblersprachen
b) symbolische Anweisungen bei problemorientierten Programmiersprachen
c) die relative und indizierte Adressierung anstelle der absoluten
d) logische statt physische Datenstrukturen
e) virtuelles Zylinderprinzip statt reale Plattenseiten beim Plattenspeicher
f) Firmware statt technischer Schaltwerke als Funktionssteuerung
g) Software, insbesondere die Systemprogramme, zur Ergänzung der Hardware
h) Betriebsarten, wie Time-Sharing, zur Teilung der Betriebsmittel
i) Nachbilden eines Rechnersystems mit einem anderen (Emulation).
j) Nachbilden (Emulieren) eines Universalrechner-Terminals durch einen Mikrocomputer
k) virtuelle Bildschirme = ‚Hintergrund-Bildschirme', die dynamisch mit dem realen Vordergrundschirm fortgeschrieben werden
l) virtueller, physikalisch nicht direkt existente Leitungsverbindung zwischen zwei Hauptanschlüssen bei der Datenübertragung mit DATEX-P (IV 3.5)

Virtuelle Betriebsmittel ersetzten für den Anwender und Anwendungsprogrammierer die reale Maschine. Dieses Prinzip brachte besonderen Nutzen in der Form des virtuellen Speichers. Anwendungen sind beispielsweise:
a) virtuelle Erweiterung des Hauptspeichers mittels RAM-Peripherspeicher
b) Strukturierung eines Kassetten-Massenspeichers als virtuellen Plattenspeicher bei der Zusammenarbeit mit realen Plattenspeichern (vgl. IV 2.3.4).
c) Nachbilden (Emulieren) eines (ggf. zweiten) Diskettenlaufwerks im RAM-Hauptspeicher beim Mikrocomputer

Der inzwischen weit verbreitete erste Fall bezieht sich auf:
- einen realen Hauptspeicher in der Zentraleinheit mit einem physischen Adreßraum (hier als PA abgekürzt)
- ein oder mehrere schnelle RAM-Peripherspeicher (z.B. Plattenspeicher) im Sinne von Hintergrundkapazität, die als virtueller Hauptspeicher mit einem virtuellen Adreßraum VA verwendet werden.

Der reale Hauptspeicher ist aufgeteilt in einen Bereich für residente Programme (des Betriebssystems) und einen Bereich, der Programmbausteine und Daten aus dem virtuellen Speicher aufnimmt. Die restlichen Systemprogramme, Anwenderprogramme und Daten speichern im virtuellen Speicher. Zwei Probleme sind zu lösen
- die realen und virtuellen Hauptspeicher müssen auf die verschiedenen Aufträge (Jobs) aufgeteilt werden
- die realen und virtuellen Adressen müssen einander eindeutig zugeordnet werden.

Um diese Aufgaben zu lösen, wird beim Seitenverfahren (paging) der virtuelle Speicher in gleichgroße Bereiche aufgeteilt, die als Seiten (pages) bezeichnet werden. Auch der reale Hauptspeicher erhält diese Seitenstrukturierung. Ein

Seitenblock, der auch Seitenrahmen genannt wird, dient als Behälter für die vom virtuellen Speicher übernommenen Seiten. Eine Seite enthält 2048 (oder auch 4096 Bytes). Gelegentlich ist eine feste Zahl von Seiten (16 oder 32) des virtuellen Speichers zu einem Segment zusammengefaßt. Eine Seitentabelle ordnet den virtuellen Seitenadressen die physischen Adressen PA des realen Hauptspeichers zu. Eine Markierung in der Tabelle verweist darauf, ob die betreffende Seite momentan im realen Hauptspeicher steht. Die Zuordnung ändert sich laufend. Die Seitentabelle muß also laufend aktualisiert werden. Die Wirksamkeit des virtuellen Speichersystems hängt maßgeblich vom schnellen Informationstransport zwischen dem realen und dem virtuellen Hauptspeicher ab. Für den Seitenwechsel gelten zwei Strategien:

(1) Einlagerungsstrategie
Spricht die aktuelle Anweisung im Befehlsregister des Prozessors eine virtuelle Adresse an, die in der Seitentabelle nicht markiert ist, so muß die angesprochene Seite aus dem virtuellen Speicher geholt werden. Für diesen Ladevorgang erfolgt eine Unterbrechung (interrupt) in der Programmbearbeitung.

(2) Ersetzungsstrategie
Die nach wie vor begrenzte Kapazität des realen Hauptspeichers zwingt dazu, immer wieder Seitenblöcke im Hauptspeicher freizusetzen, um Speicherraum für benötigte Seiten vom virtuellen Speicher übernehmen zu können. Zwei Fälle

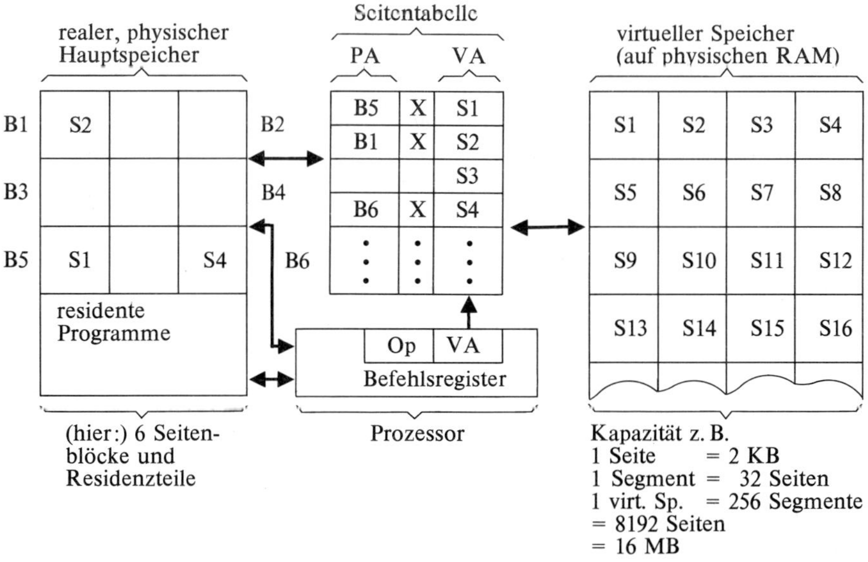

Abb. V 52: Virtuelles Speicherprinzip

sind dabei zu unterscheiden. Seiten, die im realen Hauptspeicher nicht geändert werden, können direkt durch neu eingelagerte Seiten überschrieben werden. Geänderte Seiten dagegen müssen mit ihrem neuen Inhalt ausgelagert werden. Als Ersatzstrategien eignen sich dabei folgende Vorgehensweisen:

a) FIFO (= first in first out): die Seite wird ersetzt, die sich am längsten im Hauptspeicher befindet
b) LIFO (= last in first out): die Seite wird ersetzt, die sich am kürzesten im Hauptspeicher befindet
c) In einem bestimmten Zeitintervall selten benutzte Seiten bilden eine Warteschlange, um im folgenden als erste ersetzt zu werden. Gelegentlich nehmen sehr schnelle Register, sogenannte Assoziativregister häufig verwendete Teile der Seitentabelle auf. Die Adreßzugriffe laufen dann noch aktueller ab.

Vorteile der virtuellen Erweiterung des Hauptspeichers sind unter anderem:

- die einsetzbare Speicherkapazität beträgt ein Vielfaches der realen Hauptspeicherkapazität; z.B. begrenzen 24 Adressierungsbits pro Befehl den Adreßraum des virtuellen Speichers auf $2^{24} = 16$ MB.
- der Programmierer arbeitet nur noch mit standardisierten Speichereinheiten (= Seiten), braucht die technischen Speichergrenzen nicht zu beachten und kann sich auf die logische Problemanalyse konzentrieren
- wirtschaftliche Nutzung der Peripherspeicher.

4.6 Betriebssysteme für Mikrocomputer

Auch wenn die Hardware-Strukturen der Mikrocomputer weniger komplex aind als die der Groß- und Minirechner, bedürfen ihre internen Betriebsabläufe der Koordination. Diese Aufgaben übernimmt das Betriebssystem. Die notwendigen Funktionen der Betriebssysteme für Mikrocomputer hängen natürlich auch von der Betriebsart (Kap. V 3.8) der genutzten Mikrocomputer ab. Ferner nahm das Leistungsspektrum der Mikrocomputer von Generation zu Generation zu (vgl. Kap. I 3.8). Typische Funktionen des Betriebssystems beim Mikrocomputer sind:

- Start des Mikrocomputers/System initialisieren
- Geräteverwaltung/Betriebsmittelzuteilung
- Dateienverwaltung (Data Management)
- Programme starten und beenden
- Kommandodateien abarbeiten (Job-Streaming)
- Druckerausgaben puffern (Spooling)
- Software-Werkzeuge (Tools) bereithalten
- über Schnittstellen mit anderen Systemen kommunizieren.

Die heutigen Mikrocomputer verfügen fast alle über einen Betriebssystem-Kern, der auch Monitor genannt wird. Er befindet sich meist in einem (E)PROM

Speicher und erfüllt nach dem Einschalten des Mikrocomputers elementare Basisfunktionen (z. B. Disketten lesen) aus obiger Liste. Die weiteren Teile des Betriebssystems werden von einem Peripherspeicher (Diskette oder Winchesterplatte) nach Bedarf in den kapazitiv begrenzten Hauptspeicher geladen. Die Vielzahl unterschiedlicher und gleichzeitig, z. T. über verschiedenartige Schnittstellen anschließbarer Periphergeräte macht eine Geräteverwaltung durch das Betriebssystem erforderlich.

4.6.1 Betriebssystem-Generationen

Die überaus schnelle Entwicklung im Hardware-Bereich der Mikrocomputer ließ eine Reihe von Betriebssystemen entstehen – man unterscheidet bereits mehrere Generationen von Betriebssystemen der Mikrocomputer (Abb. V 53). Andererseits förderte die geringe Zahl von Standard-Prozessoren für Mikrocomputer die Herausbildung einiger Betriebssysteme als Marktführer, insbesondere CP/M und MS-DOS.

Viele Anwendungsprogramme existieren auch für Apple-DOS. Im Juni 1983 einigten sich 15 Hersteller von Homecomputer in Japan und Microsoft auf den neuen Standard MSX (Microsoft Super Extended) für Homecomputer. Das Betriebssystem OASIS (= Online Application System Interactive Software) ist für 8- und 16-Bit-Prozessoren im Ein- und Mehrplatzbetrieb verfügbar. Das in Deutschland entwickelte Mehrplatzsystem EUMEL verfügt über eine integrierte Programmiersprache ELAN (Elementary Language) und eignet sich für die Rechnernutzung in Schulen. Das in der Programmiersprache C geschriebene Betriebssystem EOS arbeitet mit deutscher Dialogsprache. Als Ziele für die Weiterentwicklung der Mikrocomputer Betriebssysteme gelten u. a.:
- Benutzerfreundlichkeit der Kommandosprache des BS
- Portabilität, d. h. das BS ist nutzbar auf verschiedener Hardware
- geringe Speicherbelastung, d. h. kleiner Code-Umfang des BS
- optimale Auslastung der Mikrocomputer-Betriebsmittel
- Funktionen bei komplexeren Betriebsarten modular erweiterbar.

Die Steuerprogramme für die Prozessoren Intel 4000/4004, die für Maschinensteuerungen genutzt wurden bzw. werden, können als ‚Betriebssysteme der 0. Generation' bezeichnet werden (gelegentlich auch bereits als 1. Generation). Die Mikrocomputer-Betriebssysteme der 1. Generation waren auf die 8-Bit-Prozessoren und die meist vorgegebenen Beschränkungen der Speicherkapazitäten (intern max. 64 KB und extern ca. 160 KB) ausgelegt. Das Betriebssystem selbst mußte somit klein und konnte deshalb nur wenig leistungsfähig sein. Die Betriebssysteme der 2. Generation kommen auf den schnelleren 16-Bit-Prozessoren zum Einsatz. Große Haupt- und Festplattenspeicher bieten genug Kapazität für größere und benutzerfreundliche Betriebssysteme. Die Weiterentwicklung

Betriebssystem-Bezeichnung	Gene-ration	eingesetzte Prozessoren Typ	Prozessoren	*) Einprogr./ Mehrprog.	**) Einplatz/ Mehrplatz
Masch.steuerung	0.	4 Bit	I4000/4004	Ein	Ein
MSX (Homecomputer)	1.	8 Bit	Z80A	Ein	Ein
CP/M (80)	1.	8 Bit	Z80 I8080/85	Ein	Ein
Turbodos	1.	8 Bit	Z80 MOS-T6502	Ein	Ein, Vernetz.
CP/M-86	2.	16 Bit	I8088/8086 I80186/80286	Ein	Ein
MS-DOS/PC-DOS	2.	16 Bit	I8088/8086 I80186/80286	Ein Spooling	Ein
MP/M-86	2.	16 Bit	I8088/8086	Ein	Mehr
CCP/M-86 (Concurrent)	2.	16 Bit	I8088/8086 I80186/80286	Mehr	Ein
Oasis-16	2.	16 Bit	I8088/8086	Ein	Mehr
Concurrent DOS-286	2/3.	16 Bit	I80286	Mehr, Echt.	Mehr
Unix (Release V) (Microsoft: Xenix) (Siemens: Sinix)	3.	16, 16/32, 32 Bit	I80186/286/386 MC68000, Z8000 NS16032	Mehr, Echtzeit	Mehr, Vernetzung

Hinweis: *) Single-/Multi-Tasking **) Single-/Multi-User

Abb. V 53: Vergleich der Betriebssystem-Generationen für Mikrocomputer

der Prozessorentechnik führte zu Mikroprozessoren mit höherer Taktfrequenz und 32-Bit-Strukturen. Während die Peripherie (Tastatur, Bildschirm, Drucker) noch beschäftigt ist, kann sich der Prozessor schon parallel neuen Aufgaben zuwenden. Mehrprogrammbetrieb (Multi-Tasking) wird möglich. Das Betriebssystem muß die Aufgabenzuteilung bewältigen. Betriebssysteme der 3. Generation entstehen. Sie beherrschen auch den Mehrplatzbetrieb (Multi-User-Konzept) und die Vernetzung mehrerer Mikrocomputer.

Um die Zielsetzung ‚Kompatibilität' eines Betriebssystems für Mikrocomputer zu erreichen, werden verschiedene Wege beschritten. Allen gemeinsam ist die Aufteilung des Betriebssystems in einen von der speziellen Anlagen-Hardware unabhängigen und einen abhängigen Teil.

4.6.2 UCSD P-System

Das UCSD P-System wurde an der **U**niversity of **C**alifornia (**S**an **D**iego) als Entwicklungsumgebung für die **P**ascal-Programmierung entwickelt und 1977 eingeführt. Es umfaßt nicht nur einen Pascal-Kompilierer, sondern bietet ein interaktives Betriebssystem für Mikrocomputer. Durch die Verwendung eines Pseudocodes (Zwischencodes) ist das eigentlich in Pascal geschriebene System maschinenunabhängig; jedes Mikrocomputer-Modell benötigt nur einen eigenen P-Code-Interpretierer. Der Nachteil ergibt sich aus dem Geschwindigkeitsverlust beim Ausführen der Programme. Als Vorteil empfindet der Benutzer die reine Menüsteuerung; er muß keine Betriebssprache erlernen. Die oberste Kommandoebene umfaßt u.a.:

E(dit): Komfortablen Editor aktivieren. Das Untermenü bietet Kommandos zum Ändern und Formatieren von Texten und zur Cursor-Bewegung.
F(ile): Kommandos zum Bearbeiten von Dateien und Disketten
C(omp): Pascal-Programm übersetzen
X(ecute): benanntes Objektprogramm (P-Codefile) ausführen
L(ink): externer Routinen in ein Programm entbinden

Das System eignet sich besonders für professionelle Software-Entwickler, nicht zuletzt infolge der verfügbaren Kompilierer für Pascal und Fortran.

4.6.3 Das Betriebssystem CP/M

Die Firma Digital Research brachte 1975 ihr Betriebssystem CP/M (= Control Program for Microcomputer) auf den Markt. Die Version **CP/M 80** wurde zur Standardausrüstung der 8-Bit-Mikrocomputer; angeblich wurden inzwischen etwa zwei Million Installationen erreicht. CP/M konnte schnell an unterschiedliche Rechner-Hardware angepaßt werden. Die Kommandosprache umfaßt wenige, schnell erlernbare Befehle. Insgesamt ist CP/M jedoch ungenügend benutzerfreundlich. Die spätere Version **CP/M 86** arbeitet auf 16-Bit-Rechnern. Beide Versionen sind Einplatz-/Einprogramm-Betriebssysteme (vgl. Kap. 3.9). Der Prozessor wartet häufig auf die Tastatur-/Bildschirm-Eingabe.

Das Betriebssystem Concurrent CP/M 86 **(CCP/M 86)** dagegen steuert den Mikrorechner so, daß er mehrere Programmteile parallel abarbeitet (Multi-Tasking). So kann gleichzeitig Text eingegeben, eine Liste gedruckt und ein Quellenprogramm übersetzt werden. Wartezeiten des Prozessors entfallen oder werden verringert. Das Betriebssystem nutzt für jeden gleichzeitig aktivierten Prozeß einen virtuellen Hintergrund-Bildschirm. Sie werden simultan fortgeschrieben und durch eine Funktionstaste aus dem Speicher auf den realen Schirm gerufen. Ein geladenes Programm kann gleichzeitig von mehreren Prozessen genutzt werden (reentrant).

Das Betriebssystem **MP/M 86** ist eine Mehrplatz-Variante für 16-Bit-Rechner. Die ursprüngliche 8-Bit-Version MP/M scheiterte an der stark begrenzten Leistungsfähigkeit der 8-Bit-Rechner. **Concurrent DOS(-286)** bietet Mehrplatz-, Mehrprogramm- und Echtzeitbetrieb.

Die Struktur von CP/M erlaubt relativ leicht die Anpassung an unterschiedliche Hardware, was erheblich zur Verbreitung beigetragen hat. Die CP/M-Betriebssysteme enthalten folgende Komponenten:

a) Konsolsteuerung CCP (= Console Command Processor), die als Schnittstelle zwischen dem Benutzer und dem Betriebssystem dient; sie interpretiert alle über die Tastatur eingegebenen Befehle und aktiviert (über die anderen Komponenten) die betreffenden Systemfunktionen.
b) Disketten-Betriebssystem BIOS (= Basic Input Output System), das für jede Hardware-Umgebung angepaßt werden muß.
d) Programmspeicherebene TPA (= Transient Program Area), die von der Diskette geladene Programme zur Ausführung ladet.

CP/M verfügt über transiente Kommandos, die bei Aufruf als Art Dienstprogramm geladen werden. Residente Kommandos werden im Hauptspeicher bereitgehalten. Die Abb. V 54 zeigt beispielhaft einige CP/M-Kommandos im Vergleich mit solchen des Betriebssystems MS-DOS.

Kommandos (Befehle)	CP/M	MS-DOS
Diskette formatieren	* FORMAT	* FORMAT
Diskettenstatus anzeigen	* STAT	* CHKDSK
Dateienverzeichnis zeigen	DIR	DIR
Dateiinhalt auf Bildschirm	TYPE	TYPE
Datei(en) kopieren	* PIP	COPY
Datei löschen	ERA	DEL, ERA
Datei umbenennen	REN	REN
Zeit, Datum zeigen/setzen	* TOD	TIME, DATE
Stapelverarbeitung	SUBMIT	Dateiname. BAT

* = ‚transiente/externe' Kommandos müssen jeweils beim Aufruf durch die Tastatur von externen Speichern (Diskette, Harddisk) geladen werden, während die ‚residenten/internen' Kommandos nach dem Laden des Betriebssystemkerns im Hauptspeicher verbleiben

Abb. V 54: Vergleich einiger Betriebssystem-Kommandos

4.6.4 Das Betriebssystem MS-DOS/PC-DOS

Das Betriebssystem MS-DOS wurde von Seattle Computer für den Prozessor I8086 entwickelt, kam unter den Bezeichnungen SCP 86-DOS und SB-86 auf den Markt und wurde über die Firma Microsoft ab Mitte 1981 als MS-DOS verbreitet. IBM nutzt MS-DOS mit dem Etikett PC-DOS für den eigenen Personal Computer. Für 16-Bit-Rechner gilt MS-DOS als ‚Industrie-Standard'. Die mehr als eine Million Installationen liegen über den Installationszahlen von CP/M-86, für 1986 werden etwa 4,5 Millionen vorhergesagt. Wie bei den anderen Betriebssystemen existieren auch für MS-DOS verschiedene Release: 1.25, 2.0, 2.11, 3.0. Ab der Version 2.0 können Dateien hierarchisch zu Gruppen gebündelt werden; die Dateiverzeichnisse (directory) gestalten sich (als Baum) übersichtlicher (Abb. V 56). Damit werden schon erste Schritte hin zum UNIX-Betriebssystem getan.

Ähnlich CP/M besteht auch MS-DOS aus drei Systemdateien:

a) COMMAND.COM		Interpretation der Benutzer-Kommandos (Befehle)
b) MSDOS	.SYS	geräteunabhängiger I/O-Teil; konvertiert
(IBMDOS	.SYS)	Programmanfragen
c) MSBIO	.SYS	geräteabhängiger Input/Output-Teil; vom
(IBMBIO	.SYS)	Hardware-Hersteller

Die letzten beiden Betriebssystemdateien sind ‚verdeckt', sie werden nach dem DIR-Kommando im Directory nicht ausgewiesen (hidden files). COMMAND.COM akzeptiert und interpretiert sowohl ‚interne' System-Kommandos als auch ‚externe' Befehlsketten in Form der Dateiarten ∗.COM, ∗.EXE oder ∗.BAT. Dabei steht an der Stelle ∗ ein ‚Programm'-Name mit bis zu 8 Zeichen. Je nach Version des Betriebssystems stehen dem Benutzer bis zu etwa zwei Dutzend interne und externe Kommandos zur Verfügung. Gegenüber CP/M-86 bietet MS-DOS einen größeren Befehlsvorrat und eine schnellere Dateiverwaltung. Eine Reihe von Kommandos der beiden Betriebssysteme gleichen sich (Abb. V 54). Mit einem Konvertierungsprogramm RDCPM lassen sich CP/M-Dateien in das MS-DOS-Format umsetzen. Eine Systemkonfigurationsdatei erlaubt es dem Benutzer, das Betriebssystem an die Programmumgebung (z. B. landesspezifische Zeit- und Datumsschreibweise) anzupassen. Die Schnittstellen zu den eigenen Periphergeräten werden mit sog. ‚Gerätetreiber'-Routinen (device driver) definiert. Microsoft bietet zu MS-DOS als Übersetzer ihren Industriestandard M-BASIC und leistungsfähige Kompilierer für FORTRAN 77, COBOL und PASCAL an.

In Abb. V 55 wird ein kurzer Dialog mit den aus Abb. V 54 bekannten Kommandos zwischen dem *Benutzer* und dem Betriebssystem MS-DOS 1.25 protokolliert. Verfügbar sind ein Hauptspeicher mit 256 KB und die beiden Diskettenlaufwerke A und B.

4.6.5 Das Betriebssystem UNIX

Das Betriebssystem UNIX wurde von K. Thompson und D. Ritchie in den Bell Laboratories, einer Tochter der AT&T, entwickelt und 1969 vorgestellt. Ursprünglich diente UNIX der wissenschaftlichen Arbeit an Minirechnern wie PDP-11 und VAX im Mehrbenutzerbetrieb mit Parallelverarbeitung. Mit der Leistungssteigerung der heutigen Mikroprozessoren wurde UNIX ab 1980 zunehmend als zukünftiges Industriestandard-Betriebssystem auch für Mikro-

Kommando-Eingabe durch den Benutzer über die Tastatur und Antwort vom Mikrocomputer über den Bildschirm:	Kurzkommentar zu den Wirkungen der Kommandos:
A>	bereit zur Kommandoeingabe;
A>**DIR *.KOR**	anzuzeigen sind alle Dateinamen:
PRIVAT84 KOR 3072 17-12-84 10:05	‚beliebig.KOR' auf A mit
DIENST KOR 9216 6-08-85 13:09	Bedarf an Bytes, Datum, Uhrzeit;
2 File(s)	2 derartige Dateien vorhanden;
A>**COPY DIENST.KOR B:**	1 Datei von A nach B kopieren;
1 File(s) copied	Datei ist auf B-Diskette kopiert;
A>**DEL DIENST.KOR**	die Datei wird auf A gelöscht;
A>**B:**	Wechsel von A nach B;
B>**REN DIENST.KOR DIENST85.TXT**	Datei auf B wird umbenannt;
B>**A:CHKDSK**	Diskettenstatus von B abfragen:
1216512 bytes total disk space	– 1,2 MB Diskettenkapazität
9216 bytes in 1 user files	– eine Benutzerdatei
1207296 bytes available on disk	– verfügbare Restkapazität
	– (keine verdeckte Datei auf B)
216096 bytes total memory	– ausgewiesene Hauptspeicherkap.
204704 bytes free	– frei verfügbare Hauptsp.kap.;
B>**TYPE DIENST85.TXT**	Datei-Inhalt zeigen;
....	Datei-Inhalt wird auf dem
....	Bildschirm angezeigt;
B>	bereit zu neuen Kommandos;

Abb. V 55: Beispielprotokoll für Dialog in MS-DOS

computer mit Mehrplatz- und Mehrprogrammbetrieb angesehen. Für 1986 erwarten Prognosen 1,4 Millionen Installationen, 98 % davon auf Mikrocomputer.

Da UNIX in der höheren Programmiersprache C, und nicht wie üblich in Assembler geschrieben ist, erreicht es eine besondere Portabilität. Für die jeweilige Rechner-Hardware muß ‚nur' ein C-Compiler bereitstehen, der den UNIX-Quellencode aus C in den Objektcode des jeweiligen Prozessors übersetzt. Die Portabilität ist somit prinzipiell sowohl horizontal (unterschiedliche Hersteller) als auch vertikal (Mikro-, Mini-, Mainframe-Rechner) gegeben. Von der ursprünglichen Funktion zum Texteditieren entwickelte sich das UNIX-System über eine Dekade hinweg zu einem Programmsystem, das über die normalen Betriebssystem-Aufgaben hinaus Textverarbeitung, Kommunikation und Programmierwerkzeuge anbietet. Nachdem an über 100 Hard-/Software-Hersteller und etwa 750 Hochschulen UNIX-Lizenzen vergeben worden sind, entstanden verschiedene Versionen oder Namen: Cromix, Munix, Ultros, Uni-Plus, Unos, Sinix, Venix und Xenix. Die Xenix-Version wurde von der Fa. Microsoft adaptiert, die SINIX-Version von der Firma Siemens. Obwohl IBM auf UNIX-7 bzw. -III basierende Versionen (u.a. Xenix) für ihren PC-AT anbietet, kann

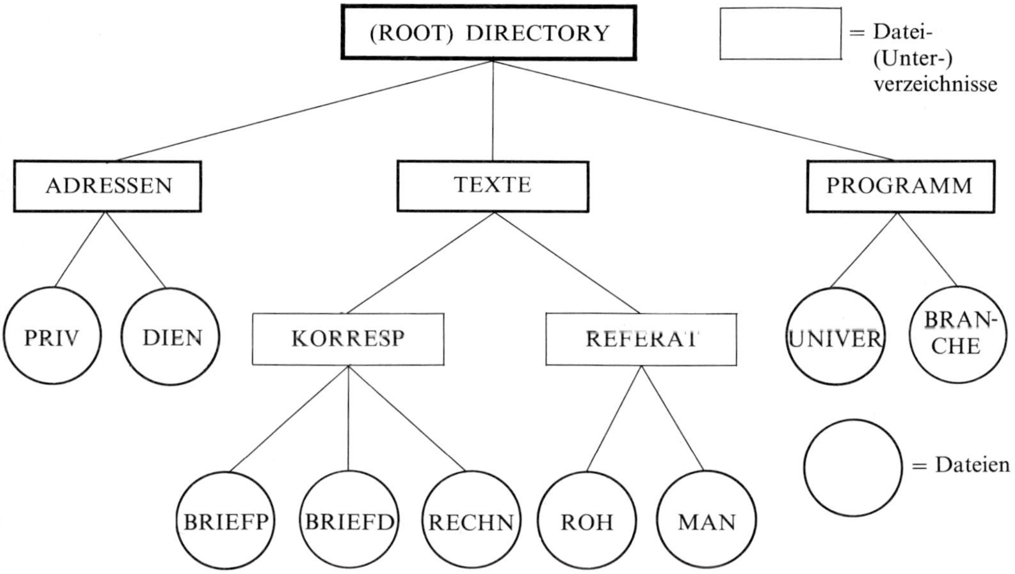

Abb. V 55: Hierarchisches Dateiverzeichnis (Baumstruktur)

mittelfristig ihr Interesse mehr in einer vertikalen Einbindung der PC-Ebenen in ihr eigenes Betriebssystem VM liegen. UNIX besteht im Prinzip aus:
- Betriebssystem-Kern (Kernel): Speicherplatz und Dateien verwalten, (resident im Hauptspeicher) Prozesse und Ein-/Ausgabe steuern
- Programmebene: Übersetzer und Dienstprogramme
- Benutzeroberfläche (Shell): mächtiger Kommandointerpreter
- Bedienerführung: Kommando-Menüs

Übersetzer existieren bereits für alle gängigen Programmiersprachen.

Hierarchische Dateiverzeichnisse, virtuelle Speicherverwaltung, ausgefeilte Zugriffskontrollen, Drucker-Spooler, Textverarbeitung, Vernetzungs- und Electronic Mail-Kommunikation sind wichtige Leistungsmerkmale. Hinzu kommt die Pipeline-Funktion zum automatischen Koppeln einer Datenausgabe mit einer neuen Dateneingabe. Periphergeräte werden in Programmen wie Dateien angesprochen. Mehr als 200 Dienstprogramme stehen für Systemoperationen bereit, z. B.:

CP:	Datei kopieren
CD:	Dateiverzeichnis wechseln (Change Directory)
CFLOW:	Flußdiagramme zeichnen
CRYPT:	Dateien ver-/entschlüsseln
DIRNAME:	Pfadname herausfinden
DUMP:	Speicherauszug aus Objektdatei

FIND:	nach Dateien suchen
GRAPHICS:	auf grafische Befehle zugreifen
LOGIN:	berechtigte Benutzer zulassen
PASSWD:	Benutzerkennwort ändern
SORT:	Dateien sortieren und mischen
WAIT:	auf Ende von Hintergrundprozeß warten.

Der residente UNIX-Teil belegt allerdings etwa 100 KB Hauptspeicherkapazität, die gesamte System-Software über 6 MB Plattenkapazität. Die Mächtigkeit von UNIX und die wenig benutzerfreundliche Befehlsschale (Shell) erschweren das Einlernen und erfordern Expertenwissen. Benutzerführungen in Anwenderprogrammen ersparen jedoch dem reinen Nutzer diese Mühen. Mehrere hundert Software-Häuser entwickeln sowohl horizontale (u.a. Textverarbeitung) als auch vertikale Software (integrierte Branchenprogramme) für UNIX. Somit läßt sich erwarten, daß sich das Nutzerspektrum von den Universitäten weg stärker zum Bereich kommerzieller Anwender verlagern wird. Emulatoren erlauben es, für bisherige Betriebssysteme verfaßte Anwenderprogramme auf UNIX weiter zu betreiben. Schwächen zeigt das System bei Echtzeitsteuerung technischer Prozesse. UNIX eignet sich für preiswerte fehlertolerante Systeme (Banken) und solche für den Dauerbetrieb (Teilnehmersysteme).

Aufgaben zu V 4.

(1) Welche personellen, maschinellen und programmiertechnischen Hilfen entkoppeln den Anwender von den starren Bedingungen des Rechnersystems?

(2) Welche Ausprägung der folgenden drei Betriebsmittelmerkmale zeigt der Selektorkanal?
- hardware/software
- entziehbar/nicht entziehbar
- mehrfachverwendbar/nicht mehrfachverwendbar

(3) Ein Auftrag (Job) umfaßt:
a) stets ein Programm eines Benutzers
b) ein oder mehrere Programme eines Benutzers
c) mehrere Programme von mehreren Benutzern

(4) Die Betriebssysteme der verschiedenen Hersteller unterscheiden sich aus technologischen, aber auch verkaufspolitischen Gründen. Sie sind baukastenförmig erweiterbar. Im Prinzip aber besitzen sie stets – mehr oder weniger gut ausgebaut – die vier Steuerungskomponenten: ....

(5) Welche Übersetzer(programme) kann ein Betriebssystem enthalten?

(6) Welches Betriebssystem eignet sich sowohl für Mikrocomputer als auch für Mini- und Großrechner?

(7) Welche Wirkung hat das Betriebssystem-Kommando:
B>COPY PRI*.KOR A:

Teil I:
Funktionale Grundlagen

- aus welchen Ansätzen heraus entstand die Datenverarbeitung und was bedeutet sie heute?
- wie versteht der Computer Informationen?
- aus welchen Komponenten besteht ein Rechnersystem und wie funktioniert es?

Teil II:
Mathematische Grundlagen

- welche mathematischen Begriffe sind hilfreich?
- mit welchen Zahlensystemen arbeitet ein Rechnersystem?
- wie rechnet ein Computer? (die Grundrechenarten im Rechenwerk)

Teil III:
Informationslogische Grundlagen

- was sind Informationen und Daten? (Informationstheorie)
- wie verschlüsselt (codiert) man Daten? (Codierungstheorie)
- wieso und wie kann ein Computer Daten logisch verarbeiten? (Boole'sche bzw. Schaltalgebra)

Teil IV:
Technologische Grundlagen

- wie funktioniert die Computer-Elektronik?
- welche Speichertechnologien setzt man ein?
- welche Ein- und Ausgabegeräte stellen den Informationsaustausch zwischen dem Menschen und dem Computer her?

Teil V:
Software - technologische Grundlagen

- wie „füttert" man einen Computer mit Daten und Befehlen? (Software, Programmierung)
- welche Arbeitsformen bietet der Computer dem Benutzer? (Betriebsarten, -formen)
- wie steuert und überwacht sich der Computer selbst? (Betriebssysteme)

Teil VI:
Anwendungsorganisatorische Grundlagen

- wer macht was in der Datenverarbeitung?
- warum und wie Datenschutz?
- in welchen Organisationen bearbeitet der Computer welche Aufgaben? (Anwendungsbereiche)

Teil VI: Anwendungsorganisatorische Grundlagen

Die bisher behandelten Abschnitte I bis V versuchten, den Leser aus verschiedenen Blickwinkeln an ein funktionsfähiges Rechnersystem heranzuführen.

Die Abschnitte I und IV erklärten über die funktionalen und technologischen Grundlagen die Komponenten eines Rechners und ihr Zusammenspiel. Die Abschnitte II und III boten über die mathematischen und informationslogischen Grundlagen einen Einblick in die formalrationale Informationsverarbeitung des Rechners. Eine zielorientierte und automatische Informationsverarbeitung führt der Computer aber erst aus, wenn ihn Befehlsserien, sogenannte Programme, leiten. Programme, Datenbestände und der Rechnerbetrieb müssen selbst wieder mit Hilfe eines Betriebssystems verwaltet und koordiniert werden. Die Kenntnis dieser software-technologischen Grundlagen aus dem Abschnitt V läßt beim Leser das Verständnis entstehen, warum und wieso komplexe Rechnersysteme, wie sie heute betrieben werden, überhaupt noch von den Operateuren und Benutzern gesteuert und kontrolliert werden können.

Dieser Abschnitt VI nun wird in Kap. 2 die wichtigsten Aufgabenbereiche für die Computer-Anwendung in komprimierter Fassung zeigen. Zunächst aber stellen sich die Fragen: Wie werden solche DV-Anwendungen vorbereitet und abgewickelt? Worauf ist dabei zu achten?

1. Datenverarbeitung als Arbeitsprozeß

Der Datenverarbeitungsprozeß in einem Betrieb der Wirtschaft, der Öffentlichen Verwaltung oder der Wissenschaft erbringt für andere Betriebsabteilungen Dienstleistungen. Diese Dienstleistungsvorgänge müssen analysiert und organisiert werden (1.1). In zunehmendem Maße gilt es dabei Fragen nach den Wirkungen der Computer, (u.a. Datenschutz) zu bedenken (1.2).

1.1 Datenverarbeitungs-Organisation

1.1.1 Systemanalyse und Informationssysteme

Systemanalyse betreiben bedeutet zunächst abstrakt, ein System zu analysieren. In einer Analyse wird ein Objekt-Ganzes in seine Teile zergliedert und danach werden Eigenschaften ermittelt. Dieser Vorgang umfaßt vier Aufgaben:

1) Analyse der Ziele des Systems
2) Analyse der Komponenten des Systems
3) Analyse der Intern-Beziehungen des Systems
4) Analyse der Extern-Beziehungen des Systems.

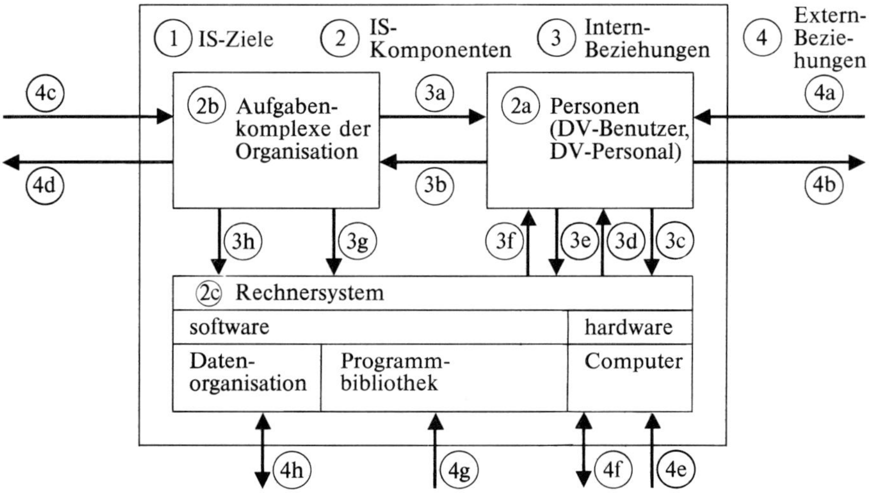

3a) kompetenzmäßig zugeordnet
3b) Aufgaben lösen
3c) anfragen/bedienen
3d) rückfragen/Störungen melden
3e) Programmieren
3f) Ergebnisse abgeben
3g) Arbeitsanweisungen des Fachgebietes als Grundlage des Programmierens
3h) Daten bereitstellen
4a) Informationen von außen beschaffen (z. B. Marktdaten)
4b) Informationen nach außen abgeben (z. B. an Bank)
4c) externe Aufgabenvorgaben (z. B. Gesetze)
4d) Aufgaben nach außen ausgliedern (z. B. Berater)
4e) Wartung des Rechnersystems
4f) Datenfernverarbeitung
4g) Programme von außen übernehmen
4h) Datenbestände übernehmen oder abgeben

Abb. VI 1: Struktur eines Informationssystems (IS)

Unausgesprochen werden meist in die Tätigkeit der Systemanalyse schon Aspekte der Systemkonzeption, d.h. der Synthese und des Designs einbezogen. So umfaßt der weithin bekannte Datenverarbeitungsberuf des Systemanalytikers keineswegs nur die kritische Analyse einer Organisation, sondern auch die Verbesserung durch Neukonzeption. Objekte der Systemanalyse in der Datenverarbeitung sind Informationssysteme. Computer-gestützte Informationssysteme entstanden und entstehen in der Wirtschaft, in der Öffentlichen Verwaltung und im Wissenschaftsbereich. In der Wirtschaft spricht man auch von Management-Informations-Systemen (MIS). Nach einer Phase großer Erwartungen auf Totalsysteme begnügt man sich heute, die Datenverarbeitungsanwendungen in Aufgaben-Teilbereichen pragmatisch schrittweise zu verbessern und aufeinander abzustimmen.

Allgemeingültige Aussagen über Struktur und Merkmale von Informationssystemen lassen sich nur sehr beschränkt und in recht abstrakter Form geben. Als Ziele eines Informationssystems kann man vielleicht die
a) sachlich (Informationsinhalt, -form)
b) quantitativ (Informationsvolumen, -verdichtung)
c) qualitativ (Informationsgenauigkeit, -richtigkeit)
d) zeitlich (Termine, Häufigkeit)
e) wirtschaftlich (Aufwand, Nutzen)
aufgabengerechte Versorgung der Mitglieder einer Organisation bezeichnen. Eine wichtige Rolle spielt dabei die Ermittlung des Informationsbedarfs nach Form und Inhalt. So zeigen sich in der Praxis gewisse Präferenzen, die Ergebnisse der Datenverarbeitung anzunehmen, die oft von der beruflichen Sozialisation abhängen: Mathematiker bevorzugen Formeln, Systemanalytiker Programmpläne, Ingenieure Zeitdiagramme, Kaufleute Zahlentabellen, Juristen und Sozialwissenschaftler Texte.

Die Komponenten einer Organisation folgen aus der Überlegung, daß in ihr Aufgabenkomplexe der Informationsverarbeitung anstehen, die von den Organisationsmitgliedern unter Einsatz maschineller und methodischer Hilfsmittel gelöst werden sollen. Speziell ein computer-gestütztes Informationssystem umfaßt die drei Komponenten: Aufgabenkomplexe, Personen und Rechnersystem (Abb. VI 1). Für die Systemanalyse gilt es demnach, folgende Grundfrage bezüglich eines Informationssystems zu beantworten:

> Für welchen und mit welchem Personenkreis sollen
> welche Aufgabenpakete unter Anwendung
> welcher Programmpakete auf
> welche Datenorganisation mit Hilfe
> welcher Rechnerstruktur gelöst werden?

Aus dieser Grundfrage leiten sich sehr viele Einzelprobleme und Gestaltungsfragen ab, die sich für jedes Informationssystem in Wirtschaft, Verwaltung und Wissenschaft konkret etwas anders stellen (vgl. VI 2). Zu der Vielfalt von Methoden der Systemanalyse lieferte bereits das Kapitel über Software-Technologien (V 2.5) einen Überblick. Ergänzend behandeln die folgenden Abschnitte einige Aspekte der Projektarbeit und DV-Organisation.

1.1.2 Hardware-Auswahl

Die Gestaltungsentscheidungen bezüglich des Rechnersystems setzen ein planerisches Durchleuchten der möglichen Hardware-, Software- und Methoden-Alternativen voraus. Die Prüfliste in Abb. VI 2 zeigt die wichtigsten Hardware-Alternativen, die es bei der Systemauswahl zu durchdenken gilt. Wenn überhaupt ein aktueller Zusatzbedarf an Rechenkapazität festgestellt wird, kann dieser durch Rechnerintensivierung, Datenverarbeitung außer Haus oder eine eigene Rechnerinstallation gedeckt werden. Die Rechnerintensivierung durch Übergang auf Zwei- oder gar Drei-Schichtbetrieb bringt erhebliche Personalprobleme mit sich. Leichter ist es, die Hardware zu dezentralisieren oder/und bessere Software-Technologie zu nutzen. Die Datenverarbeitung außer Haus kann in einem Rechenzentrum eines Herstellers (z. B. Teilnehmersysteme) oder in einem kommerziell betriebenen, herstellerunabhängigen Service-Rechenzentrum durchgeführt werden, dessen Träger häufig Banken oder Verbände sind. Eine dritte Möglichkeit besteht darin, von einem DV-Anwender, der nicht genutzte Rechnerkapazität abzugeben bereit ist, Blockzeiten zu mieten. Einige Großunternehmen betreiben unter anderem zu diesem Zweck ihren betrieblichen DV-Bereich als eigene GmbH.

Entschließt man sich, ein eigenes Rechnersystem zu installieren, so sind mehrere Gestaltungsmerkmale miteinander zu kombinieren: Installationsart, Geräteherkunft, Gerätealter und Finanzierungsmodus. Die vorhandene Rechnerstruktur kann erweitert (z. B. zusätzliches Arbeitsspeicher-Modul) oder ersetzt (nächst größeres Modell einer Familie) werden. Es kann aber auch die Erstinstallation eines Rechners gewählt werden. In allen drei Fällen bleibt zu entscheiden, ob alle Geräte (Prozessor, Hauptspeicher, E/A-Geräte, Peripherspeicher, DÜ-Geräte) von einem Hersteller (mono-hardware) oder von mehreren bezogen werden. Rechnerarchitekturen mit Komponenten von verschiedenen Herstellern (mixed hardware) treten immer häufiger auf, auch beim Mikrocomputer. Auch der Gebrauchtrechnermarkt wächst, wie sogar die Inserate in Mikrorechner-Zeitschriften zeigen.

Drei Arten der Finanzierung, die in sich noch eine Vielzahl von Gestaltungsfeinheiten (z. B. Kaufoption) unterscheiden lassen, werden praktiziert: Kauf oder Miete vom Hersteller oder Leasing von einer Leasinggesellschaft.

1. kein aktueller Bedarf an zusätzlicher Rechnerkapazität
   1.1 kein Rechnereinsatz (mechanische/manuelle Datenverarbeitung)
   ∨ 1.2 vorhandene Rechnerkapazität beibehalten

∨ 2. aktueller Bedarf an zusätzlicher Rechnerkapazität wird festgestellt
   2.1 vorhandene Rechnerkapazität intensiver nutzen
      2.1.1 Terminals dezentralisieren
      ∨ 2.1.2 Software-Technologie verbessern
      ∨ 2.1.3 Zwei- oder Drei-Schichtbetrieb
   ∨ 2.2 Datenverarbeitung außer Haus
      2.2.1 herstellerabhängiges Rechenzentrum
      ∨ 2.2.2 herstellerunabhängiges Rechenzentrum
      ∨ 2.2.3 Blockzeiten bei DV-Anwender mit Überkapazität
   ∨ 2.3 eigenes Rechnersystem installieren:
      2.3.1 Installationsart: Erstinstallation
         ∨ Ersatzinstallation
         ∨ Erweiterungsinstallation
      ∧ 2.3.2 Herkunft: mono-hardware (1 Hersteller)
         ∨ mixed-hardware (> 1 Hersteller)
      ∧ 2.3.3 Alter: neue Geräte
         ∨ gebrauchte Geräte (second hand)
      ∧ 2.3.4. Finanzierung: Kauf
         ∨ Miete: mit Kaufoption
            ∨ ohne Kaufoption
         ∨ Leasing: mit Kaufoption
            ∨ ohne Kaufoption

Abb. VI 2: Alternativen der Hardware-Gestaltung (∨ = oder, ∧ = und)
30% des Mobilien-Leasings entfällt bereits auf DV-Anlagen und Büromaschinen.

Quantitative Entscheidungshilfen zur Auswahl eines Rechnersystems sind:
(1) Leistungsmessung (Befehlsmix, Kernel, Benchmark usw.)
(2) Investitionsrechnung (statische und dynamische Investitionsmodelle)
(3) Mehrdimensionale Modelle (Nutzwertanalysen, Simulation usw.)
(4) Mathematische Programmierung (dynamische und ganzzahlige Optimierung)
Die verschiedenen Arten der Leistungsmessung beziehen sich auf die Arbeitsgeschwindigkeit des Rechners. Die Rechenzeit für standardisierte Befehle (Mix), Programmbausteine (Kernel) oder Programme (Benchmark) werden gewichtet als Kennzahl für die Leistungsfähigkeit eines Rechners herangezogen. Die Investitionsrechnungsverfahren, wie die Kapitalwertmethode, haben den Nachteil, eindimensional zu sein. Mehrere Entscheidungskriterien – auch qualitative – verwendet die mehrdimensionale Nutzwertanalyse. Derartige Kriterien sind beispielsweise: Zykluszeit, Speicherkapazität, Betriebsart, Kompatibilität, Programmiersprachen, Monatsmiete der konkurrierenden Computer-Modelle. Bei der Systemplanung sollte der Computer-Anwender neben den in V 4. besprochenen Steuer- und Arbeitsprogrammen des Betriebssystems weitere Steuerprogramme, wie Emulatoren, Interpreter und Simulierer einbeziehen. Sie er-

möglichen es, Programme und Daten, die für das Rechnermodell A erstellt worden sind, mit dem Modell B zu verarbeiten. Wertvoll ist diese Eigenschaft in der Übergangsphase von einem Modell zu einem anderen des gleichen Herstellers (bei neuer Rechnergeneration) oder gar eines anderen Herstellers. Während früher die Hardware- und Software-Komponenten eines Rechnersystems im Kaufpreis oder in der Miete preislich gekoppelt und für den Kunden nicht zuordenbar angeboten wurden, erfolgt heute verstärkt ein getrenntes Angebot. Diese Trennung nennt man *Unbundling*. Einige Mikrocomputer geben dagegen immer häufiger Rechner mit Arbeitsplatz-Software (VI 2.1) zu Inklusivpreisen ab. Neben der Hardware und den damit oft weiterhin gebündelten Steuerprogrammen bieten die Hersteller demnach noch folgende entbündelte Dienstleistung an: Systemberatung, Technische Außendienstleistung, Programmpakete und Aus- und Fortbildung. Die Nutzwertanalyse eignet sich nicht nur für die Hardware-Auswahl, sondern auch für die Software-Auswahl.

1.1.3 Software-Auswahl

Im Rahmen der Systemanalyse ist auch die Frage zu beantworten, welche Aufgaben automatisierfähig sind und in welcher Reihenfolge sie auf das Rechnersystem übertragen werden sollen. Auch diesen Entscheidungsprozeß für die Software behandeln viele Buch-, Zeitschriften- und Firmenveröffentlichungen.

Im Prinzip durchläuft dieser Prozeß die in Abb. V 27 angegebenen Phasen des Lebenslaufs einer Software. Die Problemanalyse untersucht das zu automatisierende Aufgabensystem.

Das Aufgabensystem einer Organisation besteht meistens aus etwa einem halben Dutzend großer Aufgabengebiete. Das Kapitel VI 2.2 benennt für einen Fertigungsbetrieb diese Aufgabengebiete (Fertigung, Logistik usw.). Auch wird dort gezeigt, wie jedes Aufgabengebiet in Aufgabenpakete mit eher planendem, realisierendem oder kontrollierendem Charakter aufgeteilt werden kann. Die Regelkreisanalyse dient als Methode. Fast immer konkurrieren in der Praxis mehrere Aufgabenpakete um die teure Rechnerkapazität oder bzw. und die begrenzte Arbeitszeit der Systemanalytiker und Programmierer. Die Nutzwertanalyse klärt, welche Aufgabenpakete automatisierfähig sind und in welcher Reihenfolge sie auf das Rechnersystem übernommen werden sollen. Fünf Kriterien der Automatisierung, die entsprechend der aktuellen betrieblichen Situation gewichtet werden, sind zu prüfen: Algorithmus, Datencharakter, Wirtschaftlichkeit, Integrationsbeitrag, Prioritäten.

Eine notwendige, jedoch allein noch nicht hinreichende Voraussetzung für die Automatisierung einer Aufgabe ist ein Algorithmus für ihre Lösung.

Aufgabenpakete, deren Datencharakter eher vergangenheits- als gegenwartsorientiert oder gar zukunftsorientiert ist, lassen sich eher automatisieren. Die Unsicherheiten sind geringer. Kontrollierende Aufgaben arbeiten vorwiegend mit Vergangenheitsdaten, realisierende mit Gegenwartsdaten und planende mit Zukunftsdaten. Für das Kriterium Software-Wirtschaftlichkeit bieten sich die gleichen Methoden an, die bereits für die Hardware-Auswahl genannt worden sind. Das Kriterium Integrationsgrad umschreibt den Zusammenhang eines Aufgabenpakets mit anderen, bereits automatisierten Aufgaben. Ist beispielsweise die Bedarfsrechnung in der Materialwirtschaft bereits programmiert, so wird es sinnvoll erscheinen, die Bestellrechnung in Angriff zu nehmen.

Die *horizontale Integration* der betrieblichen DV wird angestrebt:

a) in der Datenorganisation durch:
   - nur einmaliges Speichern derselben Daten (z. B. in Datenbank)
   - einheitliche Schlüssel für dieselben Daten in verschiedenen Dateien

b) in der Programmbibliothek durch:
   - simultane Mehrfachauswertung von Daten mit einem Programm
   - das Prinzip:
     input-Daten des Programms $i+1 :=$ output-Daten des Programms i

c) in der personellen Organisation durch Aufklärung der DV-Benutzer und DV-Mitarbeiter über die fach- und abteilungsübergreifenden Aufgabenzusammenhänge mit Hilfe von:
   - Projektplanung, Arbeitsablauf- und Informationsflußdiagrammen
   - guter Programmdokumentation
   - zeitweisem Arbeitsplatzwechsel (job rotation)
   - abteilungsübergreifender Teambildung

Die *vertikale Integration* bedeutet:

a) in der Datenorganisation die aufgabengerechte Verdichtung, Auffächerung und Form der Ergebnisdaten für die verschiedenen Organisationsebenen

b) in der Programmbibliothek einen baukastenförmigen (modularen) Aufbau der Unterprogramme (Prozeduren) und Programmpakete (Strukturierte Programmierung, vgl. V 2.5.3.1)

c) in der personellen Organisation die Besetzung von Projektgruppen und Ausschüssen mit Mitarbeitern aus unterschiedlichen Hierarchieebenen.

Ein letztes Automatisierungskriterium sind Prioritäten, die von Gesetzen oder von der Betriebsleitung vorgegeben sind. So kann die Automatisierung der Bestellrechnung konzerneinheitlich mit hoher Priorität betrieben werden, ohne daß das Kriterium Wirtschaftlichkeit in jeder einzelnen Tochtergesellschaft erfüllt wird.

Die Abb. VI 3 zeigt die Phase ‚Informationssammlung' in der Nutzwertanalyse dreier zur Automatisierung angebotenen Aufgabenpakete, nämlich der Fakturierung, der Bestellrechnung und der Investitionsplanung. Das Schema enthält

Kriterien bzgl. Automatisierbarkeit	Abrechnungsaufgabe: Fakturierung	Dispositionsaufgabe: Bestellrechnung	Planungsaufgabe: Investitionsplanung
Algorithmus vorhanden?	- bisher mit Fakturiermaschine - Arbeitsanweisung vollständig vorhanden (z. B. als Entscheidungstabelle)	- bisher manuell (Disponent) - teilweise objektive Entscheidungsregeln vorhanden (z. B. Bestellmengenformel) - einige Artikel und Lieferanten weiterhin subjektiv behandelt	- bisher manuell - Investitionsrechnungsverfahren verfügbar - viele subjektiv zu bewertende Zusatzfaktoren
Datencharakter	- vergangenheitsorientiert - kontrollierend - periodisch - zuverlässig erfaßbar	- gegenwarts-/kurzfristig zukunftsorientiert - realisierend - periodisch - zuverlässige Schätzung	- zukunftsorientiert - planend - aperiodisch -Schätzungen mit hohem Risiko
Wirtschaftlichkeit (hier nicht quantifiziert)	- Massenarbeit - Nutzen durch Zeitgewinn	- relativ großes Datenvolumen - Nutzen durch optimale Bestellungen	- selten - ggf. Nutzen durch Standardisierung
Integrationsbeitrag (Zusammenhang mit benachbarten Aufgaben)	- aufbauend auf: Auftragserfassung - Anschluß: Debitorenbuchhaltung Kunden-/Artikelstatistik usw.	- aufbauend auf: Bestands- und Bedarfsrechnung - Anschluß: Wareneingangskontrolle Lieferantenbewertung	- Daten z. T. aus Anlagendatei - wenig innere Kopplung
(extern) vorgegebene Prioritäten	- z. B. Wunsch nach Standardisierung von Rechnungen	- z. B. Wunsch nach weitgehender Automatisierung der Materialwirtschaft	- z. B. Erfahrungen mit Simulationen sammeln

Abb. VI 3: Phase der Informationsbeschaffung in der Nutzwertanalyse zur Auswahl der automatisierfähigen Aufgabenpakete

noch nicht die relative Gewichtung der fünf Automatisierungskriterien und den Punktevergleich der drei Alternativen.

Die zu automatisierenden Aufgabenpakete eines Aufgabengebietes können mit den potentiell erforderlichen Dateien, Ein- und Ausgaben zusammen als Datenflußplan gezeichnet werden (VI 2. bietet Beispiele). Für jedes Programmpaket stellt sich die Frage, ob es im Betrieb programmiert oder gekauft werden soll (make or buy). Der ISIS Personal Computer Report 1985 nennt 2000 Software-Pakete, die 598 Firmen in Deutschland, Österreich und der Schweiz anbieten:

System-Programme:	22%	(28%)	
Technische Programme:	12%	(12%)	
Branchen-Programme:	28%	(22%)	
Kommerzielle Programme:	38%	(38%)	(branchenneutral)

Die Klammerwerte beziehen sich auf das Programmangebot für allgemeine Computer, das (lt. ISIS Report) 6383 Programme umfaßt (1970: 347). Laut SOFTSEARCH waren Anfang 1983 in den USA 27000 verschiedene Software-Pakete erhältlich, für:

Mainframe Computer	4 659	Mikrocomputer	13 790
Minicomputer	8 551		

Der TÜV Rheinland vergibt das Gütesiegel QS (‚Qualifizierte Software'). Geprüft werden die funktionale Eignung und Zuverlässigkeit und benutzergerechte Dialoggestaltung (Software-Ergonomie). Ähnliches bestätigt das ‚RAL-Gütezeichen Software' der Frankfurter Gütegemeinschaft Software, in der Software-Anbieter, -Anwender und Computer-Hersteller zusammenarbeiten.

Bei der Software-Auswahl gilt es die in V 2.5.1 aufgelisteten Kriterien zu prüfen. Pflichtenheft und Spezifikationen aus der Entwurfsphase sind als Beurteilungsgrundlage heranzuziehen. Die Methode der Nutzwertanalyse oder des Entscheidungsbaumverfahrens erleichtert die Entscheidung für Kauf bzw. Miete oder Eigenentwicklung.

1.1.4 Personelle und Projekt-Organisation

Expansion, Dynamik und häufig auch Improvisation in der Entwicklung von Technologie, Programmiersystemen und von Anwendungsbereichen gingen nicht spurlos an der personellen DV-Organisation vorbei. Viele Pioniere der Datenverarbeitung stießen in den 50er Jahren aus völlig unterschiedlichen Berufen und Branchen zur Datenverarbeitung. Eigene Fortbildung, gelegentliche Kurse und Mitwachsen mit der Hardware und Software der 2. Computer-Generation ließ viele ADV-Autodidakten mit Allround-Wissen entstehen. Verschiedene Tätigkeitsfelder, wie Operateure, Programmierer, DV-Organisatoren,

Systemanalytiker standen plötzlich in den betrieblichen Stellenplänen, ohne daß fest umrissene Berufsfelder definiert oder gar staatlich genehmigt waren. Die Datenverarbeitungsabteilung, auch Zentrale DV, Rechenzentrum, DV/Organisation oder ADV-Abteilung genannt, mußte im Organisationsplan ihren Platz finden. Die frühe Automatisierung der Aufgaben des Rechnungswesens war oft die Ursache, daß eine DV-Abteilung im betreffenden Ressort gegründet wurde. Später übertrugen auch andere Ressorts ihre Aufgaben auf das Rechnersystem. Die DV-Abteilung zeichnete nun oft dem Vorstand direkt verantwortlich. Überkapazität oder der Wunsch, eigene Software-Kenntnisse zu vermarkten, führte schließlich gelegentlich sogar zur Gründung einer DV-GmbH. Bis heute haben sich sehr unterschiedliche Organisationsstrukturen für die DV-Aufgaben und das DV-Personal als mehr oder weniger leistungsfähig erwiesen. Eine vom konkreten Betrieb losgelöste allgemeine Empfehlung läßt sich kaum geben. Zu beobachten sind eine stärkere Arbeitsteilung (z.B. ausgeprägte Arbeitsvorbereitung) und eine Aufgabenverlagerung von den zentralen DV-Spezialisten zu den dezentralen Fachkräften mit DV-Basiswissen.

Das Beispiel in Abb. VI 4 zeigt eine der vielen historisch gewachsenen, praktischen Lösungen für die personelle DV-Organisation in einem großen Fertigungswerk (ca. 10000 Mitarbeiter). Das Werk ist in Software-Entwicklung, -Auswahl und -Nutzung stark von der Vereinheitlichungspolitik der DV-Zentrale des Konzerns abhängig; insoweit ist der Personalbestand relativ niedrig. Die Hauptabteilung ist in drei Abteilungen untergliedert. Die Abb. VI 5 zeigt die Veränderungen der einzelnen Mitarbeitergruppen über der Zeit. Bemerkenswert sind die Wirkungen der starken Dezentralisierung der Datenverarbeitung seit einigen Jahren durch den Einsatz von Personal Computer und Terminals zur ‚individuellen Datenverarbeitung'. Mit dem schnellen Anstieg von Benutzern dieser Arbeitsplatz-Software-Funktionen nahm auch der Bedarf an Personal mit Service-Aufgaben für Betriebssysteme, Datenbanken und Netzwerke zu. Die Datenerfassungsgruppe wurde aufgelöst, die Datenerfassungsaufgaben werden in die dezentralen Fachabteilungen verlagert und bei Spitzenlast (z.B. Terminaufgaben) in ein externes Auftragsbüro vergeben. Promotoren der dezentralisierten Rechnernutzung waren die DV-Beauftragten in den Fachbereichen. Sie bilden eine Art ‚organisatorische Benutzeroberfläche' im Auftrag des Rechenzentrums; sie ermitteln den Informationsbedarf, implementieren neue Software und organisieren die arbeitsplatznahe Einführungsschulung. Ihre Zahl nimmt laufend zu.

In den letzten Jahren gab es immer wieder Bemühungen, DV-Berufsbilder zu definieren. Der Öffentlichkeit bekannt wurde vor allem der DV-Betriebswirt, der REFA-Betriebsinformatiker, der Fachhochschul- und Hochschulinformatiker. Der Schwerpunkt einer neuen informationswissenschaftlichen Disziplin wird in den verschiedenen Ländern etwas unterschiedlich gelegt. In den USA ergänzen sich die beiden Begriffe computer science und information science. Der

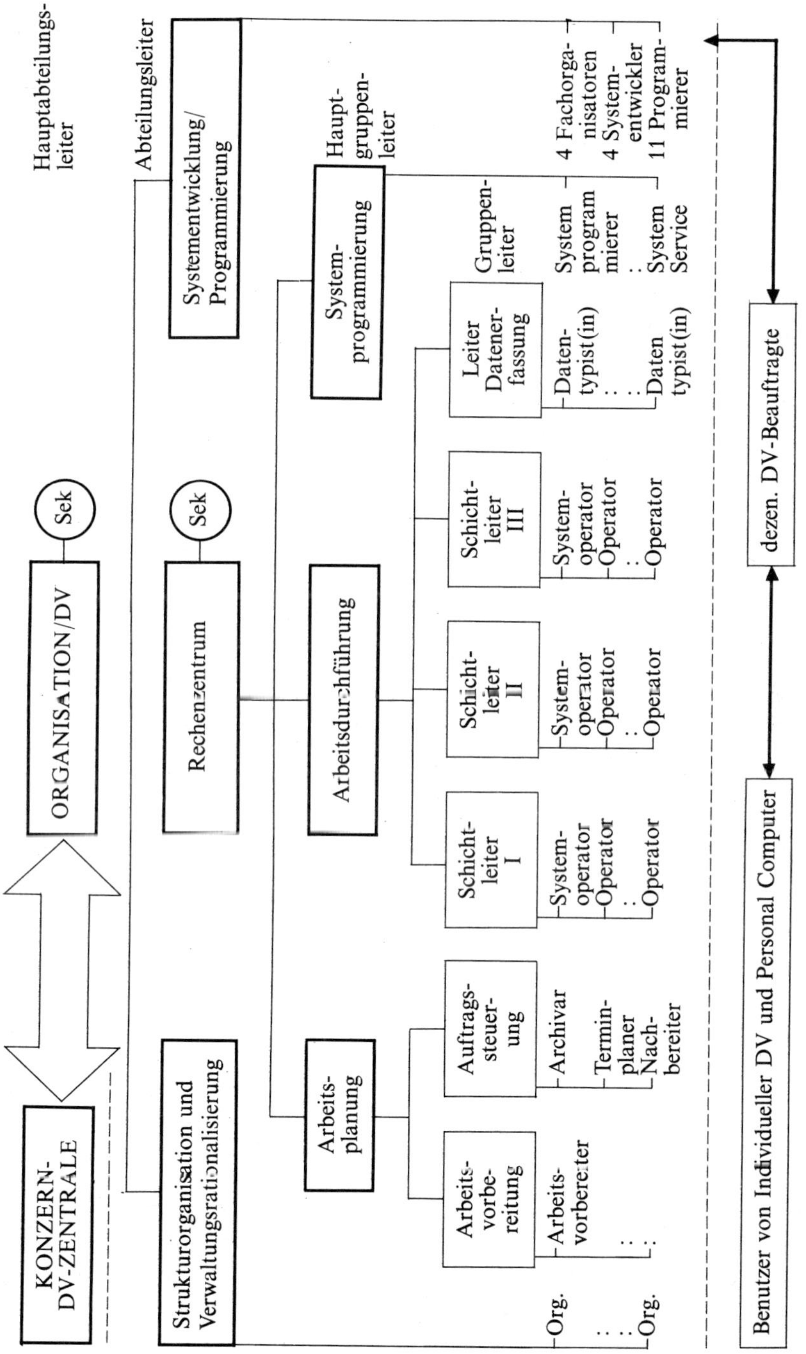

Abb. VI 4: Beispiel für eine historisch gewachsene DV-Organisation in einem Fertigungswerk eines Konzerns

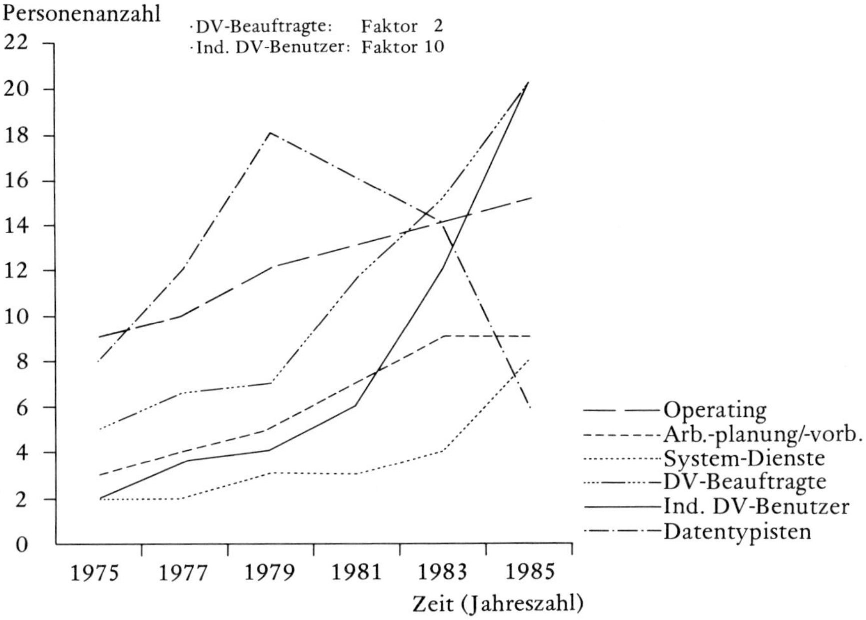

Abb. VI 5: Veränderungen beim DV-Personal

erste ist geräteorientiert und beschreibt das Wissen über Struktur, Arbeitsweise und mögliche Anwendungen einer elektronischen Datenverarbeitungsanlage. Der zweite Begriff umspannt ein breites Wissensspektrum, nämlich die Kenntnisse über Merkmale von Informationen generell und darüber, wie sie entstehen, transformiert, ausgetauscht und verändert werden. Eine ähnlich breite Deutung der Informationswissenschaft verwenden auch die Wissenschaftler in der UdSSR. Auch in Frankreich gilt die Information als Ausgangspunkt, jedoch ohne den Computer als Instrument der Informationsverarbeitung zu vernachlässigen. In der Bundesrepublik Deutschland ging die Initiative zur Begründung einer Disziplin ‚Informatik' von Mathematikern und Ingenieurwissenschaftlern aus. In Anlehnung an computer science entstand eine computer-orientierte Ausrichtung, für die eine starke Betonung der sogenannten *Kerninformatik* charakteristisch ist. Aus der Auflistung der Abb. V 47 fallen vor allem die Themen der Hardware und Systemsoftware darunter. Die ersten Studiengänge Kerninformatik an den Hochschulen gingen auf die ‚Rahmenordnung für die Diplomprüfung in Informatik' im Jahr 1969 des Fachausschusses der Kultusministerkonferenz zurück, die wiederum auf dem Vorschlag von GAMM (Gesellschaft für Mathematik und Mechanik) und von NTG (Nachrichtentechnische Gesellschaft) basierten. Besondere Förderung erfuhr die Aus- und Fortbildung in der Informatik durch die Schwerpunktbildung des zweiten Datenverarbeitungsprogramms der Bundesregierung (vgl. I 1.3).

Nicht zuletzt im Sog der Anwenderwünsche, aber auch im gesunden Eigeninteresse verschiedener Disziplinen mit Computer-Erfahrungen entstand die *Angewandte Informatik*. Sie umfaßt einen allgemeinen Bereich ‚Methoden der Angewandten Informatik' und die verschiedenen Fach-Informatikbereiche, wie Ingenieur-, Wirtschafts-, Verwaltungs-, Rechts-, Bildungs-, Medizin- und Bioinformatik. Der Methodenteil sammelt, ordnet, bewertet und entwickelt Methoden, Verfahren und Techniken der Systemanalyse, Organisationsgestaltung und DV-Projektleitung und bietet sie den Anwendern an. Ähnlich der Mathematik dient auch die Informatik den Nachbardisziplinen als Hilfsmittel. Die Fach-Informatikbereiche finden, vereinfacht ausgedrückt, ihre fachlichen Erkenntnisfragen aus dem Fachbereich und neue Methoden und Instrumente (Computer) aus dem Informatikbereich. Die Betrachtungsweise wäre allerdings zu einfach, würde man nur einen Beitrag der Informatik zur Förderung der übrigen Disziplinen vermuten. Jedes neue fachliche Anwendungsgebiet bringt auch Rückwirkungen auf die Informatik. So formulieren die Fachwissenschaften beispielsweise neue Anforderungen an die Informatikmethoden und -instrumente (z.B. Wunsch nach nichtformatierter Informationsverarbeitung in der Linguistik) und bieten der Informatik fachspezifische Methoden an (z.B. im Zusammenhang mit Datenschutzfragen oder DV-Berufsbildern). Auch sind beispielsweise bei der DV-Projektleitung sozialwissenschaftliche Erkenntnisse, etwa aus der Gruppen- und Aktionsforschung, einzubeziehen. Die *Informatik* könnte demnach als Wissenschaft verstanden werden von der Struktur, Arbeitsweise und den Methoden zur Gestaltung von Informationssystemen in verschiedenen Fachbereichen, wobei meist ein automatisches Datenverarbeitungssystem (Computer) als wichtigstes Instrument eingesetzt wird (vgl. Abb. V 47 und Abb. VI 1). Die *Betriebsinformatik* entwickelt demnach rechnergestützte Informationssysteme in den Unternehmen, die *Verwaltungsinformatik* in öffentlichen Verwaltungen. An den Universitäten studierten 1973 980 Studenten, 1983 bereits 4350.

Neben den Universitäts- und Fachhochschul-Studiengängen zur Informatik ordnen Länderregelungen einige weitere Bildungsgänge der Informatik, z.B. staatlich geprüfter mathematisch-technischer Assistent, Betriebswirt DV oder Industrieinformatiker und Techniker DV. Auch gibt es Rahmenrichtlinien für die DV-Aus- und Fortbildung im öffentlichen Dienst.

Die Arbeitsmarktstatistik der Bundesanstalt für Arbeit enthält außer den Stellen für Datentypisten noch die der DV-Fachkräfte. Sie werden untergliedert in:

- Systemanalytiker, Organisatoren
- Anwendungsprogrammierer
- Systemprogrammierer
- Rechenzentrumsfachleute
- Vertriebsfachleute
- DV-Kaufleute
- Informatiker
- andere DV-Fachleute

Diese etwas unsystematische Mischung von Berufs- und Stellenbezeichnungen bestätigt nur die allgemein erkennbaren Schwierigkeiten, den sich schnell verändernden Bereich der DV-Tätigkeitsfelder beschreibend und statistisch zu erfassen. So schwanken die Zahlen für das ADV-Personal in einigen Bedarfsprognosen, die sich auf das Jahr 1987 bezogen, zwischen etwa 100000 (Mikrozensus des Statistischen Bundesamtes) und etwa 400000 (Diebold-Statistiken); die Differenzen erklären sich u. a. aus dem Umfang der einbezogenen Tätigkeitsfelder der direkten (DV-Abteilungen) oder indirekten Datenverarbeitung (Datentypisten, DV-Fachkräfte in den Benutzerbereichen).

Die Programmentwicklung für neue Anwendungs-Software für die Fachabteilungen wird meist in einer Projektorganisation vorbereitet und abgewickelt. In der Projektgruppe arbeiten neben einem oder zwei DV-Experten der DV-Abteilung Sachbearbeiter oder Führungskräften aus den verschiedenen interessierten oder betroffenen Abteilungen mit. Bei Großunternehmen mit ähnlich strukturierten Werken, Niederlassungen oder Filialen, versucht man durch deren Projektbeteiligung ein einheitliches Software-System zu entwickeln und Doppelarbeit zu vermeiden. Eine geschickte Projektleitung achtet auf die fachübergreifende Zusammenstellung von Mitarbeitern der DV-Berufe in einer Projektgruppe. Die modulare Projektplanung, verbunden mit der Netzplantechnik, erleichtert der Projektleitung die gesamtheitliche Koordination. Gleichzeitig bietet sie den Projektgruppen die Möglichkeit, weitgehend eigenständig zu arbeiten. Auf standardisierte Verfahren der Systemanalyse, Programmierung und Dokumentation bis hin zu computer-gestützten Werkzeugen und Software-Umgebungen haben bereits andere Kapitel hingewiesen (V 2.5). Extreme Arbeitsteilung, wie sie etwa in der Datenerfassung mit akkordartigen Prämiensystemen für Datentypistinnen auftrat, sollte vermieden werden. Die psychischen Belastungen bei DV-Tätigkeiten sind ohnehin recht groß: Konzentration, verbunden mit Zeitdruck, eine Reihe von Mißerfolgen bis zu einem Erfolgserlebnis, Verständigungsschwierigkeiten mit Fachabteilungen, übersteigerte Erwartungen und Kritik dieser Abteilungen, Probleme mit dem beruflichen Selbstverständnis, dauernder Zwang zur Spezialisierung und beruflichen Fortbildung in Sisyphos-Art. Hinzu tritt die Belastung, daß angesichts der Rationalisierung der DV-Arbeiten auch die eigenen Arbeitsplätze in den DV-Tätigkeitsfeldern keineswegs mehr sicher sind.

1.2 Wirkungsanalyse der Datenverarbeitung

Der Mikroprozessor gilt als Basis- und Schlüsseltechnologie für die gesamte Elektroniknutzung und für rationalisierende Wirkungen vieler Anwendungstechnologien und damit in vielen Bereichen der Wirtschaft, Verwaltung, Politik und Freizeit. Die vielen Anwendungsfelder, die überaus schnelle Marktdurchdringung, die kurzen Lebenszyklen und die hohen Rationalisierungseffekte der Informationstechnologien zeitigen vielfältige ökonomische und soziale Wirkungen. Unternehmensleiter sind bestrebt, ihre Produkte, Produktionsverfahren oder Dienstleistungen zu rationalisieren. Öffentliche Verwaltungen versuchen den Haushaltsengpässen durch Einsatz von Informationstechnologien gegenzusteuern. Betriebs- und Personalräte bemühen sich, die informationstechnologischen Reorganisationen im Betrieb durch Mitbestimmung zu kanalisieren. Betroffene Beschäftigte fürchten um ihren Arbeitsplatz oder ihre Qualifikation, andere bekommen Qualifizierungs- und Aufstiegschancen. In den USA sind bereits DV-Fachleute selbst in ihrer Arbeit Ziel von DV-Rationalisierungen oder gar ohne ‚job'. Gewerkschaften suchen nach Handlungsstrategien, die einerseits im Einklang mit ihren traditionellen Grundsätzen (u. a. Technologienutzung zur Arbeitserleichterung und Produktivitätssteigerung, keine ‚Maschinenstürmerei') stehen, andererseits aber den schnellen Technologiewandel und seine Folgen im Interesse der Arbeitnehmer zu beeinflussen erlaubt. Städte und Bundesländer konkurrieren mit sog. Technologieparks und legen Förderungsprogramme für die Nutzung von Informationstechnologien auf. Die europäischen Länder fördern auf nationaler Ebene (u.a. Bundesministerium für Forschung und Technologie) und über EG-Programme (u.a. ESPRIT) die informationstechnologische Forschung, Entwicklung und Anwendung, um den Anschluß an Japan und die USA zu erreichen oder zu halten.

1.2.1 Wirkungsanalysemodell

Es ist verständlich, wenn sich angesichts dieses technologischen Wandels, der Konkurrenzsituationen und hoher Arbeitslosigkeit viele Praktiker, Politiker und Wissenschaftler unterschiedlicher Fachrichtungen mit den technologischen, sicherheitstechnischen, ökonomischen, betriebsorganisatorischen, qualifikatorischen und anderen sozialen Wirkungen und Auswirkungen der Informationstechnologien intensiv befassen. Ein Grundlagenbuch wie dieses kann die vielfältigen, sich zum Teil wiedersprechenden und oft auch kurzlebigen Ergebnisse der Wirkungsforschung in ihrem Entstehungszusammenhang und ihrer Differenziertheit nicht wiedergeben. Der Leser muß auf aktuelle Ergebnisberichte der Wirkungsanalyse verwiesen werden. Die Abb. VI 6 versucht grundlegende Fragestellungen und Ablauf solcher Studien in einem Konzeptschema zu skizzieren.

Unter *Wirkungsanalyse von Informationstechnologien* kann die Analyse (incl. synthetische Konzipierung) von soziotechnischen Systemen mit (meist) wissenschaftlichen Methoden verstanden werden. Dies sind menschliche Handlungssysteme mit integrierten informationstechnologischen Sachsystemen (Geräten) Unter Informationstechnologie versteht man sowohl die Geräte (hardware) als auch die mit ihrem Einsatz verbundenen Verfahren und Methoden (software, orgware etc.). Informationstechnologien sollen die Grundfunktionen der Informationsverarbeitung (I 3.2.1) erleichtern und rationalisieren. Obwohl die Über-

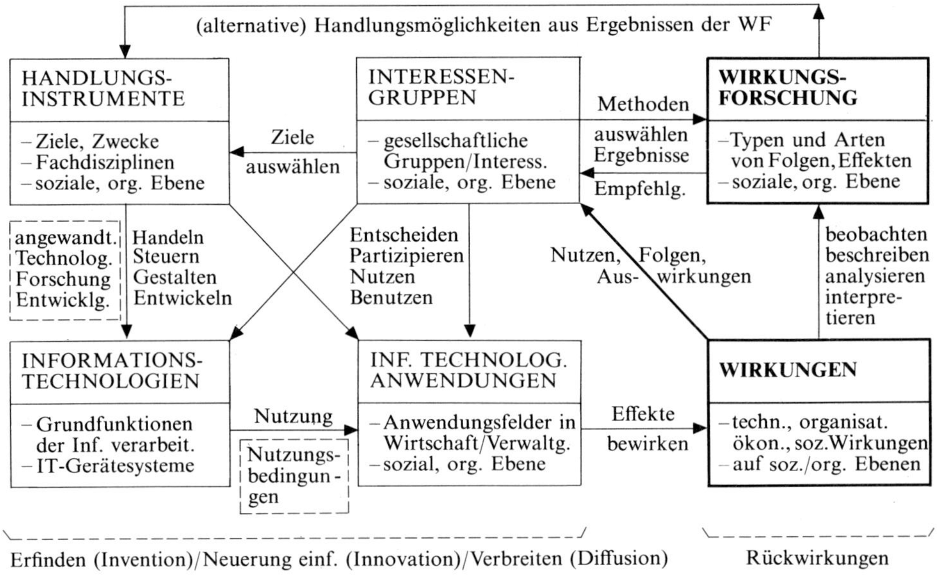

Abb. VI 6: Rahmenkonzept der Wirkungsanalyse von Informationstechnologien

gänge fließend sind und vor allem immer neue Kombinationen entwickelt werden, lassen sich vier Gruppen benennen:
- Rechnersysteme (Groß-, Mini-, Mikrorechner, Mikroprozessoren)
- Bürotechnologien (Textverarbeitung, Mikrofilm, Vervielfältigung, CAD etc.)
- Kommunikationstechnologien/Telematik (Telefon, Telex, DATEX, Btx)
- IT an oder in Produktionstechnologien (CNC, BDE, CAM, Roboter).

Die Wirkungsanalyse von Informationstechnologien erfolgt mit dem Zweck, Gesetzmäßigkeiten über Bedingungen und Folgen, d.h. Wechselwirkungen des Einsatzes von Informationstechnologien zu entdecken. Ferner soll über Handlungsmöglichkeiten und Mitwirkung bei der Systemgestaltung aufgeklärt werden. Infolge der großen gesellschaftlichen Bedeutung der Wirkungsfelder unterliegen sowohl die Auftragserteilung als auch Interpretation und Nutzung der Ergebnisse sehr stark der politischen Einflußnahme verschiedener gesellschaftlicher Gruppen.

Häufig untersuchte Fragestellungen sind:
- arbeitswissenschaftliche (ergonomische) gesicherte Ergebnisse zur Auswirkung von Bildschirmarbeitsplätzen auf die physische und psychische Gesundheit; zu nennen sind die Gestaltungsempfehlungen der Berufsgenossenschaften.

- empirische Prüfung von Hypothesen zu Qualifikationswirkungen, wie: Entqualifikation, Anders- oder Höherqualifikation, polarisierte Qualifikationen.
- Grad und Bedingungen der Akzeptanz und Nutzung von Informationstechnologien am Arbeitsplatz bei den betroffenen Benutzern und Bedienern im Betrieb
- Datenschutzprobleme von betrieblichen und staatlichen Personal-Informationssystemen (n. Kap.)
- Repräsentativbefragungen der Bevölkerung bezüglich ihrer Einstellung zu den Informationstechnologien und ihren gesellschaftlichen Folgen
- Analysen zur Wirtschaftlichkeit oder zu Organisationsveränderungen beim Einsatz von Informationstechnologien
- Produktivitätswirkungen von Industrierobotern.

Mit dem Begriff des Roboters verbindet die Medienöffentlichkeit nicht nur technisch-ökonomische, sondern auch emotionale Vorstellungen. So ging folgende Meldung durch viele Zeitungen: Den Hinterbliebenen eines Arbeiters, der 1979 in einem Automobilwerk in Detroit vom Greifarm eines fehlerhaft funktionierenden Industrieroboters getroffen und getötet worden war, wurde eine Entschädigung von 15 Mio. $ zugesprochen. Diese Meldung stand stellvertretend für die Angst vor dem Sicherheitsrisiko für Test- und Bedienpersonal im ‚Operationsbereich' des Roboters, allgemein aber vor seinen Produktivitätsfolgen. Bei VW ersetzte 1984 die Einführung von Industrierobotern (‚Robby') in der inzwischen als Experimentierfeld bekannten ‚Halle 54' etwa 1000 Arbeitsplätze. Als Faustregel aus bisherigen Erfahrungen gilt, daß ein Industrieroboter zwei Arbeiter ersetzt und drei Industrieroboter wiederum einen Ingenieur für die Beaufsichtigung und Instandhaltung erfordern. Körperliche Anstrengungen und monotone oder gesundheitsschädigende Arbeit werden durch Tätigkeiten wie Steuern, Überwachen, Einstellen, Warten und Instandsetzen abgelöst. Eine Untersuchung der All Japan Federation of Electric Machine Worker's Union zeigte, daß 43% der Befragten, die mit Robotern zu tun hatten, angaben, sie seien ‚physisch müder als früher' und 65% ‚psychisch müder als früher'.

Andererseits gibt es in den USA bereits eine Kaufwelle von Personal Roboter. Sie erfüllen Funktionen wie: selbständig bewegen und Hindernisse umlaufen, Staubsaugen, Blumen gießen, Einbruch- und Rauchmelder, Musikautomat, Heimcomputer, Unterhaltungsspiele. Seit 1983 wird im Veterans Administration Hospital in Palo Alto mit sprachgesteuerten Heimrobotern experimentiert, die Behinderten über etwa 50 Befehle die Steuerung einfacher Funktionen im Haushalt ermöglichen.

1921 wurde zum erstenmal das Stück ‚Rossums Universalroboter' von Karel Capek aufgeführt, in dem ein Fabrikbesitzer selbstbewegliche Arbeiterautomaten (tschechisch: Robot, robota = Frondienst, vgl. Android, I 1.1) erfindet, die schließlich gegen die Menschen rebellieren. Der Science-Fiction-Autor Isaac Asimov formulierte drei fundamentale Robotergesetze:

1) Ein Roboter darf Menschen nicht schaden, noch durch Untätigkeit Beschädigungen zulassen
2) Er muß stets die menschlichen Befehle befolgen, sofern er dabei 1) nicht verletzt
3) Er hat sich selbst vor Schaden zu bewahren, soweit das nicht 1) oder 2) widerspricht.

Eine GMD-Befragung zur Einstellung der Bevölkerung ergab u.a.: Obwohl 73% der Befragten beim Computer auch an Fortschritt denken, verbinden 74% mit ihm Arbeitslosigkeit. Die Hoffnung von 76% auf Computer-Hilfe in der Wissenschaft (gegen Krankheit etc.) wird getrübt, da 81% meinen, daß der Computer dazu beitragen wird, daß man uns besser überwachen kann.

1.2.2 Zielkonflikte beim Datenschutz

Seit 1970 verfügt das Bundesland Hessen über ein Datenschutzgesetz, andere Länder folgten. Bundestag und Bundesrat beschlossen 1976 das Bundes-Datenschutzgesetz (BDSG). Eine sehr kontroverse Diskussion um Datenschutz ergab sich im Zusammenhang u.a. mit folgenden Themen:
- Vorschläge und Forderungen zur Novellierung des BDSG, wie: bisherige Generalklauseln präzisieren, strenge Zweckbindung der DV, insbesondere bei der Amtshilfe, weitgehende Auskunftsrechte, Regelungen für Schadensersatzansprüche
- Bundestagsbeschluß über die Notwendigkeit bereichsspezifischer Datenschutzregeln für Meldebehörden und Sicherheitsbehörden (Polizei, Verfassungsschutz, Militärischer Abschirmdienst und Bundesnachrichtendienst)
- Volkszählungsurteil des Bundesverfassungsgerichtes (15. Dez. 1983). Unter der Leitnorm „Recht auf informationelle Selbstbestimmung“ betonte das Gericht: Die „Befugnis des einzelnen, grundsätzlich selbst zu entscheiden, wann und innerhalb welcher Grenzen persönliche Lebenssachverhalte offenbart werden, bedarf unter den heutigen und künftigen Bedingungen der automatischen Datenverarbeitung in besonderem Maße des Schutzes“. Die Volkszählung wurde vom Bundestag auf 1987 verschoben.
- Mikrozensusgesetz 1985 (Befragung von 1% der Bürger)
- maschinenlesbarer Personalausweis (‚Computer-Ausweis‘)
- Der Bundesgerichtshof (BGH) erklärte 1985 die „pauschale Einwilligung in die Weitergabe aller Kreditdaten“, wie sie bisher auf den Banken-Vordrucken abverlangt wurde, für nichtig.
- Nutzung Neuer Medien (Btx-, Temex-Systeme etc.) und Chipkarten sowie die gesellschaftliche Beherrschbarkeit offener Netze (ISDN, IV 3.5)
- Die Auseinandersetzungen zwischen Arbeitgebern und Gewerkschaften um betriebliche Personalinformationssysteme (PIS, VI 2.2.2).

- Das stetige Nachhinken möglicher juristischer und technischer Maßnahmen des Datenschutzes und der Datensicherung hinter neuen Informationstechnologien und ihren Nutzungsformen
- Das Thema ‚Der Große Bruder' aus dem Roman ‚1984' von George Orwell

Journalistische Formulierungen wie ‚das Computerjahr 1984 / ich werde zur Ziffer / der gläserne Bürger / Überwachungsstaat' umschreiben das Unwohlgefühl bezüglich der Datenverarbeitung. Befragungen zeigen immer wieder den hohen Stellenwert des Datenschutzes für die Bürger.

Die aufsehenerregenden Leistungen und publikumswirksamen Anwendungen von Rechnersystemen lassen es verständlich erscheinen, wenn in der Wissenschaft und Praxis häufiger Fragen wie: ‚was kann ein Computer' und ‚wie kann er es' gestellt und behandelt werden als die Fragen: ‚was soll er können' und ‚wofür soll er eingesetzt werden'.

In den letzten Jahren ging die Diskussion allerdings erfreulicherweise über die Bewunderung der Computer-Möglichkeiten hinaus zur kritischen Auseinandersetzung darüber, was in der Computer-Anwendung wünschenswert ist und zulässig sein soll. Die Sinnfrage des Rechnereinsatzes in einzelwirtschaftlichen und in gesellschaftlichen Bereichen wird bohrender als früher gestellt. Ein Schlüsselthema dieser Diskussion, das Thema ‚Datenschutz', verursacht heftige und kontroverse Meinungsäußerungen. Eng verbunden mit dem Problem Datenschutz sind Fragen nach der Datensicherung. Datenschutz (privacy) zeigt einen eher rechtlich-gesellschaftspolitischen Aspekt: welche Rechte sollen und dürfen für welche Personen(gruppen) durch welche juristischen Regelungen bezüglich Vorgängen der Informationsverarbeitung geschützt werden. Der Datenschutz selbst muß also durch politisches Wollen und durch eine praktikable rechtliche Präzisierung des zu schützenden Rechtsgutes und seiner Gefährdungen legitimiert werden. Diese politische und rechtliche Fundierung des Datenschutzes bedarf der Ergänzung und Unterstützung durch organisatorische und technische Maßnahme. Die Gesamtheit dieser Maßnahmen, die Daten in ihrem Bestand, ihrer Form und ihrem Inhalt vor gewollten oder ungewollten Störungen durch Menschen oder Umwelt sowie vor unbefugter Einsicht schützen sollen, bezeichnet man Datensicherung (security).

Datenschutzvorschriften existieren seit Jahren und Jahrzehnten in unterschiedlicher rechtlicher Ausprägung, z.B. in Form des Arzt-, Steuer-, Bank-, Postgeheimnisses und z.B. im Gesetz über das Kreditwesen, im Arbeitsförderungs-, Berufsbildungs-, Betriebsverfassungs- und Personalvertretungsgesetz. Wieso dann ein eigenes Datenschutzgesetz? Die Zahl der privaten oder öffentlichen Stellen, die personenbezogene Daten über Bundesbürger in deren Rolle als Staatsbürger, Arbeitnehmer, Patient, Kunde usw. sammeln, per Computer speichern und auswerten und zum Teil an Dritte weitergeben, ist heute bereits weitaus größer als dem einzelnen bewußt wird. Solche Stellen sind: Melde-,

Standes-, Wahl-, Schul-, Arbeits-, Finanz-, Kreiswehrersatz-, Kraftfahrtbundesamt, Zentrale Vergabestelle für Studienplätze, Polizei, Bundesnachrichtendienste, Detekteien, Adreßverlage, Heiratsvermittlungsinstitute, Versandhäuser, Buchclubs, Automobilclubs, Reiseunternehmen, Versicherungen, Kreditinstitute, Arbeitgeber, Krankenkassen, Gewerkschaften, kirchliche Stellen.

Die Kreditauskunftei der Banken und Sparkassen (Schufa) speichert Daten über 22 Millionen Kreditnehmer und beantwortet allein jährlich 19 Millionen Anfragen. Die Behörden speichern zur Zeit im Durchschnitt etwa 300 personenbezogene Daten je Bürger. Personenbezogene Daten sind beispielsweise: familiäre Verhältnisse, beruflicher Werdegang, Zeugnisse, gesundheitliche Fakten, Wehrdienst(verweigerung), Vorstrafen, Versicherungen. Man könnte darauf verweisen, daß personenbezogene Daten zu allen Zeiten gesammelt und gespeichert worden sind – früher in Karteien, heute eben in elektronischen Dateien. Die quantitative Leistungsperfektion der Datentechnik läßt aber qualitativ neuartige Probleme entstehen. Befürchtungen werden laut, die Daten-Zentralisierung in Datenbanken einerseits und die Datenkopplung durch Rechnerverbundnetze andererseits würden die Gefahr mißbräuchlicher Zugriffe, Auswertungen und Weitergaben erheblich erhöhen. Information würde Macht – für wenige. Geplant, projektiert und zum Teil erprobt werden kommunale Verbundnetze und Großdatenbanken für die Verbrechensbekämpfung, im Bundespresseamt, im Gesundheitswesen und in der Sozialversicherung, im Personalmeldewesen und für die Bundesnachrichtendienste.

In der Privatwirtschaft werden seit Jahren Experimente mit Personalinformationssystemen ausgeführt. Problematisch sind dabei manche Methoden der Bewerberauswahl, der Eignungstests, der Einstellungsfragebogen, der Personalbeurteilung und -profiltechnik; auch die Betriebsdatenerfassung (BDE, vgl. IV 2.2.6) und das elektronische Betriebstelefon-Protokoll. Befürchtet wird die ‚interne' Weitergabe der PIS-Daten im Konzern, an den Branchenverband oder an Adreßverlage.

In der Diskussion um den Datenschutz zeigen sich viele Interessen- und Zielkonflikte der öffentlichen und privaten Datenanwender, der Computerindustrie, der DV-Spezialisten und der Betroffenen. Der berechtigte Wunsch nach Schutz der persönlichen Privatsphäre steht teilweise in Konkurrenz zum legitimen Informationsbedarf anderer Bürger, des Staates und der Wirtschaft.

Das BDSG schützt personenbezogene Daten, definiert aber als Ausnahme sogenannte freie Daten: Name, Titel, akademische Grade, Geburtsdatum, Beruf, Branchen- oder Geschäftsbezeichnung, Anschrift, Rufnummer. Umstritten ist die Gesetzesdifferenzierung nach den drei Datenbenutzerklassen:
- Behörden und sonstige öffentliche Stellen
- nichtöffentliche, privatwirtschaftliche Stellen (DV für Eigenzwecke)

– nichtöffentliche, privatwirtschaftliche Stellen (geschäftsmäßig betriebene Datenverarbeitung für Dritte)

Sehr kontrovers sind die Meinungen darüber, welche der Phasen des Datenverarbeitungsprozesses in den Datenschutz einzubeziehen sind: Daten ermitteln, erfassen, speichern, verändern bzw. löschen, (un)verändert weitergeben. So wird die Frage gestellt, ob nicht schon die wahllose Datenermittlung (Fragebogensucht) eingedämmt und andererseits die Weitergabe personenbezogener Daten generell untersagt werden sollte. Bleibt die Weitergabe zulässig, so bleibt umstritten, ob sie mit oder ohne Zustimmung des Betroffenen erlaubt sein soll.

Zu fragen ist, wie weit bei einer solchen Weitergabe die Anonymität der Daten (z. B. zu statistischen und empirischen Auswertungen) gefordert werden soll und überhaupt gewahrt werden kann. Viele Fragebögen sind heute pseudo-anonym, d. h. durch geschickte Computer-Auswertungen der Merkmalskombinationen lassen sich die befragten Personen re-identifizieren. Im Gegensatz zum menschlichen Gehirn zeigen Computer-Speicher nicht das natürliche Merkmal des Vergessens – als Permanenzspeicher müssen sie willentlich gelöscht werden. Dieser Vorteil für die Datensicherung kann zum Nachteil für den Datenschutz werden. Sollen personenbezogene Daten nach einer gewissen Zeit automatisch gelöscht oder nur gesperrt werden? Müssen falsche Daten gelöscht werden? Wer hat die Beweispflicht über die Ungültigkeit der Daten?

Obwohl weitgehende Übereinstimmung in der Notwendigkeit eines unabhängigen Datenschutz-Beauftragten besteht, gehen die Vorschläge interessenbezogen auseinander: Datenschutz-Bundesamt, betriebsinterne Ernennung durch den Arbeitgeber oder nur mit Zustimmung des Betriebs- bzw. Personalrats. In diesem Zusammenhang ist darauf zu verweisen, daß bei Regelungen des Datenschutzes und der Datensicherung die Informationsrechte der Arbeitnehmervertreter im Aufsichtsrat zu beachten sind. Auf die wichtige Frage nach dem Recht auf Benachrichtigung oder Auskunft über gespeicherte Daten der eigenen Person werden viele Lösungsfragen angeboten: automatische Benachrichtigung bei erstmaliger Datenspeicherung und bei erstmaliger Weitergabe oder nur bei Anfrage/Auskunftspflicht pauschal oder individuell/Auskunftspflicht der Privatwirtschaft oder auch des Staates/kostenpflichtige Auskunft oder kostenfreie. Bei nationalen Datenschutzlösungen besteht die Gefahr, daß Länder ohne oder mit laschen Datenschutzgrenzen für einzelne Unternehmen (z. B. Adreßverlage) als ‚Datenoasen' (vergleichbar den Steueroasen) aufgesucht werden. Das Europa-Parlament hat bereits gefordert, in der Europäischen Gemeinschaft einheitliche Rechtsvorschriften anzustreben.

Kein Datenschutzgesetz – wie immer es formuliert sein mag – kann einerseits ohne ein Verhalten aller Beteiligter, das sich vom Respekt für die Privatsphäre der Mitmenschen leiten läßt, und andererseits ohne Datensicherung voll wirksam werden.

1.2.3 Computer-Kriminalität und Datensicherung

Datensicherung umfaßt mehr als die Sicherung der personenbezogenen Daten im Betrieb. Von der Reichweite des Datenschutzbegriffs unabhängig werden in die Datensicherung als Schutzobjekte auch sonstige Unternehmensdaten und -geheimnisse, wie Forschungs- und Entwicklungswissen (know how) und maschinelle Anlagen einbezogen. Dies zeigt, daß die Ausdrücke Datenschutz und Datensicherung von einem verallgemeinerten Datenverständnis ausgehen. Gemeint ist die Sicherung des Datenverarbeitungsprozesses in seinen vielen Phasen im Interesse der als schutzwürdig erachteten Informationen und Rechte. Informationen zu sichern hielten Betriebe auch ohne Computer-Einsatz schon für nötig, z.B. Geschäftsberichte, Gehaltslisten, Patente. Aber erstens gibt die Zentralisierung der Datenträger der Datensicherung ein bisher unbekanntes Gewicht. Zweitens entstand in den letzten Jahren ein öffentliches Sicherheitsbewußtsein. Die Denkweise über die Zugriffsberechtigung (authorization) auf Daten kehrt sich um. Der Grundsatz der DV-Pionierphase ‚jeder nichtverbotene Zugriff ist erlaubt' weicht der Forderung ‚jeder nicht ausdrücklich erlaubte Zugriff ist verboten'. Dabei wird leicht übersehen, daß eine totale Datensicherung aus theoretischen und praktischen Erwägungen nicht möglich ist. Den Konstrukteuren technischer und programmiertechnischer Maßnahmen ist beispielsweise das von ihnen entwickelte Sicherheitsprinzip selbstverständlich bekannt. Auch steht das Wirtschaftlichkeitsprinzip dagegen. Moderne Betriebsarten, wie Teilnehmersysteme mit Datenbankkonzept, erfüllen die früher so energisch gestellten Forderungen, viele Teilnehmer flexibel auf einmalig, d.h. redundanzfrei, gespeicherte Daten zugreifen zu lassen. Daraus ergeben sich zwangsläufig Gefährdungen. Im Interesse humaner Arbeitsbedingungen sind fensterlose, festungsähnliche Arbeitsräume und extreme Arbeitsteilung – auch wenn diese die Kontrolle erleichtert – für das DV-Personal unzumutbar.

Das Sicherheitskonzept eines Betriebes entsteht als Maßarbeit in Zusammenarbeit der Betriebsleitung, des Datenschutzbeauftragten, der Betroffenen und gegebenenfalls externer DV-Sicherheitsberater. Die Abb. 194 kann als erste Orientierungshilfe für diese Aufgabe der Datensicherung dienen. Vier Gefährdungsarten (B) und eine Liste von Sicherungsmaßnahmen (C) werden fünf Gruppen von Bezugspersonen bzw. -objekten (A) schwerpunktmäßig zugeordnet. Die Gefährdung ‚höhere Gewalt' in Form von Feuer, Wasser, Säuren, Gasen und elektromagnetischen Feldern tritt zwar selten auf; die Auswirkungen auf hardware, software und DV-Infrastruktur können erheblich sein. Systemfehler können temporär (z.B. Ausfall, versehentliches Datenlöschen) oder strukturell (z.B. Integritätsfehler, Kontextverlust) auftreten. Integritätsfehler bedeuten ‚Systemlücken', z.B. bisher unbekannte Wirkungen von Maschinenbefehlen, die von Systemspezialisten mißbraucht werden. Bei der Informationsverdichtung gehen Datenmerkmale und damit Kontext verloren. Eine Sinnverfälschung des Dateninhaltes ist leicht möglich. Die Aussage ‚noch nicht bezahlt, da Reklamation' kann, wenn das zweite Datenfeld entfällt, leicht als ‚säumiger Zahler' gedeutet werden. Unachtsames Verhalten im Umgang mit Daten tritt sichtbar auf (z.B. unbedachte Papierkorbbenutzung), aber auch unsichtbar, wenn zum Beispiel aussagefähige Restinformationen nach einem Programmablauf im Speicher verbleiben. Absichtliche Eingriffe in den Datenverarbeitungsprozeß zeigen sich seltener in Form sichtbarer Zerstörungen der hardware oder DV-Infrastruktur; vielmehr erhöht sich ungewöhnlich die Zahl der Diebstähle, Manipulationen und Wirtschaftsspionagefälle. Die Gefahr, daß Rechnerzeit mißbraucht wird, entsteht vor allem bei leistungsfähigen nicht voll ausgelasteten Großrechnern im Teilnehmerbetrieb bei heterogenen Benutzern mit häufig wechselnden Aufgabenstellungen (z.B. Service- und Hochschulrechenzentren).

Neue Aspekte der Datensicherung ergaben sich aus der schnell wachsenden Zahl der Mikrocomputer in- und außerhalb der Betriebe. So stellt sich die Frage nach dem rechtlichen Schutz und der technischen Sicherung von Computer-Programmen. Das Urheberrecht greift nur, wenn die Leistung der Software-Entwicklung deutlich über das Durchschnittskönnen hinausreicht. Das Problem wurde in der Öffentlichkeit erst nach Hausdurchsuchungen bei Jugendlichen bekannt, die Raubkopien von Computer-Spielen gewinnbringend in großer Stückzahl vertrieben. Daneben gibt es auch den sportlichen Ehrgeiz, als **‚Cracker'** den Kopierschutz neuer Programme möglichst schnell zu überlisten oder sich als **‚Hacker'** mit seinem Mikrocomputer den Zugang zu öffentlichen oder privaten Rechenzentren über Netze zu erzwingen. Hacker zeigen aber auch die Lücken und Notwendigkeit der Datensicherung auf. Inzwischen gibt es Programme, die den Kopierschutz bei Disketten wiederum überlisten. Anwender wählen oft ihre Paßwörter zu banal, wie Vornamen oder Geburtsdatum. Die jährlichen Schäden durch Computer-Vandalismus und -Mißbrauch in Datenbanken der USA wird auf über 10 Mrd. $ geschätzt. Schon ‚klassisch' sind die Programm-Manipulationen zu nennen, die mit der Absicht vorgenommen wurden, durch kumulierte Rundungsreste auf Sonderkonten beträchtliche Beträge anzusammeln.

Die Zentrierung unternehmerischer Betriebsdaten oder staatlicher Wirtschaftsdaten in großen Datenbanken, die womöglich noch in Verbundnetzen gekoppelt sind, lockt ‚Datenagenten' zu finanziell oder politisch motivierter Wirtschaftsspionage. Durch Spionage Betriebsgeheimnisse beschaffen und Daten, Programme und Betriebshandbücher stehlen oder manipulativ verändern, faßt die journalistische Sprache inzwischen unter dem Begriff ‚Computer-Kriminalität' zusammen – unabhängig von der streng juristischen Betrachtungsweise. Stets dient das Rechnersystem als Instrument der Tat oder ist selbst Ziel der Handlung. Das 2. Gesetz zur Bekämpfung der Wirtschaftskriminalität (1985/86) nimmt darauf bezug.

Ⓐ Bezugspersonen/ -objekte der Datensicherung	hardware				software			orgware				Betrieb			Extern	
	Zentraleinheit	Peripherspeicher	E/A-Geräte	DÜ-Geräte	Systemprogramme	Anwendungsprogramme	Datenorganisation	Verfahren/Methoden	Arbeitsablauforganisation	Rechnerzeit	DV-Personal	Belegschaftsangehörige	DV-Räume	Klimaanlage	Energieversorgung	Umwelt	externe Personen
Ⓑ Gefährdungsarten																	
1) höhere Gewalt: (Feuer/Wasser/Säure/ Gas/Explosion/ Magnetisierung)	X	X	X	X	X	X							X	X	X	X	
2) Systemfehler: (Ausfall/Integritätsfehler/Re-Individualisierbarkeit/Löschen oder Verändern/ Kontextverluste usw.)	X	X	X	X	X	X	X	X									
3) unachtsames Verhalten: (Fehlbedienung/ Verlust von Datenträgern, Ausweis- oder Paßwort/Restinformationen/Papierkorb usw.)								X	X		X	X					X
4) absichtliche Eingriffe:																	
a) Zerstörung	X	X	X	X							X	X	X	X	X	X	X
b) Diebstahl		X			X	X	X	X		X	X	X					X
c) Manipulationen	X				X	X	X	X	X		X	X					X
d) Wirtschaftsspionage				X	X	X	X	X			X	X					X
Ⓒ Maßnahmen der Datensicherung																	
Arbeitsablauf-diagramme							X		X	X	X						
Aufklärung											X	X					
Checklisten	X	X	X	X	X	X	X										
Chiffrieren (Kryptografie)	X		X	X													
Codes (Fehlererk./ -korrigieren)	X	X	X	X												X	

(A) Bezugspersonen/-objekte der Datensicherung	hardware				software			orgware				Betrieb			Extern		
(Fortsetzung von (C))	Zentraleinheit	Peripherspeicher	E/A-Geräte	DÜ-Geräte	Systemprogramme	Anwendungsprogramme	Datenorganisation	Verfahren/Methoden	Arbeitsablauforganisation	Rechnerzeit	DV-Personal	Belegschaftsangehörige	DV-Räume	Klimaanlage	Energieversorgung	Umwelt	externe Personen
Datengenerationen Kassetten-Streaming		X					X										
Dokumentation					X	X	X	X	X								
Duplikate aufbewahren					X	X		X									
Feuerlöschanlage (CO_2)	X	X	X	X									X	X			
Feuermeldeanlage	X	X	X	X							X		X	X	X	X	
Führungsstil									X		X	X					
Instandhaltung (vorbeugend)	X	X	X	X										X	X		X
Katastrophenplan									X		X		X	X	X	X	X
Logbuch	X	X			X	X				X							
Magnetband-Lesering		X					X										
Mehrprozessorbetrieb	X	X	X		X					X							
Normierte Programmierung						X		X	X		X						
Notstromaggregat	X	X	X	X										X	X		
Papierwolf							X	X	X		X	X					X
Paßwörter (periodisch, wechselnd, mehrstufig)			X						X		X	X	X				X
Personaleinsatz (rotierend, überlappend)									X	X	X						X
Schwachstellen-Brainstorming	X	X	X	X	X	X	X				X	X					
Sicherheitsanalyse (systematische)	X	X	X	X	X	X	X		X	X	X	X	X	X	X		X
Sicherheitsklassen					X	X	X										
Speicherbedarfsänderung prüfen	X				X	X	X										
Speicher sperren (ROM)	X	X					X										
Stellenbeschreibungen									X		X						

(A) Bezugspersonen/-objekte der Datensicherung (Fortsetzung von (C))	hardware				software			orgware				Betrieb			Extern		
	Zentraleinheit	Peripherspeicher	E/A-Geräte	DÜ-Geräte	Systemprogramme	Anwendungsprogramme	Datenorganisation	Verfahren/Methoden	Arbeitsablauforganisation	Rechnerzeit	DV-Personal	Belegschaftsangehörige	DV-Räume	Klimaanlage	Energieversorgung	Umwelt	externe Personen
Stimmfrequenzanalyse											X	X					X
Terminaljournal			X						X	X	X	X					X
Terminal-Kontaktschloß			X								X	X					X
Testläufe	X	X	X	X	X	X					X	X					
Tresor (2-Schlüsselsystem)					X	X	X	X					X				
Versicherungen	X	X	X	X	X	X	X							X			
Zugangsschleusen (closed shop)									X		X	X	X				X
Zugriffsrechte (abgestuft, limitiert)	X	X			X	X	X				X	X					X
Zuständigkeitsmatrizen									X		X	X					X
Zwillings-KEPROM	X		X	X	X												

Abb. VI 7: Beispielhafte Zusammenhänge zwischen Bezugspersonen/-objekten, Gefährdungsarten und Maßnahmen der Datensicherung

Eine Vielzahl technischer und organisatorischer Maßnahmen (C) dient der Datensicherung: vom einfachen, aber oft vernachlässigten Papierwolf zum Vernichten von Computer-Ausdrucken über komplizierte Chiffrierverfahren für die Datenübertragung zu abgestuften Zugriffsregelungen oder vielfältigen Terminalsicherungen beim Teilnehmerbetrieb. Dazu zählen auch Chip-Zwillinge (KEPROM = Key + EPROM), die sich nach Kopplung ihrer beiden Master-Geräte durch einen umfangreichen Informationentransfer in einigen Millisekunden wechselweise überprüfen.

Die Kontrolle des DV-Personals erfolgt heute bereits beim Closed-shop-Betrieb an zum Teil mehrstufigen Zugangsschleusen. Sie öffnen sich automatisch nach positiver Prüfung des codierten Plastikausweises oder gar des individuellen Stimmfrequenzprofils durch einen Mikrorechner. Die Begeisterung für die Verfeinerung dieser und ähnlicher Sicherungsmaßnahmen organisatorischer und technischer Art läßt allzu leicht vergessen, daß mindestens gleiche Bemühungen gerechtfertigt sind, um über die Kommunikation zwischen Betriebsleitung, dem Datenschutzbeauftragten, dem Betriebs-/Personalrat, dem DV-Personal, den Anwendern in den Fachabteilungen und den Mitarbeitern der Rechnerfirma eine solide Vertrauensbasis zu sichern.

Aufgaben zu VI 1.

(1) Nennen Sie einige typische Entscheidungs- und Gestaltungsaufgaben beim Errichten eines rechnergestützten Informationssystems (zu Abb. VI 1).
(2) Welche Vorteile und Nachteile bringt mixed-hardware für den DV-Anwender?
(3) Welche Kriterien/Bedingungen sollten überprüft werden, wenn bei begrenzter Kapazität an DV-Mitarbeitern konkurrierend zur DV-Automatisierung angemeldete Aufgabengebiete in eine Rangfolge der Bearbeitung gebracht werden müssen?
(4) Welche Thesen findet man in Studien zur Qualifikationsveränderung durch den Einsatz von Informationstechnologien in den Betrieben?
(5) Welche spezifischen körperlichen und psychischen Belastungen treten bei der Tätigkeit einer Datentypistin auf?
(6) Welche Maßnahmen können die Verständigung zwischen den DV-Spezialisten und den Fachabteilungen als DV-Anwender erleichtern?
(7) Welche Interessen und Interessengruppen treffen bei der Formulierung von Datenschutzbestimmungen aufeinander?
(8) Welche drei Datenbenutzerklassen bildet das Bundes-Datenschutzgesetz?

2. Datenverarbeitungs-Anwendungsbereiche

Die Unterteilung der Anwendungs-Software (Abb. V 47) in eigen- oder fremdprogrammierte und Standart-Software orientiert sich an der Art ihrer Entstehung. Die folgende Gliederung unterscheidet dagegen danach, wie weit die Programme an eine bestimmte Fachanwendung gebunden ist:

- Arbeitsplatz-Software für Mikrocomputer (Kap. 2.1) erleichtert universell die tägliche Informationsverarbeitung am Arbeitstisch
- Branchen- und Fachbereichs Software lösen Aufgaben in Produktions- (2.2), Dienstleistungs- (2.3), Öffentlichen Betrieben (2.4) und Organisationen der Wissenschaft und Bildung (2.5).

Angesichts dieser Themenbreite beschränkt sich dieses Grundlagenbuch darauf, einen Überblick und typische Anwendungsbeispiele zu nennen.

2.1 Arbeitsplatz-Software

2.1.1 Anwendungsoffene Software-Hilfen

Die Vielfalt der Fachaufgaben ist groß. Informationsverarbeitung am Arbeitsplatz läuft aber stets darauf hinaus, die in Abb. I 12 genannten Grundfunktionen, auf verschiedene Klassen von Informationen anzuwenden, auf:
- Texte (primär alphabetische Informationen),
- Daten (im engeren Sinne, d. h. primär numerische Daten),
- Bilder: statische (Grafiken) und bewegte (z. B. Video) und
- Sprachinformationen (Audio).

Um derartige Aufgaben zu erleichtern bietet der Markt für Mikrocomputer *Standard*-Software an für:
- Textverarbeitung (word processing)
- Tabellenkalkulation (spreadsheet)
- Geschäftsgrafik (business graphics)
- Dateiverwaltung/Datenbanken (database/databank)
- Terminplanung und Projektmanagement
- Kommunikation
- Integrierte Verarbeitung.
- Entscheidungshilfen
- Telefon- und Adreßverzeichnisse
- Notizenverwaltung und Berichtshilfen
- Piktogramm-unterstützte Benutzeroberfläche.

Derartige Programme sind nicht auf eine einzige, spezielle Fachanwendung hin ausgelegt, man nennt sie deshalb auch *Universal*-Software. Sie könnten demnach auch als *anwendungsoffene* Programme bezeichnet werden. Wenig aussagefähig bleibt der häufig anzutreffende Ausdruck *horizontale* Software, der von jenen dann fälschlich als ‚vertikal' zu nennenden Fachprogrammen unterscheiden soll. Diese Universalprogramme ermöglichen eine Produktivitätssteigerung der Tagesarbeit und rationalisieren den Informationsprozeß am Arbeitsplatz; man spricht deshalb häufig von *Arbeitsplatz*-Software (workplace software). Mit ihnen kann sich der Nutzer individuelle Informationswünsche nach Inhalt und Form schnell persönlich erfüllen, ohne ein Rechenzentrum einschalten zu müssen; deshalb wurde auch der Ausdruck *Personal* Software vorgeschlagen. Von *Personal Computing* spricht man, wenn diese Arbeitsplatz-Software über intelligente Terminals bzw. Personal Computer bereitgestellt werden, die von einem Zentralrechner gesteuert und kontrolliert werden.

Die Befragung von 125 Führungskräften mit Projektmanagement-Aufgaben nannten folgenden Bedarf an Arbeitsplatz-Software in Ergänzung zur Projekt-Software (vgl. dazu Kap. 2.2.3.2):

Programmnutzung:	notwendig	erwünscht
Arbeitsplatz-Software		
Datenbank	88%	8%
Tabellenkalkulation	88%	6%
Textverarbeitung	74%	22%
Geschäftsgrafik	74%	20%
Indiv. Fachprogramme	51%	26%

Die folgenden vier Kapitel behandeln Software zur Textverarbeitung, Tabellenkalkulation, Grafik und zur integrierten Verarbeitung. Die darin enthaltenen Datenbanken für Mikrocomputer wurden bereits in Kap. V 1.7 vorgestellt. Ergänzend muß auf weitere Software, die die Arbeit am Schreibtisch effektiver zu gestalten erlaubt (selfmanagement), hingewiesen werden. Das Programm Habadex soll als elektronische Termin-, Telefon- und Adreßverwaltung dienen. Das deutsche Programm Pythia-Terminer verwaltet die Tagestermine. SideKick dient u.a. als elektronische Terminplaner und Notizblock. Sogenannte ‚intelligente' Textverarbeitungsprogramme archivieren Notizen und Textteile und helfen, sie für Berichtsentwürfe neu zu strukturieren (z.B. Thinktank). Andere Programme (z.B. Lightyear) bieten die interaktive Bewertung von Entscheidungsalternativen nach gewichteten Kriterien (Nutzwertanalyse) an.

Als übergreifende Produktivitätshilfe am Schreibtisch kann sicherlich auch die Software gelten, die Piktogramme (Grafikobjekte) und die ‚Maus'-Technik anbietet. Sie legt eine neue Benutzeroberfläche zwischen Betriebssystem und Anwendungsprogramm. Die Rechner Lisa und Macintosh von Apple machten sie bei vielen Nutzern beliebt. Die Software GEM (Graphics Environment Manager) liefert eine ähnliche ‚objektorientierte' Benutzeroberfläche für andere Mikrocomputer-Modelle. In Zukunft werden Audio-Software dem Benutzer die sprachliche Kommando- und Daten-Eingabe erleichtern.

2.1.2 Textverarbeitung

Mechanische, elektrische und thermo-elektronische Schreibmaschinen und Schreibautomaten rationalisierten das Erzeugen von Texten durch den Menschen. Sie alle waren aber ‚Einzweckmaschinen', d.h. speziell und alleinig für die Textverarbeitung geeignet. Der Mikrocomputer dagegen kann als ‚Universalmaschine' neben anderen Aufgaben auch die der Textverarbeitung übernehmen und damit flexibel eingesetzt werden. Damit sind jedoch auch Nachteile verbunden. Die Tastaturbelegung ist beispielsweise nicht speziell auf die Belange der Textgestaltung ausgerichtet.

Dem Anwender bietet sich eine Vielzahl von Textverarbeitungsprogrammen an, wie: Wordstar, Word, Tex-Ass, Edit/Form, DIGItext, Papyrus. Die Preise liegen zwischen 200 und 1500 DM; sie fallen und die Leistungsmerkmale nehmen zu. Der Anwender sollte vor der Auswahl eines Textverarbeitungsprogramms prüfen, welche Anforderungsmerkmale er wirklich benötigt und welche die angebotenen Programme bieten, beispielsweise:

Systemumgebung:
- nutzbar auf welchem Betriebssystem und welcher Hardware?
- Halbseiten- oder Ganzseiten-Bildschirm
- negative oder positive Textdarstellung (heller Bildschirmhintergrund)
- Text-Zeilenzahl (bis 24), Spalten (bis 79)
- (möglichst keine) Steuerzeichen im Text
- maximale Größe eines Textbausteins oder Dokuments

Benutzerführung:
- Handbuch (in deutsch) oder interaktives Lernprogramm
- (ausschaltbare) hierarchische Menüs (wählbarer Funktionen)
- laufende Bildschirminformationen, wie: Cursor-Zeile/Spalte, Text-Zeile, eingeschaltete Funktionen, Schriftart
- Hilfetaste um jederzeit Befehlsbeschreibungen anzuzeigen
- (frei belegbare) Funktions- und Bausteintasten

Texte erfassen:
- Cursor-Bewegung zum Satzende, Zeilenanfang/-ende, Textanfang/-ende
- Einfügen, Kopieren, Verschieben, Löschen, Löschung zurücknehmen
- Textteile suchen und ersetzen
- Fettschrift, Unterstreichen, Zeichen hoch/tief stellen
- Schriftarten wählen

Text formatieren:
- automatisches Einrücken
- Zentrieren (des Textes in einer Zeile)
- Tabellenunterstützung, z.B. durch Dezimaltabulatoren
- Zeilenumbruch (automatische Wort- oder Silbentrennung am Zeilenende)
- Blocksatz (rechter bündiger Rand), Mehrspaltensatz (Zeitungssatz)

Texte speichern:
- Arbeitsdatei im Hauptspeicher und Textspeicherung anschließend als Datei oder automatisch als Sicherungsdatei mitverwaltet
- Textbausteine (= standardisierbare Textteile, wie Grußformeln)
- Texte aus Dateien in Arbeitstext mischen

Zusatzfunktionen:
- Rechnen (Taschenrechnerersatz: 4 Grundrechenarten, Prozent)
- Fußnotenverwaltung (= Literaturangaben am Ende der Seite)
- Inhalts- und Stichwortverzeichnis (bei langen Manuskripten)

Schnittstellen:
- Rechtschreib-Korrekturprogramm mit Wörterbuchfunktion
- zu anderer Arbeitsplatz-Software (z. B. Adreßdaten, Tabellen oder Grafiken übernehmen und in den Text einbauen)
- Elektronische Post (electronic mail)

Drucker steuern:
- Drucker auswählen, ohne Textprogramm (Editor) zu verlassen
- Druckmodus wählen: Zeilen- und Zeichenabstand (10, 12, 15 Zoll/cm)
- Drucken im Hintergrund (spooling)

Heutige Experimente zeigen mögliche zukünftige Entwicklungslinien für die rechnergestützte Textverarbeitung: Rechtschreibkorrekturen, Syntaxprüfungen, Hilfen für den Schreibstil, automatische Übersetzungen und Spracheingabe zur Texterfassung. Diese Forschungsgebiete zählen zum Bereich der Künstlichen Intelligenz. Der Zeitraum bis zur Anwendbarkeit ihrer Ergebnisse ist schwer abschätzbar.

2.1.3 Tabellenkalkulation

Im Rahmen der Anwendungs-Software für Mikrocomputer bieten die Tabellenkalkulationsprogramme (spreadsheet) mit den größten Produktivitätseffekt in der täglichen Schreibtischarbeit. Die Vielfalt ihrer Anwendungsmöglichkeiten kann kaum abgeschätzt werden:
- Einnahmen-Übersicht
- Betriebsabrechnungsbogen
- Kosten- und Budgetplanung
- Investitions- und Finanzplanung
- Absatz- und Marketingplanung
- Produktionsplanung
- technische Kalkulationen/Berechnungen
- Angebotserstellung und -kalkulation bei Bauprojekten
- Terminplanung und Mitkalkulation bei Kleinprojekten
- Stammbaum mit verwandschaftlichen Beziehungen
- einfache, ‚relationale Datenbank'-Anwendungen, wie Adreßverwaltung.

Mit dem Programm **VisiCalc** (Visible Calculator) im Jahr 1979 begann der ungewöhnliche Erfolg der Tabellenkalkulationsprogramme. Es entwickelte sich zum Standard für die 8-Bit-Rechner. Die Installationszahl soll inzwischen über einer halben Million liegen. VisiCalc Advanced ist eine verbesserte Version. Eine Leistungssteigerung brachte 1981 **Supercal**, das inzwischen auch als Version SuperCalc3 vertrieben wird. Durch Verbesserungen aufgrund von Nutzererfahrungen bietet das 1982 erschienene, inzwischen erweiterte Programm **Multiplan** eine besondere Benutzerfreundlichkeit. Es kann als Standard für 16-Bit-Rechner bezeichnet werden. Auch ist eine Version mit deutschem (Befehls-)Dialog verfügbar. Alle drei Programme benötigen etwa 64 KB Hauptspeicherkapazität. Sie werden für alle gängigen Betriebssysteme und Mikrocomputer angeboten. Multiplan ist in der Sprache C geschrieben, die anderen beiden in Assembler-Quellencode. Die Preise liegen inzwischen unter 1000 DM. Aus der Vielzahl weiterer Tabellenkalkulationsprogramme seien genannt: CalcResult, CalcStar, MicroPlan, ProfiCalc, OmniCalc.

Die Grundidee der Tabellenkalkulationsprogramme beruht auf der Erfahrung, daß die Mehrzahl praktischer, insbesondere betriebswirtschaftlicher Aufgaben mit ihren Datenverbindungen als Tabellen (spreadsheet) veranschaulicht werden. Eine Tabelle, Liste, oder Matrix besteht aus horizontalen Zeilen und vertikalen Spalten. Ihre Schnittpunkte bilden (Matrix-)Felder. Diese nehmen alphanumerische, numerische und logische Daten oder Formeln auf. Durch die Formeln können die Daten einzelner Felder, ganzer Spalten, Zeilen oder gar Blöcke miteinander verknüpft werden. Dazu stehen arithmetische und logische Operatoren bereit. Die Befehle veranlassen somit Kalkulationen in der Tabelle. Diese zweidimensionale Matrix umfaßt 255 und mehr Zeilen (Row) und 63, 127 oder 255 Spalten (Column) – je eine Zeile und Spalte bleibt für die fortlaufende Nummerierung reserviert. Das einzelne Feld wird mit dem Cursor oder durch eingeben der beiden Koordinatennummern angesteuert. Zeilen, Spalten oder Blöcke lassen sich auch mit symbolischen Namen, z. B. Abkürzungen, definieren und ansprechen.

Leistungsfähige Tabellenkalkulationsprogramme erlauben es, mehrere Tabellen zur Datenübergabe zu koppeln – in Multiplan erfolgt dies mit dem Befehl X(eXtern). So lassen sich Tabellen übersichtlich klein halten und hierarchische Planungsmodelle herstellen. Beispielsweise kann die Tabelle ‚Bereichsbudget' mit den verdichteten Werten der ‚Abteilungsbudgets' versorgt werden. Indem die Annahmen oder Eingangsdaten systematisch verändert werden, bieten die Neukalkulationen der Tabelle Antworten auf ‚Wenn, dann'-Fragen (‚What-If'). Rückwärtsgerichtete Iterationen (‚Goal Seeking, How-to-Achieve') erhöhen eine Größe (z. B. Umsatz) solange, bis eine abhängige Zielgröße (z. B. Gewinn) einen vorgegebenen, erwünschten Wert (Soll-Gewinn) annimmt. Die Genauigkeit der Zahlwiedergabe liegt zwischen 12 und 16 Stellen. Um Tabellendateien mit anderen Kalkulationsprogrammen oder anderer Arbeitsplatz-Software austauschen zu können, werden (zum Teil) kompatible Formate der Ergebnisdateien eingesetzt: DIF = Data Interchange Format, SDI = Super Data Interchange und SYLK = SYmbolic Link. Fensterfunktionen erleichtern bei großen Tabellen die Übersicht; so können die Spaltenüberschriften und Zeilenbezeichnungen festgehalten werden, während der Cursor den restlichen Datenfeldbereich beliebig horizontal und vertikal über den Bildschirm schiebt. Texte können bei Bedarf über die Spalten hinweg geschrieben werden.

Mathematische Funktionen erleichtern die Kalkulation, wie: Grundrechenarten, Runden, Prozent, Absolutwert, Minimal-/Maximalwerte, Mittelwert, Standardabweichung, Quadratwurzel, Textlänge, logische Operatoren (UND, ODER, NICHT), trigonometrische Funktionen (z. B. Sinus) und finanzmathematische Funktionen (z. B. Barwert). Der Aufbau der Tabelle erfolgt mit Hilfe der zwei bis drei Dutzend Befehle, die in ein oder mehreren Menü-Zeilen angeboten werden. Das Hauptmenü von Multiplan lautet beispielsweise:

COMMAND Alpha Blank Copy Delete Edit Format Goto Help Insert Lock Move
Name Options Print Quit Sort Transfer Value Window Xternal

Über H (für Help) liefert Multiplan einen erklärenden Text zu allen Kommandos, ihren Unterbefehlen und Parametern. Der Benutzer blättert in diesem ‚elektronischen Handbuch' vorwärts und rückwärts. Ferner kann er mit dem Hilfebefehl ‚?' während der Tabellenentwicklung zu jedem, momentan einzusetzenden Kommando den passenden Textteil abrufen.

Wählt man F (für Format) so erscheint das dazugehörige Untermenü:

FORMAT: Cells Default Options Width

Mit ihm können die Formate der Matrix-Felder (Cells), die Standardwerte (Default, z. B. voreingestellte Spaltenbreite) oder die frei eingestellte Breite (Width) einer oder mehrerer Spalten definiert werden.

Die Befehlseingabe O (für Options) liefert das nächst niedrige Untermenü:

FORMAT OPTIONS commas: Yes (No) formulas: Yes (No)

Stellt der Benutzer die zweite Wahl auf ‚Yes', so erscheinen in der Tabelle nicht die Zahlenwerte der Felder, sondern die darin eingetragenen Formeln.

Das *Beispiel* für eine Umsatzstatistik wurde aus didaktischen Gründen vereinfacht. Es zeigt für 4 Verkaufsbezirke die Umsätze in Millionen DM für die ersten 3 Monate des Jahres 1986 (Spalte 2, 3, 4), den durchschnittlichen Monatsumsatz im 1. Quartal 86 (Spalte 5) und 85 (Spalte 6). Die Spalten 7 und 8 bilden die %-tualen Abweichungen zum Vorjahr und zeigen diese als einfaches Balkendiagramm. Die Zeile 11 liefert den Gesamtumsatz.

Die Kommandos COPY und SORT aus dem Hauptmenü – mit passenden Parameterwerten ergänzt – kopieren die Zeilen 6 bis 9 um in die Zeilen 13 bis 16, und sortieren diese nach steigendem Abweichungswert (Spalte 7). Der Wert 66 im Feld R11C2 errechnet sich mittels der dort gespeicherten Formel:
SUM (R!-5!C : R!-2!C); d. h. es wird die Summe der 4 Werte in derselben Spalte (C = Column) und 5 bis 2 Zeilen (R = Row) vor diesem Feld gebildet. Der

Mittelwert 20.3 in Feld R7C5 errechnet sich mittels der Formel: AVERAGE (RC!-3! : RC!-1!) aus den drei Werten links dieses Feldes. Die Zeilen und Spaltennummern können beim Druck der Tabelle unterdrückt werden.

	1	2	3	4	5	6	7	8
1	UMSATZ-STATISTIK nach VERKAUFS-BEZIRKEN							
2		1986	1986	1986	1986	1985	1986/85	
3		Jan	Feb	März	1. Quar.	1. Quar.	1. Quartal	
4	VERKAUFS-	Mio.	Mio.	Mio.	Durch-	Durch-	Abweichung	
5	BEZIRK:	DM	DM	DM	schnitt	schnitt	1986 zu 1985	
6	Süd	21	20	20	20.3	22.1	−8%	(********)
7	Ost	19	20	18	19.0	18.0	6%	******
8	West	17	15	18	16.7	15.0	11%	***********
9	Nord	9	11	10	10.0	10.2	−2%	(**)
10								
11	gesamt	66	66	66	66.0	65.3	1%	*
12								
13	Süd	21	20	20	20.3	22.1	−8%	(********)
14	Nord	9	11	10	10.0	10.2	−2%	(**)
15	Ost	19	20	18	19.0	18.0	6%	******
16	West	17	15	18	16.7	15.0	11%	***********

Abb. VI 8: Beispiel für eine Multiplan-Kalkulation

2.1.4 Präsentations-/Geschäftsgrafik

Computer-Grafik gilt als das am schnellsten wachsende Gebiet des Computer-Marktes. Zur Computer-Grafik zählen:
- Präsentations- oder Geschäftsgrafik
- Grafik zum freien Zeichen (‚Freihandgrafik‘, u.a. mit der ‚Maus‘)
- Grafik zum spielerischen oder künstlerischen Malen
- Spielgrafik mit bewegten Bildschirm-Bildern
- CAD und Spezialgrafik.

Der besonders expansive Bereich der Geschäftsgrafik (business graphics) betrifft die Nutzung von Computer-Grafik für den betrieblichen Informationsaustausch durch Analyse, Aufbereitung und Präsentation von Geschäftsdaten. Da derartige Präsentationsaufgaben auch in vielfältigen Kommunikationsprozessen außerhalb der Geschäftsbereiche anfallen, z. B. in der Schule, beschreibt auch der Ausdruck Präsentations-Grafik diese Art von Arbeitsplatz-Software recht gut. Geschäftsgrafik-Programme sind beispielsweise Busigraf, MS-Chart und die Grafikteile in den (teil)integrierten Arbeitsplatz-Software-Paketen, wie SuperCalc 3 oder Lotus 1-2-3.

Die meisten bisherigen Grafikprogramme bieten zweidimensionale Grafikbilder an. Jedoch wächst das Angebot an dreidimensionaler Grafik, mit der die Abhängigkeit von drei Variablen anschaulich gemacht, kurz: visualisiert werden kann, z. B. Vergleich der Umsatzwerte für verschiedene Verkaufsbezirke im Zeitablauf (Abb. VI 9). Die meisten Programme erlauben zwischen mehreren oder allen der folgenden zweidimensionalen Grafiktypen zu wählen:

a) Kreisgrafik oder Kuchen-/Tortendiagramm (pie chart)
b) Liniengrafik oder Kurvendiagramm (line/plot)
c) Flächengrafik oder -diagramm (area)
d) Balkengrafik oder -diagramm, horizontal (bar)
e) Säulengrafik oder Histogramm, vertikal (column)
f) MaxMin-Grafik oder -diagramm (HiLo = High Low)
g) X/Y-Grafik oder Gitterdiagramm (scatter)
h) Organigramme (organizational chart)
i) Merkmalssterngrafik (radar chart)
j) Merkmalsmengengrafik (analog dem Venn- oder Karnaugh-Diagramm, III 3.3.5)
k) Piktogramme

Diese Grafiktypen können durch Eingabe geeigneter Parameter noch variiert werden, einschließlich Zoom-Funktion und farblicher Gestaltung. Die vielfältigen Anwendungen lassen sich zu folgenden Aufgabenklassen gruppieren:

- Teilmengen, ggf. prozentual (mit a, e, h, j)
- Größen/Werte im Zeitablauf (mit b, c, e, f)
- Merkmalausprägungsgrade zu vergleichender Objekte (mit d, e, i)
- Beziehung zwischen zwei Variablen (mit b, d, g)
- hierarchische Strukturen (mit h)

Die Ausgabe der verschiedenen Grafiktypen erfolgt über grafikfähige Bildschirme, plotfähige Drucker oder Plotter.

Im Rahmen des mehrjährigen Minnesota Management Graphics Project wurde 1983 eine Befragung von Führungskräften in knapp 200 Unternehmen aus Industrie und Dienstleistung und öffentlichen Organisationen mit durchschnittlich 11000 Beschäftigten durchgeführt. Die MIS/DV-Abteilungen (Management Informationssystem) beschäftigten im Mittel 440 Mitarbeiter. 90% der befragten Organisationen verfügten über Computer-Grafik Einrichtungen. Beim Mikrocomputer dominierte die Software Lotus 1-2-3, ansonsten SAS/Graph. Nutzerbedarf und Wunsch, die Systeme auszuprobieren bestimmten die Anschaffung. Die MIS- und die Fachabteilungen, insbesonders Finanzen und Marketing, waren die Hauptnutzer. Nur wenige Endnutzer verfügen über Anwendungserfahrungen, bei 40% der Organisationen sind es weniger als 5% der Informationssystem-Benutzer. Über die Hälfte der Grafiknutzer erklärt sehr oder echt zufrieden zu sein, etwa ein Viertel entsprechend unzufrieden – mit

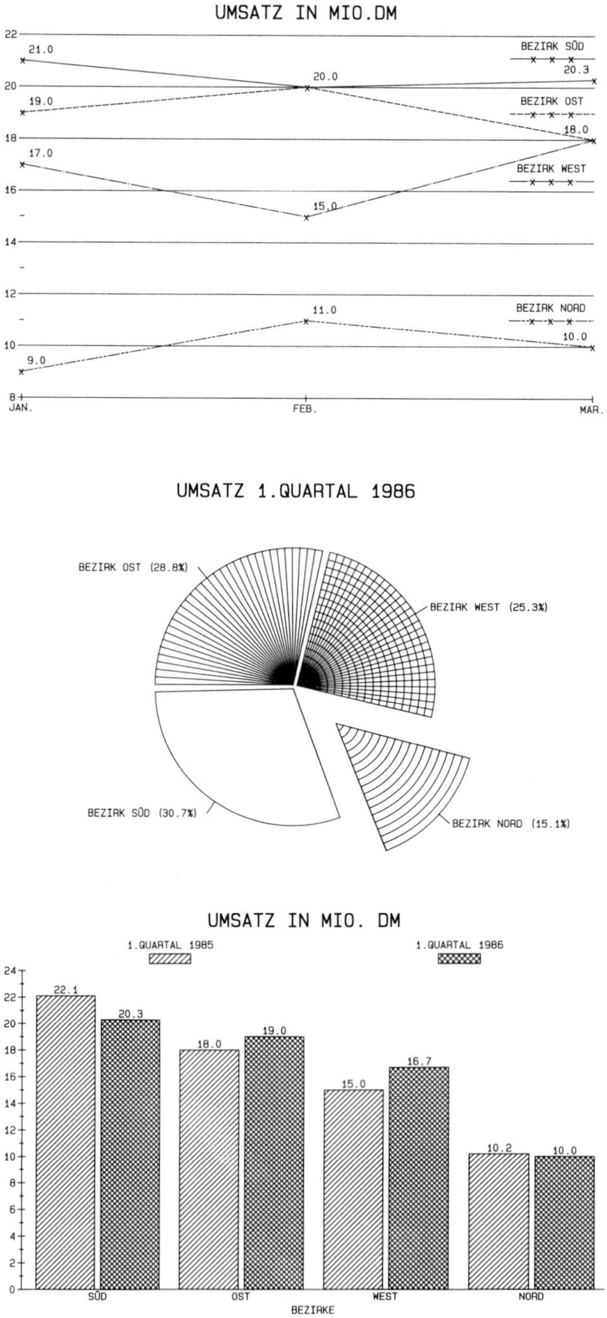

Abb. VI 9: Formen von Präsentationsgrafik auf Mikrocomputer

Hardware und Software gleichermaßen. Als Wachstumshindernisse gelten das mangelnde Nutzerwissen und die unzureichende System- und Datenintegration. Als wachsende Grafikanwendungen werden erwartet: Entscheidungshilfe, schriftliche Berichte, Datenanalyse, mündlichen Präsentationen und Ersatz für konventionelle DV-Ausdrucke.

Die Präsentationsgrafik wird zunehmend ergänzt durch Grafik-Software für ‚freihändiges' Zeichen, z.B. mit der technischen Hilfe ‚Maus'. Mit Farbunterstützung kann damit künstlerisches Malen erreicht werden. Für Farbgrafik und vor allem für bewegte Bilder waren die auf Spielzwecke ausgelegten Homecomputer schon früher ausgestattet als die professionell genutzten Personal Computer. Bei letzteren spielt die CAD-Grafik-Software eine große Rolle (Kap. 2.2.5). Ferner gewinnt die Kombination von Geschäftsgrafik mit Spezialgrafik (Netzpläne) bei Projektmanagement Software auch für Mikrocomputer an Bedeutung (VI 2.2.3.2).

2.1.5 Integrierte Arbeitsplatz-Software

Häufig benötigt die Grafik-Software Daten, die in der Tabellenkalkulation errechnet oder bereits in der Datenbank gespeichert wurden. Auch greift das Tabellenkalkulationsprogramm auf Daten der Datenbank und umgekehrt zu. Um eine zeitaufwendige und ärgerliche erneute Datenerfassung zu vermeiden, bieten integrierte Arbeitsplatz-Software-Pakete die Kopplung und den automatischen Datenübertrag an. Dazu werden interne Datenübertragungen zwischen zwei oder mehreren der folgenden Arbeitsplatz-Software-Leistungen ermöglicht:
- Textverarbeitung
- Präsentationsgrafik
- Terminplanung
- Kommunikation mit anderen Rechnersystemen
- Tabellenkalkulation
- (relationale) Datenbank (Kap. V 1.7)
- ggf. auch E/A-Maskenentwurf.

Die Datenübergabe erfolgt, ohne vom Programm auf die Betriebssystemebene – etwa zum Kopieren einer Datei – wechseln zu müssen.

Die Integration kann bedeuten:
- intern: Datentransfer zwischen den Leistungsmodulen
- extern: Datenaustausch/-verträglichkeit mit anderer Software, auch anderer Hersteller, z.B. zu dbase II/III, Lotus 1-2-3.
- extern: Datenaustausch mit anderen Rechnersystemen, ggf. über Telekommunikation mit dem Leistungsmodul ‚Kommunikation'.

Zu unterscheiden bleiben integrierte und integrierbare Arbeitsplatz-Software-

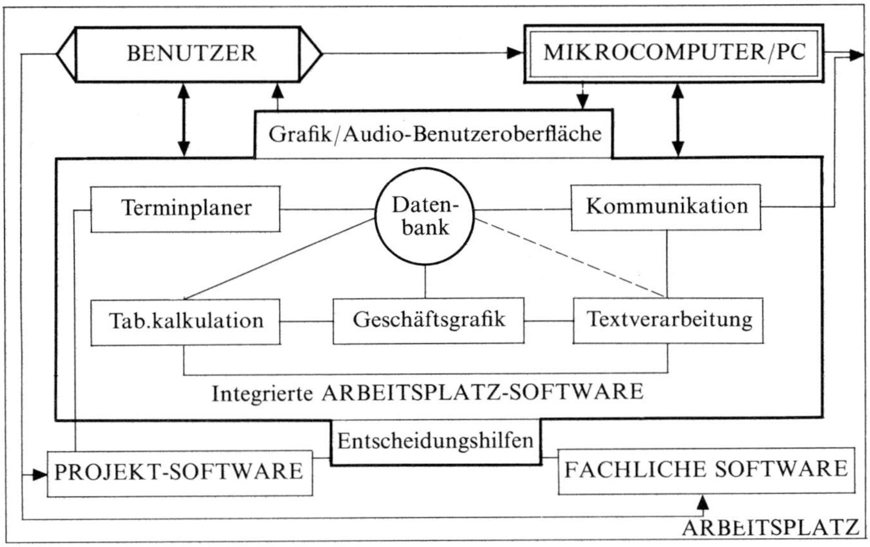

Abb. VI 10: (integrierte) Arbeitsplatz-Software und ihre Nutzungsformen

Pakete. Intergrierte Pakete wurden als ein Programm oder als komplexe, verkoppelte Programmodule entwickelt, beispielsweise:

Lotus 1-2-3	Open Access (Fritz)
Symphony	KnowledgeMan
Jazz	CA-Executive
Framework	VisiOn.
Enable	Integrated-7

Einige der Hersteller bieten inzwischen einzelne Leistungsmodule aus ihrem Paket auch gesondert an. Die Firma Microsoft ging den umgekehrten Weg und bietet einzelne Leistungsmodule: MS-Word, -Multiplan, -Chart und -Project an. Sie sind integrierbar, indem sie sich ihre Datenbestände wechselweise übergeben. Bei vernetztem Einsatz der Mikrocomputer benötigen vielleicht nicht alle Arbeitsplätze sämtliche Leistungsmodule oder zumindest nicht von Anfang an. Eine aufgabenspezifische oder zeitlich gestufte Ausstattung mit Modulen der Arbeitsplatz-Software wird möglich.

Müssen mehrere Arbeitsschritte in der gleichen Abfolge wiederholt aufgerufen werden, so kann dies mit Hilfe von Makros automatisch erfolgen. Der Benutzer definiert ein Makro als Befehlskette, wie sie etwa als (Funktions-)Tastenfolge bei der Tabellenkalkulation oder der Datenbank-Auswertung anfällt. Die Tabellen umfassen 256 Spalten und 256 bis 8192 Zeilen. Der Hauptspeicherbedarf liegt relativ hoch, bei Überlagerungstechnik (overlay) 192 KB, ansonsten bis

512 KB. In das aktive Bildschirmbild können mehrere Fenster aus anderen Programmergebnissen überlappend eingeblendet werden. Mit einigen Paketen kann die ‚Maus'-Technik mit Piktogrammen genutzt werden.

Die Programmpakete haben nicht alle in denselben Leistungsmodulen ihre Stärke. Gelegentlich kann eine Modulen-Verbindung nur über Umweg hergestellt werden, z. B. die Daten aus der Datenbank für Serienbriefe nur über das Kalkulationsmodul zur Textverarbeitung.

Die Vorteile der Integration für den Benutzer sind offensichtlich:
- alle Leistungsmodule stammen von demselben Hersteller
- keine wiederholte, fehleranfällige Datenerfassung
- kein umständlicher Wechsel: Programm 1/Betriebssystem/Programm 2
- einheitliche Benutzeroberfläche durch gleichartigen Menüaufbau und die Fenstertechnik
- Gesamtpreis (2000 bis 3500 DM) niedriger als die Summe von Einzelprogrammen vergleichbarer Funktionen
- eigene Korrekturanpassungen möglich im Gegensatz zu Standard-Branchenprogrammen

Jedoch bleiben auch Nachteile zu bedenken:
- großer Einarbeitungsaufwand (‚Rucksackwissen'), auch wenn zunächst nur einzelne Module genutzt werden
- großer Speicherbedarf
- großer Programm-Selbstverwaltungsaufwand, d. h. Rechnerleistungsverlust
- nicht jedes Modul bringt die gleiche Leistung wie ein Einzelprogramm derselben Funktion
- ersetzen meist keine Branchenprogramme.

2.2 Datenverarbeitung in Produktionsbetrieben

Soll in einem Produktionsbetrieb ein Computer eingesetzt werden, so stellt sich zunächst die Frage nach den Aufgaben, die eventuell automatisierfähig wären. Die Systemanalyse stellt durch eine Abwärtsstrukturierung fest, daß meist sechs Aufgabengebiete fachlich berechtigt abgegrenzt werden können (Abb. VI 11).

2.2.1 Datenverarbeitung im Rechnungswesen

Als Unternehmensrechnung werden hier alle Aufgaben verstanden, die versuchen, den betrieblichen Prozeß der Leistungserstellung zahlenmäßig zu erfassen, zu durchleuchten, auszuwerten und vorherzusagen. Innerhalb der Unternehmensrechnung bemüht sich das Rechnungswesen mit der Buchhaltung und der Kostenrechnung um die Transparenz der vergangenen Leistungserstellung,

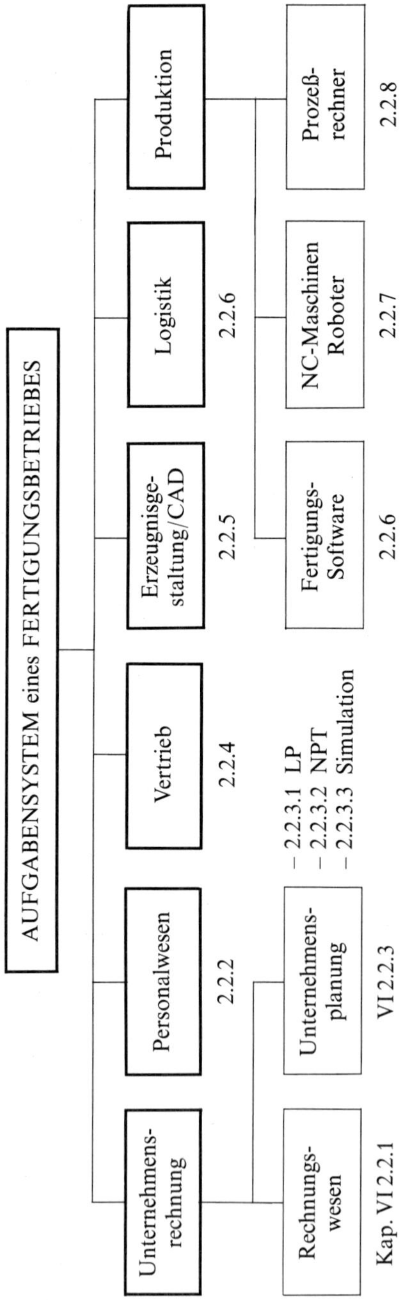

Abb. VI 11: Abwärtsstrukturiertes Aufgabensystem eines Fertigungsbetriebes

die Unternehmensplanung um die Prognose der zukünftigen. Die Daten des Rechnungswesens und der Unternehmensplanung sind miteinander verzahnt und kompatibel.

Werden die fünf Automatisierungskriterien aus VI 1.1.3 auf das Aufgabengebiet Buchhaltung und Kostenrechnung angewandt, so ergibt sich folgendes: für die vorwiegend buchhalterischen Aufgaben liegen exakte Algorithmen in Form von gesetzlichen und betrieblichen Regelungen vor. Der Datencharakter entstammt fast ausschließlich der Vergangenheit. Die Abrechnungsdaten fallen in hoher Zahl an – sogenannte Massendaten. Die eigentlichen Verarbeitungsvorgänge, vorwiegend Sortier-, Misch- und Selektionsarbeiten, sind relativ elementar. Der innere logische Zusammenhang der Aufgabenpakete des Rechnungswesens ist groß. Für die übrigen Aufgabengebiete bedeutet das Rechnungswesen sammelnde Datensenke und informierende Datenquelle zugleich. Für eine integrierende Betrachtung der betrieblichen Datenverarbeitung steht es im Zentrum der Datenflüsse. Auch ordnet die Betriebsleitung dem Rechnungswesen bei der Automatisierung eine hohe Priorität zu, da schnell Kontrolldaten erwartet werden. Insgesamt zeigt sich also, daß alle sechs Kriterien für eine Automatisierung des Aufgabengebietes Rechnungswesen sprechen.

Aus dieser Sicht wird verständlich, wieso diese Aufgaben bereits seit den 20er Jahren mit konventionellen Lochkartenmaschinen, wie Sortier-, Misch- und Tabelliermaschinen, bearbeitet wurden. Die vertrauten manuellen Arbeitsabläufe konnten mit geringfügiger Anpassung beibehalten werden. Auch beim Übergang auf die 1. und 2. Generation elektronischer Rechner blieben diese ursprünglich manuell geprägten Arbeitsschritte erhalten – jetzt in Form von Einzelprogrammen, die sukzessiv abliefen. Mit jedem Programmablauf mußten Massen von Daten aus Lochkarten, später aus Magnetbändern in die Zentraleinheit eingelesen werden. Die eigentliche Bearbeitung, etwa durch Sortieren, erforderte nur wenige Rechenoperationen.

DV-Fachleute vertreten einhellig die Meinung, daß die reine Massendatenverarbeitung die Wirtschaftlichkeit eines heutigen Rechnersystems nicht sichert, daß sie aber eine entsprechende Basis bietet. Aufgabenpakete der Gebiete Produktion, Logistik, Vertrieb usw. müssen zusätzlich automatisiert werden.

Die beiden Aufgabenpakete des Rechnungswesens – nämlich Buchhaltung und Kostenrechnung – sind automatisierbar und werden vom DV-Anwender als Programmpakete über den Computer gelöst. Sie bestehen aus folgenden Programmen:

1. (Finanz-) Buchhaltung:
   1.1 Debitorenbuchhaltung (Kunden):
      1.1.1 Rechnungsausgang buchen
      1.1.2 Zahlungseingänge prüfen

1.1.3 Zahlungseingänge buchen
1.1.4 Wechsel abrechnen
1.1.5 Debitoren-Kontoauszüge drucken
1.1.6 Mahnungen erstellen
1.2 Kreditorenbuchhaltung (Lieferanten):
1.2.1 Rechnungseingänge prüfen und buchen
1.2.2 Zahlungsvorschlagsliste erstellen (vgl. Abb. V 28)
1.2.3 Zahlungsausgänge buchen
1.2.4 Schecks schreiben
1.2.5 Kreditoren-Kontoauszüge drucken
1.2.6 offene Kreditorenliste
1.3 Sachkonten führen (für Erfolgsrechnung/Bilanz)
2. Kostenrechnung:
2.1 Kostenarten aus der Buchhaltung übernehmen
2.2 Kostenträgerrechnung I (Kalkulation)
2.3 Kostenträgerrechnung II (Abrechnung)
2.4 Kostenstellenrechnung
2.5 Innerbetriebliche Leistungsverrechnung
(BAB = Betriebsabrechnungsbogen usw.)

Für nahezu alle Computer-Modelle können derartige Programmpakete heute vom Hersteller oder auch von Software-Häusern bezogen werden. Spezifische Wünsche der Ausgabeformatierung macht eine gewisse Anpassungsprogrammierung erforderlich. Die Preise für ,Fibu'-Programme für Personal Computer liegen je nach enthaltenen Teilaufgaben zwischen 2 und 8 TDM. Zu prüfen bleiben aber die notwendige Dauer und die Kosten für die Einarbeitungsschulung. Im Kaufvertrag sollte – möglichst von einer Wirtschaftsprüfungsgesellschaft – bestätigt werden, daß das Programmsystem nach den ,Grundsätzen ordnungsgemäßer Buchführung' erstellt worden ist. Ein Datenflußplan für das Programm ,Zahlungseingänge prüfen' soll stellvertretend für die übrigen Programme zeigen, wie die Datenorganisation ergänzend zu betrachten ist.

Die Daten über die Zahlungseingänge in Form von Schecks, Überweisungen oder Wechsel werden interaktiv erfaßt. Das Programm prüft diese Eingabedaten auf Vollständigkeit und Plausibilität, z. B. auf:

- richtige Kostenart
- zulässige Buchungsschlüssel
- zulässige Belegnummer
- OP-Datensatz vorhanden
- richtiges Sachkonto

Die drei Dateien: Sachkonten, Offene-Posten-Debitoren und Konditionen werden vom Programm gelesen. Die Buchungssätze bleiben auf der BS-Datei zwischengespeichert, bis die aufgetretenen Eingabefehler bereinigt sind. Mit dem Programm 1.1.3 werden sie dann verbucht. Das Fehlerprotokoll gibt die notwendigen Hinweise. Die Konditionendatei dient der Skontoprüfung für jede

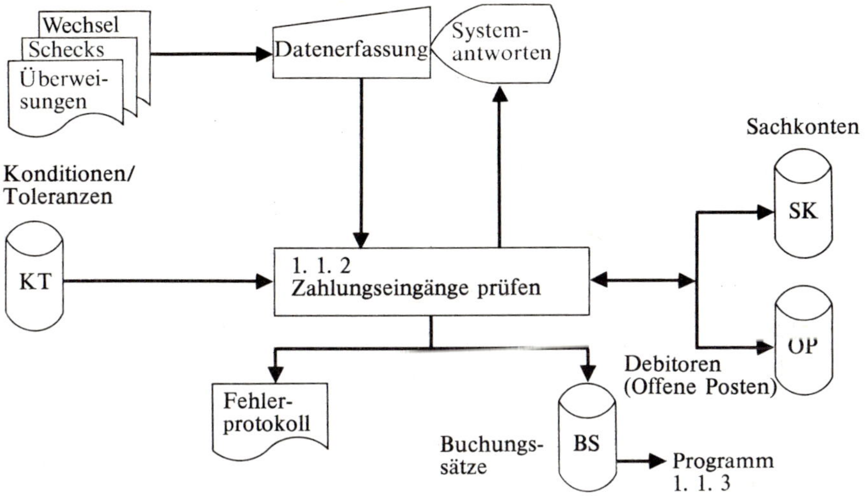

Abb. VI 12: Datenflußplan für das Buchhaltungsprogramm 1.1.2

Rechnung. Der gesamte Datenfluß des Aufgabengebiets Rechnungswesen ergibt sich aus der Kopplung derartiger Datenflußpläne für alle genannten Programme.

2.2.2 Datenverarbeitung im Personalwesen

Ähnlich frühzeitig wie die Aufgaben des Rechnungswesens automatisieren Computer-Erstanwender das Aufgabenpaket Lohn- und Gehaltsabrechnung aus dem Personalwesen. Folgende Aufgaben und damit Programme existieren:

(1) Personalstammdatei verwalten
(2) Bruttolohnabrechnung
(3) Nettolohnabrechnung
(4) Gehaltsabrechnung
(5) Lohn-/Gehaltsjournal
(6) Sozialversicherungsliste
(7) Nettolohn/Gehalt überweisen

In der Personalstammdatei enthält der Datensatz für einen Arbeitnehmer einer Organisation 50 bis 150 Datenfelder (Merkmale) mit durchschnittlich etwa 10 Stellen. Bei Eintritt in die Organisation ist die Merkmalszahl gering und wächst mit der Betriebsangehörigkeit. Sehr unterschiedliche Merkmale, wie Personal-Nr., Name, Bankkonto, Steuerklasse und Urlaubstage sammeln sich im Personaldatensatz. Zahl und Art der zu speichernden Merkmale bleiben umstritten und bilden ein Politikum – unabhängig davon, ob der Betrieb erst die DV-Stufe der automatisierten Lohn- und Gehaltsabrechnung erreicht hat oder bereits über ein Personalinformationssystem mit Dialogbetrieb verfügt.

Sicherlich umfaßt das Aufgabengebiet Personalwesen weit mehr als Personalverwaltung. Technologisch, bildungsmäßig oder konjunkturell bedingte Personalengpässe oder Entlassungsserien und vor allem die Initiativrechte des Betriebsrats nach dem Betriebsverfassungsgesetz von 1972 veranlaßten die Betriebe, sich mehr mit Personalplanung-, -entwicklung, -beurteilung und -fortbildung zu befassen. Die Personalstammdatei gewann dadurch erheblich an Bedeutung für die Bereitstellung personalpolitisch bedeutsamer Daten. Mehrere Ansätze zu Personalinformationssystemen in der Praxis und der Wissenschaft wurden bekannt. Zu nennen sind beispielsweise das IPIS-System von Ford (1969), das IBM-System PERSIS (1972), das Arbeitsplatz- und Personalinformationssystem API des Instituts für Rationalisierung an der RWTH Aachen (1973), das Personalsteuerungssystem für die Versorgung der Olympischen Spiele 1972 in München mit Kurzzeitpersonal (etwa 35000 Personen), das VW-System PEDATIS und das weit verbreitete PAISY-System. Allen Personalinformationssystemen gemeinsam sind die Probleme des Datenschutzes und der Datensicherung, wie sie in VI 1.2 bereits behandelt wurden. So dürfen Krankheitsdaten gespeichert werden, sind aber mitbestimmungspflichtig (Bundesarbeitsgericht 1986).

2.2.3 DV-Methoden in der Unternehmensplanung

Die ursprünglich für technisch-wissenschaftliche Berechnungen entwickelten elektronischen Digitalrechner erwiesen sich ab ca. 1955 als äußerst leistungsfähige Hilfsmittel zur Erledigung betrieblicher kommerzieller Aufgaben. Das bis dahin manuell oder an konventionellen Lochkartengeräten orientierte Rechnungswesen wurde zum rechnergestützten Berichtswesen abgewandelt, laufend verbessert und erweitert. Höhere Wirtschaftlichkeit versprach man sich jedoch durch Ausweitung der Datenverarbeitung auf weitere betriebliche Aufgabenbereiche und gleichzeitige Erhöhung des Integrationsgrades der Dateien. Verstärkt wurden zusätzliche Bereiche wie technisch-wissenschaftliche Berechnungen, Personalplanung, Investitionsrechnung, Fertigungsplanung, Finanzplanung und Absatzprognose auf das Rechnersystem übernommen. Die Unternehmensplanung galt es also teilweise zu automatisieren. Heute durchlaufen Mittelbetriebe mit Mikrocomputer-Software in kürzerer Zeit gleiche Einsatzphasen.

Koordinierte Planung und optimale Entscheidungen sind aber mit einem leistungsfähigen Computer allein nicht zu erreichen. Geeignete Methoden müssen eine software-seitige Ergänzung bringen. Derartige Methoden werden unter dem Oberbegriff Operations Research zusammengefaßt. Auch andere Bezeichnungen, wie Unternehmensforschung, Optimierungstheorie, Operationen-, System- oder Ablaufforschung und Planungsrechnung, finden sich. Inhaltliche Überschneidung, wenn auch nicht Deckungsgleichheit, besteht zu den Begriffen management science und scientific management. Unter der Disziplin Operations Research versteht man wissenschaftliche Methoden, die geeignet sind, den Leitungskräften einer Organisation quantitative Planungsinformationen zu liefern, die als Entscheidungsgrundlage dienen können. Die Verfahren, Methoden, Techniken oder Denkmodelle des Operations Research wurden teils von anderen Wissensgebieten übernommen, teils neu entwickelt. Entliehene Techniken stammen beispielsweise aus der Statistik, Wahrscheinlichkeitsrechnung, formalen Logik, Informationstheorie oder Elektrotechnik.

OR-eigene Techniken, d.h. neu entwickelt sind:
a) Mathematisches Programmieren
  (1) Lineares Programmieren (Simplex-Methode, Transportmethode)
  (2) Nichtlineares Programmieren (Parametrisches, Ganzzahliges, Stochastisches, Dynamisches Programmieren)
b) Netzwerkmethoden (Netzplantechniken)
c) Theorie der Spiele
d) Theorie der Warteschlangen
e) Simulation

2.2.3.1 Lineares Programmieren

Die Anwendung der Methoden des Mathematischen Programmierens sind im Prinzip nicht an die DVA gebunden, wenn auch die zu lösenden Probleme ihres Rechenaufwandes wegen eine solche oft zur Voraussetzung haben. Der Begriff *Programmierung* ist ein Synonym für vier unterschiedliche und unabhängige Denkinhalte:
a) eine Arbeitsanweisung für einen Computer durch logisches Aneinanderreihen von Befehlen erstellen (DV-Programmierung, V 2.)
b) mathematische Optimierung von Funktionen unter Nebenbedingungen (z.B. Lineares Programmieren)
c) pädagogisch geschickte Aufteilung eines Unterrichtsstoffes in Lernelemente und Kontrollfragen (‚programmierte Unterweisung', VI 2.5.2)
d) generelle Regelungen in der Organisationstheorie (‚programmierte Entscheidungen')

Mehr noch als bei anderen Synonymen besteht beim Wort ‚programmiert' die Gefahr der Verwechslungen, da alle seine Bedeutungen recht neu sind.

Zur Erläuterung der hier interessierenden Bedeutung b) sei ein Beispiel für die Formulierung, jedoch nicht für den Lösungsgang (Simplex Algorithmus), eines stark vereinfachten betrieblichen Planungs- und Entscheidungsproblems angeführt.

Ein Betrieb kann zwei unterschiedliche chemische Produkte P_1 und P_2 herstellen,

Produktart	P_1	P_2	
Menge (hl)	x_1	x_2	Gesamtmenge: 8 hl
Gewinn (DM/hl)	60	50	verfügbare Betriebsstunden
Durchlaufzeit in Konverter K_I (h/hl)	3	2	max. 18 h
Durchlaufzeit in Konverter K_{II} (h/hl)	2	1	max. 22 h min. 9,5 h

die beide zwei Konverter K_I und K_{II} durchlaufen müssen. Für beide Konverter steht eine begrenzte zeitliche Kapazität zur Verfügung. Aus technologischen Gründen muß der zweite Konverter jedoch mindestens 9,5 h in Betrieb sein. Weitere Kennzahlen sind in der Tabelle angegeben. Gesucht werden die herzustellenden Mengen x_1 und x_2, mit denen der Gesamtgewinn z maximiert wird. Aus transporttechnischen Gründen müssen die beiden Mengen gerade 8 hl ergeben.

Das lineare Programmierungsmodell dieses Problems lautet:

Zielfunktion: $z = 60 \cdot x_1 + 50 \cdot x_2$ maximieren,

so daß:

$$\begin{array}{lrcl} \text{(I)} & 3\,x_1 + 2\,x_2 & \leqq & 18 \\ \text{(II)} & 2\,x_1 + x_2 & \leqq & 22 \\ \text{(III)} & 2\,x_1 + x_2 & \geqq & 9{,}5 \\ \text{(IV)} & x_1 + x_2 & = & 8 \end{array}$$

und: $x_1, x_2 \geqq 0$

Mit dem hier nicht angegebenen Simplex-Algorithmus errechnet sich die optimale Lösung zu:

$$x_1 = 2 \text{ hl} \qquad x_2 = 6 \text{ hl} \qquad z = 420 \text{ DM}$$

Die verschiedenen Computer-Herstellerfirmen bieten heute leistungsfähige Programme für die Lösung von Linearen Programmierungs-Problemen an, z.B.: APEX IV (von CDC), LP 2900 (ICL), LP 5000 (Siemens), MPS (Honeywell-Bull), MPSX/370 (IBM), SCICONIC (SCS-Tochter), SMPS (Sperry). Die maximale Zahl sowohl der zugelassenen Nebenbedingungen als auch der Variablen liegt zwischen einigen hundert und einigen Tausend. Die Rechnerzeiten betragen Minuten bis zwei Stunden. Auch für Mikrocomputer bieten Software-Häuser LP-Programme an, deren Preise zwischen 100 und 10000 DM liegen. Die Dimension liegt zwischen 50 und 500.

Typische Anwendungsgebiete der Linearen Programmierung sind:
- Produktionsprogrammplanung
- Transportoptimierung (Tourenplanung, optimale Reiserouten; vgl. 2.3.3)
- optimale Mischungen in Küchen, Landwirtschaft, Pharmazie, Chemie
- Minimierung von Schnittverlusten (Blech-, Textil- und Lederverarbeitung)

- Standort-, Investitions-/Kapazitätsplanung
- Standortplanung

2.2.3.2 Netzplantechniken

Die Netzplantechnik erleichtert die Planung meist einmaliger, häufig komplexer Projekte wie: Errichtung eines Staudamms, Reaktorbau, Einführung eines DV-Systems, Bau einer neuen Universität, Entwicklung neuer Erzeugnisse, Wartungsarbeiten, Markteinführung neuer Produkte, Auftragsabwicklung. 1957/58 wurden die drei grundlegenden Netzplantechniken entwickelt, auf denen heute eine Vielzahl von Variationen, Verbesserungen und Erweiterungen aufbaut. Sie heißen:
- PERT = *P*rogram *E*valuation and *R*eview *T*echnique
- CPM = *C*ritical *P*ath *M*ethod
- MPM = *M*etra *P*otential *M*ethod

Die Netzplantechnik PPS (*P*rojekt *P*lanungs*s*ystem), eine bei Dornier entwickelte erweiterte MPM-Fassung, erreichte in der Bundesrepublik im Zusammenhang mit Bundeswehr-Beschaffungsaufträgen eine größere Verbreitung.

Bei allen Netzplantechniken zeigen Grafiken die zeitlich oder technologisch bedingten, wechselseitigen Abhängigkeiten der Vorgänge (Tätigkeiten, Akti-

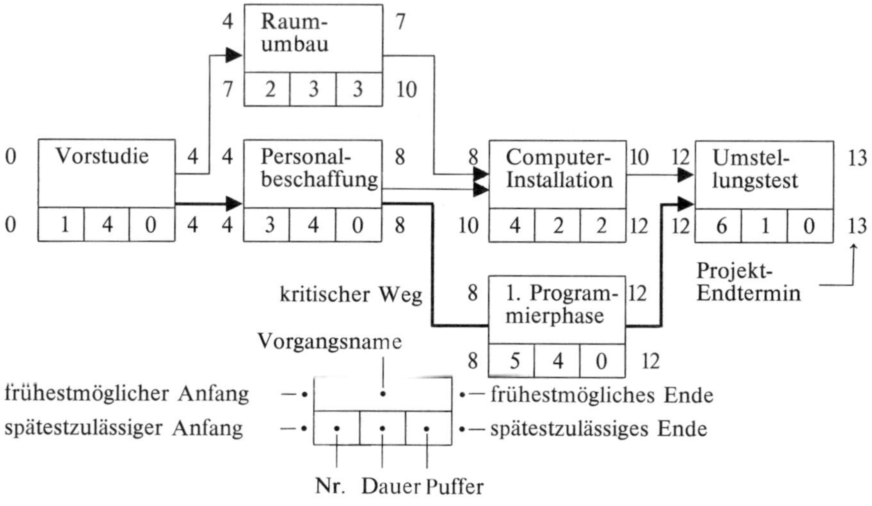

Abb. VI 13: Grob-Netzplan für das Einführen eines Rechners im Betrieb

vitäten) eines Projektes. Die Abbildung VI 13 zeigt eine solche Netzplanstruktur in MPM-Form für ein (unrealistisch verkürztes) Beispiel. Danach darf der Vorgang Nr. 4 erst beginnen, wenn die Vorgänge Nr. 2 und 3 abgeschlossen sind. Aus diesen Abhängigkeiten errechnet die Netzplantechnik durch einen Vorwärts- und einen Rückwärts-Rechengang die frühestmöglichen und die spätestzulässigen Anfangs- bzw. Endtermine eines Vorganges. Die Differenz zwischen dem jeweils spätestzulässigen und frühestmöglichen Termin ergibt den Puffer des Vorgangs. Die Vorgänge mit dem Puffer 0 bilden einen sogenannten ‚kritischen Weg'. Jede Verzögerung bei kritischen Vorgängen hat Auswirkungen auf den Endtermin des Projektes.

Die Computer-Hersteller bieten in ihren Software-Paketen meist auch Netzplantechnikprogramme für verschiedene Netzplantechnikvarianten mit einem Zeit-, Kosten- und eventuell auch Kapazitätsplanungsteil an, z. B. die Programme ARTEMIS (von METIER), CIPREC und PROJACS (IBM), PM-System (PS Systemtechnik), PPS (Dornier und IABG), SINET (Siemens). Mehrere Netzplanpakete nutzen Standard-Grafikprogramme für die vielfältige Gestaltung der Ergebnispräsentation, insbesondere Tell-A-Plan (von ISSCO) und Graneda (von NETRONIC). Für Personal Computer existiert inzwischen eine Vielzahl von Netzplantechnik-Programme, z. B. Artemis, Harvard Total Project Manager, Plus. Eins, MacProject, MS-Project, Pertmaster, Primavera, Promis, Protem, Qwiknet, SuperProject. Die PC-Programme bieten Termin-, Kosten- und begrenzt auch Kapazitätsplanung. Die Eingabe der Vorgänge, Anordnungsbeziehungen und Resourcen erfolgt menügesteuert und über Masken. Ihre Ausgabeformen sind Vorgangs- und Terminlisten, Balkenpläne, Kosten- bzw. Kapazitäts-Ganglinien und -Summenlinien; komfortablere Programme liefern auch Netzpläne über Matrixdrucker oder Plotter. Gelegentlich bieten Standardbelegungen (defaults), etwa für Ausgabeformate von Listen und Grafiken, dem Anfänger einen leichten Einstieg. Die Ergebnisse lassen sich mit Arbeitsplatz-Software (2.1) weiter aufbereiten. Die Kopplung mit Host-Rechnern (Mini- oder Großrechner) kann bei einigen Programmen über Brückenprogramme erfolgen.

2.2.3.3 Simulation

Mit der Größe und Komplexität eines realen Systems, sei es ein technisches oder wirtschaftliches, wächst die Schwierigkeit, analytische, also formelmäßig rechenbare Modelle zu bilden. Die Simulation erweist sich dann als geeignete Methode, um das komplexe Realsystem in einem Modell abzubilden und ausgehend von Modellaussagen auf Eigenschaften des wirklichen Systems zu schließen. An einem Modell lassen sich Operationen vornehmen, die an einem Realsystem auszuführen zu teuer, zu zeitaufwendig, zu gefährlich oder gar unmöglich wären. Die Natur- und Ingenieurwissenschaften bedienen sich dieser Vorteile der Modellabbildung schon sehr lange. Immer mehr wird jedoch die

Simulationstechnik auch in anderen Wissenschaften, insbesondere der Wirtschaftswissenschaft, eingesetzt. Wirtschaftliche Modelle werden im Gegensatz zu den technischen, die z.T. für Analogrechner programmiert werden, nahezu ausschließlich auf digitalen Rechnern simuliert.

Auf die angebotenen Simulationssprachen zum Programmieren dieser Modelle bezieht sich V 2.4.2. Die Simulation kann eingesetzt werden:

a) als internes, programmiertes Modell eines zu regelnden Prozesses, nach dem der Prozeßrechner seine Ein- und Ausgaben ausrichtet (vgl. VI 2.1.6, 2.2).
b) um betriebliche Einzelaufgaben zu lösen (z.B. Warteschlangen-Simulation für den Schalterbetrieb bei Banken, Verkehrsgesellschaften oder der Werkzeugausgabe in der Fertigung und für Tankstellen)
c) um das Geschehen in betrieblichen Aufgabenbereichen abzubilden (z.B. Personaleinsatzplanung, Marketing-Mix, Lagerhaltungspolitik und Fertigungsstrategien und Bereichsplanspiele)
d) um Aktionen der gesamten Unternehmung nachzubilden (z.B. Budgetsimulation, Planspiele)
e) um makroökonomische Prognosen zu gewinnen (z.B. das Weltmodell des Club of Rome).

Werden in ein Simulationsmodell der Gesamtunternehmung menschliche Entscheidungsträger als ‚Mitspieler' einbezogen, so spricht man von Unternehmungs- oder auch *Planspielen.* Der Ursprung der Planspielidee liegt – wie der anderer Methoden des Operations Research – im militärischen Anwendungsbereich. Als DV-Modelle abgebildete Sandkastenspiele dienten dazu, den Offiziersnachwuchs im Fällen von strategischen und taktischen Entscheidungsketten auszubilden und zu üben. Seit 1956, initiiert durch die American Management Association, wurde eine Vielzahl von Planspielen entwickelt und zur Aus- und Weiterbildung von jungen Führungskräften der Wirtschaft eingesetzt. Normalerweise nehmen an einem Planspiel mehrere konkurrierende Gruppen, die meist aus vier Personen bestehen, teil. Die wirtschaftlichen Entscheidungen werden als Daten in den Rechner gelesen. Dieser errechnet aufgrund der Daten, der aktuellen Betriebszustände und der Gesetze des Modells die neuen Betriebszustände und gibt sie als Ergebnisdaten an die Gruppen aus. Da mit PC's mehrere derartige Perioden in kurzer Zeit erarbeitet werden können, sind langfristige Auswirkungen betrieblicher Entscheidungen erkennbar.

2.2.4 Datenverarbeitung für Vertriebsaufgaben

Marketing im Sinne marktorientierten Verhaltens erfordert Kenntnisse über den Markt. Umfangreiche Daten wurden auch schon ohne den Computer-Einsatz über Markt, Konkurrenten, Kunden, Umsatz und die eigenen Erzeugnisse gesammelt. Die modernen Rechnersysteme ermöglichen schnelle Auftragsabrechnungen, -auswertungen und -statistiken. Der Datenflußplan in Abb. VI 14 zeigt in komprimierter Form einige Programme der Vertriebsabrechnung. Fünf Dateien werden eingesetzt. Die Artikeldatei enthält für jeden Artikel einen Datensatz mit beispielsweise folgenden Datenfeldern:

(1) Artikel-Nr.	(5) aktueller Bestand
(2) Bezeichnung	(6) Umsatz nach Menge
(3) Preis je Mengeneinheit	(7) Umsatz nach Wert
(4) Mindestbestand	(8) usw.

Die Felder (5), (6) und (7) sind laufend fortzuschreiben, d.h. durch Rechengänge auf dem neuesten Stand zu halten (updating). Die Auftragsdatei speichert die Auftragsstämme (Auftragskopfteil). Die Auftragspositionendatei ist mit ihr und der Artikeldatei verkettet aufgebaut (vgl. V 1.4.3).

Ein Satz in der Kundendatei enthält üblicherweise Datenfelder, wie:

(1) Kunden-Nr.	(5) Debitorensaldo
(2) Adresse	(6) Umsatz des Kunden
(3) Kreditlimit	(7) usw.
(4) Nr. des zugehörigen Vertreters	

Ein Vertretersatz nimmt die Kenngrößen eines Vertreters auf:

(1) Vertreter-Nr.	(4) Kumulierte Provisionen
(2) Name	(5) Umsatz des Vertreters
(3) Provisionssatz	(6) usw.

Die im Datenflußplan aufgenommenen Programme aktiviert das Betriebssystem aus dem Hauptspeicher heraus. Die Aufträge der Kunden werden als Auftragsstämme und Auftragspositionen mit dem ersten Programm in der A-Datei und der verketteten P-Datei aufgebaut. Der Computer druckt Auftragsbestätigungen und – falls Änderungen auftreten – auch Änderungsprotokolle. Das Fakturierprogramm erzeugt Rechnungen und Lieferscheine und erstellt ein Rechnungssummenband. Diese zwischengespeicherten Daten dienen später dazu, Versandlisten als Hinweise an die Versandabteilung und Provisions-Abrechnungen zu drucken. Das Programmpaket ‚Statistik' umfaßt mehrere Einzelprogramme, da mehrere statistische Auswertungen der Dateien vorgenommen werden, z.B. kunden-, artikel- oder vertreterorientierte Umsatzauswertungen. Die Statistikprogramme laufen wöchentlich, das Provisionsprogramm monatlich und die übrigen vier Programme täglich. Der Programmablaufplan (Abb. VI 15) gilt für eine einfache statistische Auswertung der Vertreterdatei. Das Programm ermittelt den oder gegebenenfalls die Vertreter mit dem größten Umsatz der abgeschlossenen Periode und den bzw. die Vertreter mit dem geringsten Umsatz.

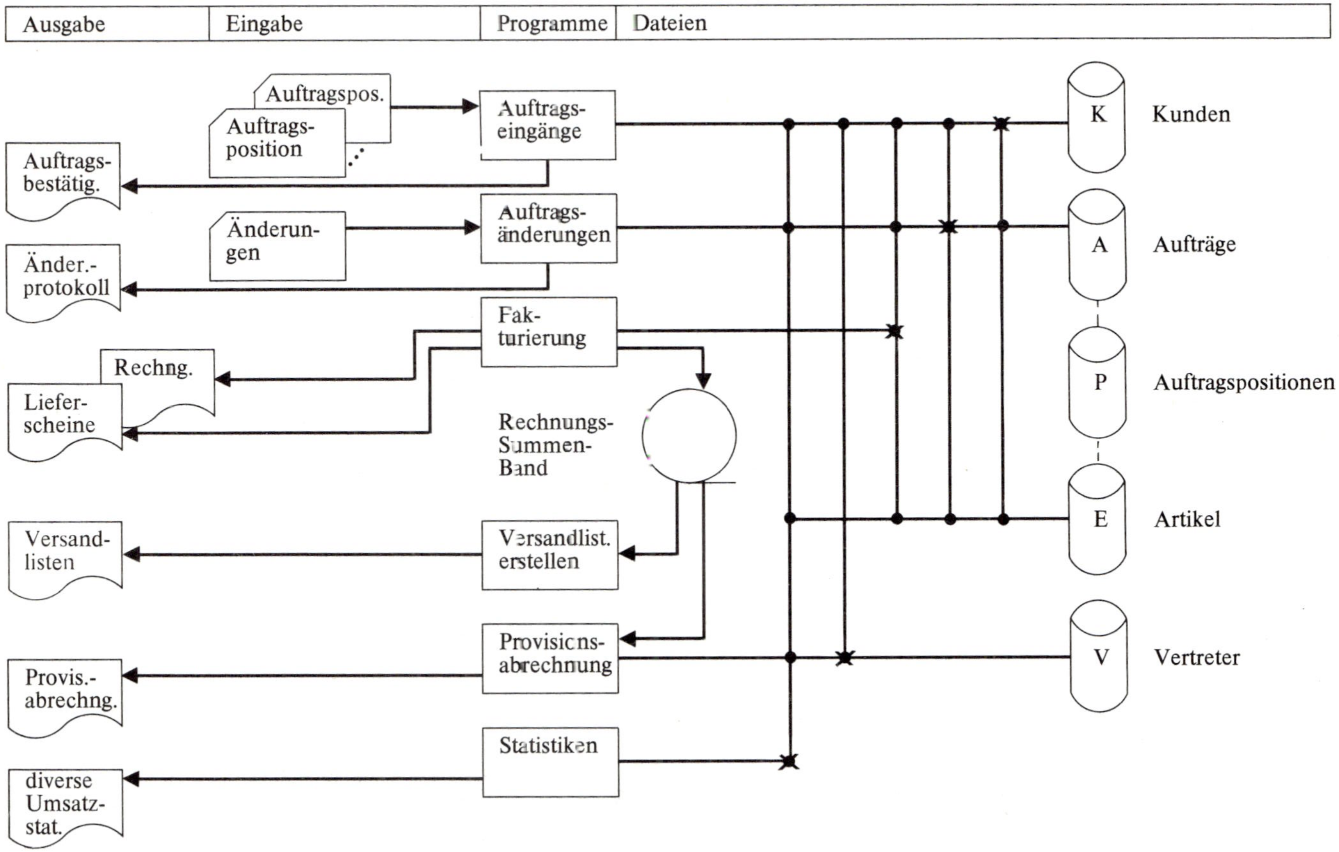

Abb. VI 14: Datenflußplan für Vertriebsaufgaben (die x-Markierung ordnet die jeweilige Spalte dem betreffenden Programm zu)

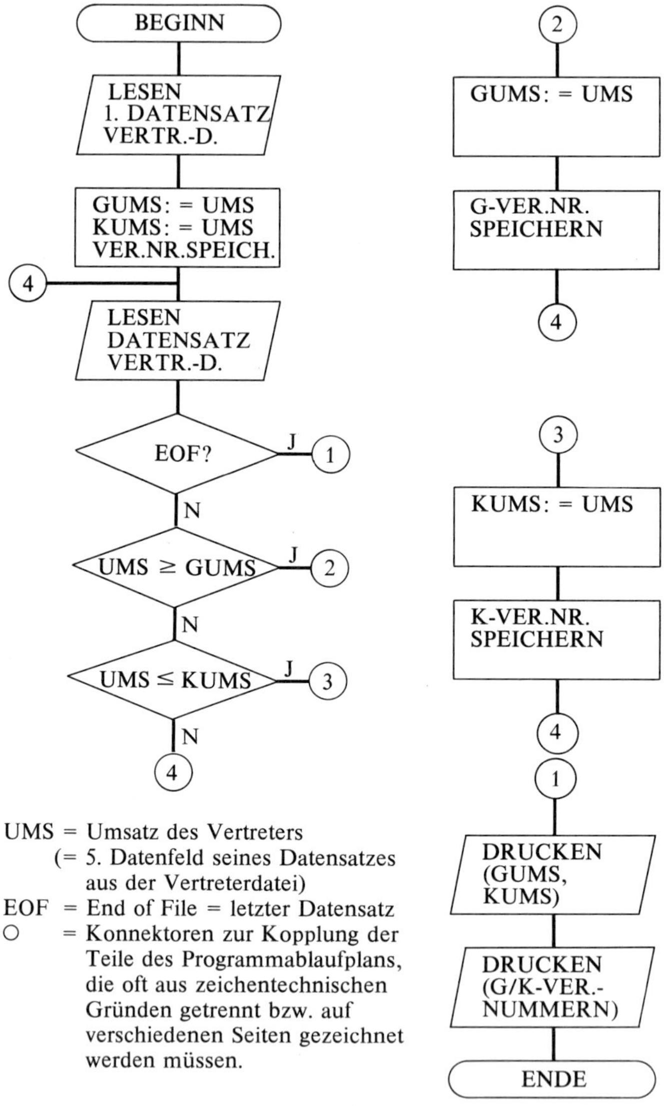

Abb. VI 15: Programmablaufplan zum Ermitteln des bzw. der Vertreter mit dem größten Umsatz (GUMS) und des bzw. der Vertreter mit dem kleinsten Umsatz (KUMS)

2.2.5 Erzeugnisgestaltung (CAD-Konstruktion)

Die Vertriebsstatistiken liefern dem Aufgabengebiet Erzeugnisgestaltung wichtige Kontroll- und Planungsdaten. Als *Erzeugnisgestaltung* soll die Summe aller Forschungs-, Entwicklungs- und Konstruktionsarbeiten bezeichnet werden, die eine bessere Gestaltung der Erzeugnisse nach Funktion, Form und Herstellungsaufwand anstreben. Im Industriebetrieb liegt der Schwerpunkt natürlich auf den Konstruktionsarbeiten. Etwa ein Drittel der Durchlaufzeit von Fertigungsaufträgen werden in der konventionellen Konstruktion verbraucht. Dabei legen die Konstrukteure u. a. durch Werkstoffwahl und Produktgestaltung etwa drei Viertel der Herstellkosten fest. Rationalisierung wird gesucht. Eine enge Verbindung besteht zu den Aufgabengebieten Fertigung und Logistik, die im nächsten Kapitel behandelt werden. Einzelne Programme erzeugen aus der dort verwendeten Teilestammdatei und der Teilestrukturdatei Arbeitsunterlagen in vielfältiger Form für den Konstrukteur, z. B. Stücklisten, Teileverwendungsnachweise und ABC-Analysen.

Das Kapitel IV 3.3.1 erwähnte das rechnergestützte Entwerfen (computer aided design). CAD entstand 1958 am MIT bei der Entwicklung der ersten NC-Programmiersprache APT (vgl. VI 2.2.7). CAD-Softwaresysteme wurden dann erfolgreich für den Bereich der Flugzeug- und Raumfahrttechnik eingesetzt. Die komplexe Software auf der Basis mathematischer Modelle führte zu Preisen (über 200 TDM), die CAD zum Privileg von Unternehmen mit mehr als 500 Beschäftigten machte. Inzwischen bieten sich den Mittel- und Kleinbetrieben immer mehr einfachere CAD-Systeme auch für Mikrocomputer an; ihre Preise liegen zwischen 5 und 50 TDM – abhängig vom Leistungsumfang, wie Dimensionen (2-D oder 3-D) und Befehlsvolumen. Weltweit sind etwa 300 CAD-Systeme im Angebot, z. B.:

AUTO-TROL	EUKLID (FIDES)
AUTOCAD (für PCs; AutoDesk)	EUCLID (Matra Datavision)
CADAM und CATIA (IBM)	MICROCAD (Command)
CADIS (Siemens)	NESCAD (Nestler)

DESIGNER (für IBM-PC)/MEDUSA (Computer-Vision)

1984 waren in der Bundesrepublik Deutschland 1300 dezidierte CAD-Systeme mit einem Marktwert von 670 Mio. DM installiert (lt. Diebold).

Eine Befragung aus dem Jahr 1983 zeigte, daß 54% der 100 teilnehmenden Unternehmen des Maschinenbaus Mikrocomputer für Berechnungsaufgaben der Konstruktion nutzten; die Einführung von PC-Software für CAD dürfte in diesem Trend liegen. Regionale CADCAM-Labors an Universitäten bieten Groß-, aber vor allem auch Mittelbetrieben Beratung, Vorführung und Einsatzhilfen für die betriebliche CAD-Nutzung. Anwendungen sind u. a. der Maschinenbau (Werkstückzeichnungen), Anlagenbau (Rohrleitungs- und Fließschemata), Elektrotechnik (Schaltpläne), Baubranche (Architekturentwürfe), Flugtechnik und Fahrzeugbau (Formdesign). Über Bildschirmgeräte kann der Computer im Teilnehmerbetrieb oder als Minirechner zu echtem rechnergestütztem Konstruieren eingesetzt werden. Handskizzen mit Stützwertangaben werden über eine Bildschirmeingabe in den Computer eingegeben und dort aufgearbeitet. Normzeichnungselemente, wie Gewinde- und Bohrbilder, werden mittels Unterprogrammen eingeblendet. Über Plotter und Zeichengeräte können Konstruktionszeichnungen und zugehörige Schnittzeichnungen in erwünschtem Maßstab ausgegeben werden. Erwünschte Änderungen sind über die Bildschirmeinheit einfach vorzunehmen.

Als Hardware dienen überwiegend 32 Bit-Prozessorrechner mit Zusatzprozessoren für Numerik und Grafik, alphanumerische und Grafik-Bildschirme, ein Digitalisierer mit Menütablett, Zentraldrucker und Plotter. Die Konstruktionsarbeitsplätze werden zunehmend über ein LAN vernetzt. Die speziellen CAD-Dialogsprachen nutzen Makros in Form von Befehlsketten oder Standart-Bildelementen. Sie verwenden die Informationsmengen: Objekte (u.a. Punkte, Linien), Operationen (Erzeugen, Drehen, Verknüpfen), Spezifikationen (Dimension, Identifikation). Die 2-D-Systeme erlauben Kanten- und Flächenmodelle, 3-D-Systeme auch Volumenmodelle des realen Produktes.

Werden die mit CAD-entwickelten Erzeugnisentwürfe und Konstruktionsunterlagen in Tätigkeiten der Fertigungsplanung, -kontrolle und -steuerung einbezogen, so entsteht sogar ein rechnergestütztes Fertigen (CAM = computer aided manufacturing). So können beispielsweise als Ergebnisse von CAD-Entwürfen und Dialogsimulationen vom Rechner Steuerlochstreifen für Probe- und Arbeitsläufe von numerisch gesteuerten Werkzeugmaschinen erzeugt werden (vgl. VI 2.2.7).

Verschiedene Funktionen, wie:
- Zeichnungen erstellen (CAD = computer aided drafting),
- Arbeitspläne herstellen (CAP = computer aided planning) und
- Berechnung, wie Finite-Elemente oder Lineare Programmierung, anstellen (CAE = computer aided engineering) und
- Qualität sichern (CAQ = computer aided quality assurance)

sollen zusammen mit CAM zu CIM (= Computer Integrated Manufactoring) integriert werden. Das europäische Forschungsprogramm ESPRIT stellt einige hundert Millionen DM für die CIM-Entwicklung bereit. Das im nächsten Kapitel behandelte PPS bildet den organisatorischen Teil eines CIM-Konzeptes.

2.2.6 PPS-Systeme in Fertigung und Logistik

Wie die anderen Bereiche, so bedürfen auch die Aufgabenbereiche Fertigung und Logistik einer inhaltlichen Differenzierung und Präzisierung, bevor Überlegungen, sie per Computer zu automatisieren, Platz greifen können. Mehrere Aufgabenpakete entstehen. Als Methode zur Abwärtsstrukturierung (top down design) bietet sich die Regelkreisanalyse an. Die Abb. VI 16 zeigt am Beispiel des Aufgabenbereichs Fertigung diese Regelkreisanalyse. Innerhalb jeder der Leitungsfunktionen, z. B. Planen (5) oder Ist-Ermitteln (10), entstehen Aufgabenpakete. Die Funktionen Ziele setzen (4) benennt die wichtigsten Einzelziele des Aufgabenbereichs Fertigung. Sie können miteinander konkurrieren, wie beispielsweise die Einzelziele ‚niedrige Durchlaufzeit' und ‚hohe Kapazitätsauslastung'. Aber auch gegenseitige Förderung tritt auf, so bei den komplementären Zielen ‚ergonomische Arbeitsplatzgestaltung' und ‚hohe Arbeitssicherheit'. Nach der Sammlung der Einzelziele und der Analyse ihrer gegenseitigen Beziehungen müssen die Ziele gewichtet werden. Diese Prioritätssetzung wird den Rechnerprogrammen für die folgenden Planungs- oder Kontrollaufgabenpakete entweder als externe Parameter vorgegeben oder als Algorithmus in das Programm eingebaut. Die wichtigen Aufgabenpakete Fertigungsprogrammplanung und -prozeßplanung (5) veranlassen entsprechende Entscheidungs- (6), Organisierungs- (7) und Einwirkungsaufgaben (8) und finden ihre Spiegelung in den Aufgabenpaketen Ist-Ermitteln (10) der Fertigungsprogramm- und der Fertigungsprozeßdaten.
Andere Aufgabenpakete des Aufgabenbereichs Fertigung lassen sich ähnlich dynamisch durch den Regelkreis verfolgen. In einem Grundlagenbuch über Datenverarbeitung muß auf die ausführliche fachspezifische Deutung dieser Aufgabenpakete verzichtet werden. Auch kann hier die Regelkreisanalyse des Fertigungsbereichs als Beispiel genügen. Die Regelkreisanalysen der übrigen fünf betrieblichen Aufgabenbereiche, insbesondere der Logistik, werden deshalb nicht dargestellt. Nach der Regelkreisanalyse der Fertigungs- und Logistikaufgaben folgt in der praktischen Systemanalyse eine Wirtschaftlichkeitsrechnung, z. B. in Form einer Nutzwertanalyse. Ihr Ergebnis liefert die Entscheidung, welche der vielen aufgezeigten Aufgabenpakete der Fertigung und Logistik als nächste über das Rechnersystem automatisiert werden soll. Die ausgewählten Aufgabenpakete benötigen Eingabedaten, liefern Ergebnisdaten und sind durch Datenflüsse miteinander gekoppelt. Ein Datenflußplan vermittelt einen Überblick über diese Zusammenhänge. Die Abb. VI 17 zeigt ausgewählte Aufgabenpakete. Aus der Regelkreisanalyse Fertigung werden vier Aufgaben übernommen (vgl. Nr. 5 und 10 in Abb. VI 16):

- Fertigungs-Programmplanung (Bedarfsvorhersage)
- Fertigungsauftragsverwaltung }
- Zeitplanung } Prozeßplanung
- Kapazitätsplanung }

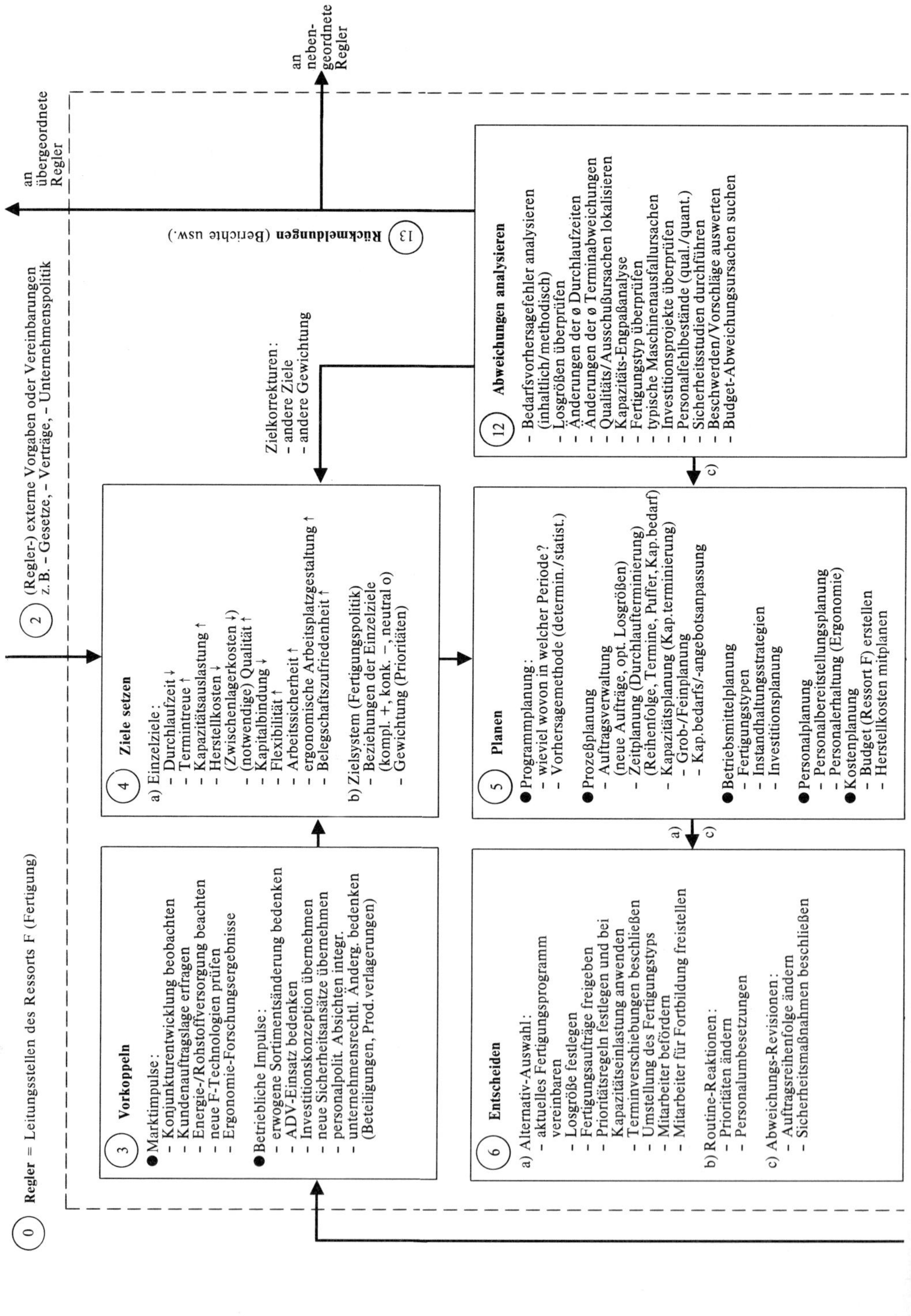
0
Regler = Leitungsstellen des Ressorts F (Fertigung)
2
(Regler-) externe Vorgaben oder Vereinbarungen
z. B. - Gesetze, - Verträge, - Unternehmenspolitik
an übergeordnete Regler
an neben-geordnete Regler
13
Rückmeldungen (Berichte usw.)
3
Vorkoppeln
● Marktimpulse:
- Konjunkturentwicklung beobachten
- Kundenauftragslage erfragen
- Energie-/Rohstoffversorgung beachten
- neue F-Technologien prüfen
- Ergonomie-Forschungsergebnisse
● Betriebliche Impulse:
- erwogene Sortimentsänderung bedenken
- ADV-Einsatz bedenken
- Investitionskonzeption übernehmen
- neue Sicherheitsansätze übernehmen
- personalpolit. Absichten integr.
- unternehmensrechtl. Änderg. bedenken (Beteiligungen, Prod.verlagerungen)
4
Ziele setzen
a) Einzelziele:
- Durchlaufzeit ↓
- Termintreue ↑
- Kapazitätsauslastung ↑
- Herstellkosten ↓
(Zwischenlagerkosten ↓)
(notwendige) Qualität ↑
- Kapitalbindung ↓
- Flexibilität ↑
- Arbeitssicherheit ↑
- ergonomische Arbeitsplatzgestaltung ↑
- Belegschaftszufriedenheit ↑
b) Zielsystem (Fertigungspolitik)
- Beziehungen der Einzelziele (kompl. +, konk. −, neutral o)
- Gewichtung (Prioritäten)
Zielkorrekturen:
- andere Ziele
- andere Gewichtung
5
Planen
● Programmplanung:
- wieviel wovon in welcher Periode?
- Vorhersagemethode (determin./statist.)
● Prozeßplanung
- Auftragsverwaltung (neue Aufträge, opt. Losgrößen)
- Zeitplanung (Durchlaufterminierung) (Reihenfolge, Termine, Puffer, Kap.bedarf)
- Kapazitätsplanung (Kap.terminierung)
- Grob-/Feinplanung
- Kap.bedarfs/-angebotsanpassung
● Betriebsmittelplanung
- Fertigungstypen
- Instandhaltungsstrategien
- Investitionsplanung
● Personalplanung
- Personalbereitstellungsplanung
- Personalerhaltung (Ergonomie)
● Kostenplanung
- Budget (Ressort F) erstellen
- Herstellkosten mitplanen
a)
c)
c)
6
Entscheiden
a) Alternativ-Auswahl:
- aktuelles Fertigungsprogramm vereinbaren
- Losgröße festlegen
- Fertigungsaufträge freigeben
- Prioritätsregeln festlegen und bei Kapazitätseinlastung anwenden
- Terminverschiebungen beschließen
- Umstellung des Fertigungstyps
- Mitarbeiter befördern
- Mitarbeiter für Fortbildung freistellen
b) Routine-Reaktionen:
- Prioritäten ändern
- Personalumbesetzungen
c) Abweichungs-Revisionen:
- Auftragsreihenfolge ändern
- Sicherheitsmaßnahmen beschließen
12
Abweichungen analysieren
- Bedarfsvorhersagefehler analysieren (inhaltlich/methodisch)
- Losgrößen überprüfen
- Änderungen der ø Durchlaufzeiten
- Änderungen der ø Terminabweichungen
- Qualitäts/Ausschußursachen lokalisieren
- Kapazitäts-Engpaßanalyse
- Fertigungstyp überprüfen
- typische Maschinenausfallursachen
- Investitionsprojekte überprüfen
- Personalfehlbestände (qual./quant.)
- Sicherheitsstudien durchführen
- Beschwerden/Vorschläge auswerten
- Budget-Abweichungsursachen suchen

Arbeitsplandatei liefert Daten über die Arbeitsgänge (z.B. Arbeitsgangart, Fertigungszeit), die Teilestammdatei auftragsunabhängige Daten (z.B. Teilebezeichnung). Die Zeitplanung ordnet die Arbeitsgänge der Fertigungsaufträge zeitlich den Arbeitsplätzen zu. Die Computer-Programme hierfür arbeiten mit Netzplantechnik oder ähnlichen Verfahren. Diese Durchlaufterminierung muß zusammen mit der Kapazitätsplanung iterativ, d.h. mehrfach und stufenweise verfeinert, ausgeführt werden. Die Kapazitätsgrenzen der noch freien Betriebsmittel – entnommen aus der Arbeitsplatzdatei – zwingen meist zu einem derartigen Kapazitätsabgleich und einer Umterminierung.

Die Werkstattpapiere führen über ein Fertigungsrückmeldesystem zurück zur Fertigungsauftragsverwaltung, zur Unternehmensrechnung (Lohndatenrückmeldung) oder zur Bestandsrechnung. Für das Fertigungsrückmeldesystem bieten sich heute vielfältige Gestaltungsmöglichkeiten an: manuell oder automatisiert, ohne oder mit dezentralem Werkstattbüro, ohne oder mit Endgeräten (Fernschreiber, Bildschirm, Ausweislesen), ohne oder mit Datensammelstationen, im offline- oder online-Betrieb, im Stapel- oder Echtzeitbetrieb, ohne oder mit Prozeßrechner. Rechnergestützte Rückmeldungen nennt man Betriebsdatenerfassung: BDE. **MAP** (Manufacturing Automation) und **TOP** (Technical and Office Protocol) standardisieren die Schnittstellen und Kommunikationsprotokolle zwischen Datenstationen in der Produktion und im Büro.

Die Bestandsrechnung ermittelt mit den Bestandsdaten der Teilestammdatei und den Rückmeldedaten aus der Fertigung sowie der Wareneingangsabteilung die neuen Teilebestände:

$$\begin{aligned}\text{Bestand}_{\text{neu}} = \text{Bestand}_{\text{alt}} &- \text{Teileentnahme für die Fertigung}\\ &+ \text{Teilezugang durch die Fertigung}\\ &+ \text{Wareneingänge von Lieferanten.}\end{aligned}$$

Veranlaßt durch die Liefereingangsmeldung (bzw. Fertigungsrückmeldung) verändert die Bestellrechnung (bzw. Fertigungsauftragsverwaltung) den Bestellbestand (bzw. Auftragsbestand) in der Teilestammdatei. Die periodisch kumulierten und in der Stammdatei gespeicherten Verbrauchsmengen der Teile dienen wiederum verbrauchsorientierten (statistischen) Bedarfsvorhersagen. Der Datenfluß ist geschlossen.

Der nächste Arbeitsschritt der DV-Projektgruppe betrifft die Software-Auswahl für die acht hier aufgezeigten Aufgaben- bzw. Programmpakete. Sollen die Programme fertig gekauft, durch Berater programmiert oder durch betriebseigene Anwender, Systemanalytiker und Programmierer entwickelt werden? Nahezu alle Computer-Hersteller, aber auch viele Software-Berater bieten Programmpakete für die genannten acht Aufgabenpakete unter der Bezeichnung *PPS-Systeme* für Produktionsplanung und -steuerung an. Klein- und Mittelbetriebe können inzwischen ähnliche, wenngleich weniger leistungsfähige PPS-Programmsysteme für Fertigungs- und Logistikaufgaben auf der Basis von

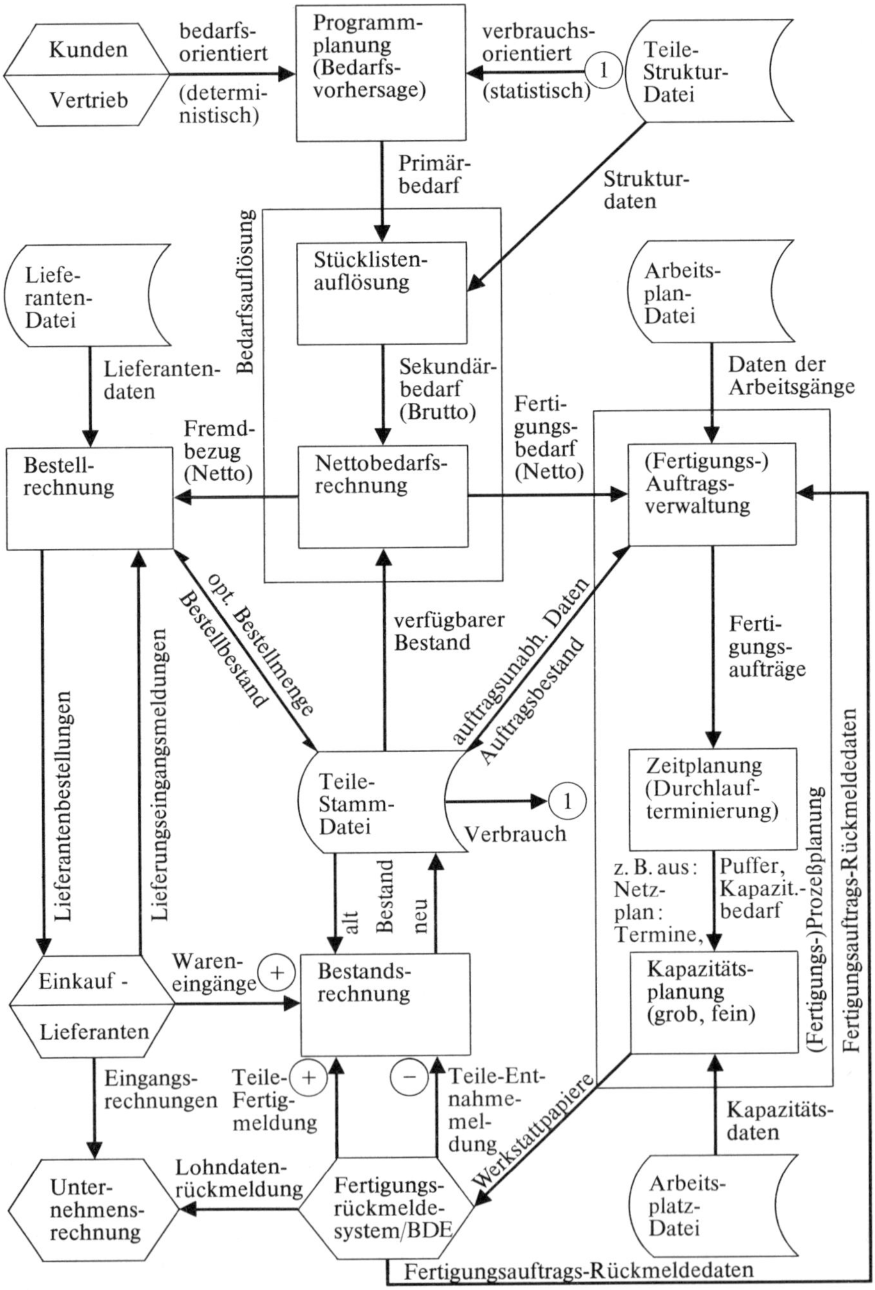

Abb. VI 17: Grober Datenflußplan für die Aufgabenbereiche Fertigung und Logistik (PPS-System zur Produktionsplanung und -steuerung)

Mikrocomputer nutzen. Von den mehreren Dutzend Standartsystemen seien als Beispiele folgende PPS-Systeme genannt:

COMET (Nixdorf)	KIFOS (Kienzle)
COPICS (IBM)	PRODIA (Dietz)
FERTIS (Siemens)	PS-System (PS-Systemtechnik)
ILOS (ADV/ORGA)	TOPAS (Olivetti)
INTEPS (Brankamp)	UNIS/80 (Sperry)

2.2.7 NC-Maschinen und Roboter

Werkzeugmaschinen in der Fertigung führen, meist von Hand gesteuert, bei den einzelnen Bohr-, Dreh- oder Fräs-Arbeitsgängen kontinuierliche Bewegungen aus. Frühzeitig entstanden Überlegungen, diese analogen Bewegungsvorgänge durch digitale Signale zu steuern. Mit den numerisch gesteuerten Arbeitsmaschinen, meist als NC-Maschinen (Numeric Control) abgekürzt, gelang dieses Bemühen.

Bei **NC**-Werkzeugmaschinen werden die relativen Bewegungen zwischen dem Werkzeug und dem Werkstück, das in der Vorrichtung verankert ist, durch numerische Daten gesteuert. Diese geometrischen Daten bestimmen, wo bearbeitet wird. Dagegen legen technologische Daten das ‚Wie' fest, z. B. Drehzahlen oder Schnittgeschwindigkeit der eingesetzten Maschinen. Der Werkzeugwechsel aus Magazinen- bzw. Kassetten erfolgt in wenigen Sekunden automatisch. Die Steuerung konventioneller NC-Maschinen erfolgt über deren verdrahtete Elektronik-Bauelemente.

CNC-Arbeitsmaschinen (Computer NC) dagegen verfügen über einen eigenen, eingebauten Rechner; heute bedeutete dies meist einen Mikroprozessor oder mehrere Mikroprozessoren – bis hin zu einem modularen Mehrprozessor-Steuerungssystem (MPST) mit Bus-Strukturen und standartisierten Schnittstellen (DIN 66264). CNC-Maschinen können somit mehrere Zusatzfunktionen integrieren, wie (Parabel-, Ellipsen-, Exponential-)Interpolationen, Bedienerführung, Programmierunterstützung und Schnittstellen für die Betriebsdatenerfassung (BDE, n. Kap.).

NC bzw. CNC werden ergänzt um die speicherprogrammierten Steuerungsgeräte **SPS** (engl. PC = Programmable Controller). Diese in einer Programmiersprache programmierbaren, elektronischen Steuerungsgeräte (DIN 19239, VDI 2880) ersetzen zunehmend konventionelle, verdrahtete Relais- und Schützsteuerungen für die Schaltsignalverarbeitung.

Die Folge aller Anweisungen und Daten zur automatischen Herstellung von Werkstücken auf einer (C)NC-Maschine nennt man ein NC-Teileprogramm. Mehrere Programmierungsarten sind im Einsatz:

- manuelle Programmierung: maschinenbezogen, nicht rechnergestützt
- Handeingabe-Steuerung: maschinenbezogen, lokal mit CNC-Rechner
- maschinelle Programmiersysteme: problemorientierte Programmiersprache erlaubt maschinenunabhängige Programmierung (V 2.4.4).
- CAD/CAM: bereits rechnergespeicherte Daten über das Werkstück erzeugen automatisch die NC-Steuerdaten.

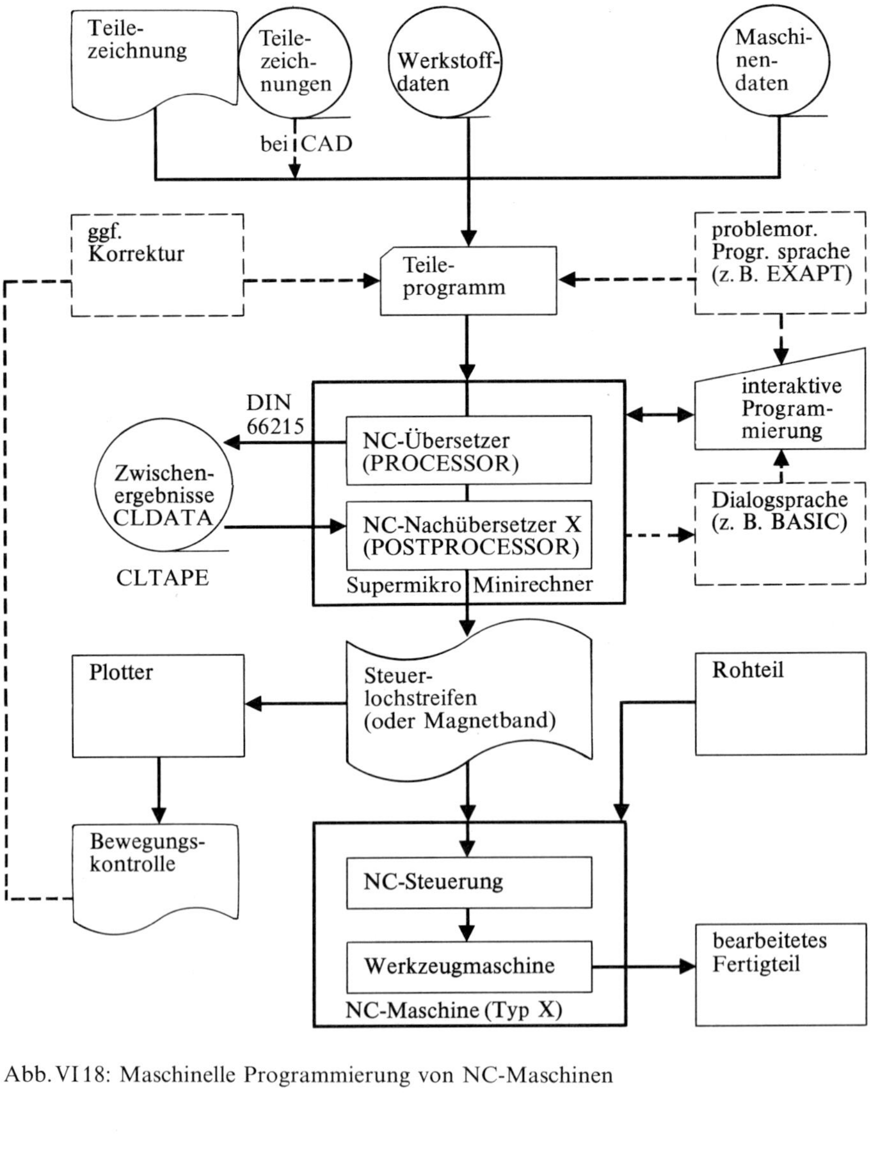

Abb. VI 18: Maschinelle Programmierung von NC-Maschinen

In der Arbeitsvorbereitung werden der Teilezeichnung die Maße entnommen. Außer den geometrischen Angaben für Punkt-, Strecken- und Bahnsteuerung sind auch technologische Aussagen über die Maschine möglich. Anhand dieser Angaben kann ein NC-Programmierer das Bearbeitungsprogramm in einer problemorientierten Sprache, z.B. EXAPT (vgl. V 2.4.4) erstellen. Ein Kompilierer interpretiert und verarbeitet das in den Rechner eingelesene EXAPT-Programm. Der Kompilierer wird etwas unglücklich auch ‚Prozessor' genannt. Dieser software-Begriff sollte nämlich nicht mit dem gleichlautenden hardware-Begriff ‚Prozessor' der Rechnerstruktur verwechselt werden. Aufgaben dieses NC-Übersetzers sind unter anderem:

a) Prüfung der Syntax
b) Makros durch Unterprogramme ersetzen
c) geometrische Bewegungen unter Einhaltung der Toleranzen berechnen und zugehörige Steuerbefehle erzeugen.

Die vom NC-Übersetzer erzeugten Zwischenresultate beinhalten die Bahnbeschreibungen der Werkzeugbewegungen. Sie werden auf Magnetband oder Magnetplatte zwischengespeichert (CLTAPE = Cutter Location/Line Tape). Um diese allgemein gehaltenen Zwischenergebnisse (CLDATA; DIN 66215) für eine spezielle Werkzeugmaschine verwertbar zu machen, wird noch ein Anpassungsprogramm benötigt, das üblicherweise Postprozessor genannt wird. Dieser NC-Nachübersetzer liefert den kunststoffbeschichteten Steuerlochstreifen für die NC-Maschine. Soll also ein Computer verschiedene Werkzeugmaschinen mit Steuerdaten versorgen, so sind ein NC-Übersetzer und mehrere NC-Nachübersetzer erforderlich. Mit Hilfe einer Dialogsprache kann der Anwender auch direkt über den Computer eine interaktive Programmierung betreiben.

Die numerisch gesteuerten Werkzeugmaschinen bewirken große Veränderungen in der Fertigungstechnik. Sie ermöglichen umfangreiche Automatisierung auch bei der Einzel- und Kleinserienfertigung. Die Vorteile des Einsatzes derartiger NC-Maschinen sind u.a.:

a) Einsparung von Maschinen infolge größerer Arbeitsgeschwindigkeiten
b) einfacher und schneller Fertigungsprogrammwechsel
c) weniger Ausschuß und weniger Stichproben
d) weniger kostspielige Vorrichtungen.

Mit jedem Lochstreifentest auf der NC-Maschine geht wertvolle Maschinenzeit verloren. Um die damit verbundenen Kosten zu senken, erfolgt ein Plottertest. Verfahrwege lassen sich optisch verfolgen. Das Programm und der Steuerlochstreifen wird korrigiert.

Plotter dienen aber nicht nur als Testgeräte, sondern finden selbst als numerisch gesteuerte Zeichengeräte Anwendung. Besondere Bedeutung gewannen NC-Maschinen inzwischen bei der Fertigung von Leiterplatten für elektrische Schaltungen und deren Verdrahtung in der Computer- und Fernsprechindustrie.

Ausgehend von den Verdrahtungspunkten der Schaltungsplatten, ermittelt ein Rechnerprogramm die optimale Lage der Verdrahtungsstellen (statt Lötstellen) und der Kabelbäume. Eine elektromechanische Verdrahtungsmaschine (wire wrap machine) liest den Steuerlochstreifen und setzt die Informationen in Bewegungen um.

Über die offline-Steuerung hinaus, die mittels zwischengeschaltetem Datenträger (Lochstreifen, Magnetband) erfolgt, erproben Fertigungsbetriebe auch online-Steuerungen von NC-Maschinen; es entsteht ein **DNC**-System (Distributed/Direct Numeric Control). DNC ist ein System zur Rechnerdirektführung von mehreren numerisch gesteuerten Arbeitsmaschinen durch Digitalrechner (VDI-Richtlinie 3424). Die NC-Programme und die mehrfach verwendbaren geometrischen und technologischen Informationen zur Steuerung des Fertigungsprozesses bleiben abrufbereit auf einem Peripherspeicher des Prozeßrechners. Bei Bedarf ruft sie z. B. der Bediener einer NC-Maschine über den E/A-Prozessor, die DNC-Zusatzsteuerung und die NC-Steuerung für seine NC-Werkzeugmaschine ab. Abb. VI 19 zeigt schematisch die Prozeßrechnerstruktur (vgl. dazu nächstes Kapitel). Die DNC-Zusatzsteuerung kann als Mikrorechner ausgelegt sein. Sie gibt das Arbeitsprogramm an die Maschinensteuerung (NC) weiter, steuert Hilfsaggregate und kontrolliert die Werkzeugmaschine. Ferner läuft über sie die Kommunikation zwischen dem Maschinenbediener und dem Fertigungsrechner. Je leistungsfähiger der DNC-Mikrorechner als dezentrale Intelligenz ausgebildet wird, um so anspruchsvoller wird der Arbeitsplatz. Interaktive Korrektur der NC-Programme und Materialflußsteuerung wird möglich.

Die Vorteile überwiegen zusehends die hohen Investitionsnachteile solcher DNC-Systeme. Die Verfügbarkeit der NC-Automaten steigt, da das Lochstreifenlesen entfällt. Da jedes NC-Programm im Echtzeitbetrieb jederzeit ver-

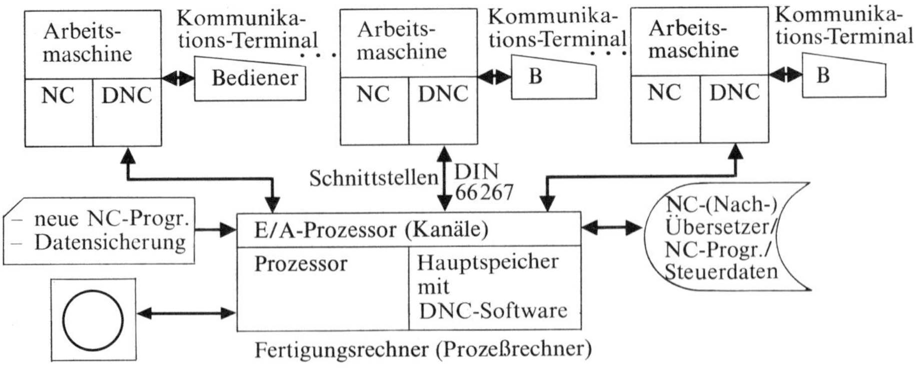

Abb. VI 19: DNC-Prozeßrechnersystem mit Sternleitungsnetz

fügbar ist, kann auch auf die Bildung eines Fertigungsplanes verzichtet werden. Die Fertigungsrückmeldung, Datenerfassung und Fertigungsstatistiken fallen nebenbei an. Eine technologische Querverbindung von den NC-Werkzeugmaschinen besteht zu den *Industrie-Robotern* bzw. rechnergestützten Manipulatoren in der Fertigung. Es sind mit Greifzangen oder Werkzeugen ausgerüstete Arbeitsgeräte, die bestimmte Freiheitsgrade der Bewegung frei programmiert bzw. digital gesteuert ausfüllen. In der Fördertechnik werden sie als Mobilkräne, in der Automobilfertigung als Schweißgeräte oder zur Rädermontage, in der Reaktortechnik zu strahlungsgefährdeten Arbeiten und in der Feinwerktechnik zur mikroskopischen Verkleinerung menschlicher Handbewegungen eingesetzt. Ein *Industrie*-**Roboter** besteht aus 6 Komponenten:

- Mechanik/Kinematik: die Bewegungen im Arbeitsraum werden über 3 Hauptachsen ausgeführt, die jeweils für eine lineare oder rotatorische Bewegung ausgelegt sind; bis zu 7 Achsen sind üblich.
- Greifer: um Objekte, wie Werkstücke oder Werkzeuge zu handhaben.
- Steuerung: speicherbare NC-Programmsteuerung und beliebige Abruffolge; die Eingabe erfolgt auch durch ‚Teach-In', z. B. indem die Schweißzange im Handbetrieb auf die Schweißpunkte positioniert wird und diese Achskoordinaten durch Tastendruck oder Joystick erfaßt und gespeichert werden.
- Antriebe: die Anforderungen an Statik und Dynamik der Achsen ist infolge unterschiedlicher Werkstückgewichte, komplexer Bewegungen und Arbeitsschutzforderungen sehr hoch.
  Meßsystem: Positionskoordinaten, Geschwindigkeit, Beschleunigung.
- Sensoren: Schalter, Fühler, Thermometer, Waage, Mikrofon, Fotozelle, Kamera, Video. Lageveränderungen und störende Umweltobjekte sollen beachtet, Muster erkannt werden (um Teile zu sortieren).

Die Bemühungen um standartisierte Schnittstellen zwischen Programmiersprachen und Industrierobotern mündeten u. a. in dem VDI-Richtlinienentwurf 2863. Die VDI-Richtlinie 2860 unterscheidet Manipulatoren (manuell gesteuerte Handhabungseinrichtungen), Teleoperatoren (ferngesteuerte Manipulatoren), Einlegegeräte (Bewegungsautomaten mit fest vorgegebenem Programm) und Industrieroboter (universell einsetzbare Bewegungsautomaten, die frei, d. h. ohne mechanischen Eingriff, programmierbar sind). Die japanische Definition differenziert nach Playback-, NC- und Intelligenten Robotern, umfaßt darüber hinaus aber auch die ersten drei der VDI-Gruppen. Dadurch sind die länderbezogenen Statistiken meist nur schwer vergleichbar. In der Bundesrepublik Deutschland waren 1985 etwa 6600 Industrieroboter installiert, in Westeuropa 20500, in USA 13000 und in Japan 30000. Zu den über 200 Herstellern bzw. Vertreibern zählen u. a. VW, Kuka und ASEA (Schweden). Eine Studie der OECD in Paris prognostiziert für 1990 eine weltweite Produktion von etwa 250000 Industrieautomaten. Einsatzgebiete von Industrierobotern sind nach Häufigkeit:

- Punkt- und Lichtbogenschweißen (Anteil fallend)
- Beschicken von Werkzeugmaschinen (steigend)
- andere Handhabung und Beschichtung von Werkstücken
- Montage (stark steigend, hohe Produktivitätseffekte erwartet).

Intelligente, autonome Roboter, die einen Beitrag zur Künstlichen Intelligenz leisten werden, machen vor allem umfangreiche Entwicklungen bei den Sensoren, der Bildverarbeitung und der Software notwendig. CDC bietet das Expertensystem ICEM-MINC für die interaktive NC-Bearbeitung an.

Die zunehmende Teile- und Variantenvielfalt bei tendenziell kleiner werdenden, schwankenden Losgrößen führt zu einem Zielkonflikt. Die Produktivität soll u.a. durch längere Maschinennutzungszeiten steigen, dabei muß aber eine große Flexibilität für verschiedene Fertigungsaufgaben gewahrt bleiben. Die Lösung erwartet man von *Flexiblen Fertigungssystemen* (*FFS*). Sie bestehen aus flexiblen Fertigungszellen oder -inseln, in denen mehrere (NC-)Arbeitsmaschinen und ein Industrieroboter als Bearbeitungszentren zusammenarbeiten. Ein gemeinsames Transport-, Lagersystem und ein Steuerungssystem (Leitrechner) verbindet die Inseln zu einem FFS; so lassen sich unterschiedliche Werkstücke mit unterschiedlicher Bearbeitungsabläufen zur gleichen Zeit automatisch fertigen.

Mittelfristig werden ‚Geisterschichten' mit wenig oder keiner Personalbesetzung oder gar die *Automatische Fabrik* angestrebt (vgl. auch VI 1.2). Die Werkzeugmaschinenfirma Yamazaki errichtete 1984 im japanischen ‚Mechatronics Valley' mit einem Investitionsaufwand von 160 Millionen DM eine hochautomatisierte ‚21st Century Factory'. 39 Beschäftigte in der Fertigung und 201 in der Montage können 24 Stunden am Tag an 365 Tagen im Jahr CNC-Werkzeugmaschinen herstellen – fast schon gilt: Roboter produzieren sich selbst. Ein übergeordneter Leitrechner steuert den Material- und Informationsfluß; er ist selbst wiederum per Datenübertragung an ein CAD-CAM-Rechnersystem angeschlossen. Die Durchlaufzeit von Produktidee bis Fertigungsbeginn verkürzt sich von 12 auf 6 Monate. Für die vollautomatische dritte und die Wochenendschicht werden bearbeitungsintensive Teile ausgewählt.

Zusammenfassend einige historische Daten zu den Systemen:
1954 erste industriell hergestellte NC (Bendix, USA)
1959 NC-Einführung in Europa
1969 erste DNC-Anlagen USA
1976 Mikroprozessor-CNC
1982 Flexible Fertigungssysteme.

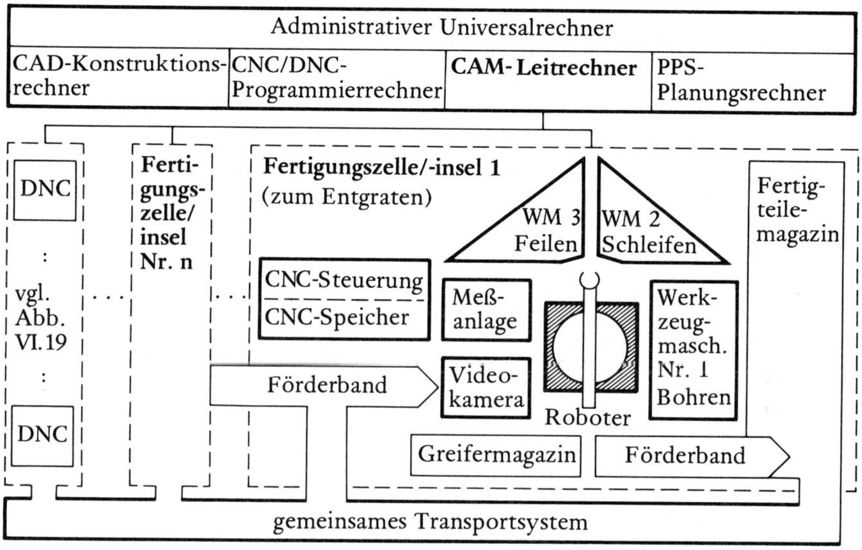

Abb. VI 20: Computer-Anwendungen (Flexibles Fertigungssystem) in der Produktion

2.2.8 Prozeßrechner in der Produktion

In Prozeßrechnersystemen verbinden sich Erkenntnisse und Erfahrungen der Meß-, Steuerungs- und Regelungstechnik mit solchen der Datenverarbeitungstechnik. Die wichtigsten Begriffe sind in DIN 66201 definiert und präzisiert. Allgemein spricht man von einem Prozeß, wenn Materie, Energie und/oder Information umgeformt und/oder transportiert werden. Es sind biologische, soziale, technische und Natur-Prozesse zu beobachten. In einem technischen Prozeß werden Zustandsgrößen mit technischen Mitteln gemessen, gesteuert und/oder geregelt. Ein Prozeßrechnersystem besteht aus Funktionseinheiten, die sich zur prozeßgekoppelten Verarbeitung von Prozeßdaten eignen. Die Prozeßkopplung stellt zwischen dem Prozeßrechnersystem und dem Prozeß eine Verbindung her, indem Prozeßdaten zwischen beiden übertragen oder übergeben werden. Die indirekte Prozeßkopplung (offline) erfolgt in der Weise, daß sowohl Eingabedaten als auch Ausgabedaten nur durch menschliche Eingriffe übergeben werden. Ein solcher Fall ist beispielsweise überall dort gegeben, wo zwar der Prozeßrechner Prozeßdaten verarbeitet, aber Menschen die Regler überwachen und die Steueranweisungen der Prozeßrechner manuell einstellen. Die direkte Prozeßkopplung kann offen (online open loop) oder geschlossen (online closed loop) erfolgen. Im zweiten Fall bildet der Datenfluß eine kausal geschlossene Schleife. Der Prozeßrechner wirkt über Ausgabedaten unmittelbar auf den Prozeß ein, ermittelt durch Rückkopplung selbst seine Eingabedaten, verarbeitet sie mit einem programmierten Prozeßmodell und gibt ggf. korrigierende Ausgabedaten ab.

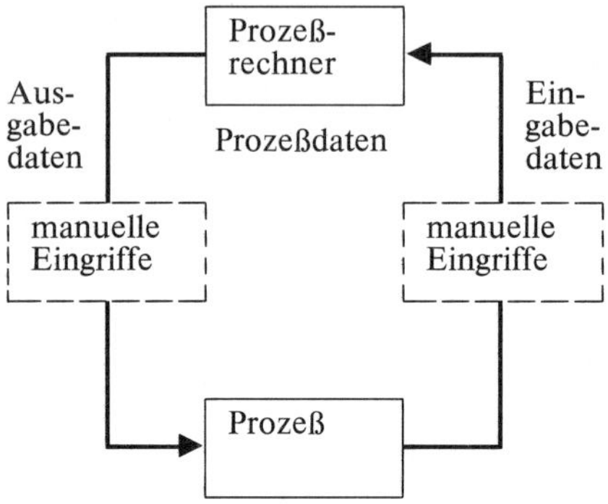

ET	Prozeßkopplung	1	2	3	4	5
B1	menschlicher Eingriff in die Übergabe/Übertragung der Eingabedaten	J	J	N	N	N
B2	menschlicher Eingriff in die Übergabe/Übertragung der Ausgabedaten	J	N	J	N	N
B3	kausaler (ursächlicher) Zusammenhang zwischen den (Ein-/Ausgabe-)Prozeßdaten				J	N
A1	indirekte Prozeßkopplung (offline)	X				
A2	offene Prozeßkopplung (= direkt/online open loop)		X	X		X
A3	geschlossene Prozeßkopplung (= direkt/online closed loop)				X	

Abb. VI 21: Varianten der Prozeßkopplung und ihre Unterscheidung mit einer Entscheidungstabelle

Die Prozeßmodelle können nach systemtheoretischen Kriterien unterschieden werden, nach:

a) der Art, wie sie erarbeitet werden (empirisch/analytisch)
b) der Art, wie sie dargestellt werden (gegenständlich/mathematisch)
c) ihrem Zeitverhalten (stationär/dynamisch)
d) ihrem Lernvermögen (starr/lernend/adaptiv); ein lernendes Prozeßmodell ändert aufgrund von Prozeßbeobachtungen die Parameter (Einflußgrößen), mit dem es den Prozeß charakterisiert, um eine zuverlässige Abbildung sicherzustellen. Adaptive Modelle passen außer den Parametern auch noch ihre innere Struktur an.

Die konventionelle Prozeßregelung setzt dezentrale, analoge Einzelregler ein. Der Einsatz eines zentralen Prozeßrechners eröffnet die Möglichkeit einer dynamischen Regelung. Übergeordnete Optimierungsgesichtspunkte und schnelle

Anpassung des gesamten Systems an veränderte Parameter ergeben eine wirkungsvolle Prozeßführung. Der zentrale Prozeßrechner übernimmt die Funktionen vieler bisher dezentraler Regler (hundert und mehr). Man spricht von einer DDC-Regelung (direct digital control).

Der häufig verwendete Begriff ‚digitale Vielfachregelung' ist mißverständlich, da er auf ‚mehrere Regler' verweisen soll, aber mit dem Begriff ‚Mehrfach-/Mehrgrößenregelung', der sich auf ‚mehrere geregelte Größen' bezieht, verwechselt werden kann.

Meßgeräte und Abtaster entnehmen dem technischen Prozeß verschiedene analoge und digitale Prozeßdaten, wie Temperatur, Druck, Durchflußmenge, Schalter- oder Ventilpositionen. Sie werden entweder periodisch (time slicing) oder auf Befehl des Prozeßrechners hin abgefragt und geben die Prozeßdaten in Form analoger oder digitaler Spannungs- bzw. Stromwerte weiter. Analog-Digital-Umsetzer wandeln analoge Meßgrößen in digitale Eingabesignale um. Die A/D-Umsetzer arbeiten mit etwa 30000 Umsetzungen pro Sekunde. Die weitaus geringere Abfragefrequenz der Meßgeräte und Abtaster erlaubt es, viele Geräte von einem A/D-Umsetzer betreiben zu lassen. Die elektrische Kopplung übernimmt ein Eingabesammler. Umgekehrte Funktionen übernehmen auf der Ausgabeseite die Digital-Analog-Umsetzer und die Ausgabeverteiler. Eine Doppelfunktion besitzt der Sammler-Verteiler (I/O-Multiplexer). Die analogen Sollwerte und digitalen Stellbefehle richten sich an Motore, Schaltschütze, magnetische und pneumatische Ventile, Anzeigenlampen und Alarmleuchten. An eine technische Prozeßanlage können durchaus einige hundert oder einige tausend Meßgeräte, Abtaster und Stellglieder gekoppelt sein. Diese Gerätevielzahl rechtfertigt gelegentlich den Einsatz einer leistungsstarken gemeinsamen Daten-Sammelleitung. Eine internationale Norm existiert bereits als sogenannter IEC-Datenbus (International Electrotechnical Commission). Auch Satellitenrechner und dezentrale Mikroprozessoren können über diesen Datenbus mit dem Prozeßrechner, der als Leitrechner arbeitet, angeschlossen werden (vgl. auch Abb. V 44).

Um der Gefahr des Stillstands teurer oder gefährlicher Prozesse bei Ausfall der Zentraleinheit zu begegnen, werden entweder an den wichtigsten dezentralen Stellen analoge Einzelregler in Reserve installiert oder es wird ein zweiter Prozessor parallel geschaltet. Im ungestörten Zustand verarbeitet er die betriebswirtschaftlichen Programme. Solch ein Mehrprozessorbetrieb, aber auch der notwendige online-/Echtzeit- und Mehrprogrammbetrieb mit Prioritäten oder Zeitteilung erfordern ein überaus leistungsfähiges Betriebssystem. Besondere Forderungen müssen an die Unterbrechungstechnik (interrupt) gestellt werden.

Die Instrumentierung des Maschinensaals ist aufwendig, um den Dialog zwischen dem Operateur und dem Prozeßrechner und damit indirekt mit dem technischen Prozeß selbst zu erleichtern. Über die Konsole oder den Licht-

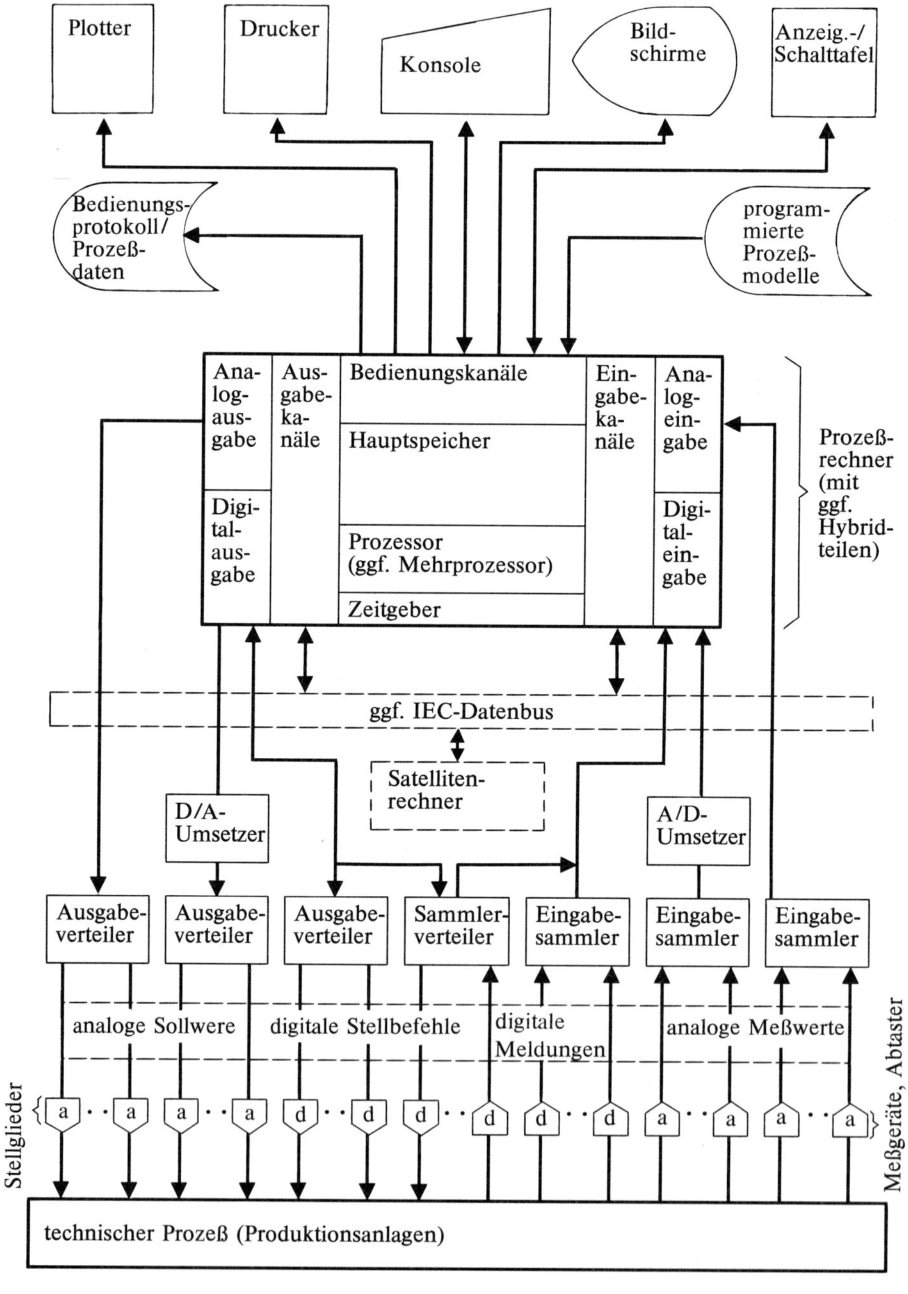

Abb. VI 22: Grundsätzlicher Aufbau eines Prozeßrechnersystems

griffel ändert der Operateur Soll- und Toleranzwerte, Parameter und sogar Prozeduren. Der Prozeßrechner informiert ihn über Anzeigeninstrumente und Bildschirme. Die Datensichtgeräte zeigen Blockschaltbilder, Kurven, Soll-Ist-Säulen, Blinkzeichen und alphanumerische Zeichen – in Schwarz-Weiß oder in Farbe. Bei dieser Visualisierung (= optische Sprache) muß darauf geachtet werden, daß die Programme möglichst gezielt Daten reduzieren, da ansonsten die Informationsaufnahmefähigkeit der Operateure überfordert würde. Kassettenspeicher protokollieren einerseits den Bedienungsdialog und andererseits die Änderungen bestimmter Kenngrößen des Prozesses während der Betriebszeit.

Von den drei Bereichen der industriellen Produktionstechnik, der Energie-, Verfahrens- und Fertigungstechnik, waren bisher vorwiegend die ersten beiden für den Einsatz von Prozeßrechnersystemen geeignet. Die Verfahrenstechnik erstellt und verarbeitet – meist in einem kontinuierlichen Prozeß – amorphe Güter wie Gase, Flüssigkeiten und Schüttgüter. Ähnliches gilt für die Energieversorgung, die weitgehend kontinuierliche Flüssigkeits-, Wärme- und Stromflüsse zu verteilen hat. Inzwischen eröffnen sich mit den DNC-Fertigungsrechnersystemen, wie sie im vorausgehenden Kapitel skizziert wurden, auch erfolgreiche Anwendungen in der Fertigungstechnik mit ihren vielgestaltigen Arbeitsgängen.

Kennzeichnende Bereiche der Verfahrenstechnik sind Großchemie und Eisenhüttenwesen. In der Chemie überwachen beispielsweise Mikroprozessoren bzw. -rechner den Wassergehalt in Gasen (Wasserstoff, Äthylen), in Kältemitteln oder Erdgas. Sie erleichtern die Laborautomatisierung. Prozeßrechnersysteme übernehmen heute in der Petrochemie schon die Chargensteuerung, automatische Tankwagenfüllung und die Globalsteuerung von Raffinerien, wobei auch Pipelines in das System einbezogen werden. In mehr als 500 Eisenhüttenwerken der Welt werden heute Prozeßrechner eingesetzt. Drei Aufgabenbereiche bieten sich dabei an: Hochofenbetrieb, Blasstahlwerke und Walzwerke. Bei der intermittierenden Konvertertechnik eines Blasstahlwerkes sind drei Zielgrößen von grundsätzlicher Bedeutung für das Regelungsmodell des Prozeßrechners, nämlich: Kohlenstoffgehalt, Endtemperatur und Gewicht der Rohstahlcharge. Im Walzwerk übernimmt der Prozeßrechner die Zeit- und Ablaufplanung der Walzstraßen. Weiterhin werden für jedes Walzenpaar Drehmoment-, Walzkraft und Walzgutabnahme pro Durchlauf errechnet. Durch den Einsatz von Prozeßrechnern ergeben sich im Hüttenwerk u. a. folgende Vorteile:

a) höhere Ausbringung durch Verkürzung der Chargen und Durchlaufzeiten
b) Energieeinsparungen
c) gleichbleibende Qualität
d) einfacherer Produktionsprogrammwechsel

Zur Energieversorgung werden Prozeßrechner in Wasser-, Wärme- und Kernkraftwerken eingesetzt. Sie überwachen Anlagenteile, lösen Optimierungsaufgaben, führen Protokoll über den Betriebsablauf und übernehmen die umfangreiche Betriebsabrechnung. In Kernkraftwerken sind umfassende kernphysikalische Berechnungen erforderlich. In Wärmekraftwerken koordinieren Prozeßrechner den Anlauf der Generatoren sowie Wirk- und Blindleistungssteuerung. In Wasserkraftwerken ist der Wasserdurchlauf sowie der Oberwasserpegel zu kontrollieren und die Generatoreneinsatzsteuerung nach einem 24-h-Fahrplan vorzunehmen.

Die Verkleinerung der Prozeßrechner ermöglicht aber inzwischen auch ihren Einsatz bei kleineren Produktionsvorgängen. Ein Mikrorechner regelt beispielsweise die Back- und Bratvorgänge eines Großherdes, wobei die Programme für die zeitabhängigen Temperatursollwerte von 120 erprobten Rezepten im Speicher abrufbereit vorliegen. Eine Vielzahl technischer Prozesse auch außerhalb der Produktion kann heute schon und erst recht in Zukunft modellmäßig abgebildet, programmiert und damit von Digital-, Analog- und Hybridrechnern überwacht, gesteuert und geregelt werden. Beispiele für die Vielfalt der Anwendungsmöglichkeiten sind: Flugsicherung, automatischer Fluggepäcktransport, Verkehrsrechner, computerüberwachte Fernschreib- und Fernsprechnetze, automatische Briefverteilanlage, Unterricht und Medizin. Die folgenden Kapitel gehen zum Teil darauf ein.

2.3 Datenverarbeitung in Dienstleistungsbetrieben

Die Computer-Anwendung bezog sich in den letzten drei Kapiteln auf Produktionsbetriebe. Viele Datenverarbeitungsaufgaben, z. B. Personal-, Buchhaltungs- und Lagerungsprobleme stellen sich in gleicher oder ähnlicher Form auch in Dienstleistungsbetrieben. Gesamtwirtschaftlich gewinnen die Dienstleistungsaufgaben (Tertiärbereich) gegenüber den Produktionsaufgaben (Sekundärbereich) und der Landwirtschaft (Primärbereich) an Bedeutung. Dies zeigt sich natürlich auch an spezifischen Computer-Anwendungen in Bank-, Handels-, Versicherungs-, Verkehrs- und Beratungsbetrieben. Einige werden in den folgenden Kapiteln beispielhaft behandelt. Zuvor soll aber noch auf eine neuartige DV-Dienstleistung hingewiesen werden, die öffentlich zugänglichen Datenbanken und Informationssysteme.

Weltweit standen 1985 3000 allgemein zugängliche Datenbanken potentiellen Nutzern zur Verfügung, dreiviertel davon in den USA. Sie bieten den schnell veralteten ‚Produktionsfaktor Information' im interaktiven Betrieb per Datenübertragung an. Sie liefern Literaturquellen oder konkrete Daten (Statistiken, Patente etc.). Neben den 1000 Wirtschaftsdatenbanken (z. B. Dow Jones News/Retrieval) spielen die etwa 800 Technologie-Datenbanken (z. B. ‚Chemical Abstracts' von Dialog Information Services) eine große Rolle. Die Anfragen beziehen sich auf wirtschaftliche Informationen: 52%, technische: 15% und

naturwissenschaftliche: 11%. Diese Recherchen erfolgen mittels meist englischer Retrievalsprachen (V. 1.2.3). Abgerechnet wird auf Subskriptionsbasis oder nach Stundenbasis oder/und abgerufenen Dateneinheiten. Die Anfrage kostet zwischen 50 und 500 DM. Das weltweite Umsatzvolumen wird auf 8 Mrd. DM pro Jahr geschätzt. Als Nutzungs-Hemmnisse werden genannt: keine Markttransparenz, zu wenig aufbereitet, zu klein oder zu teuer.
DATEV bietet ein Service-Netz (Buchhaltung, Steuerrecht) an.

2.3.1 Datenverarbeitung im Handel

Im Bereich des *Einzelhandels*, insbesondere in den verschiedenartigen Warenhäusern entsteht seit 1973 Unruhe, sobald von sogenannten POS-Datenverarbeitungssystemen die Rede ist. Gemeint sind DV-Verbundnetze mit direkter Kopplung der kundennahen Kassenterminals (Point of Sale), die auch Datenkassen genannt werden, an einen Minirechner. Die bisherige Computer-Hilfe für den Handel bezog sich, neben Software für das Rechnungswesen, vorwiegend auf Programme für die Lagerhaltung in den Zentrallagern. Echte Rechnersysteme zur verkaufsnahen Datenerfassung, d.h. am point of sale können erst dank der neueren Rechnerstrukturentwicklungen angeboten und eingesetzt werden. Die Abb. VI 23 zeigt eine mögliche POS-Struktur. Bis zu 100 Filialrechnern (z.B. Mini-Computer) sind per Datenfernverarbeitung an einen Zentralrechner in der Hauptverwaltung des Handelsunternehmens gekoppelt. Jeder Filialrechner bedient und überwacht im Online- und Echtzeitbetrieb 5 bis 50 Kassenterminals. Weitere Peripheriegeräte des Filialrechners können sein: Beschaffungs-Datensichtgeräte, Etiketten-Auszeichner, Datensichtgeräte für den Filialleiter, Drucker, Disketten bzw. Kassetten und eine Lochstreifenstation. Der Filialrechner veranlaßt und verfolgt die gesamte Warenwirtschaft rechnergestützt – man spricht von einem *Warenwirtschaftssystem*. Über das Beschaffungs-Datensichtgerät werden abgewickelt: Bestelldateneingabe, Bestellschreibung, Lieferantenüberwachung, Mahnung, Lieferscheinprüfung, Wareneingangserfassung, Warenflußorganisation und Warenverteilung. Der Etiketten-Auszeichner erzeugt – je nach Code – bis zu 2000 Etiketten pro Minute. Neben den konventionellen Preisetiketten werden Loch-, Magnet-, Strich- und OCR-Code erprobt. Zunehmend übernimmt die Hersteller-Warenauszeichnung diesen Vorgang. Der neue europäische EAN-Schlüssel (Abb. IV 29) mit 13 Ziffern ist mit dem seit 1973 in den USA angewandten und heute bei ca. 50% der Waren eingesetzten UPC-Schlüssel (Universal Product Code) mit 10 Ziffern kompatibel. Sie sind rein identifizierend und arbeiten auf zwei Ebenen: Strich- und OCR-Code. Die Code-Auswahl hängt eng mit der Absicht zusammen, den bargeldlosen Einzelhandelseinkauf mit der Kontobelastung bei der jeweiligen Bank zu verbinden.

Zur Verkaufserfassung dienen die ‚intelligenten' Kassenterminals. Die Ausstattung umfaßt eine elektronische Preisanzeige, bis zu 3 getrennte Druckwerke

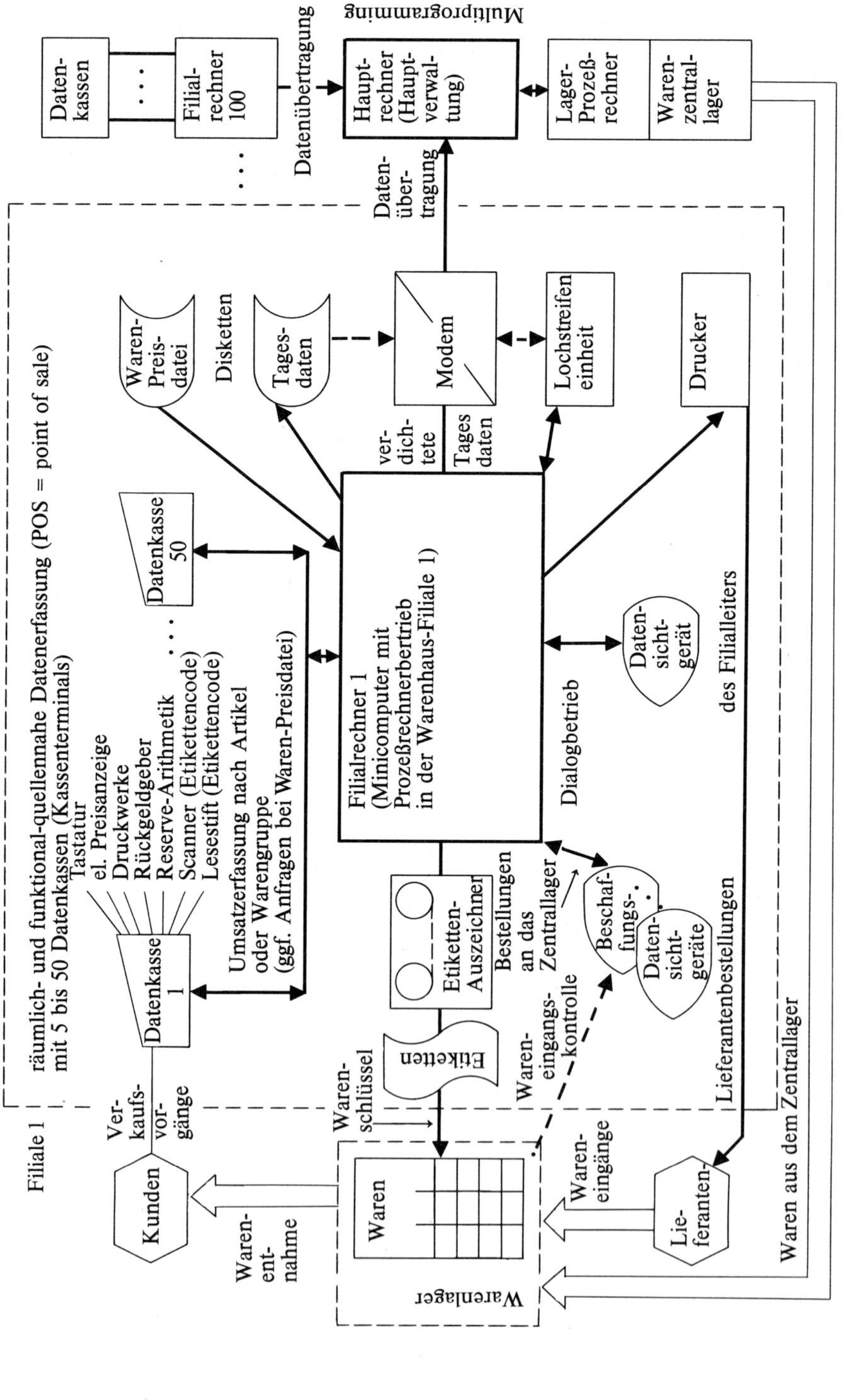

Abb. VI 23: POS-Prozeßrechnersystems im Einzelhandel (Warenwirtschaftssystem)

(Bon, Journal, Quittung), einen Rückgeldgeber, eine Reserve-Arithmetik, eine Tastatur und gegebenenfalls einen Lesestift oder Scanner (Lesegerät im Kassentisch) für den Etikettencode. Fällt der Filialrechner aus, so arbeiten diese Datenkassen selbständig im offline-Betrieb weiter. Der Bediener braucht den Preis nicht zu erfassen, wenn eine Preisdatei existiert, aus der die Datenkasse mittels der Warennummer den Preis abrufen kann. Dieses Verfahren (price look up) erspart eine aufwendige Auszeichnung am Stück. Bei besonderen Waren erfolgt die Umsatzerfassung artikelweise, ansonsten warengruppenorientiert. Die ausufernde Sortimentierung zwingt heute dazu, 400 bis 500 Warengruppen zu bilden – früher nur ca. 100. Im Speicher kumuliert der Filialrechner alle Verkaufsvorgänge – geordnet nach den Datenkassen und den Warengruppen.

Der Filialleiter kann sich zeitliche Auslastungskurven jeder Datenkasse auf dem Drucker oder seinem Datensichtgerät ausgeben lassen. Mit diesen Informationen disponiert er den Personaleinsatz (z. B. Teilzeitkräfte, ‚kapazitätsorientierte variable Arbeitszeit'). Die Kassenbediener sehen sich damit aber einer Totalkontrolle am Arbeitsplatz ausgesetzt, auch wenn die Kassenbedienung als solche leichter wird (vgl. VI 1.2.1). Eine Art Akkordsituation erzeugt die monatliche Kassiererbeurteilung (Umsatz, Verkaufsvorgänge, Kassendifferenzen, Abwesenheit, Störungen) durch den Computer. Dem Betrieb bringt ein POS-System Vorteile, wie: tägliche Kassenabrechnung, permanente Inventur, niedrige Lagerhaltung und damit geringere Kapitalbindung, Statistiken über Kundenfrequenz, Umsatz und Sortimentierung. Die Zahl der Kassenplätze (check out) soll bei realisierten POS-Systemen um ein Viertel verringert werden können.

Nachts bringt der Filialrechner die Dateien auf den neuen Stand und überträgt verdichtete Daten zum Hauptrechner. Der Hauptrechner wertet die Daten aller Filialbetriebe unter übergeordneten Optimierungskriterien aus (z. B. Statistiken). In der Multiprogramming-Betriebsart bearbeitet er jedoch zusätzlich administrative Hintergrundprogramme (z. B. Buchhaltung) mit niedriger Priorität. Insbesondere muß der Hauptrechner die Lagerhaltung des Warenzentrallagers übernehmen, von wo aus die Filialen beliefert werden.

Derartige Optimierungsprobleme der innerbetrieblichen Warenverteilung in Zentrallägern, die oft als Hochregalläger mit bis zu 30 m Höhe ausgelegt sind, stellen sich vor allem auch im *Großhandel.* Vom reinen Handbetrieb über die Mechanisierung mit Gabelstaplern zur Teilautomatisierung mit Förderbändern und zur Automatisierung eines Lagers mit einem Prozeßrechner kann die Entwicklung über viele Zwischenstationen gehen. Im Automatisierungsstadium bewegen sich die Transportmittel bedienungslos und über Daten zielgesteuert in sogenannten Förderabschnitten. Als Transportmittel dienen Paletten, Rollbehälter oder Lagerkästen. Am Ende jedes Förderabschnittes befindet sich ein Kontakt, der von den Paletten beim Verlassen des betreffenden Abschnittes berührt wird. Zwei Warenflußarten bieten sich an:

a) taktgesteuerter Transport
b) kontinuierlicher Transport

zu a)
Beim taktgesteuerten Transport werden die Paletten jeweils eine Längeneinheit weiterbewegt. Nach jedem Takt fragt der Prozeßrechner reihum jeden Kontakt daraufhin ab, ob eine Palette seinen Förderabschnitt verlassen hat. Mit diesen Informationen aktualisiert der Rechner das Datenbild seines programmierten Lagermodells.

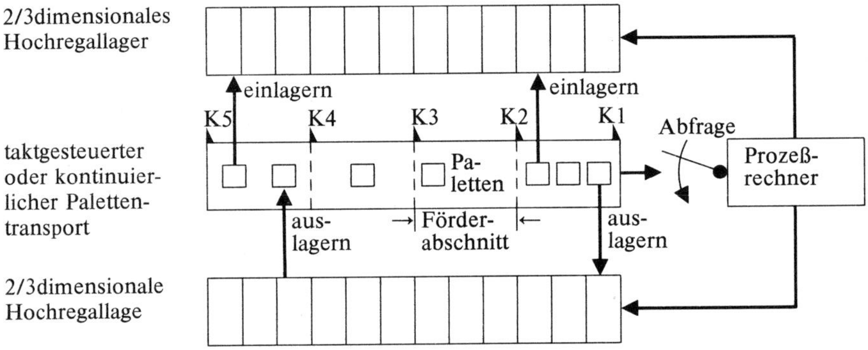

Abb. VI 24: Prozeßrechner in einem Hochregallager (K = Kontakt)

zu b)
Beim kontinuierlichen Transport kann der Rechner eine künstliche Taktung schaffen, indem er zyklisch jeden Kontakt auf Veränderung abfragt (Time Sharing). Eine andere Möglichkeit besteht darin, daß sich ein Kontakt beim Rechner dann meldet, wenn er berührt wird. Der Prozeßrechner unterbricht dann das Arbeitsprogramm (Interrupt-Verfahren) und verwertet das Kontaktsignal. Mit derartigen Arbeitsprogrammen erledigt der Rechner administrative Lagerhaltungsaufgaben, aber auch Optimierungsaufgaben. Die verschiedenen Computer-Hersteller bieten Standardprogramme für die Bestell- und Lagerhaltungsoptimierung an. Zum Teil sind sie aus der industriellen Logistikanwendung (vgl. VI 2.1.4) übernommen, zum Teil aber entstanden sie aus den spezifischen Lagerproblemen des Groß- und Einzelhandels. Solche Programmpakete sind: LOG von BGE, IMPACT von IBM, SCAN von ICL, AIMS von NCR, HOREST von Siemens und ALDOS von Sperry. Mit Hilfe der Transportmethode oder der Simulation (vgl. VI 2.2.3.3) können die Wege der Geräte zur Warenentnahme und -beschickung in zwei- und dreidimensionalen Hochregallägern minimiert werden. Auch müssen für bestimmte Waren (z. B. Lebensmittel) gewisse Lagerungspolitiken verfolgt werden (z. B. fifo = first in first out).

2.3.2 Datenverarbeitung im Kreditgewerbe

Mehr Anwendungserfahrungen mit online-Terminals als im Handel trifft man heute bereits im *Bankenbereich* an. So wurden beispielsweise bis Ende 1975 ungefähr 40000 Terminals in europäischen Banken installiert. Etwa 18 Milliarden Banktransaktionen, überwiegend als ‚Papier-Überweisungen', durchliefen dieses europäische Bankensystem im Jahre 1975. Diese zeitaufwendige und komplizierte Informationsverarbeitung soll etwa 5 Milliarden Dollar gekostet haben. Verständlich, daß der Wunsch nach stärkerer Automatisierung der Datenverarbeitung mit Datenfernverarbeitung und automatisierten Bankschaltern groß ist. Ein solches Endgerät kann modulweise mit Eingabe- und Funktionstastatur, Druckstationen für Journal und Beleg, Anzeigen, Kreditkartenleser, Geldrückgeber und Pufferspeicher aufgebaut werden. Im Falle einer Störung und Unterbrechnung übernehmen Magnetbandkassetten über einen Konzentrator, an den bis zu 16 Endgeräte angeschlossen sind, die anfallenden Daten. Prüfziffernrechnungen sichern die Buchungsdaten in folgenschweren Störungen.

In großen *Bausparkassen* mit ca. 2 Millionen Bausparverträgen treten echte Aufgaben der Massendatenverarbeitung auf. Allein über 10 Millionen Abfragen richten Bausparer und Vertriebsmitglieder jährlich an das Auskunftswesen einer Bausparkasse. Etwa zwei Drittel werden mittels verschiedenartiger Endgeräte beantwortet: Fernschreiber, Schreibwerkterminals, Bildschirmeinheiten und auch schon Sprachausgabegeräte.

Besondere Rationalisierungserfolge versprechen sich die Banken, Sparkassen und z. T. auch die Versicherungen von der Verbreitung des Telekommunikations-Dienstnetzes *Bildschirmtext Btx*. Die Kunden würden viele Buchungsvorgänge vom Schalterterminal weg in ihre Wohnung verlagern (home banking) und damit Verwaltungsfunktionen übernehmen müssen. Btx-Decoder auf Einsteckkarten existieren bereits für Personal Computer. Dennoch ließen sich die ursprüngliche euphorischen Prognosen in der Praxis noch nicht umsetzen. Ende 1985 wies das Btx-Netz erst 30000 Teilnehmer auf – gegenüber 25 Millionen Telefon-Hauptanschlüssen. Der Sparkassen-Verband will an seine Kunden eine Kreditkarte (S-Card) herausgeben, mit der u. a. auch über POS-Terminals im Handel ‚bezahlt' werden kann. In Frankreich sollen bis Ende 1986 3 Millionen Kreditkarten mit dem Namen Puce (= Floh) vergeben werden; der eingebaute Mikrochip enthält den aktuellen Kontostand und bucht die Kaufbeträge am POS-Terminal ohne DFÜ-Verbindung zum Bankrechner. Das ‚elektronische Bezahlen' setzt die ‚Persönliche Identifikations-Nummer' (PIN) ein.
Kreditinstitute nutzen weltweit die meisten Fehlertoleranten Rechnersysteme (S. 396).

2.3.3 Datenverarbeitung im Transportgewerbe

Der Einsatz von Mikrocomputer erlaubt es seit einigen Jahren auch den vielen Klein- und Mittelbetrieben im Transportgewerbe ihre Informationsverarbeitungsprozesse zu rationalisieren. Stellvertretend für die vielfältigen Aufgaben der außerbetrieblichen Logistik kann der gewerbliche Güterverkehr betrachtet werden. Er umfaßt den Straßentransport mit Lastkraftwagen und übergreift mehrere Transportketten (Abb. VI 25).

Beim Sammelladungsverkehr erfolgt die Leistungsverrechnung nach speziellen Tarifvorschriften. Neben den üblichen Aufgaben der Fakturierung, Buchhaltung und Lohn- und Gehaltsabrechnung fallen spezifische Datenverarbeitungsaufgaben an:
- Stammdatenverarbeitung: Kundenstamm, Ortsverzeichnis, Tarifwerte, Entfernungswerte
- Auftragsabwicklung: Auftragserfassung, Erstellen von Belegpapieren, Rechnungserstellung
- Statistiken erstellen: Versender- und Empfängerstatistik, Fahrzeugstatistik
- Tourenplanung, getrennt für Vorlauf und Nachlauf.

Die ersten drei Aufgaben können infolge der Vielzahl zu beachtender Vorschriften und Bestimmungen recht kompliziert sein. Für diese Routineaufgaben existieren dennoch seit Jahren leistungsfähige Programmsysteme auch für Mikrocomputer. Derartige Programmpakete sind beispielsweise MISTRAL (Siemens), SPEDIDATA (Triumpf-Adler) oder MIKRO-SPED (Weber & Partner). Die Tourenplanung muß u. a. die schwierige ‚Zeitfenster-Restriktion' berücksichtigen. Darunter versteht man früheste und späteste Abhol- bzw. Anlieferzeiten bei Versendern und Empfängern. Leistungsfähige Software für Mini- bis Großrechner bietet der Markt bereits seit Jahren an, z. B. TRAFIC (Siemens) oder VHCS (IBM).

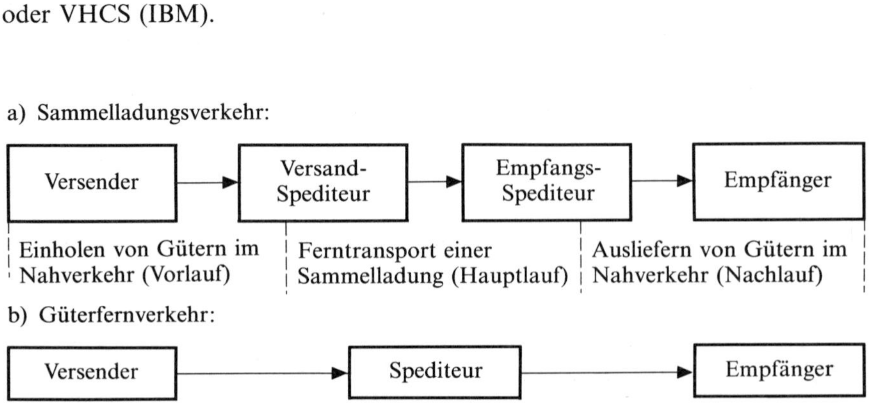

Abb. VI 25: Sammelladungs- und Güterfernverkehr

Beim Güterfernverkehr tritt neben die Routineaufgaben noch das spezielle Frachtoptimierungsproblem. Für eine Menge von Beförderungsaufträgen, die mit einem LKW abzuwickeln sind, gilt es, die Transportwege zwischen den Beladeorten der Versender und den Entladeorten der Empfänger festzulegen. Die Summe der Frachtbeträge soll dabei minimiert werden. Die Fracht errechnet sich nach dem sog. Reichskraftwagen-Tarif (RKT). Der RKT beschreibt degressive, treppenartige Fracht- bzw. Kostenfunktionen, in die vor allem Güterart, Transportgewicht und -entfernung eingehen. 1985 wurde an der Universität Bremen ein Programm für Mini- und Mikrocomputer entwickelt, das nicht nur Näherungslösungen, sondern (bei bis zu 8 Orten) kostenoptimale Lösungen liefert.

Die genannten Datenverarbeitungsaufgaben sind für die ca. 80000 Güterverkehrsbetriebe, aber auch Produktionsbetriebe mit Transportproblemen und damit für die gesamte Volkswirtschaft ein großes Rationalisierungspotential. Hinzu treten noch andere private und öffentliche Verkehrsträger, wie Binnenschiffahrt, Bundesbahn und Fluggesellschaften.

2.4 Datenverarbeitung im Öffentlichen Sektor

Dienstleistungen erbringen nicht nur privatwirtschaftlich organisierte Unternehmen der Bereiche Handel, Banken, Versicherungen und Verkehr, sondern in hohem Maße auch staatliche Versorgungsbetriebe. Für die Öffentliche Verwaltung der Kommunal-, Landes- und Bundesebenen trat in den letzten Jahrzehnten neben den traditionellen Aufgabenschwerpunkt hoheitlicher Aufgaben, z.B. Finanzverwaltung und Polizei, ein neuer gewichtiger Aufgabenbereich: die Versorgung der Bürger. Dazu zählen die Versorgungsorganisationen der Schulen, Krankenhäuser, Altersheime, Jugend- und Sozialheime. Ferner sind weitgehend eigenständige öffentliche Betriebe entstanden für die Verkehrs-, Wasser- und Energieversorgung sowie die Wasser-, Müllentsorgung und Straßenreinigung.

2.4.1 Öffentliche Versorgungsbetriebe

Die Öffentlichen Versorgungsbetriebe setzen Rechnersysteme für ähnliche Aufgaben der Abrechnung und Planung ein, wie privatwirtschaftliche Dienstleistungs- und Produktionsbetriebe. Es fallen an: Buchhaltung, Gehaltsabrechnung, Gebührenabrechnung für Strom, Gas, Wasser, Abwässer, Müll, Straßenreinigung und Statistiken. Auch die moderneren Betriebsformen, wie Prozeßrechnersysteme und Datenfernverarbeitung und Verbundnetze sind im Einsatz, in der Erprobung oder Projektierung. Prozeßrechner in der Energieversorgung wurden bereits in VI 2.2.8 angesprochen. Zu erwähnen sind noch

Erfolge mit Linearen Optimierungsprogrammen zur optimalen Auslegung kommunaler Energienetze (Strom-, Gas-, Warmwasserleitungen).

Kommunale Verkehrsaufgaben werden seit Jahren mit Computer-Einsatz gelöst und wären ohne diesen wahrscheinlich nicht mehr zu bewältigen. Außer dem Straßenbau erweist sich der Einsatz sogenannter Verkehrsrechner als sehr erfolgreich. Der Wirkungsgrad rechnergesteuerter Verkehrssysteme liegt sogar um einiges höher als der rein baulicher Maßnahmen. Schon 1958 wurden in Toronto 16 Kreuzungen des Großstadtbereiches mit Hilfe eines Verkehrsrechners gesteuert. Heutige Verkehrsrechner erlauben den Anschluß von mehr als 1000 Ampelanlagen, was eine großflächige Verkehrssteuerung ermöglicht. Sie werden auch in mehreren europäischen Großstädten eingesetzt. Die Verkehrsflußmessungen geschehen mittels sogenannter Fahrzeug-Detektoren, die vor den Ampelanlagen angebracht sind. Es werden mechanische (Schwellen), fotoelektrische (Fotozellen), elektromagnetische (Drahtschleifen) und akustische (Ultraschall) Detektoren zu Zählzwecken eingesetzt. Über ein ausgebautes Nachrichtennetz gelangen diese Zählergebnisse zum zentralen Verkehrsrechner und werden dort verarbeitet. Der Verkehrsrechner kann entweder einen optimalen Signalplan errechnen oder einen Signalplan aus einer Sammlung abgespeicherter Standardpläne herausgreifen. Die Anweisungen des gewählten Signalplans werden an die Ampelanlagen weitergeleitet.

In die Fahrspur von Autobahnen eingelassene Drahtschleifen, sogenannte Induktionsschleifen, registrieren den Autofluß (Art, Anzahl, Geschwindigkeit). Der Verkehrsrechner in der Autobahnmeisterei verwertet die Daten und gibt Steuerungsbefehle an Stellgeräte (Wechselbeschilderungen) ab. Seit Jahren erprobt man bereits ein Autofahrer-Lenkungs- und Informationssystem (ALI). Der Autofahrer stellt zu Beginn seiner Reise an einem autoradio-ähnlichen Gerät seinen Zielort mit 4 Zeichen codiert ein – ca. 65000 Ziele sind möglich. An Autobahnausfahrten und Fernstraßenkreuzungen wird er akustisch über Richtungswahl, Straßenverhältnisse und Richtgeschwindigkeiten informiert. Das ALI-Gerät wiederum ist informatorisch über Induktionsschleifen, die 100 m vor den Kreuzungen angebracht sind, mit den dezentralen Verkehrsrechnern verbunden.

Die Überwachung und Steuerung von Fließgrößen finden sich auch im Schienen- und Straßenverkehr. Zur Optimirerung von Streckenbelegungen und Fahrplänen im Schienenverkehr werden schon lange Rechner eingesetzt. Prozeßrechner werden nun aber auch zur Fernsteuerung von Weichen und Signalen, ja für die Automatisierung ganzer Streckenabschnitte eingesetzt. Der neue Hochgeschwindigkeitszug ICE (Intercity Experimental) wäre ohne Mikroprozessorensteuerung nicht nutzbar. Rangierbahnhöfe des Güterverkehrs werden durch Prozeßrechner betrieben. Voraussetzungen sind u. a.: Zusammenlegung dezentraler Rangierbahnhöfe zu wenigen zentralen, Tagesleistungen von mehr als tausend Waggons und automatische Waggonkupplungen. Geringe Transportzeit der Güter, kürzere Umlaufzeit der Waggons, Verminderung von Stockungen und Einsparung von Arbeitskräften werden als Vorteile genannt. Zur Steuerung der etwa 300000 Güterwagen setzt die Bundesbahn seit 1984 das ‚Fahrzeug-Informations- und Vormeldesystem' FIV ein.

Ein spezifisches Verkehrs- und Lagerproblem stellt sich in Hafenstädten – die Containerverwaltung. Erfolgreich erwiesen sich dabei mittlere Rechner mit dezentralisierten Bildschirmplätzen im Leergutlager, Checkpoint für Lkw und Bundesbahn-Güterwagen, am Container-Kai und am Auskunftsschalter des Verwaltungsgebäudes. Hafenarbeiter bedienen die Bildschirm-Terminals, ohne zu Datenverarbeitungsspezialisten umgeschult zu sein. Einen derartigen DV-Service für Exporttransporte bietet das Hafen-Informationssystem COMPASS in Bremen.

Der ständig steigende zivile Flugverkehr stellt Verkehrsaufgaben, die ohne aufwendige Rechner-Verbundnetze nicht mehr zu bewältigen wären. Drei wichtige Subsysteme der Rechneranwendung entstanden:

- Rechner für die Flughafenverwaltung
- Platzbuchungssysteme der Fluggesellschaften
- Flugsicherungskontrolle

In einer Flughafenverwaltung wie Frankfurt übernimmt ein komplexes Rechnersystem über die Aufgaben der Bereiche Personal- und Rechnungswesen hinaus Aufgaben der Statistik, der Marktforschung (Verkehrsaufkommen), der Informationsversorgung Dritter (z.B. Fluggesellschaften) und des eigentlichen Flughafenbetriebs. Dazu zählen: Rollverkehr steuern, Flugzeuge positionieren, Fernschreibsysteme koordinieren, Fluggäste informieren, Gepäck- und Frachtfluß steuern, Zoll- und Spediteurkontakte aufnehmen, Flugwege optimieren und Flugzeuge betanken.

Bei Luftfahrtgesellschaften steht das automatisierte Reservieren der Passagierflüge im Mittelpunkt des Rechnereinsatzes. Die konventionelle Platzreservierung einer Fluggesellschaft ging so vor sich, daß in der Zentrale sämtliche angemeldete Buchungen auf einer großen Schautafel festgehalten wurden. Die dezentralen Agenturen mußten bei Kundenwünschen kurz vor Vollbelegung einer Strecke stets die Zentrale konsultieren. Teilnehmersysteme in einfacher software-Auslegung, sogenannte Platzbuchungssysteme, existieren schon längere Zeit. Schon 1952 wurde von American Airlines in New York ein Flugbuchungssystem mit 200 Agenturstationen und einem zentralen Computer zur Platzreservierung im Flugverkehr eingesetzt.

Bei einem Platzbuchungssystem mit zentralem Computer ist der aktuelle Belegungsstand aller Flüge im Speicher abgebildet. Jede Agentur bildet eine Teilnehmerstation (remote) und ist mittels Endgerät (terminal) und Datenübertragung mit dem Zentralrechner verbunden. Die große Arbeitsgeschwindigkeit des Rechners gestattet es, viele mitunter Hunderte von Kilometern entfernte Agenturen im Time Sharing-Betrieb praktisch gleichzeitig zu bedienen und einige tausend Buchungen pro Stunde vorzunehmen. Dennoch werden Anfragen in einigen Sekunden entsprechend dem neuesten Belegungsstand beantwortet.

Platzbuchungssysteme werden nicht nur von Fluggesellschaften, sondern auch von Bahnverwaltungen, Schiffsagenturen und staatlichen oder privaten Reiseunternehmen eingesetzt (z.B.: START, USA: Apollo, Sabre). Bei Reiseunternehmen übernimmt der Computer außer der Platzreservierung noch umfangreiche andere Arbeiten. Passagier-, Transfer- und Hotellisten werden – aufgegliedert nach Reiseziel, Reisegruppen und Terminen – ausgedruckt. Für den Reisenden werden Platzkarten, Flug-, Bahn- und Schiffstickets sowie die Gesamtrechnung ausgefertigt. Für das Reiseunternehmen entstehen umfangreiche Statistiken und Verkehrsanalysen. Prognosen und Werbeeinsatz für die folgende Saison stützen sich auf sie ab.

Die beiden größten staatlichen Versorgungsbetriebe sind die Deutsche Bundesbahn und die Deutsche Bundespost. Auf den umfangreichen Rechnereinsatz der Bundesbahn wurde schon hingewiesen. Die Bundespost benötigt etwa 30 Computer für ihre umfangreiche Massendatenverarbeitung. Ihre wichtigsten Anwendungsbereiche sind:
- Fernmelderechnungsdienst (Zählererfassung mit CIM, vgl. Kap. IV 3.3.3)
- Rentenrechnungsdienst (monatlich etwa 11 Mio. Renten)
- Besoldungskassendienst (0,5 Mio. Beschäftigte/Versorgungsempfänger)
- Postzeitungsdienst
- Bestandsverwaltung (Fermeldewesen, Post-Pkw usw.)
- Statistiken (Personal-, Post-, Fernmelde-Kenngrößen)

Die Bundespost verwaltet das Monopol über die Nachrichtenübermittlung. Daraus leitet sich aber auch die Verpflichtung ab, den staatlichen und privaten Interessenten ein funktionsfähiges Datenübertragungsnetz anzubieten und neue Technologien für die Datenfernverarbeitung auf ihre Brauchbarkeit hin zu überprüfen. Dazu zählen beispielsweise computer-gestützte Nachrichtenvermittlung und Rechner-Verbundsysteme. Eine dänische Telefongesellschaft erprobt einen computer-gestützten Auskunftsdienst. Das Auskunftspersonal arbeitet im Dialog mit einem Datensichtgerät, das von einem Mini-Computer mit Speicher für die Telefonnummern im Teilhaberbetrieb (V 3.6) versorgt wird. In Frankreich kann jeder Fernsprechteilnehmer über ein MINITEL-Terminal ein ‚elektronisches Telefonbuch‘ abrufen; Ende 1986 rechnet man mit 3 Mio. Anschlüssen.

2.4.2 Staatliche Verbundnetze

Viele klassische Behördenaufgaben auf Kommunal-, Landes- und Bundesebene konnten infolge der Datenmassen, die dabei zu verarbeiten sind, frühzeitig mit konventionellen Lochkartenmaschinen mechanisiert und später mit Rechnern der zweiten und dritten Generation automatisiert werden.

In den Gemeinden und Landkreisen erledigen die Computer – gegebenenfalls zusätzlich zu Aufgaben aus den bereits genannten kommunalen Versorgungsbetrieben – unter anderem folgende Datenverarbeitungsvorgänge:
- Einwohnerkartei erstellen und aktualisieren
- Wahlbenachrichtigungen
- Wählerverzeichnisse
- Lohnsteuerkarten
- Röntgenreihenuntersuchungen
- Impflisten
- Schulanfängerlisten
- Ausländerbetreuung
- Lohn-/Gehaltsabrechnung
- Krankenhaus-Abrechnungen (vgl. n. Kap.)
- Verbrauchsgebühren-Abrechnungen (vgl. vorausg. Kap.)
- Sachbuchhaltung
- Veranlagung von Steuern und Abgaben

Um die bundesweite Anpassung und Normung kommunaler Datenverarbeitung bemüht sich vor allem die Kommunale Gemeinschaftsstelle für Verwaltungsvereinfachung (KGSt) in Köln. Die kommunalen Aufgaben berühren natürlich vielfach die Aufgaben der Landesverwaltungen, z.B. an Einwohner-, Sozial-, Bau-, Finanz-, Justizwesen, Polizei- und die Regionalplanung. Die Staatsverwaltung benötigt oft Einzeldaten über Bürger, Betriebe, Grundstücke, die in kommunalen Rechenzentren gespeichert sind. Die Idee eines Rechnerverbundnetzes zwischen Kommunal- und Staatsverwaltung liegt nahe. In allen Bundesländern werden seit Jahren Überlegungen zu derartigen Landes-Verbundsystemen angestellt. Angestrebt werden der Austausch von Programmen und Daten, einmalige Datenerfassung, gemeinsame Auswertungsverfahren und Ausgleich von Rechnerkapazität.

Zu koppeln wären die Datenverarbeitungszentren der Landesverwaltungen, die Gebietsrechenzentren, die kommunalen Datenverarbeitungszentren und die Hochschulrechenzentren. Die erfolgreiche Kopplung der kommunalen Datenverarbeitung mit der Datenverarbeitung der Landesverwaltung, aber auch die zusätzlich gewünschte Verbindung mit Informationssystemen des Bundes setzt die Klärung bestimmter Bedingungen voraus. So bleibt zu klären, ob:
- ein Verfahrensverbund (genormte Verfahren, gemeinsame Programme)

- ein Kapazitätsverbund (Ausgleich von Rechnerkapazitäten) oder
- ein Datenverbund (Nutzung gemeinsamer Datenbänke)

gesucht wird. Technische Probleme treten mit dem Wunsch auf, Prozessoren, Speicher und Periphergeräte unterschiedlicher, konkurrierender Herstellerfirmen elektrisch zu koppeln. Die Informationsrechte der Legislativen und Exekutiven auf allen drei Verwaltungsebenen sind zu präzisieren. Die Fragenkomplexe Datenschutz und Datensicherung (vgl. VI 1.2) können keineswegs als bereits gelöst angesehen werden.

Die Projektierung staatlicher Verbundnetze kann auf eine Vielzahl von Versuchen zurückgreifen, Bereichs- und Spezialinformationssysteme in halbstaatlichen Institutionen und Organisationen zu errichten. Die folgende Auflistung nennt Beispiele für derartige Datenbank- und Informationssysteme, ohne daß sie einen Anspruch auf Vollständigkeit oder Bewertung erhebt:
- Ausländerzentralregister (Bundesverwaltungsamt)
- Bundesanstalt für Straßenverwaltung
- Bundesanstalt für Wasserbau
- Bundespresseamt
- Bundeskriminalamt: INPOL
- Bundessozialgericht: Sozialrechtsdatenbank
- Deutsche Flugsicherung (Netzwerk)
- Deutsches Institut für Medizinische Dokumentation
- Deutsches Institut für Urbanistik
- Deutsches Patentamt
- Deutscher Wetterdienst
- ESRO-Satelliten-Kontrollsystem
- Deutsches Forschungsnetz (DFN)
- Justizministerium: JURIS
- Teilstreitkräfte/oberste militärische Führung

Eines der umfangreichsten Datenbankprojekte dürfte das Juristische Informationssystem, genannt JURIS, des Bundesministeriums der Justiz werden. Die Vorarbeiten begannen bereits 1967. Im Frühjahr 1972 legte eine Projektgruppe bei der GMD, in der Juristen, Dokumentationsexperten und Systemanalytiker zusammenarbeiteten, nach zweieinhalb Jahren eine 500seitige Planungsstudie vor. Diese gründliche Systemanalyse wies auf viele Probleme hin, z.B.: keiner der drei Staatsgewalten und keiner Privatorganisation soll die alleinige Dokumentenauswahl überlassen bleiben, das System darf keine tendenziöse Auskunftsselektion betreiben, der Zugriff zum JURIS muß öffentlich und für jedermann möglich sein. Die Datenbasis des JURIS soll vier ausgewählte Rechtsgebiete umfassen, nämlich das Verfassungsrecht, Teilgebiete des Privatrechts, das Steuerrecht und das Sozialrecht. Der vierte Bereich kann auf der Sozialrechtsdatenbank des Bundessozialgerichts aufbauen, die wiederum die ca.

230 000 Dokumente der seit 1954 manuell aufgestellten Kartei für dieses Rechtsgebiet einbeziehen konnte.

Das Bundespresseamt baut eine Datenbank über politische Nachrichten, Erklärungen und Dokumente auf, die allen Bundesbehörden zugänglich sind. Der Computer sucht nach etwa 30 Kriterien, wie geografische und zeitliche Angaben, die gewünschten Informationen aus und stellt sie dem Anfrager entweder als Kurzfassung oder über ein Mikrofilmarchiv auch als Kopie des Originaldokuments zur Verfügung. Ein Literaturauskunftssystem über Bereiche der Öffentlichen Verwaltung und Planung auf Orts-, Landes- und Bundesebene bietet seit Mitte 1976 das Deutsche Institut für Urbanistik in Berlin der Öffentlichkeit an. Die Datenbasis Buchtitel, Kurzfassungen von Zeitschriftenaufsätzen, Gutachten, Plänen, Tagungsberichte und Hochschulschriften. Erfahrungen mit Straßendatenbanken liegen auf Landesebene und bei der Bundesanstalt für Straßenverwaltung vor.

Auf Kommunal-, Landes-, Bundes-, EG- und weltweiter Ebene bilden die einzelnen Datenbank- und Informationssysteme schon für sich sehr komplexe Strukturen und Verarbeitungsprozesse. Die Technologie, die Betriebssicherheit, die Datensicherheit und den Datenschutz zu beherrschen bereitet bei Systemen dieser Komplexität bereits einige Schwierigkeiten. Erst recht gilt dies, wenn die Einzelsysteme miteinander zu einem Datenverbundnetz gekoppelt werden sollen.

2.4.3 Datenverarbeitung in der Medizin

Die medizinische Betreuung der Menschen fällt in den Zuständigkeitsbereich vieler Institutionen und Personen. Sie alle gilt es zu informieren und zu beteiligen, wenn der Computer-Einsatz in der Gesundheitsversorgung verstärkt werden soll. Zu beteiligen sind zum Beispiel:

(1) Krankenanstalten (über 3000 in der BRD)
(2) medizinische Forschungsinstitute
(3) niedergelassene Ärzte
(4) Öffentlicher Gesundheitsdienst (Gesundheitsämter)
(5) Kassenärztliche Vereinigungen
(6) Krankenkassen und Interessenvereinigungen der Patienten

Die im folgenden beispielhaft genannten Anwendungen der Datenverarbeitung sind zum Teil erreicht, projektiert oder potentiell. Erfahrungen liegen vor allem aus den USA, Großbritannien und Skandinavien, aber auch der Bundesrepublik Deutschland vor. Das Kreiskrankenhaus Herford beispielsweise begann 1973 ein integriertes Krankenhaus-Informationssystem aufzubauen, gefördert mit Landes- und Bundesmitteln.

Der Datenverarbeitungseinsatz im Krankenhaus betrifft einerseits die klinischen Verwaltungsaufgaben und andererseits die eigentliche medizinische Betreuung – zwei Bereiche, die in der Praxis natürlich eng gekoppelt sind.

a) Klinische Verwaltung

Die patientenbezogenen Verwaltungsaufgaben sind mit relativ wenig Aufwand auf das Rechnersystem zu übertragen. Dazu zählen: Aufnahme- und Entlassungslisten erstellen, Bettendisposition, Einzel- und Sammelrechnungen drukken, Zahlungsvorgänge der Patienten und Krankenkassen überwachen und diverse Statistiken erstellen.

Auch die allgemeinen Verwaltungsaufgaben sind mit Aufgaben aus Wirtschaftsbetrieben zu vergleichen. Programme lassen sich abwandeln und übernehmen. Solche Aufgabenkomplexe sind zum Beispiel: Finanz- und Rechnungswesen, Gehaltsabrechnung, Anlagen- und Gebäudeverwaltung. Ein dritter Verwaltungsaufgabenbereich ist die Vorrats- und Lagerhaltung für Verbrauchs- und Laborgegenstände, für die Präparate und für die Küche. Schließlich kann mittelfristig das Informationssystem individuell die medizinische Fortbildung des Personals und der Ärzte unterstützen.

b) Medizinische Betreuung

Die Datenspeicherung über den Patienten setzt die Datenerfassung über Identifikation, Einweisungsdiagnose, medizinische Risiken, Klinikaufenthalt, Diagnosen und Therapien voraus. Diagnostische Erkenntnisse können nach dem internationalen WHO-Schlüssel der Weltgesundheitsorganisation abgespeichert werden. Die bundeseinheitliche Personalkennzahl reduziert etwas die Identifikationsproblematik. In den Labors muß die Zuordnung der Probe (z. B. Blut) zum zugehörigen Identitätsträger (z. B. Etikett) absolut sichergestellt sein. Die Entwicklung der Mikro-, Mini- und Hybridrechner fördert die Laborautomatisierung. Auch in nuklear-medizinischen Anwendungen konnten Automatisierungserfolge erzielt werden. Rechnerunterstützung benötigen ferner die Computer- und die Kernspin-Tomographie. Zur Beobachtung von Schwerkranken eignen sich vor allem Hybridrechner. Viele analoge und digitale Meßwerte, wie Atemfrequenz, Atemvolumen, Blutdruck, Herztätigkeit und Temperatur, müssen kurzzyklisch und z. T. auf Entfernung (Temex) überwacht werden. Bei Toleranzüberschreitungen gibt der Hybridrechner akustische und optische Warnsignale an das Pflegepersonal. Der Verlauf der Meßwerte wird in den Speicher übernommen und kann später für die Patientenbehandlung und für Forschungszwecke ausgewertet werden.

Die Forschung benötigt umfangreiche Datenserien, um Gesetzmäßigkeiten ableiten und Modelle über Krankheiten und deren Behandlung entwickeln zu können. Die Abb. VI 26 zeigt, wie eine Datei zur medizinisch-wissenschaftlichen Statistik einbezogen werden kann in den Informationsfluß bei einer computergestützten medizinischen Patientenbetreuung.

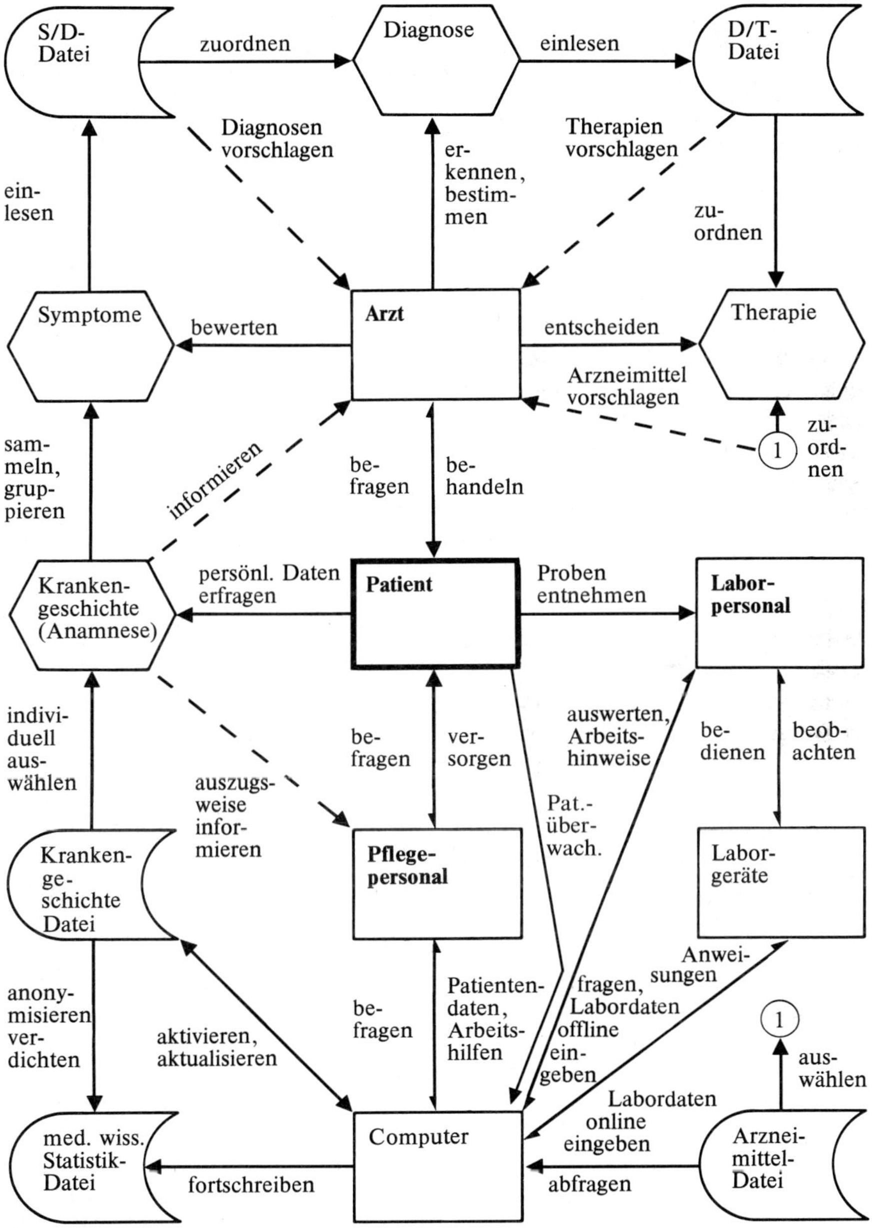

Abb. VI 26: Informationsfluß einer computer-gestützten medizinischen Patientenbetreuung

Das Schema dient nur einer ersten Orientierung und ist deshalb stark vereinfacht. Das biologische Zielzentrum ‚Patient‘ umgibt ein personeller Versorgungsring, und dieser wird unterstützt von einem informierenden Rechnersystem mit fünf Dateien. Das Pflegepersonal gibt persönliche Patientendaten über Datensichtgeräte in den Computer ein. Dieser aktiviert damit die Krankengeschichten-Datei, aus der die individuelle Krankengeschichte des Patienten ausgewählt und an den Arzt und auszugsweise an das Pflegepersonal zur Information abgegeben wird. In Stockholm existiert seit Jahren eine solche Datei, die Krankheits-, Behandlungsvorgeschichte und kritische medizinische Daten mehrerer Millionen ehemaliger und potentieller Patienten enthält. Eine US-Versicherungsgesellschaft will ihre Zentraldatei durch eine Lifecard je Versicherten ablösen. Diese Laserkarte nimmt in ihrem optischen Speicher von 2 MB Kapazität u. a. ein digitalisiertes Foto, Unterschrift und die Krankheitsgeschichte auf. Das Labor nimmt Proben und wertet sie zum Teil mit automatischen Analysatoren aus. Anweisungen an die Laborgeräte und Meßwert-Auswertung erfolgen im online-Echtzeitbetrieb zwischen Labor und Computer. Zusätzlich gibt es den Dialogbetrieb des Laborpersonals mit dem Computer. Die Daten der Krankheitsgeschichte, die Untersuchung und die Laboranalysen liefern eine Symptomsammlung, die der behandelnde Arzt bewertet.

Gleichzeitig dient sie als Eingang in die S/D-Datei. In ihr werden den Symptomkombinationen Diagnosen zugeordnet. Die heutigen Schwierigkeiten liegen weniger in der Bereitstellung technischer Einrichtungen als vielmehr dem Mangel an einer allgemeingültigen, exakten medizinischen Wissenssystematik. Etwa 100000 mögliche Symptome müssen auf die etwa 30000 bekannten Krankheitsbilder projiziert werden, wobei eine Diagnose auch das kombinierte Auftreten mehrerer Krankheiten erkennen muß. Daraus schon werden die beachtlichen Anstrengungen ersichtlich, die von der medizinischen Wissenschaft erbracht werden müssen, um allein die Problemstufe der Diagnose zu lösen. Mit Hilfe der S/D-Datei bietet der Computer dem Arzt auf einem Datensichtgerät einige Vorschläge für wahrscheinliche Diagnosen an. Der Arzt kann sie mit seinen eigenen Erfahrungen verbinden und bestimmt die Diagnose.

Die Schwierigkeiten potenzieren sich, soll der Computer über die D/T-Datei aus der Diagnose optimale Therapievorschläge machen. Die Forschungsergebnisse für derartige Diagnose-Therapie-Zuordnungsmodelle sind noch äußerst gering. In den Therapievorschlag können Informationen aus der Arzneimittel-Datei einbezogen werden. Etwa 50000 Pharmaka und Arneimittel werden angeboten. Ihre Zusammensetzungen sind ebenso wenig überschaubar wie ihre Wirkungsspektren und Verträglichkeiten. Große Chemie- und Pharmazie-Unternehmen erproben bereits solche Dateien. Umgekehrt benötigen die Forschungsinstitute in den Unternehmen und an den Hochschulen solche medizinisch-wissenschaftlichen Statistik-Dateien, die in derartigen Medizinischen Informationssystemen laufend fortgeschrieben werden. Die umfangreiche Informationshilfe kann die Entscheidung des Arztes erleichtern und vielleicht verbessern, verantworten muß er die Therapie und Behandlung nach wie vor selbst.

Die Intuition ist – wie die Intuition in anderen Wissensbereichen – sicherlich für den Arzt unverzichtbar. Ebenso sicher aber ist, wie die Praxis beweist, daß diese Suchmethode bei der Quantität und Dynamik der heutigen medizinischen Erkenntnisse Grenzen hat. Nicht Ersatz dieser menschlichen Intuition durch den Computer kann das Ziel sein, sondern Ergänzung und Symbiose mit den rationalen Suchtechniken des Rechners.

Wie in vielen anderen Wissensgebieten liegt auch in der Medizin die Zuwachsrate des Wissens sehr hoch (etwa 10% pro Jahr). Täglich erscheinen durchschnittlich über 2000 medizinische Aufsätze in etwa 14000 Periodica. Jährlich werden etwa 500 neue Krankheitsbilder entdeckt und beschrieben. Die Situation ist gekennzeichnet durch ein groteskes Mißverhältnis zwischen Forschungsergebnissen und der kommunikativen Umsetzung bei den Ärzten. Ein einzelner Arzt ist nicht mehr in der Lage, diesen so entstehenden Wissensumfang auch nur annähernd aufzunehmen, zu verarbeiten und in praktische Therapien einzubringen. Die Forschungen zur Künstlichen Intelligenz brachten in den letzten Jahren eine Reihe von rechnergestützten *Expertensystemen* gerade im medizinischen Bereich hervor, von dem noch als Experiment gedachten ELIZA- bzw. DOCTOR-Programm von Weizenbaum bis zu einer Reihe praktisch genutzter Systeme, wie: MYCIN zur medizinischen Diagnose bakteriologischer Erkrankungen.

Diese Überlegungen gelten für die Klinikarbeit, erst recht aber für die niedergelassenen Ärzte. Um ihnen Zugriff zu Medizinischen Informationssystemen der genannten oder ähnlicher Art zu ermöglichen, sind Verbundnetze und Teilhabersysteme in der Diskussion. Über einen in seiner Praxis installierten Mikrorechner würde der Arzt diese zentralen Datenbanken befragen und im Echtzeitbetrieb von ihnen Antwort bekommen. Im stand-alone-Betrieb könnte er ihn, für die eigenen Verwaltungsarbeiten (Rezepte, Krankenscheine, Rechnungen usw.) heranziehen. Interesse an dezentralen Verbundnetzen haben auch die Kassenärztliche Vereinigung, Gesundheitsämter, Krankenkassen und Patienten-Interessenvereinigungen. Diese Organisationen könnten sich eventuell mit ihren eigenen Rechnersystemen an das Netz anschließen. So arbeitet beispielsweise seit einigen Jahren ein Integriertes Datenverarbeitungs- und Auskunftssystem für die gesetzlichen Krankenversicherungen (IDAK). Es umfaßt die Mitgliederbestandsführung, die Beitragskontenführung (Arbeitgeber, freiwillige Versicherte), statistische Auswertungen, Finanz-, Vertrags- und Leistungswesen.

2.5 Datenverarbeitung in Wissenschaft und Bildung

2.5.1 Disziplinen und Hochschulen

Zwei verschiedene Zielsetzungen gaben vor ca. 30 Jahren den Anstoß zur Entwicklung von Digitalrechnern. Um die prinzipiell begrenzte Genauigkeit von Analogrechnern bei der Lösung von Differentialgleichungen zu umgehen, wandte man sich an amerikanischen Universitäten dem digitalen Prinzip zu, das nur aufwandsmäßig Genauigkeitsschranken setzt (vgl. I 2). In Deutschland versuchte K. Zuse das digitale Prinzip der Programmierbarkeit gleichförmiger Routineberechnungen, wie er sie von den Baustatikproblemen her kannte, dienstbar zu machen. Der naturwissenschaftlich-technische Bereich blieb relativ lange Zeit eigentliches Anwendungsfeld von Digitalrechnern. So entwickelten sich an allen Technischen Hochschulen und Universitäten Rechenzentren. Gelegentlich wurden eigene Rechner entwickelt. Heute sind die Rechenzentren aller Hochschulen mit leistungsfähigen Rechnersystemen ausgerüstet. Umfassende Berechnungen, die in den verschiedenen Disziplinen anfallen, werden an diesen zentralen Recheninstituten durchgeführt.

Grundlagenmethoden für diese Disziplinen liefert die *Mathematik*. Bisher schon bekannte Methoden werden weiterentwickelt oder abgewandelt, um für Rechner programmierbar und operabel zu werden. Aber auch neue Probleme werden erforscht, die früher des unzulässigen Zeitaufwandes wegen nicht behandelt werden konnten, heute aber mit den hohen Rechengeschwindigkeiten der Rechner lösbar werden. Die rasche Entwicklung der numerischen Mathematik in den letzten 20 Jahren ist primär auf die Ausweitung der Datenverarbeitung zurückzuführen. So wurde 1985 an der Universität Hamburg nach 25 Mrd. Operationen in 72 min. die größte von einem Nicht-Amerikaner erarbeitete Primzahl (7067 Stellen) errechnet.

Ein wichtiges Anwendungsbeispiel der Datenverarbeitung in der *Physik* ist der Bau und Betrieb von Atom-Reaktoren. Die umfangreichen Berechnungen zur Auslegung von Brennelementen und Abschirmeinrichtungen, zur Analyse von Stabilitäts- und Radioaktivitätsverhalten und zur Auswertung von Meßreihen können nur mit Rechnersystemen vorgenommen werden. Ähnlich aufwendige Berechnungen entstehen in der Optik bei der Entwicklung und optimalen Korrektur von Objektiven mit acht und mehr Linsen. Beispielsweise waren zwei Computer fünf Monate mit den Rechenarbeiten zur Entwicklung eines 22linsigen Objektivs für Farbfernsehaufnahmen ausgelastet. Ein einzelner Mathematiker wäre ca. 250 Arbeitsjahre damit beschäftigt gewesen. Die *Meteorologie* arbeitet mit komplexen mathematischen Modellen und mit Massen-Daten. Die Satelliten Meteosat 1 und 2 übertragen den Bodenstationen jede halbe Stunde 210 Mbit (35 Mio. Bildpunkte in 6-Bit-Code für 64 Graustufen). Das Zentralamt des Deutschen Wetterdienstes sendet etwa 30 Mio. Zeichen pro Tag. Ohne ein Großrechensystem wären derartige Datenverarbeitungsleistungen nicht zu erbringen.

In der *Chemie* werden Rechner unter anderem zur Analyse von Gleichgewichtszuständen, von Spektrometermeßwerten und von Klassifikationsproblemen eingesetzt. Insbesondere die Arbeiten an Datenbanken, die heute schon über 100000 chemische Verbindungen aufbewahren, und an Programmen zur Wiederauffindung von Strukturformen organischer Substanzen werden vorangetrieben. Zur Daten-Eingabe und -Abspeicherung werden die grafischen Strukturformeln in eine lineare Schreibweise umgeformt (z.B. Wisswesser-line-notation).

Biologische Einsatzgebiete der Datenverarbeitung sind z.B. Klassifikationsprobleme und Korrelationsrechnungen von Eigenschaften der Lebewesen. Die Bio-Chemie betreibt Vererbungsforschung mit Digitalrechnern, etwa durch Digitalisierung von Mikrobildern der Chromosomen und in Beziehungsetzen zu genetischen Störungen. Dabei werden Ansätze aus der Informationstheorie verwertet.

Weit mehr Erfahrungen mit der Datenverarbeitung besitzen die *Ingenieurwissenschaften,* die seit langem schon mathematische Methoden integriert haben und damit eine wichtige Voraussetzung für den Einsatz von Rechnern mitbringen. Für die Elektrotechnik brauchen beispielhaft nur Probleme wie Filter-, Antennen- und Regelkreisberechnungen genannt werden. Fernsprechvermittlungseinrichtungen mit dominierender Elektronik gewinnen in Nebenstellenanlagen, aber auch schon im öffentlichen Netz in verschiedenen Ländern zunehmend an Bedeutung. Digitale Baugruppen werden dabei zur Nummern-Speicherung und -Umrechnung bei der Leitweglenkung eingesetzt. Insbesondere der Satellitenfunk macht Spezialcomputer erforderlich.

Computer entwerfen, konstruieren und produzieren sich selbst. Im Maschinenbau sind Probleme der Thermodynamik und der Bewegungsmechanik, im Bauwesen beispielsweise Aufgaben der Statik oder des optimalen Kurvenverlaufs im Straßenbau zur Behandlung mit Computer geeignet. Die Fortschritte der modernen Luft- und Raumfahrt sind ohne Computer undenkbar. Die Datenverdichtung während und nach einem Windkanalexperiment, Vibrations- und Flugsimulationen sind zu nennen.

Natürlich setzen die in den letzten fünfzehn Jahren entstandenen *Informatik*-Institute an den Hochschulen den Computer selbst wiederum ein, um etwa neue Rechnerarchitekturen, digitale Schaltungen (III 3., IV 1.3) oder Systemsoftware (V 2.5.4.5) zu entwickeln. So soll mit Förderung des Bundesministeriums für Forschung und Technologie und mit Beteiligung von Hochschulinstituten bei Krupp Atlas Elektronik in Bremen bis Ende 1988 der Prototyp eines Superrechners für numerische Anwendungen (Suprenum) entstehen. Er wird aus vernetzten Parallelrechnern bestehen und für aufwendige Berechnungen in der Meteorologie, Astronomie und bei Strömungsberechnungen anwendbar sein.

Der Computer bewährt sich seit einigen Jahren zunehmend auch als Hilfe bei Aufgaben in sozialwissenschaftlichen Disziplinen. Die empirische *Sozialforschung* benötigt ihn für die Korrelationsrechnungen, Faktor- und Clusteranalysen ihrer umfangreichen Datenreihen aus Befragungen. Modellbildungen werden vorangetrieben. Weithin bekannt sind Prognosen und Hochrechnungen bei politischen Wahlen. In den letzten zwei Jahrzehnten war eine Mathematisierung der *Ökonomie* zu beobachten. Angewandte Statistik, Operations Research-Modelle zur Optimierung (vgl. VI 2.2.3) und Planspiele in der Fortbildung fordern und fördern den Rechnereinsatz. Computer-gestützter Unterricht ist Gegenstand vieler Experimente in der *Pädagogik*. Die *Linguistik* betreibt sprachwissenschaftliche Untersuchungen über Zeichenkorrelationen und Worthäufigkeiten (Syntaktik, vgl. Kap. III 1.1.1) sowie Ansätze zu Sprachübersetzungen mit Rechnersystemen, die den großen Datenanfall bewältigen sollen.

Mit Förderung der Deutschen Forschungsgemeinschaft (DFG) filterte eine Anglistengruppe mit Hilfe eines Großrechners das eine viertel Million Wörter lange Original des Romans ‚Ulysses' von James Joyce aus den vielen Versionen heraus.

Die bisherigen Erfahrungen mit dem Rechnereinsatz in wissenschaftlichen Disziplinen zeigen, daß eine Unterstützung dieser Disziplinen sowohl in ihrer deskriptiven und klassifikatorischen Phase als auch im Stadium der Gesetz- und Modellbildung möglich ist. Erleichtert wird der Einsatz, je stärker die Formalisierung mit Mathematik, Logik und anderen Methoden erreicht wird.

Einer Studie der Organisation für wirtschaftliche Zusammenarbeit und Entwicklung (OECD) zufolge wird sich bis 1985 die Zahl der wissenschaftlichen Veröffentlichungen versechsfachen. Um diese Informationslawine zu bewältigen, wird eine Erweiterung der gegenwärtigen Computerkapazität nach Zahl und Leistung um einen Faktor zwischen 50 und 100 gefordert. Vor diesem Hintergrund und angesichts der bereits erfolgten Wissensexplosion der letzten 20 Jahre werden die aufwendigen Forschungsbemühungen einerseits um leistungsfähigere Speichertechnologien (vgl. IV 2) und andererseits um Methoden der Informationswiedergewinnung bzw. -neufindung (information retrieval, vgl. V 1.2.3) verständlich.

Das Deutsche Patentamt weist jährlich für etwa 20000 Anmeldungen nach, daß die Entwicklung nicht neu ist. Die strategische Bedeutung von Wissens-Datenbanken (vgl. VI 2.3) in Forschungs- und internationalen Wirtschaftsprozessen veranlaßte die Bundesregierung, mit mehreren hundert Millionen DM 20 Fachinformationszentren zu fördern. Als Schwerpunktförderungen gelten: Patentbereich, elektronisches Publizieren (z. B. existiert bereits eine Volltext-Datenbank der VDI-Nachrichten), Gesundheitswesen und Wirtschaftsinformationen. Orientierungshilfen zu Datenbanken in der Bundesrepublik Deutschland bietet die Gesellschaft für Information und Dokumentation (GID).

In den Hochschulen stellen sich neben der Bibliotheksverwaltung andere Verwaltungsaufgaben, die zum Teil seit langem automatisiert ablaufen. Ein Hochschul-Informationssystem sollte folgende Aufgabenbereiche mit Rechnerunterstützung bearbeiten lassen:

a) Studentenverwaltung (Im-/Exmatrikulation, Belegen, Wahlen)
b) Personalverwaltung (Lohn-/Gehaltsabrechnung, Stellenhaushalt)
c) Bauverwaltung (Raumbedarfs-/Raumnutzungsplanung)
d) Betriebsmittelverwaltung (Geräte-/Materialdisposition)
e) Finanzverwaltung (kameralistisches Rechnungswesen)
f) dezentrale Lehr- und Forschungsbetriebsverwaltung

2.5.2 Computer im Unterricht

Die Verwaltungs- und Leitungsaufgaben wuchsen in vielen Hochschulen durch die zunehmenden Studentenzahlen. Strukturell ähnliche Aufgaben in kleinerem Rahmen stellen sich seit Jahren auch an Schulen. Mittelpunkts-, Ganztags- und Gesamtschulen mit vielleicht 2000 Schülern, etwa 100 Lehrern und etwa 100 Räumen machen neue Organisationsmethoden und Informationstechnnologien notwendig. Folgende Computer-Anwendungen in den Schulen oder Hochschulen werden untersucht und praktiziert:

a) Verwaltungsaufgaben:
   - Verwaltung der Dateien für Schüler/Studenten und Lehrer/Dozenten
   - Raumverwaltung und Stundenplanoptimierung
   - Verwaltung der Kommunikations- und Laborgeräte
b) Pädagogische Aufgaben:
   - Computer als Unterrichtsobjekt (Informatikfächer)
   - Tests und Prüfungen auswerten
   - computer-unterstützter Unterricht (CUU)
     (computer assisted instruction/learning CAI/CAL)

Für die wichtige schulorganisatorische Aufgabe der Stundenplanerstellung (scheduling) bieten sich mehrere Rechnerprogramme an. Sie verfolgen mehrere, gewichtete Ziele, wie hohe Ausnutzung der Unterrichts- und Fachräume, pädagogische Streuung der Stunden, wenig Hohlstunden, Verkehrssituation der Schüler und Prioritäten der Lehrer.

Trotz heftiger Diskussionen um den Computer in der Schule und trotz reger Bemühungen der Computer-Hersteller um den vermuteten Bildungsmarkt konnte lange Zeit von breiten Erfolgen keineswegs gesprochen werden. Eher war der Avantgardismus und die Ausdauer einzelner Schulleiter zu bewundern, die mit meist computer-technisch, finanziell oder personell ungenügenden Mitteln Experimente mit Rechnern im Schulbetrieb durchführten. In den 60er Jahren entstand bei Nixdorf der Lehrautomat BAKKALAUREUS. Die fehlenden Mittel für breit angelegte Schul-Computersysteme bewirkten eine Verlagerung der Hoffnungen auf die zunehmende Aus- und Fortbildung in Wirtschaft und Verwaltung. Bereits 1970 führten 31 Industrie- und Handelskammern bei 6700 Anwärtern die Zwischenprufung zum Industriekaufmann mit Computer-Unterstützung durch. Computer-unterstützte Erfolgskontrollsysteme betreuten 1971/72 parallel zur Fernsehserie ‚Datenverarbeitung' 21000 Teilnehmer und 1972–74 parallel zur Serie ‚Management' 45000 Teilnehmer.

Den Durchbruch brachte der Mikrocomputer-Markt auch für die Schule – vorangetrieben durch Aktionen der MC-Hersteller und gefördert durch die Bildungsministerien. Für die Lehre mit und am Personal Computer an den Hochschulen legte die Bundesregierung 1985 ein eigenes Computer-Investitionsprogramm (CIP) auf.

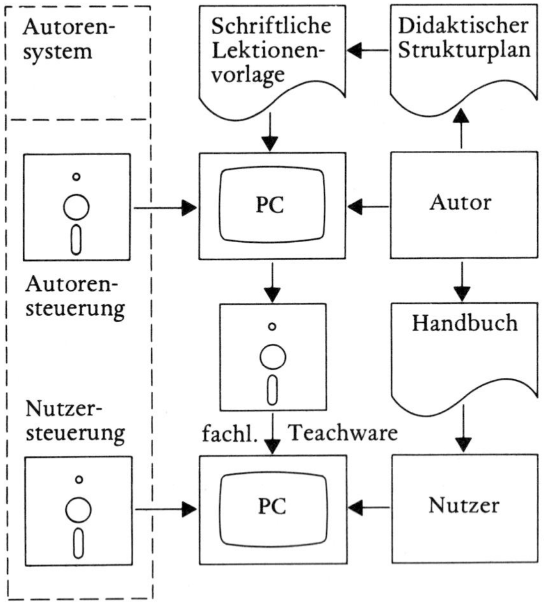

Abb. VI 27: Interaktives Lehrsystem auf PC-Basis

Beim rechnergestützten Unterricht übernimmt der Computer quasi Lehrfunktionen, indem er anhand, gespeicherter Unterrichtslektionen (courseware, teachware) mit dem Lernenden einen ‚didaktischen Dialog' führt. Abhängig von den Antworten des Lernenden auf eingestreute Testaufgaben verzweigt die Teachware im Angebot; auch können inzwischen Videoszenen vom Band oder von der Bildplatte eingebaut werden. Seit 1954 existieren bereits an der University of Illinois CAI-Erfahrungen mit dem interaktiven Lehrsystem PLATO (Programmed Logic for Automatic Teaching Operations). Inzwischen sollen über 8000 Lehrstunden-Lektionen für unterschiedliche Zielgruppen und Fächer verfügbar sein. Seit 1984 können Teile des PLATO-Systems auch auf dem Personal Computer genutzt werden. Ferner bietet der Software-Markt inzwischen weitere sogenannte Autorensysteme an. Mit ihrer Hilfe kann auf dem Personal Computer Teachware entwickelt und genutzt werden. Der Autor generiert mit einem didaktischen Autoren-Tool seine schriftlich vorstrukturierten Bildschirm-Lektionen. Diese fachlichen Teachware-Einheiten auf Disketten (und ggf. auf Videomedien) verwendet der Lernende mit seinem eigenen PC. Bei einigen Autorensystemen übernimmt eine Software ‚Nutzersteuerung' die Überwachung des Ablaufs und liefert auf Wunsch Statistiken über den Lernerfolg. Recht verbreitet sind kleine Teachware-Einheiten zur Einführung in den Mikrocomputer und in Arbeitsplatz-Software-Pakete (VI 2.1).

Lehrzwecken dienen auch Planspiele unterschiedlichster Art, die in problemorientierten Programmiersprachen entwickelt wurden. Unternehmensplanspiele (VI 2.2.3.3) simulieren mehrere oder alle Funktionen eines Unternehmens (vgl. Abb. VI 11). Funktionsplanspiele dagegen beschränken sich auf das Vermitteln einzelner Funktionen, wie: Nutzwertanalyse, Investitions- oder Kostenrechnung

Eine kontroverse Diskussion wird in der Öffentlichkeit zur Frage geführt, ob und ab wann das Thema Informatik und das Lernen am Bildschirm in der Schule und zu Hause für Schüler sinnvoll und zulässig erscheint. Sollte die Schule kein Angebot machen, holen sich die Schüler noch mehr als bisher ihr Wissen aus anderen Quellen. Andererseits kann eine zu intensive Arbeit am Mikrocomputer zum Selbstzweck und reinen Gerätebedienen entarten, wobei die inhaltliche Reflektion der Fachthemen vernachlässigt würde.

Die innerbetriebliche CAI-Anwendung versucht die Einbahnstraße zu vermeiden, den frühere Anwendungen oft eingeschlagen haben, indem sie programmierte Lehrtexte formalistisch auf das neue Instrument Computer übertragen haben. Heute bemüht man sich vor allem, die spezifischen Möglichkeiten des Mensch-Computer-Dialogs durch Simulation, interaktive Spiele, Planspiele und Methodentraining (2.2.3.3) der individuellen Problemlösungsschaltung nutzbar zu machen. Die Entwicklung der intelligenten Terminals, Mikrocomputer, DV-Verbundnetze und Dialogsprachen kommt dem Bedarf an dezentraler Rechnerkapazität in Betrieben, Schulen und Hochschulen entgegen. Diese technologischen Möglichkeiten können aber nur wirksam genutzt werden, wenn Planungs-, Entscheidungs- und Kontrollfunktionen organisatorisch von den Hierarchiespitzen, d. h. den Unternehmensleitungen, den Kultus- und Wissenschaftsministerien zu den DV-Anwendern verlagert werden.

Aufgaben zu VI 2.

(1) Welche Datenfelder sind in einer Personaldatei üblicherweise vorgesehen? Betrachten Sie Ihren eigenen Personaldatensatz und überlegen Sie, ob Sie bei einigen Datenfeldern Bedenken gegen die Speicherung hätten.

(2) Was bedeutet ‚Lineare Programmierung'?

(3) Welche der Elementarstrukturen 1, 2, 3a, 3b aus Abb. V 29 treten in dem Programmablaufplan Abb. VI 15 auf? (Hinweis: zeichnen Sie bitte den Plan ohne Konnektoren.)

(4) Markieren Sie, in welcher Datei bzw. in welchen Dateien die im folgenden genannten Datenfelder auftreten. Sind die betreffenden Datenfelder Ordnungs- oder Mengeninformationen (vgl. dazu Abb. I 11):

Ord-nungs-inform.	Men-gen-in-form.	Datenfeld	Kun-den-datei	Verk.-datei	Teile-datei	Lieferanten-datei
		Teile-Nr.				
		Verkäufer-Nr.				
		optim. Bestellm.				
		Provisionsklasse				
		Konditionen				
		Monatsumsatz				
		Kreditlimit				
		Kunden-Nr.				

(5) Welche Art von numerisch gesteuerten Maschinen gibt es?

(6) Nennen Sie Beispiele aus Wirtschaft und Verwaltung, mit der die These ‚Dezentralisierung der Computer-Intelligenz' untermauert werden kann.

(7) Welche Probleme können durch die Errichtung von Verbundnetzen in der Öffentlichen Verwaltung entstehen?

(8) Ordnen Sie die Aufgaben einer Klinik nach der Intensität des erfolgreichen Rechnereinsatzes: Diagnose stellen, Therapie finden, Symptome gruppieren, Krankengeschichte verwalten, Patientenverwaltung, Laborauswertungen, Arzneimitteldokumentation, medizinisch-wissenschaftliche Statistiken.

(9) Welche Vor- und Nachteile kann der rechnergestützte Unterricht mit sich bringen?

(10) Nennen Sie DV-Anwendungen in Betrieben, Behörden oder im privaten Bereich, die Sie selbst erfahren haben. Welche Informationstechnologien wurden von wem in welcher Organisationsform für welche Aufgaben eingesetzt?

(11) Sie haben nun dieses Buch durchgelesen und durchgearbeitet. Sie hatten selbst gewisse Erwartungen, als Sie mit dem Lesen dieses Buches begannen. Auch wurden in dem einleitenden Kapitel einige Lernziele formuliert. Versuchen Sie, sich die folgenden Fragen zu beantworten: Wieweit wurden meine Erwartungen erfüllt? Wie weit konnte ich die dort genannten Lernziele erreichen? Wenn Abweichungen auftreten: welche Ursachen könnten sich ausgewirkt haben? Sollte ich einige Kapitel nochmals lesen, da ich sie im Nachhinein vermutlich besser verstehen würde? Welche Änderungen und Verbesserungen möchte ich dem Autor vorschlagen? Was sind die drei wichtigsten Erkenntnisse, die ich aus dem Buch gewonnen habe? Mit wem könnte ich über die Lerninhalte dieses Buches und offengebliebene Fragen diskutieren? Welche der angegebenen, weiterführenden Literatur will ich mir in welcher Reihenfolge vornehmen (Hilfe dazu bietet der Anhang: Literaturauswahl)

Anhang

Lösungen zu den Aufgaben

Aufgabe	I.1 S. 38	I.2 S. 44	I.3.2.1 S. 51	I.3.2.2 u. 3.2.3 S. 59	I.3.3 S. 70	I.3.4 S. 75	I.3.5 S. 84
1	a	c	a	a	a	c	a
2	c	c	b	c	a	a	c
3	b	c	c	a	c	c	b
4	c	c	a	b	b	a	b
5	a		a	a	c	c	c
6	a		b	c	b		a
7	c		b	b	b		b
8	a, b, c		c		a		a
9					b		c
10							c
11							

Aufgabe	II.1 S. 119	II.2.1 S. 127	II.2.2 S. 140	II.2.3 S. 144	II.2.4 S. 148		
1	b	a	a	a	a		
2	b	c	c	c	c		
3	c	b	b	a	b		
4	b	b	a	a	c		
5			a	b	a		
6			b		c		
7			a		b		
8			b		b		

Aufgabe	III.1.1 S. 158	III.1.2 S. 168	III. 2.1–2.3 S. 181	III.2.4 S. 192	III. 3.1–3.4 S. 204	III. 3.5–3.7 S. 227	IV. 3.2–3.5 S. 303
1	a	c	c	b	a	b	a
2	a	a	b	b	c	c	b
3	c	c	a	b	a	b	b
4		a	b	b	c	a	a
5		b	c	a	c	b	b
6		b	a	a	c	c	c
7		c	c	c	b	a	
8		a			b		
9		b			a		
10					c		
11					a		
12					b		
13					b		

zu I 3.2.2/3.2.3, Seite 59

(8) ASCII-Zeichen	Dezimal	Hexadezimal	Binär
A	65	41	LOO OOOL
2	50	32	OLL OOLO
!	33	21	OLO OOOL
ESC	27	1B	OOL LOLL

zu I 3.6, Seite 96

(1) vier
(2) Zentraleinheit
(3) Prozessor
(4) vom Anwender entwickelte Programme
(5) synchronen
(6) Übernahme und Interpretation
(7) nächsten Befehl

zu I 4., Seite 109

vgl. Text in I 4 und Stichwörterverzeichnis im Anhang

zu IV 1., Seite 240

(1) ein Strom fließt
(2) der Transistor (im Gegensatz zur Diode)
(3) z. B.: geringer Raum-, Wartungs-, Energiebedarf, hohe Arbeitsgeschwindigkeit, geringe Herstellkosten
(4) eine Massenproduktion standardisierter Baugruppen möglich ist
(5) Silizium

zu IV 2.1/2.2, Seite 248

(1) bistabile und astabile
(2) sinngemäß: die Magnetisierungsrichtung und damit der Speicherinhalt (O bzw. L) auch erhalten bleibt, wenn die Stromversorgung ausfällt.

zu IV 2.3/2.4/2.5/2.6/2.7, Seite 264

(1) Magnetband
(2) 70000 Lochkarten
(3) $1/2n = 1/100\,s = 5\,ms$
(4) für keine der Techniken (Kern, Band, Platte, Trommel, Streifen) alle Speicherkenngrößen a) bis e) gleichzeitig optimal sind.
(5) Halbleitertechnologie
(6) den Diskettenspeicher
(7) Bandspeichers mit dem des Trommelspeichers
(8) größerem Kapazitätsbedarf (vgl. Abb. 31)
(9) zunehmender Zykluszeit (vgl. Abb. 31)
(10) Halbleiter-, Platten-, Disketten-, Trommel-, Kartenspeicher
(11) Magnetband- und Kassettenspeicher

zu IV 3.1, Seite 275

(1) elektromechanisch
(2) (vgl. die Aufzählung unter IV 3.1)
(3) 80 Spalten · 12 Zeilen = 960 Lochpositionen
(4) Lochfeld
(5) Buchstabe P
(6) dezentrale Buchungsmaschine mit gleichzeitiger, dezentraler Lochstreifenerzeugung, anschließend körperlicher Datentransport zum Rechenzentrum, manueller Eingriff zum Einlegen des Lochstreifens in den Lochstreifenleser, einlesen in die Zentraleinheit
(7) Bildschirmeinheit zentral im Rechenzentrum, benutzt von Anwendern

dezentraler Abteilungen, kein manueller Eingriff nach der Datenerfassung über Bildschirmeinheit, d. h. funktional-quellennah

(8) dezentrale Meßwerterfassung (gegebenenfalls automatisch), elektrische Datenübertragung ohne manuelle Eingriffe (online) in die Zentraleinheit

(9) 3 Felder · 10 Zei/Feld = 30 Zei
4 Felder · 5 Zei/Feld = 20 Zei
50 Zei/Datensatz
5000 Datensatz · 50 Zei/Datensatz = 250000 Zei
250000 Zei/8000 Zei/h = 250/8 h = 31,25 Stunden
Dieser Zeitbedarf von über 31 h gibt ein Beispiel für den großen Aufwand in der Datenerfassung

zu IV 3.1–3.5, Seite 303

(5) vgl. Liste S. 284

(6) Akustikkoppler, Bildschirm, Btx-Anschluß, Digitalisierer, Diskettenlaufwerke, Drucker, Grafiktablett, Harddisc, Joystick, Kassettenrecorder, Lautsprecher, Lichtgriffel, Maus, Mikrofon, Modem, Plotter, Rollball, Tastatur

(7) Btx, Datex-L, Datex-P, Direktrufnetz, Telebox, Telefax, Telefon, Teletex, Telex, Temex; IDN, ISDN.

(8) a) on-line-Betrieb b) off-line-Betrieb

(9) EAN

(10) vgl. Liste S. 278 und S. 279

(11) digitaler, analoger

(12) bit/Sekunde

(13) vgl. Abb. IV 38 und S. 154

zu V 1., Seite 333

(1) sinngemäß: weil sich der Datenblock an der physikalischen Struktur des Datenmediums (Band, Platte) und nicht an der logischen Zusammengehörigkeit der Dateninhalte orientiert

(2) 3 logische Sätze = 3 × 80 = 240 Zeichen
d. h. 240 Zei/64 Zei/mm = 3,75 mm
1 Blockzwischenraum: ca. 15 mm
d. h. Ausnutzungsgrad = 3,75/(3,75 + 15) = 0.2 = 20%

(3) Nachrichten, Texte, Textkurzfassungen (abstracts), Verträge

(4) klassifizierende Schlüssel

(5) alle drei

(6) Hierarchie-, Netzwerk-, relationales Modell

(7) ralationales Modell

(8) Datenbasis, Datenverwaltungssystem (DBMS)
(9) vgl. Seite 330f

---

zu V 2.1/2.2/2.3/2.4, Seite 361

---

(1) Zu Beginn ist ein Block ‚LESEN‘ (N) einzufügen und der Abfrageblock wird lauten: I = N.
(2) sinngemäß: Die Befehlsliste ist die Liste aller zulässigen Befehlstypen eines Computer-Modells. Sie wird vom Hersteller mitgeliefert und dient dem Programmierer als Grundlage für seine Arbeit (insbesondere für das Codieren).
(3) Die Assemblersprache verwendet sowohl symbolische Operationsteile (mnemotechnische) als auch symbolische Adressen
(4) COBOL
(5) Problemorientierten
(6) Makro, z.B. PUT
(7) In dem BASIC-Programm Abb. V 17, S. 347 ist einzufügen:
25 INPUT "OBERE GRENZE OG=", OG
und zu ersetzen:
40 FOR I = 1 TO OG STEP 1
(8) einfügen:
25 INPUT "OBERE GRENZE=", N
ersetzen:
40 FOR I = 2 TO N STEP 2
50 S = S + I*I*I
(9) FORTH, LISP, LOGO, PROLOG

---

zu V 2.5, Seite 385

---

(1) vgl. S. 362f
(2) gemeinsam: sie sind weitgehend unabhängig vom Maschinentyp einsetzbar und verfolgen die Grundidee: ‚ein Problem und nicht primär eine Maschine ist zu programmieren‘.
unterschiedlich: die Spezialsprachen engen den Problemkreis ein, verwenden konkrete fachspezifische Ausdrücke dieses Problemkreises und können deshalb nicht für andere Problemkreise eingesetzt werden. Die Universalsprachen bleiben auf relativ abstraktem und allgemeinem Sprachniveau, um Probleme unterschiedlicher Problemkreise formulieren zu können. Die Spezialsprachen stehen deshalb natürlich dem Anwender näher.

(3)

	1	2	3	4	5	6	7	8
Merkmal A	J	J	J	J	N	N	N	N
Merkmal B	J	J	N	N	J	J	N	N
Merkmal C	J	N	J	N	J	N	J	N
in Statistik I	x	x	x		x			
in Statistik II				x		x	x	

(4) Elementarstruktur: 1 tritt 2mal auf
3b tritt 1mal auf

(5) keine Elementarstrukturen mehr. Um dies zu verhindern, müßte man:

statt:

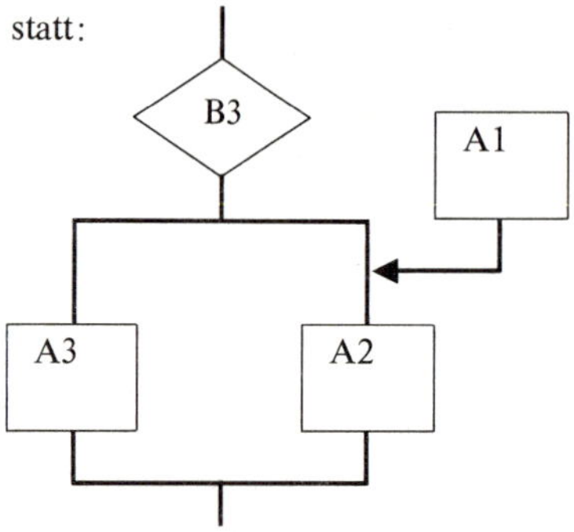

strukturiert zeichnen:

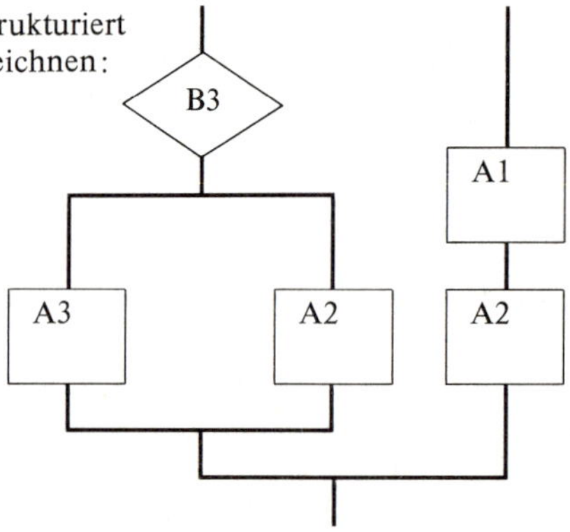

(6) Normierte Programmierung, HIPO, JACKSON, LCP, LITOS, SADT, SD/CD; ferner: Projektmanagement, Phasenmodell, Top Down Design, Strukturierte Programmierung.

zu V 3., Seite 403

(1) B11
(2) vgl. dazu IV 3.1
(3) B2
(4) Teilhabersystem
(5) Busnetz
Ringnetz
Sternnetz

zu V 4., Seite 436

(1) Beispiele:
personell: Operateure, Programmierer
programmiertechnisch:
- problemorientierte Programmiersprachen
- Betriebssystem
- virtuelle Systeme

maschinell: benutzerfreundliche Endgeräte (terminals)

(2) Der Selektorkanal ist:
- hardware
- entziehbar
- nicht mehrfachverwendbar

(3) Antwort b)

(4) I Bedienungssteuerung II Auftragssteuerung
III Prozeßsteuerung IV Datensteuerung

(5) Vorübersetzer, Generatoren, Assemblierer, Kompilierer, Prekompilierer

(6) UNIX

(7) Alle Dateien im Laufwerk B, die mit PRI beginnen und die eine Extension KOR aufweisen, werden auf den Datenträger in Laufwerk A kopiert

zu VI 1., Seite 465

(1) a) Entscheidungsbeispiele bezüglich der Komponente ‚Aufgaben‘:
- welche betrieblichen Aufgabenpakete lohnt es sich überhaupt zu automatisieren?
- Prioritäten setzen bezüglich der Bearbeitungsreihenfolge von betrieblichen Aufgaben, die zur Automatisierung ausstehen und um die begrenzte DV-Personalkapazität und Rechnerzeit konkurrieren.

b) Entscheidungsbeispiele bezüglich der Komponente ‚Hardware‘:
- Übergang von einem Rechnermodell zu einem anderen (z. B. von Band- zu Plattensystem) oder Herstellerwechsel?
- Mono- oder Mixed Hardware?
- online-Datenerfassung?

c) Entscheidungsbeispiele bezüglich der Komponente ‚Software‘:
- Berater beauftragen mit Studie?
- Programmpaket kaufen oder selbst programmieren?
- welche Programmiersprache(n)?
- Betriebssystem baukastenförmig erweitern?

d) Entscheidungsbeispiele bezüglich der Komponente ‚Personal‘:
- wer soll an welchem DV-Projekt über eine Arbeitsgruppe beteiligt werden?
- welche DV-Personaleinstellungen?

- wie weit darf in der Organisation der DV-Abteilung die Arbeitsteilung getrieben werden?
- welche Arbeitsplatzbedingungen sind in der DV-Abteilung zu schaffen?
- welche Fortbildungsmaßnahmen sind auszuwählen?
- wer ist in welcher Fachabteilung DV-Kontaktperson?

(2) a) Vorteile:
- die zentrale und periphere Hardware an den betriebsspezifischen Bedarf anpassen
- Kosten von bis zu 20% einsparen
- vom Hersteller schrittweise unabhängig werden

b) Nachteile:
- mehrfache Schnittstellenprobleme (interface)
- reserviertes Wartungsverhalten des ZE-Herstellers
- Wartungsverträge mit mehreren Gerätelieferanten

(3) vgl. Abb. VI 3

(4) S. 455

(5) a) Einseitige körperliche Belastung durch sitzende Tätigkeit, manuelle Tastaturbedienung und anstrengendes Überwachen der Kontrollanzeigen

b) Leistungsdruck durch Prämiensysteme, durch laufende automatische Leistungserfassung und -kontrolle, Termindruck bei monatlichen oder jährlichen Abschlußarbeiten

c) extreme Arbeitsteilung und damit keinen inneren Bezug zur Bedeutung der erfaßten ‚Zeichenkolonnen'.

(6) a) Mitarbeiter der Fachabteilungen über DV-Terminologie, DV-Arbeitsweise, aktuellen Stand der betrieblichen DV-Automatisierung und beabsichtigte Automatisierungsvorhaben in verständlicher Sprache informieren

b) DV-Kontaktpersonen in Fachabteilungen benennen und qualifizieren

c) Fachabteilungen in DV-Projektgruppen einbeziehen, deren Sprecher nicht immer der jeweilige DV-Systemanalytiker sein muß

d) Projektanträge standardisieren und Programmpakete gut dokumentieren

e) Leistungen der DV-Abteilung nach Personal- und Maschinenaufwand innerbetrieblich verrechnen – nach einmaligen und laufenden Leistungen unterschieden.

(7) Beispiele für zum Teil konkurrierende Interessen(gruppen):
- Interesse der Wirtschaft und Verwaltung, schnell und einfach Informationen beschaffen, verarbeiten und weitergeben zu können.
- Interesse der Kunden und Bürger nach schneller Bedienung
- Interesse der Staatsbürger, von staatlichen Vorschriften möglichst wenig eingeengt zu werden.
- Interesse von Unternehmen, die sich auf die erwerbswirtschaftlich betriebene Informationsvermittlung spezialisiert haben (z. B. Adreßverlage, Detekteien, Werbeagenturen)

- Interesse der Verbände, möglichst viele Informationen über ihre und von ihren Mitgliedern zu erhalten (z. B. Arbeitgeberverbände, IHK, Gewerkschaften, Kirchen)
- Interesse des Arbeitnehmers daran, daß seine persönlichen Daten betriebsintern und erst recht betriebsextern vertraulich behandelt werden
- Interesse des Staatsbürgers daran, daß seine Privatsphäre (privacy) grundrechtlich und in der Praxis geschützt wird.
- Interesse des Gesetzgebers, ein handhabbares Gesetz zu schaffen
- Interesse des Gesetzgebers, internationale Abstimmung zu erreichen.

(8) Vgl. S. 485f

zu VI 2., Seite 535

(1) Pers.-Nr.
Werk-Nr.
Kostenstelle
Lohn-/Gehalts-Kennzeichen
Name
Postleitzahl
Wohnort
Straße
Bank

Geburtsdatum
Eintrittsdatum
Ehestand
Konfession
Konfession des Gatten
Steuerklasse

Tarifgruppe
Zulagen
Urlaubstage
Urlaubstage Vorjahr
Krankheitsliste
Pfändungsbetrag
vorheriger Arbeitgeber

(2) Die Lineare Programmierung ist eine mathematische Methode, mit der ein praktisches Entscheidungsproblem formal abgebildet und optimiert wird, wobei die Zielfunktion und die Nebenbedingungen linear sind oder besonders linearisiert werden. Leistungsfähige Rechnerprogramme werden angeboten und eingesetzt.

(3) Elementarstrukturen 1, 2, 3b

(4)

Ordnungsinform.	Mengeninform.	Datenfeld	Kundendatei	Verk.-datei	Teiledatei	Lieferantendatei
x		Teile-Nr.			x	
x		Verkäufer-Nr.	x	x		
	x	optim. Bestellmenge			x	
x		Provisionsklasse		x		
	x	Konditionen	x			x
	x	Monatsumsatz	x	x	x	x
	x	Kreditlimit	x			
x		Kunden-Nr.	x	x		

(5) NC-Werkzeugmaschinen, NC-Zeichengeräte (Plotter), NC-Verdrahtungsmaschinen, NC-Zeitungssetzmaschinen

(6) Beispiele: Intelligente Terminals, z.B.: POS im Handel, Bankschalter und Werkstatt-Datenerfassung; Teilnehmer- und Teilhabersysteme; rechnergestütztes Konstruieren und Unterrichten; Rechnerverbundnetze; überproportionaler Anstieg der Zahl der Mini- und Mikrorechner; Dialogsprachen; Prozeßrechner und Echtzeitbetrieb.

(7) Beispiele:
- Datenschutz und Datensicherung bei den zentralisierten Datenbeständen, die miteinander per Datenübertragung verbunden sind
- Zugriffskontrolle bei den vielen Endgeräten
- welche Datenzugriffe sind für welche Verwaltungsaufgaben notwendig?
- weiteres Übergewicht der Exekutive gegenüber der Legislative auf Kommunal-, Landes- und Bundesebene durch Informationsvorsprung
- Spionagegefährdung infolge zentralisierter Datenbeständen

(8) abnehmende Intensität des (heutigen) erfolgreichen Rechnereinsatzes: Laborauswertungen, Patientenverwaltung, Arzneimitteldokumentation, medizinisch-wiss. Statistiken, Krankengeschichte verwalten, Symptome gruppieren, Diagnose stellen, Therapie finden.

(9) Vorteile: (Beispiele)
- individuelles Lerntempo
- beliebige Wiederholungen
- einmalige und intensive Curriculumvorbereitung
- dynamische Visualisierung
- mehr Zeit für die Lehrbetreuung

Nachteile:
- individualisiertes statt soziales Lernen
- Gerätepotential bestimmt und begrenzt, was gelehrt wird

(11) Der Autor hofft, daß Sie die betreffenden Fragen weitgehend positiv beantworten konnten. Für Ihr weiterführendes Studieren und Arbeiten im Bereich der Datenverarbeitung und ihrer Anwendungsgebiete wünscht er Ihnen viel Erfolg.

ASCII-CODE (vgl. Abb. I18)

Dez	Hex	Zei	Dez	Hex	Zei	Dez	Hex	Zei	Dez	Hex	Zei	Dez	Hex	Zei	Dez	Hex	Zei	Dez	Hex	Zei	Dez	Hex	Zei
0	00	NUL	16	10	DLE	32	20	SP	48	30	0	64	40	@	80	50	P	96	60	`	112	70	p
1	01	SOH	17	11	DC1	33	21	!	49	31	1	65	41	A	81	51	Q	97	61	a	113	71	q
2	02	STX	18	12	DC2	34	22	''	50	32	2	66	42	B	82	52	R	98	62	b	114	72	r
3	03	ETX	19	13	DC3	35	23	#	51	33	3	67	43	C	83	53	S	99	63	c	115	73	s
4	04	EOT	20	14	DC4	36	24	$	52	34	4	68	44	D	84	54	T	100	64	d	116	74	t
5	05	ENQ	21	15	NAK	37	25	%	53	35	5	69	45	E	85	55	U	101	65	e	117	75	u
6	06	ACK	22	16	SYN	38	26	&	54	36	6	70	46	F	86	56	V	102	66	f	118	76	v
7	07	BEL	23	17	ETB	39	27	'	55	37	7	71	47	G	87	57	W	103	67	g	119	77	w
8	08	BS	24	18	CAN	40	28	(	56	38	8	72	48	H	88	58	X	104	68	h	120	78	x
9	09	HT	25	19	EM	41	29	)	57	39	9	73	49	I	89	59	Y	105	69	i	121	79	y
10	0A	LF	26	1A	SUB	42	2A	*	58	3A	:	74	4A	J	90	5A	Z	106	6A	j	122	7A	z
11	0B	VT	27	1B	ESC	43	2B	+	59	3B	;	75	4B	K	91	5B	[	107	6B	k	123	7B	{
12	0C	FF	28	1C	FS	44	2C	,	60	3C	<	76	4C	L	92	5C	\	108	6C	l	124	7C	|
13	0D	CR	29	1D	GS	45	2D	-	61	3D	=	77	4D	M	93	5D	]	109	6D	m	125	7D	}
14	0E	SO	30	1E	RS	46	2E	.	62	3E	>	78	4E	N	94	5E	^	110	6E	n	126	7E	~
15	0F	SI	31	1F	US	47	2F	/	63	3F	?	79	4F	O	95	5F	_	111	6F	o	127	7F	DEL

Dez = Dezimaler Wert Hex = Hexadezimaler Wert (vgl. S.59) Zei = ASCII-Zeichen
CR = Carriage Return = neue Zeile FF = Form Feed = neue Seite
DEL = Delete = Loschen LF = Line Feed = Zeilenschaltung

Literaturhinweise

Die Fülle der Literatur zu den verschiedenen Themen der elektronischen Datenverarbeitung gebietet es, die Literaturhinweise auf eine Auswahl zu begrenzen. Dadurch kann leider auf viele ebenfalls empfehlenswerte Buchveröffentlichungen nicht verwiesen werden. Die angeführten Beispiele sollen es dem Leser ermöglichen, sich zu den vielfältigen Themen in diesem Buch weiterführende oder vertiefende Arbeiten zu beschaffen.

Albrecht, P.: dbase III: Das Datenbanksystem für 16-Bit-Computer, Haar 1985

Angell, I. O.: Graphische Datenverarbeitung, München 1983

Anselstetter, R.: Betriebswirtschaftliche Nutzeffekte der Datenverarbeitung, Berlin/Heidelberg/New York 1984

Arbeitskreis ‚Revision bei elektronischer Datenverarbeitung': Revision der elektronischen Datenverarbeitung, Berlin/Heidelberg/New York 1982

Balzert, H.: Die Entwicklung von Software-Systemen, Mannheim 1982

Balzert, H.: Software-Ergonomie und Software-Engineering, Berlin/New York 1986

Barnes, J. G. P.: Programmieren in ADA, München 1983

Bauknecht, K./Zehnder, C. A.: Grundzüge der Datenverarbeitung, 3. Aufl., Stuttgart 1985

Biethahn, J.: Einführung in die EDV für Wirtschaftswissenschaftler, 3. Aufl., München/Wien 1985

Becker, M./Haberfellner, R./Liebetrau, G.: EDV-Wissen für Anwender, 5. Aufl., Zürich 1985

Beckurts, K. H./Reichwald, R.: Kooperation im Management mit integrierter Bürotechnik – Anwendererfahrung, München 1984

Biebel, W./Siekmann, J. H.: Künstliche Intelligenz, Berlin/Heidelberg 1982

Boehm, B. W.: Software Engineering Economics, Englewood Cliffs, 1981

Büllesbach, A.: Informationstechnologie und Datenschutz, München 1985

Brauer, W.: Automatentheorie, Stuttgart 1985

Brauer, W./Radig, B. (Hg.): Wissensbasierte Systeme, GI-Kongreß 1985, Berlin/Heidelberg/New York 1985

Brepohl, K.: Lexikon der neuen Medien, 3. Aufl., Köln 1984

Bues, M./Pleil, G. J.: Mikcrocomputer für kommerzielle Anwendungen, Hamburg 1984

Buschlinger, E.: Software-Entwicklung mit UNIX, Stuttgart 1985

Dahl, O. J./Dijkstra, E. W./Hoare, C. A. R.: Structured Programming, London/New York 1972

Dal Cin, M./Lutz, J./Risse, Th.: Programmierung in Modula-2, Stuttgart 1984

Dworatschek, S./Büllesbach, A./Koch u. a.: Personalcomputer und Datenschutz, Köln 1985

Dworatschek, S./Donike, H.: Wirtschaftlichkeitsanalyse von Informationssystemen, Berlin/New York 1972

DIN-Taschenbuch: Bildschirmarbeitsplätze, Normen und Sicherheitsregeln, Berlin 1984

Domsch, M./Krüger, M./Streicher, H.: Ausbildung und Einsatz von Informatikern in der Bundesrepublik Deutschland, Köln 1983

Feigenbaum, E.A./McCorduck, P.: The Fifth Generation – Artificial Intelligence and Japan's Computer Challenge to the World, Reading MA 1983
Ferstl, O./Sinz, E.: Software-Konzepte der Wirtschaftsinformatik, Berlin/New York 1984
Fischer, G./Gunzenhäuser, R. (Hg.): Methoden und Werkzeuge zur Gestaltung benutzergerechter Computer-Systeme, Berlin/New York 1986
Franck, R.: Rechnernetze und Datenkommunikation, Berlin/Heidelberg/New York 1986
Frevert, L.: Echtzeit-Praxis mit PEARL, Stuttgart 1985
Friedrichs, G./Schaff, A. (Hg.): Auf Gedeih und Verderb – Mikroelektronik und Gesellschaft, Bericht an den Club of Rome, Wien/München/Zürich 1982
Germain, C.B.: Das Programmier-Handbuch der IBM-DV-Systeme, 8. Aufl., München 1983
Gewald, K./u.a.: Software Engineering, 4. Aufl., München/Wien 1985
Goldschlager, L./Lister, A.: Informatik. Eine moderne Einführung, München/Wien 1984
Graf, K.D. (Hg.): Computer in der Schule – Perspektiven für den Mathematikunterricht, Stuttgart 1985
Graf, L./u.a.: Keine Angst vor dem Mikrocomputer, Düsseldorf 1984
Green, A.B.: dbase II richtig eingesetzt, Haar 1983
Griese, J./u.a. (Hg.): Betriebs- und Wirtschaftsinformatik, 2. Aufl., Braunschweig 1984
Groh, H./Gutsch, R.W. (Hg.): Netzplantechnik, 3. Aufl., Düsseldorf 1986
Gruber, A./Gutschmidt, S.: UCSD Pascal, 2. Aufl., Haar 1985
Gulbins, J.: UNIX, 2. Aufl., Berlin/Heidelberg/New York 1985
Haefner, K.: Die neue Bildungskrise. Herausforderung der Informationstechnik an Bildung und Ausbildung, Basel/Boston/Stuttgart 1982
Haefner, K.: Mensch und Computer im Jahre 2000, Stuttgart 1984
Haft, F.: 100 × Computer, Mannheim/Wien/Zürich 1979
Hamann, Ch.-M.: Einführung in das Programmieren in LISP, 2. Aufl., Berlin/New York 1985
Hansen, H.R.: Wirtschaftsinformatik I – Einführung in die betriebliche Datenverarbeitung, 4. Aufl., Stuttgart 1983
Hansen, R.H./Göpfrich, R.: Wirtschaftsinformatik II – Strukturierte Programmierung in COBOL, 2. Aufl. Stuttgart/New York 1982
Hartmann, E.: Hochschulmanagement – Informationssysteme für die Hochschulorganisation, Berlin/New York 1984
Hausen, H.L./Müllerburg, M./Sneed, H.M.: Software-Produktionsumgebungen, Köln 1985
Heckmann, Herbert: die andere Schöpfung – Geschichte der frühen Automaten in Wirklichkeit und Dichtung, Frankfurt 1982
Höcker, H.: Die Bewertung von Software-Entwurfsmethoden, Bremen 1984
Hörbst, E./Nett, M./Schwärtzel, H.: VENUS – Entwurf von VLSI-Schaltungen, Berlin/Heidelberg/New York 1986
Hofmann, F.: Betriebssysteme: Grundkonzepte und Modellvorstellungen, Stuttgart 1984
Horvath, P./Petsch, M./Weihe, M.: Standard-Anwendungssoftware für die Finanzbuchhaltung und die Kosten- und Leistungsrechnung, München 1983
Hunger, A./Kohl, A. (Hg.): Mikroelektronik für Einsteiger, 2. Aufl., Düsseldorf 1984
Jackson, M.A.: Grundsätze des Programmentwurfs, 3. Aufl., Darmstadt 1981
Kähler, W.M.: Einführung in die Programmiersprache COBOL – Eine Anleitung zum Strukturierten Programmieren, 3. Aufl., Braunschweig 1984
Kähler, W.M.: Mikrocomputer-COBOL, Wiesbaden 1985
Kähler, W.M.: SPSS/X für Anfänger – Eine Einführung in das Datenanalysesystem, Wiesbaden 1986
Kämpfer, S.: Roboter – Die elektronische Hand des Menschen, Düsseldorf 1984
Karcher, H.B.: Büro der Zukunft, Baden-Baden 1982
Kay, R. (Hg.): Management betrieblicher Informationsverarbeitung, München 1983
Kidder, T.: Die Seele einer neuen Maschine, Stuttgart 1982
Kief, H.B.: NC Handbuch, Michelstadt 1983

Kieser, A./Kubicek, H.: Organisation, 2. Aufl., Berlin/New York 1983
Kimm, R./u.a.: Einführung in Software Engineering, Berlin/New York 1979
Klar, R.: Digitale Rechenautomaten – Eine Einführung, 3. Aufl., Berlin/New York 1983
Klein, E. (Hg.): Children and Computers, London 1985
Koller, J.: 16 Bit Microcomputer, München 1981
Kurbel, K.: Programmentwicklung, 2. Aufl., Wiesbaden 1983
Kurbel, K.: Programmierstil in Pascal, Cobol. Fortran, Basic, PL/I. Berlin/ Heidelberg/New York 1985
Kurbel, K.: Software Engineering im Produktionsbereich, Wiesbaden 1983
Lamoitier, J.P.: Basic Exercises for the IBM Personal Computer, Berkeley/ Paris/Düsseldorf 1982
Lamprecht, G.: Einführung in die Programmiersprache SIMULA, 2. Aufl., Wiesbaden 1982
Lausen, G./Schlageter, G./Stucky, W.: Datenbanksysteme: Eine Einführung, Stuttgart 1986
Lindemann, P./Nagel, K. (Hg.): Organisation, Neuwied o.J.
Löcher, W./Schumacher, F.: Eine Einführung in die Praxis der elektronischen Recherche, Düsseldorf 1985
Loeckx, J./Mehlhorn, K./Wilhelm, R.: Grundlagen der Programmiersprachen, Stuttgart 1985
McCabe, K.: Eine Einführung in die Programmiersprache FORTH, Wiesbaden 1986
Mehlhorn, K.: Datenstrukturen und effiziente Algorithmen, Bd. 1–3, Stuttgart 1986
Menzel, K.: LOGO in 100 Beispielen, Stuttgart 1985
Mertens, P.: Aufbauorganisation der Datenverarbeitung, Wiesbaden 1985
Mertens, P.: Industrielle Datenverarbeitung, Bd. 1, Administrations- und Dispositionssysteme, 6. Aufl., Wiesbaden 1986
Meyer-Abich, K.M./u.a. (Hg.): Mikroelektronik und Dezentralisierung, Berlin 1982
Miller, Ch.: C for Software, Edinburgh 1985
Mresse, M.: Information Retrieval – Eine Einführung, Stuttgart 1984
Mülder, W.: Organisatorische Implementierung von computergestützten Personalinformationssystemen, Berlin/Heidelberg/New York 1984
Müller, C.D.: Einführung in das EDV-Vertragsrecht, Sindelfingen 1985
Müller, P. (Hg.): Lexikon der Datenverarbeitung, 8. Aufl., München 1982
Mumford, E./Welter, G.: Benutzerbeteiligung bei der Entwicklung von Computersystemen, Berlin 1984
Mußtopf, G./Winter, M.: Mikroprozessor-Systeme, Stuttgart 1982
Myers, G.J.: Methodisches Testen von Programmen, München 1982
Nehmer, J.: Softwaretechnik für verteilte Systeme, Berlin/Heidelberg/New York 1985
Niedereichholz, J.: Datenbanksysteme, 3. Aufl., Würzburg/Wien 1983
Niemeyer, G.: Einführung in das Programmieren in ASSEMBLER, 5. Aufl., Berlin/New York 1984
Niemeyer, G.: Einführung in das Programmieren in PASCAL, 2. Aufl., Berlin/New York 1983
Noltemeier, H./Laue, R.: Informatik II, Einführung in Rechnerstrukturen und Programmierung, München 1984
OECD: Software: An Emerging Industry, Paris 1985
Österle, H.: Entwurf betrieblicher Informationssysteme, München/Wien 1981
Orwell, G.: 1984, Frankfurt/Berlin/Wien 1982
Peat, L.: Practical Guide to DBMS Selection, Berlin/New York 1982
Platz, G.: Methoden der Software-Entwicklung, 2. Aufl., München/Wien 1985
Pressmar, D.B. (Hg.): Ausbildung in Betriebsinformatik, München 1985
Reichwald, R. (Hg.): Neue Systeme der Bürotechnik, Berlin 1982
Reid-Green, K.: Computerspiele und Computergrafik, Wiesbaden 1986
Richard, B.: Datenverarbeitung mit Mikroprozessoren, Teil 1: Hardware, 2. Aufl., München 1984

Richter, L.: Betriebssysteme, 2. Aufl., Stuttgart 1985
RKW-Handbuch Mikroelektronik, Berlin 1983
Rochester, J. B./Ganz, J.: Der nackte Computer, Köln 1984
Ropohl, G.: Eine Systemtheorie der Technik, Wien 1979
Ruppert, W.: Die Fabrik – Geschichte von Arbeit und Industrialisierung in Deutschland, München 1983
Scheer, A. W.: EDV-orientierte Betriebswirtschaftslehre, 2. Aufl., Berlin/Heidelberg/New York 1984
Scheer, A. W.: Wirtschafts- und Betriebsinformatik, 2. Aufl., München 1985
Schelle, H./Molzberger, P. (Hg.): Psychologische Aspekte der Software-Entwicklung, München/Wien 1983
Schmitz, P./Seibt, D.: Einführung in die anwendungsorientierte Informatik, Bd. 1, 3. Aufl., München 1985
Schneider, H. J. (Hg.): Lexikon der Informatik und Datenverarbeitung, München/Wien 1983
Schnupp, P./Leibrandt, U.: Expertensysteme – nicht nur für Informatiker, Berlin/Heidelberg/New York 1986
Schröder, K. Th.: Arbeit und automatisierte Datenverarbeitung, Wien 1981
Schulte-Hillen, J./von Wietersheim, B.: Patent-Datenbank-Führer, Düsseldorf 1984
Schulz, A.: Methoden des Softwareentwurfs und Strukturierte Programmierung, 2. Aufl., Berlin/New York 1982
Schulz, A.: Einführung in das Programmieren in PL/I, 2. Aufl., Berlin/New York 1984
Seibt, D./Weber, H. (Hg.): PCs in der betrieblichen Datenverarbeitung – Anwendung, Organisation, Technik, Wiesbaden 1986
Sneed, H. M.: Software-Qualitätssicherung für kommerzielle Anwendungssysteme, Köln-Braunsfeld 1983
Spieß, W. E./Rheingans, F. G.: Einführung in das Programmieren in FORTRAN auf der Grundlage von FORTRAN 77, 7. Aufl., Berlin/New York 1985
Spur, G./Krause, F. L.: CAD-Technik, München 1984
Stahlknecht, P.: Einführung in die Wirtschaftsinformatik, 2. Aufl., Berlin/Heidelberg/New York 1985
Stahlknecht, P. (Hg.): EDV-Systeme im Finanz- und Rechnungswesen, Berlin/Heidelberg/New York 1982
Steinbuch, K.: Automat und Mensch – Kybernetische Tatsachen und Hypothesen, 3. Aufl., Berlin/Heidelberg/New York 1965
Traunmüller, R./u.a. (Hg.): Neue Informationstechnologien und Verwaltung, Berlin/Heidelberg/New York 1984
Turkle, Sh.: Die Wunschmaschine. Vom Entstehen der Computerkultur, Reinbeck 1984
Vollmer, R.: Das blaue Wunder – Die IBM und ihre Mitbewerber, Reutlingen o. J.
Weizenbaum, J.: Die Macht der Computer und die Ohnmacht der Vernunft, Frankfurt 1977
Wilson, T. R./Addyman, A. M.: PASCAL – Leichtverständliche Einführung, 3. Aufl., München 1984
Wirth, N.: Compilerbau – Eine Einführung, 3. Aufl., Stuttgart 1984
Wirth, N.: Programming in Modula-2, 3. Aufl., Berlin/Heidelberg/New York 1985
Wirth, N.: Systematisches Programmieren – Eine Einführung, 5. Aufl., Stuttgart 1985
Wittig, S.: BASIC-Brevier – Systematische Aufgabensammlung, 2. Aufl., Hannover 1983
Yourdon, E. N.: Classics in Software Engineering, Aldershot 1979
Zaks, R.: Einführung in PASCAL und UCSD PASCAL, 3. Aufl., Düsseldorf 1982
Zehnder, C. A.: Informatik-Projekt-Entwicklung, Stuttgart 1985
Zilahi-Szabo, M. G.: APL – Lernen, verstehen, anwenden, München 1986
Zimmermann, W. L.: Datenverarbeitung I, 2. Aufl. Wiesbaden 1984
Zwicker, E.: Simulation und Analyse dynamischer Systeme in den Wirtschafts- und Sozialwissenschaften, Berlin/New York 1981

Fachwörterverzeichnis englisch/deutsch

abstract	Kurzfassung eines Dokuments
access	Zugriff
access time	Zugriffszeit
accumulator (AC)	Akkumulator, Arbeitsregister
adder	Addierer (im Rechenwerk)
address counter	Befehlszähler
air conditioning	Klimaanlage
algorithmic language (ALGOL)	ALGOL-Programmiersprache
alpha-numeric	alphanumerisch
analog computer	Analog-Rechenanlage (Analogrechner)
area (chart)	Flächengrafik/-diagramm
arithmetic instruction	arithmetischer Befehl, Rechenbefehl
arithmetic (and logical) unit	Rechenwerk eines Rechnersystems
array	Feld
artificial intelligence	Künstliche Intelligenz KI
assembler	Assemblierer (Übersetzungsprogramm)
bar (chart)	Balkengrafik/-diagramm
base	Basis (eines Zahlensystems)
batch mode, batch processing	stapelweises Abarbeiten von Programmen, Stapelverarbeitung
binary	binär, zweiwertig
binary coded decimal (BCD)	BCD-Code
binder	Binder(programm)
bit (binary digit)	Binärstelle, Maßeinheit für 1 Alternativentscheidung
blank	leer, Leerzeichen, ungelochte Position
(to) block	Block (blocken)
boolean	Boole'sche Größe
boolean algebra	Boole'sche Algebra
bottom up design	Aufwärts-Strukturierung
brainware	manware + orgware
buffer	Puffer-Speicher
burst mode	blockweiser Datentransfer
business data processing	Betriebsinformatik
business graphics	Präsentationsgrafik
calculation	Berechnung(sgang
capacity	Kapazität (bei Speichern)
card file	Kartendatei (Kartei)
card punch	Lochkarten-Locher, -Stanzer
carriage	(Wagen-)Vorschub
central(processor) unit (CPU)	Zentraleinheit
chain	(Daten-)Kette

chaining	index-verkettete Speicherung
channel	Übertragungskanal
character	Zeichen
character set	Zeichenvorrat
(to) check	Kontrolle, (prüfen, kontrollieren)
chip	Baugruppe in integrierter Schaltkreistechnik
clean-tape	Datensicherungsverfahren ohne überlochten Lochstreifen
clock	Taktgeber(-Uhr)
clock (pulse)	
code	Code
column	Spalte
(magnetic) core	Magnetkern
closed loop	Regelkreis bei Prozeßrechnern
closed shop	Zugang zum Rechner nur für DV-Personal
command	Befehl, Anweisung
common business oriented language (COBOL)	COBOL-Programmiersprache
compiler	Kompilierer (Übersetzungsprogramm)
complement	Komplement, Ergänzung (vorwiegend bei Subtraktion angewandt)
computer	Rechner, Rechenanlage, DVA
computer aided design (CAD)	rechnergestütztes Entwerfen
computer aided manufacturing (CAM)	rechnergestützte Fertigung
computer assisted instruction (CAI)	computer-unterstützter Unterricht (CUU)
computer input from microfilm (CIM)	Mikrofilm-Eingabe
computer oriented language	maschinenorientierte Programmiersprache eines Rechners
computer output to microfilm (COM)	Mikrofilm-Ausgabe
console	Konsole, Steuer-/Bedienungspult
to control	steuern (regeln)
control counter	Befehlszähler
control unit	Leitwerk eines Rechnersystems
corrected-tape	Datensicherungsverfahren mit überlochend-korrigierendem Lochstreifen
counter	Zähler
cross reference table/analysis	Befehlsnr. mit best. Symbolnamen
cybernetic	Kybernetik
cycle time	Zykluszeit
data	Daten
database	Datenbank
data flow chart	Datenflußplan
data management	Datensteuerung (beim Betriebssystem)
data processing	Datenverarbeitung (DV)
data processing system	Datenverarbeitungsanlage (DVA)
data record	Datensatz, Datenstapel
debugging program	Fehlersuchprogramm
decision content	Entscheidungsgehalt
declaration	Vereinbarungen (in Programmen)
decode	decodieren, entschlüsseln

default	Standardbelegung (Format, Maske)
density	Dichte (z. B. Zeichendichte)
diagnostic program	Diagnose-/Testprogramm
digit	Ziffer
digital	digital, ziffernmäßig
digital computer	Digital-Rechenanlage, Ziffernrechner
digitizer	Kurvendigitalisierer
direct digital control (DDC)	online-Reglerkopplung an Prozeßrechner
direct numerical control (DNC)	Prozeßrechner regelt NC-Maschinen im online
directory	Dateiverzeichnis (am Bildschirm)
disk (storage)	Platte (Plattenspieler)
displacement	Distanzadresse
distributed computing	Rechner-Verbundnetz
distributed data processing	verteilte dezentralisierte DV
down time	Ausfallzeiten
drum storage	Trommelspeicher
dual card	Verbund-Lochkarte
(to) dump	Hauptspeicherauszug/-druck zu Testzwecken
editing	Zeichenverschiebung auf Bildschirm
editor	Text(verarbeitungs)programm
EDPM (EDP machine)	EDVA
electronic data processing (EDP)	EDV (elektronische Datenverarbeitung)
electronic mail	elektron. Postkasten
end of file (EOF)	Datei-Ende
entropy	Informationsgehalt
error correcting code	fehlerkorrigierender Code
error detecting code	fehlererkennender Code
even	geradzahlig
even parity check	Paritätsprüfung auf gerade Bitzahl
excess-three-code	Drei-Exzess-Code (Stibitz-Code)
executive	Steuer(programm)system
external memory	Externspeicher
false	falsch (Binärvariable)
fault tolerant system	Fehlertolerantes System
feedback	Rückkopplung (im Regelkreis)
figure	Zeichen
file	Datei
firmware	Mikroprogramme
first in first out (FIFO)	Reihenfolgeregel: das zuerst eingegebene Element wird auch zuerst entnommen
fixed point	Festpunkt, -komma
flag	Statusregister
flip-flop	bistabile Kippstufe
floating point	Gleitpunkt, -komma
FLOP floating point operations/s	Gleitkomma-Rechenoperationen/sec
floppy disk	Disketten-Speicher
flow chart (flow diagram)	Fluß-, Blockdiagramm (grafische Ablaufdarstellung)
formula translation (FORTRAN)	FORTRAN-Programmiersprache

frame	Speicherspalte (bei LK, L-Streifen, Magnetband)
games	Spiele
gap	Kluft, Lücke, Spalt, Distanz
gate	Gatter
general storage	Hauptspeicher
goal seeking	rückwärts optimieren
go-to-statement	Sprunganweisung
handheld computer	Aktentaschen-Computer
hard copy	Dokument
hardware	Geräte-Komponenten eines Rechnersystems
help	(Text-)Hilfefunktion/-taste
hidden files	im Dateiverzeichnis ‚verdeckt'
high level program. language	höhere Programmiersprache
hilo chart (high/low)	MaxMin-Grafik
home banking	Bankbuchungs-Terminal zuhause
home computer	Heimcomputer/Mikrocomputer
host-language	Basissprachen (für problemorientierte Spezialsprachen)
hot-lines	tel. Fehlerdiagnose d. Hersteller
icon	bildschirmbewegliche Bildsymbole
inch	Zoll
incremental compiler	interaktiver Kompilierer
inference (reasoning)	Inferenz/Folgerung
information theory	Informationstheorie
initiator	Prozeßstarter (beim Betriebssystem)
input	Eingabe(information)
input unit	Eingabe-Einheit eines Rechnersystems
instruction	Befehl (an Computer)
instruction counter	Befehlszähler
integer	ganzzahlig
integrated circuits	Integrierte Schaltkreise
integrated data processing	integrierte (ganzheitliche) Datenverarbeitung
interblock gap	Blockzwischenraum
interface	(elektr.) Schnittstellen/Koppelglied
interleving	spezielle indirekte Adressierung
internal memory	Intern-Speicher (in Zentraleinheit)
interrupt	(Programm-)Unterbrechung
I/O = input/output	Ein-/Ausgabe
job	einzelner (Programm-)Auftrag
job management	Auftags-Management (beim Betriebs system)
job scheduler	Auftragssteuerung (beim Betriebssystem)
joint venture	Kooperations-/Fusionsformen (zwischen Herstellerfirmen)
(conditional) jump	(bedingter) Sprung
key	Schlüssel
keyboard	Tastatur
keypunch	Kartenlocher
knowledge based system	Expertensystem

label	Marke, Merkmal
labtop computer	leichter Koffer-Computer
large scale integration (LSI)	Groß-Integrierte Schaltkreise
(program) library	(Programm-)Bibliothek
last in first out (LIFO)	Reihenfolgeregel: das letzte eingegebene Element wird zuerst entnommen
light emitting diodes (LED)	Leuchtdioden
light pen	Lichtgriffel/Lesestift
line	Zeile
linkage editor	Binder
linkage loader	Bindelader
literal	Operand im Operandenteil Od/Ad
to load	laden (Programm einlesen)
loader	Lader (Programm)
location	Speicherstelle
loop	(Programm-)Schleife
machine language	Maschinensprache
magnetic bubble memory	Magnet-Blasenspeicher
magnetic tape	Magnetband
mainframer	Hersteller(firmen) von Universalrechnern
main storage	Hauptspeicher
manual	Handbuch
manware	personelles Potential
master scheduler	Bedienungssteuerung (beim Betriebssystem)
memory, storage	Speichereinheit eines Rechnersystems
message	Nachricht
microprocessor unit MPU	Mikrocomputer-Zentraleinheit CPU
mixed hardware	Hardware-Komponenten von verschiedenen Herstellerfirmen
mnemonic	mnemotechnisch
mouse	Maus (Eingabegerät)
multi address computer	Mehradreßmaschine (z. B. Zweiadreß)
multiprogramming	Mehrprogrammbetrieb
multitasking	Mehrprogrammbetrieb
native code	Maschinencode
to normalize	normalisieren
notepad	elektron. Notizblock/-buch
number	Zahl, Anzahl
numeric control (NC)	numerisch gesteuert
object program	Ziel-, Objekt-, Maschinenprogramm
odd	ungerad(zahlig)
odd parity check	Paritätsprüfung auf ungerade Bitzahl
OEM Original Equipment Manufacturer	Hersteller, dessen Produkte andere unter eig. Markennamen vertreiben
offline	nicht an die Zentraleinheit gekoppelt
online	an die Zentraleinheit gekoppelt
open shop	freier Zugang der Anwender zum Rechner
operating system	Betriebssystem
operator	Operateur, Operator, Maschinenbediener

optical character recognition (OCR)	Code zur optischen Zeichenerkennung
optical disk	optische Speicher
orgware	DV-bezogenes Organisationswissen
output unit	Ausgabeeinheit eines Rechnersystems
overlay	Programmteile auslagern
paging	Seitenverfahren (beim virtuellen Speicher)
paritiy bit	Prüf-. Paritätsbit
parity check	Paritätsprüfung
partition	Speicherbereich
partitioning	Hauptspeicher in (geschützte) Bereiche aufteilen
personal computer	professioneller Mikrocomputer
pie (chart)	Kreisgrafik, Kuchen/Tortendiagr.
plotter	Plotter, einfaches numerisch gesteuertes Zeichengerät
plug compatible manufacturer PCM	Hersteller kompatibler Rechner
pointer	Zeiger (bei Datenorganisation)
point of sale (POS)	Kassen-Datenerfassung im Einzelhandel
port	Schnittstelle/Peripheranschluß
portable computer	tragbarer (Koffer-)Computer
position	Stelle
preemptive resources	entziehbare Betriebsmittel
printer	Drucker
printer output on microfilm (PROM)	Schnelldrucker-Ausgabe und anschließende Verfilmung
privacy	Datenschutz
problem oriented language	problemorientierte Programmiersprache
procedure	Prozedur, Programmteil, Unterprogramm
(to) process	verarbeiten
processor	Prozessor (Komponente der Zentraleinheit)
program	Programm
program flow chart	Programmablaufplan
programmable read only memory (PROM)	programmierbarer Festwertspeicher
programming language 1 (PL/1)	PL/1-Programmiersprache
protected storage area	geschützte Speicherbereiche
(rapid) prototyping	experimenteller Systementwurf
pull down menue	einblendbares Fenster-Menü
punched card	Lochkarte
punched tape	Lochstreifen
queue	Warteschlange
random	zufällig, beliebig, wahlfrei
random access	wahlfreier Zugriff
random access memory (RAM)	Speicher mit wahlfreiem Zugriff
rapid memory	Schnellspeicher
read only memory (ROM)	Festwertspeicher
real time	Echtzeit
real time processing	Echtzeitverarbeitung
record	Daten-Block, -Satz
recording mode	Schreibverfahren

redundancy	Redundanz
reflective mark	Reflektormarke
release	Freigabe einer neuen Version
remote	Teilnehmerstation
report program generator (RPG)	Programmiersprache RPG
resident	dauernd (im Hauptspeicher) verfügbar
resources	Betriebsmittel
response time	Antwortzeit
rewind	zurückspulen (z. B. Magnetband)
rounding error	Rundungsfehler
row	Zeile
run	Programmlauf, Durchlauf
scatter	X/Y-Grafik, Gitterdiagramm
scheduling	Zeitplan(ung)
security	Datensicherung
semi-conductor	Halbleiter
serial access	Reihenfolgezugriff
set	Menge(n)
shift	(Stellen-)Verschiebung, Tastaturumstellung (Zweitbel.)
sign	Vorzeichen
signal	Signal
software	Programmierhilfe, Service
source program	Quell(en)programm
special character	Sonderzeichen
spool(ing)	Warteschlange/Hintergrunddrucken
spreadsheet	Tabellenkalkulation
SPSS	Statistical Package for the Social Sciences
stack	Kellerspeicher
stand alone	Rechnerbetrieb ohne Anschluß an Hauptrechner
statement	Anweisung (an Computer)
store, storage	Speicher(ung)
string	Zeichenkette
subroutine	Unterprogramm
supervisor	Prozeßsteuerung (beim Betriebssystem)
switching algebra	Schaltalgebra
switching element	schaltungstechnische Verknüpfungsglieder
system engineer	Systemberater, Systemanalytiker, Systemplaner
(magnetic) tape	(Magnet-)Band
tape block	Bandblock
tape speed	Bandgeschwindigkeit
task	Bearbeitungsschritt eines ‚job' im Rechner, ‚Prozeß'
teach-in	manuelle Roboter-Programmierung
teleprinter	Fernschreiber
teleprocessing	Datenfernverarbeitung
terminal	Endgerät
terminator	Prozeßbeender (beim Betriebssystem)

time sharing	spezielle Betriebsart eines Rechners
time slicing	Zeitteilung
tools	(Software-)Werkzeuge
top down design	Abwärts-Strukturierung
track	Spur
trackball	Rollball
trigger	Operation auslös. Impuls/Signal
true	wahr (Binärvariable)
turnkey system	benutzungsfertige Anlage
unbundling	Trennung der Hardware- und Software-Preise
unit	Gerät, Einheit
updating	(Daten) aktualisieren
user's guide	Benutzerhandbuch
utilities	Dienst-/Hilfsprogramme
visual file	Sichtkartei
window(ing)	Fenstertechnik auf Bildschirm
wire wrap machine	Verdrahtungsmaschine
word	Wort
word processing	Textverarbeitung
working storage	Hauptspeicher (Arbeitsspeicher)
zero	Null
zone	Zone, Bereich
zoom(ing)	Bildschirmausschnitte vergrößern

Stichwörterverzeichnis

Das Stichwörterverzeichnis enthält wichtige oder seltene Wörter aus dem Datenverarbeitungsbereich. Die Seitenzahlen verweisen auf Textstellen, unter denen die betreffenden Wörter auffindbar sind. Wird je Wort eine Seite hervorgehoben, so gibt sie die Textstelle mit der Definition oder Erklärung des Begriffs an. Bei englischen Wörtern sollte gegebenenfalls zuvor dem ‚Fachwörterverzeichnis englisch/deutsch' der deutsche Ausdruck entnommen werden. Das Stichwörterverzeichnis ergänzt das ausführliche Inhaltsverzeichnis am Anfang des Buches. Es ermöglicht dem Leser den schnellen Zugang zu den DV-Themen über eine spezifische Fragestellung.

Foto-Anhang

Die folgenden 71 Fotos veranschaulichen einen Teil der Themen, die in den vorausgehenden Kapiteln dieses Buches behandelt wurden. Die Fotos sind entsprechend der Reihenfolge in den Kapiteln gruppiert, d.h. in etwa nach den Themen:

- Geschichte der Datenverarbeitung
- elektronische Bauteile
- Personal Computer
- Rechnersysteme
- Speichertechnologien
- Periphergeräte
- betriebliche Anwendungen.

Die Auswahl der Fotos erfolgte mit der Absicht, Produkte unterschiedlicher Hersteller einzubeziehen; infolge der Begrenzung des Anhangs, können die einzelnen Unternehmen natürlich nur mit einem z. T. sehr kleinen Ausschnitt ihres Sortiments, vor allem ihrer Rechnersysteme, vertreten sein.

Der Erklärungstext zu jedem Foto verweist auf die abgebildeten Produkte und Anwendungen. Über das Stichwörterverzeichnis im Anhang können die zutreffenden Kapitel und Textstellen im Buch einfach aufgefunden werden.

Die Firmen-Kurzform hinter jedem Erklärungstext verweist auf den betreffenden Hersteller. Folgende Unternehmen haben dankenswerterweise Fotos zur Auswahl und zur Veröffentlichung bereitgestellt:

AEG	AEG Aktiengesellschaft, Frankfurt
ALTOS	Altos Computer Systems, Gräfelfingen
ATARI	ATARI Corp. (Deutschland) GmbH, Raunheim
BULL	Honeywell Bull AG, Köln
BURROUGHS	Burroughs Deutschland GmbH, Frankfurt (Eschborn)
CDC	Control Data GmbH, Frankfurt
CELECTRONIC	Celectronic GmbH, Berlin
CENTRONICS	Centronics Data Computer GmbH, Sulzbach
COMMODORE	Commodore Büromaschinen GmbH, Frankfurt
DEC	Digital Equipment GmbH, München
DORNIER	Dornier GmbH, Friedrichshafen
HP	Hewlett-Packard GmbH, Bad Homburg
IBM	IBM Deutschland GmbH, Stuttgart
M-KIENZLE	Mannesmann Kienzle GmbH, Villingen
NCR	NCR GmbH, Augsburg
NIXDORF	Nixdorf Computer GmbH, Paderborn
OLIVETTI	Deutsche Olivetti GmbH, Frankfurt
OLYMPIA	Olympia AG, Wilhelmshaven

PHILIPS	Philips Kommunikations Industrie AG, Nürnberg
PRIME	Prime Computer GmbH, München
SIEMENS	Siemens AG, München
SPERRY	Sperry GmbH, Sulzbach/Taunus
TA	Triumph-Adler AG, Nürnberg
TANDON	Tandon Computer GmbH, Frankfurt
TAYLORIX	Taylorix Organisation, Stuttgart
TOSHIBA	Toshiba Europa (I.E.) GmbH, Neuss
VICTOR	Victor Technologies, Frankfurt
WANG	Wang Deutschland GmbH, Frankfurt

Abb. 1: Lochkartenanlage bei der Reichsbahndirektion Köln 1925 mit mehreren Hollerith-Maschinen (links: LK-Sortierer). (IBM)

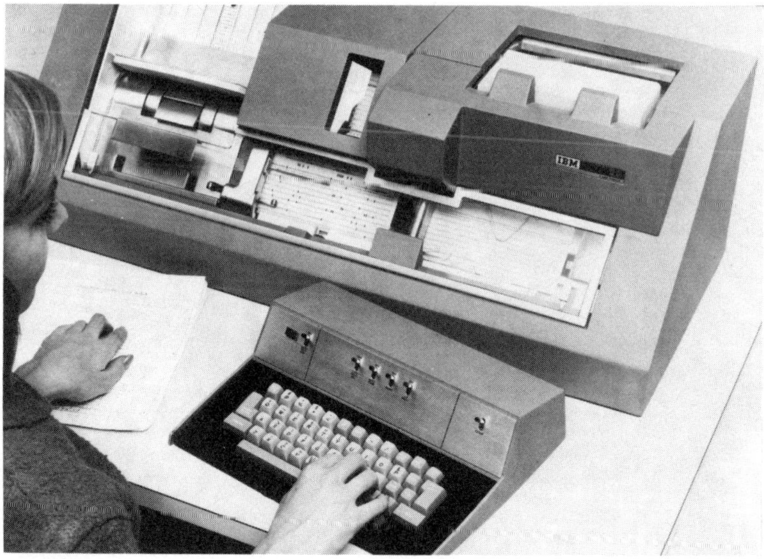

Abb. 2: Historische Aufnahme des Karten- bzw. Schreiblochers IBM 29 zur konventionellen Datenerfassung auf Lochkarten. Rechts das LK-Magazin, in der Mitte wurde die LK gelocht und ggf. in der Schreibzeile beschriftet und links abgelegt. (IBM)

Abb. 3: Prof. Dr. Ing. E. h. Konrad Zuse anläßlich der Ehrung zu seinem 75. Geburtstag in 1985. K. Zuse entwickelte 1941 den ersten betriebsfähigen programmgesteuerten Rechenautomaten Z 3 auf der Basis von Relais. (SIEMENS)

Abb. 4: Der elektronische Programmrechenautomat Zuse Z22 der Zuse KG wurde ab 1955 vor allem an Hochschulen geliefert. Er besaß eine Konsole mit funktionalen Bits, eine E/A-Fernschreibmaschine und außer den Schaltwerken aus Röhren einen Magnet-Kernspeicher und -Trommelspeicher. (SIEMENS)

Abb. 5: Der erste speicherprogrammierte Rechenautomat Amerikas 'Harvard Mark I' wurde von Prof. H. H. Aiken konstruiert und 1944 an der Harvard University in Betrieb genommen. (IBM)

Abb. 6: ENIAC = Electronic Numerical Integrator and Computer (ca. 1947) enthielt 17000 Röhren. (SIEMENS)

Abb. 7: Die Verkleinerung der elektronischen Bauelemente verlief von der Röhre über diskrete Transistoren und Dioden zu Mikrobauelementen und weiter zu den heutigen hochintegrierten Chips. (IBM)

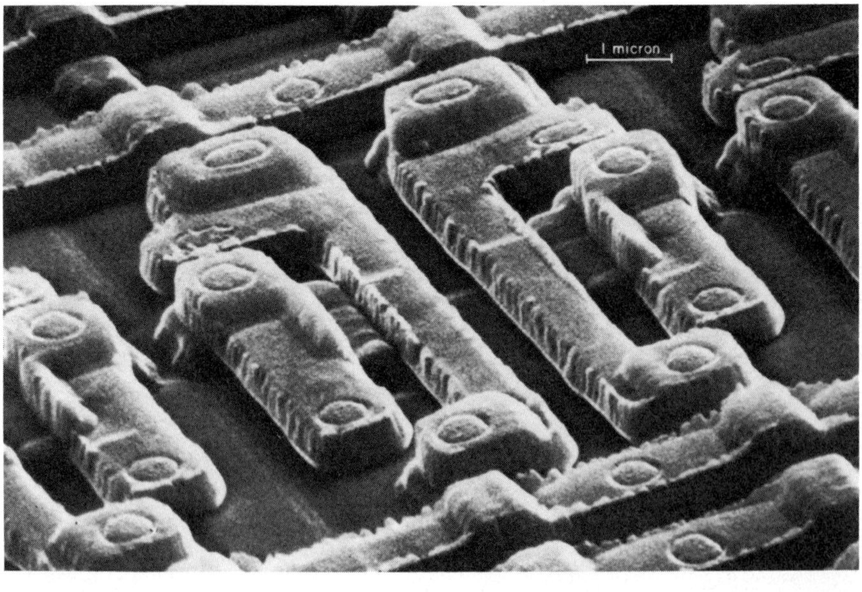

Abb. 8: Drei Ein-Transistor-Speicherzellen für je 1 Bit in 36000facher Vergrößerung, d.h. jede ist 8,5 Quadratmikron oder 2 Milliardstel Quadratzentimeter groß. Die Leistungsstärken von einem halben Mikron entsprechen einem 150stel der Dicke eines menschlichen Haares. (IBM)

Abb. 9: Ein 64 KBit FET-Speicherchip zum Größenvergleich auf einen Pfennig gelegt. (IBM)

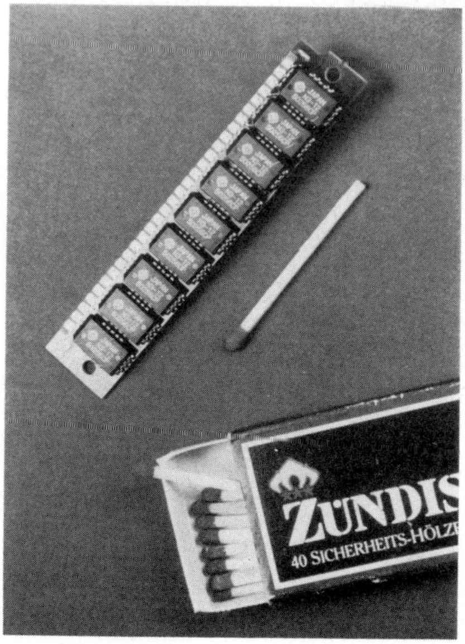

Abb. 10: Ein SIMM-Träger (Single Inline Memory Module) verfügt über 512 KB RAM, womit der ADC-Mikrocomputer auf 2 MB Speicherkapazität aufgerüstet werden kann. (WANG)

Abb. 11: ECL-Logik-Chip mit 2000 Gatter (Transistor-Schalteinheiten). (SIEMENS)

Abb. 12: Der Chip in dem 84-poligen Carrier enthält etwa 30000 Transistoren. Der 16-Bit-Signalverstärker führt etwa 3 Mio. Multiplikationen/s aus. Gegenüber der herkömmlichen Technik (im Hintergrund) – auf zwei Doppeleuropakarten montierte Bauteile – konnte das Volumen auf ein Hundertstel und der Stromverbrauch auf ein Zwanzigstel verringert werden. (AEG)

Abb. 13: Die Ausgänge und Schaltpunkte von intergrierten Halbleiterelementen/Chips werden mit automatisch geführten Werkzeugen kontaktiert, um eine rechnergesteuerte elektronische Prüfung auszuführen. (IBM)

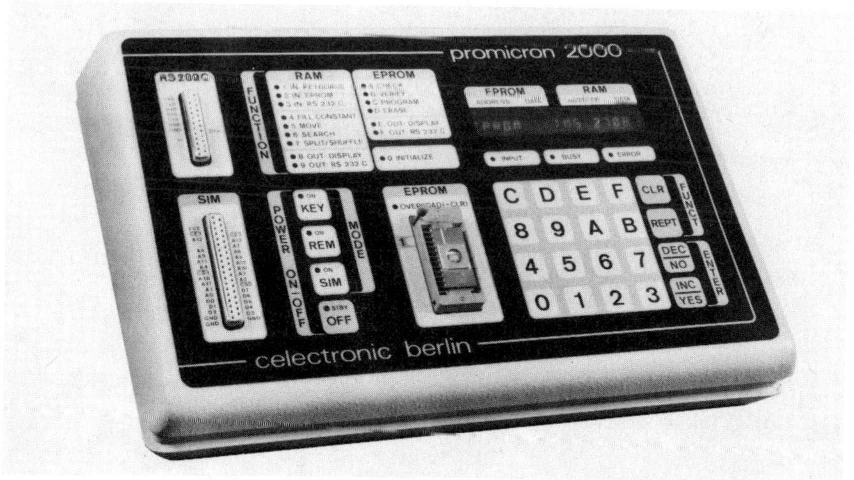

Abb. 14: Das Gerät promicron 2000 programmiert eine Vielzahl von EPROM-Speichertypen. 16 Funktionen können eingesetzt werden, u. a. RAM-Daten über die hexadezimale Tastatur von einem Master-EPROM oder die RS232C-Schnittstelle laden. (CELECTRONIC)

Abb. 15: Der Sirius 1 öffnete ab 1981 in Europa den Markt für 16-Bit Personal Computer (Mikroprozessor i8088, bis zu 896 KB, 1,2 MB je Diskette, 10 MB integr. Festplatte, CP/M 86 oder MS-DOS). Der Nutzer kann auf dem Bildschirm (800 × 400 Pixels) interaktiv beliebige Zeichen(sätze) definieren und damit per Software die Tastatur frei belegen. Das Nachfolgemodell Victor Sirius VI ist zusätzlich noch kompatibel zum XT-Industriestandard. (VICTOR)

Abb. 16: Die PC-Familie setzte den Industriestandard. Sie reicht vom PC (i8088, 360 KB/Diskette) über PC-XT (10 MB Festplatte) zum PC-AT 02 (1984, hier: 20 MB Festplatte, 1,2 MB/Diskette), der den schnelleren Mikroprozessor i80286 einsetzt. Neben PC-DOS nutzt er auch Xenix. (IBM)

Abb. 17: 16-Bit Personal Computer PC-D ((i80186, MS-DOS) mit ergonomischer Gestaltung von Bildschirm (Positivdarstellung), Tastatur und (Tintenstrahl-) Matrixdrucker. (SIEMENS)

Abb. 18: Der Personal Computer PCA ist kompatibel zum AT-Industriestandard; hier mit Winchester- und Disketten-Laufwerk und einer Maus-Eingabe für Grafikanwendungen (GEM-Software für Farb-Piktogramme). (TANDON)

Abb. 19: Auf der Basis der Personal Computer PC/HT (i8088) und PC/IT (i80286) entsteht eine PC-Familie. Die Betriebssysteme MS-DOS und Xenix werden ergänzt durch MAPPER (Sprache der 4. Generation), Sperrylink für die Bürokommunikation und CAD-Software. (SPERRY)

Abb. 20: Der PC nutzt CD (Compact Disk) und CD-Recorder als Speichermedium. CD eignet sich, wenn großer Speicherbedarf, aber geringer Aktualisierungsbedarf vorliegen und für die CD eine große Stückzahl erreichbar ist. (PHILIPS)

Abb. 21: Der Portable PC 8810/25 kann als tragbares oder als Auftischgerät mit integriertem Drucker genutzt werden. Dem Bildschirmtext-Anbieter dient er gleichzeitig als Btx-Editiersystem. (NIXDORF)

Abb. 22: Der Laptop-PC T3100 (31 × 8 × 36 cm/6,8 kg) bietet mit i80286 (8 MHz) die AT-Kompatibilität. Speicher: 0,6–4,6 MB; 3,5″ Festplatte (10 MB); Floppy (720 KB). Der aktive, flache 9,5″ Plasmaschirm (orange, max. 640 × 400) arbeitet im Netzbetrieb. (TOSHIBA)

Abb. 23: Das Modell 1040 ST verfügt über: 16/32 Bit Mikroprozessor M68000 (8 MHz), 192 KB ROM-/1 MB RAM-Speicher, integr. 3,5″ Floppy (720 KB), 12″ Monitor (320/640 × 200 Pixels, bis zu 512 Farben), Tastatur, Maus, GEM-Benutzeroberfläche (Piktogramme, Pull-Down-Menüs) und Betriebssystem TOS; MS-DOS wird emuliert. (ATARI)

Abb. 24: Das multifunktionale Arbeitsplatzsystem M 32 (16/32 Bit Mikroprozessor M68000) mit ergonomischem Schirm (800 × 392) ist als Mehrplatzsystem vernetzbar. Es bietet eine benutzerfreundliche Oberfläche durch Fenstertechnik, Piktogramme und Maus-Bedienung. (TA)

Abb. 25: Der Mikrocomputer Amiga besteht aus dem 16/32 Bit Mikroprozessor M68000 (7 MHz), 512 KB bis 8,5 MB RAM, 3,5″ Floppy (880 KB), Tastatur und Maus. Der RGB-Color-Monitor (max. 640 × 400) bietet 16 bzw. 32 Farben aus 4096 Farbtönen. Der MS-DOS Emulator liefert Kompatibilität zum Industriestandard. (COMMODORE)

Abb. 26: Der 16-Bit-Mikrocomputer M28 mit dem Mikroprozessor i80286 kann im Ein- oder Mehrplatzbetrieb und als Server in einem LAN genutzt werden. Er arbeitet mit MS-DOS oder Xenix. (OLIVETTI)

Abb. 27: Modulares Supermikrocomputer-System für bis zu 20 vernetzte, gleichzeitige Benutzer. (ALTOS)

Abb. 28: Ein Kartenaustausch wandelt den erprobten Professional Computer in den abgebildeten Advanced Professional Computer (APC) um. Das i80286-basierende Ein- oder Mehrplatzsystem nutzt die Betriebssysteme MS-DOS und Xenix. (WANG)

Abb. 29: MicroVAX I ist mit einem 32-Bit-Prozessor zur Gruppe der Super-Mikros zu zählen. Das Bild zeigt die CPU mit Disketten-Laufwerk und die Platinen mit Chips. (DEC)

Abb. 30: Das Bild zeigt einen Teil der CPU des 32-Bit Universalrechners VAX-8650 mit Grafikschirm und Maus-Eingabe. (DEC)

Abb. 31: Der Universalrechner 4341 ist eine Weiterentwicklung aus der Systemfamilie/370. Kompaktere Bauelemente und mehr Mikroprogrammierung erhöhten die Leistung. Zwei Systemkonsolen stehen vor der CPU, rechts Magnetbandeinheiten, links vorne vier Magnetplatteneinheiten und dahinter ihre Steuereinheit, links Drucker. (IBM)

Abb. 32: Der 32-Bit Minicomputer 9000 Modell 550 bietet als Mehrplatzsystem der Ingenieurarbeit eine schnelle Gleitkomma-Zentraleinheit mit bis zu 10 MB-RAM und einem Unix-Betriebssystem. Von links: Plotter, Rechner, CAD-Grafikschirm und Menütablett. (HP)

Abb. 33: Das Universalrechnersystem 7.580-S mit 2 Konsol-Bildschirmen, Zentraleinheit (dahinter), Magnet-Plattenspeicher und 2 Magnet-Bandspeichern (dahinter) arbeitet im Betriebssystem BS 2000 und leistet 11 Mips. (SIEMENS)

Abb. 34: Der kompakte Supercomputer ETA 10 (ab 1986) gilt mit 10 Mrd. Gleitkomma-operat./s (10 Giga-FLOPS) als schnellster Rechner der Welt. 2 bis 8 Prozessoreinheiten mit je 4 Mio. 64-Bit-Wort-Speicher und einem gemeinsamen, virtuellen 2 GB Speicher arbeiten parallel. Die VHSIC-Prozessorchips (Very High Speed Integrated Circuit) mit je 20000 Logikschaltungen (Gates) werden in flüssigem Stickstoff (–180 % C) gekühlt, um die Geschwindigkeit zu erhöhen. Die paarweise Auslegung der Hardware-Komponenten garantiert eine hohe Betriebssicherheit. (CDC)

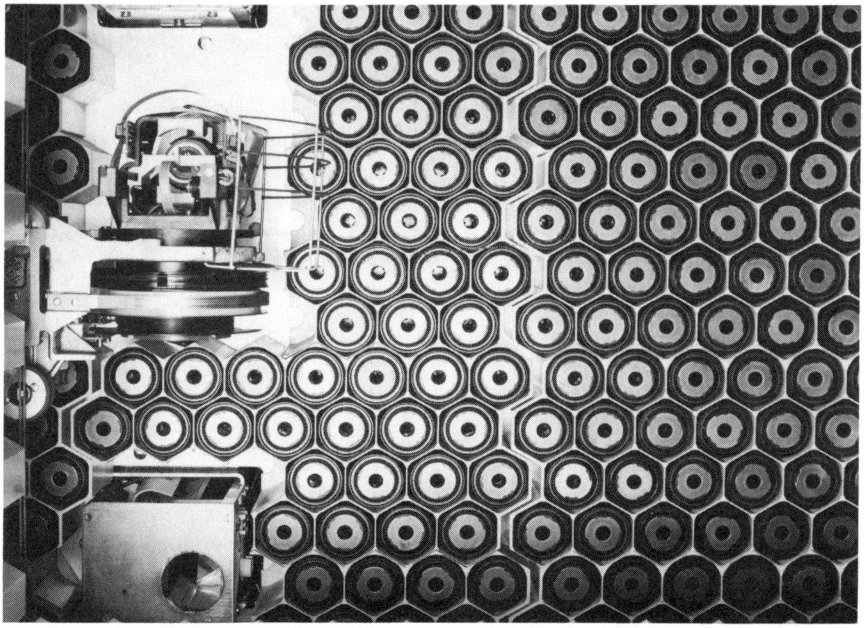

Abb. 35: Das Massenspeichersystem 3850 ist eine Art online-betriebene Kassettenbibliothek. Es verbindet die Kapazität und Wirtschaftlichkeit von Magnetbandeinheiten mit der Geschwindigkeit und virtuellen Speicherorganisation eines Plattenspeichers. (IBM)

Abb. 36: Das 3,5″ Mikro-Winchester-Laufwerk (10 MB) wird auch im OEM-Markt eingesetzt. Deutlich sichtbar ist die Platte und der Zugriffskamm mit Schreib/Lesekopf. (HP)

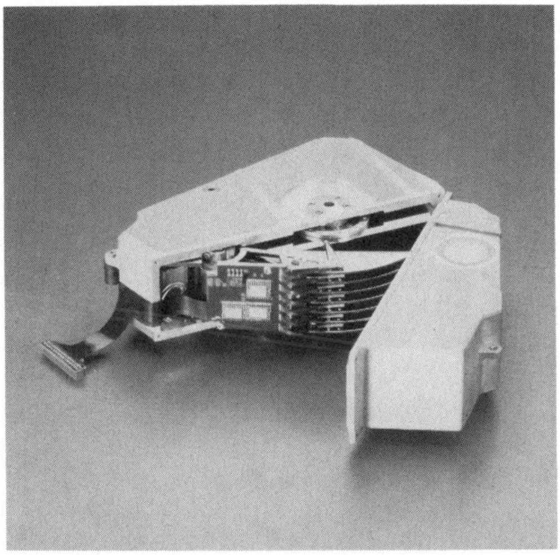

Abb. 37: Winchester-Plattenspeicher (5 1/4″) für 306 MB Speicherkapazität mit geöffneter Gehäusekapsel zum hermetischen Verschluß. (SIEMENS)

Abb. 38: In den LaserDrive TM wird von vorne ein LaserDrive Cartridge mit einer optischen Platte (Laser Disk), die je Seite 1 Gigabyte speichert, eingeschoben. Die 5 1/4″ Mini Dor Disk (links, je Seite 250 MB) soll nach internationaler Standardisierung in die PCs eingebaut werden. (CDC)

Abb. 39: 2 Laserdrucker ND 3 im Online-Betrieb für 2 Seiten-/2 Farbendruck im Verbund. (SIEMENS)

Abb. 40: Strahlengang des Laserlichtes und rotierender Polygonspiegel des Laser-Hochleistungsdruckers ND2. (SIEMENS)

Abb. 41: Der Tisch-Laser-Drucker (44 × 45 × 29 cm) ergänzt als Non-Impact-Printer das Sortiment von Matrix- bis Zeilendrucker. Druckeranschlüsse anderer Hersteller werden emuliert (nachgebildet). Auflösung 300 × 300 dpi, 8 DIN-A4 Seiten/min, 100 S. Papierkassette, 55 dBA Geräuschpegel. (CENTRONICS)

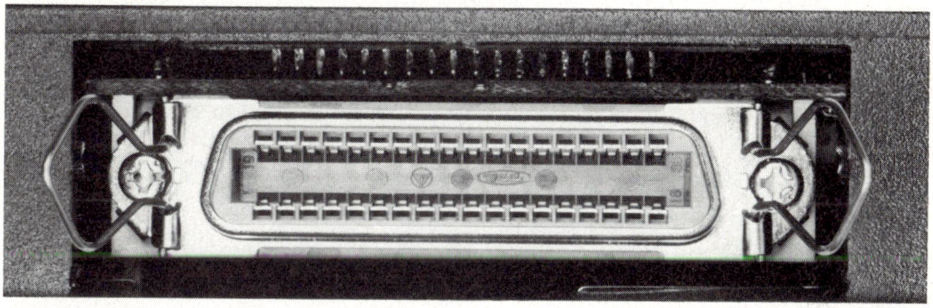

Abb. 42: Die Parallel-Schnittstelle 'Centronics' für Periphergeräte-Anschluß gilt als einer der Computer-Standards. (CENTRONICS)

Abb. 43: Geöffneter Bildschirm eines Mikrocomputers. (OLIVETTI)

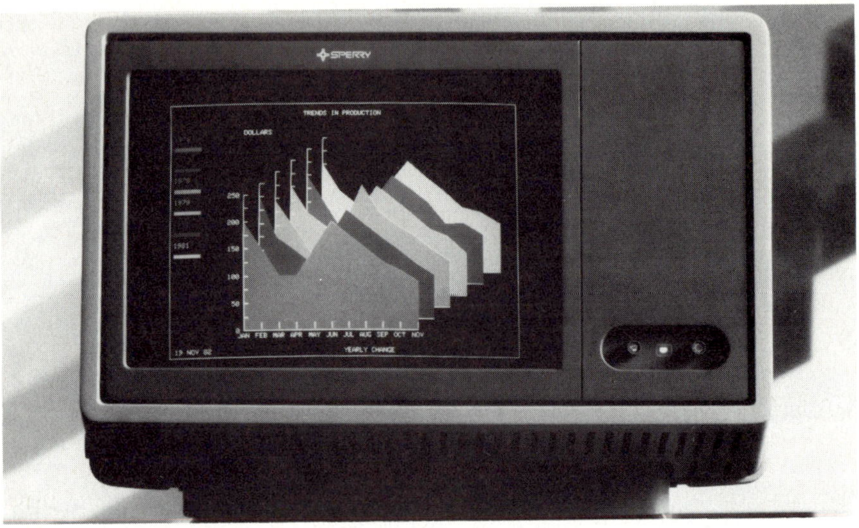

Abb. 44: Das intelligente Grafikterminal UTS 60 enthält den Mikroprozessor MC 68000. Der MAPPER-Nutzer (4. Sprachgeneration) erzeugt damit interaktiv Präsentationsgrafiken bei einer Auflösung von 512 × 374 Bildpunkten und mit bis zu 16 Farben. (SPERRY)

Abb. 45: Der Touchscreen II PC nimmt Daten und Befehle über die Schirmberührung, die Tastatur und die Maus an. Links: ein Plotter, rechts: LaserJet Drucker und Grafik-Software auf einer Diskette. (HP)

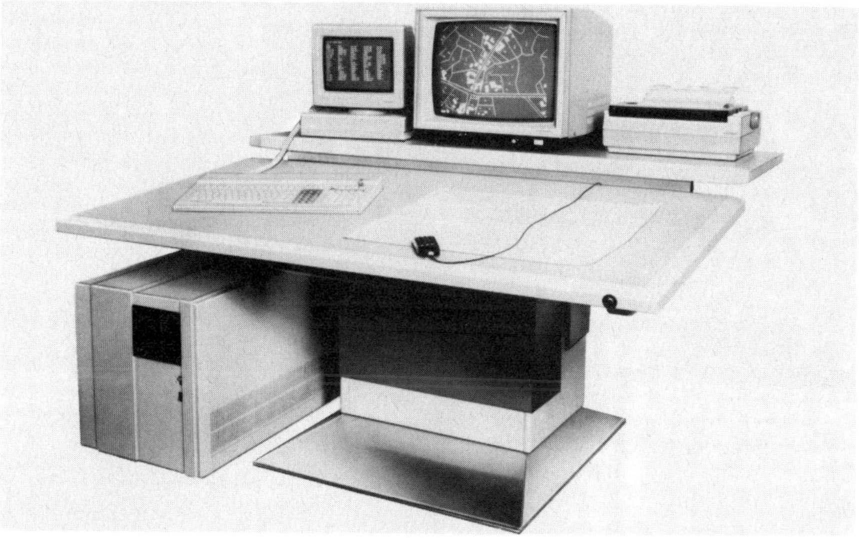

Abb. 46: CAD-Arbeitsplatz 9732-1 auf der Basis des 16-Bit Mikrocomputers PC-MX2 mit zusätzlichem Grafikschirm, Digitalisierer-Eingabe und Drucker. (SIEMENS)

Abb. 47: Das ISDN-System 8818 fördert die verteilte Datenverarbeitung (DDP). Es verbindet im Inhouse-Bereich verschiedenartige Arbeitsplätze mit Serversystemen (Rechner) und ermöglicht dabei Daten-, Text- und Sprachkommunikation. (NIXDORF)

Abb. 48: Der mit dem Ergodesign ausgezeichnete ergonomische multifunktionale Arbeitsplatz (Professinal Workstation) bietet PC-Funktionen und Multitasking für die Kundenberatung. (NIXDORF)

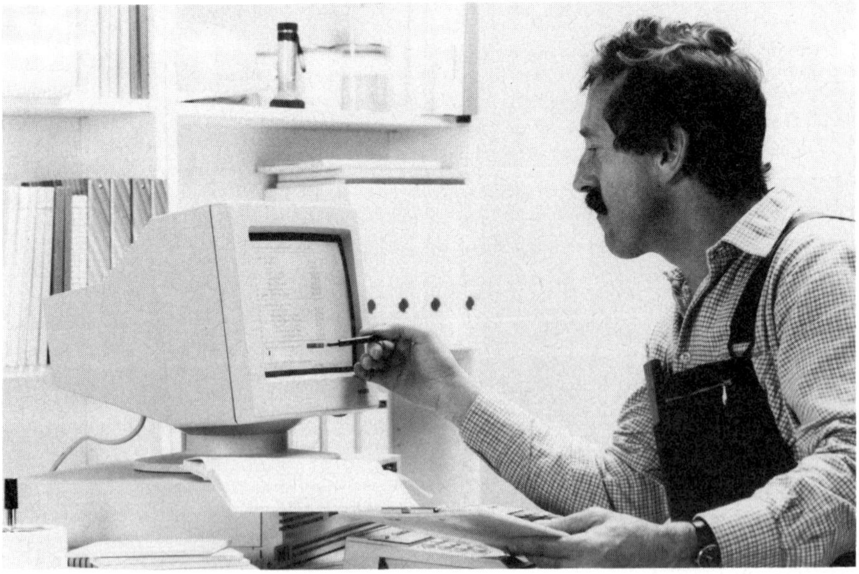

Abb. 49: Für den 16-Bit Bürocomputer BC-D mit dem ergonomisch hellen Bildschirm stehen Branchen-Lösungen für das Baunebengewerbe und den Fach-Einzelhandel zur Verfügung. (TAYLORIX)

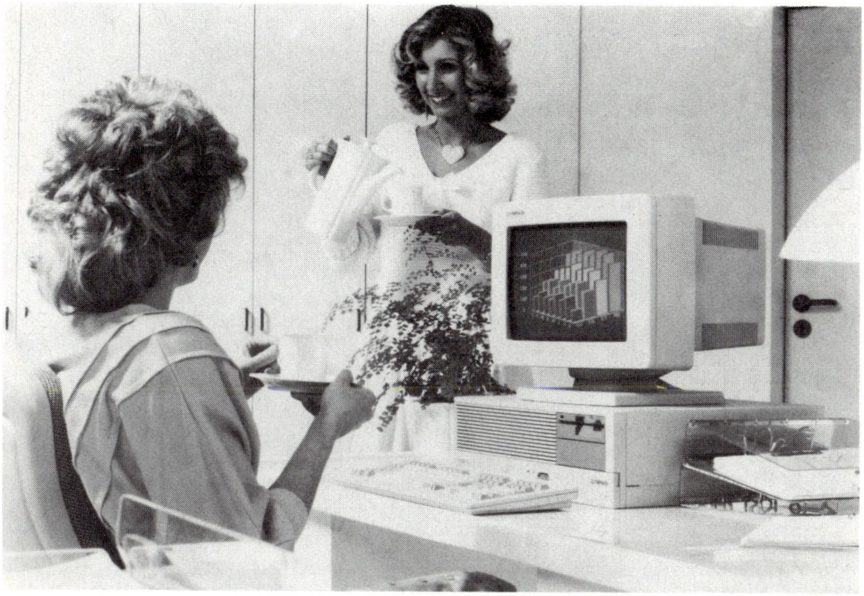

Abb. 50: Der Mikrocomputer Olystar 60 ist modular aufgebaut, mit i80286 AT-kompatibel, bietet 30 programmierbare Funktionstasten (z. B. zur Textverarbeitung) und kann als Einplatz- oder als Mehrplatzsystem (unter Prologue, kompatibel zum kleineren Modell People) betrieben werden. (OLYMPIA)

Abb. 51: Nixdorfrechner in der Verwaltung im Krankenhaus. (NIXDORF)

Abb. 52: Das Kommunikationsterminal HSC 400 kann als Mehrfunktionstelefon und für Bildschirmtext (Btx) genutzt werden, hier in einem Ersatzteillager. (PHILIPS)

Abb. 53: Prozeßrechnereinsatz in einem Hochregallager. (SIEMENS)

Abb. 54: Online-Betriebsdatenerfassung: Mit dem BDE-Gruppenterminal und den Maschinenterminals können die Betriebsdaten von bis zu 8 Produktionsmaschinen erfaßt werden – manuell, elektronisch, per Strichcode (Barcode) oder Magnetkarte. Die Daten werden – ggf. über einen Konzentrator – an einen Rechner übertragen und dort weiterverarbeitet. (M-KIENZLE)

Abb. 55: Eine stabile, versiegelte Stahlhülle schützt das Industrie-Bildschirm-Terminal 3092A vor Staub, Schmutz, Ölen und Flüssigkeiten in der harten Produktionsumgebung. Flüssigseife und Wasserschauer genügen zum Reinigen. (HP)

Abb. 56: Das Layout einer integrierten Schaltung (16-Bit-Signalverstärker, vgl. Foto Nr. 12) wird mit Hilfe eines interaktiven Grafiksystems am Bildschirm entworfen. Deutlich erkennbar sind zahlreiche MOS-Transistoren, von denen etwa 30000 auf dem Chip angeordnet sind. (AEG)

Abb. 57: Das interaktive grafische System Gradas-PTT für die 96 Fernmeldeämter der Deutschen Bundespost beschleunigt und vereinfacht das Erstellen und Ändern der mehr als 1 Mio. Schaltpläne der Netze. Archivieren, ändern, zeichnen und digitalisieren erfolgt rechnergestützt. (AEG)

Abb. 58: miCADo läßt sich als dezentraler Stand-alone- oder als Mehrplatzsystem mit Host-Vernetzung betreiben. Die abgebildete Konfiguration von LOGCAD umfaßt: PC DM V, Grafikschirm, Digitalisierer (rechts), Plotter (links). (NCR)

Abb. 59: Die CAD-Arbeitsstation Medusa mit Hardware und Software erlaubt 2D- und 3D-Konstruktionen. Sie besteht aus 19″-Grafikterminal, 14″-Dialogschirm, Joystick, farbigem Menütablett mit Digitalisierstift und Tastatur. (PRIME)

Abb. 60: Prozeßleitzentrale Waabs des ersten Offshore-Ölfelds Deutschland 'Schwedeneck-See'. Gesteuert und überwacht werden alle Betriebsfunktionen der Förderplattform, der Aufbereitungsanlage und der Pipelines. (AEG)

Abb. 61: Im Bildverarbeitungslabor: Die Fernsehkamera nimmt das Teil in ihrem Blickfeld auf. Der Rechner verarbeitet die Signale und zeigt das Teil auf dem Monitor. Charakteristische Bildelemente werden interaktiv erfaßt. Auch in komplexer Umgebung erkennt das System das betreffende Teil. Der Rechner ermittelt Position, Drehlage und Greifpunkt. Auf Befehl greift der Tischroboter das Teil und bewegt es. (AEG)

Abb. 62: Industrieroboter werden durch intelligente Bild(erkennungs)sensoren 'sehend'. Sie handhaben Werkstücke, deren Lage erst gesucht und ausgewertet werden muß. (AEG)

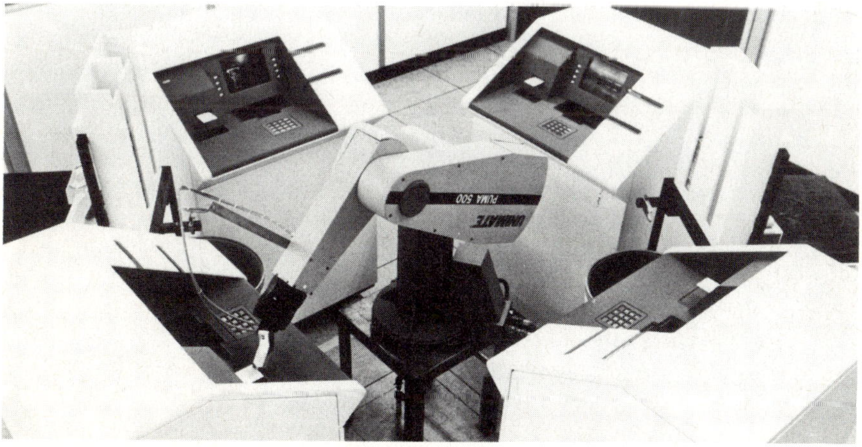

Abb. 63: In einer NCR-Produktion in Dundee testet ein Roboter laufend die Funktionen (Geldabhebungen u. a.) von Kassenautomaten (ATM = Automated Teller Machines), wodurch die Zuverlässigkeit bei mehrjährigem Betrieb simuliert wird. (NCR)

Abb. 64: Die ergonomische Belegverarbeitungs-Systemfamilie BVS 9017 kann vom einfachen Codierer (OCR-A/B, CMC-7, E13-B) zum multifunktionalen Lese-, Erfassungs- und Sortiersystem ausgebaut werden. Online-Betrieb erfolgt mit einem der Rechnermodelle MCS 9700. Einsatz: Zahlungsverkehr, Versicherungen, Gesundheitswesen. (M-KIENZLE)

Abb. 65: Das Formularlesesystem S 2000 besteht aus einem Formularleser und dem Arbeitsplatzcomputer B 25 (i80186). Gelesen werden: Überweisungsformulare und andere (bis DIN-A4, 400–900 F/h), Schreibmaschinen-, Zeilendrucker- und Handblockschriften. (BURROUGHS)

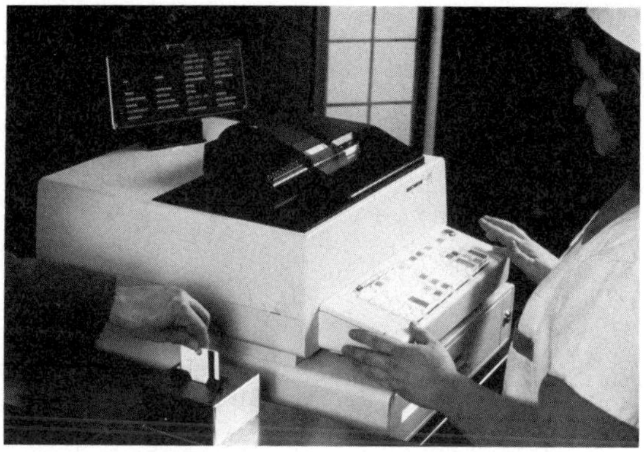

Abb. 66: Die (POS-)Kasse 3684 kann als Einzelkasse oder als Leitkasse genutzt werden. Beiden gemeinsam ist die Diskette mit 1 MB und die Fähigkeit zur Datenfernverarbeitung. Rechts sind Schlüssel und Klappe der Diskettenstation zu sehen. (IBM)

Abb. 67: Der Laser der Lesestation 3687 liest sowohl den EAN- als auch den UPC-Strichcode (Universal Product Code). Der Scanner gibt die erkannte Warennummer an das Kassensystem (POS-Terminal) weiter, von dem Preis und Artikelbezeichnung für den Bon-Druck und die Leuchtanzeige aus dem Speicher bereitgestellt werden. (IBM)

Abb. 68: Der AT-kompatible Micral 60 (mit i80286/7) ist unter dem Betriebssystem MS-DOS oder PROLOGUE (als Mehrplatzsystem, Multi-Tasking) einsetzbar. Das Bild zeigt den PC als Hilfsmittel in der wissenschaftlichen Forschung in einem Labor. (BULL)

Abb. 69: Die Daten und Prüfergebnisse aus dem Taschenrechner 41C/CV werden über den Grafikplotter 7470 in Präsentationsgrafiken umgewandelt. (HP)

Abb. 70: Der Festsitz-Simulator (ohne Turbulenzbewegungen) für das Flugzeug Alpha-Jet arbeitet mit Cockpit (vorne rechts), Zentralrechner und mehreren Spezialrechnern für: Sicht, Displays, Geräusch, Steuerkraft, Testsystem, Instruktorkonsole (hinten rechts). Die Software umfaßt das mathematische Modell des Flugzeugs. (DORNIER)

Abb. 71: Die Personal Computer werden zunehmend für vielfältige Aufgaben der privaten oder beruflichen Aus- und Fortbildung (CUU) genutzt – hier: PCs im IBM-Bildungszentrum. (IBM)